国家卫生健康委员会住院医师规范化培训规划教材配套精选习题集

全科分册

主　编　迟春花　董爱梅

副 主 编　陈建军　王留义

编　委（按姓氏笔画排序）

马青变　王　爽　王　雁　王留义　尹朝霞　孔　懋

刘　斯　刘向红　苏巧俐　李　星　李江红　李俊霞

李淑华　汪天英　迟春花　张　倩　陈建军　周国鹏

胡　芳　姜　岳　姜春燕　姚　弥　陶　霞　黄岳青

梁　英　董爱梅　韩晓宁　谢　瑛　廖纪萍　魏雅楠

编写秘书　祁祯楠　闫新欣　孙岩

人民卫生出版社
·北京·

图书在版编目（CIP）数据

国家卫生健康委员会住院医师规范化培训规划教材配套精选习题集 . 全科分册 / 迟春花，董爱梅主编 . —北京 : 人民卫生出版社，2021.5

ISBN 978-7-117-31020-8

Ⅰ. ①国… Ⅱ. ①迟…②董… Ⅲ. ①家庭医学 – 岗位培训 – 习题集 Ⅳ. ①R192.3-44

中国版本图书馆 CIP 数据核字（2021）第 003796 号

人卫智网	www.ipmph.com	医学教育、学术、考试、健康，购书智慧智能综合服务平台
人卫官网	www.pmph.com	人卫官方资讯发布平台

全 科 分 册
Quanke Fence

主　　编:迟春花　董爱梅

出版发行:人民卫生出版社（中继线 010-59780011）

地　　址:北京市朝阳区潘家园南里 19 号

邮　　编:100021

E - mail:pmph @ pmph.com

购书热线:010-59787592　010-59787584　010-65264830

印　　刷:人卫印务（北京）有限公司

经　　销:新华书店

开　　本:787 × 1092　1/16　　印张:26

字　　数:734 千字

版　　次:2021 年 5 月第 1 版

印　　次:2021 年 6 月第 1 次印刷

标准书号:ISBN 978-7-117-31020-8

定　　价:66.00 元

打击盗版举报电话:010-59787491　E-mail:WQ @ pmph.com

质量问题联系电话:010-59787234　E-mail:zhiliang @ pmph.com

出版说明

　　为了深入贯彻原国家卫生和计划生育委员会等7部门联合发布的《关于建立住院医师规范化培训制度的指导意见》文件精神,满足全国各地住院医师规范化培训的要求,在原国家卫生和计划生育委员会科教司的领导和支持下,人民卫生出版社于2014年组织编写并出版了住院医师规范化培训系列规划教材,反响较好。

　　为配合住院医师规范化培训结业考核的推行,满足广大学员自学、自测的需求,在对住院医师规范化培训基地进行全面、充分调研的基础上,人民卫生出版社组织编写了本套住院医师规范化培训规划教材配套精选习题集。

　　本套习题集共20种,作为住培规划教材的配套用书,二者均以《住院医师规范化培训内容与标准(试行)》和住院医师规范化培训结业理论考核大纲为依据,遵循科学、严谨、客观、规范的原则,以帮助读者实现"基本理论转化为临床实践、基本知识转化为临床思维、基本技能转化为临床能力"的三个转化,并顺利通过各科轮转及结业考试。

　　本套习题集严格按照实际考试的科目划分和题型分布进行编写,包含单项选择题(A1型题、A2型题、A3/A4型题)和不定项选择题(病例分析题),从不同角度(掌握、了解两个层级区别考题比例)围绕考核重点、难点帮助读者巩固、复习、检验所学知识,考前自测、考查和反馈复习成果。公共理论和专业理论涵盖各科目考核大纲所有知识点,帮助读者随学随测、强化记忆;重点和难点内容附详细解析,全面分析考点、答题思路和方法,帮助读者更有针对性地提高临床技能、开拓诊疗思维。模拟试卷全面模拟考试真题,针对考生临考备战进行综合性巩固。针对住院医师临床工作的特殊性,本套习题集将同时出版电子书,有助于学员在更多的场景下,利用碎片化时间随时阅读和练习。同时赠送"人卫临床助手、人卫用药助手"免费试用,通过扫描封面二维码即可获得。

　　为了能够有效复习,建议分为四个阶段进行。第一阶段:加强日常学习。勤翻住培规划教材和人卫临床助手、人卫用药助手。制订符合自身复习时间的计划表,可根据大纲按章节进行。第二阶段:多做本套习题。通过大量试题的反复检验,可高效筛查出易错、易混知识点。第三阶段:查漏补缺。当复习完成一遍之后,对所学知识进行回顾、反思,抓住重点、难点和自己的薄弱点,做到有的放矢。第四阶段:模拟练习。在复习接近尾声时,做模拟试卷,培养心理上的自我承受意识及学习上举一反三、触类旁通的能力,尽可能熟悉考试题型、题量、分值比例、出题思路等关键要素。

　　鉴于时间仓促和编写人员水平有限,本套习题集内容难免有不当或遗漏之处,诚请各位读者批评指正。读者使用本套习题集时如有任何问题或建议,欢迎及时反馈(电子邮箱:jiaocaidiaoyan@163.com)。

题型介绍

全国住院医师规范化培训理论考核试题全部采用客观选择题形式,目前题型分为I型题(单选题,为 A1、A2 型题)、II型题(共用题干单选题,为 A3/A4 型题)和IV型题(不定项选择题,为案例分析题)三大类。考生在答题前应仔细阅读题型说明,以便在考试时能顺利应答。

单选题(A1、A2 型题)

由一个题干和五个备选答案组成,题干在前,选项在后。选项 A、B、C、D、E 中只有 1 个为正确答案,其余均为干扰答案。干扰答案可以部分正确或完全不正确,考生在回答本题型时需对备选答案进行比较,找出最佳的或最恰当的备选答案,排除似是而非的选项。

例如:二尖瓣狭窄患者最常见的早期症状为

A. 阵发性夜间呼吸困难   B. 端坐呼吸

C. 咯血   D. 劳力性呼吸困难

E. 声音嘶哑

共用题干单选题(A3/A4 型题)

以叙述一个以单一患者或家庭为中心的临床情景,提出 2~6 个相互独立的问题,问题可随病情的发展逐步增加部分新信息,每个问题只有 1 个正确答案,以考查临床综合能力。答题过程是不可逆的,即进入下一问后不能再返回修改所有前面的答案。

例如:(1~4 题共用题干)

患者,男性,40 岁。1 年来进行性心悸、气短、腹胀、下肢水肿。体格检查:一般状况好,血压130/90mmHg;颈静脉怒张;心脏叩诊浊音界向两侧扩大,心尖搏动及第一心音减弱,心尖部有 3/6 级收缩期杂音,心率 100 次/min,律齐,双肺底湿啰音;肝肋下 4cm,脾未及;双下肢水肿(+)。心电图示完全性右束支传导阻滞。

1. 该病例最可能的诊断是

  A. 风湿性心脏病、二尖瓣关闭不全   B. 高血压心脏病

  C. 冠心病伴乳头肌功能不全   D. 扩张型心肌病

  E. 缩窄性心包炎

2. 该病例主要与下列疾病相鉴别的是

  A. 心包积液   B. 冠心病

  C. 限制型心肌病   D. 缩窄性心包炎

  E. 肥厚型心肌病

3. 为进一步确诊应进行的检查是

    A. 动态心电图   B. 胸部 X 线片

    C. 超声心动图   D. 心肌酶谱

    E. 红细胞沉降率

4. 下列治疗措施中，**不适合**用于该患者的药物是

    A. 钙通道阻滞剂   B. 利尿剂

    C. 硝酸盐类制剂   D. β 受体阻滞剂

    E. 血管紧张素转换酶抑制剂

不定项选择题（案例分析题）

    案例分析题是一种模拟临床情境的串型不定项选择题，用以考查考生在临床工作中所应该具备的知识、技能、思维方式和对知识的综合应用能力。侧重考查考生对病情的分析、判断及处理能力，还涉及对循证医学的了解情况。考生的答题情况在很大程度上与临床实践中的积累有关。

    试题由一个病例和多个问题组成。开始提供一个模拟临床情境的病例，内容包括患者的性别、年龄（诊断需要时包括患者的职业背景）、就诊时间点、主诉、现病史、既往疾病史和有关的家族史。其中主要症状不包括需体格检查或实验室检查才可得到的信息。随后的问题根据临床工作的思维方式，针对不同情况应该进行的临床任务提出。问题之间根据提供的信息可以具有一定的逻辑关系，随着病程的进展，不断提供新的信息，之后提出相应的问题。

    案例分析题每个提问的备选答案至少 6 个，正确答案及错误答案的个数不定（≥1）。考生每选对一个正确答案给 1 个得分点，选错一个扣 1 个得分点，直至扣至本问得分为 0，即不会得负分。案例分析题的答题过程是不可逆的，即进入下一问后不能再返回修改所有前面的答案。

    例如：患者，男性，66 岁。因"嗜睡、意识模糊 4h 并两次抽搐后昏迷"来院急诊。近 1 周因受凉后发热、咳嗽，经当地卫生院静脉滴注葡萄糖液及肌内注射庆大霉素等治疗 3d 后，出现乏力、口干、多饮多尿等症状并日渐加剧。体格检查：体温 38.8℃，脉搏 108 次 /min，血压 150/110mmHg。肥胖体形，唇舌干燥，皮肤弹性差，无面瘫体征，颈无抵抗，左下肺可闻及湿啰音。

    提问 1：急诊先重点检查的项目有

        A. 血清钾、钠、氯、钙   B. 腰椎穿刺脑脊液检查

        C. 血气分析   D. 尿糖

        E. 血脂   F. 血糖

    提问 2：急诊应作出的判断是

        A. 重度昏迷   B. 糖尿病酮症酸中毒昏迷

        C. 糖尿病高渗性无酮症性昏迷   D. 脑血管意外

        E. 糖尿病乳酸性酸中毒昏迷   F. 2 型糖尿病

    提问 3：目前急诊应作出的处理是

        A. 静脉滴注 5% 葡萄糖液

        B. 静脉滴注 5% 碳酸氢钠液

        C. 静脉滴注 0.9% 氯化钠液或 0.45% 氯化钠液

        D. 静脉滴注 1.87% 乳酸钠液

        E. 应用 20% 甘露醇脱水

        F. 皮下注射胰岛素

    提问 4：下一步治疗应作出的调整有

        A. 皮下注射胰岛素控制血糖   B. 皮下注射低精蛋白锌胰岛素控制血糖

        C. 按糖尿病要求控制饮食   D. 口服磺脲类降血糖药

        E. 口服双胍类降血糖药   F. 静脉滴注胰岛素

前　言

　　自 2013 年 12 月国家卫生和计划生育委员会等七部门联合印发的《关于建立住院医师规范化培训制度的指导意见》和 2014 年 6 月教育部等六部门联合印发的《关于医教协同深化临床医学人才培养改革的意见》等相关文件颁布以来，各地住院医师规范化培训得到了长足的发展。为进一步落实 2017 年 7 月国务院办公厅印发《关于深化医教协同进一步推进医学教育改革与发展的意见》及"全国医学教育改革发展工作会议"的精神，人民卫生出版社组织编写了住院医师规范化培训配套精选习题集，本书为该系列丛书之一。

　　本书参照《住院医师规范化培训内容与标准（试行）》、住院医师规范化培训结业理论考核大纲、住院医师规范化培训规划教材《全科医学》进行编写。内容包含公共理论、基础理论知识、临床常见病诊疗、模拟试卷及答案四篇，紧密贴合全科住院医师规范化培训理论考核要点。临床常见病诊疗篇细分为十四章，涵盖内科、外科、妇产科、儿科、急诊科、精神科等全科住院医师应知应会的知识。适用于全科住院医师、全科研究生和其他专科转岗培训人员。

　　为更贴近临床实践，本书特邀请基层医疗卫生机构的社区专家及国内医学院校附属医院的全科专家共同编写，历时三年、前后五次反复审校，以期为参加全科住院医师规范化培训结业理论考核的考生提供准确、规范的考前习题，帮助其通过考核。

　　本书涉及内容广泛、编者众多，虽已制定编写标准保证试题风格及深度、广度的统一，但难免会有疏漏之处，望读者为本书的再版精进给予指导建议，在此深表感谢。

迟春花　董爱梅

2021 年 2 月

前　言

目 录

第一篇 公 共 理 论

第一章 政策法规……………………………………………………………………1
第一节 卫生法基本理论………………………………………………………………1
第二节 医疗机构管理法律制度………………………………………………………2
第三节 执业医师法律制度……………………………………………………………4
第四节 医疗事故与损害法律制度……………………………………………………8
第五节 母婴保健法律制度……………………………………………………………11
第六节 传染病防治法律制度…………………………………………………………13
第七节 药品及处方管理法律制度……………………………………………………16
第八节 血液管理法律制度……………………………………………………………20
第九节 突发公共卫生事件的应急处理条例…………………………………………21

第二章 医学伦理学…………………………………………………………………24
第一节 医学伦理学的理论基础和规范体系…………………………………………24
第二节 医患关系伦理…………………………………………………………………28
第三节 生物医学研究伦理……………………………………………………………38
第四节 医学道德的评价、监督和修养………………………………………………39

第二篇 基础理论知识

第一章 康复医学……………………………………………………………………43

第二章 临床科研设计………………………………………………………………46

第三章 社区卫生服务管理…………………………………………………………49

第四章 预防保健……………………………………………………………………52

第五章 实用卫生统计与流行病学原理与方法……………………………………56

第六章 临床心理咨询………………………………………………………………60

第三篇　临床常见病诊疗

第一章　全科医学概论 63

第二章　老年医学 71

第三章　内科疾病 77

　第一节　呼吸系统疾病 77

　第二节　心血管系统疾病 130

　第三节　消化系统疾病 158

　第四节　内分泌系统疾病 178

　第五节　泌尿系统疾病 201

　第六节　血液系统疾病及风湿免疫疾病 212

第四章　儿科疾病 223

　第一节　新生儿疾病 223

　第二节　儿童营养性疾病 229

　第三节　小儿疾病 234

　第四节　小儿传染病 244

第五章　急诊科疾病 250

第六章　外科疾病 274

第七章　妇产科疾病 296

第八章　神经内科疾病 315

第九章　精神科疾病 337

第十章　皮肤科疾病 345

第十一章　耳鼻喉科疾病 352

第十二章　眼科疾病 358

第十三章　康复科疾病 364

第十四章　传染科疾病 369

第四篇　模拟试卷及答案

模拟试卷 375

答案 400

第一篇　公共理论

第一章　政策法规

第一节　卫生法基本理论

【A1 型题】

1. 我国卫生法有以下几种表现形式,**除了**
   A. 宪法
   B. 卫生法律、法规、规章
   C. 技术性法规
   D. 国际卫生条约
   E. 政府红头文件

2. 组成法律规范结构的是
   A. 假定、处理、制裁
   B. 假定、处分、制裁
   C. 确定、处理、制裁
   D. 假定、处理、裁决
   E. 假定、处理、司法

3. 卫生法律关系是指卫生法所调整的国家机关、企事业单位、社会团体之间,它们的内部机构以及与公民之间在卫生管理和医疗卫生预防保健服务过程中所形成的
   A. 命令和执行关系
   B. 权利和义务关系
   C. 指挥和义务关系
   D. 指导和管理关系
   E. 权利和服从关系

4. 卫生法律关系的主体,在卫生法律关系中
   A. 享有权利并承担义务
   B. 享有权利不承担义务
   C. 不享有权利只承担义务
   D. 既不享有权利也不承担义务
   E. 以上都不是

5. 卫生行政法律关系的行政主体的义务表现为以下几方面,**除了**
   A. 对相对人违法行为承担法律责任
   B. 依法行使法律所赋予的职权

1. 【答案】E
   【解析】卫生法渊源主要形式:①宪法;②卫生法律;③卫生行政法规;④卫生部门规章;⑤地方性卫生法规和地方政府卫生规章;⑥卫生自治条例与单行条例;⑦特别行政区有关卫生事务的规范性法律文件;⑧卫生标准;⑨国际卫生条约。

2. 【答案】A

3. 【答案】B
   【解析】卫生法律关系是卫生法旨在保障个人和社会健康,调整不平等主体间和平等主体间权利义务关系的结果。

4. 【答案】A
   【解析】卫生法律关系的内容是指卫生法律关系主体依法享有的卫生权利和承担的卫生义务。

5. 【答案】A
   【解析】卫生义务是卫生法律关系中的义务主体依照卫生法规定,为了满足权利主体某种利益而为一定行为或者不为一定行为的必要性。它包含三层含义:①义务主体应当依据卫生法的规定,为一定行为或者不为一定行为,以便实现权利主体的某种利益;②义务主体负有的义务是在卫生法规定的范围内为一定行为或者不为一定行为,对于权利主体超出法定范围的要求,义务主体不承担义务;③卫生义务是一种法定义务,受到国家强制力的约束,如果义务主体不履行或者不适当履行,就要承担相应的法律责任。

C. 接受被管理者的监督

D. 为公民提供咨询服务

E. 接受全体公民监督其执法

6. 对以下行政行为提起行政诉讼,人民法院受理,**除了**

A. 拒绝颁发许可证

B. 拒绝履行保护财产权的职责

C. 发布有普遍约束力的决定

D. 侵犯个体医疗机构的经营自主权

E. 违法要求经营者履行义务

6.【答案】C

7. 目前,我国卫生法多涉及的民事责任的主要承担方式是

A. 恢复原状　　　　B. 赔偿损失　　　　C. 停止侵害

D. 消除危险　　　　E. 支付违约金

7.【答案】B
【解析】民事责任的承担方式有停止侵害、排除障碍、消除危险、返还财产、恢复原状、修理、重做、更换、赔偿损失、支付违约金、消除影响、恢复名誉、赔礼道歉,其中最主要的是赔偿损失。

8. 我国现行卫生标准的部标准可适用于

A. 全国范围内各部门各地区

B. 全国卫生专业范围内

C. 局部地区卫生专业范围

D. 企业单位

E. 以上都不是

8.【答案】B

9. 下列各项,**不属于**卫生法制定基本原则的是

A. 公平原则

B. 遵循宪法原则

C. 依照法定权限和程序的原则

D. 坚持民主立法的原则

E. 从实际出发的原则

9.【答案】E
【解析】应注意与卫生法的基本原则相区别,卫生法的基本原则主要有五个方面:卫生保护原则、预防为主原则、公平原则、保护社会健康原则、患者自主原则。

10. 卫生法律是由

A. 国务院制定

B. 国家卫生健康委员会制定

C. 国家卫生健康委员会提出草案,经国务院批准

D. 全国人大常委会制定

E. 地方政府制定,经国务院批准

10.【答案】D
【解析】狭义,由全国人民代表大会及其常务委员会制定、颁发的卫生法律,其包括卫生基本法律和基本法以外的卫生法律。广义,除了狭义外,还包括其他国家机关依照法定程序制定、颁布的卫生法规和卫生规章等,也包括宪法和其他部门法中有关卫生内容的规定。

第二节　医疗机构管理法律制度

【A1 型题】

1.（　　）依据当地《医疗机构设置规划》及《医疗机构管理条例》细则审查和批准医疗机构的设置

1.【答案】C

A. 省、自治区、直辖市人民政府卫生行政部门

B. 市级人民政府卫生行政部门

C. 县级人民政府卫生行政部门

D. 乡镇人民政府卫生行政部门

E. 村级人民政府卫生行政部门

2. 申请设置医疗机构**除外**下列哪种情形,不予批准

    A. 不符合当地《医疗机构设置规划》

    B. 设置人不符合规定的条件

    C. 不能提供满足投资总额的资信证明

    D. 投资总额不能满足各项预算开支

    E. 医疗机构选址合理

2.【答案】E

3.《设置医疗机构批准书》的有效期,由(　　　)规定

    A. 省、自治区、直辖市人民政府卫生行政部门

    B. 市级人民政府卫生行政部门

    C. 县级人民政府卫生行政部门

    D. 乡镇人民政府卫生行政部门

    E. 村级人民政府卫生行政部门

3.【答案】A

4. 床位在一百张以上的综合医院、中医医院、中西医结合医院、民族医医院以及专科医院、疗养院、康复医院、妇幼保健院、急救中心、临床检验中心和专科疾病防治机构的校验期为

    A. 1 年　　　　B. 3 年　　　　C. 5 年

    D. 7 年　　　　E. 9 年

4.【答案】B

5. 医疗机构门诊病历的保存期不得少于

    A. 5 年　　　　B. 10 年　　　　C. 15 年

    D. 20 年　　　　E. 25 年

5.【答案】C

6. 医疗机构住院病历的保存期不得少于

    A. 15 年　　　　B. 20 年　　　　C. 25 年

    D. 30 年　　　　E. 35 年

6.【答案】D

7. 医疗机构有下列情形之一的,登记机关可以责令其限期改正

    A. 发生重大医疗事故

    B. 连续发生医疗事故,不采取有效防范措施

    C. 连续发生原因不明的同类患者死亡事件,同时存在管理不善因素

    D. 管理混乱,有严重事故隐患,可能直接影响医疗安全

    E. 省、自治区、直辖市卫生行政部门规定的其他情形

7.【答案】B

第三节　执业医师法律制度

1.【答案】D
【解析】医师在执业活动中履行下列义务：①遵守法律、法规，遵守技术操作规范；②树立敬业精神，遵守职业道德，履行医师职责，尽职尽责为患者服务；③关心、爱护、尊重患者，保护患者的隐私；④努力钻研业务，更新知识，提高专业技术水平；⑤宣传卫生保健知识，对患者进行健康教育。所有选项中只有选项D是医师履行的义务之一，注意B和C选项从事医学研究和接受继续教育属于医师的权利。

2.【答案】A
【解析】具有下列条件之一的，可以参加执业医师资格考试：①具有高等学校医学专业本科以上学历，在执业医师指导下，在医疗、预防、保健机构中试用期满一年的；②取得执业助理医师执业证书后，具有高等学校医学专科学历，在医疗、预防、保健机构中工作满两年的；具有中等专业学校医学专业学历，在医疗、预防、保健机构中工作满五年的。故本题选A。

3.【答案】E
【解析】中止医师执业活动两年以上的，当其中止的情形消失后，需要恢复执业活动的，应当经所在地的县级以上卫生行政部门委托的机构或者组织考核合格，并依法申请办理重新注册。故本题选E。

4.【答案】C
【解析】根据《中华人民共和国执业医师法》第四章第三十一条　受县级以上人民政府卫生行政部门委托的机构或者组织应当按照医师执业标准，对医师的业务水平、工作成绩和职业道德状况进行定期考核。对医师的考核结果，考核机构应当报告准予注册的卫生行政部门备案。所有选项，只有选项C符合，故本题选C。

5.【答案】B
【解析】对考核不合格的医师，县级以上人民政府卫生行政部门可以责令其暂停执业活动3~6个月，并接受培训和继续医学教育。暂停执业活动期满，再次进行考核，对考核合格的，允许其继续执业；对考核不合格的，由县级以上人民政府卫生行政部门注销注册，收回医师执业证书。本题选B。

【A1 型题】

1.《中华人民共和国执业医师法》规定，医师在执业活动中应履行的义务之一是
　　A. 在注册的执业范围内，选择合理的医疗、预防、保健方案
　　B. 从事医学研究、学术交流，参加专业学术团体
　　C. 参加专业培训，接受继续医学教育
　　D. 努力钻研业务，更新知识，提高专业水平
　　E. 获得工资报酬和津贴，享受国家规定的福利待遇

2.《中华人民共和国执业医师法》规定，在医疗、预防、保健机构中试用期满一年，具有以下学历者可以参加执业医师资格考试
　　A. 高等学校医学专业本科以上学历
　　B. 高等学校医学专业专科学历
　　C. 取得助理执业医师执业证书后，具有高等学校医学专科学历
　　D. 中等专业学校医学专业学历
　　E. 取得助理执业医师执业证书后，具有中等专业学校医学专业学历

3. 医师中止执业活动两年以上，当其中止的情形消失后，需要恢复执业活动的，应当经所在地的县级以上卫生行政部门委托的机构或者组织考核合格，并依法申请办理
　　A. 准予注册手续　　　　B. 中止注册手续
　　C. 注销注册手续　　　　D. 变更注册手续
　　E. 重新注册手续

4. 对医师的业务水平、工作成绩和职业道德状况，依法享有定期考核权的单位是
　　A. 县级以上人民政府
　　B. 县级以上人民政府卫生行政部门
　　C. 受县级以上人民政府卫生行政部门委托的机构或者组织
　　D. 医师所在地的医学会或者医师协会
　　E. 医师所在的医疗、预防、保健机构

5.《中华人民共和国执业医师法》规定对考核不合格的医师，卫生行政部门可以责令其暂停执业活动，并接受培训和继续医学教育。暂停期限是 3 个月至
　　A. 5 个月

B. 6个月
C. 7个月
D. 8个月
E. 9个月

6. 某县医院妇产科医师计划开展结扎手术业务,按照规定参加了相关培训,培训结束后,有关单位负责对其进行了考核并颁发给相应的合格证书,该有关单位是指
　　A. 地方医师协会
　　B. 所在医疗保健机构
　　C. 国家卫生健康委员会
　　D. 地方医学会
　　E. 地方卫生行政部门

7. 医师在执业活动中**不属于**应当履行的义务是
　　A. 宣传普及卫生保健知识
　　B. 尊重患者隐私权
　　C. 人格尊严、人身安全不受侵犯
　　D. 努力钻研业务,及时更新知识
　　E. 爱岗敬业,努力工作

8. 医师在执业活动中,违反《中华人民共和国执业医师法》规定,有下列行为之一的,由县级以上人民政府卫生行政部门给予警告或者责令暂停六个月以上一年以下执业活动;情节严重的,吊销其医师执业证书
　　A. 未经批准开办医疗机构行医的
　　B. 未经患者或家属同意,对患者进行实验性临床医疗的
　　C. 在医疗、预防、保健工作中造成事故的
　　D. 不参加培训和继续教育的
　　E. 干扰医疗机构正常工作的

9. 医师医疗权的权利**不包括**
　　A. 获得报酬
　　B. 医学处置
　　C. 出具证明文件
　　D. 选择医疗方案
　　E. 医学检查

10. 在医疗活动中,医务人员应当如实向患者告知病情、医疗措施、医疗风险,这是
　　A. 医务人员的权利
　　B. 医务人员的义务

6.【答案】E
【解析】从事婚前医学检查、实行结扎手术和妊娠手术的人员以及从事家庭接生的人员,必须经过县级以上地方人民政府卫生行政部门的考核,并取得相应的合格证书。

7.【答案】C
【解析】根据《中华人民共和国执业医师法》第三章第二十二条 医师在执业活动中履行下列义务:
(一)遵守法律、法规,遵守技术操作规范;
(二)树立敬业精神,遵守职业道德,履行医师职责,尽职尽责为患者服务;
(三)关心、爱护、尊重患者,保护患者的隐私;
(四)努力钻研业务,更新知识,提高专业技术水平;
(五)宣传卫生保健知识,对患者进行健康教育。
选项C人格尊严、人身安全不受侵犯属于医师享有的权利,选项A、B、D、E皆是医师的义务。

8.【答案】B
【解析】《中华人民共和国执业医师法》第三十七条 医师在执业活动中,违反本法规定,有下列行为之一的,由县级以上人民政府卫生行政部门给予警告或者责令暂停六个月以上一年以下执业活动;情节严重的,吊销其执业证书;构成犯罪的,依法追究刑事责任:
(一)违反卫生行政规章制度或者技术操作规范,造成严重后果的;
(二)由于不负责任延误急危患者的抢救和诊治,造成严重后果的;
(三)造成医疗责任事故的;
(四)未经亲自诊查、调查,签署诊断、治疗、流行病学证明文件或者有关出生、死亡等证明文件的;
(五)隐匿、伪造或者擅自销毁医学文书及有关资料的;
(六)使用未经批准使用的药品、消毒药剂和医疗器械的;
(七)不按照规定使用麻醉药品、医疗用毒性药品、精神药品和放射性药品的;
(八)未经患者或者其家属同意,对患者进行实验性临床医疗的;
(九)泄露患者隐私,造成严重后果的;
(十)利用职务之便,索取、非法收受患者财物或者牟取其他不正当利益的;
(十一)发生自然灾害、传染病流行、突发重大伤亡事故以及其他严重威胁人民生命健康的紧急情况时,不服从卫生行政部门调遣的;
(十二)发生医疗事故或者发现传染病疫情,患者涉嫌伤害事件或者非正常死亡,不按照规定报告的。
本题所有选项只有选项B符合第(八)款,故本题选B。

9.【答案】A
【解析】医师在执业活动中享有下列权利:医师在执业活动中享有注册的执业范围内,进行医学诊查、疾病调查、医学处置、出具相应的医学证明文件,选择合理的医疗、预防、保健方案的权利。所有选项中只有获得报酬不包括在内,故本题选A。

10.【答案】B
【解析】根据《中华人民共和国执业医师法》第二十六条 医师应当如实向

患者或者其家属介绍病情,但应注意避免对患者产生不利后果。医师进行实验性临床医疗,应当经医院批准并征得患者本人或者其家属同意。这属于医务人员应当切实履行的一些告知义务,故本题选B。

11.【答案】B
【解析】根据《中华人民共和国执业医师法》第二十四条 对急危患者,医师应当采取紧急措施进行诊治;不得拒绝急救处置。故本题选B。

12.【答案】C
【解析】根据《中华人民共和国执业医师法》第二十三条 医师实施医疗、预防、保健措施,签署有关医学证明文件,必须亲自诊查调查,并按照规定及时填写医学文书,不得隐匿、伪造或者销毁医学文书及有关资料。医师不得出具与自己执业范围无关者或者与执业类别不相符的医学证明文件。而拒绝以其他医院的检验结果为依据出具诊断证明书是正确的行为,不属于违法违规。故本题选C。其他选项皆属于违法违规。

13.【答案】B
【解析】根据《中华人民共和国执业医师法》第三十九条 未经批准擅自开办医疗机构行医或者非医师行医的,由县级以上人民政府卫生行政部门予以取缔,没收其违法所得及其药品、器械,并处十万元以下的罚款;对医师吊销其执业证书;给患者造成损害的,依法承担赔偿责任;构成犯罪的,依法追究刑事责任。所有选项中只有责令赔偿患者损失不包括在内,故本题选B。

14.【答案】E
【解析】医师包括执业医师和执业助理医师,指依法取得执业医师资格或者执业助理医师资格,经注册在医疗、预防、保健机构中执业的专业医务人员。选项E较为完整地定义了执业医师的概念,而其他答案均有所欠缺。故本题选E。

15.【答案】A
【解析】未经医师亲自诊查、调查,签署诊断、治疗、流行病学等证明文件或者有关出生、死亡等证明文件的,将由县级以上人民政府卫生行政部门给予医师警告或者责令暂停六个月以上一年以下执业活动;情节严重的,吊销执业证书;构成犯罪的,依法追究刑事责任。所以说,某医师拒绝按照其他医院检验结果开处方的行为是正确的,不受处罚。故本题选A。

16.【答案】B
【解析】根据《中华人民共和国执业医师法》第二章第十七条 医师变更执业地点、执业类别、执业范围等注册事项的,应当到准予注册的卫生行政部门依照本法第十三条的规定办理变更注册手续。故应向拟执业地注册管理部门申请。

C. 医务人员的职业道德
D. 患者的权利
E. 患者的义务

11. 对急危患者,医师应该采取的救治措施是
A. 积极措施
B. 紧急措施
C. 适当措施
D. 最佳措施
E. 一切可能的措施

12. 医师的下列行为不属于违法违规的是
A. 违反技术操作规范
B. 延误救治
C. 拒绝以其他医院的检验结果为依据出具诊断证明书
D. 未经患者同意实施实验性临床医疗
E. 泄露患者隐私

13. 未经有关部门批准,医师擅自开办诊所,卫生行政部门可采取的措施不包括
A. 没收违法所得
B. 责令赔偿患者损失
C. 没收药品、器械
D. 吊销执业证书
E. 取缔

14. 执业医师是指在医疗机构中的
A. 从业人员
B. 执业的医务人员
C. 经注册的医务人员
D. 取得医师资格的医务人员
E. 取得医师资格并经注册的执业医务人员

15. 医师拒绝按照其他医院的检验结果开处方,应
A. 不受处罚
B. 受纪律处罚
C. 受党纪处罚
D. 受行政处罚
E. 受司法处罚

16. 医师跨省调动工作,需申请办理变更执业注册手续时,应
A. 向原注册管理部门申请

B. 向拟执业地注册管理部门申请

C. 向原或拟执业地任何一个注册管理部门申请

D. 先向原注册管理部门申请,再向拟执业地注册管理部门申请

E. 先向拟执业地注册管理部门申请,再向原注册地管理部门申请

17. 对于涂改、伪造病历资料的医务人员,卫生行政部门可给予的行政处罚**不包括**

A. 行政处分

B. 纪律处分

C. 吊销执业证书

D. 吊销资格证书

E. 赔偿患者损失

【A2型题】

1. 某医师,在去年8月至今年6月的执业活动中,为了从个体推销商手中得到好处,多次使用未经批准的药品和消毒药剂,累计获得回扣8 205元。根据《中华人民共和国执业医师法》的规定,应当依法给予该医师的行政处罚是

A. 警告

B. 责令暂停9个月执业活动

C. 罚款1万元

D. 吊销执业证书

E. 没收非法所得

2. 中等卫校毕业生林某,在乡卫生院工作,2000年取得执业助理医师执业证书。他要参加执业医师资格考试,根据《中华人民共和国执业医师法》规定,应取得执业助理医师执业证书后,在医疗机构中工作满

A. 六年

B. 五年

C. 四年

D. 三年

E. 两年

3. 黄某2010年10月因医疗事故受到吊销医师执业证书的行政处罚,2012年9月向当地卫生行政部门申请重新注册。卫生行政部门经过审查决定对黄某不予注册,理由是黄某的行政处罚自处罚决定之日起至申请注册之日止不满

A. 一年

B. 两年

17.【答案】E
【解析】根据《中华人民共和国执业医师法》第五章第三十七条 隐匿、伪造或者擅自销毁医学文书及有关资料的医师将由县级以上人民政府卫生行政部门给予警告或者责令暂停六个月以上一年以下执业活动;情节严重的,吊销执业证书;构成犯罪的,依法追究刑事责任。所有选项中只有"赔偿患者损失"不包括在内,故本题选E。

1.【答案】D
【解析】《中华人民共和国执业医师法》第五章第三十七条 医师在执业活动中,违反本法规定,有下列行为之一的,由县级以上人民政府卫生行政部门给予警告或者责令暂停六个月以上一年以下执业活动;情节严重的,吊销其执业证书;构成犯罪的,依法追究刑事责任。本题该医师属于其中的第(十)款:利用职务之便,索取、非法收受患者财物或者牟取其他不正当利益的,应给予吊销执业证书。故本题选D。

2.【答案】B
【解析】根据《中华人民共和国执业医师法》第二章第九条 具有下列条件之一的,可以参加执业医师资格考试:
(一)具有高等学校医学专业本科以上学历,在执业医师指导下,在医疗、预防、保健机构中试用期满一年的;
(二)取得执业助理医师执业证书后,具有高等学校医学专科学历,在医疗、预防、保健机构中工作满两年的;具有中等专业学校医学专业学历,在医疗、预防、保健机构中工作满五年的。
本题林某属于第九条第(二)款的情况,故选B。

3.【答案】B
【解析】根据《中华人民共和国执业医师法》第十五条 有下列情形之一的,不予注册:
(一)不具有完全民事行为能力的;
(二)因受刑事处罚,自刑罚执行完毕之日起至申请注册之日止不满两年的;
(三)受吊销医师执业证书行政处罚,自处罚决定之日起至申请注册之日止不满两年的;

（四）有国务院卫生行政部门规定不宜从事医疗、预防、保健业务的其他情形的。

受理申请的卫生行政部门对不符合条件不予注册的，应当自收到申请之日起三十日内书面通知申请人，并说明理由。申请人有异议的，可以自收到通知之日起十五日内，依法申请复议或者向人民法院提起诉讼。本题黄某属于第十五条（三）款的情况，故本题选B。

1.【答案】A
【解析】《医疗事故处理条例》第四条　根据对患者人身造成的损害程度，医疗事故分为四级。

2.【答案】B
【解析】《医疗事故处理条例》第八条　医疗机构应当按照国务院卫生行政部门规定的要求，书写并妥善保管病历资料。因抢救急危患者，未能及时书写病历的，有关医务人员应当在抢救结束后6小时内据实补记，并加以注明。

3.【答案】A
【解析】《医疗事故处理条例》第十六条　发生医疗事故争议时，死亡病例讨论记录、疑难病例讨论记录、上级医师查房记录、会诊意见、病程记录应当在医患双方在场的情况下封存和启封。封存的病历资料可以是复印件，由医疗机构保管。

4.【答案】C
【解析】《医疗事故处理条例》第二十二条　当事人对首次医疗事故技术鉴定结论不服的，可以自收到首次鉴定结论之日起15日内向医疗机构所在地卫生行政部门提出再次鉴定的申请。

5.【答案】B
【解析】《医疗事故处理条例》第三十七条　发生医疗事故争议，当事人申请卫生行政部门处理的，应当提出书面申请。申请书应当载明申请人的基本情况、有关事实、具体请求及理由等。当事人自知道或者应当知道其身体健康受到损害之日起1年内，可以向卫生行政部门提出医疗事故争议处理申请。

6.【答案】E
【解析】《医疗事故处理条例》第五十条　医疗事故赔偿的项目包括11项，具体为：医疗费、误工费、住院伙食补助费、陪护费、残疾生活补助费、残疾用具费、丧葬费、被抚养人生活费、交通费、住宿费、精神损害抚慰金等，并较为明确地规定了上述赔偿项目的计算标准和计算办法。

C. 三年
D. 四年
E. 五年

第四节　医疗事故与损害法律制度

【A1 型题】

1.《医疗事故处理条例》将医疗事故分为四级，它们是根据
　　A. 对患者人身造成的损害程度
　　B. 医疗事故的责任
　　C. 患者病情严重程度
　　D. 医疗事故的定性
　　F. 患者患病的病种情况

2. 因抢救急危患者，未能及时书写病历的，有关医务人员应当在抢救结束后几小时内据实补记，并加以注明
　　A. 3 小时　　　　B. 6 小时　　　　C. 9 小时
　　D. 12 小时　　　E. 24 小时

3. 发生医疗事故争议情况，封存和启封病历等资料时应
　　A. 有医患双方在场
　　B. 有第三方公证人在场
　　C. 有医疗事故鉴定委员会专家在场
　　D. 有卫生行政部门有关人员在场
　　E. 经请卫生行政部门批准后

4. 当事人对首次医疗事故技术鉴定不服的，可以自收到首次医疗事故技术鉴定结论之日起几日内向所在地卫生行政部门提出再次鉴定的申请
　　A. 5 日　　　　　B. 10 日　　　　C. 15 日
　　D. 20 日　　　　E. 25 日

5. 当事人自知道或者应当知道其身体健康受到损害之日起（　　　）年内，可以向卫生行政部门提出医疗事故争议处理申请
　　A. 0.5　　　　　B. 1　　　　　　C. 1.5
　　D. 2　　　　　　E. 2.5

6. 医疗事故赔偿的项目有
　　A. 7 项　　　　　B. 8 项　　　　C. 9 项
　　D. 10 项　　　　E. 11 项

7. 调整医疗活动中医患双方权利和义务,保障医患双方合法权益得以实现的具体卫生行政法规是
 A.《中华人民共和国食品卫生法》
 B.《医疗事故处理条例》
 C.《麻醉药品管理办法》
 D.《中华人民共和国传染病防治法》
 E.《中华人民共和国药品管理法》

8.《医疗事故处理条例》开始施行的日期为
 A. 2002 年 4 月 4 日　　　B. 2002 年 9 月 1 日
 C. 2003 年 4 月 4 日　　　D. 2002 年 2 月 20 日
 E. 2003 年 9 月 1 日

9. 当事人对首次医疗事故技术鉴定结论有异议,申请再次鉴定的,卫生行政部门应当自收到之日起 7 日内,交由什么组织再次鉴定
 A. 地、市级地方医学会
 B. 省、自治区、直辖市地方医学会
 C. 中华医学会
 D. 人民法院
 E. 以上均不是

10. 医疗机构内死亡的,尸体应立即移放太平间。死者尸体存放时间一般**不超过**多长时间
 A. 1 周　　　　B. 2 周　　　　C. 3 周
 D. 4 周　　　　E. 5 周

11. 下列选项中哪种情形**不属于**医疗事故
 A. 在紧急情况下为抢救垂危患者生命而采取紧急措施造成不良后果的
 B. 在医疗活动中由于患者病情异常或者患者体质特殊而发生医疗意外的
 C. 无过错输血感染造成不良后果的
 D. 经患者同意,对患者实行实验性诊疗发生不良后果
 E. 以上都不是医疗事故

12. 医疗纠纷需进行尸检,尸检时间应在死后
 A. 12 小时内
 B. 24 小时内
 C. 36 小时内
 D. 48 小时内
 E. 72 小时内

7.【答案】B
【解析】《医疗事故处理条例》是国务院 2002 年 4 月 4 日颁布的条例。制定的目的是正确处理医疗事故,保护患者和医疗机构及其医务人员的合法权益,维护医疗秩序,保障医疗安全,促进医学科学的发展。

8.【答案】B
【解析】最新的条例于 2002 年 2 月 20 日国务院第 55 次常务会议通过,于 2002 年 9 月 1 日起公布施行,共计七章六十三条。

9.【答案】B
【解析】《医疗事故处理条例》第三十九条　当事人对首次医疗事故技术鉴定结论有异议,申请再次鉴定的,卫生行政部门应当自收到申请之日起 7 日内交由省、自治区、直辖市地方医学会组织再次鉴定。

10.【答案】B
【解析】《医疗事故处理条例》第十九条　患者在医疗机构内死亡的,尸体应当立即移放太平间。死者尸体存放时间一般不得超过 2 周。逾期不处理的尸体,经医疗机构所在地卫生行政部门批准,并报经同级公安部门备案后,由医疗机构按照规定进行处理。

11.【答案】E
【解析】《医疗事故处理条例》第三十三条　有下列情形之一的,不属于医疗事故:
(一)在紧急情况下为抢救垂危患者生命而采取紧急医学措施造成不良后果的;
(二)在医疗活动中由于患者病情异常或者患者体质特殊而发生医疗意外的;
(三)在现有医学科学技术条件下,发生无法预料或者不能防范的不良后果的;
(四)无过错输血感染造成不良后果的;
(五)因患方原因延误诊疗导致不良后果的;
(六)因不可抗力造成不良后果的。

12.【答案】D
【解析】《医疗事故处理条例》第十八条　患者死亡,医患双方当事人不能确定死因或者对死因有异议的,应当在患者死亡后 48 小时内进行尸检;具备尸体冻存条件的,可以延长至 7 日。尸检应当经死者近亲属同意并签字。

13.【答案】E
【解析】《医疗事故处理条例》第
十四条 发生医疗事故的,医疗机构
应当按照规定向所在地卫生行政部门
报告。发生下列重大医疗过失行为的,
医疗机构应当在 12 小时内向所在地
卫生行政部门报告:
(一)导致患者死亡或者可能为二
级以上的医疗事故;
(二)导致 3 人以上人身损害后果;
(三)国务院卫生行政部门和省、
自治区、直辖市人民政府卫生行政部
门规定的其他情形。

14.【答案】A
【解析】《医疗事故处理条例》第
五十条 以死者生前或者残疾者丧失
劳动能力前实际抚养且没有劳动能
力的人为限,按照其户籍所在地或者
居所地居民最低生活保障标准计算。
对不满 16 周岁的,抚养到 16 周岁;
对年满 16 周岁但无劳动能力的,抚
养 20 年;但是,60 周岁以上的,不超
过 15 年;70 周岁以上的,不超过 5 年。

15.【答案】B
【解析】《医疗事故处理条例》第
四十八条 已确定为医疗事故的,卫
生行政部门应医疗事故争议双方当事
人请求,可以进行医疗事故赔偿调解。
调解时,应当遵循当事人双方自愿原
则,并应当依据本条例的规定计算赔
偿数额。经调解,双方当事人就赔偿
数额达成协议的,制作调解书,双方当
事人应当履行;调解不成或者经调解
达成协议后一方反悔的,卫生行政部
门不再调解。

16.【答案】A
【解析】《医疗事故处理条例》第
五十一条 参加医疗事故处理的患者
近亲属所需交通费、误工费、住宿费,
参照本条例第五十条的有关规定计
算,计算费用的人数不超过 2 人。医
疗事故造成患者死亡的,参加丧葬活
动的患者的配偶和直系亲属所需交
通费、误工费、住宿费,参照本条例第
五十条的有关规定计算,计算费用的
人数不超过 2 人。

17.【答案】C
【解析】《医疗事故处理条例》第二
条 本条例所称医疗事故,是指医疗
机构及其医务人员在医疗活动中,违
反医疗卫生管理法律、行政法规、部门
规章和诊疗护理规范、常规,过失造成
患者人身损害的事故。

18.【答案】C
【解析】《医疗事故处理条例》第
十四条 发生重大医疗过失行为的,
医疗机构应当在 12 小时内向所在地
卫生行政部门报告。

13. 发生重大医疗过失行为,医疗机构应当在规定的时限向当地
卫生行政部门报告,重大医疗过失行为是指下列哪种情形
A. 造成患者一般功能障碍
B. 造成患者轻度残疾
C. 造成患者组织损伤导致一般功能障碍
D. 造成患者明显人身损害的其他后果
E. 导致 3 人以上人身损害后果

14. 事故赔偿被抚养人的生活费时,正确的是
A. 不满 16 周岁的,抚养到 16 岁
B. 不满 16 周岁的,抚养到 18 岁
C. 年满 16 周岁但无劳动能力的,抚养 30 年
D. 60 周岁以上的,不超过 20 年
E. 70 周岁以上的,不超过 10 年

15. 进行医疗事故赔偿调解的依据是
A. 卫生行政部门作出的医疗事故技术鉴定结论报告
B. 卫生行政部门审核的、依照条例规定作出的医疗事故鉴
定技术结论
C. 双方当事人自行协商解决的医疗事故技术鉴定报告结论
D. 双方当事人有争议的医疗事故鉴定结论
E. 卫生行政部门作出的鉴定结论

16.《医疗事故处理条例》规定,医院对参加事故处理的患者近亲
属交通费、误工费和住宿费的损失赔偿人数**不超过**
A. 2 人
B. 3 人
C. 4 人
D. 5 人
E. 6 人

17. 医疗事故的要件之一是
A. 直接故意
B. 间接故意
C. 过失
D. 意外事件
E. 以上均不对

18. 重大医疗过失行为,例如导致 3 人以上人身损害后果,医疗
卫生机构应当在几小时内向所在地卫生行政部门报告
A. 6 小时内
B. 8 小时内

C. 12 小时内

D. 24 小时内

E. 48 小时内

19. 医疗事故的责任主体是依法取得

A. 大学毕业证书的医学院校毕业生

B. 医学教育资格的机构

C. 医疗机构执业许可证的机构

D. 考试合格资格的考生

E. 医学临床研究资格的机构

19.【答案】C

【解析】《医疗事故处理条例》第六十条 本条例所称医疗机构,是指依照《医疗机构管理条例》的规定取得《医疗机构执业许可证》的机构。

20. 对事故所作首次鉴定结论不服的,当事人申请再次鉴定的时限应是

A. 收到首次鉴定结论之日起 20 日后

B. 收到首次鉴定结论之日起 15 日内

C. 收到首次鉴定结论之日起 30 日后

D. 收到首次鉴定结论之日起 10 日内

E. 收到首次鉴定结论之日起 15 日后

20.【答案】B

【解析】《医疗事故处理条例》第二十二条 当事人对首次医疗事故技术鉴定结论不服的,可以自收到首次鉴定结论之日起 15 日内向医疗机构所在地卫生行政部门提出再次鉴定的申请。

第五节 母婴保健法律制度

【A1 型题】

1. 母婴保健技术服务**不包括**

A. 有关母婴保健的科普宣传、教育和咨询

B 婚前医学检查

C. 产前诊断和遗传病诊断

D. 助产技术

E. 内、外科诊疗

1.【答案】E

2. 孕妇有下列情形之一的,医师**不必**对其进行产前诊断

A. 羊水过多或者过少的

B. 胎儿发育异常或者胎儿有可疑畸形的

C. 孕早期接触过可能导致胎儿先天缺陷的物质的

D. 有遗传病家族史或者曾经分娩过先天性严重缺陷婴儿的

E. 初产妇年龄不满 35 岁

2.【答案】E

3. 严禁采用技术手段对胎儿进行性别鉴定,对怀疑胎儿可能为伴性遗传病,需要进行性别鉴定的,由（　　）指定的医疗、保健机构按照国务院卫生行政部门的规定进行鉴定

A. 省、自治区、直辖市人民政府卫生行政部门

B. 市级人民政府卫生行政部门

3.【答案】A

4.【答案】C

4. 没有条件住院分娩的,应当由经(　　)许可并取得家庭接生员技术证书的人员接生
A. 省、自治区、直辖市人民政府卫生行政部门
B. 市级人民政府卫生行政部门
C. 县级人民政府卫生行政部门
D. 乡镇人民政府卫生行政部门
E. 村级人民政府卫生行政部门

5.【答案】A

5. 国家推行(　　)喂养
A. 母乳
B. 混合
C. 母乳代用品
D. 配方奶
E. 纯牛奶

6.【答案】C

6. 当事人对婚前医学检查、遗传病诊断、产前诊断结果有异议,需要进一步确诊的,可以自接到检查或者诊断结果之日起(　　)向所在地县级或者设区的市级母婴保健医学技术鉴定委员会提出书面鉴定申请
A. 7 日内　　　　B. 10 日内　　　　C. 15 日内
D. 20 日内　　　　E. 25 日内

7.【答案】D

7. 母婴保健医学技术鉴定委员会应当自接到鉴定申请之日起(　　)作出医学技术鉴定意见,并及时通知当事人
A. 15 日内　　　　B. 20 日内　　　　C. 25 日内
D. 30 日内　　　　E. 35 日内

8.【答案】C

8. 当事人对母婴保健医学技术鉴定意见有异议的,可以自接到鉴定意见通知书之日起(　　)向上一级母婴保健医学技术鉴定委员会申请再鉴定
A. 7 日内　　　　B. 10 日内　　　　C. 15 日内
D. 20 日内　　　　E. 25 日内

9.【答案】B

9. 母婴保健医学技术鉴定委员会进行医学鉴定时须有(　　)以上相关专业医学技术鉴定委员会成员参加
A. 3 名　　　　B. 5 名　　　　C. 7 名
D. 9 名　　　　E. 11 名

第六节 传染病防治法律制度

【A1 型题】

1. 《中华人民共和国传染病防治法》规定的乙类传染病有
   A. 鼠疫   B. 流行性感冒   C. 艾滋病
   D. 风疹   E. 霍乱

2. 《中华人民共和国传染病防治法》规定,国家对传染病实行的方针与管理办法是
   A. 预防为主,防治结合,统一管理
   B. 预防为主,防治结合,分类管理
   C. 预防为主,防治结合,划区管理
   D. 预防为主,防治结合,分片管理
   E. 预防为主,防治结合,层级管理

3. 对从事传染病预防、医疗、科研的人员以及现场处理疫情的人员,为了保障其健康,他们所在单位应当根据国家规定采取
   A. 防治措施和强制治疗措施
   B. 防治措施和强制隔离措施
   C. 防治措施和医疗保健措施
   D. 防治措施和追踪调查措施
   E. 防治措施和紧急控制措施

4. 在自然疫源地和可能是自然疫源地的地区兴办的大型建设项目开工前,建设单位应当申请当地卫生防疫机构对施工环境进行
   A. 环保调查   B. 卫生调查   C. 卫生资源调查
   D. 环境资源调查   E. 危害因素调查

5. 对传染病病人或疑似传染病病人污染的场所和物品,医疗保健机构应当及时采取
   A. 封闭场所并销毁物品
   B. 强制隔离治疗
   C. 必要的卫生处理
   D. 报告上级卫生行政机关处理
   E. 提请卫生防疫部门处理

6. 属于乙类传染病,但采取甲类传染病预防和控制措施的疾病是
   A. 新生儿破伤风

1.【答案】C
【解析】甲类传染病是指:鼠疫、霍乱。乙类传染病是指:传染性非典型肺炎、艾滋病、病毒性肝炎、脊髓灰质炎、人感染高致病性禽流感、麻疹、流行性出血热、狂犬病、流行性乙型脑炎、登革热、炭疽、细菌性和阿米巴痢疾、肺结核、伤寒和副伤寒、流行性脑脊髓膜炎、百日咳、白喉、新生儿破伤风、猩红热、布鲁氏菌病、淋病、梅毒、钩端螺旋体病、血吸虫病、疟疾。丙类传染病是指:流行性感冒、流行性腮腺炎、风疹、急性出血性结膜炎、麻风病、流行性和地方性斑疹伤寒、黑热病、棘球蚴病、丝虫病,除霍乱、细菌性和阿米巴痢疾、伤寒和副伤寒以外的感染性腹泻病。选项C属于乙类传染病,故本题选C。

2.【答案】B
【解析】根据《中华人民共和国传染病防治法》第二条 国家对传染病防治实行预防为主的方针,防治结合、分类管理、依靠科学、依靠群众。故本题选B。

3.【答案】C
【解析】根据《中华人民共和国传染病防治法》第六十四条 对从事传染病预防、医疗、科研、教学、现场处理疫情的人员,以及在生产、工作中接触传染病病原体的其他人员,有关单位应当按照国家规定,采取有效的卫生防护措施和医疗保健措施,并给予适当的津贴。故本题应选C。

4.【答案】B
【解析】根据《中华人民共和国传染病防治法》第二十八条 在国家确认的自然疫源地计划兴建水利、交通、旅游、能源等大型建设项目的,应当事先由省级以上疾病预防控制机构对施工环境进行卫生调查。建设单位应当根据疾病预防控制机构的意见,采取必要的传染病预防、控制措施。故本题选B。

5.【答案】C

6.【答案】D
【解析】对乙类传染病中传染性非典型肺炎、炭疽中肺炭疽和人感染高致病性禽流感,采取《中华人民共和国传染病防治法》中甲类传染病的预防、控制措施。

7.【答案】A

【解析】对可能导致甲类传染病传播的以及国务院卫生行政部门规定的菌种、毒种和传染病检测样本，确需采集、保藏、携带、运输和使用的，实行分类管理，建立健全严格的管理制度。须经省级以上人民政府卫生行政部门批准。

8.【答案】C

【解析】根据《中华人民共和国传染病防治法》，甲类传染病是指：鼠疫、霍乱。乙类传染病是指：传染性非典型肺炎、艾滋病、病毒性肝炎、脊髓灰质炎、人感染高致病性禽流感、麻疹、流行性出血热、狂犬病、流行性乙型脑炎、登革热、炭疽、细菌性和阿米巴痢疾、肺结核、伤寒和副伤寒、流行性脑脊髓膜炎、百日咳、白喉、新生儿破伤风、猩红热、布鲁氏菌病、淋病、梅毒、钩端螺旋体病、血吸虫病、疟疾。丙类传染病是指：流行性感冒、流行性腮腺炎、风疹、急性出血性结膜炎、麻风病、流行性和地方性斑疹伤寒、黑热病、棘球蚴病、丝虫病，除霍乱、细菌性和阿米巴痢疾、伤寒和副伤寒以外的感染性腹泻病。故选项C属于乙类传染病，本题选C。

9.【答案】C

【解析】医疗机构发现甲类传染病时，应当及时采取下列措施：①对病人、病原携带者，予以隔离治疗，隔离期限根据医学检查结果确定；②对疑似病人，确诊前在指定场所单独隔离治疗；③对医疗机构内的病人、病原携带者、疑似病人的密切接触者，在指定场所进行医学观察和采取其他必要的预防措施。故本题选C。

10.【答案】E

【解析】根据《中华人民共和国传染病防治法》第四十二条 传染病暴发、流行时，县级以上地方人民政府应当立即组织力量，按照预防、控制预案进行防治，切断传染病的传播途径，必要时，报经上一级人民政府决定，可以采取下列紧急措施并予以公告：
（一）限制或者停止集市、影剧院演出或者其他人群聚集的活动；
（二）停工、停业、停课；
（三）封闭或者封存被传染病病原体污染的公共饮用水源、食品以及相关物品；
（四）控制或者扑杀染疫野生动物、家畜家禽；
（五）封闭可能造成传染病扩散的场所。
故本题选E。

11.【答案】B

B. 梅毒
C. 百日咳
D. 传染性非典型性肺炎
E. 白喉

7. 国家对传染病菌种毒种的采集、保藏、携带、运输和使用实行的管理方式是
A. 分类管理
B. 行业管理
C. 专项管理
D. 集中管理
E. 分层管理

8. 下列属于《中华人民共和国传染病防治法》规定的乙类传染病的是
A. 鼠疫
B. 流行性感冒
C. 人感染高致病性禽流感
D. 黑热病
E. 霍乱

9. 医疗机构在发现甲类传染病时，对疑似病人在明确诊断前，应在指定场所进行
A. 访视
B. 留验
C. 单独隔离治疗
D. 医学观察
E. 就地诊验

10. 传染病暴发、流行时，县级以上地方人民政府应当
A. 宣布疫区
B. 限制或者停止集市、集会
C. 停业、停工、停课
D. 临时征用房屋、交通工具
E. 立即组织力量防治，切断传播途径

11. 发生传染病流行时，县级以上地方政府有权在本行政区域内
A. 调集各级各类医疗、防疫人员参加疫情控制工作
B. 停工、停业、停课
C. 封锁甲类或按甲类传染病管理的传染病疫区
D. 封锁跨省、自治区、直辖市的疫区
E. 宣布疫区

12. 为查找传染病原因,医疗机构依法对疑似传染病病人尸体进行解剖,应当
    A. 有病人死亡前签署的同意尸检的书面意见
    B. 征得死者家属同意并签字
    C. 征得死者家属同意
    D. 选择性告知死者家属
    E. 告知死者家属

13. 对于住院的甲型肝炎病人使用过的卫生洁具,医疗机构应当采取的措施是
    A. 销毁
    B. 彻底清洗
    C. 必要的卫生处理
    D. 请卫生行政机关处理
    E. 请防疫机构处理

14. 有权对拒绝隔离治疗的霍乱病人采取强制措施的机构是
    A. 医疗机构
    B. 防疫机构
    C. 公安机关
    D. 卫生行政部门
    E. 政府综合执法机构

15. 《中华人民共和国传染病防治法》规定,有关单位应当根据国家规定,对以下人员采取有效的防护措施和医疗保健措施
    A. 从事传染病预防的人员以及在生产、工作中接触传染病病原体的其他人员
    B. 从事传染病预防、医疗的人员
    C. 从事传染病预防、医疗、科研的人员
    D. 医疗、教学的人员,以及在生产、工作中接触传染病病原体的其他人员
    E. 从事传染病预防、医疗、科研、教学的人员,以及在生产、工作中接触传染病病原的其他人员

16. 除《中华人民共和国传染病防治法》规定以外的其他传染病,根据其暴发、流行情况和危害程度,需要列入乙类、丙类传染病的,由哪个部门决定并予以公布
    A. 国务院公安部门
    B. 国务院卫生行政部门
    C. 国务院畜牧兽医部门
    D. 国务院办公厅
    E. 国务院司法部门

12.【答案】E
【解析】根据《中华人民共和国传染病防治法》第四十六条 患甲类传染病、炭疽死亡的,应当将尸体立即进行卫生处理,就近火化。患其他传染病死亡的,必要时,应当将尸体进行卫生处理后火化或者按照规定深埋。为了查找传染病病因,医疗机构在必要时可以按照国务院卫生行政部门的规定,对传染病病人尸体或者疑似传染病病人尸体进行解剖查验,并应当告知死者家属。本题选E。

13.【答案】C
【解析】根据《中华人民共和国传染病防治法》第二十七条 对被传染病病原体污染的污水、污物、场所和物品,有关单位和个人必须在疾病预防控制机构的指导下或者按照其提出的卫生要求,进行严格消毒处理;拒绝消毒处理的,由当地卫生行政部门或者疾病预防控制机构进行强制消毒处理。本题选C。

14.【答案】C
【解析】医疗机构发现甲类传染病时,应当及时采取下列措施:①对病人、病原携带者,予以隔离治疗,隔离期限根据医学检查结果确定;②对疑似病人,确诊前在指定场所单独隔离治疗;③对医疗机构内的病人、病原携带者、疑似病人的密切接触者,在指定场所进行医学观察和采取其他必要的预防措施。拒绝隔离治疗或者隔离期未满擅自脱离隔离治疗的,可以由公安机关协助医疗机构采取强制隔离治疗措施。故本题选C。

15.【答案】E
【解析】《中华人民共和国传染病防治法》第六十四条 对从事传染病预防、医疗、科研、教学、现场处理疫情的人员,以及在生产、工作中接触传染病病原体的其他人员,有关单位应当按照国家规定,采取有效的卫生防护措施和医疗保健措施,并给予适当的津贴。

16.【答案】B
【解析】《中华人民共和国传染病防治法》第三条 国务院卫生行政部门根据传染病暴发、流行情况和危害程度,可以决定增加、减少或者调整乙类、丙类传染病病种并予以公布。

17.【答案】A
【解析】《中华人民共和国传染病防治法》第五十六条 卫生行政部门工作人员依法执行职务时,应当不少于两人,并出示执法证件,填写卫生执法文书。卫生执法文书经核对无误后,应当由卫生执法人员和当事人签名。当事人拒绝签名的,卫生执法人员应当注明情况。

1.【答案】E
【解析】责任疫情报告人发现甲类传染病和乙类传染病中人感染高致病性禽流感、非典型病原体肺炎、肺炭疽的病人、病原携带者和疑似传染病病人时,应于2小时内向发病地的卫生防疫机构报告。发现乙类和丙类传染病应在12小时内当地防疫机构报告。故选E。

2.【答案】D
【解析】疑似甲类或乙类中的某些传染病病人在明确诊断前,就近就地进行医学观察。根据题干,防疫人员现怀疑杨某患有"人禽流感",故应就地(丁县)进行医学观察,故选D。

1.【答案】B
【解析】根据《中华人民共和国药品管理法》第七十六条 医疗机构配制的制剂,应当是本单位临床需要而市场上没有供应的品种,并应当经所在地省、自治区、直辖市人民政府药品监督管理部门批准;但是,法律对配制中药制剂另有规定的除外。医疗机构配制的制剂应当按照规定进行质量检验;合格的,凭医师处方在本单位使用。经国务院药品监督管理部门或者省、自治区、直辖市人民政府药品监督管理部门批准,医疗机构配制的制剂可以在指定的医疗机构之间调剂使用。医疗机构配制的制剂不得在市场销售。选项B符合题目要求,本题选B。

2.【答案】E
【解析】《中华人民共和国药品管理法》第六十九条 医疗机构应当配备依法经过资格认定的药师或者其他药学技术人员。非药学技术人员不得直接从事药剂技术工作。故本题选E。

17. 卫生行政部门工作人员依法执行职务时,应当不少于
A. 两人   B. 3人   C. 4人
D. 5人   E. 6人

【A2型题】

1. 患儿刘某,因发热3日到县医院就诊,门诊接诊医生张某检查后发现刘某的颊黏膜上有科氏斑,拟诊断为麻疹。张某遂嘱患儿刘某的家长带刘某去市传染病医院就诊。按照《中华人民共和国传染病防治法》的规定,张某应当
A. 请上级医生会诊,确诊后再转诊
B. 请上级医生会诊,确诊后隔离治疗
C. 向医院领导报告,确诊后由防疫部门进行转送隔离
D. 向医院领导报告,确诊后对刘某就地进行隔离
E. 在规定时间内,向当地防疫机构报告

2. 甲县某养鸡场发生高致病性禽流感疫情。其相邻养鸡场场主杨某因舍不得灭杀种鸡,便趁夜晚驾车将数十只种鸡运往位于乙县的表哥家藏匿,但在途经乙县、丙县和丁县交界处时,被丁县动物防疫部门截获。遂将车上的种鸡在丁县全部灭杀以及无害化处理。在与杨某的交涉中,丁县动物防疫人员发现杨某体温高、不断咳嗽,随后便通知了上述各县疾病预防控制部门。对于杨某进行医学观察的场所应选择在
A. 甲县   B. 乙县   C. 丙县
D. 丁县   E. 上级市

第七节 药品及处方管理法律制度

【A1型题】

1. 医疗机构配制制剂,应是本单位临床需要而市场上没有供应的品种,并须经所在地哪个部门批准后方可配制
A. 省级卫生行政部门
B. 省级药品监督管理部门
C. 县级卫生行政部门
D. 地市级药品监督管理部门
E. 省级工商行政管理部门

2. 医疗机构从事药剂技术工作必须配备
A. 保证制剂质量的设施
B. 管理制度
C. 检验仪器

D. 相应的卫生条件

E. 依法经过资格认定的药师或者其他药学技术人员

3. 医疗机构在药品购销中暗中收受回扣或者其他利益,依法对其给予罚款处罚的机关是

A. 卫生健康主管部门

B. 药品监督管理部门

C. 工商行政管理部门

D. 市场监督管理部门

E. 中医药管理部门

4. 下列**不属于**药品的是

A. 抗生素　　　　　B. 血液　　　　　C. 疫苗

D. 血液制品　　　　E. 血清

5. 医疗机构必须配备药学技术人员,配备的这类人员应是依法经过

A. 学历认定　　　　B. 资历认定　　　　C. 资格认定

D. 资质认定　　　　E. 执业认定

6. 执业医师处方权的取得方式是

A. 被医疗机构聘用后取得

B. 在注册的执业地点取得

C. 在上级医院进修后取得

D. 医师资格考试合格后取得

E. 参加卫生行政部门培训后取得

7. 医疗机构药剂人员调配处方时的**错误**行为是

A. 处方须经过核对,对所有药品不得擅自更改

B. 处方所列药品缺货时用同类药品代用

C. 对有配伍禁忌的处方,应当拒绝调配

D. 对有超剂量的处方,应当拒绝调配

E. 必要时,经处方医师更正或者重新签字,方可调整

8. 每次开处方,每张处方所包含的药品种类上限为

A. 5种　　　　　B. 3种　　　　　C. 6种

D. 4种　　　　　E. 7种

9. 可授予特殊使用级抗菌的药物处方权的医务人员是

A. 主治医师　　　　　　B. 住院医师

C. 乡村医生　　　　　　D. 副主任医师

E. 实习医生

3.【答案】D

【解析】根据《中华人民共和国药品管理法》第一百四十一条　药品上市许可持有人、药品生产企业、药品经营企业或者医疗机构在药品购销中给予、收受回扣或者其他不正当利益的,药品上市许可持有人、药品生产企业、药品经营企业或者代理人给予使用其药品的医疗机构的负责人、药品采购人员、医师、药师等有关人员财物或者其他不正当利益的,由市场监督管理部门没收违法所得,并处三十万元以上三百万元以下的罚款;情节严重的,吊销药品上市许可持有人、药品生产企业、药品经营企业营业执照,并由药品监督管理部门吊销药品批准证明文件、药品生产许可证、药品经营许可证。故本题选D。

4.【答案】B

【解析】药品是指用于预防、治疗、诊断人的疾病,有目的地调节人的生理功能并规定有适应证或功能主治、用法和用量的物质,包括中药材、中药饮片、中成药、化学原料药及其制剂、抗生素、生化药品、放射性药品、血清、疫苗、血液制品和诊断药品等。血液不属于药品。故选B。

5.【答案】C

【解析】详见【A1型题】第2题。故选C。

6.【答案】B

【解析】经注册的执业医师在执业地点取得相应的处方权。进修医师由接收进修的医疗机构对其胜任本专业工作的实际情况进行认定后授予相应的处方权。故本题选B。

7.【答案】B

【解析】医疗机构的药剂人员调配处方,必须经过核对,对处方所列药品不得擅自更改或代用。对有配伍禁忌或者超剂量的处方,应当拒绝调配;必要时,经处方医师更正或者重新签字,方可调配。根据上述,A、C、D、E的行为都是正确行为,故选B。

8.【答案】A

【解析】门诊处方一般上限:当日有效,3天效期,5种药物,7日用量,慢性注明延长用量。故本题选A。

9.【答案】D

【解析】具有高级专业技术任职资格的医师,可授予特殊使用级抗菌药物处方权。故本题选D。

10. 【答案】D

【解析】《处方管理办法》第十七条 医师开具处方应当使用经药品监督管理部门批准并公布的药品通用名称、新活性化合物的专利药品名称和复方制剂药品名称。医师开具院内制剂处方时应当使用经省级卫生行政部门审核、药品监督管理部门批准的名称。医师可以使用由国家卫生健康委员会公布的药品习惯名称开具处方。

11. 【答案】B

【解析】《处方管理办法》第十八条 处方开具当日有效。特殊情况下需延长有效期的,由开具处方的医师注明有效期限,但有效期最长不得超过3天。

12. 【答案】B

【解析】《中华人民共和国药品管理法》第八十一条 对已确认发生严重不良反应的药品,由国务院药品监督管理部门或者省、自治区、直辖市人民政府药品监督管理部门根据实际情况采取停止生产、销售、使用等紧急控制措施,并应当在五日内组织鉴定,自鉴定结论作出之日起十五日内依法作出行政处理决定。

13. 【答案】A

【解析】《中华人民共和国药品管理法》第一百四十四条 药品上市许可持有人、药品的生产企业、药品经营企业或者医疗机构违反本法规定,给用药者造成损害的,依法承担赔偿责任。

1. 【答案】B

【解析】当药品生产企业、药品经营企业、医疗机构发现可能与用药有关的严重不良反应时,在24小时内应向当地省、自治区、直辖市药品监督管理部门和卫生行政部门报告。

2. 【答案】B

【解析】假药:药品所含成分与国家药品标准规定的成分不符;以非药品冒充药品或者以他种药品冒充此种药品。按假药论处:国务院药品监督管理部门规定禁止使用的;依照本法必须批准而未经批准生产、进口,或者依照本法必须检验而未经检验即销售的;变质的;被污染的;使用依照本法必须取得批准文号而未取得批准文号的原料药生产的;所标明的适应证或者功能主治超出规定范围的。

10. 医师开具处方不能使用
   A. 药品通用名称
   B. 复方制剂药品名称
   C. 新活性化合物的专利药品名称
   D. 药品的商品名或曾用名
   E. 国家卫生健康委员会公布的药品习惯名称

11. 处方开具当日有效。特殊情况下需延长有效期的,由开具处方的医师注明有效期限,但有效期最长不得超过
   A. 2 天　　　　　B. 3 天　　　　　C. 4 天
   D. 5 天　　　　　E. 6 天

12. 对已确认发生严重不良反应的药品,可以采取停止生产、销售、使用的紧急控制措施的是
   A. 地方人民政府和药品监督管理部门
   B. 国务院或者省级人民政府的药品监督管理部门
   C. 药品监督管理部门及其设置的药品检验机构
   D. 药品监督管理部门及其设置的药品检验机构的工作人员
   E. 药品生产、经营企业和医疗机构的药品检验机构或者人员

13. 药品的生产企业、经营企业、医疗机构违反《中华人民共和国药品管理法》规定,给药品使用者造成损害的
   A. 依法承担赔偿责任　　　B. 依法给予行政处分
   C. 依法给予行政处罚　　　D. 依法追究刑事责任
   E. 不予行政处罚

【A2 型题】

1. 某患者到省人民医院就医,接诊医师在诊治过程中,使用了一种新上市的抗生素,致使该患者出现了严重不良反应。按照《中华人民共和国药品管理法》的规定,该医院应当向有关部门报告。接受报告的部门是
   A. 国家工商行政管理部门
   B. 省级药品监督管理部门和卫生行政部门
   C. 国家药品监督管理部门
   D. 国务院卫生行政部门
   E. 国家中医药管理部门

2. 某县药品监督管理部门接到某药店将保健食品作为药品出售给患者的举报后,立即对该药店进行了查处,并依照《中华人民共和国药品管理法》的规定,将其销售给患者的保健食品认定为

A. 按假药论处的药   B. 假药

C. 劣药   D. 食品

E. 按劣药论处的药

3. M药厂销售代表在和某医院几名医师达成协议后,医师在处方时使用M药厂生产的药品,并按使用量的多少收受了药厂给予的提成。事情曝光以后,对M药厂按《中华人民共和国药品管理法》的有关规定处理;对于医师的错误行为,有权决定给予处分、没收违法所得的部门是

A. 药品监督管理部门

B. 工商行政管理部门

C. 医师协会

D. 消费者权益保护协会

E. 卫生健康主管部门

4. F药厂销售代表和某医院多名医师约定,医师在处方时使用F药厂生产的药品,并按使用量的多少给予提成。事情曝光以后,按《中华人民共和国药品管理法》的规定,对F药厂可以作出行政处罚的部门是

A. 市场监督管理部门

B. 工商行政管理部门

C. 税务管理部门

D. 医疗保险部门

E. 卫生健康主管部门

5. 李某为中度慢性疼痛患者,医师开具第一类精神药品控制缓解制剂为其治疗,根据《处方管理办法》,每张处方用药量的最多天数是

A. 15   B. 3   C. 5

D. 7   E. 10

6. "献血大王"刘某,在过去的7年间,献血总量已达5 600ml。快满50周岁的刘某告诉记者,如果身体一直保持健康状态,他满55周岁以前,还可争取无偿献血

A. 7次   B. 8次   C. 9次

D. 10次   E. 11次

7. 某村发生一起民居垮塌事故,重伤者9人,急送乡卫生院抢救。市中心血站根据该院用血要求,急送一批无偿献血的血液到该院。抢救结束后,尚余900ml血液,该院却将它出售给另一医疗机构。根据《中华人民共和国献血法》规定,对于乡卫生院的这一违法行为,县卫生局除了应当没收其违法所得外,还

3.【答案】E

【解析】根据《中华人民共和国药品管理法》第一百四十二条 医疗机构的负责人、药品采购人员、医师、药师等有关人员收受药品上市许可持有人、药品生产企业、药品经营企业或者代理人给予的财物或者其他不正当利益的,由卫生健康主管部门或者本单位给予处分,没收违法所得;情节严重的,还应当吊销其执业证书。故本题选E。

4.【答案】A

【解析】根据《中华人民共和国药品管理法》第一百四十一条 药品上市许可持有人、药品生产企业、药品经营企业或者医疗机构在药品购销中给予、收受回扣或者其他不正当利益的,药品上市许可持有人、药品生产企业、药品经营企业或者代理人给予使用其药品的医疗机构的负责人、药品采购人员、医师、药师等有关人员财物或者其他不正当利益的,由市场监督管理部门没收违法所得,并处三十万元以上三百万元以下的罚款;情节严重的,吊销药品上市许可持有人、药品生产企业、药品经营企业营业执照,并由药品监督管理部门吊销药品批准证明文件、药品生产许可证、药品经营许可证。故本题选A。

5.【答案】A

【解析】为门(急)诊癌症疼痛患者和中、重度慢性疼痛患者开具的麻醉药品、第一类精神药品注射剂,每张处方不得超过3日常用量;控制缓释剂,每张处方不得超过15日用量。故本题选A。

6.【答案】D

【解析】根据《中华人民共和国献血法》第九条 血站对献血者必须免费进行必要的健康检查;身体状况不符合献血条件的,血站应当向其说明情况,不得采集血液。献血者的身体健康条件由国务院卫生行政部门规定。血站对献血者每次采集血液量一般为200ml,最多不得超过400ml,两次采集间隔不少于六个月。严格禁止血站违反前款规定对献血者超量、频繁采集血液。在接下来的5年内,由于两次采集间隔不少于六个月,刘某还可以无偿献血10次,故本题选D。

7.【答案】A

【解析】根据《中华人民共和国献血法》第十八条,有下列行为之一的,由县级以上地方人民政府卫生行政部

门予以取缔,没收违法所得,可以并处十万元以下的罚款;构成犯罪的,依法追究刑事责任:①非法采集血液的;②血站、医疗机构出售无偿献血的血液的;③非法组织他人出卖血液的。故本题选A。

可以对其处以罚款
A. 十万元以下　　　　　　B. 五万元以下
C. 三万元以下　　　　　　D. 一万元以下
E. 五千元以下

第八节　血液管理法律制度

【A1型题】

1.【答案】E

2.【答案】A

3.【答案】B

4.【答案】D

5.【答案】D

1.《医疗机构临床用血管理办法》经原卫生部部务会议审议通过,施行时间为
A. 2008年8月1日　　　　B. 2009年8月1日
C. 2010年8月1日　　　　D. 2011年8月1日
E. 2012年8月1日

2. 医疗机构的储血设施应当保证运行有效,全血、红细胞的储藏温度应当控制在2~6℃,同一患者一天申请备血量达到或超过1 600ml的,由具有中级以上专业技术职务任职资格的医师提出申请,科室主任核准签发后,报（　　　　）批准,方可备血
A. 医务部门　　　B. 护理部门　　　C. 门诊部门
D. 院办部门　　　E. 院感部门

3. 申请输血应由经治医师逐项填写《临床输血申请单》,由（　　　　）核准签字,连同受血者血样于预定输血日期前送交输血科（血库）备血。
A. 住院医师　　　B. 主治医师　　　C. 副主任医师
D. 主任医师　　　E. 科主任

4. 肝素抗凝的主要机制是
A. 抑制凝血酶原的激活
B. 抑制因子X的激活
C. 促进纤维蛋白吸附凝血酶
D. 增强抗凝血酶Ⅲ活性
E. 抑制血小板聚集

5. 急性失血输血合理的是
A. 失血量达到总血容量的20%,输浓缩红细胞及全血
B. 失血量达到总血容量的35%,只输浓缩红细胞
C. 失血量达到总血容量的15%,输浓缩红细胞
D. 失血量低于总血容量的20%可考虑不输血
E. 失血量达到总血容量的55%只输浓缩红细胞及全血

6. 原卫生部何年何月颁发的《临床输血技术规范》
　　A. 2001 年 2 月　　　　　B. 2000 年 6 月
　　C. 2002 年 8 月　　　　　D. 2003 年 6 月
　　E. 2003 年 8 月

7. 交叉配血的血样标本必须是输血前（　　　）天内的
　　A. 2　　　　　B. 3　　　　　C. 5
　　D. 7　　　　　E. 9

8. 一次输血不应超过
　　A. 8 小时　　　　　B. 4 小时　　　　　C. 2 小时
　　D. 6 小时　　　　　E. 5 小时

9. 我国健康公民自愿献血的年龄是
　　A. 18~50 周岁　　　B. 20~60 周岁　　　C. 18~60 周岁
　　D. 18~55 周岁　　　E. 20~55 周岁

10. 献血者每次采集血液量和两次采集间隔为
　　　A. 献血者每次采集血液量一般为 200ml，最多不超过 400ml，
　　　　两次采集时间不得少于 3 个月
　　　B. 献血者每次采集血液量一般为 400ml，两次采集间隔不少
　　　　于 6 个月
　　　C. 献血者每次采集血液量一般为 200ml，两次采集间隔不少
　　　　于 3 个月
　　　D. 献血者每次采集血液量一般为 200ml，最多不超过 400ml，
　　　　两次采集间隔不少于 6 个月
　　　E. 献血者每次采集血液量一般为 200ml，最多不超过 400ml，
　　　　两次采集间隔不少于 9 个月

第九节　突发公共卫生事件的应急处理条例

【A1 型题】

1. 在突发公共卫生事件应急处理工作中，有关单位和个人不配
　　合有关专业技术人员调查、采样、技术分析和检验的，对有关
　　责任人给予
　　A. 警告
　　B. 吊销执照
　　C. 降级或者撤职的纪律处分
　　D. 行政处分或者纪律处分
　　E. 追究刑事责任

6.【答案】B

7.【答案】B

8.【答案】B

9.【答案】D

10.【答案】D

1.【答案】D
　【解析】根据《突发公共卫生事件应急条例》第五十一条　在突发事件应急处理工作中，有关单位和个人未依照本条例的规定履行报告职责，隐瞒、缓报或者谎报，阻碍突发事件应急处理工作人员执行职务，拒绝国务院卫生行政主管部门或者其他有关部门指定的专业技术机构进入突发事件现场，或者不配合调查、采样、技术分析和检验的，对有关责任人员依法给予行政处分或者纪律处分；触犯《中华人民共和国治安管理处罚条例》，构成违反治安管理行为的，由公安机关依法予以处罚；构成犯罪的，依法追究刑事责任。本题选 D。

2.【答案】B

【解析】国家建立突发事件应急报告制度。国务院卫生行政主管部门制定突发事件应急报告规范,建立重大、紧急疫情信息报告系统。突发事件监测机构、医疗卫生机构和有关单位发现有下列情形之一的,应当在2小时内向所在地县级人民政府卫生行政主管部门报告;接到报告的卫生行政主管部门应当在2小时内向本级人民政府报告,并同时向上级人民政府卫生行政主管部门和国务院卫生行政主管部门报告。县级人民政府应当在接到报告后2小时内向设区的市级人民政府或者上一级人民政府报告;设区的市级人民政府应当在接到报告后2小时内向省、自治区、直辖市人民政府报告。省、自治区、直辖市人民政府应当在接到报告1小时内,向国务院卫生行政主管部门报告,国务院卫生行政主管部门对可能造成重大社会影响的突发事件,应当立即向国务院报告:①发生或者可能发生传染病暴发、流行的;②发生或者发现不明原因的群体性疾病的;③发生传染病菌种、毒种丢失的;④发生或者可能发生重大食物和职业中毒事件的。

3.【答案】C

【解析】根据《突发公共卫生事件应急条例》第四十二条 有关部门、医疗卫生机构应当对传染病做到早发现、早报告、早隔离、早治疗,切断传播途径,防止扩散。故本题选C。

4.【答案】D

【解析】根据《突发公共卫生事件处理条例》第四十一条 对传染病暴发、流行区域内流动人口,突发事件发生地的县级以上地方人民政府应当做好预防工作,落实有关卫生控制措施;对传染病病人和疑似传染病病人,应当采取就地隔离、就地观察、就地治疗的措施。故本题选D。

5.【答案】E

【解析】传染病疫情报告是属地管理。教育部所属综合大学的附属医院发现脊髓灰质炎疫情,应当向所在地的疾病预防控制机构报告,故本题选E。

6.【答案】A

【解析】《突发公共卫生事件应急条例》由中华人民共和国国务院于2003年5月9日发布,自公布之日起施行。共六章五十四条。

2. 医疗机构发现发生或者可能发生传染病暴发流行时,应当
   A. 在1小时内向所在地县级人民政府卫生行政主管部门报告
   B. 在2小时内向所在地县级人民政府卫生行政主管部门报告
   C. 在4小时内向所在地县级人民政府卫生行政主管部门报告
   D. 在6小时内向所在地县级人民政府卫生行政主管部门报告
   E. 在8小时内向所在地县级人民政府卫生行政主管部门报告

3. 《突发公共卫生事件应急条例》规定,医疗卫生机构应当对传染病做到
   A. 早发现、早观察、早隔离、早治疗
   B. 早报告、早观察、早治疗、早康复
   C. 早发现、早报告、早隔离、早治疗
   D. 早发现、早报告、早隔离、早康复
   E. 早预防、早发现、早治疗、早康复

4. 对流动人口中的传染性非典型肺炎病人、疑似病人处理的原则是
   A. 就地控制、就地治疗、就地康复
   B. 就地隔离、就地治疗、就地康复
   C. 就地控制、就地观察、就地治疗
   D. 就地隔离、就地观察、就地治疗
   E. 就地观察、就地治疗、就地康复

5. 教育部所属综合大学的附属医院发现脊髓灰质炎疫情,应当报告的部门是
   A. 国家教育行政部门
   B. 国家卫生行政部门
   C. 国家疾病预防控制机构
   D. 所在地的政府卫生行政部门
   E. 所在地的疾病预防控制机构

6. 《突发公共卫生事件应急条例》(国务院376号令)公布实施的日期为
   A. 2003年5月9日   B. 2002年5月9日
   C. 2002年9月5日   D. 2003年9月5日
   E. 2001年5月9日

7. 突发公共卫生事件应急处理指挥部根据突发事件应急处理的需要,可以对以下哪些环节采取控制措施
   A. 食物　　　　　B. 食物和水源　　　C. 水源和交通
   D. 交通　　　　　E. 水源

8. 对新发现的突发传染病,国家卫生健康委员会根据危害程度、流行强度,依法及时宣布为
   A. 法定传染病　　B. 甲类传染病　　　C. 乙类传染病
   D. 丙类传染病　　E. 丁类传染病

9. 突发事件应急工作应当遵循什么方针
   A. 统一领导,分级负责　　　B. 预防为主,常备不懈
   C. 反应及时,措施果断　　　D. 依靠科学,加强合作
   E. 现场处理,监督检查

10. 全国突发事件应急预案应当包括
    A. 突发事件应急处理指挥部的组成和相关部门的职责
    B. 突发事件信息的收集、分析、报告、通报制度
    C. 突发事件应急处理技术和监测机构及其任务
    D. 突发事件预防、现场控制,应急设施、设备、救治药品和医疗器械以及其他物资和技术的储备与调度
    E. 以上均包括

7.【答案】B
　【解析】《突发公共卫生事件应急条例》第三十四条　突发事件应急处理指挥部根据突发事件应急处理的需要,可以对食物和水源采取控制措施。

8.【答案】A
　【解析】《突发公共卫生事件应急条例》第三十条　国务院卫生行政主管部门对新发现的突发传染病,根据危害程度、流行强度,依照《中华人民共和国传染病防治法》的规定及时宣布为法定传染病;宣布为甲类传染病的,由国务院决定。

9.【答案】B
　【解析】《突发公共卫生事件应急条例》第五条　突发事件应急工作,应当遵循预防为主、常备不懈的方针,贯彻统一领导、分级负责、反应及时、措施果断、依靠科学、加强合作的原则。

10.【答案】E
　【解析】《突发公共卫生事件应急条例》第十一条　全国突发事件应急预案应当包括以下主要内容:
　（一）突发事件应急处理指挥部的组成和相关部门的职责;
　（二）突发事件的监测与预警;
　（三）突发事件信息的收集、分析、报告、通报制度;
　（四）突发事件应急处理技术和监测机构及其任务;
　（五）突发事件的分级和应急处理工作方案;
　（六）突发事件预防、现场控制,应急设施、设备、救治药品和医疗器械以及其他物资和技术的储备与调度;
　（七）突发事件应急处理专业队伍的建设和培训。

第二章 医学伦理学

1. 【答案】E

2. 【答案】D
【解析】生命伦理学是根据道德价值和原则,对生命科学和卫生保健领域内的人类行为进行系统研究的科学,是对传统医学伦理学的继承和发展,它是围绕改进生命和提高生命质量而展开的有关人类行为的各种伦理问题的概括。

3. 【答案】D

4. 【答案】B
【解析】公益论的内容:兼容观、兼顾观(任何医疗行为都应该兼顾到社会、个人、集体的利益)、社会效益观。

5. 【答案】D
【解析】①尊重患者的生命,是医学人道主义最基本的或最根本的思想,医者应当珍重生命,尊重人的价值,尽力救治患者;②尊重患者的人格,患者具有正常人的权利也具有一些特殊的权利,是提高医疗质量及效果的必须要求;③尊重患者的平等,医疗中应当尽量排除非医疗因素,让每个患者都能人道地、平等地实现医疗目的;④尊重患者的生命价值,要求重视患者的生命质量和价值。

第一节 医学伦理学的理论基础和规范体系

【A1 型题】

1. 医学伦理学基本理论**不包括**
   A. 生命神圣论　　　B. 后果论　　　　C. 美德论
   D. 道义论　　　　　E. 人权论

2. 医学伦理学发展到生命伦理学阶段,其理论基础的核心是
   A. 生命神圣论
   B. 美德论
   C. 义务论
   D. 生命质量与生命价值论
   E. 人道论

3. 下列哪一个**不属于**医学伦理学的理论基础
   A. 生命价值论　　　　　　　B. 美德论
   C. 义务论　　　　　　　　　D. 社会论
   E. 公益论

4. 关于公益原则,**错误**的是
   A. 当前利益与长远利益兼顾
   B. 局部利益与个体利益兼顾
   C. 与公正原则相辅相成
   D. 以公共利益不受损害为前提
   E. 以整体利益、长远利益为重

5. 生命神圣论的积极意义**不包括**
   A. 对人的生命的尊重
   B. 推行医学人道主义,反对非人道的医疗行为
   C. 反对不平等的医疗制度

D. 合理公正地分配卫生资源

E. 实行一视同仁的医德规范

6. 下列有关公益论的表述，**不正确**的是

A. 科学公益　　　　　　　B. 后代公益

C. 医疗群体公益　　　　　D. 绝大多数人的利益

E. 少数人的利益

7. 生命质量的衡量标准**不包括**

A. 个体生命健康程度　　　B. 个体生命德才素质

C. 个体生命优化条件　　　D. 个体生命治愈希望

E. 个体生命预期寿命

8. 下面关于公益论作用的表述，**不正确**的是

A. 公正合理地解决医疗活动中出现的各种利益矛盾

B. 使医疗活动为人类的整体利益服务

C. 改善人体的生存环境

D. 促进医学科学的发展

E. 消除卫生资源的浪费现象

9. 医院以医学人道主义精神服务于人类社会，主要表现的是

A. 经济效益　　　B. 社会效益　　　C. 功利并重

D. 功利主义　　　E. 优化效益

10. 下列**不属于**公益论原则的是

A. 人人享有最基本的医疗权利

B. 当发生个体利益与群体利益矛盾时，以群体利益为重

C. 当发生局部利益与整体利益矛盾时，以整体利益为重

D. 当发生眼前利益与长远利益矛盾时，以长远利益为重

E. 当发生个人与社会之间的矛盾时，以社会利益为重

11. 医学伦理学的学科性质属于

A. 医德学　　　　　B. 元伦理学　　　　　C. 规范伦理学

D. 应用伦理学　　　E. 道德哲学

12. 现代生命伦理学面对的矛盾、悖论乃至道德冲突，本质上源于

A. 新的科技成果在医疗卫生领域特别是临床上的应用

B. 生命科学与技术的进步

C. 社会对医学评价标准的全面化提升

D. 社会传统文化与科技成果广泛运用之间矛盾的反映

E. 科学主义和市场经济的挑战

6.【答案】E

【解析】公益论的内容：兼容观、兼顾观（任何医疗行为都应该兼顾到社会、个人、集体的利益）、社会效益观。

7.【答案】C

【解析】生命质量的衡量标准：①主要质量指人体的身体和智力状态；②根本质量指生命的目的、意义及人在社会、道德上的相互作用；③操作质量指利用智商、诊断学的标准来测量智能、生理方面的人性质量。而个体生命优化条件不属于上述范畴。

8.【答案】E

【解析】公益论就是从社会和全人类的长远利益出发，公正合理地解决医疗活动中出现的各种利益矛盾，使医疗活动不仅有利于患者个体，还有利于群体和后代，有利于社会，有利于人类生存环境的改善，有利于医学科学的发展。

9.【答案】B

【解析】医学人道主义在医学活动中，特别是在医患关系中表现出来的同情和关心患者、尊重患者的人格与权利、维护患者的利益，珍视人的生命价值和质量的伦理思想和权利观念。

10.【答案】A

【解析】公益论根据行为是否以社会公共利益为直接目的而确定道德规范的伦理理论。公益论认为确定的道德规范必须直接有利于人类的共同利益。

11.【答案】D

12.【答案】D

13.【答案】B

13. 道德义务是一种自觉自愿的行为,而法律义务具有的特性是
    A. 约束性　　　　B. 强制性　　　　C. 非强制性
    D. 广泛性　　　　E. 技术性

14.【答案】C

14. "只有当那些最需要卫生保健体系的人能从中得益,卫生保健体系的不平等才情有可原"体现的伦理学理论是
    A. 德性论　　　　B. 道义论　　　　C. 正义论
    D. 功利论　　　　E. 后果论

15.【答案】C

15. 道德最显著的特征是
    A. 继承性　　　　B. 实践性　　　　C. 自律性
    D. 他律性　　　　E. 客观性

16.【答案】C

16. 医学伦理最突出的特征是
    A. 实践性、继承性　　　　B. 时代性、人道性
    C. 人道性、全人类性　　　　D. 全人类性、继承性
    E. 人道性、实践性

17.【答案】D

17. 生命伦理学研究的主要内容是
    A. 义务公平　　　　B. 公益论
    C. 公平理论　　　　D. 生命道德理论
    E. 生命科学

18.【答案】C

18. 医学与医学伦理学的关系是
    A. 医学实践活动是医学伦理学产生的结果
    B. 医学实践活动是医学伦理学的尺度和方式
    C. 医学道德是医学工作者实现人类健康服务的保障
    D. 只要技术过硬就能够实现全心全意为人民健康服务的目的
    E. 在现代医学科学研究中医学道德服从医学成果

19. 当代医学科学研究和创新的"双刃剑"效应是指

19.【答案】E

    A. 当代医学科学研究和创新带来了医学的进步
    B. 当代医学科研研究和创新带来了道德的进步
    C. 当代医学科研和创新促进了人类健康
    D. 当代医学科学研究和创新可能用于危害人类健康
    E. 当代医学科学研究和创新既有用于促进人类健康的价值
       又有用于危害人类健康的可能

20.【答案】A

20. 以下关于"不伤害"原则的表达**不正确**的是
    A. 无损伤
    B. 尽可能避免身体的伤害
    C. 尽可能避免生理的伤害

D. 尽可能避免心理的伤害

E. 尽可能避免经济上的损失

21. 医学伦理的"有利"原则**不包括**

A. 努力使患者受益

B. 关心患者的客观利益和主观利益

C. 选择受益最大、伤害最小的行动方案

D. 努力预防或减少难以避免的伤害

E. 把患者的利益看得高于一切

21.【答案】E

22. 医学伦理的"尊重"原则**不包括**

A. 尊重患者及其家属的自主性或决定

B. 尊重患者的一切主观意愿

C. 治疗要获得患者的知情同意

D. 保守患者的秘密

E. 保守患者的隐私

22.【答案】B

23. 要尊重患者的医疗自主权,其中自主权内容**不包括**

A. 自我选择

B. 按个人意愿服药

C. 依照个人意愿自我管理

D. 自我决策

E. 自由行动

23.【答案】B

24. 尊重患者的医疗自主权,以下哪种情况医方做主才是合理的

A. 患者昏迷、病情危急

B. 患者将治疗权全权授予医生

C. "无主"患者(身边无任何人)需要急救,而本人不能行使自主权

D. 患者有对他人和社会有危害的疾病,有不合理的要求

E. 早期癌症患者坚持不接受治疗

24.【答案】B

25. 保护患者的隐私权,其内容**不包括**

A. 目前健康状况　　B. 既往病史资料

C. 自杀企图　　　　D. 身体私密部位

E. 医疗自主

25.【答案】C

26. 对隐私权的保护不是无限制的、绝对的,以下需要对隐私权公开的情况,**不包括**

A. 保护隐私权和公共利益相冲突

B. 保护隐私权和公民合法知情权相冲突

C. 保护隐私权和国家法律相冲突

26.【答案】E

D. 保护隐私权和他人健康相冲突

E. 保护隐私权和医院利益相冲突

【A2 型题】

1.【答案】A

1. 某医院曾曝出过一起"死者眼球丢失案"。经查,死者眼球是一位专攻角膜移植的眼科医生为了抢救两名将要失明的患者而盗走的。这位医生擅自进入该医院的太平间,摘取了一位死者的双侧眼球,很快给一位氨水烧伤的患者施行了手术,使之复明。同时还将另外一个角膜移植给一位老人,治好了她的眼疾。基于该案例,下列描述合乎伦理的是

A. 仅以医学行为后果作为评判行为正当与否的依据,有时难以具有充分的说服力

B. 医学行为的后果是医学行为正当与否的唯一依据

C. 医学行为的动机是医学行为正当与否的唯一依据

D. 医学行为只要符合义务的原则要求就是正当的

E. 以上选项都不对

2.【答案】C

2. 2000 年 6 月,美、英、日、法、德、中六国公布人类基因组序列图的"工作框架图"绘出。这将为人类疾病的本原、新药的设计、新治疗方法的产生提供重要依据。同时人们也担心这一成果如果用于危害人类研究,其后果是不可设想的。上述情况表达的最主要思想是

A. 科学技术进步的力量是无穷的

B. 道德在科学技术进步面前是无能为力的

C. 现代医学科学发展需要医学道德把关

D. 医学道德制约了医学科学的发展

E. 基因科学的发展是解决人类全部健康问题的根本

1.【答案】A
【解析】第一,良好的医患关系是医疗活动顺利开展的必要基础。例如从诊断方面看,医患之间没有充分的交往,医生就往往采集不到确切的病史资料。从治疗方面看,患者遵从医嘱是治疗成功的关键。第二,融洽的医患关系会造就良好的心理气氛和情绪反应。对于患者来说,不仅可消除疾病所造成的心理应激,而且可以从良好的情绪反应所致的躯体效应中获益。对于医生来说,从这种充满生气的医疗活动中亦可得到更多的心理上的满足,即良好的医患关系本身就是一种治疗的手段,它不仅可以促进患者的康复,而且对医生的心理健康也是必需的。

第二节 医患关系伦理

【A1 型题】

1. 下列关于良好医患关系的重要性,**不包括**

A. 提高患者的社交能力

B. 提高患者对医务人员的信任度

C. 有利诊断、治疗得到顺利实现

D. 造就医患之间良好的心理气氛

E. 本身就是一种治疗手段

2.【答案】E
【解析】非语言沟通是指医务人员通过仪表、体态、面部表情、眼神、声调、手势、抚触、距离等非语言特性沟通方式与患者进行信息交流,在沟通中可以达到支持、补充和深化语言表达的效果。

2. 下列**不属于**医务人员非语言沟通技巧的是

A. 语调　　　　B. 目光　　　　C. 身体姿势

D. 表情　　　　E. 文字暗示

3. 下列会直接影响医务人员与患者进行语言沟通的是
　　A. 声调　　　　　B. 手势　　　　　C. 谈话地点
　　D. 关闭式谈话　　E. 以上均不是

4. 医患冲突的结果,可能造成
　　A. 患者的被动 - 攻击行为
　　B. 患者不遵从医嘱
　　C. 患者难以公开谈出自己的需要
　　D. 患者的情绪不好
　　E. 以上情况均有可能发生

5. 医患间交往障碍的原因,医生方面可能有
　　A. 对患者的病痛缺乏同情心
　　B. 以是否有科研价值对待患者
　　C. 关心对方能否给自己带来物质利益
　　D. 情绪不稳
　　E. 以上原因均有可能

6. 在患者处于急性感染但无意识障碍的情况下,通常采用的医患关系模式是
　　A. 共同参与型　　　　　B. 指导 - 合作型
　　C. 主动 - 被动型　　　　D. 父母与婴儿式
　　E. 以上均不是

7. 对大多数慢性病患者,帮助患者自助属于哪种医患关系模式
　　A. 共同参与型　　　　　B. 指导 - 合作型
　　C. 主动 - 被动型　　　　D. 父母与婴儿式
　　E. 以上均不是

8. 随着病情的变化,医患关系可以
　　A. 一直保持不变
　　B. 由主动 - 被动型转化为指导 - 合作型
　　C. 由主动 - 被动型转化为共同参与型
　　D. 最终都要进入共同参与型
　　E. 由一种模式转向另一种模式

9. 医务人员职业道德**不要求**
　　A. 无私的奉献
　　B. 崇高的爱情
　　C. 利他精神
　　D. 把患者的痛苦看得高于一切
　　E. 以上均不是

3.【答案】D

4.【答案】E

5.【答案】E
　【解析】主要是有的人虽有较高的技术,但缺乏医德修养,有的人甚至两者都缺乏。他们在诊治过程中对患者的病痛缺乏应有的同情和责任感,对患者态度冷淡、漠不关心、厌烦甚至鄙视,以权威、救世主自居。在医务工作中,对患者以是否有"治疗价值"或"科研价值"的标准去对待。只注意自己"提高技术"而不关心患者的疾苦;对常见病、多发病不是马虎地诊治,就是一推了之。有些医务人员因受社会上的不良影响,以对方能否给自己带来某种物质利益或获得某种方便来确定医患关系,导致医患关系的紧张。

6.【答案】B
　【解析】指导 - 合作型的医患关系模式中,患者有一定意志要求,需要医师帮助,并愿意合作。他们常常把医师置于权威性位置,医师也自觉或不自觉地在防治过程中使用自己的权威,发挥其指导作用,这是目前最常见的医患关系模式,主要适用于急性疾病和外科手术恢复期。在这类模式中,医患双方产生各种心理的相互作用。医师以恩赐者自居、患者对医师的过度依赖都对医患关系有很大影响,有时可能延缓康复过程。因此,随着急性疾病发生的减少,这类模式的应用也将减小。

7.【答案】A
　【解析】指导 - 合作型的要点是医生告诉患者做什么,患者缺乏较多的主动性和能力;也相当于父母与儿童式的关系。在主动 - 被动型的医患关系中患者的主动性和能力则更低。故医生帮助患者自助的医患关系属共同参与型。

8.【答案】E

9.【答案】B

10.【答案】A

11.【答案】E

12.【答案】D

13.【答案】D
【解析】①主动－被动型：是一种传统的医患关系类型,这种模式在现代医学实践中普遍存在,如外科、麻醉、抗菌治疗。这一模型适用于急诊治疗、严重创伤、大出血或休克昏迷等。②指导－合作型：是一种现代医患关系基础的模型。医患间存在着相互作用,患者因某些症状,如急性感染,主动寻求医生帮助。医生则告诉患者做什么,并期望患者对指令性的治疗服从、合作。医生不喜欢患者提问题或表示异议,或不履行应该接受的医嘱。这种关系虽然患者有了一定的地位和主动性,但在总体上医患的权利还是不平等的。③共同参与型：医生和患者有近似相等的权利和地位,医生帮助患者治疗,几乎所有的心理治疗均属于这种模式,大多数慢性病也适用这种模式。这种模型就参与者双方而言,比上述两种模型需要更为复杂的心理要求。

14.【答案】E
【解析】医患沟通的伦理准则：尊重、有利、公正、诚信。

15.【答案】E
【解析】医患沟通的伦理意义：①实践"人是目的"的伦理价值；②发挥道德情感的传递作用；③推动人道主义精神的发展；④促进医患双方道德境界的提升。

16.【答案】B
【解析】现代医学实践中医患关系的常用模式是指导－合作型模式。

10. 医务人员职业要求其情绪主要是
    A. 积极而稳定　　　　B. 爱憎分明
    C. 心境平和　　　　　D. 悲喜有节制
    E. 永远快乐

11. 对医务人员记忆力的主要要求是
    A. 记忆的准备性　　　B. 记忆的持久性
    C. 记忆的专一性　　　D. 记忆的敏捷性
    E. 记忆的准确性

12. 心理品质是指
    A. 遗传的心理素质
    B. 一个人的情绪和行为体系
    C. 一个人独特的精神面貌
    D. 一个人的认知、情感、意志和行为活动的有机结合
    E. 良好的气质

13. 萨斯和荷伦德提出的医患关系基本模式是
    A. 主动－被动型、共同参与型
    B. 主动型、共同参与型
    C. 被动型－主动型、共同参与型
    D. 主动－被动型、指导－合作型、共同参与型
    E. 主动－被动型、指导－配合型

14. 医患沟通的伦理准则是
    A. 尊重　　　　B. 有利　　　　C. 公正
    D. 诚信　　　　E. 以上均是

15. 医患沟通的伦理意义是
    A. 实践"人是目的"的伦理价值
    B. 发挥道德情感的传递作用
    C. 推动人道主义精神的发展
    D. 促进医患双方道德境界的提升
    E. 以上均是

16. 现代医学实践中医患关系的常用模式是
    A. 主动－被动型模式
    B. 指导－合作型模式
    C. 指导－参考型模式
    D. 共同参与型模式
    E. 相互协作型模式

17. 医患纠纷增多的原因
    A. 医疗体制改革相对于市场经济发展的滞后
    B. 医院管理的缺陷
    C. 医务人员的服务态度
    D. 媒体的推波助澜
    E. 以上均是

18. 医患关系的意义包括
    A. 有利于医学事业的发展
    B. 共同维护患者利益和社会利益
    C. 相互信任、支持与协作
    D. 相互学习与竞争
    E. 彼此平等和相互尊重

19. 良好医患关系的建立有利于
    A. 增强尊重患者的权利的意识
    B. 建立协调医患关系的组织
    C. 确立公正的社会舆论导向
    D. 普及医学、伦理学、法律知识
    E. 以上均是

20. 改善医患关系的措施包括
    A. 提高专业技术、品德修养、尊重患者权利等
    B. 尊重医务人员和医院的规章制度,普及医学伦理法律知识,积极配合治疗
    C. 完善医疗制度,规范医院的管理,完善卫生补偿体制
    D. 建立协调医患关系的组织
    E. 以上均是

21. 医患双方都具有独立人格,要求医师做到
    A. 不伤害患者
    B. 从各方面关心患者
    C. 患者是上帝
    D. 平等对待患者
    E. 以上均不是

22. 医患之间正常的信托关系应该建立于
    A. 上下级关系
    B. 契约关系
    C. 社会主义医德关系和法制关系
    D. 亲属关系
    E. 以上均不是

17.【答案】E
　　【解析】医患纠纷增多的原因:①医疗体制改革相对于市场经济发展的滞后;②医院管理的缺陷;③医务人员的服务态度;④患者缺乏理性态度;⑤媒体的推波助澜。

18.【答案】A
　　【解析】医患关系的意义包括:①有利于医学事业的发展;②有利于发挥医院的整体效应而提高各项工作的效率;③有利于建立和谐的医患关系;④有利于医务人员成才。

19.【答案】E
　　【解析】良好医患关系的建立,有利于:①增强尊重患者的权利的意识,这主要是针对医方而言,因为患方属于弱势群体,其权益更易受到侵害;②建立协调医患关系的组织,如医院伦理委员会会很好的协调医患关系;③确立公正的社会舆论导向,一种公正的舆论导向对于建设良好的医患关系十分重要,因为公众的行为方式极易受到社会舆论的引导;④普及医学、伦理、法律知识,患者由于医学知识和伦理、法律的欠缺,容易造成医患关系中的被动,医务人员的伦理、法律知识也很缺乏,从而导致对患者权益的忽视和在一些伦理困境中的不知所措。医学、伦理、法律知识的广泛普及,必定是建立理想医患关系的必由之路。

20.【答案】E
　　【解析】改善医患关系的措施包括:①医方:提高专业技术、品德修养,尊重患者权利等;②患方:尊重医务人员和医院的规章制度,普及医学伦理法律知识,积极配合治疗;③加快卫生体制改革:完善医疗制度、规范医院的管理、完善卫生补偿体制;④建立协调医患关系的组织;⑤确立公正的社会舆论导向。

21.【答案】D
　　【解析】首先医患双方具有独立人格的前提是具有平等的关系,所以医生要做到平等对待患者。

22.【答案】C
　　【解析】医患之间的信任关系表现为:一方面患者对医方的信任,把自己的健康和生命交付给医务人员和医院,相信医方能负起这一重责;另一方面医生也信任患者,相信患者对病情的诉说是真实的,患者是尊医的、是能配合医疗的。这种信任关系在法制社会里,应该明显地带有法制关系性质,但不是抽象的法律关系。医患之间的法律关系是医生(医院)与患者双方对有关患者医疗问题达成的一种约定,即医患之间确立、变更、终止医疗民事权利的协议或诺言。医患之间的这种法律关系属性是重要且必需的,但不同于一般的契约关系,既没有订立一般契约的那种程序和条款,也没有考虑经济指标。所以,这种法律约束在医患关系中应位于次要地位,医患关系仍应以伦理道德关系为主。

23.【答案】E

【解析】正确处理医务人员之间关系的意义：①有利于医学事业的发展；②有利于发挥医院的整体效应而提高各项工作的效率；③有利于建立和谐的医患关系；④有利于医务人员成才。

23. 下列哪项**不属于**正确处理医务人员之间关系的意义
   A. 有利于医学事业的发展
   B. 有利于医院整体效益的发挥
   C. 有利于医务人员的成长
   D. 有利于建立和谐的医患关系
   E. 有利于共同对付患者及其家属

24.【答案】B

24. 确切地说，按规定积极参加会诊，这一做法最能体现的正确处理医务人员之间关系的意义和道德原则是
   A. 有利于建立和谐的医患关系；共同维持社会公益
   B. 有利于医院集体力的发挥；彼此独立、互相支持和帮助
   C. 有利于加深朋友之谊；彼此信任、礼尚往来
   D. 有利于分担风险；彼此独立、相互支持和帮助
   E. 有利于医院集体力量的发挥；彼此信任、礼尚往来

25.【答案】C

【解析】非语言沟通指不以自然语言为载体进行信息传递，而是以人的仪表、服饰、动作、神情等非语言信息作为沟通媒介进行的信息传递。

25. 医生和患者所采取沟通方式，哪项**不属于**非语言沟通
   A. 面部表情   B. 说话声调
   C. 书面通知   D. 身体姿态
   E. 眼神手势

26.【答案】C

【解析】"狭义的副语言"指有声现象，如说话时气喘、嗓子沙哑、整句话带鼻音、某个字音拉得很长、压低嗓音、说话不连贯等。

26. 非语言沟通方法有3种：动态的、静态的和副语言。下列哪项属于副语言
   A. 手势
   B. 仪表
   C. 语调
   D. 医院的导诊牌
   E. 医生和患者之间的空间距离

27.【答案】B

【解析】在医疗市场竞争日趋激烈的社会背景下，加强与患者的沟通，充分尊重患者的知情权、选择权，能使患者积极支持、配合医疗工作，减少不必要的医患纠纷。①医患沟通是医疗诊断的需要；②医患沟通是医学发展的需要；③医患沟通是减少纠纷的需要；④医患沟通是双向性的。

27. 医患沟通的意义中**不包括**
   A. 是医学目的的需要
   B. 是提高医生技术水平的需要
   C. 是临床治疗的需要
   D. 是医学人文精神的需要
   E. 是医疗诊断的需要

28.【答案】C

28. 患者的知情同意权主要体现在
   A. 医生的技术水平
   B. 对自己健康的维护
   C. 医生的主要诊治手段
   D. 医院的各项规章制度
   E. 自己承担的社会责任

29. 患者的权利中**不包括**
    A. 经济免责权   B. 平等医疗权
    C. 疾病认知权   D. 法律诉讼权
    E. 知情同意权

29.【答案】A
  【解析】患者的权利包括基本医疗权、疾病认知权、知情同意权、保护隐私权、监督医疗权、免除一定的社会责任权、要求赔偿权。而经济免责权不属于上述范畴。

30. 下列各项中**不属于**医患之间非技术关系的是
    A. 道德关系   B. 利益关系   C. 价值关系
    D. 经济关系   E. 法律关系

30.【答案】D
  【解析】医患之间的非技术性关系是:道德关系、利益关系、价值关系、法律关系、文化关系。

31. 在诊疗过程中医务人员之间、专业相互之间和科室相互之间通力协作、密切配合和团结一致,共同为患者的康复而努力,该诊疗伦理原则是
    A. 整体性原则   B. 协同一致的原则
    C. 最优化原则   D. 知情同意原则
    E. 病人为中心原则

31.【答案】B

32. 保守患者的秘密,其实质是
    A. 尊重患者自主   B. 不伤害患者自尊
    C. 保护患者隐私   D. 医患双方平等
    E. 人权高于一切

32.【答案】A

33. 医务人员应当对患者保守的医疗秘密是
    A. 患者的病情
    B. 患者的医疗方案
    C. 患者的性别
    D. 医务人员的家庭住址
    E. 医院及医务人员的特色、特长

33.【答案】D

34. 医疗活动中最基本、最重要的人际关系是
    A. 医患关系
    B. 医疗团体与社会的关系
    C. 医护关系
    D. 医际关系
    E. 护患关系

34.【答案】A

35. 医患关系是契约关系,表明
    A. 医患关系不是民事法律关系
    B. 医患之间是平等的
    C. 医患关系的主体是来就诊的患者
    D. 医患关系是患者出于无奈与医务人员及医疗机构结成的
    E. 医患关系的客体是社会

35.【答案】B

36. 【答案】C

36. 医患关系的性质是
   A. 医患关系是一般的契约关系
   B. 医患关系是纯粹的信托关系
   C. 医患关系是在信托关系基础上的契约关系
   D. 医患关系是信托关系就不是契约关系
   E. 医患关系是契约关系就不是信托关系

37. 【答案】A

37. 患者的自主性取决于
   A. 医患之间的契约关系   B. 医患之间的经济关系
   C. 医患之间的政治关系   D. 医患之间的亲疏关系
   E. 医患之间的工作关系

38. 【答案】A

38. 在医患交往中,强调维护患者权益取决于
   A. 患者在信托关系中居于弱势地位
   B. 患者在信托关系中有明确要求
   C. 患者在信托关系中居于强者地位
   D. 医师对患者的承诺
   E. 医师对患者的关心

39. 【答案】A

39. 构成医患信托关系的根本前提是
   A. 患者求医行为中包含对医师的信任
   B. 患者在医患交往中处于被动地位
   C. 医师是"仁者"
   D. 现代医学服务是完全可以信赖的
   E. 医患交往中加入一些特殊因素

40. 【答案】C

40. 为维护医患之间相互信任的关系,医师必须做到但应**除外**的是
   A. 主动赢得患者信任
   B. 珍惜患者的信任
   C. 对患者所提要求言听计从
   D. 努力消除误解
   E. 对患者出现的疑虑尽量澄清

41. 【答案】A

41. 患者的权利受到关注的社会背景是
   A. 人的权利意识、参与意识增强和对人的本质的进一步认识
   B. 医患间医学知识的差距逐渐缩小
   C. 对人的本质有了进一步认识
   D. 意识到医源性疾病的危害
   E. 世界性的医患关系冷漠化

42. 在医疗过程中,医生的医疗权应该
　　A. 服从医院的发展　　　　B. 服从患者的权利
　　C. 服从社会公益　　　　　D. 服从医院行政领导
　　E. 服从家属的意愿

42.【答案】B

43. 尊重患者的疾病认知权需要一定的前提是
　　A. 不影响医务人员与家属的关系
　　B. 不让患者难过
　　C. 不影响医患关系的确立
　　D. 不影响医生治疗方案的选择
　　E. 不加重患者的心理负担和影响治疗效果

43.【答案】E

44. 患者的道德义务有
　　A. 保持健康和恢复健康
　　B. 在医师指导下接受和积极配合医生诊疗
　　C. 帮助医务人员工作
　　D. 服从医院的行政领导
　　E. 要求家属帮助护士工作

44.【答案】B

45. 当患者对医生所实施的诊治手段有质疑时,医生必须详细介绍,在患者愿意时才能继续进行,这属于患者的
　　A. 平等医疗权　　　B. 疾病认知权　　　　C. 知情同意权
　　D. 社会责任权　　　E. 保护隐私权

45.【答案】C

46. 患者的权利**不包括**
　　A. 基本医疗权　　　B. 自我决定权　　　　C. 知情同意权
　　D. 要求保密权　　　E. 保管病志权

46.【答案】E

47. 患者义务应**除外**
　　A. 完全听从医师的安排　　　B. 如实提供病情信息
　　C. 认真执行医嘱　　　　　　D. 不将疾病传播他人
　　E. 尊重医师及其劳动

47.【答案】A

48. 下列关于患者享有平等医疗权利的表述,**错误**的是
　　A. 公民享有生命健康权
　　B. 对所有患者都应一视同仁
　　C. 对患者的要求都予以满足
　　D. 患者享有的医疗保健权在实现时是受条件限制的
　　E. 应充分给患者提供医疗信息

48.【答案】C

49. 对患者知情同意权的做法中,**错误**的是
　　A. 婴幼儿患者可以由监护人决定

49.【答案】C

B. 对某些特殊急诊抢救视为例外

C. 无家属承诺，即使患者本人知情同意也不能给予手术治疗

D. 做到完全知情

E. 做到有效同意

50.【答案】E

50. 患者在诊治过程中**不能**拒绝

A. 治疗　　　B. 公开病情　　　C. 手术

D. 实验　　　E. 遵守医院制度

51.【答案】E

51. 患者下列义务中应该经其同意后才能合理履行的是

A. 如实提供病情

B. 尊重医务人员的劳动

C. 避免将疾病传播给他人

D. 遵守住院规章

E. 支持医学生实习和发展医学

52.【答案】A

52. 医患关系出现物化趋势的最主要原因是

A. 医学高技术手段的大量应用

B. 医院分科越来越细，医生日益专科化

C. 医生工作量加大

D. 患者对医生的信任感降低

E. 患者过多依赖医学高技术的检测手段

53.【答案】B

53. 现代诊疗过程中医生越来越依赖于辅助检查所得的指标和数据，医生和患者的直接交流因此减少。这反映出医患关系出现

A. 民主化趋势　　　B. 物化趋势　　　C. 法制化趋势

D. 分化趋势　　　E. 商品化趋势

54.【答案】C

54. 共同参与型的医患关系中

A. 医生有绝对的权威，患者无条件的配合医生

B. 医生相对主动，患者相对被动

C. 医生和患者共同商讨病案并决定治疗方案

D. 患者的主动性大于医生的主动性

E. 现实中不存在

55.【答案】D

55. 医患双方都具有独立人格，要求医师做到

A. 不伤害患者　　　B. 从各方面关心患者

C. "患者是上帝"　　　D. 平等对待患者

E. 关心患者心理需求

56. 下列对医际关系伦理意义的描述,**不准确**的是　　　　56.【答案】C
　　A. 有利于医学事业发展
　　B. 有利于医务人员成才
　　C. 有利于取得更高的经济收益
　　D. 有利于医院集体力量的发挥
　　E. 有利于建立和谐的医患关系

57. 正确处理医际关系的原则是　　　　57.【答案】C
　　A. 根据职务、职称不同,区别对待
　　B. 根据学历、职务的高低,分配发展机会
　　C. 彼此信任,互相协作和监督
　　D. 互相尊重,"井水不犯河水"
　　E. 相互尊重,坚持独立,注重自我发展

58. 下列处理医际关系的原则,**不正确**的是　　　　58.【答案】C
　　A. 彼此平等、互相尊重
　　B. 彼此独立、互相支持和帮助
　　C. 彼此协作,力争最大经济效益
　　D. 彼此信任,相互协作和监督
　　E. 相互学习,共同提高和发挥优势

【A2 型题】

1. 患者李某,女,26 岁,未婚,体检中发现左侧乳房有肿块来院　　　　1.【答案】B
治疗。经医生诊断后拟进行手术治疗,但患者十分担心手术
后会影响今后生活质量,医生积极解释,消除了患者的心理负
担,在征得患者家属同意的情况下,进行手术且手术顺利,患
者及家属都很满意。本案例集中体现了尊重患者的
　　A. 基本医疗权
　　B. 知情同意权
　　C. 疾病认知权
　　D. 提出问题并要求医生解答的权利
　　E. 监督医疗过程的权利

2. 因车祸受重伤的男子被送去医院急救,因没带押金,医生拒绝　　　　2.【答案】D
为患者办理住院手续。当患者家属拿来钱时,已错过了抢救
最佳时机,患者死亡。本案例违背了患者权利的
　　A. 享有自主权
　　B. 享有知情同意权
　　C. 享有保密和隐私权
　　D. 享有基本的医疗权
　　E. 享有参与治疗权

3.【答案】B

4.【答案】C

5.【答案】C
【解析】医患交往的两种形式:语言形式的交往和非语言形式的交往。前者顾名思义,是用语言传递信息,后者包括语调、表情等。依题意,这位女医生是非语言形式的交往做得好。

3. 甲医师发现邻病房乙医师的诊治失误后,及时反映给主管部门。这体现了正确处理医务人员之间关系的道德原则是
   A. 共同维护社会公益　　　　B. 共同维护患者利益
   C. 开展正当竞争　　　　　　D. 全心全意为人民服务
   E. 以上都不是

4. 某医师为不得罪同事,将患者严格区分为"你的"和"我的",对其他医生所负责的患者一概不闻不问,即使同事出现严重失误,也是如此。这种做法违反了正确处理医务人员之间关系的道德原则
   A. 彼此平等、互相尊重
   B. 彼此独立、相互支持和帮助
   C. 彼此信任、互相协作和监督
   D. 彼此独立、相互协作和监督
   E. 彼此平等、互相协作和监督

5. 一位女医生对患者说话声调柔和、目光亲切、讲话时面带微笑,说明她在下列哪一方面做得好
   A. 语言沟通和非语言沟通　　B. 语言沟通技巧
   C. 非语言沟通技巧　　　　　D. 目光沟通
   E. 以上都不是

第三节　生物医学研究伦理

【A1 型题】

1.【答案】D

2.【答案】C

3.【答案】D

1.《涉及人的生物医学研究伦理审查办法》已于2016年9月30日经国家卫生计生委委主任会议讨论通过,自(　　)起施行
   A. 2016年9月30日　　　　B. 2016年10月1日
   C. 2016年11月1日　　　　D. 2016年12月1日
   E. 2017年1月1日

2. 伦理委员会的委员应当从生物医学领域和伦理学、法学、社会学等领域的专家和非本机构的社会人士中遴选产生,人数不得少于(　　)人,并且应当有不同性别的委员,少数民族地区应当考虑少数民族委员
   A. 3　　　　　　　　B. 5　　　　　　　　C. 7
   D. 9　　　　　　　　E. 11

3. 伦理委员会委员任期
   A. 2年　　　　　　B. 3年　　　　　　C. 4年
   D. 5年　　　　　　E. 6年

4. 医疗卫生机构应当于每年（　　）前向备案的执业登记机关提交上一年度伦理委员会工作报告
   A. 1月31日　　　　B. 2月28日　　　　C. 3月31日
   D. 4月30日　　　　E. 5月31日

5. 伦理委员会作出决定应当得到伦理委员会全体委员的（　　）同意，伦理审查时应当通过会议审查方式，充分讨论达成一致意见
   A. 二分之一以上　　　　B. 三分之二以上
   C. 五分之三以上　　　　D. 七分之四以上
   E. 九分之五以上

6. 对已批准实施的研究项目，伦理委员会应当指定委员进行跟踪审查，跟踪审查包括
   A. 是否按照已通过伦理审查的研究方案进行试验
   B. 研究过程中是否擅自变更项目研究内容
   C. 是否发生严重不良反应或者不良事件
   D. 是否需要暂停或者提前终止研究项目
   E. 以上都是

第四节　医学道德的评价、监督和修养

【A1 型题】

1. 医德修养的根本途径和方法是
   A. 自我批评　　　　B. 自我反思
   C. 见贤思齐　　　　D. 接受患者监督
   E. 与医疗实践结合

2. 医学道德修养的范畴包括
   A. 意志、情操、仪表、品行
   B. 举止、仪表、意志、情感
   C. 情操、信念、习惯、举止
   D. 情操、举止、仪表、品行
   E. 仪表、品行、情操、信念

3. 医学道德教育的过程**不包括**
   A. 提高道德意识
   B. 培养医德情感
   C. 锻炼医德意志
   D. 鉴定医德信念
   E. 进行自我教育和自我锻炼

4.【答案】C

5.【答案】A

6.【答案】E

1.【答案】E
【解析】与医疗实践相结合是医德修养的根本途径和方法，具体是从以下三个方面做起：①要坚持在为人民健康服务的医疗实践中认识主观世界，改造主观世界；②要坚持在医疗实践中检验自己的品德，自觉地进行自我教育，自我锻炼，提高自己医学修养；③要随着医疗实践的发展，使自己的认识不断提高，医学道德修养不断深入。

2.【答案】D
【解析】医德修养包括医疗实践中所形成的情操、举止、仪表和品行等。

3.【答案】E
【解析】医学道德教育的过程包括提高医德认识、培养医德情感、锻炼医德意志、坚定医德信念以及养成医德行为习惯。

4.【答案】E
【解析】医学道德教育的意义包括：①有助于形成医务人员的内在品质，是把医学和规范转化为内心信念的重要一环；②有助于培养医务人员的人文素养和道德情操，是形成良好医德医风的重要环节；③有助于培养高素质的医学人才，是促进医学科学工作发展的重要措施。

5.【答案】E
【解析】正确把握医德评价依据的观点：①在医学道德评价上，我们应该坚持哲学上的动机与效果辩证统一的观点，即必须从效果上去检验动机，又要从动机上去看待效果，对具体情况做具体分析。②一般情况下目的决定手段，手段服从目的，没有目的的手段是毫无意义的。同时，没有一定的手段相助，目的也是无法实现的。在评价医务人员的医德行为时，不仅要看其目的是否正确，还要看其是否选择了恰当的手段。

6.【答案】A
【解析】医学道德评价标准有疗效标准、社会标准、科学标准。

7.【答案】A
【解析】医德评价是医务人员行为、医疗卫生保健单位活动的监视器和调节器；维护医德原则、规范和准则的重要保障；使医德原则、规范和准则转化为医务人员行为和医疗卫生保健单位活动的中介和桥梁。

8.【答案】A
【解析】内心信念是指医务人员发自内心地对道德义务的深刻认识、真诚信仰和强烈的责任感，是医务人员对自己行为进行善恶评价的内在动力，是医德品质构成的基本要素，也是医德评价的重要方式。

9.【答案】A

4. 医学道德的意义**不包括**
A. 有助于形成医务人员的内在品质
B. 有助于培养医务人员的人文素养和道德情操
C. 有助于促进医学科学工作发展
D. 是将医学道德原则和规范转化为内心信念的重要环节
E. 是确保维护社会公益的原则

5. 正确把握医德评价依据的观点是
A. 动机论
B. 手段论
C. 效果论
D. 目的论
E. 动机与效果、目的与手段辩证统一论

6. 医学道德评价的标准包括
A. 疗效标准、社会标准、科学标准
B. 舆论标准、价值标准、疗效标准
C. 科学标准、社会标准、舆论标准
D. 科学标准、疗效标准、价值标准
E. 社会标准、价值标准、舆论标准

7. 对医德评价的意义理解**有误**的是
A. 表明评价者个人的喜好
B. 形成健康的医德氛围
C. 调节医学人际关系
D. 有助于将外在医德规范内化为医务人员的信念
E. 有助于指导医务人员选择高尚的医德行为

8. 医德品质构成的基本要素是
A. 内心信念　　　B. 社会舆论　　　C. 传统习俗
D. 真诚信仰　　　E. 科学标准

9. 对医务人员在医德修养方面提倡"慎独"，**不正确**的是
A. "慎独"是古代儒家用语，是封建社会道德特有的范畴
B. "慎独"是道德修养的方法
C. "慎独"是指个人在独处无人监督时，仍能坚持道德原则和道德信念
D. "慎独"是中性名词，在今天使用它可以有崭新的内容和含义
E. 医德修养是有层次的，提倡"慎独"，是希望医务人员的医德修养达到更高境界

10. 医学评价中最普遍、最具有影响力的方式是
    A. 内心信念　　　B. 社会舆论　　　C. 传统习俗
    D. 真诚信仰　　　E. 科学标准

11. 市场经济条件下加强医学伦理教育的必要性主要取决于
    A. 公正分配医药卫生资源的要求
    B. 实现医疗活动道德价值的要求
    C. 协调医际关系的要求
    D. 合理解决卫生劳务分配问题的要求
    E. 正确处理市场经济对医学服务正负双重效应的要求

12. 医德修养的内容不包括
    A. 学习医疗卫生体制改革文件,进行政策修养
    B. 学习科学的医学伦理学理论,进行医德理论修养
    C. 在医疗实践中以医德原则和规范要求自己,进行医德规范认同修养
    D. 以正确的医德思想战胜错误的医德思想,进行医德情感和信念修养
    E. 实践正确的医德认识,进行医德品质和习惯修养

13. 应大力宣传医务人员中的先进人物和先进事迹,所根据的医德教育原则是
    A. 目的性原则　　　　B. 理论联系实际原则
    C. 正面引导原则　　　D. 因人施教原则
    E. 实践性原则

14. 医德的维系手段是
    A. 强制性力量　　　　B. 非强制力量
    C. 卫生法纪　　　　　D. 经济奖惩
    E. 行政处罚

15. 医德评价方式不包括
    A. 正式社会舆论　　　B. 非正式社会舆论
    C. 传统习俗　　　　　D. 内心信念
    E. 卫生行政仲裁

16. 医学道德评价一般分为
    A. 自我评价与非自我评价
    B. 社会评价
    C. 内心信念
    D. 传统习俗
    E. 社会评价与他人评价

10.【答案】B
【解析】社会舆论是指公众对某种社会现象、行为和事件的看法和态度,即公众的认识。社会舆论可以形成一种强大的精神力量,调整人们的道德行为,指导人们的道德生活,适宜的评价最普遍、最具有影响力的方式,在医德评价中起着重要作用。

11.【答案】E

12.【答案】A

13.【答案】C

14.【答案】B

15.【答案】E

16.【答案】A

17.【答案】E

18.【答案】E

19.【答案】E

20.【答案】D

17. 原中华人民共和国卫生部颁布的《医务人员医德规范及实施办法》的精神是
   A. 对患者一视同仁
   B. 文明礼貌服务
   C. 廉洁行医
   D. 为患者保守医秘
   E. 实行社会主义人道主义

18. 临床医师应尽的道德义务中,首要和根本的是
   A. 对同事的义务   B. 对医院的义务
   C. 对医学的义务   D. 对社会的义务
   E. 对患者的义务

19. 对"慎独"最正确的理解是
   A. 无人监督时注意不违背医德
   B. 别人无法监督时注意不违背医德
   C. 有错误思想干扰时注意加以抵制
   D. 坚持从小事上点点滴滴做起
   E. 坚持医德修养的高度自觉性、坚定性、一贯性

20. 评价医德行为善恶的根本标准是
   A. 患者的个人意见
   B. 患者家属的意见
   C. 新闻媒体的认定
   D. 有利于患者康复、有利于医学发展、有利于人类生存环境的改善
   E. 社会主义医德规范体系

第二篇　基础理论知识

第一章　康复医学

【A1 型题】

1. 下列关于康复医学的描述,**错误**的是
   A. 康复医学是现有医学各科的延伸
   B. 康复医学的目的是最大限度地恢复残疾者的功能
   C. 强调生物 - 心理 - 社会模式
   D. 康复医学有其独特的治疗对象
   E. 康复医学需要复杂的治疗技术

2. 用量角器测量关节活动度(ROM)时,固定臂的正确放置方法是
   A. 与构成关节的远端骨长轴平行
   B. 与构成关节的近端骨长轴平行
   C. 与构成关节的远端骨长轴垂直
   D. 与构成关节的近端骨长轴垂直
   E. 与躯干纵轴平行

3. 通过抑制不正常的姿势、病理性反射或异常运动模式尽可能诱发正常活动,达到提高日常生活活动能力的技术是
   A. 博巴斯技术(Bobath 技术)
   B. 本体感觉神经肌肉易化技术(PNF 技术)
   C. 鲁德技术(Rood 技术)
   D. 运动再学习技术
   E. 布伦斯特伦技术(Brunnstrom 技术)

4. 关于肌力评定的描述,**错误**的是
   A. 肌力评定中,评定者的时间、环境温度和患者疲劳因素均应加以考虑
   B. 不施加阻力,能抗肢体重力完成全关节活动范围的运动评定为 Lovett 肌力 3 级
   C. 徒手肌力评定适用于痉挛性瘫痪及各种原因造成关节受限的患者

1.【答案】A
　【解析】康复医学是医学科学的一个新领域,是临床医学的一个分支,不是现有医学各科的延伸,其目的是采用各种综合的康复治疗技术最大程度地恢复残疾者的功能障碍。
　【考点】康复医学的基本概念

2.【答案】B
　【解析】测量 ROM 时,量角器的轴心与关节活动轴心一致,固定臂与构成关节的近端骨长轴平行,移动臂与构成关节的远端骨长轴平行。
　【考点】关节活动度的测量

3.【答案】A
　【解析】Bobath 技术的核心是通过利用关键点的控制及其设计的反射抑制模式等来抑制不正常的姿势、病理性反射或异常运动模式,并尽可能诱发正确的运动模式,进行以日常生活活动任务为导向的姿势控制和运动控制。
　【考点】社区康复常用技术——Bobath 技术

4.【答案】C
　【解析】痉挛性瘫痪因运动模式异常、肌肉控制障碍,徒手肌力检查难以判断肌力。关节受限的患者亦不宜做徒手肌力评定,检查结果不准确。
　【考点】肌力评定方法

D. 徒手肌力评定时应尽可能稳定地固定近端关节

E. 徒手肌力评定时所施阻力应同一强度,并施加于被测肢体的远端

5.【答案】B

【解析】步行周期指行走过程中一侧足跟着地至该侧足跟再次着地时所经过的时间。每一个步行周期分为支撑期和迈步期两个阶段。

【考点】步行周期的概念

6.【答案】B

【解析】PNF技术即本体感觉神经肌肉易化技术,其核心是应用本体感觉刺激促进肌肉收缩、增强肌力、增强活动协调性、扩大关节活动度、促进功能活动。

【考点】社区康复常用技术——PNF技术

7.【答案】D

【解析】脊髓型颈椎病患者,使用牵引疗法可能会加重症状,使脊髓神经传导阻滞加重,故不适宜牵引治疗。

【考点】社区康复常用技术——颈椎牵引

8.【答案】C

【解析】用力挤压关节可使关节间隙变窄,刺激高阈值感受器,引起关节周围肌肉收缩,促进运动。

【考点】社区康复常用技术——Rood技术

9.【答案】E

【解析】水下法是在水中进行超声治疗的一种方法,适用于体表不平的部位,如手指、足趾、腕、肘等,声波能较好地投射于治疗部位,且可达最高传递效率。

【考点】社区康复常用技术——超声治疗技术

10.【答案】C

【解析】肌张力评定的禁忌证为关节不稳、骨折未愈合未做内固定、急性渗出性滑膜炎、关节活动范围极度受限、急性扭伤、骨关节肿瘤等。

【考点】肌张力评定

11.【答案】C

【解析】急性期卒中患者取患侧卧位时,为避免患肩被直接压于体下,患侧上肢肩胛带应充分前伸,同时肩屈曲,患肘伸展,前臂旋后,手指展,手掌向上。

【考点】急性卒中偏瘫患者抗痉挛体位

---

5. 步行周期是指

A. 平均步幅时间

B. 从一侧足跟着地至该侧足跟再次着地所用的时间

C. 从一侧足跟着地至对侧足跟着地所用的时间

D. 从一侧足跟着地至该足跟离地所用的时间

E. 一足着地至对侧足着地的平均时间

6. PNF技术的核心是刺激人体组织的

A. 浅感觉   B. 本体感觉   C. 运动点

D. 皮质感觉   E. 皮肤感觉

7. 颈椎牵引的禁忌证是

A. 颈椎病椎间盘突出或脱出

B. 神经根型颈椎病

C. 颈肌痉挛伴颈部活动受限

D. 脊髓型颈椎病

E. 椎动脉型颈椎病

8. Rood技术中具有促进作用的感觉刺激方法为

A. 持续牵伸   B. 中度的温热刺激

C. 用力挤压关节   D. 对肌腱附着点加压

E. 缓慢擦刷

9. 右肘关节部位软组织损伤,采用超声治疗最好的操作方法是

A. 接触法   B. 固定法   C. 移动法

D. 水枕法   E. 水下法

10. 有关肌张力评定的禁忌证是

A. 脊髓损伤

B. 关节活动轻度受限

C. 骨关节肿瘤

D. 骨折切开复位内固定术后

E. 慢性扭伤

11. 急性卒中患者患侧卧位时,患侧上肢**错误**的抗痉挛姿势是

A. 肘伸直   B. 前臂旋后   C. 肩胛带后缩

D. 手掌向上   E. 手伸展

12. 限制关节活动范围的生理因素**不包括**
　　A. 拮抗肌的肌张力
　　B. 软组织相接触
　　C. 关节的韧带张力
　　D. 关节周围软组织挛缩
　　E. 关节周围组织的弹性情况

12.【答案】D
　　【解析】关节周围软组织挛缩为限制关节活动范围的病理因素。关节囊外软组织挛缩可导致关节活动受限，影响关节的主动、被动运动范围。
　　【考点】关节活动范围影响因素

13. 下肢胫前肌无力的典型步态是
　　A. 跨阈步态　　　　　B. 共济失调步态
　　C. 剪刀步态　　　　　D. 慌张步态
　　E. 划圈步态

13.【答案】A
　　【解析】胫前肌无力出现足下垂，为防止足拖地而表现为跨阈步态。
　　【考点】步态评定

14. 关于神经易化技术应用原则的描述，**错误**的是
　　A. 以神经系统损伤疾病作为治疗重点对象
　　B. 强调早期综合治疗，认为重复训练对动作掌握及运动控制具有重要意义
　　C. 多种感觉刺激，包括躯体、语言、视觉等
　　D. 主张肢体训练由躯体远端向近端的原则
　　E. 以日常生活的功能性动作为主的目标训练

14.【答案】D
　　【解析】神经易化技术应按照从头到脚、从躯体近端到远端的顺序治疗，将治疗变成学习和控制动作的过程。
　　【考点】社区康复常用技术——神经易化技术

15. 关节松动术的禁忌证是
　　A. 关节活动过度
　　B. 创伤后骨关节疼痛
　　C. 偏瘫患者深感觉障碍
　　D. 腰部疼痛
　　E. 可逆的关节活动度受限

15.【答案】A
　　【解析】关节活动过度、韧带松弛、严重骨质疏松症及关节内骨折未愈合等均不能行关节松动。
　　【考点】社区康复常用技术——关节松动术

第二章 临床科研设计

【A1 型题】

1. 下列属于定性研究方法的是
   A. 描述性研究
   B. 实验性研究
   C. 开放式调查问卷
   D. 病例对照研究
   E. 队列研究

2. 属于随访研究的是
   A. 社区干预研究　　B. 现况研究
   C. 混合型队列研究　　D. 普查
   E. 病例对照研究

3. 下列**不属于**社区干预研究对象选择原则的是
   A. 与暴露因素相关性较低的人群
   B. 干预不会导致有害反应的人群
   C. 干预措施可行的人群
   D. 预期发病率较高的人群
   E. 依从性好并能坚持到底的人群

4. 下列定性研究的常用方法中，能够激发创造性思维并获得创新性想法的方法是
   A. 案例调查　　B. 头脑风暴法
   C. 德尔菲法　　D. 鱼骨图分析法
   E. 地图法

5. 下列**不属于**卫生统计工作基本步骤的是
   A. 分析资料　　B. 发表论文　　C. 收集资料
   D. 设计阶段　　E. 整理资料

1.【答案】C
【解析】此题主要考查定量研究方法与定性研究方法的区别。描述性研究、实验性研究、病例对照研究、队列研究都属于定量研究方法，调查问卷可以是定性研究或者定量研究方法，开放式调查问卷属于定性研究方法。
【考点】定量研究方法与定性研究方法

2.【答案】C
【解析】随访研究方法包括队列研究及预后研究，混合型队列研究属于队列研究的一种。
【考点】随访研究方法

3.【答案】A
【解析】此题主要考查研究对象的选择。主要原则有：干预不会导致有害反应的人群；预期发病率较高的人群；干预措施可行的人群；依从性好并能坚持到底的人群。
【考点】社区干预研究对象选择原则

4.【答案】B
【解析】定性研究的几种常用方法包括专题小组讨论、选题小组讨论、德尔菲法、头脑风暴法、鱼骨图分析法、观察法、案例调查、地图法。其中头脑风暴法是一种通过团队形式，毫无顾忌地提出自己的各种想法，掀起一场头脑风暴，由参会者广泛发表，激发创造性思维并获得创新性想法的方法。
【考点】定性研究的常用方法

5.【答案】B
【解析】卫生统计工作基本步骤包括：设计阶段、收集资料、整理资料、分析资料。
【考点】卫生统计工作基本步骤

6. 病例对照研究的偏倚及控制方法中,关于配比,下列说法正确的是
    A. 保证病例组与对照组有相同的样本含量,控制现患病例 - 新发病例偏倚
    B. 保证病例组与对照组有相同的暴露时间轴距,控制时间效应偏倚
    C. 保证病例组与对照组有相同的研究对象,控制调查偏倚
    D. 保证病例组与对照组有相同的暴露因素,控制回忆偏倚
    E. 保证病例组与对照组有除研究因素外相同的其他特征,控制混杂偏倚

6. 【答案】E
【解析】此题主要考查混杂偏倚的控制方法中的配比方法,就是在选择病例组与对照组时,除研究因素外,两者的其他特征或变量相一致。
【考点】病例对照研究的偏倚及控制方法

7. 2017 年某国际医疗机构进行一项粉尘接触与某种肺病的关系的研究中,调查了接触人群过去的暴露情况,把 2010 年部分人群分为两组,暴露组与非暴露组,调查 2010—2017 年的研究记录,对暴露组与非暴露组进行观察比较发病率特点,这种方法是
    A. 前瞻性队列研究
    B. 横断面研究
    C. 双向性队列研究
    D. 历史性队列研究
    E. 病例对照研究

7. 【答案】D
【解析】队列研究包括前瞻性队列研究、双向性队列研究、历史性队列研究。历史性队列研究根据研究开始时研究者掌握的有关研究对象在过去某时刻暴露情况的历史材料分组,不需要回访,研究开始时结局已出现。
【考点】队列研究的分类

8. 下列**不属于**全科医学科研基本步骤的是
    A. 准备阶段　　　　B. 调查阶段　　　　C. 选题阶段
    D. 总结阶段　　　　E. 执行阶段

8. 【答案】B
【解析】科研基本步骤包括选题阶段、准备阶段、执行阶段、总结阶段。
【考点】全科医学科研基本步骤

9. 诊断试验或筛检试验中反映真实性评价的是
    A. 一致率　　　　　B. *Kappa* 值　　　　C. 特异度
    D. 预测值　　　　　E. 验后概率

9. 【答案】C
【解析】此题主要考查真实性评价指标,常用指标有灵敏度、特异度、漏诊率、误诊率、似然比、约登指数。
【考点】试验或筛检试验中反映真实性评价的常用指标

10. 关于研究疾病预后的意义,**错误**的是
    A. 研究影响疾病预后的各种因素,有助于改善并干预疾病的结局
    B. 克服凭临床经验判断预后的局限性
    C. 计算累积发病率及发病密度
    D. 了解疾病自然史、病程和疾病的危害程度,帮助临床医生作出治疗决策
    E. 评价疾病的防治效果,从而促进治疗水平的提高

10. 【答案】C
【解析】研究疾病预后的意义主要在于:克服凭临床经验判断预后的局限性;了解疾病自然史、病程和疾病的危害程度,帮助临床医生作出治疗决策;研究影响疾病预后的各种因素,有助于改善并干预疾病的结局;评价疾病的防治效果,从而促进治疗水平的提高。
【考点】研究疾病预后的意义

11. 关于鱼骨图分析法的特征,正确的是
    A. 部分性　　　　　B. 客观性　　　　　C. 宏观性
    D. 微观形　　　　　E. 逻辑性

11. 【答案】E
【解析】鱼骨图分析法的特征包括全部性、直观性、逻辑性、主观性。
【考点】鱼骨图分析法的特征

12.【答案】C

【解析】个人深入访谈步骤包括：策划访谈，确定访谈对象，提出问题纲要，选择和培训访谈人员，准备和开始访谈，资料整理、分析和报告写作。C选项应该是培训访谈人员而不是被访谈者。

【考点】个人深入访谈步骤

13.【答案】D

【解析】此题主要考查影响患病率升高及降低的原因。影响患病率升高的因素包括病例迁入、健康者迁出、新病例增加、病程延长、未治愈者的寿命延长、易感者迁入、诊断水平提高、报告率提高；影响患病率降低因素包括病程缩短、病死率高、新病例减少、健康者迁入、病例迁出、治愈率提高。

【考点】影响患病率升高及降低的因素

14.【答案】A

【解析】队列研究对照组人群选择有四种：内对照、外对照、总人口对照、多重对照；社区干预研究对照的原则：随机对照、非随机对照、交叉设计对照、安慰剂对照、历史性对照、自身对照。

【考点】队列研究对照组人群选择

12. 关于个人深入访谈步骤，**错误**的是
A. 策划访谈
B. 提出问题纲要
C. 培训知情者(被访谈者)
D. 准备和开始访谈
E. 资料整理、分析和报告写作

13. 下列选项中能使患病率提高的是
A. 病例迁出　　　　B. 健康者迁入
C. 治愈率提高　　　D. 病程延长
E. 新病例减少

14. 关于队列研究对照组人群的选择，正确的是
A. 多重对照　　　　B. 安慰剂对照
C. 非随机对照　　　D. 自身对照
E. 历史性对照

第三章 社区卫生服务管理

【A1 型题】

1. 以下属于社区卫生服务管理内容的是
   A. 健康教育　　　　B. 社区诊断　　　　C. 咨询服务
   D. 转诊服务　　　　E. 便民服务

2. 以下属于社区服务需求的影响因素是
   A. 医疗保障制度
   B. 卫生服务的价格和成本
   C. 卫生服务模式和服务方式
   D. 技术水平、设备和设施条件
   E. 卫生服务的管理水平

3. 以下属于感受性需求的是
   A. 通过现场考查发现某地区儿科门诊经常人满为患,表明该地居民对儿科医疗服务有需求
   B. 扩大计划免疫规定的儿童必须接种四苗防止六病
   C. 食品卫生法规定,必须对食品从业人员进行定期体检
   D. 甲乙两个社区卫生服务中心规模相同,甲配置了 X 射线检查仪获得良好效益,乙在相比之下也产生了购置需求
   E. 通过问询调查得知,居民认为社区卫生服务中心应该增加家庭病床服务

4. 制订社区卫生服务计划的方法中,定性的方法是
   A. 需求量法　　　　B. 需要量法　　　　C. 甘特图法
   D. 滚动式计划　　　　E. 要求量法

5. 社区卫生服务组织管理的特征中,属于前提和基础的是
   A. 必须进行分工　　　　B. 必须进行合作
   C. 必须有责任制度　　　　D. 必须具有目标
   E. 有不同层次的权力

1.【答案】B
【解析】社区卫生服务管理与社区卫生服务的内容有交叉,社区诊断既是社区卫生服务管理内容,也是社区卫生服务的基本工作内容。其余选项则是社区卫生服务的基本工作内容。
【考点】社区卫生服务管理的内容

2.【答案】A
【解析】医疗保障制度为社区服务需求和社区服务供给的重要影响因素,其余选项为社区服务供给的影响因素。
【考点】社区卫生服务需求的影响因素

3.【答案】E
【解析】根据 Bradshaw 提出的服务需求类型而划分,社区卫生服务需求的类型包括规范性需求、表达性需求、比较性需求、感受性需求。E 选项属于感受性需求,A 选项属于表达性需求,B 和 C 选项属于规范性需求,D 选项属于比较性需求。
【考点】社区卫生服务需求的类型

4.【答案】C
【解析】制订社区卫生服务计划的方法包括定性的方法、定量的方法、滚动式计划方法等。其中定性的方法包括甘特图法、畅谈会议法、德尔菲法等;定量的管理技术方法包括需求量法、需要量法、要求量法等。
【考点】社区卫生服务计划的方法

5.【答案】D
【解析】社区卫生服务组织管理的特征:必须具有目标;必须进行分工与合作;组织要有不同层次的权利与责任制度,其中目标是组织存在的前提和基础。
【考点】社区卫生服务管理的特征

6.【答案】D
【解析】制订社区卫生人力培训计划的原则：突出重点的原则，机构需要与个人需求相结合的原则，系统性、渐进性原则，可操作性的原则，整体性原则。
【考点】制订社区卫生人力培训计划的原则

7.【答案】E
【解析】在社区卫生人力的福利中，住房福利为个人福利，A、B、C、D选项为公共福利。
【考点】社区卫生人力的福利

8.【答案】B
【解析】社区卫生服务机构医疗设备管理的特点：安全性和有效性、效益性、计量性、结合性、前瞻性。其中，安全性和有效性是社区卫生服务机构医疗设备管理的首要特点。
【考点】社区卫生服务机构医疗设备管理的特点

9.【答案】A
【解析】调配后的普通处方保留1年，医疗用毒性药品、精神药品及戒毒药品处方保留2年，麻醉处方保留3年。
【考点】处方管理保留年限

10.【答案】B
【解析】非处方药分为甲、乙两类，乙类非处方药更安全。
【考点】非处方药

11.【答案】A
【解析】社区卫生服务营销策略中，有形展示、服务过程属于"7P理论"，顾客需求属于"4C理论"内容，差异化、附加价值属于"4V营销理论"。
【考点】社区卫生服务营销策略中"4C理论"内容

12.【答案】B
【解析】三级质量管理法是卫生服务评估和质量评估指标的框架基础，如社区卫生服务的质量从基础质量、环节质量、终末质量这三个层面分析。本题的B选项为终末质量评价指标，A、C、E选项属于基础质量的评价指标，D选项是环节质量的评价指标。
【考点】社区卫生服务的三级质量管理

13.【答案】B
【解析】1950年戴明创造了循环的"PDCA"质量改进概念，PDCA循环共分为四个阶段：计划阶段（P阶段）、执行阶段（D阶段）、查验阶段（C阶段）、处理阶段（A阶段）。
【考点】戴明环的概念

6. 制订社区卫生人力培训计划的原则中，**错误**的是
   A. 突出重点的原则
   B. 系统性、渐进性原则
   C. 整体性原则
   D. 机构需要的原则
   E. 可操作性的原则

7. 社区卫生机构福利中属于个人福利的是
   A. 医疗保险　　　B. 养老保险　　　C. 伤残保障
   D. 生育福利　　　E. 住房福利

8. 社区卫生服务机构医疗设备管理的首要特点是
   A. 效益性　　　　B. 安全性　　　　C. 前瞻性
   D. 计量性　　　　E. 结合性

9. 关于社区卫生医疗机构处方管理，正确的是
   A. 精神药品处方保留2年
   B. 麻醉处方保留2年
   C. 医用毒性药品处方保留3年
   D. 普通处方保留2年
   E. 戒毒药品处方保留3年

10. 以下非处方药管理的内容中，**错误**的是
    A. 非处方药不需凭执业医师处方即可自行购买
    B. 非处方药分为甲、乙两类，甲类非处方药更安全
    C. 非处方药的包装必须印有国家制定的非处方药专有标识
    D. 消费者有权自主选购非处方药，但需按说明书内容使用
    E. 医疗机构根据患者病情需要决定使用非处方药

11. 社区卫生服务营销策略中，属于"4C理论"内容的是
    A. 顾客需求　　　　　　B. 差异化
    C. 有形展示　　　　　　D. 附加价值
    E. 服务过程管理

12. 以下属于卫生服务终末质量评价指标的是
    A. 医务人员的结构比例　　B. 健康教育的覆盖率
    C. 等候时间的安排　　　　D. 交接班合格率
    E. 规则制度的建设

13. 戴明环，又称"PDCA循环"，其中A阶段为
    A. 执行阶段　　　　B. 处理阶段　　　　C. 查验阶段
    D. 计划阶段　　　　E. 审计阶段

14. 社区卫生服务评价中,属于健康状况指标的是
    A. 卫生资源分配
    B. 人均能量摄取量
    C. 健康教育覆盖率
    D. 平均期望寿命
    E. 安全供水普及率

15. 下列选项符合《城市社区卫生服务机构管理办法(试行)》的是
    A. 社区卫生服务站可设住院病床
    B. 非政府举办的社区卫生服务机构实行定编定岗制度
    C. 社区卫生服务机构使用统一的专用标识
    D. 社区卫生服务中心原则上按社区居委会范围设置
    E. 社区卫生服务中心原则上以社会举办为主

14.【答案】D
【解析】社区卫生服务评价常用的一般性统计指标包括卫生管理指标、社会经济指标、卫生保健指标、健康状况指标。其中D选项为健康状况指标,A选项为卫生管理指标,B选项人均能量摄取量不属于评价指标,C、E选项为卫生保健指标。
【考点】社区卫生服务评价指标

15.【答案】C
【解析】C选项符合《城市社区卫生服务机构管理办法(试行)》。该规定还涉及内容为:社区卫生服务中心原则上按街道办事处范围设置,以政府举办为主;社区卫生服务站不设住院部;非政府举办的社区卫生服务机构实行自主用人制度。
【考点】《城市社区卫生服务机构管理办法(试行)》

第四章 预防保健

1.【答案】D

【解析】初级卫生保健是由社区通过个人和家庭的积极参与,达到人人能够普遍享受的卫生保健。

【考点】初级卫生保健服务

2.【答案】E

【解析】心脑血管疾病发病后给患者带来的伤害及治疗费用都是非常大的,阿司匹林能控制和预防这种疾病,减少发病率,并且用于预防的费用还非常低。所以,E选项的疾病负担和费用效果都是最佳的。

【考点】化学预防策略

3.【答案】E

【解析】一级预防又称"病因(发病前期)预防",是最积极的预防措施。它要求采取各种措施以控制或消除影响健康的危险因素,使健康人免受致病因素之害,防患于未然,并对人群进行旨在提高卫生知识水平的宣传教育,采取各种增进健康的措施。其内容包括特殊预防、增进机体健康、改善生活和生产环境三个方面。二级预防即临床前期(发病期)预防,即在疾病的临床前期做好早期发现、早期诊断、早期治疗("三早"),从而使疾病能够得到尽早治愈而不致加重和发展。通过普查、重点筛选、定期健康检查、高危人群重点项目检查,实行传染病疫情报告、疑似病例隔离观察等做到"三早"。三级预防又称"临床(发病后期)预防",针对发病后期采取治疗措施,防止疾病恶化,预防并发症和病残。

【考点】三级预防的概念

4.【答案】D

【解析】周期性健康检查是运用格式化的健康检查表格,由医务工作者针对就诊者的不同年龄、性别、存在的主要卫生问题或健康危险因素等进行的个体化的健康检查。它着眼于一、二级预防,以无症状的个体为主要对象,以早期发现临床前期疾病及危险因素,以便进一步加以防治为主要目标。它比筛查更具有科学性、系统性和针对性。

【考点】普通体检、筛查和周期性健康检查

【A1 型题】

1. 不属于初级卫生保健服务的是
   A. 健康教育和健康促进
   B. 疾病预防和保健服务
   C. 基本治疗
   D. 专科医疗
   E. 社区康复

2. 根据可预防的疾病负担和费用效果分析,下列临床预防服务项目中有较高效价比,优先推荐的措施是
   A. 流行性感冒(简称"流感")的免疫接种
   B. 血脂异常的筛检
   C. 糖尿病的筛检
   D. 骨质疏松的筛检
   E. 阿司匹林预防心脑血管疾病

3. 关于三级预防,下列说法正确的是
   A. 二级预防又称"病因预防"
   B. 一级预防指做好"三早"预防工作
   C. 三级预防包括非特异性和特异性措施两大类
   D. 三级预防又称"临床前期预防"
   E. 计划免疫属于一级预防

4. 关于周期性健康检查,不准确的是
   A. 周期性健康检查是指根据个体所处生命周期的健康特点和易患疾病谱选择检查项目,实施全面的健康检查
   B. 周期性健康检查的目的是早期发现个体所患疾病,并对其健康状况进行全面评价,为进一步诊治和制订预防保健方案提供依据
   C. 周期性健康检查与疾病筛查有一定区别

D. 周期性健康检查等同于既往的年度或因某种需要而进行的体检

E. 周期性健康检查较普通体检更具有针对性和科学性

5. 临床预防服务的对象是

　　A. 无症状的患者

　　B. 健康人

　　C. 患者

　　D. 健康人和患者

　　E. 健康人和无症状的患者

6. **不属于**二级预防的是

　　A. 涂片检查预防子宫颈癌

　　B. 给儿童接种卡介苗

　　C. 对内科所有就诊者测量血压

　　D. 乳腺癌自查

　　E. 对慢性肝炎患者定期检查甲胎蛋白

7. 全科医生的预防医学观念**不包括**

　　A. 将同个人及家庭的每次接触都看成是提供预防服务的良好时机

　　B. 将预防服务落实在日常医疗服务中

　　C. 将以预防为先导的病史记录和健康档案作为健康照顾的基本工具

　　D. 提供以专业化诊断治疗为主的个性化服务

　　E. 将医学实践的目标直接指向提高社区全体居民的健康水平

8. 早产儿出生 3 个月内,每日应补充维生素 D 制剂的量为

　　A. 10μg　　　　　B. 15μg　　　　　C. 20μg

　　D. 30μg　　　　　E. 50μg

9. 儿童初次接种麻疹疫苗的年龄为

　　A. 1 个月　　　　B. 3 个月　　　　C. 6 个月

　　D. 8 个月　　　　E. 1 岁

10. 以下**不属于**宫颈癌筛查的方法是

　　A. 醋酸 / 复方碘染色肉眼观察法

　　B. 宫颈细胞涂片

　　C. 宫颈液基薄层细胞学检查

　　D. 高危型人乳头瘤病毒(HPV)检测

　　E. 阴道镜检查

5.【答案】E

　　【解析】临床预防服务通过在临床场所对病伤危险因素的评价,采取个体预防干预措施,是一级预防与二级预防的结合。临床预防服务的对象是健康人和无症状的患者。

　　【考点】临床预防服务的对象

6.【答案】B

　　【解析】二级预防又称"临床前期预防""发病期预防",即在疾病的临床前期做到早期发现、早期诊断、早期治疗从而使疾病能够得到早治愈而不致加重和发展。儿童接种疫苗属于一级预防。

　　【考点】三级预防

7.【答案】D

　　【解析】全科医生提供的预防医学服务不同于公共卫生人员,亦不同于专科医生提供的以专业化诊断治疗为主的个性化服务。

　　【考点】全科医生的预防医学观念

8.【答案】C

　　【解析】维生素 D 缺乏可导致佝偻病。预防维生素 D 缺乏需额外补充维生素 D 制剂。依据《全国儿童保健工作规范(试行)》,足月健康儿生后数日每日补充维生素 D 10μg(400IU),早产儿 / 双胎儿生后即应每日补充维生素 D 20μg(800IU),3 个月后改为 10μg(400IU)。

　　【考点】儿童保健中维生素 D 使用剂量

9.【答案】D

　　【解析】麻疹疫苗为减毒活疫苗,接种后可刺激机体产生抗麻疹病毒的免疫力。按照我国儿童预防接种程序,麻疹疫苗初次接种年龄为 8 个月,18~24 个月需复种 1 剂次,复种时可使用含麻疹疫苗成分的其他联合疫苗,如麻疹风疹联合减毒活疫苗、麻疹腮腺炎风疹联合减毒活疫苗。

　　【考点】儿童预防接种

10.【答案】E

　　【解析】宫颈癌筛查方法包括三种。①宫颈脱落细胞学检查:a.传统宫颈细胞涂片,采集宫颈外口和宫颈管内细胞进行涂片、检查和评价;b.宫颈液基薄层细胞学检查,采用液基薄层细胞检测系统对宫颈细胞进行检测,并进行 TBS 分类诊断,与传统涂片相比,宫颈异常细胞检出率明显提升。②人乳头瘤病毒(HPV)DNA 检测:HPV 感染与宫颈癌高度相关,进行高危型 HPV-DNA 检测,有助于早期筛查及预防。③醋酸 / 复方碘染色肉眼观察法:对不具备宫颈细胞学检查条件的地区,可采用此法。

　　【考点】宫颈癌筛查方法

1.【答案】A

【解析】儿童营养不良分别以同性别、同年龄段儿童的体重/年龄、身长(身高)/年龄和体重/身长(身高)为指标,采用标准差法进行评估,测量值低于中位数减2个标准差分别为低体重、生长迟缓和消瘦。

【考点】儿童保健体格评价

2.【答案】E

【解析】准备怀孕的女性,若风疹抗体检测阴性,建议接种风疹疫苗,但接种期间不能怀孕。一般建议风疹疫苗接种后3~6个月或风疹抗体IgG转阳后再妊娠。

【考点】妇女保健孕前检查

1.【答案】D

【解析】初步判断为肉毒杆菌食物中毒。肉毒杆菌食物中毒,多见于肉类加工或保存不当时,感染了肉毒杆菌而引起的中毒性疾病。临床上以头痛、头晕、恶心、呕吐及神经系统症状如眼肌及咽肌瘫痪为主要表现。本病例群体发病,均进食不洁肉类,且出现头痛、恶心、呕吐、吞咽困难等中毒表现,符合肉毒杆菌食物中毒的表现。

【考点】肉毒杆菌食物中毒

2.【答案】B

【解析】肉毒毒素是一种嗜神经外毒素,主要由上消化道吸收,作用于脑神经核、外周神经、肌肉接头处,阻断胆碱能神经纤维的传导,使肌肉收缩障碍,出现弛缓性瘫痪。

【考点】肉毒杆菌毒素

【A2 型题】

1. 男童,1岁。对其进行体格评估,其身高测量值处于同年龄、同性别儿童中位数减1~2个标准差,体重测量值低于同年龄、同性别儿童中位数减2个标准差。该儿童营养状况为

A. 低体重　　　　　　　B. 生长迟缓

C. 正常　　　　　　　　D. 消瘦

E. 发育迟缓

2. 一位备孕妇女,孕前检查风疹抗体(-),医生建议需接种风疹疫苗后间隔一段时间,方可受孕。应间隔的时间是

A. 4周

B. 8周

C. 10周

D. 2周

E. 3~6个月或风疹抗体IgG转阳后

【A3/A4 型题】

(1~2题共用题干)

7月份,某单位10人在单位进食蛋炒饭后,次日晨出现乏力、头痛、视物不清,伴恶心、呕吐,严重者咽痛、吞咽困难。经调查发现,单位食堂蛋炒饭所用的肉是前一天的剩肉。

1. 初步诊断为

A. 金黄色葡萄球菌食物中毒

B. 致病性大肠埃希菌食物中毒

C. 变形杆菌食物中毒

D. 肉毒杆菌食物中毒

E. 蜡状芽孢杆菌食物中毒

2. 其中毒机制为

A. 细菌内毒素

B. 细菌外毒素

C. 细菌活菌

D. 细菌活菌加内毒素

E. 细菌活菌加外毒素

【案例分析题】

案例:女婴,7月龄,冬天出生,单纯母乳喂养,未添加辅食。平素每日外出晒太阳1h。未规律服用鱼肝油。近半个月来较烦躁,夜间哭闹不安、多汗。查体:身长68cm,体重8kg,有枕秃、颅骨软化。

提问1:该病例接诊时还应注意的是

    A. 了解是否足月顺产

    B. 了解出生体重、身长

    C. 查看前囟大小

    D. 查看有无手镯征、串珠征

    E. 查看有无肋骨外翻

    F. 有无呼吸急促

提问2:为预防佝偻病,医生应指导家属的内容包括

    A. 多晒太阳

    B. 6个月,及时添加辅食

    C. 早产儿,3个月内每日口服维生素 D 800IU

    D. 足月儿,2周后每日口服维生素 D 400IU

    E. 固定患儿头部,避免摩擦枕部,引起枕秃加重

    F. 3个月,添加辅食

提问1:【答案】ABCDE

    【解析】冬天出生,日照不足,未规律补充维生素D,未及时添加辅食等,均是维生素D不足的危险因素。烦躁、夜间哭闹、多汗,伴枕秃、颅骨软化,是维生素D缺乏性佝偻病的初期特点。对维生素D缺乏性佝偻病患者,应详细询问出生情况,出生后有无佝偻病的其他危险因素,并详细检查有无方颅、肋骨外翻、串珠征、手镯征等,判断佝偻病的严重程度。

    【考点】维生素D缺乏性佝偻病

提问2:【答案】ABCD

    【解析】预防婴幼儿佝偻病,应注意多晒太阳、及时添加辅食,并注意维生素D的及时补充。早产儿、双胎、低出生体重儿于生后数日开始,每日口服维生素D800IU,连服3个月后,改为每日400IU。足月儿出生2周后,每日补充维生素D 400IU。

    【考点】维生素D缺乏性佝偻病预防措施

第五章 实用卫生统计与流行病学原理与方法

1. **【答案】** D

   【解析】 此题主要考查四分位数间距的使用，四分位数间距作为说明个体差异的指标，不易受极端值影响，较适用于描述偏态分布。

   【考点】 变异程度的统计描述

2. **【答案】** C

   【解析】 此题主要考查统计图的使用，线图是用线段的升降来表示指标的连续变化趋势。

   【考点】 统计图

3. **【答案】** D

   【解析】 此题主要考查时间点患病率的计算，时间点患病率=某一时点一定人群中现患某病新旧病例数/该时点人口数(被观察人数)。3月31日患病人数为(70−35)人，该时点人口数=(420−35)人，患病率=35/385=0.091。

   【考点】 时间点患病率的概念

4. **【答案】** D

   【解析】 此题主要考查 OR 值的计算方法。OR 值是指病例组中暴露人数(c)与非暴露人数(c)的比值/对照组中暴露人数(b)与非暴露人数(d)的比值。$OR=(a/c)/(b/d)=ad/bc$。

   【考点】 病例对照研究

5. **【答案】** D

   【解析】 此题主要考查实验性流行病学研究对象的选择原则。选项A、B、C不适合作为本次研究对象，选项E比较片面，不能代表所有对象。

   【考点】 实验性流行病学研究

【A1 型题】

1. 已知乙型肝炎患者乙型肝炎 DNA 病毒定量呈明显偏态分布，描述其个体差异的统计学指标是

   A. 标准差   B. 全距   C. 变异系数

   D. 四分位数间距 E. 方差

2. 糖尿病临床试验，分为试验组与对照组，分析考虑治疗 0d、5d、10d、15d、25d 血糖动态变化，为了直观地显示两组血糖平均波动情况，宜选用

   A. 条图   B. 直方图 C. 复式线图

   D. 散点图 E. 百分条图

3. 某工厂共有 420 名工人，3月初突发某种疾病，3月份共有 70 人发生这种疾病，70 人的一半迅速死亡；4月份又有 40 人发生这种疾病，但无人死亡。计算 3 月 31 日该疾病的患病率为

   A. 0.167   B. 0.083 C. 0.262

   D. 0.091   E. 0.179

4. 一项高血压发病危险因素的成组病例对照研究结果表示，在 450 例病例组中有 258 例为吸烟者，而 400 例对照组中 108 例为吸烟者，吸烟与高血压的 OR 值为

   A. 258/450   B. 108/258

   C. 108/400   D. $(258 \times 292)/(108 \times 192)$

   E. $(258 \times 400)/(108 \times 450)$

5. 假设研制出一种预防 EB 病毒感染的疫苗，要评价此疫苗的效果，选择作为研究对象的人群是

   A. 已经感染 EB 病毒的人群

   B. EB 病毒感染发病率低的人群

   C. 曾感染过 EB 病毒，且有抗体的人群

D. EB 病毒感染高危人群

E. 接触过 EB 病毒感染患者的医护人员

6. 根据样本资料计算得出健康成人血红蛋白的 95% 可信区间为 120~150g/L,其含义是

    A. 估计总体中有 95% 的观察值在此范围

    B. 总体均数在该区间的概率为 95%

    C. 样本中有 95% 的观察值在此范围内

    D. 该区间包含样本均数的可能性为 95%

    E. 该区间包含总体均数的可能性为 95%

6.【答案】E

【解析】此题主要考查可信区间的理解。总体均数估计的 95% 可信区间包括总体均数的概率为 95%。

【考点】总体均数的可信区间

7. 方差齐是指

    A. 总方差 = 各组方差之和

    B. 组内方差 = 组间方差

    C. 总方差 = 组内方差 + 组间方差

    D. 各比较组相应的总体方差相等

    E. 各比较组相应的样本方差相等

7.【答案】D

【解析】此题主要考查方差齐的概念。方差齐是指各比较组相应的总体方差相等。

【考点】方差分析

8. 下列选项中疾病流行强度为散发的是

    A. 某地区历年水痘的发病率在 (25~35)/10 万之间,今年该地区的发病率为 40/10 万

    B. 某地区历年水痘的发病率在 (25~35)/10 万之间,今年该地区的发病率为 32/10 万

    C. 某地区历年水痘的发病率在 (25~35)/10 万之间,今年该地区的发病率为 100/10 万

    D. 某地区历年水痘的发病率在 (25~35)/10 万之间,今年该地区的发病率为 200/10 万

    E. 某地区历年水痘的发病率在 (25~35)/10 万之间,今年该地区的发病率为 15/10 万

8.【答案】B

【解析】此题主要考查散发概念。散发是指某病在某地区人群中呈历年一般发病率水平。

【考点】实验性流行病学研究

9. 1990—2005 年间,观察到长期大量吸烟成年男性 2 000 名中有 30 人发生肺癌,同期 2 000 名未吸烟的成年男性发生肺癌的有 12 人。以下说法正确的是

    A. 该研究属于实验性研究

    B. 该研究属于病例对照研究

    C. 该研究属于队列研究

    D. 该研究属于疾病预后研究

    E. 该研究属于描述性研究

9.【答案】C

【解析】此题主要考查流行病学的研究方法。流行病学研究方法可以分为观察性研究与实验性研究两大类。其中观察性研究包括现况调查研究、生态学研究、队列研究、病例对照研究。队列研究是将人群按是否暴露于某可疑因素分组,追踪观察组内成员结局,比较各组之间结局发生率差异的一种观察性研究方法。题干中的研究属于队列研究。

【考点】流行病学的研究方法

10. 以"非同日 3 次血压 ≥140/90mmHg 诊断为高血压"的标准,检测 500 人,结果有 449 名非高血压患者,有 51 名高血压患者,该资料属于

10.【答案】C

【解析】此题主要考查医学统计学资料中计数资料的概念。计数资料是指先将观察对象的观察指标按性质或类别进行分组,然后计数各组的数目所得的资料。

【考点】医学统计资料

A. 计算资料   B. 计量资料   C. 计数资料

D. 等级资料   E. 分组资料

11.【答案】A

【解析】此题主要考查卡方检验的应用。卡方检验用于多个样本的构成比比较，有 R 行 C 列，称为行 × 列表资料。本例为 3 个样本率的比较，是 3×2 表资料，应采用卡方检验。

【考点】行 × 列表资料的卡方检验

11. 某医院用中药、西药、中西药结合 3 种不同方案治疗急性非黄疸性肝炎，把结果分为有效、无效两组。其中中药组有效 35 人，无效 45 人；西药组有效 51 人，无效 49 人；中西药结合组有效 59 人，无效 15 人。为比较 3 种疗法的有效率是否不同，应采用

A. 卡方检验   B. u 检验   C. t 检验

D. 秩和检验   E. 非参数检验

12.【答案】C

【解析】此题主要考查 t 检验的应用。本题满足两独立样本 t 检验应用要求：第一，两组独立样本；第二，样本平均数理论分布应该是正态的；第三，两个组的方差大致相同。所以该研究应使用 t 检验。

【考点】t 检验的应用

12. 用双能 X 线吸收法比较 50 名腰椎间盘突出患者与 50 名正常人骨密度差异，应采用的统计学方法是

A. 卡方检验   B. u 检验   C. t 检验

D. 秩和检验   E. 非参数检验

13.【答案】A

【解析】此题主要考查 Logistic 回归模型应用。本题中考查多个变量对一个因变量的影响，应使用回归模型。Logistic 回归模型适用于因变量为两分类（如答与不答）资料的统计分析。

【考点】Logistic 回归模型应用

13. 为研究各种因素对居民是否选择家庭医生签约的影响，应使用的统计学方法是

A. Logistic 回归模型

B. 卡方检验

C. 非参数检验

D. u 检验

E. t 检验

14.【答案】D

【解析】此题主要考查抽样误差。抽样误差中分层抽样≤系统抽样≤单纯随机抽样≤整群抽样，分层抽样的代表性最好，即抽样误差最小。

【考点】抽样误差

14. 下列抽样调查中，抽样误差从大到小的顺序是

A. 整群抽样、分层抽样、系统抽样、单纯随机抽样

B. 系统抽样、整群抽样、单纯随机整群抽样、分层抽样

C. 整群抽样、单纯随机抽样、分层抽样、系统抽样

D. 整群抽样、单纯随机抽样、系统抽样、分层抽样

E. 系统抽样、单纯随机抽样、整群抽样、分层抽样

15.【答案】D

【解析】此题主要考查疾病的三间分布概念。疾病的三间分布是指时间分布、地区分布、人群分布。本题中 D 答案符合条件。

【考点】疾病的三间分布概念

15. 下列疾病分布中，满足疾病三间分布的描述是

A. 流行性脑脊髓膜炎（流脑），在温带地区较热带地区更为广泛和严重

B. 克山病在中国分布于东北到西南以棕褐土系列环境为中心的条带状地区内

C. 麻疹、猩红热的最高发病率集中在儿童

D. 糙皮病发生于以玉米为主食的地区，并多见于春季，男性多于女性

E. 在肝癌高发区的中国江苏省启东市，男性肝癌死亡率比女性高

【A2 型题】

1. 某社区 6 500 户约 2.5 万人口,欲抽取 120 人进行某病调查。随机抽取第 1 户,随后每隔 6 户抽取 1 户,抽到户的每个成员均进行调查。这种抽样方法称为
   A. 分层抽样　　　　　B. 系统抽样　　　　　C. 整群抽样
   D. 简单抽样　　　　　E. 多级抽样

1. 【答案】B
   【解析】系统抽样又称"机械抽样",是按照一定顺序,机械地每隔若干单位抽取一个单位的抽样方法。
   【考点】抽样方法

2. 某地区居民队列研究发现,体重指数 >25.0kg/m² 的人群患高血压的危险性为其他人群的 2.8 倍(有统计学意义);而该地病例对照研究中发现,体重指数 >25.0kg/m² 的人群患高血压的 *OR* 值为 1.22(无统计学意义)。进一步研究表明此差异的原因是,患者诊断为高血压后,开始注意饮食、体育锻炼等。引起上述队列研究与病例对照研究结果之间差异的偏倚为
   A. 纳入偏倚　　　　　B. 奈曼偏倚　　　　　C. 检出偏倚
   D. 无应答偏倚　　　　E. 易感性偏倚

2. 【答案】B
   【解析】引起上述队列研究与病例对照研究结果之间差异的原因是两项研究选择的病例不同,一项以新患病为主,另一项是现患病,因此容易产生现患 - 新发病例偏倚,即奈曼偏倚。
   【考点】奈曼偏倚

3. 某地有 20 万人口,1998 年全死因死亡 2 000 人,同年有艾滋病患者 600 人,其中男性 400 人,女性 200 人;该年有 120 人死于艾滋病,其中 100 人为男性。该地 1998 年粗死亡率为
   A. 300/10 万　　　　　　　B. 60/1 000
   C. 10/1 000　　　　　　　　D. 100/1 000
   E. 所给资料不能计算

3. 【答案】C
   【解析】粗死亡率指某地某年平均每千人口中的死亡数,反映当地居民总的死亡水平。计算公式:粗死亡率 = 某地区某时期全部死亡人数(2 000 人)/该地区该时期内的平均人口数(20 万)= 2 000/20 万 = 10/1 000。
   【考点】死亡率计算

第六章　临床心理咨询

1.【答案】B

【解析】此题主要考查分析心理学理论的代表人。弗洛伊德是经典心理分析理论的创始人，荣格是分析心理学理论的创始人，阿德勒是个体心理学的创始人，埃里克森和沙利文是新精神分析学派的代表人。

【考点】分析心理学理论的代表人

2.【答案】C

【解析】汉密尔顿焦虑量表评分标准：<7分，无焦虑；≥7分，可能有焦虑；≥14分肯定有焦虑；≥21分，明显有焦虑；≥29分，严重有焦虑。

【考点】汉密尔顿焦虑量表

3.【答案】B

【解析】此题主要考查社区心理咨询的转诊原则。诊断明确的心理疾病患者不需要转诊。

【考点】社区心理咨询的转诊原则

4.【答案】E

【解析】此题主要考查焦虑症的药物治疗。全科门诊常用药物为苯二氮䓬类药物，阿普唑仑为苯二氮䓬类药物。

【考点】焦虑症的药物治疗

5.【答案】C

【解析】此题主要考查强迫症的表现。强迫症多无明显诱因，其基本症状为强迫观念、强迫意向、强迫行为，C选项为强迫行为。

【考点】强迫症

1.【答案】B

【解析】此题主要考查心理咨询过程中移情和反移情的概念。移情是来访者由于以往的生活经历和人际关系对咨询师产生情感，对咨询师积极的情感称为正移情，对咨询师消极的情感称为负移情。反移情是咨询师由于本人的生活经历和以往人际关系对来访者产生的爱或恨的情感体验。

【考点】移情和反移情

【A1 型题】

1. 分析心理学理论的代表人是
   A. 弗洛伊德　　　　B. 荣格　　　　　　C. 阿德勒
   D. 埃里克森　　　　E. 沙利文

2. 汉密尔顿焦虑量表得分 15 分，是代表
   A. 无焦虑　　　　　　　　B. 可能有焦虑
   C. 肯定有焦虑　　　　　　D. 明显有焦虑
   E. 严重有焦虑

3. 医学心理咨询中的转诊原则**不包括**
   A. 无法排除器质性疾病，需转诊至有关专科进行检查
   B. 诊断明确的心理疾病
   C. 有幻想、妄想和严重认知、行为障碍的患者
   D. 存在情绪的敌对、不合作
   E. 有严重精神疾病者

4. 全科门诊中常用于焦虑症的药物是
   A. 舍曲林　　　　　　B. 度洛西汀　　　　C. 阿米替林
   D. 米氮平　　　　　　E. 阿普唑仑

5. 强迫症可能会出现的症状是
   A. 对未来很担心、紧张不安，但又不知道在担心什么
   B. 突然感到很害怕，并出现心悸、气短、濒死感
   C. 每次出门都要反复确定门窗是否关好
   D. 情绪低落、经常无端落泪
   E. 经常自言自语，不与人接触，老怀疑别人要害他

【A2 型题】

1. 心理咨询师接待一女来访者。来访者痛不欲生地讲述自己失去孩子的故事，引得咨询师泪水涟涟。后来，咨询师了解到，

原来是来访者自己未婚先孕怕影响自己生活,偷偷把孩子抛弃。此时咨询师对来访者态度大变,脸上充满愤恨的表情。原来,咨询师是从小被父母抛弃的孤儿,她把对父母的恨转嫁到来访者身上。案例中咨询师是发生了

A. 移情　　　B. 反移情　　　C. 阻抗

D. 道德判断　　　E. 未保持中立

2. 患者,女,20岁,是某歌星的歌迷。诉每次听到该歌星的歌声就可以看到歌星本人深情款款地对着自己唱歌,这种症状属于

A. 听错觉　　　　　B. 功能性幻觉

C. 反射性幻觉　　　D. 入睡前幻觉

E. 心因性幻觉

3. 患者,男,55岁。吸烟30余年,20支/d。3d前一长期吸烟同事体检发现肺癌,现想戒烟,常用的行为疗法方法是

A. 系统脱敏法　　　B. 暴露疗法

C. 厌恶疗法　　　　D. 自我管理法

E. 生物反馈疗法

4. 患者,男,18岁,高三学生。为准备高考经常通宵达旦学习,逐渐出现心悸、气紧,感觉要死了一样,过30min左右可自行缓解,缓解后无任何不适。查心电图提示窦性心律不齐、窦性心动过速,余检查均正常。患者最有可能是

A. 广泛性焦虑　　　B. 惊恐障碍

C. 恐惧症　　　　　D. 抑郁症

E. 精神分裂症

5. 患者,男,45岁。因"车祸致脑外伤昏迷"入院,经抢救2d后苏醒,醒后知道自己是谁,认识身边的人,但把父亲去世的时间记晚了10年。患者最有可能是

A. 顺行性遗忘　　　B. 逆行性遗忘

C. 界限性遗忘　　　D. 错构

E. 虚构

6. 患者,女,45岁。2d前其子出车祸死亡,当她获知噩耗时当即晕厥,10min醒来后出现言语不连贯,意识清晰度下降,不认识身边的人,反复说"他去外面旅游了,过几天就回来"。患者最有可能是

A. 急性应激障碍　　　B. 精神分裂症

C. 创伤后应激障碍　　D. 适应障碍

E. 神经症

2.【答案】C
【解析】此题主要考查幻觉的分型。幻觉按产生的条件可分为功能性幻觉、反射性幻觉、入睡前幻觉、心因性幻觉。反射性幻觉是指当某一感官处于功能活动状态时,出现涉及另一感官的幻觉,见于精神分裂症。患者在听觉的刺激下产生视觉,属于反射性幻觉。
【考点】幻觉的分型

3.【答案】C
【解析】此题主要考查行为疗法的常见技术和方法。厌恶疗法又称"惩罚疗法",是一种应用具有惩罚性的厌恶刺激来矫正和消除某些适应不良行为的方法。常用于戒烟、戒酒、性变态以及青少年不良习惯的矫正。
【考点】行为疗法的常见技术和方法

4.【答案】B
【解析】此题主要考查惊恐障碍的诊断。根据病史描述,患者的焦虑症状为阵发性的急性发作,发作间期完全正常,明确为惊恐发作,并且病前有一定的心理因素(考试复习)。
【考点】惊恐障碍

5.【答案】D
【解析】此题主要考查常见记忆障碍的类型。临床常见的记忆障碍有:记忆增强、记忆减退、遗忘、错构、虚构。错构是记忆的错误,对过去曾经历过的事件,在发生的地点、情节、特别是在事件上出现错误回忆。多见于老年性、动脉硬化性、脑外伤性痴呆及酒精中毒性精神障碍。
【考点】常见的记忆障碍

6.【答案】A
【解析】此题主要考查应激相关障碍的鉴别。应激相关障碍有:急性应激障碍、创伤后应激障碍、适应障碍。急性应激障碍指受刺激后立即(1h内)发病;创伤后应激障碍指遭受创伤后数日至数月后,罕见延迟半年以上的发病;适应障碍一般在应激性事件发生后的1~3个月内出现,但刺激不是灾难性的或异乎寻常的,较创伤后应激障碍轻。
【考点】应激相关障碍

7.【答案】E

【解析】此题主要考查精神分裂症的诊断。根据病史描述，患者自言自语，对着空气说话，存在幻听症状，怀疑同事要害他，存在被害妄想，考虑为精神分裂症可能性最大。

【考点】精神分裂症

7. 患者，男，25 岁，某工厂员工。最近 6 个月来突然无故不去工厂上班，在员工宿舍不与人交流，经常莫名其妙地自言自语或者对着空气说话，还认为同事在议论他，要害他。患者最有可能是

A. 广泛性焦虑   B. 惊恐障碍

C. 恐惧症   D. 抑郁症

E. 精神分裂症

第三篇　临床常见病诊疗

第一章　全科医学概论

【A1 型题】

1. 关于全科医学的描述,正确的是
   A. 起源于 20 世纪 60 年代的新型二级临床专业学科
   B. 于 20 世纪 90 年代后期传入中国
   C. 整合临床医学、预防医学、康复医学以及人文社会学科于一体
   D. 主旨是以疾病为中心、以家庭为单位、以整体健康的维护与促进为方向
   E. 是将内、外、妇、儿等学科相加在一起的综合临床学科

2. 社区常见慢性病的特点包括
   A. 以人群为基础
   B. 强调预防、保健、医疗等多学科的合作
   C. 提倡资源早利用,减少非必需的发病之后的医疗花费,提高卫生资源和资金的使用效率
   D. 重视疾病发生发展的全过程(高危的管理,患病后的临床诊治、康复、并发症的预防与治疗等)
   E. 以上都是

3. 以下关于社区卫生服务的描述,正确的是
   A. 以三级医院为主体,基层卫生机构为辅助
   B. 以全科医生为主干,利用先进技术
   C. 以人的健康为中心、家庭为单位、社区为范围、需求为导向
   D. 以孕妇、婴儿、老年人、慢性病患者、残疾人为重点
   E. 以解决社区所有卫生问题、满足基本卫生服务需求为目标

4. 关于全科医生的描述,正确的是
   A. 为个人、家庭和社区提供优质、方便、一体化的基层医疗保健服务

1. 【答案】C
   【解析】此题主要考查全科医学发展简史、定义。全科医学正式建立于 20 世纪 60 年代,于 20 世纪 80 年代后期传入中国。全科医学目前使用最多的定义是:全科医学是一个面向个人、社区与家庭,整合临床医学、预防医学、康复医学以及人文社会学科相关内容于一体的综合性临床二级专业学科;其主旨是强调以人为中心、以家庭为单位、以整体健康的维护与促进为方向的长期负责式照顾,并将个体与群体健康照顾融于一体。
   【考点】全科医学的发展简史、定义

2. 【答案】E
   【解析】社区常见慢性病的特点为:①以人群为基础,重视疾病发生发展的全过程(高危的管理、患病后的临床诊治、康复、并发症的预防与治疗等);②强调预防、保健、医疗等多学科的合作;③提倡资源早利用,减少非必需的发病之后的医疗花费,提高卫生资源和资金的使用效率。
   【考点】社区常见慢性病的特点

3. 【答案】C
   【解析】此题主要考查社区卫生服务的概念。社区卫生服务是以基层卫生机构为主体,全科医生为主干,合理使用社区资源和适宜技术;以人的健康为中心、家庭为单位、社区为范围、需求为导向;以妇女、儿童、老年人、慢性病患者、残疾人等为服务重点;以解决社区主要卫生问题,满足基本卫生服务需求为目标的基层医疗卫生服务。
   【考点】社区卫生服务的概念

4. 【答案】A
   【解析】此题主要考查全科医生的

定义、全科医生与专科医生的区别。全科医生又称"家庭医生",是为个人、家庭和社区提供优质、方便、有效、一体化的基层医疗保健服务,进行生命、健康与疾病全过程、全方位负责式管理的医生。全科医生实施最基本的检查和合作性的医疗服务,不一定掌握各科先进业务技术,C、D均为专科医生的特点。

【考点】全科医生的定义及其与专科医生的区别

5.【答案】E

【解析】全科医生作为医疗保健体系的"门户",向保险系统登记注册,并严格依据有关规章制度和公正原则、成本/效果原则从事医疗保健活动,与保险系统共同办好基本医疗保险,但无权制定医疗保险制度。

【考点】全科医生在服务中的角色

6.【答案】E

【解析】生物-心理-社会医学模式的基本观点是以患者为中心,进入患者的世界,在重视疾病诊断的同时,还必须关注患者的发病与患病经历,进一步了解病对患者身心功能的影响,了解患者自身对疾病的看法、期望、担心、情感等。

【考点】生物-心理-社会医学模式的特点

7.【答案】B

【解析】在生物-心理-社会医学模式的模式指导下,以人为中心的医学模式逐渐取代以疾病为中心的医学模式而占据主导地位。

【考点】以人为中心的医学模式理论基础

8.【答案】C

【解析】此题主要考查以社区为导向的基础医疗(COPC)的三要素。COPC模式的基本要素包括:提供可及性、综合性、协调性、连续性和负责性卫生服务的基层医疗机构;特定的社区或人群,目标社区可以是地区型社区,也可以是功能型社区;确定及解决社区主要健康问题的实施过程。

【考点】以社区为导向的基础医疗三要素

9.【答案】B

【解析】B选项说法错误。全科医生应协调利用一切可用资源为患者服务,不仅解决来就诊患者的问题,还包括了解、评估和解决患者家庭可能存在的问题。

【考点】全科医生的主要应诊任务

B. 全面掌握各科业务技术的临床医生
C. 采用以疾病为中心的权威型的诊疗模式
D. 以诊断和治疗疾病为目标,注重个人对疾病的研究兴趣
E. 提供全部"六位一体"社区卫生服务的基层医生

5. 全科医生在医疗中应承担的角色**不包括**
   A. 个人与家庭的健康监护人
   B. 团队管理与教育者
   C. 社区健康的组织与监测者
   D. 卫生服务的协调者
   E. 医疗保险的制定与实施者

6. 生物-心理-社会医学模式的特点包括
   A. 把人看作生物体,人体生病表现出特异的病理生理和化验结果的异常
   B. 理论和方法简单,易于掌握
   C. 着重识别疾病的病因
   D. 依赖高技术的诊疗手段
   E. 基本观点是以患者为中心

7. 以人为中心的医疗模式发展的理论基础是
   A. 生物医学模式
   B. 生物-心理-社会医学模式
   C. 传统医学与现代医学基本理论
   D. 预防医学与临床医学
   E. 社区卫生服务的发展

8. COPC模式的基本要素是
   A. 医院、医生、患者
   B. 社区、医院、防疫站
   C. 基层医疗单位、社区、确定及解决社区主要健康问题的过程
   D. 基层医疗单位、社区、家庭
   E. 医院、社区、患者

9. 关于全科医生的主要应诊任务,说法**错误**的是
   A. 深入了解患者健康问题的性质及其对患者的影响
   B. 只针对性地解决患者此次来就诊的问题
   C. 对慢性问题进行持续管理
   D. 根据实际提供预防性照顾
   E. 改善患者的就医、遵医行为

10. 全科医生的日常工作任务,**不包括**

    A. 对现患问题的诊疗处理

    B. 为每一位居民间断提供家庭访视服务

    C. 为慢性健康问题提供连续性服务

    D. 为每个人提供预防性服务

    E. 改善医患关系和就医遵医行为,争取最好的健康效果

11. 关于全科诊疗中常见健康问题特点的描述,正确的是

    A. 健康问题种类繁多,无规律可循

    B. 以慢性非传染性疾病为主

    C. 少部分就诊者新的健康问题处于早期未分化阶段

    D. "同病多症""异病同症"的现象少见

    E. 心理疾病可导致生理的异常

12. 全科临床思维与专科思维相比,其特殊性表现在

    A. 以人为中心,体现生物-心理-社会医学模式,整体全面地认识服务对象(包括患者)健康问题的系统思维

    B. 以疾病为导向的临床诊断思维

    C. 较少运用循证医学临床决策思维

    D. 良好的人文素养是临床思维的前提

    E. 扎实的知识与理论是良好临床思维的基础

13. 以下关于社区诊断的说法,**错误**的是

    A. 社区诊断的对象是社区人群和社区背景

    B. 社区诊断的方法是人口统计及流行病学等研究方法

    C. 社区诊断的结果是制订个人综合性服务计划

    D. 社区诊断的资料来源于社区文献资料、健康档案记录、社区调查等

    E. 社区诊断是为分析和确定社区中的健康问题、资源的可利用程度等

14. 家庭生活周期分为

    A. 4个阶段　　　　B. 6个阶段　　　　C. 8个阶段

    D. 10个阶段　　　E. 12个阶段

15. 对家庭生活周期的正确理解是

    A. 家庭自身产生、发展与消亡的过程

    B. 家庭生活周期的各个阶段是连续的,家庭不可以在任意阶段开始或结束

    C. 恋爱和丧偶不属于家庭生活周期

    D. 每个家庭都会经历家庭生活周期的各个阶段

    E. 家庭可以在家庭生活周期的某个阶段开始或结束

10. 【答案】B

【解析】全科医疗服务中,医生必须把服务对象作为重要的合作伙伴,从"整体人"的生活质量角度全面考查和处理个体的生理、心理和社会需求。

【考点】以人为中心的全科整体服务和系统管理思维

11. 【答案】B

【解析】全科诊疗中健康问题种类繁多,但也有规律可循:①大部分患者新的健康问题在首诊时多处于早期未分化阶段;②变异性、隐蔽性与不确定性;③健康问题的成因和影响涉及生物、心理、社会、个人、家庭、社区、经济、信仰等多个方面;④以慢性非传染性疾病为主。

【考点】全科诊疗中常见健康问题的特点

12. 【答案】A

【解析】D、E选项是所有全科/专科临床思维的共性;全科临床思维是以问题为导向的临床诊断思维,B选项错误;全科临床思维是以证据为基础的循证医学临床决策思维,C选项错误。

【考点】全科临床思维的特殊性

13. 【答案】C

【解析】此题主要考查社区诊断的定义。社区诊断的对象是社区,包括该社区的人群及其共同的背景;社区诊断是指通过搜集社区文献资料、居民反应、健康档案记录、日常医疗日记、社区调查和社区筛检结果等资料,应用人口统计学、卫生统计学、流行病学、行为测量学等,分析和确定社区中的健康问题、资源的可利用程度等,从而为社区各项卫生服务提供重要的依据。社区诊断是对社区健康状况的一种判断、一个整体认识、一次基本研究。

【考点】社区诊断的定义

14. 【答案】C

【解析】此题主要考查家庭生活周期阶段的划分。依据家庭各个发展时期的结构和功能特点,将家庭生活周期分为8个具有特征的发展、变化阶段,即:新婚期、婴幼儿期、学龄前儿童期、学龄儿童期、青少年期、子女离家期、空巢期、家庭老化期。

【考点】家庭生活周期的阶段划分

15. 【答案】E

【解析】此题主要考查家庭生活周期的概念及特点。家庭从发生、发展和结束的整个过程构成了一个家庭生活周期。家庭总是从产生到消亡,而新家庭又不断产生,周而复始、连绵不断。家庭从产生、发展到消亡,会经历一系列家庭事件,其具体表现为结婚、妊娠、生产、抚养子女、孩子成长离家、空巢、退休和死亡等,家庭也因此处于家庭生活周期的不同阶段,各阶段是连续的。但在一些特殊情况下,家庭并不经历生活周期的所有阶段,可在任何一个阶段开始或结束,如离婚和再婚,这种家庭往往存在更多的问题。

【考点】家庭生活周期的概念及特点

16.【答案】C

【解析】此题主要考查核心家庭的特点。目前核心家庭逐渐成为我国主要的家庭形式。核心家庭人数少、规模小、家庭关系简单、便于相处,但家庭资源较少,对社会各种服务(如家政服务、保健服务等)的依赖程度较大。

【考点】核心家庭的特点

17.【答案】A

【解析】此题主要考查核心家庭的概念。核心家庭,又称"小家庭",是指由一对夫妇及其未婚子女(包括未婚领养的子女)组成的家庭,也包括一对夫妇组成的家庭和由父亲或母亲子女组成的家庭(单亲家庭)。

【考点】核心家庭的概念

18.【答案】D

【解析】此题主要考查家庭资源的类型。家庭资源分为家庭内资源和家庭外资源:①家庭内资源包括经济支持、维护支持、医疗支持、情感支持、信息和教育支持、结构支持;②家庭外资源包括社会资源、文化资源、宗教资源、经济资源、教育资源、环境资源、医疗资源。

【考点】家庭资源的类型

19.【答案】E

【解析】此题主要考查家庭对健康的影响。家庭是社会活动的基本单位,家庭对人的影响是多方面的,其中对健康的影响尤为重要。主要包括以下几个方面:①家庭对遗传和生长发育的影响;②家庭对心理、情绪与性格的影响;③家庭对生活习惯与行为方式的影响;④家庭对疾病产生、传播及其康复的影响;⑤家庭对疾病预防控制的影响。

【考点】家庭对健康的影响

20.【答案】E

【解析】此题主要考查家庭的基本功能。家庭的基本功能是指家庭作为社会的一个基本结构与功能单位本身具有或应该发挥的效能。总体来说,家庭的基本功能有下列几方面:①生育与赡养功能;②情感功能;③经济功能;④社会化功能。

【考点】家庭的基本功能

21.【答案】C

【解析】此题主要考查家庭权力结构类型。每个家庭在产生和发展过程中,逐渐形成各自特有的家庭权力结构中心。目前认为,我国的家庭权力结构包括以下四种类型:①传统权威型;②工具权威型;③分享权威型;④感情权威型。其中,分享权威型是家庭成员分享权力,共同协商作出决定,由个人能力和兴趣来决定所享有的权力和承担的责任。这是现代社会所推崇的类型。

【考点】家庭权力结构类型

16. 核心家庭的优点为
A. 可以利用的内外资源少,获得的支持有限
B. 很难寻求到有效的家庭支持
C. 规模小,结构简单
D. 一般只有二个权力中心
E. 不容易作出决定

17. 下图中虚线内 4 人组成的家庭属于的家庭类型是

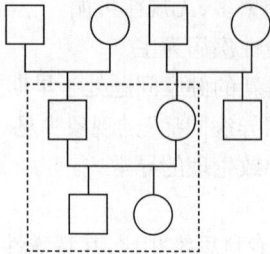

A. 核心家庭　　　B. 单亲家庭　　　C. 主干家庭
D. 联合家庭　　　E. 混合家庭

18. 属于家庭内资源的是
A. 社会资源　　　B. 宗教资源　　　C. 文化资源
D. 经济支持　　　E. 环境资源

19. 家庭对健康的影响包括
A. 遗传和先天的影响
B. 行为生活方式
C. 成人发病率和死亡率的影响
D. 儿童社会化
E. 以上都是

20. 不属于家庭基本功能的是
A. 抚养或赡养功能
B. 满足情感需要
C. 社会化
D. 经济功能
E. 预防疾病

21. 现代社会推崇的家庭权力结构类型是
A. 传统权威型
B. 工具权威型
C. 分享权威型
D. 感情权威型
E. 以上都是

22. 家庭圈的特点包括
    A. 必须由受过培训的医护人员绘制
    B. 圆圈可以不代表人,宠物、学校、宗教场所,甚至工作机构均可以绘入
    C. 家庭圈容易标准化
    D. 主要用来比较家庭的成长度
    E. 家庭圈容易理解,一般不需要注释

23. 关于家庭治疗三角,以下说法正确的是
    A. 家庭治疗三角的三方处于家庭内的同一平面上
    B. 家庭治疗三角的第三方是受害者
    C. 全科医生往往作为家庭治疗三角的第三方
    D. 家庭治疗三角只能暂时缓解家庭紧张
    E. 家庭治疗三角是一种无效的应付机制

24. 编制家系图时,其基本设计应为
    A. 含三代或三代以上
    B. 在家系图上应标明家庭中出现的各种压力事件和发生时间
    C. 子女应按年龄大小依次从左向右排列
    D. 夫妻应男在左,女在右,并标明婚姻状况
    E. 包括以上全部内容

25. 家系图可以反映的内容是
    A. 家庭关系的好坏
    B. 家庭成员是否适应自身的角色
    C. 家庭的关怀度
    D. 家庭合作度
    E. 家庭关系模式

26. 家庭评估的主要目的是
    A. 了解家庭的结构和功能状况
    B. 进行家庭生活干预
    C. 了解家庭发展历史
    D. 了解患者的家庭矛盾
    E. 了解家庭的人际关系

27. 社区卫生服务需求评价的目的有
    A. 查明社区卫生问题及其范围与严重程度
    B. 评价居民的卫生服务需求
    C. 明确目标人群有关特征
    D. 为制订社区卫生服务计划提供资料
    E. 以上都是

22.【答案】B
【解析】此题主要考查家庭圈的特点。家庭圈是先让患者或一个(或几个)家庭成员画一个大圈,再在里边画上许多小圈,每个圈分别代表自己和他认为重要的人,并在圈里标明相应的身份。一般要求患者独立完成家庭圈的制作,必要时全科医生可以离开。圈的位置和大小代表该成员的权威性和重要性的大小。圈之间的距离代表相互之间关系的亲疏程度。家庭圈反映了患者主观上对家庭的看法。
【考点】家庭圈的特点

23.【答案】C
【解析】A选项为家庭内的缓冲三角,家庭治疗三角是一种立体三角;治疗者或医生站在家庭平面之外,作为家庭问题的"旁观者"观察到家庭问题的来龙去脉,这是家庭治疗三角成功地帮助家庭解决问题的重要基础,因此选C。
【考点】家庭治疗三角

24.【答案】E
【解析】此题主要考查家系图的设计要求。家系图一般由三代人组成,从上到下辈分降低,从左到右年龄降低。夫妻双方的家庭都可包含在内。每个成员符号的旁边,可按需要加注年龄及结婚、离婚、死亡、退休等生活事件。家系图一般在5~15min内完成。
【考点】家系图的设计要求

25.【答案】E
【解析】此题主要考查家系图的评估内容。家系图可描述家庭成员之间的关系、家庭健康史、家庭重要事件,家庭成员间的疾病有无遗传的联系及社会资料等。家系图属客观评估,能较充分反映家庭结构的客观资料,并可通过分析,了解家庭的基本功能状态。
【考点】家系图评估的内容

26.【答案】A
【解析】此题主要考查家庭评估的目的。家庭评估是家庭照顾的重要组成部分,是根据家庭有关资料对家庭结构、功能、家庭生活周期等作出评价。家庭评估的目的是了解家庭的结构和功能状况,分析家庭存在的健康问题、家庭所具备的资源,分析家庭与个人健康之间的相互作用,掌握家庭问题的来龙去脉,最后为鉴别与解决个人和家庭的健康问题提供依据。
【考点】家庭评估的目的

27.【答案】E
【解析】社区卫生服务需求评价的目的包括:①确定本社区的主要公共卫生问题,寻找造成这些公共卫生问题的可能原因和影响因素;②评价居民的卫生服务需求;③确定本社区综合防治的健康优先问题与干预重点人群及影响因素;④为制订社区卫生服务计划提供资料;⑤为社区综合防治效果的评价提供基线数据;⑥动员全社区的力量参与社区卫生服务计划的制订与实施。
【考点】社区卫生服务需求评价的目的

28.【答案】D

【解析】社区慢性病的临床特点是绝大多数都可以治疗,但不可以治愈。

【考点】社区慢性病的临床特点

29.【答案】C

【解析】此题主要考查以社区为导向的基础医疗的发展阶段。0级:无社区的概念,只对就医的患者提供非连续性照顾;1级:对社区健康状况有所了解,对所在社区的健康有所了解,缺乏社区内个人的资料,根据医生本人的主观印象来确定健康问题的优先顺序及解决方案;2级:对所在社区的健康问题有进一步的了解,有间接调查得到的二手资料,具备计划和评价的能力;3级:通过社区调查或建立的档案资料能掌握所定义社区90%以上居民的健康状况,针对社区内的健康问题采取对策,但缺乏有效的预防策略;4级:对社区内每一个居民建立健康档案,掌握个人的健康及基本情况,采取有效的预防保健和疾病治疗措施,建立社区内健康问题收集的正式渠道和评价系统,具备解决问题的能力和协调管理社区资源的能力。

【考点】以社区为导向的基础医疗的发展阶段

30.【答案】E

【解析】社区资源包括:①社区整体经济状况,人均收入、就/失业率、待业率;②社区内机构资源,社区的领导或管理机构、团体、文化与教育、活动场所、生活服务、医疗保健、福利慈善等机构;③社区内人力资源,能够参与社区卫生服务的相关人员及其服务观念、能力、方式、影响力;④社区内文化资源,教育、科技、艺术、习俗、道德、法律、宗教;⑤社区可动员的潜力,包括卫生机构、政府、社区、其他组织乃至居民中可利用的资源及潜力。

【考点】社区资源的内容

31.【答案】D

【解析】查明社区卫生问题及其范围与严重度的内容包括:①社区健康状态;②自然环境状态;③社区地理区域;④社区资源。

【考点】查明社区卫生问题及其范围与严重度的内容

32.【答案】C

【解析】以社区为导向的基础医疗的技术方法包括社区需求评估技术、健康促进技术、人口统计技术、管理技术等。

【考点】以社区为导向的基础医疗的技术方法

28. 社区慢性病的特点是
   A. 绝大多数都可以治愈
   B. 绝大多数都不可以预防
   C. 绝大多数都可以治疗,也可以治愈
   D. 绝大多数都可以治疗,但不可以治愈
   E. 以上都不是

29. 以社区为导向的基础医疗(COPC)处于3级水平的是
   A. 对所在社区的健康有所了解,缺乏社区内个人的资料,根据医生本人的主观印象来确定健康问题的优先顺序及解决方案
   B. 对所在社区的健康问题有进一步的了解,有间接调查得到的二手资料,具备计划和评价的能力
   C. 通过社区调查或建立的档案资料能掌握所定义社区90%以上居民的健康状况,针对社区内的健康问题采取对策,但缺乏有效的预防策略
   D. 对社区内每一个居民建立健康档案,掌握个人的健康及基本情况,采取有效的预防保健和疾病治疗措施,建立社区内健康问题收集的正式渠道和评价系统,具备解决问题的能力和协调管理社区资源的能力
   E. 无社区的概念,只对就医的患者提供非连续性照顾

30. 社区资源包括
   A. 社区整体经济状况:人均收入、就/失业率、待业率
   B. 社区内机构资源:社区的领导或管理机构、团体、文化与教育、活动场所、生活服务、医疗保健、福利慈善等机构
   C. 社区内人力资源:能够参与社区卫生服务的相关人员及其服务观念、能力、方式、影响力
   D. 社区内文化资源:教育、科技、艺术、习俗、道德、法律、宗教
   E. 以上都是

31. 查明社区卫生问题及其范围与严重度的内容**不包括**
   A. 社区健康状态
   B. 自然环境状态
   C. 社区资源
   D. 社区解决卫生问题的能力
   E. 社区地理区域

32. 以社区为导向的基础医疗(COPC)提供群体服务的常用技术**不包括**
   A. 社区需求评估技术

B. 健康促进技术

C. 临床诊断

D. 人口统计技术

E. 管理技术

33. 以下关于以社区为导向的基础医疗(COPC)的说法,**错误**的是
   A. COPC 所发展的项目为社区全体居民的健康负责
   B. COPC 是立足社区的、以医疗为导向的基层医疗
   C. COPC 同时关心主动求医者和未求医者
   D. COPC 除采用流行病学和临床医学的方法和技术外,还采用评价研究的方法和技术
   E. COPC 又称"社区定向的基层医疗"

33.【答案】B
【解析】以社区为导向的基础医疗(COPC)又称"社区定向的基层医疗",基层医疗保健服务应立足于社区、以预防为导向,将个人的健康照顾、家庭及社区人群的健康照顾结合起来,为社区全体居民提供连续性、综合性、协调性的医疗保健服务。
【考点】以社区为导向的基础医疗的定义

【A2 型题】

1. 患者,男,38 岁。进城务工人员,在酒店做保安 12 年。吸烟史 20 年,40 支/d。因"反复头晕 2 个月"就诊。查体:血压160/100mmHg,体重指数 22kg/m^2,有高胆固醇血症,空腹血糖7.2mmol/L。下列**不属于**该患者危险因素的是
   A. 吸烟   B. 高血脂   C. 高血糖
   D. 高血压   E. 肥胖

1.【答案】E
【解析】此题主要考查危险因素的识别。此患者体重指数 22kg/m^2,属于正常范围(18~26kg/m^2)。
【考点】社区常见危险因素

2. 患者,女,28 岁。因"头晕、乏力半个月"就诊。查体:睑结膜苍白,余无异常。既往月经较多。血常规:血红蛋白78g/L,呈小细胞低色素性。作为接诊的全科医生,可为患者做的事情**不包括**
   A. 确认和处理现患问题:明确贫血原因,并纠正贫血,改善头晕、乏力
   B. 连续性问题的管理:连续随访
   C. 预防性照顾:对月经过多进行干预,纠正贫血病因
   D. 改善就医遵医行为
   E. 行骨髓穿刺 + 基因分型,明确贫血病因

2.【答案】E
【解析】此题主要考查全科医学的特点:以人为中心、以问题为导向的管理,而不一定非要靠精密的仪器得出生物学诊断。
【考点】全科医学的特点

【A3/A4 型题】

(1~2 题共用题干)

某家庭共 2 个女儿。大女儿活泼好动,每周有 2~3 次与同学一起打球。小女儿情绪好压抑,爱生闷气。

1. 大女儿的行为属于
   A. 日常健康行为   B. 避开环境危险因素
   C. 预警行为   D. A 型行为
   E. C 型行为

1.【答案】A
【解析】健康行为是指个人或群体表现出的在客观上促进或有利于健康的一组行为群。大女儿热爱运动,属于日常健康行为。
【考点】心理行为因素与健康的关系

2.【答案】A

【解析】本题属于心理行为因素对健康的作用。小女儿行为模式的人容易患消化道溃疡、肿瘤等。

【考点】心理行为因素与健康的关系

2. 小女儿比大女儿容易患的疾病是

A. 消化道溃疡   B. 类风湿关节炎
C. 高血压   D. 白内障
E. 痛风

【案例分析题】

案例:患者,女,52岁,家庭妇女。头晕、胸闷、心悸半年,下腹部疼痛1周。半年前出现头晕、胸闷、心悸,多发生于生气时,深呼吸或活动后可稍缓解。1周前与家人生气后出现下腹部疼痛,阵发性,伴每天3次稀便。既往体健。半年前丈夫与儿子外出打工,患者在家照顾两个孙子,婆媳关系不和。且性格较内向,平素少与人沟通。查体未见异常。心电图运动试验阴性。

提问1:最可能发现患者问题的心理评估量表是

A. A型行为量表
B. B型行为量表
C. C型行为量表
D. 抑郁自评量表
E. 焦虑自评量表
F. 躯体化症状量表

提问1:【答案】DEF

【解析】此患者性格内向,有心理应激因素,发生多发的躯体症状,且检查无异常,考虑与心理因素有关,因此焦虑、抑郁自评量表及躯体化症状量表最可能发现其有问题。

【考点】生命质量评价量表的应用

提问2:最适宜的治疗措施有

A. 精神支持疗法
B. 精神分析疗法
C. 系统脱敏疗法
D. 社会支持治疗
E. 手术治疗
F. 调节心情药物治疗
G. 必要时心理科转诊

提问2:【答案】ADFG

【解析】除了药物治疗外,还需要心理治疗(精神支持疗法、社会支持疗法),并进行长期的疾病管理,必要时进行心理科转诊。

【考点】心理疾病的综合管理

第二章　老年医学

【A1 型题】

1. 阿尔茨海默病患者早期出现的记忆障碍特点是
   A. 逆行性遗忘
   B. 顺行性长期情节遗忘
   C. 程序记忆障碍
   D. 词语选择障碍
   E. 构音障碍

2. 关于老年人患病特点,以下描述正确的是
   A. 患病时间较短
   B. 通常患有多系统疾病
   C. 用药种类较少
   D. 其患有的疾病之间具有相关性
   E. 患病多为早期疾病

3. 关于老年人用药的特点,正确的是
   A. 必须根据循证医学证据确定用药
   B. 可用种类较少,不易出现不良反应
   C. 老年人药物清除率较低,药物半衰期相应延长
   D. 由于药物种类多,相互影响下药效通常会增强
   E. 由于用药种类较多,需要常规加用保肝药物

4. 老龄化社会的判断标准是
   A. 60 岁以上人口达总人口的 10%
   B. 65 岁以上人口达总人口的 10%
   C. 65 岁以上人口达总人口的 14%
   D. 60 岁以上人口达总人口的 7%
   E. 60 岁以上人口达总人口的 14%

5. 患者,男,80 岁。发现持续性房颤 1 年,既往腔隙性脑梗死病史。患者使用华法林需要注意的内容是
   A. 老年人对华法林代谢能力降低,需要减少剂量

---

1. 【答案】B
   【解析】对阿尔茨海默病(Alzheimer disease,AD)早期记忆障碍最准确的描述是"顺行性长期情节遗忘"。长期记忆涵盖的时间段从不足 1min 到数年不等,但由于长期记忆丢失的绝对时间间隔实际上可能很短(如分散注意力几分钟后就无法回忆起刚才的几个单词),所以患者和照料者通常将其描述为"短期记忆"问题。因此,避免"长期记忆"和"短期记忆"两个技术用语造成的混淆,采用"近期记忆障碍"来指代 AD 患者特征性的记忆障碍。记忆障碍发生包括语义记忆障碍和瞬时记忆障碍。程序记忆障碍仅在 AD 晚期出现。
   【考点】老年痴呆的诊治

2. 【答案】B
   【解析】老年人通常患有多器官、多系统疾病。疾病之间可以是相关性疾病,如高血压和冠心病;也可以是不相关的共生疾病,如前列腺癌和骨质疏松。用药通常种类较多,需要注意相互作用。
   【考点】老年人患病特点

3. 【答案】C
   【解析】为老年患者开具处方存在特殊的困难。上市前进行的药物试验通常未纳入老年患者,并且所批准的剂量可能并不适合老年人,所以必须特别注意确定药物剂量。随着年龄增长,身体脂肪相对于骨骼肌的比例逐渐增加,可能导致分布容积增加。即使老年人没有肾脏疾病,但肾功能随年龄增长而自然下降也可能导致药物清除率降低。老年人的药物储库增大及药物清除率降低,使药物半衰期延长,也使药物血浆浓度升高。药物相互作用下,药效可能增强或减弱。
   【考点】老年人合理用药原则

4. 【答案】A
   【解析】根据 1956 年联合国《人口老龄化及其社会经济后果》确定的划分标准,当一个国家或地区 65 岁及以上老年人口数量占总人口比例超过 7% 时,则意味着这个国家或地区进入老龄化。1982 年维也纳老龄问题世界大会,确定 60 岁及以上老年人口占总人口比例超过 10%,意味着这个国家或地区进入老龄化。
   【考点】老龄化社会标准

5. 【答案】D
   【解析】老年人药物代谢能力降低,

71

但由于经常混用多种不同系统药物,对华法林代谢影响不定,所以需要密切监测,调整剂量,防范不良反应。
　　【考点】老年人药物代谢特点

B. 老年人对华法林代谢能力增强,需要增加剂量
C. 老年人对华法林代谢能力同年轻人,不需要调整剂量
D. 老年人对华法林代谢能力受多因素影响,需要加强监测,调整剂量
E. 老年人对华法林代谢能力降低,不能应用此类药物

6.【答案】A
　　【解析】老年人药物代谢能力降低,混用不同系统用药容易出现不良反应,盲目服用中药和辅助用药可能对其他药物代谢及肝肾功能产生不利影响。
　　【考点】老年人药物代谢特点

6. 关于老年人药物代谢能力变化,正确的是
A. 老年人服用不同系统药物较多,容易出现不良反应
B. 为适应老年人药物代谢能力降低,应该加大药物剂量
C. 需要在接诊时详细询问用药史
D. 中药和辅助用药不会对其他药物产生影响
E. 老年人需要常规加用肝肾保护类药物

7.【答案】A
　　【解析】老年人地西泮的分布容积增加,锂盐的清除率降低。与较年轻患者相比,老年患者使用相同剂量的上述两种药物中任何一种后,血浆浓度都会更高。
　　【考点】老年人药物在体内吸收、分布和排泄的特点

7. 同较年轻患者相比,老年患者对药物的代谢能力改变,服用相同剂量地西泮后,其血浆浓度将发生的变化是
A. 升高
B. 降低
C. 不变
D. 不可预测
E. 升高幅度与年龄呈正相关

8.【答案】A
　　【解析】从药效学的角度,年龄增加可能导致患者对某些药物(包括苯二氮䓬类、阿片类)作用的敏感性增加。
　　【考点】老年人的药物耐受性

8. 同较年轻患者相比,老年患者对药物的耐受能力改变,服用相同剂量地西泮后,药物作用可能发生的变化是
A. 增强
B. 减弱
C. 不变
D. 不可预测
E. 药物作用强度变化与其他合并用药无关

9.【答案】B
　　【解析】随着年龄增长和疾病发展,老年人认知能力逐渐下降,易出现孤独、情感波动大、焦虑、抑郁等心理变化。
　　【考点】老年心理与沟通

9. 老年人经常出现的心理变化包括
A. 认知能力增强　　　　B. 孤独、依赖性增强
C. 易怒、情绪稳定　　　D. 焦虑和躁狂
E. 逻辑分析能力增强

10.【答案】B
　　【解析】基础日常生活活动包括洗澡、穿衣、如厕、控制尿便、整理仪容、进食、转移,做饭属于中级日常活动。
　　【考点】老年综合评估的内容和方法

10. 老年综合评估中,基础日常生活活动包括
A. 郊游　　　　B. 如厕　　　　C. 阅读
D. 做饭　　　　E. 购物

11.【答案】B
　　【解析】水果和蔬菜经过蒸煮之后会破坏营养成分,不能作为主要烹饪方式。
　　【考点】健康生活方式指导

11. 关于老年人健康饮食,正确的是
A. 每日食物以主食为主　　B. 进食富含纤维素食物
C. 不宜食用海产品　　　　D. 水果和蔬菜应该充分蒸煮
E. 素食为主

12. 关于老年失能的论述,正确的是
   A. 失能常由突发事故导致
   B. 老年失能评估的目标是防治原发疾病
   C. 老年失能评估需要和家属一起制订计划
   D. 老年失能的原因通常为重大疾病
   E. 失能状态多数能够恢复

13. 关于老年人营养不良,说法正确的是
   A. 老年人营养不良发生率高于年轻人
   B. 老年人营养不良相关危险因素纠正后,能够恢复正常状态
   C. 老年人6个月体重减轻8%以上即有临床意义
   D. 老年人对喂养不足反应明显
   E. 老年人饥饿感较年轻人明显

【A2 型题】

1. 患者,男,75岁。持续背痛2个月余。既往体健,无明显体重变化。查体发现 T_6~T_7 压痛。此时最需要做的检查是
   A. 全身骨扫描
   B. 肺部高分辨 CT
   C. 胸椎正侧位 X 线片
   D. 骨密度测定
   E. 胸椎超声检查

2. 患者,男,75岁。持续背痛2个月余。既往体健,无明显体重变化。查体发现 T_6~T_7 压痛。胸椎侧位 X 线片发现 T_6 楔形变形。影像学变化最可能的原因是
   A. 骨肿瘤转移
   B. 椎间盘突出
   C. 神经炎
   D. 骨质疏松
   E. 棘上韧带炎

3. 患者,男,85岁。诊断帕金森病10年。既往高血压20年,糖尿病25年。平素步行呈轻度慌张步态,生活基本自理。以下**错误**的是
   A. 起坐时注意搀扶
   B. 卫生间坐便器加装扶手
   C. 起居室铺设地毯改善脚感
   D. 服用改善症状药物
   E. 对家属进行宣教

12.【答案】C
   【解析】老年失能通常由慢性病或亚急性疾病事件导致,多数无法完全治愈原发疾病。老年人失能原因通常为常见慢病。
   【考点】影响老年人功能减退的因素及其预防措施

13.【答案】A
   【解析】老年人营养不良发生率较高;即使纠正相关危险因素,多数老年人也不能完全恢复正常状态;6个月体重减轻10%以上为有临床意义;相比年轻人,老年人对喂养不足反应较轻,饥饿感较弱。
   【考点】老年家庭安全问题与老年营养的要求

1.【答案】C
   【解析】老年男性患者,慢性病程,发现脊柱压痛需要行 X 线片除外骨骼病变。常见病变为骨质疏松和压缩性骨折。
   【考点】老年骨质疏松的诊治

2.【答案】D
   【解析】X 线片见胸腰椎楔形变形为椎体压缩性骨折典型表现。
   【考点】老年骨质疏松的诊治

3.【答案】C
   【解析】高龄帕金森病患者行动不便,属于跌倒高危人群,家居改造需要注意增加扶手等无障碍设计,并注意去除地毯等容易绊倒患者的危险因素。
   【考点】老年跌倒的诊治

4.【答案】D

【解析】α 受体阻滞剂可松弛膀胱颈和前列腺的平滑肌。在有膀胱排空障碍相关的急迫性尿失禁男性患者中，使用 α 受体阻滞剂(坦洛新、阿夫唑嗪、赛洛多辛、特拉唑嗪、多沙唑嗪)可能会增强膀胱排空，改善尿失禁。这些药物通常能被患者很好耐受，不同 α 受体阻滞剂的不良反应各有不同。最重要的不良反应是直立性低血压及头晕。抗毒蕈碱药物(奥昔布宁、托特罗定、达非那新、索利那新、弗斯特罗定、曲司氯铵)是治疗急迫性尿失禁的主要药物，这些药物能通过影响传入信号以及阻断逼尿肌细胞壁的毒蕈碱胆碱能受体而减少膀胱不自主收缩。多项随机试验已证实这些药物能有效减少急迫性尿失禁症状。但是，毒蕈碱样受体阻断所带来的不良反应会限制药物的耐受性和剂量增加。这类药物的不良反应包括:抑制唾液分泌(口干)、抑制肠道动力(便秘)、视物模糊、心动过速、嗜睡及认知功能损害。

【考点】老年尿失禁的诊治

5.【答案】B

【解析】银杏叶提取物与华法林同时使用导致出血风险增加。

【考点】老年人药物间相互作用

6.【答案】A

【解析】老年患者应积极控制血压、血糖，吸烟者应戒烟。对于老年患者来说，骨关节退化较严重，且伴有糖尿病，不建议以登山远足作为主要运动手段。

【考点】运动锻炼的积极作用与方式

1.【答案】C

【解析】老年男性患有良性前列腺增生，早期表现为排尿无力、尿不尽感以及起夜次数增加，需要和前列腺癌鉴别。

【考点】老年前列腺增生的诊治

2.【答案】B

【解析】良性前列腺增生患者常用药物包括:α₁ 受体阻滞剂和 5α 还原酶抑制剂。

【考点】老年前列腺增生的诊治

4. 患者，男，78 岁。5 年来出现尿频、尿不尽感，偶有失禁。指导患者用药时需要特别注意的事项中，正确的是
   A. α 受体阻滞剂:卧位低血压及头晕
   B. 抗毒蕈碱药物:腹泻
   C. 抗毒蕈碱药物:心动过缓
   D. α 受体阻滞剂:头晕
   E. 抗毒蕈碱药物:多尿

5. 患者，男，80 岁。既往因缺血性脑血管病服用银杏叶提取物，此次发现心房颤动。在应用华法林时，正确的是
   A. 需考虑增加华法林剂量
   B. 需考虑减少华法林剂量
   C. 华法林剂量不受影响
   D. 不适合服用华法林类药物
   E. 需增加银杏叶提取物用量

6. 患者，男，70 岁。高血压 15 年，糖尿病 10 年，平素体健，无外伤手术史。吸烟 20 年，3~5 支 /d。喜好登山、远足。对其进行健康教育时，较适宜的建议是
   A. 积极控制血压
   B. 状态较好，降糖药可以停用
   C. 不宜戒烟
   D. 保持目前运动习惯
   E. 建议以登山远足作为主要运动手段

【A3/A4 型题】

(1~2 题共用题干)

患者，男，68 岁。2 年来出现排尿无力、尿不尽感，夜间起夜 3~5 次。查尿常规提示红细胞 50/HP，膀胱超声提示残余尿 75ml。

1. 患者最可能的诊断是
   A. 膀胱癌　　　　　　　　B. 前列腺癌
   C. 前列腺增生　　　　　　D. 泌尿系结核
   E. 肾癌

2. 该患者可以使用的药物包括
   A. α₁ 受体激动剂
   B. 5α 还原酶抑制剂
   C. β 受体阻滞剂
   D. 钙通道阻滞剂
   E. 利尿药

（3~5 题共用题干）

患者，男，80 岁。10 余年来逐渐出现排便困难，每周排便 2~3 次。4d 来未排便，偶有排气，伴有腹胀、腹痛。查体：腹膨隆，肠鸣音弱，左下腹轻压痛，可扪及包块。

3. 患者此次就诊最可能的主要原因是
    A. 机械性梗阻
    B. 血运性肠梗阻
    C. 肠道肿瘤
    D. 肠易激综合征
    E. 急性阑尾炎

4. 导致相关症状的主要原因是
    A. 肿瘤梗阻
    B. 肠系膜动脉栓塞
    C. 粪块梗阻
    D. 肠道慢性炎症
    E. 肠系膜静脉血栓

5. 治疗老年便秘较合理的方法是
    A. 调整生活方式，定时排便训练
    B. 大量增加膳食纤维
    C. 每日使用番泻叶等刺激性泻药
    D. 聚乙二醇等渗透性泻药无效
    E. 每日使用甘油灌肠剂

（6~7 题共用题干）

患者，男，70 岁。因"3 个月来出现活动时胸痛，休息可缓解"就诊。既往：高血压 15 年，2 型糖尿病 12 年，年初体检发现低密度脂蛋白胆固醇 3.9mmol/L。6 个月来间断头痛伴视物模糊。

6. 本次就诊，患者可能的治疗方案包括
    A. 硝酸酯类控制胸痛发作
    B. 不需调整降压药物
    C. 调整降糖药物
    D. 停用抗血小板药物
    E. 加用镇痛药

7. 该患者用于控制血压的药物首选
    A. 利尿药
    B. α 受体阻滞剂
    C. 钙通道阻滞剂
    D. ACEI 或 ARB 类
    E. 中枢降压药物

3.【答案】A
【解析】功能性便秘定义为符合下述特征中的任意 2 项或以上：至少 25% 的排便感到费力、至少 25% 的排便为块状硬便、至少 25% 的排便有排便不尽感、至少 25% 的排便使用手指法帮助、至少 25% 的排便有肛门直肠梗阻或阻塞感，以及排便频率减少（每周少于 3 次排便）。在诊断之前 6 个月内出现症状，且近 3 个月必须符合上述标准；如不使用泻剂，很少发生稀便；并且不符合肠易激综合征（irritable bowel syndrome，IBS）的诊断标准。
【考点】老年便秘的诊治

4.【答案】C
【解析】粪块梗阻是老年人发生机械性肠梗阻的常见原因之一。
【考点】老年便秘的诊治

5.【答案】A
【解析】已证实低剂量聚乙二醇治疗便秘有效，并在老年患者中耐受性良好，老年便秘患者不建议长期服用刺激性泻药。
【考点】老年便秘的诊治

6.【答案】C
【解析】老年患者使用硝酸酯类药物需要注意除外闭角型青光眼，所以有眼科症状者使用硝酸酯类药物前需要做相关检查除外青光眼。
【考点】老年人药物与疾病相互作用

7.【答案】D
【解析】合并冠心病、糖尿病的高血压患者，使用血管紧张素转换酶抑制剂（angiotensin converting enzyme inhibitors，ACEI）类药物有助于改善预后，对于部分使用 ACEI 类药物出现咳嗽的患者，可以改用血管紧张素受体阻滞剂（angiotensin receptor blockers，ARB）类药物。
【考点】老年人药物与疾病相互作用

（8~10题共用题干）

患者，女，85岁。独居，近期出现厌食，活动减少，同家人交流少，时常回忆已经去世的亲人。

8. 最可能的诊断是
   A. 老年痴呆   B. 抑郁症   C. 焦虑症
   D. 脑血管病   E. 消化道肿瘤

9. 当前状态的可能原因**不包括**
   A. 社会活动过多
   B. 高血压等已有慢性病
   C. 脑血管病等导致认知障碍
   D. 睡眠障碍
   E. 慢性骨关节疾病

10. 对于该患者可行的治疗包括
   A. 心理疏导   B. 使用抗焦虑药
   C. 使用抗躁狂药   D. 住院治疗
   E. 静养

8.【答案】B
   【解析】所有年龄段女性的抑郁症患病率均更高。多种因素引起老年女性抑郁症患病率比例偏高：抑郁症易感性更高、抑郁症发生后持续时间更长以及较低死亡率。男性更可能表现出愤怒、易激惹、兴趣缺失、退缩或情感淡漠以及酒精滥用，而较少表现出承认悲伤或心理学症状。
   【考点】老年人常见负性情绪及其表现特点

9.【答案】A
   【解析】老年人心理问题通常和以下危险因素相关：社会隔离、慢性病、认知障碍、睡眠障碍等。
   【考点】老年患者的心理问题及处理

10.【答案】A
   【解析】对于表现比较明显的抑郁症患者，单纯心理疏导很难发挥治疗作用，必要时需要加用抗抑郁药。
   【考点】老年患者的心理问题及处理

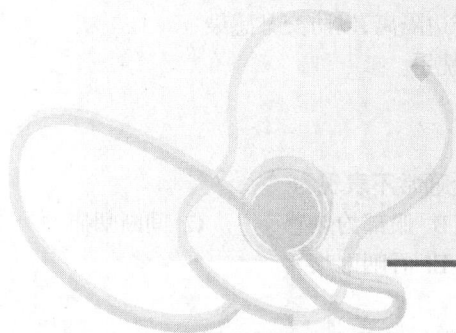

第三章　内科疾病

第一节　呼吸系统疾病

【A1 型题】

1. 临床最常见造成急性上呼吸道感染的病原体是
   A. 细菌　　　　　B. 病毒　　　　　C. 衣原体
   D. 支原体　　　　E. 立克次体

2. 急性上呼吸道感染最常见的致病细菌是
   A. 金黄色葡萄球菌　　　　B. 肺炎双球菌
   C. 脑膜炎双球菌　　　　　D. 溶血性链球菌
   E. 流感嗜血杆菌

3. 呼吸系统疾病最常见的疾病是
   A. 感染　　　　　B. 吸烟　　　　　C. 变态反应
   D. 大气污染　　　E. 肿瘤

4. 上呼吸道感染最常见的症状是
   A. 清水样鼻涕　　B. 咳嗽　　　　　C. 咳痰
   D. 咯血　　　　　E. 呼吸困难

5. 急性上呼吸道感染可引起的最严重的并发症是
   A. 急性鼻窦炎
   B. 中耳炎
   C. 气管支气管炎
   D. 心肌炎
   E. 口角炎

6. 关于急性上呼吸道感染的预防指导，**错误**的是
   A. 注意清淡饮食、营养均衡
   B. 感冒流行季节尽可能少去公共场所

1.【答案】B
   【解析】有 70%~80% 的急性上呼吸道感染由病毒引起，包括鼻病毒、冠状病毒、腺病毒、流感和副流感病毒、呼吸道合胞病毒、埃可病毒、柯萨奇病毒等。
   【考点】上呼吸道感染的病因

2.【答案】D
   【解析】急性上呼吸道感染有 20%~30% 由细菌引起。细菌感染可直接感染或继发于病毒感染之后，以溶血性链球菌为最常见，其次为流感嗜血杆菌、肺炎球菌、葡萄球菌等，偶或为革兰氏阴性菌。
   【考点】上呼吸道感染的病因

3.【答案】A
   【解析】呼吸系统是一个与外界直接相通的系统，容易受到外界各种病原体的侵袭和感染，故呼吸系统感染性疾病是呼吸系统最主要的一类疾病。
   【考点】呼吸系统疾病分类

4.【答案】A
   【解析】上呼吸道感染以鼻咽部卡他症状为主要表现，如清水样鼻涕。
   【考点】上呼吸道感染的临床表现

5.【答案】D
   【解析】上呼吸道感染最常见的并发症为急性鼻窦炎、中耳炎、气管支气管炎，部分严重患者可继发心肌炎、风湿热、肾小球肾炎。
   【考点】上呼吸道感染的并发症

6.【答案】C
   【解析】上呼吸道感染的传播途径有手与手接触传播、空气传播、个体差异（比如营养不足、病毒易感性等），但不必要进行床旁隔离。
   【考点】上呼吸道感染的预防

C. 接触患者时注意床边隔离,以防交叉感染

D. 手卫生,流水肥皂洗手

E. 室内通风换气

7.【答案】E

【解析】病毒性咽炎会出现选项 A、B、C、D 的症状,但不会出现吞咽困难。

【考点】病毒性咽炎的临床表现

7. 病毒性咽炎,在临床上通常**不表现**为

  A. 咽部发痒   B. 眼部灼热感   C. 间断咽痛

  D. 咽干   E. 吞咽困难

8.【答案】B

【解析】急性上呼吸道感染如有发热、头痛、肌肉酸痛等症状者,可选用解热镇痛药,如复方阿司匹林、对乙酰氨基酚、吲哚美辛(消炎痛)、索米痛片、布洛芬等。

【考点】上呼吸道感染的治疗

8. 急性上呼吸道病毒感染的对症治疗主要选用

  A. 抗生素   B. 解热镇痛药

  C. 磺胺类药物   D. 维生素类药物

  E. 中药

9.【答案】E

【解析】上呼吸道是指鼻腔(鼻窦)、咽和喉;下呼吸道是指气管、支气管、细支气管和肺组织。两者以喉部环状软骨为界。

【考点】上下呼吸道的解剖结构区分。

9. 上呼吸道是指

  A. 鼻、咽、喉

  B. 鼻、咽、喉、支气管

  C. 鼻、咽、喉、支气管、细支气管

  D. 鼻窦、咽、喉、肺泡

  E. 鼻腔(鼻窦)、咽、喉

10.【答案】C

【考点】上呼吸道感染的定义

10. 急性上呼吸道感染的定义为

  A. 一种累及鼻、咽、喉的上呼吸道黏膜急性病毒性炎症

  B. 一种累及鼻、咽、喉、肺泡的上呼吸道黏膜急性细菌性炎症

  C. 一种累及鼻(鼻窦)、咽或喉的上呼吸道黏膜急性炎症

  D. 一种累及鼻、咽、喉、支气管、细支气管的上呼吸道黏膜急性病毒性炎症

  E. 一种累及鼻、咽、喉、支气管的上呼吸道黏膜急性病毒性炎症

11.【答案】E

【解析】支气管哮喘是由多种细胞(包括嗜酸性粒细胞、肥大细胞、T淋巴细胞、中性粒细胞、平滑肌细胞、气道上皮细胞等)以及细胞组分参与的气道慢性炎症性疾病。其临床表现为反复发作的喘息、气急、胸闷或咳嗽等症状,常在夜间及凌晨发作或加重,多数患者可自行缓解或经治疗后缓解,同时伴有可变的气流受限和气道高反应性。

【考点】支气管哮喘的概念

11. 关于支气管哮喘概念的描述,正确的是

  A. 支气管哮喘是一种气道慢性炎症性疾病,临床表现为反复喘息、吸气性呼吸困难等症状,多数患者可自行或经治疗后缓解

  B. 支气管哮喘是支气管黏膜的慢性非特异性炎症,临床表现为反复喘息、呼气性呼吸困难等症状,多数患者可自行或经治疗后缓解

  C. 支气管哮喘是多种炎性细胞参与的气道慢性炎症,临床表现为反复喘息、呼气性呼吸困难等症状,多数患者虽经治疗仍不能缓解

  D. 支气管哮喘是支气管黏膜的慢性非特异性炎症,临床表现为反复喘息、吸气性呼吸困难等症状,多数患者可自行

或经治疗后缓解

E. 支气管哮喘是多种炎性细胞参与的气道慢性炎症,临床表现为反复发作性的喘息、呼气性呼吸困难等症状,多数患者可自行或经治疗后缓解

12. 典型支气管哮喘发作时,最主要的临床表现是
   A. 带哮鸣音的吸气性呼吸困难及双肺哮鸣音
   B. 带哮鸣音的呼气性呼吸困难及双肺哮鸣音
   C. 带哮鸣音的混合性呼吸困难及双肺哮鸣音
   D. 带哮鸣音的混合性呼吸困难、粉红色泡沫痰
   E. 带哮鸣音的吸气性呼吸困难、粉红色泡沫痰

13. 支气管哮喘发病的最主要临床特点是
   A. 反复发作性咳嗽、喘息,经支气管扩张剂治疗后难以缓解
   B. 反复发作性咳嗽、咳痰、喘息,经支气管扩张剂治疗后可缓解
   C. 反复发作性咳嗽、喘息,经支气管扩张剂治疗后可缓解或自行缓解
   D. 反复发作咳嗽、咳痰、喘息,经支气管扩张剂和抗生素治疗后方可缓解
   E. 反复发作性咳嗽、咳痰、喘息,经支气管扩张剂和抗生素治疗后仍难缓解

14. 支气管哮喘的临床表现,下列错误的是
   A. 呼气性呼吸困难   B. 两肺满布哮鸣音
   C. 心浊音界缩小   D. 三凹症
   E. 发绀

15. 支气管哮喘的处理,下列选项中错误的是
   A. 去除诱因
   B. 抗原脱敏
   C. 长期口服肾上腺糖皮质激素
   D. 色甘酸钠
   E. 菌苗疗法

16. 支气管哮喘持续状态患者极度呼吸困难,提示病情最为严重的情况是
   A. 张口呼吸,大汗淋漓
   B. 剧咳,发绀
   C. 四肢厥冷,表情痛苦
   D. 肺部听诊哮鸣音减弱或消失
   E. 两肺满布哮鸣音

12.【答案】B
   【解析】支气管哮喘发作时双肺可闻及散在或弥漫性哮鸣音,呼气相延长。
   【考点】支气管哮喘发作时最主要的临床表现

13.【答案】C
   【解析】反复发作喘息、气急,伴或不伴胸闷或咳嗽,夜间及晨间多发,常与接触变应原、冷空气、物理化学性刺激以及上呼吸道感染、运动等有关。上述症状经支气管扩张剂治疗后可缓解或自行缓解。
   【考点】支气管哮喘发作的临床特点

14.【答案】D
   【解析】三凹症为吸气困难时表现。
   【考点】支气管哮喘的临床表现

15.【答案】C
   【解析】长期口服激素不良反应大于获益。
   【考点】支气管哮喘的处理

16.【答案】D
   【解析】哮鸣音在轻度时散在呼吸末期,中重度时响亮弥散,危重时减弱乃至无。
   【考点】支气管哮喘的肺部听诊

17.【答案】A

【解析】支气管哮喘患者突发胸痛、呼吸困难，应考虑支气管哮喘并发自发性气胸，此为支气管哮喘的常见并发症。心力衰竭不会突发胸痛。

【考点】支气管哮喘并发症

18.【答案】D

【考点】支气管哮喘的治疗效果的判断

19.【答案】E

【解析】$PaCO_2$ 为动脉血二氧化碳分压，指溶解在血液中的二氧化碳分子所产生的压力，正常值为 4.7~6kPa（30~45mmHg）。二氧化碳弥散能力强，$PaCO_2$ 基本上可以反映肺泡二氧化碳分压，故可作为通气功能的指标。本题 $PaCO_2$ 50mmHg 已经超过了正常高限值。

【考点】血气分析

20.【答案】D

【解析】引起支气管哮喘发作的吸入性变应原或其他致敏因子持续存在，致使机体持续发生抗原抗体反应，导致支气管平滑肌持续痉挛和气道黏膜的变态反应性炎症及水肿，致使气道阻塞不能缓解。

【考点】支气管哮喘的诱发因素

21.【答案】D

【解析】色甘酸钠：属于非糖皮质激素抗炎药，可部分抑制 IgE 介导的肥大细胞释放介质，能预防变应原引起的 I 型（速发型）变态反应，主要用于预防支气管哮喘发作。氨茶碱：可抑制磷酸二酯酶，提高支气管平滑肌细胞内环腺苷酸（cAMP）浓度，松弛平滑肌，主要用于缓解支气管哮喘、心源性哮喘症状。肾上腺素是肾上腺素 α 和 β 的受体激动剂，异丙肾上腺素为非选择性的肾上腺素 β 受体激动剂，均因不能高选择性作用于肾上腺素 $β_2$ 受体而不用于支气管哮喘的治疗。特布他林：$β_2$ 受体激动剂，主要用于缓解支气管哮喘的急性发作。

【考点】支气管哮喘的药物预防

22.【答案】C

【解析】肺炎支原体和肺炎链球菌是我国成人社区获得性肺炎的重要致病原。其他常见病原体包括流感嗜血杆菌、肺炎衣原体、肺炎克雷伯菌及金黄色葡萄球菌；铜绿假单胞菌、鲍曼不动杆菌少见。

【考点】社区获得性肺炎的病原学

23.【答案】D

【解析】支原体、衣原体肺炎多表现为持续干咳、无痰。

【考点】肺炎的临床表现

17. 支气管哮喘患者突然出现胸痛、气急、呼吸困难、大汗、不安，应考虑的疾病是
A. 自发性气胸
B. 支气管哮喘急性发作
C. 左心衰竭
D. 肺炎
E. 胸膜炎

18. 判定支气管哮喘的治疗效果，最有意义的指标是
A. 血气分析结果
B. X 线肺野透亮度的变化
C. 嗜酸性粒细胞计数
D. 症状和体征
E. 肺活量和一秒率

19. 支气管哮喘严重发作时，通气不足的可靠指标是
A. 弥漫性哮鸣音
B. 明显发绀
C. 呼气性呼吸困难
D. PaO_2 60mmHg
E. $PaCO_2$ 50mmHg

20. 引起支气管哮喘发作和反复发作的最重要的因素是
A. 遗传因素
B. 支气管黏膜下迷走神经感受器敏感
C. β 受体功能低下
D. 气道变应性炎症
E. 支气管平滑肌舒缩神经功能失调

21. 主要用于预防支气管哮喘的药物
A. 氨茶碱
B. 肾上腺素
C. 特布他林
D. 色甘酸钠
E. 异丙肾上腺素

22. 我国社区获得性肺炎中，最常见的病原学是
A. 大肠埃希菌
B. 铜绿假单胞菌
C. 肺炎链球菌
D. 衣原体
E. 嗜肺军团菌

23. 肺炎表现为干咳、少痰，其病原学最可能为
A. 大肠埃希菌
B. 铜绿假单胞菌
C. 肺炎链球菌
D. 支原体
E. 嗜肺军团菌

24. 关于金黄色葡萄球菌,说法**错误**的是
    A. 革兰氏阳性菌
    B. 是人体化脓性感染常见的病原菌
    C. 致病力取决于其产生的毒素和侵袭性酶
    D. 血浆凝固酶阴性
    E. 社区获得性耐甲氧西林金黄色葡萄球菌(CA-MRSA)可产生杀白细胞素

24.【答案】D
【解析】金黄色葡萄球菌为血浆凝固酶阳性的革兰氏阳性菌。
【考点】病原学

25. 肺部感染痊愈时,容易完全恢复组织正常的结构和功能的病理学改变是
    A. 大叶性肺炎   B. 小叶性肺炎
    C. 间质性肺炎   D. 肺脓肿
    E. 阻塞性肺炎

25.【答案】A
【解析】大叶性肺炎病变以纤维素渗出为主,其核心病理表现为累积肺泡的炎症:分为充血水肿期、红色肝样变期、灰色肝样变期、溶解消散期。病变可完全吸收。
【考点】肺炎病理生理

26. 容易出现肺脓肿的病原学感染是
    A. 支原体   B. 衣原体
    C. 肺炎链球菌   D. 金黄色葡萄球菌
    E. 甲型流感病毒

26.【答案】D
【解析】肺脓肿是肺组织由于化脓菌感染引起组织炎症坏死,继而形成肺脓肿,如与支气管相通,则出现脓腔。葡萄球菌是引起肺脓肿的常见致病菌。
【考点】肺炎病理生理学机制

27. 以下哪种病原学导致的肺炎容易出现低钠血症、意识障碍
    A. 肺炎链球菌   B. 支原体
    C. 衣原体   D. 嗜肺军团菌
    E. 肺炎克雷伯菌

27.【答案】D
【解析】军团菌肺炎出现低钠血症的概率高于其他病原菌导致的肺炎,机制尚不清楚。
【考点】肺炎的临床表现

28. 社区获得性肺炎出现下列情况需要进行病原学检查,说法**错误**的是
    A. 初始经验性治疗失败
    B. 重症社区获得性肺炎
    C. 发病前2周内外出旅行史
    D. 合并支气管哮喘
    E. 合并胸腔积液

28.【答案】D
【解析】合并基础病的社区获得性肺炎需要行病原学检查的包括慢性阻塞性肺疾病、结构性肺疾病、免疫缺陷。
【考点】社区获得性肺炎的病原学检查

29. 对于军团菌肺炎,具有确诊意义的检查为
    A. 合格的下呼吸道标本、胸腔积液、支气管黏膜标本或肺活检标本军团菌属核酸检测阳性
    B. 合格的下呼吸道标本、胸腔积液、支气管黏膜标本或肺活检标本军团菌属抗原检测阳性
    C. 单份血清嗜肺军团菌I型特异性抗体滴度达到阳性标准
    D. 嗜肺军团菌I型尿抗原检测(免疫层析法)阳性
    E. 除嗜肺军团菌I型之外的其他嗜肺军团菌血清型或其他军团菌属,双份血清特异性抗体滴度4倍或4倍以上增高

29.【答案】D
【解析】对军团菌肺炎病原学确定诊断依据的检测结果是:①合格下呼吸道标本,胸腔积液、支气管黏膜标本或肺活检标本分离培养到军团菌;②嗜肺军团菌I型尿抗原检测(免疫层析法)阳性;③急性期和恢复期双份血清嗜肺军团菌I型特异性抗体(间接免疫荧光技术或酶联免疫吸附试验)滴度呈4倍或4倍以上变化。
【考点】社区获得性肺炎的病原学诊断

30.【答案】E

【解析】支原体肺炎发病以儿童和青少年居多，多无基础疾病，临床表现为持续干咳，少痰；肺部体征不明显，外周血白细胞不高；影像学可表现为上肺野，可表现为小叶核心结节、树芽征、磨玻璃影，病变进展可出现实变，一般无空洞形成。

【考点】社区获得性肺炎的临床表现

31.【答案】D

【解析】病毒在我国社区获得性肺炎中的比例为15%~34.9%，常见的病毒有流感病毒、副流感病毒、鼻病毒、腺病毒、人类偏肺病毒及呼吸道合胞病毒，而奥司他韦仅对甲型流感病毒有效，对腺病毒、呼吸道合胞病毒等无效。

【考点】病毒性肺炎的临床特征

32.【答案】C

【解析】慢性阻塞性肺疾病是一种不完全可逆的气流受限的慢性气道炎症性疾病，慢性阻塞性肺疾病的诊断核心要点为气流受限，即支气管扩张后一秒率（第1秒用力呼气容积与用力肺活量的比值，FEV_1/FVC)<0.7。而慢性呼吸道症状、影像学表现均可以不特异，部分慢性阻塞性肺疾病患者可以无症状，表现为支气管炎型的慢性阻塞性肺疾病，影像学可以没有肺气肿。支气管舒张实验是支气管哮喘诊断的标准之一。

【考点】慢性阻塞性肺疾病的诊断和鉴别诊断

33.【答案】B

【解析】慢性阻塞性肺疾病一般中老年起病（抗胰蛋白酶缺乏患者除外），其炎症不仅累及肺脏，还可以累及全身。临床表现为慢性咳嗽、咳白痰／灰痰（黏液性质痰），随着病情发展可出现逐渐加重的劳力性呼吸困难；体征表现为肺气肿的体征（桶状胸）。全身受累可以出现骨骼肌萎缩、体重下降，这也是慢性阻塞性肺疾病预后不佳的评价指标之一。慢性咳嗽、咳脓痰通常为支气管扩张的表现。

【考点】慢性阻塞性肺疾病的临床表现

34.【答案】A

【解析】慢性阻塞性肺疾病进展的预防：对于正在吸烟的患者，除了戒烟，任何其他措施均无足够证据证明可以延缓慢性阻塞性肺疾病的进展。吸入长效M受体阻滞剂、吸入性糖皮质激素／长效β_2受体激动剂（ICS/LABA）可以缓解临床症状和降低疾病急性加重，呼吸康复可以改善活动耐量。部分慢性阻塞性肺疾病患者会出现维生素D缺乏，应该对此类患者补充维生素D。

【考点】慢性阻塞性肺疾病的管理

35.【答案】D

【解析】慢性阻塞性肺疾病急性加重的咳痰量、疲液性质和呼吸困难加重，痰液性质呈脓痰或黏脓性，超过平时日间的变异程度。病毒和细菌是慢性阻塞性肺疾病急性加重的诱因，此外还包括环境理化因素，如空气污染暴露、吸烟等。慢性阻塞性肺疾病年急性加重的频率和肺功能严重程度有关，其最佳的预测指标是1年前加重的频率。血气分析和胸部影像学可协助判断急性加重的严重程度，不推荐在急性加重期进行肺功能检查。

【考点】慢性阻塞性肺疾病的急性加重

---

30. 关于支原体肺炎，以下**错误**的是
    A. 发病多小于 60 岁。基础疾病少
    B. 临床表现为持续咳嗽、无痰
    C. 肺部体征不明显
    D. 外周血白细胞计数多小于 10×10^9/L
    E. 影像学表现为上肺野、双肺病灶，伴空洞形成

31. 关于病毒性社区获得性肺炎的临床特征，以下**错误**的是
    A. 发病多具有季节性，可有流行病学接触史或群居性发病
    B. 前驱上呼吸道症状，肌痛
    C. 外周血白细胞正常或降低
    D. 奥司他韦治疗有效
    E. 影像学表现为双侧、多叶间质性渗出，磨玻璃影，可伴有实变

32. 慢性阻塞性肺疾病诊断的最重要依据是
    A. 慢性咳嗽、咳痰
    B. 桶状胸
    C. 支气管扩张后 FEV_1/FVC<0.7
    D. 影像学提示肺气肿
    E. 支气管舒张实验阳性

33. 慢性阻塞性肺疾病的临床表现**不包括**
    A. 中老年起病
    B. 慢性咳嗽、咳脓痰
    C. 逐渐出现呼吸困难，活动后加重
    D. 桶状胸
    E. 体重下降、骨骼肌萎缩

34. 为了降低慢性阻塞性肺疾病功能下降的速度，有效的措施为
    A. 戒烟
    B. 长期吸入长效 M 受体阻滞剂
    C. 长期吸入 ICS/LABA
    D. 呼吸康复
    E. 补充维生素 D

35. 对于慢性阻塞性肺疾病急性加重，以下说法**错误**的是
    A. 呼吸困难加重
    B. 诱发加重的病毒感染以鼻病毒、呼吸道合胞病毒最常见
    C. 急性加重频率和过去 1 年急性加重次数相关
    D. 肺功能可协助判断病情严重程度
    E. 咳痰量和痰的性质出现变化

36. 和吸烟相关的肺气肿的病理类型主要为
    A. 腺泡中央型(小叶中心型)
    B. 全腺泡型(全小叶型)
    C. 间隔旁型
    D. 不规则(瘢痕)
    E. 混合型

37. 慢性阻塞性肺疾病患者常表现的呼吸衰竭为:静息状态海平面吸空气时动脉血氧分压与动脉血二氧化碳分压的值分别为
    A. >50mmHg;<60mmHg
    B. <60mmHg;>50mmHg
    C. <60mmHg;<50mmHg
    D. <70mmHg;>60mmHg
    E. <60mmHg;>70mmHg

38. 慢性阻塞性肺疾病患者的气流受限按照 GOLD 分级属于Ⅲ级(重度)的为
    A. $FEV_1 \geq 80\%$ 预计值
    B. $50\% \leq FEV_1 < 80\%$ 预计值
    C. $30\% \leq FEV_1 < 50\%$ 预计值
    D. $FEV_1 < 30\%$ 预计值
    E. $FEV_1 < 50\%$ 预计值伴慢性呼吸衰竭

39. **不符合**慢性阻塞性肺疾病特征的是
    A. 舒张后 $FEV_1/FVC < 0.7$
    B. TLC 为预计值的 150%
    C. RV/TLC 为 35%
    D. CO 弥散量(DLCO SB)为预计值的 65%
    E. 支气管舒张实验阴性

40. 肺气肿的 X 线改变**不包括**
    A. 双肺透亮度增加
    B. 横膈低平
    C. 胸廓前后径增加
    D. 外周肺纹理增多
    E. 心脏呈悬垂型

41. 关于慢性阻塞性肺疾病急性加重的治疗措施,正确的为
    A. 吸入短效支气管扩张剂
    B. 将长效支气管扩张剂加量
    C. 止咳对症

36.【答案】A
【解析】肺气肿的定义为:终末细支气管远端肺泡的永久性扩张并且伴有肺泡壁的破坏。肺气肿病理分型包括腺泡中央型(小叶中心型)、全腺泡型(全小叶型)、间隔旁型、不规则(瘢痕)。和吸烟相关的肺气肿以腺泡中央型肺气肿最常见,其表现为数个累积的呼吸性细支气管扩张和破坏,和周围腺泡形成明显的边界,肺泡管和肺泡囊变化不明显。并且病变在肺脏不均匀,通常上肺比下肺重。全腺泡型则表现为呼吸性细支气管、肺泡管、肺泡囊和肺泡都扩张,通常和抗胰蛋白酶缺乏有关。间隔旁型肺气肿:呼吸性细支气管基本正常,远侧端位于其周围的肺泡管和肺泡囊扩张,通常和腺泡中央型肺气肿有关,也和反复自发性气胸的青年人有关。
【考点】慢性阻塞性肺疾病的病理生理

37.【答案】B
【解析】慢性阻塞性肺疾病患者的气流受限可导致有效肺泡通气不足,其呼吸衰竭常常表现为Ⅱ型呼吸衰竭,缺O_2伴CO_2潴留(Ⅱ型),血气特点为动脉血氧分压(PaO_2)<60mmHg,动脉血二氧化碳分压($PaCO_2$)>50mmHg。
【考点】慢性阻塞性肺疾病的并发症

38.【答案】C
【解析】慢性阻塞性肺疾病舒张后肺功能为 $FEV_1/FVC < 0.7$,按照慢性阻塞性肺疾病全球倡议组织(GOLD)分级分为Ⅰ~Ⅳ级。Ⅰ级(轻度)为 $FEV_1 \geq 80\%$ 预计值;Ⅱ级(中度)为 $50\% \leq FEV_1 < 80\%$ 预计值;Ⅲ级(重度)为 $30\% \leq FEV_1 < 50\%$ 预计值;Ⅳ级为 $FEV_1 < 30\%$ 预计值。
【考点】慢性阻塞性肺疾病病情的评估

39.【答案】C
【解析】慢性阻塞性肺疾病的病理为慢性细支气管炎症和肺气肿。细支气管炎症表现为持续气流受限:舒张后 $FEV_1/FVC < 0.7$,舒张实验可为阴性。肺气肿的肺功能表现为:肺总量(TLC)增加,残气量(RV)增加(>135%预计值),RV/TLC 的实测值>预计值实测值大于35%;弥散功能(DLCO)下降(<80%预计值)。
【考点】慢性阻塞性肺疾病的诊断

40.【答案】D
【解析】肺气肿的 X 线可有以下改变:①胸廓为桶状、前后径增加、肋间隙增宽、肋骨呈现水平位;②膈位置低下、膈顶变平;③肺纹理稀疏、可变细变直、失去其正常时逐渐变细的形态;④肺野透亮度增加、肺容积增大、呼气时肺野的透亮度改变不大;⑤膈肌低位而导致心脏呈悬垂型,心胸比率与心脏横径均缩小;⑥胸骨后缘与升主动脉前缘间距离加大>3cm。一般出现 2 种或 2 种以上的 X 线征象,可结合临床表现作出判断。
【考点】慢性阻塞性肺疾病的临床表现

41.【答案】A
【解析】慢性阻塞性肺疾病急性加重的治疗措施包括三项。①支气管扩张剂:强调为短效支气管扩张剂(应用储物

罐或气动物化装置),是慢性阻塞性肺疾病急性加重的迅速缓解症状的首选治疗措施。②控制性氧气治疗:慢性阻塞性肺疾病患者多合并Ⅱ型呼吸衰竭,需要控制吸氧流量,警惕二氧化碳潴留。③抗生素:对于出现细菌诱导的患者需要加用抗生素,包括呼吸困难加重、咳嗽痰量增加、脓性痰;对于满足3条症状,或者包括脓性痰的2条症状的患者,或者病情危重需要机械通气的患者需要运用抗生素。而对于病毒感染或者理化因素导致的慢性阻塞性肺疾病急性加重抗生素运用无证据,需要积极化痰和排痰,慎用止咳药物。
【考点】慢性阻塞性肺疾病急性加重的处理

42.【答案】E
【解析】重度支气管哮喘患者的临床表现为意识状态改变、疲倦、发绀、沉默肺、心律失常、低血压、呼吸力较差。
【考点】重度支气管哮喘患者的临床表现

43.【答案】D
【解析】评估支气管哮喘发作主要观察的项目包括呼气流量峰值(PEF)、症状和自我治疗的反应、血氧饱和度、精神状态。
【考点】支气管哮喘评估

44.【答案】B
【解析】呼气流量峰值为最佳值或预计值的33%~50%,提示重度支气管哮喘发作。
【考点】支气管哮喘管理评估

45.【答案】D
【解析】可以作为病毒病原学确定诊断依据的检查结果包括:①口咽/鼻咽拭子或合格下呼吸道标本或肺组织标本的呼吸道病毒特异核酸检测阳性;②急性期和恢复期双份血清呼吸道病毒特异性IgG抗体滴度呈4倍或者4倍以上变化;③口咽/鼻咽拭子或合格下呼吸道标本中流感快速抗原检测阳性(DFA法或胶体金法);④口咽/鼻咽拭子或合格下呼吸道标本中副流感病毒1~4型、呼吸道合胞病毒、腺病毒、人偏肺病毒的快速抗原检测阳性(DFA法);⑤合格下呼吸道标本汇总分离到呼吸道病毒。呼吸道病毒特异性IgM阳性对病原学诊断的参考意义,不具备确诊意义。
【考点】社区获得性肺炎的病因

46.【答案】B
【解析】肺炎链球菌肺炎的停药指标为:体温正常3d。症状和体征完全消失、影像学完全吸收、血象恢复正常会相对滞后,不作为停药指标。
【考点】肺炎链球菌肺炎的治疗

47.【答案】A
【解析】引起慢性阻塞性肺疾病的各种危险因素中,吸烟是最主要的因素,发达国家的慢性阻塞性肺疾病患者的吸烟比例高达80%~90%。慢性阻塞性肺疾病的其他危险因素还包括:室内空气污染(生物燃料暴露)、职业暴露、儿童时期的下呼吸道感染(影响肺功能发育)、社会经济地位低下等,以及宿主因素,如α_1-抗胰蛋白酶缺乏、气道高反应性。
【考点】慢性阻塞性肺疾病的病因

D. 抗生素

E. 积极吸氧

42. 下列症状中,重度支气管哮喘患者**不出现**的是
    A. 意识状态改变
    B. 疲倦
    C. 发绀
    D. 沉默肺
    E. 高血压

43. 评估支气管哮喘急性发作的主要观察项目**不包括**
    A. 呼气流量峰值(PEF)
    B. 症状和自我治疗的反应
    C. 精神状态
    D. 咳嗽的程度
    E. 血氧饱和度

44. 符合重度支气管哮喘发作的指标是
    A. 呼气流量峰值 < 最佳值或预计值的 33%
    B. 呼气流量峰值为最佳值或预计值的 33%~50%
    C. 呼气流量峰值 > 最佳值或预计值的 50%~75%
    D. 呼气流量峰值 > 最佳值或预计值的 80%
    E. 呼气流量峰值 > 最佳值或预计值的 60%~70%

45. 下列检查中,对病毒性肺炎的病原学具有确定诊断意义的检查是
    A. 血清病毒特异性 IgM 升高
    B. 口咽/鼻咽拭子或痰液中病毒快速抗原检测阳性
    C. 痰液中分离到流感病毒、呼吸道合胞病毒等呼吸道病毒(DFA 法或胶体金法)
    D. 急性期和恢复期双份血清呼吸道病毒特异性 IgG 抗体滴度呈 4 倍或者 4 倍以上变化
    E. 血象不高并且有流行病学史

46. 肺炎链球菌肺炎的抗生素治疗的停药指标是
    A. 血象恢复正常
    B. 体温正常 3d
    C. 症状完全消失
    D. 体征完全消失
    E. 影像学提示病变消散

47. 引起慢性阻塞性肺疾病的病因中,最主要的因素是
    A. 吸烟

B. 室内空气污染

C. 职业暴露

D. 儿童期下呼吸道感染

E. 社会经济地位低下

【A2 型题】

1. 患者,男,23岁。鼻塞、流涕、咽痛 1d,体温38℃。自认为"一点小病"无须治疗和休息。首先应该对其做好

A. 口腔护理　　　B. 皮肤护理　　　C. 饮食护理

D. 心理护理　　　E. 用药护理

1.【答案】C

【解析】感冒后营养不足可以增加患者机体的病毒易感性,降低抵抗力,所以在护理方面,首先进行饮食的护理。

【考点】感冒后的护理

2. 李女士的母亲患急性上呼吸道感染,由李女士照顾。为防止交叉感染,李女士首先应采取的措施是

A. 多休息　　　　B. 多饮水

C. 中医中药预防　　　D. 室内食醋熏蒸

E. 呼吸道隔离

2.【答案】E

【解析】上呼吸道感染具有一定的传染性,主要是通过接触传播、空气传播,与个体易感性有关。所以选择呼吸道隔离是正确的。

【考点】上呼吸道感染的预防

3. 患者,女,13岁。咽痛、发热 2d,诊断为疱疹性咽峡炎。该病常见的病原体是

A. 腺病毒　　　B. 流感病毒　　　C. 柯萨奇病毒

D. 鼻病毒　　　E. 肠病毒

3.【答案】C

【解析】疱疹性咽峡炎常由柯萨奇病毒引起。

【考点】疱疹性咽峡炎的病原学

4. 患儿,女,2岁。因"发热 2d,咳嗽 1d 伴腹痛"来社区就诊。查体:体温40℃,神志清,扁桃体Ⅱ度肿大,充血,颌下淋巴结肿大,有压痛,心肺(-),腹软,无压痛、反跳痛。血常规:血红蛋白 128g/L,白细胞计数 8.9×10⁹/L,淋巴细胞百分比78%,中性粒细胞百分比 22%。正确的诊断是

A. 普通感冒

B. 急性咽炎

C. 急性喉炎

D. 疱疹性咽峡炎

E. 咽 - 扁桃体炎

4.【答案】E

【解析】急性咽-扁桃体炎表现为全身症状起病急,畏寒,高热,体温可达39~40℃。尤其是幼儿,可因高热而抽搐、呕吐或昏睡、食欲缺乏、便秘以及全身酸懒等。局部症状表现为咽痛明显,吞咽时尤甚,剧烈疼痛者可放射至耳部,幼儿常因不能吞咽而哭闹不安。儿童若因扁桃体肥大影响呼吸时可妨碍其睡眠,夜间常惊醒。查体可见扁桃体及淋巴结肿大,咽部充血明显。

【考点】急性咽-扁桃体炎的临床表现

5. 患者,女,30岁。头痛、全身不适伴清水样鼻涕、咽干 2d,加重 1d。体温 36.8℃,近日每天加班劳累至深夜,有受凉史,睡眠少,正值月经期,无恶心、呕吐、腹痛、腹泻,既往体健。针对主诉,不属于重点查体项目的是

A. 鼻窦触诊检查

B. 咽、扁桃体检查

C. 腹部听诊检查

D. 双肺听诊检查

E. 耳前、耳后、颌下、颏下淋巴结检查

5.【答案】C

【解析】依据患者主诉及病程初步所列的问题清单,不包含腹部疾病,所以,腹部听诊检查不作为针对此患者的重点查体项目。

【考点】根据病情选择重点查体项目

6.【答案】B
【解析】上呼吸道感染(普通感冒),解热镇痛药为一线推荐的药物。
【考点】激素类药启动使用的条件

6. 患者,男,63岁。发热伴鼻塞3d,未外出旅行。体温38℃,畏寒,肌肉酸痛,鼻塞,清涕,打喷嚏,咳嗽,头痛出汗,自服感冒清热冲剂,未见好转,未到医院诊治。否认耳鼻喉科相关病史及手术史。既往高血压病史5年。查体:双肺呼吸音清,未闻及干湿啰音。需采取的治疗措施是
   A. 地塞米松10mg肌内注射
   B. 对乙酰氨基酚600mg口服
   C. 地塞米松10mg静脉滴注
   D. 地塞米松10mg口服
   E. 氢化可的松20mg静脉滴注

7.【答案】C
【解析】双肺听诊无异常,血常规检查无异常,没有使用抗生素的临床支撑依据。
【考点】抗生素启动使用的条件

7. 患者,男,40岁。发热伴鼻塞1d,未外出旅行。体温38.5℃,鼻塞,清涕,打喷嚏,咳嗽,头痛,畏寒,肌肉酸痛。查体:双侧扁桃体无肿大,双肺呼吸音清,未闻及干湿啰音。血常规:白细胞计数8.6×10^9/L,淋巴细胞百分比60%,其余正常。可选择的药物是
   A. 阿奇霉素   B. 甲磺酸左氧氟沙星片
   C. 对乙酰氨基酚   D. 头孢哌酮
   E. 阿莫西林

8.【答案】E
【解析】普通感冒(上呼吸道感染)主要以临床症状体征作为诊断依据,不需要常规进行影像学、血常规、C反应蛋白等检查。此患者临床症状及体征满足上呼吸道感染的诊断条件。
【考点】普通感冒(上呼吸道感染)的诊断

8. 患者,男,21岁。头痛伴鼻塞2d,流黄色黏性鼻涕,打喷嚏,畏寒,肌肉酸痛,未外出旅行。查体:体温36.5℃,双侧扁桃体无肿大,双肺呼吸音清,未闻及干湿啰音。患者希望做全面辅助检查,应选择的检查是
   A. 胸部X线片检查
   B. 血常规
   C. 胸部X线片+血常规
   D. C反应蛋白+胸部X线片
   E. 依据临床症状体征,不选择做任何辅助检查

9.【答案】D
【解析】上呼吸道感染的传播途径有接触传播、空气传播,并与个体差异(比如营养不足、病毒易感性)有关,所以预防要从以上三方面着手。
【考点】阻止病毒传播的有效方法

9. 患者,女,30岁,保姆。头痛伴畏寒,肌肉酸痛2d。打喷嚏、流涕,经医生检查诊断为"上呼吸道感染"。对患者进行阻止病毒传播的健康指导,不包括
   A. 开窗通风
   B. 肥皂流水勤洗手
   C. 不随地吐痰
   D. 擦完鼻涕不洗手马上去照顾老人
   E. 不要无遮挡对着他人或者在空气中打喷嚏

10.【答案】E
【解析】目前,虽然有鼻病毒、腺病毒等有效试验疫苗,但无普通感冒疫苗可售。
【考点】普通感冒疫苗注射免疫

10. 患者,男,66岁。发热伴鼻塞3d,未外出旅行。医生诊断为"上呼吸道感染(普通感冒)"。患者咨询"经常反复发作上呼吸道感染,是否能注射普通感冒疫苗"。以下说法正确的是

A. 可注射普通感冒疫苗

B. 可注射肺炎球菌多糖疫苗

C. 可注射甲型流感疫苗

D. 可注射禽流感疫苗

E. 目前还没有普通感冒疫苗

11. 患者,男,68 岁。来某社区卫生服务中心注射流感疫苗,咨询"是不是打了流感疫苗,所有的感冒就都可以预防",正确的解释为

A. 注射流感疫苗后就不会感冒了

B. 注射流感疫苗后就不会得流感了

C. 它可降低流感的发病率和死亡率,但不能减少肺炎的发生率和住院率

D. 它既可降低流感的发病率和死亡率,又能减少肺炎的发生率和住院率

E. 注射了流感疫苗后,流感和肺炎一起都预防了

11.【答案】D

【解析】流感疫苗不能完全预防感冒,注射流感疫苗可以预防流感病毒,但不能防止普通性感冒的发生;即使注射了流感疫苗也要在半个月之后才能产生抗体,达到预防的目的。

【考点】流感疫苗免疫的范围

12. 患者,女,38 岁。感冒 3d 后出现咳嗽,不剧烈,有黄黏痰不宜咳出,不发热,来社区站就诊。查体可闻及右下肺干啰音,最可能的诊断为

A. 急性咽喉炎

B. 支气管扩张症

C. 慢性支气管炎

D. 急性支气管炎

E. 肺炎

12.【答案】D

【解析】根据咳嗽、咳痰等呼吸道症状以及肺部的听诊,最可能的诊断为急性支气管炎。

【考点】上呼吸道感染合并支气管炎的临床表现

13. 支气管哮喘患者,表现为焦虑、烦躁、呼吸频率加快,能正确回答问题,但只能说单字,双肺可闻及满布哮鸣音,其诊断为

A. 支气管哮喘急性发作(轻度)

B. 支气管哮喘急性发作(中度)

C. 支气管哮喘急性发作(重度)

D. 慢性支气管哮喘发作(重度)

E. 支气管哮喘急性发作(危重)

13.【答案】C

【解析】根据讲话方式对疾病严重程度进行分级:轻度——连续成句;中度——单句;重度——单词;危重——不能讲话。

【考点】重度支气管哮喘的临床表现

14. 患者,青年男性。支气管哮喘持续状态,端坐呼吸,发绀,两肺喘鸣音,动脉血氧分压(PaO_2)60mmHg,动脉血二氧化碳分压($PaCO_2$)56mmHg,pH 7.34。判断其病情严重的主要原因是

A. 支气管扩张药物不起作用

B. 端坐呼吸

C. 发绀

D. 低氧血症

E. 二氧化碳潴留

14.【答案】E

【解析】PaO_2 参考值95~100mmHg,低于 60mmHg 即有呼吸衰竭,<30mmHg 可有生命危险。$PaCO_2$ 参考值35~45mmHg,超出参考范围称高碳酸血症,>50mmHg 有抑制呼吸中枢危险。

【考点】血气分析

15.【答案】D

【解析】反复发作喘息气急，伴或不伴胸闷或咳嗽，夜间及晨间多发，常与接触变应原、冷空气、物理化学性刺激以及上呼吸道感染、运动等有关；发作时双肺可闻及散在或弥漫性哮鸣音，呼气相延长；上述症状和体征可经治疗缓解或自行缓解。

【考点】支气管哮喘的诊断

16.【答案】B

【解析】氨茶碱成人常用量：静脉注射，0.125~0.25g/次，0.5~1g/d；0.125~0.25g/次，用50%葡萄糖注射液稀释至20~40ml，注射时间不得短于10min。静脉滴注，0.25~0.5g/次，0.5~1g/d，以5%~10%葡萄糖注射液稀释后缓慢滴注。静脉注射，极量1次0.5g，1g/d。茶碱的毒性常与血清浓度为15~20mg/L，特别是在治疗开始、早期多见有恶心、呕吐、易激动、失眠等；当血清浓度超过20mg/L，可出现心动过速、心律失常；血清中茶碱超过40mg/L，可发生发热、失水、惊厥等症状，严重的甚至引起呼吸、心搏骤停致死。

【考点】支气管哮喘的治疗

17.【答案】B

【解析】支气管哮喘急性发作时的分级为轻度、中度、重度、危重。慢性持续期支气管哮喘病情严重程度分为间歇性、轻度持续、中度持续和重度持续4级。

【考点】支气管哮喘程度临床表现的判断

18.【答案】D

【解析】支气管哮喘简称"哮喘"，是由多种细胞，包括气道的炎症细胞(如嗜酸性粒细胞、肥大细胞、T淋巴细胞、中性粒细胞)和结构细胞(如平滑肌细胞、气道上皮细胞等)，以及细胞组分，共同参与的气道慢性炎症性疾病。其血常规检查可有嗜酸性粒细胞增高。

【考点】支气管哮喘的血象特点

19.【答案】C

【解析】支气管哮喘急性发作的治疗取决于发作的严重程度以及对治疗的反应，目的在于尽快缓解症状、解除气流受限和改善低氧血症，同时还需要制订长期治疗方案以预防再次急性发作。轻度患者可雾化吸入短效β_2受体激动剂(SABA)，效果不佳时可加茶碱缓释片或家用短效抗胆碱药气雾剂吸入；中度患者联合雾化吸入SABA、短效抗胆碱药、激素混悬液，也可联合静脉氨茶碱类药物，效果欠佳时尽早口服激素，推荐泼尼松龙30~50mg/d或等效的其他激素；重度患者持续雾化吸入SABA、短效抗胆碱药、激素混悬液以及静脉给予氨茶碱类药物，吸氧，尽早静脉应用激素，待病情得到控制和缓解后改为口服药。

【考点】支气管哮喘急性发作的治疗

15. 患者，女，30岁。2个月来多次发作咳嗽、喘息、胸闷、心悸，夜间明显。2d前咳嗽及喘息再次发作。门诊给予补液和氨茶碱等解痉平喘药后病情未好转，呼吸困难、喘息加重。烦躁不安，端坐位，心率120次/min，两肺哮鸣音明显、弥漫。既往有类似发作史，可自行缓解。首先考虑的诊断是
   A. 阻塞性肺气肿
   B. 急性支气管炎
   C. 心源性哮喘
   D. 支气管哮喘
   E. 慢性喘息性支气管炎

16. 患者，男，32岁。自述每年春季易发病，发病时咳嗽、气喘、呼吸困难伴呼气哮鸣音，诊断为外源性支气管哮喘，此患者在应用氨茶碱治疗中**错误**的是
   A. 缓慢静脉注射　　　　　B. 快速静脉注射
   C. 缓慢静脉滴注　　　　　D. 与沙丁胺醇合用
   E. 血液浓度监测

17. 患者，女，40岁。近两日持续出现胸闷，呼气性呼吸困难，大汗淋漓，烦躁不安。查体发现颈静脉怒张，口唇、指端发绀明显，两肺满布哮鸣音。患者应诊断为
   A. 轻度支气管哮喘　　　　B. 重度支气管哮喘
   C. 中度支气管哮喘　　　　D. 混合性支气管哮喘
   E. 气道梗阻

18. 患者，女，53岁。突然出现发作性呼气性呼吸困难，怀疑支气管哮喘，去医院就诊时已经缓解。有助于诊断的血象变化是
   A. 白细胞计数增高　　　　B. 单核细胞增高
   C. 淋巴细胞增加　　　　　D. 嗜酸性粒细胞增高
   E. 嗜碱性粒细胞增高

19. 患者，女，30岁。喘息、呼吸困难发作1d，过去有类似发作史。查体：气促、发绀，双肺满布响亮的哮鸣音，心率120次/min，律齐，无杂音。已用过氨茶碱、特布他林治疗无效。对该病例除立即吸氧外，首先应给予的治疗措施为
   A. 联合应用氨茶碱、特布他林静脉滴注
   B. 联合应用抗生素静脉滴注
   C. 甲泼尼龙静脉滴注
   D. 二丙酸倍氯米松气雾吸入
   E. 浓度<5%的碳酸氢钠静脉滴注

20. 患者,女,35岁。支气管哮喘重度发作2d,使用氨茶碱、沙丁胺醇、大剂量激素治疗无效。查体:呼吸浅快,口唇发绀,神志不清,双肺哮鸣音较弱。血气分析:PaO_2 50mmHg, $PaCO_2$ 70mmHg,进一步的救治措施应为
    A. 静脉注射地塞米松
    B. 给予高浓度吸氧
    C. 静脉滴注5%碳酸氢钠
    D. 联合应用抗生素静脉滴注
    E. 气管插管,正压机械通气

20.【答案】E
【解析】支气管哮喘患者病情加重,需行机械通气的指征为:全身情况进行性恶化、意识模糊、$PaO_2<60mmHg$、$PaCO_2>50mmHg$。
【考点】支气管哮喘机械通气的适应证

21. 患者,女,25岁。2h前打扫室内卫生时,突然出现咳嗽、胸闷、呼吸困难,追问病史近3年来每年秋季常有类似发作。查体:两肺满布哮鸣音,心脏无异常。胸部X线片显示心肺无异常。该例诊断应为
    A. 慢性喘息性支气管炎
    B. 慢性阻塞性肺疾病(A型)
    C. 慢性阻塞性肺疾病(B型)
    D. 支气管哮喘
    E. 心源性哮喘

21.【答案】D
【解析】支气管哮喘的典型临床表现:反复发作喘息气急,伴或不伴胸闷或咳嗽,夜间及晨间多发,常与接触变应原、冷空气、物理化学性刺激以及上呼吸道感染、运动等有关;发作时双肺可闻及散在或弥漫性哮鸣音,呼气相延长;上述症状和体征可经治疗缓解或自行缓解。
【考点】支气管哮喘的诊断

22. 患者,女,20岁。反复发作喘息、呼吸困难、咳嗽2年。查体:双肺散在哮鸣音,心脏无异常。下列检查结果中有助于明确诊断的是
    A. 呼气流量峰值显著降低
    B. 第1秒用力呼气容积降低
    C. 最大呼气中段流量降低
    D. 支气管舒张试验阳性
    E. 胸部X线片显示肺纹理稍多

22.【答案】D
【解析】可逆性气流受限的客观检查:①支气管舒张试验阳性(吸入支气管舒张剂后,第1秒用力呼气容积(FEV_1)增加>12%且FEV_1绝对值增加>200ml);②支气管激发试验阳性;③PEF平均每日昼夜变异率>10%(每日监测PEF 2次,至少2周)。
【考点】支气管哮喘的诊断标准

23. 患者,男,24岁。发作性喘息2年,加重1周,1周来有时夜间咳醒伴憋气,可自行缓解。查体:双肺散在哮鸣音。为控制患者夜间症状,下列药物中,宜首选
    A. 口服氨茶碱
    B. 吸入糖皮质激素
    C. 吸入长效β_2受体激动剂
    D. 口服糖皮质激素
    E. 吸入短效β_2受体激动剂

23.【答案】E
【解析】轻度持续状态的治疗,轻度患者可雾化吸入SABA,效果不佳时可加茶碱缓释片或家用短效抗胆碱药气雾剂吸入。
【考点】支气管哮喘治疗的药物选择

24. 患者,男,20岁。因"持续喘息发作24h"来急诊。既往支气管哮喘病史12年。查体:端坐呼吸,大汗淋漓,发绀,双肺布满哮鸣音。动脉血气分析结果显示:pH 7.21,$PaCO_2$ 70mmHg,PaO_2 55mmHg。此时应紧急采取的治疗措施是

24.【答案】B
【解析】支气管哮喘急性持续发作的治疗措施,重度患者持续雾化吸入SABA、短效抗胆碱药、激素混悬液以及静脉给予氨茶碱类药物,吸氧,尽早静脉应用激素,待病情得到控制和缓解后改为口服给药。
【考点】支气管哮喘急性持续发作的治疗措施

A. 机械通气　　　　　　B. 静脉滴注糖皮质激素

C. 补充液体　　　　　　D. 使用广谱抗生素

E. 静脉注射氨茶碱

25.【答案】B

【解析】患者胸腔积液的生化检查提示为渗出液,按照 Light 标准(LDH 大于正常参考值的2/3),常规提示有核细胞数不高,单核细胞为主。ADA>40IU/dl,符合结核性胸腔积液的特点。

【考点】胸腔积液

26.【答案】C

【解析】患者急性病程,受凉后高热、咳嗽。查体为肺实变的体征(叩诊浊音、语颤增强、支气管肺泡呼吸音),符合肺炎临床特征。胸腔积液和肺不张的肺部体征表现为叩诊浊音、语颤降低、呼吸音降低。

【考点】肺炎的体征

27.【答案】E

【解析】重症社区获得性肺炎(CAP)主要标准:①需要气管插管行机械通气治疗;②脓毒症休克,经积极液体复苏后仍需要血管活性药物治疗。需要收入重症监护病房(ICU)治疗,对于老年人或有基础疾病患者罹患重症 CAP 的患者,推荐联合抗生素治疗。

【考点】肺炎的治疗

28.【答案】D

【解析】约 40% 的住院肺炎患者可并发肺炎旁胸腔积液。肺炎患者抗生素应用 72h 无效,出现了胸膜性胸痛的症状和胸腔积液的体征需要考虑此情况。

【考点】肺炎的并发症

25. 患者,男,55 岁。胸闷、气短进行性加重 1 个月。既往糖尿病 2 年。胸部 X 线片见图 3-3-1。胸腔积液引流液草绿色,生化检查示:血清总蛋白(TP)45g/L,乳酸脱氢酶(LDH)220IU/L,腺苷脱氨酶(ADA)45IU/L;有核细胞计数 1 000/mm^3,单核细胞百分比 90%。该患者最可能的诊断为

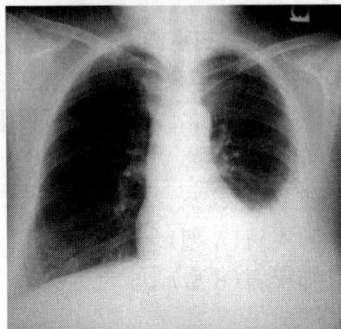

图 3-3-1　胸部 X 线片

A. 肺炎旁胸腔积液　　　B. 结核性胸膜炎

C. 癌性胸腔积液　　　　D. 心功能不全

E. 乳糜胸

26. 患者,男,30 岁。淋雨后持续高热、寒战、咳嗽 3d,体温最高 39.5℃。既往体健。入院查体:脉搏 98 次/min,呼吸 23 次/min,血压 104/70mmHg,右下肺叩诊浊音,语颤增强,可闻及支气管肺泡呼吸音。该患者的可能诊断为

A. 上呼吸道感染　　　　B. 支气管炎

C. 社区获得性肺炎　　　D. 胸腔积液

E. 肺不张

27. 患者,女,66 岁。急性肺炎,外院给予抗生素治疗 3d 病情恶化。既往:肥胖、糖尿病。入院查体:嗜睡,脉搏 135 次/min,呼吸 35 次/min,血压 85/50mmHg,双肺弥漫湿啰音,心尖部奔马律。关于患者下一步的治疗,错误的是

A. 纠正休克　　　　　　B. 查血气分析

C. 积极血培养　　　　　D. 心电监护

E. 头孢曲松抗感染

28. 患者,男,40 岁。诊断为左侧肺炎,给予静脉头孢曲松联合口服阿奇霉素治疗 3d,体温无下降,出现左侧胸痛,深吸气

及咳嗽后加重。既往:饮酒 20 年,每日 200ml。查体:体温 39.1℃,脉搏 98 次 /min,呼吸 20 次 /min,血压 135/65mmHg,右下肺叩诊浊音,呼吸音降低。血常规:白细胞计数 18.6 × 10⁹/L,中性粒细胞百分比 89%。患者症状加重,应考虑

A. 肺炎诊断有误　　　　B. 心肌缺血

C. 肺栓塞　　　　　　　D. 肺炎旁胸腔积液

E. 阻塞性肺炎

29. 患者,女,71 岁。发热、咳脓臭痰 4d。口服"头孢"3d 治疗效果不佳。既往:脑血管病,反复进食后呛咳。查体:神志清楚,体温 37.8℃,脉搏 89 次 /min,呼吸 23 次 /min,血压 145/65mmHg,口腔龋齿,右上肺少许吸气相湿啰音。胸部 X 线片提示右上叶后段渗出,内可见空洞,空洞内有气液平面。该患者可能的病原学为

A. 肺炎支原体　　　　　B. 流感嗜血杆菌

C. 肺炎链球菌　　　　　D. 厌氧菌

E. 军团菌

29.【答案】D
【解析】该患者诊断为吸入性肺炎:①有吸入的危险因素(如脑血管病所致的吞咽困难、龋齿口腔卫生状况差);②胸部影像学显示病灶是以上叶后段为主,呈坠积样特点。吸入性肺炎多为厌氧菌、革兰氏阴性菌及金黄色葡萄球菌感染。患者有龋齿、脓臭痰、肺脓肿,考虑厌氧菌感染。
【考点】吸入性肺炎

30. 患者,男,10 岁。发热伴咽痛、全身酸痛 3d,伴干咳、全身乏力,呕吐、腹泻 2d。既往:发病前 2 周班上 4 个同学先后发热。查体:体温 39℃,脉搏 120 次 /min,呼吸 23 次 /min,血压 90/55mmHg,咽红,双肺散在吸气相湿啰音。血常规:白细胞计数 6.6 × 10⁹/L,中性粒细胞百分比 72%。胸部 X 线片:双下肺散在斑片影。对该患者的下一步诊治,**错误**的是

A. 血气分析

B. 补液、纠正电解质紊乱

C. 经验治疗 3d 无效后进行病原学检查

D. 积极降温

E. 经验性抗生素治疗

30.【答案】C
【解析】群聚性发病的社区获得性肺炎需要积极进行病原学检查。该患者群聚性发病,有流感样症状,外周血白细胞计数不高,需要进行流感病毒相关病原学检查。
【考点】肺炎的病原学诊断

31. 患者,男,63 岁。肺炎治疗 14d 后体温正常,但仍然剧烈咳嗽,间断痰中带血丝。既往:吸烟 40 年,1 包 /d。胸部 CT 复查提示左上肺实变较前部分吸收,左上叶可见支气管截断征。该患者考虑的情况是

A. 肺炎吸收中　　B. 肺癌　　　　C. 肺栓塞

D. 肺结核　　　　E. 机化性肺炎

31.【答案】B
【解析】对于长期吸烟的肺癌高危人群的肺炎患者,需要和肺癌鉴别。该患者有肺癌高危因素——大量吸烟,CT 表现为支气管截断征,需要考虑肺癌。
【考点】肺炎的鉴别诊断

32. 患者,女,16 岁。低热、干嗽、咽部不适 1 周。既往无发热患者和疫区接触史。查体无异常。胸部 X 线片提示右下肺部斑片浸润影。白细胞计数 8.4 × 10⁹/L,中性粒细胞百分比 68%,降钙素原(PCT)<0.25μg/L。对该患者的病原学诊断具

32.【答案】E
【解析】患者符合支原体肺炎的特征:青年发病,无基础疾病,干咳,外周血白细胞计数不高,影像学以肺上叶受累,小叶性肺炎。急性期和恢复期双份血清支原体特异性抗体对支原体肺炎有确诊意义。
【考点】支原体肺炎的诊断

有意义的是
A. 嗜军团菌尿抗原检测
B. 痰培养
C. 痰找抗酸杆菌
D. 鼻/咽拭子病毒聚合酶链反应（PCR）
E. 急性期和恢复期双份血清支原体特异性抗体

33.【答案】E
　【解析】肺炎的预防包括戒烟、避免酗酒、充分营养、保持口腔健康。预防接种肺炎球菌多糖疫苗和流感疫苗。2剂肺炎球菌多糖疫苗间隔≥5年。
　【考点】肺炎的预防

33. 患者,男,56 岁。近 1 年 2 次患肺炎。既往:糖尿病、糖尿病肾病、慢性肾脏病 3 期。关于患者长期的治疗策略,以下说法**错误**的是
A. 控制血糖
B. 保证充足营养
C. 保持口腔卫生
D. 每年接种流感疫苗
E. 每年接种肺炎球菌多糖疫苗

34.【答案】B
　【解析】合格的痰标本为每个低倍镜视野白细胞 >25 个或鳞状上皮细胞 <10 个;或鳞状上皮细胞:白细胞 <1:2.5。本患者长期血液透析,患耐药菌感染的风险高,痰标本不合格,需要重新留取标本。
　【考点】肺炎的病原学检查

34. 患者,女,56 岁。肺炎患者,高热、咳黄痰 5d,给予哌拉西林/他唑巴坦 + 阿奇霉素抗生素治疗 3d 无好转。既往史:肾衰竭,血液透析中。痰液检查:涂片提示低倍镜下白细胞计数 10 个,鳞状上皮细胞 25 个,可见革兰氏阳性球菌。痰液培养:草绿色链球菌,对哌拉西林敏感。其下一步诊疗措施为
A. 继续哌拉西林/他唑巴坦抗感染
B. 重新进行痰涂片和痰培养
C. 胸部 CT 引导下穿刺活检
D. 经验性抗真菌
E. 经验性抗结核

35.【答案】D
　【解析】患者多种基础疾病,痰涂片提示革兰氏阴性杆菌,考虑革兰氏阴性杆菌感染,治疗需要覆盖。患者患糖尿病肾病,则慎用氨基糖苷类抗生素。
　【考点】基础疾病的社区获得性肺炎治疗

35. 患者,男,67 岁。慢性阻塞性肺疾病 20 年,发热、咳脓痰伴憋气 1 周。既往史:糖尿病、糖尿病肾病、高血压、冠心病。查体:体温 38.5 ℃,脉搏 124 次/min,呼吸 28 次/min,血压 125/70mmHg,口唇发绀,双下肺可闻及湿啰音。外周血白细胞计数 13×10^9/L,中性粒细胞百分比 85%。胸部 X 线片:双下肺斑片状渗出。入院后痰涂片显示革兰氏阴性杆菌,可首选的抗生素是
A. 克林霉素　　　　　B. 阿米卡星
C. 头孢曲松　　　　　D. 哌拉西林/舒巴坦
E. 阿奇霉素

36.【答案】B
　【解析】患者围产期、不对称下肢肿胀、呼吸困难伴胸膜性胸痛、低氧血症,胸部 X 线片提示肺梗死表现,要考虑肺栓塞。
　【考点】肺炎的鉴别诊断

36. 患者,女,28 岁。5d 前上厕所时突发右下胸部胸痛,深吸气加重,轻度憋气,后出现发热,诊断为肺炎,给予头孢曲松静脉 3d 症状无好转。既往:顺产后 20d。查体:生命体征平稳,指尖脉氧饱和度 92%,双肺查体无异常,左下肢水肿。胸部

X线片提示右下肺楔形实变。该患者治疗效果不佳,需要考虑的疾病是

A. 肺炎波及胸膜　　　　B. 肺栓塞

C. 肺结核　　　　　　　D. 肺癌

E. 肺脓肿

37. 患者,男,35 岁。低热、咳嗽、咳痰 30d,先后给予头孢曲松 + 阿奇霉素,头孢哌酮 / 舒巴坦治疗效果不佳。既往:无特殊。查体:消瘦,右上肺少许湿啰音。胸部 X 线片见图 3-3-2。降钙素原阴性。该患者诊断应考虑

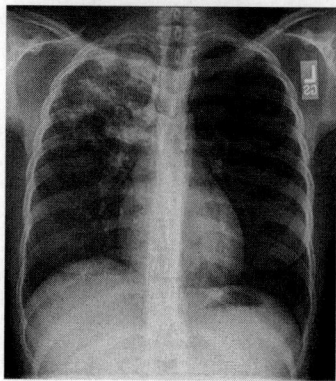

【解析】亚急性病程,低热表现,右肺上叶可见多发斑片影和小结节影,对抗生素治疗效果不佳,消瘦。考虑肺结核。

【考点】肺炎的鉴别诊断

图 3-3-2　胸部 X 线片

A. 肺结核　　　　B. 肺癌　　　　C. 肺脓肿

D. 肺栓塞　　　　E. 阻塞性肺炎

38. 患者,女,75 岁。急性肺炎。入院查体:脉搏 123 次 /min,呼吸 34 次 /min,血压 80/50mmHg,嗜睡,脉搏细弱,双肺干、湿啰音,心律齐,腹部查体无异常,双下肢无水肿。此患者治疗的合适场所为

A. 重症监护病房　　　　B. 普通病房

C. 急诊留观病房　　　　D. 门诊输液

E. 院外口服药物

38.【答案】A

【解析】患者出现休克,为重症肺炎,需要收入重症监护病房(ICU)。

【考点】肺炎的病情严重性判断

39. 患者,男,50 岁。重症肺炎在 ICU 治疗,休克,血气分析(呼吸机治疗中):pH 7.17,$PaCO_2$ 23mmHg,PaO_2 101mmHg,HCO_3^- 8.4mmol/L,乳酸 12.7mmol/L。治疗**错误**的是

A. 积极补充碳酸氢钠　　B. 液体复苏

C. 血管活性药物　　　　D. 积极抗生素治疗

E. 深静脉置管

39.【答案】A

【解析】血气分析提示代谢性酸中毒、乳酸酸中毒,和休克导致组织灌注不足有关。应该积极纠正原发病和休克。阴离子间隙(AG)升高的酸中毒不建议积极补充碳酸氢钠,若 pH<7.1 伴休克可适当补充。

【考点】血气分析

40.【答案】C

【解析】慢性阻塞性肺疾病诊断依据:①吸烟40年的危险因素;②典型的临床症状,即中年发病,慢性咳嗽、咳白痰,冬春季节为著(慢性支气管炎表现),活动后困难;③肺气肿体征。

【考点】慢性阻塞性肺疾病的临床表现

41.【答案】D

【解析】气胸胸部X线片可见左侧外带肺纹理消失,透亮度增加,左侧膈肌下移,左肺体积增加。

【考点】气胸胸部影像学

42.【答案】D

【解析】患者的危险因素、症状及查体提示为慢性阻塞性肺疾病、肺气肿,并且有杵状指提示可能长期存在低氧血症,有肺动脉高压的体征。其肺功能应该表现为阻塞性通气功能障碍,肺总量增加,残气量增加,RV/TLC增加。由于肺实质破坏,其弥散功能减退。FEV_1/FVC 指第1秒用力呼气容积/用力肺活量,RV指残气量,TLC为肺总量。

【考点】慢性阻塞性肺疾病的肺功能诊断

43.【答案】A

【解析】阻塞性通气功能障碍按照慢性阻塞性肺疾病的标准定义为 $FEV_1/FVC<0.7$,其他特征包括 FEV_1、FVC(可正常)、FEFs和MMEF、PEF、FET降低,V-V曲线将支向内凹。限制性通气功能障碍的重要特点是肺活量FVC减少而 FEV_1/FVC 比例升高。

【考点】肺功能

40. 患者,男,67岁。咳嗽、咳白痰20年,冬春季节加重,近5年上1层楼就出现呼吸困难,1年半前喘息加重当地医院给予"消炎药"和平喘药物好转。既往:冠心病,吸烟40年,10支/d。查体:桶状胸,双肺呼吸音低下。该患者最可能的诊断是

A. 慢性支气管炎 　　　 B. 支气管扩张

C. 慢性阻塞性肺疾病 　 D. 支气管哮喘

E. 闭塞性支气管炎

41. 患者,男,59岁。慢性咳嗽、咳白痰5年,突发左侧胸痛伴呼吸困难1d。患者的胸部影像学见图3-3-3,诊断考虑

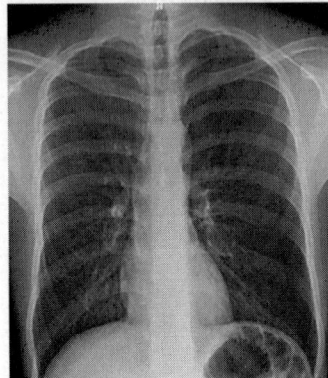

图3-3-3 胸部X线片

A. 急性肺栓塞 　　　 B. 急性心肌梗死

C. 社区获得性肺炎 　 D. 气胸

E. 急性胸膜炎

42. 患者,男,67岁。呼吸困难9年,进行加重2年,上2层楼即出现憋气。既往吸烟27年,1包/d,戒烟17年。查体:一般可,桶状胸,双肺叩诊过清音,双肺呼吸音低下,肺动脉瓣区第二心音亢进,心律齐,有力,双下肢无水肿,杵状指/趾。**不符合**患者肺功能的是

A. FEV_1/FVC 0.38

B. FEV_1 占预计值15.5%

C. RV 占预计值248.6%

D. 一氧化碳弥散量占预计值83%

E. RV/TLC 75.69%

43. 患者,男,57岁。无症状。既往吸烟15包,每日1包,戒烟5年。查体无异常。肺功能检查提示:FEV_1/FVC 为0.65,FEV_1 为预计值的78%,舒张后 FEV_1 改善 –1%,TLC为预计值的105%。其肺功能诊断为

A. 阻塞性通气功能障碍 　　 B. 限制性通气功能障碍

C. 混合性通气功能障碍　　D. 正常肺功能

E. 弥散功能障碍

44. 患者,男,45 岁。间断咳嗽,咳脓性痰 20 年,冬季加重。无吸烟史。查体:生命体征平稳,双下肺弥漫吸气相湿啰音,咳嗽后不消失,杵状指。患者胸部 X 线片见图 3-3-4,肺功能显示:FEV$_1$/FVC 0.52,FEV$_1$ 占预计值的 42%(吸入支气管扩张剂后)。该患者的诊断考虑

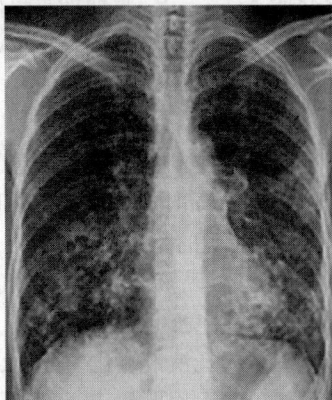

图 3-3-4　胸部 X 线片

A. 支气管哮喘

B. 支气管扩张

C. 慢性阻塞性肺疾病

D. 慢性支气管炎

E. 闭塞性细支气管炎

44.【答案】B

【解析】此患者无吸烟等慢性阻塞性肺疾病高危因素,青年发病,长期咳脓痰;体征有固定性湿啰音,影像学表现为双下肺支气管扩张、血管扭曲、斑片状渗出,诊断为支气管扩张。

【考点】慢性阻塞性肺疾病的鉴别诊断

45. 患者,男,70 岁。诊断为慢性阻塞性肺疾病 10 年,规律吸入舒利迭(每泡含沙美特罗 50μg 和丙酸氟替卡松 500μg)2 次 /d、噻托溴铵(每泡含 18μg)1 次 /d。近半年轻度活动即出现憋气,下肢水肿,食欲缺乏。胸部 CT 提示双上肺叶肺气肿,右肺中叶肺大疱。入院查血常规:白细胞计数 7.38×10^9/L,血红蛋白 184g/L,血细胞比容 0.56;血生化:谷丙转氨酶 78IU/L,谷草转氨酶 81IU/L。心电图:房性期前收缩三联律,P 波高尖,电轴右偏。超声心动图:右心房、右心室扩大,肺动脉收缩压估测 51mmHg。患者最重要的长期治疗措施为

A. 利尿药

B. 口服毛花苷 C(西地兰)

C. 长期低流量控制性吸氧

D. 保肝药物

E. 美托洛尔治疗心律失常

45.【答案】C

【解析】慢性阻塞性肺疾病患者慢性氧疗指征:①PaO$_2$≤55mmHg 或动脉血氧饱和度(SaO$_2$)≤88%,有或没有高碳酸血症;②PaO$_2$ 55~60mmHg,或 SaO$_2$<89%,并有肺动脉高压、心力衰竭水肿或红细胞增多症(血细胞比容 >0.55)。本患者出现了肺心病失代偿期,符合长期氧疗指征。其他治疗包括间断利尿。毛花苷 C(西地兰)在低氧血症不常规推荐。

【考点】慢性阻塞性肺疾病患者慢性氧疗指征

46.【答案】B

【解析】慢性阻塞性肺疾病急性加重的抗生素应用指征：①同时出现以下三种症状，呼吸困难加重、痰量增加和痰液变浓；②患者仅出现以上三种症状中的两种但包括痰液变浓这一症状；③严重的急性加重，需要有创或无创机械通气。三种临床表现出现两种加重但无痰液变浓者或者只有一种临床表现加重的慢性阻塞性肺疾病急性加重期(AECOPD)，一般不建议应用抗菌药物。本患者急性加重和空气污染暴露相关，痰性质无改变，无须抗生素治疗。

【考点】慢性阻塞性肺疾病急性加重期的抗生素运用

47.【答案】C

【解析】雾化吸入治疗是慢性阻塞性肺疾病急性加重期的重要治疗措施。急性加重期首选速效支气管扩张剂，患者做深慢呼吸，不张口呼吸，使药物充分到达支气管和肺内，选用雾化吸入治疗，避免药物进入眼睛，氧气驱动雾化持续时间15~20min，不能长时间高流量吸氧，防止二氧化碳潴留。

【考点】慢性阻塞性肺疾病急性加重期治疗

48.【答案】D

【解析】血气分析第一步：通过pH判断有无酸碱失衡。pH<7.35，酸中毒。第二步：主要疾病影响呼吸还是代谢。CO_2升高而HCO_3^-不降低，属于呼吸性酸中毒。第三步：是否合并代谢紊乱。急性呼吸性酸中毒(<48h)：$PaCO_2$每升高10mmHg，pH下降0.08，pH=7.08±0.05；慢性呼吸性酸中毒(>48h)：$PaCO_2$每升高10mmHg，pH下降0.03，pH=7.28±0.05。此患者pH在急性和慢性呼吸性酸中毒之间，考虑存在慢性呼吸性酸中毒合并急性呼吸性酸中毒(部分代偿)。

【考点】慢性阻塞性肺疾病急性加重期血气分析

49.【答案】D

【解析】慢性阻塞性肺疾病急性加重期，评估病情严重程度需要行血气分析。

【考点】慢性阻塞性肺疾病急性加重期

46. 患者，男，65岁。慢性阻塞性肺疾病多年，平时规律吸入噻托溴铵治疗。近期天气变冷后，严重时雾霾天外出骑摩托车后2d出现喘息加重，稍微活动即出现憋气，咳嗽、咳痰较前无明显改变。入院查体：自主体位，神志清楚，呼吸23次/min，脉氧饱和度(SpO_2)89%，双肺弥漫哮鸣音，双下肢轻度水肿。胸部X线片提示肺过度充气，未见渗出。外周血白细胞计数7.8×10^9/L，中性粒细胞百分比70%，嗜酸性粒细胞百分比5.6%。以下治疗方案**不恰当**的是
A. 沙丁胺醇雾化吸入　　B. 莫西沙星抗感染
C. 布地奈德雾化吸入　　D. 泼尼松40mg口服
E. 控制性氧疗

47. 患者，男，70岁。诊断慢性阻塞性肺疾病急性加重期，血气分析提示pH 7.35，PaO_2 62mmHg，$PaCO_2$ 58mmHg。入院后给予雾化治疗。以下说法正确的是
A. 教患者做浅慢呼吸，使药液充分达到支气管和肺内
B. 选用面罩雾化吸入，避免药物进入眼睛
C. 给予沙丁胺醇或异丙托溴铵雾化，有痰及时翻身拍背
D. 尽量采用氧气气源雾化吸入，提高吸氧浓度，改善低氧状态
E. 嘱患者张口呼吸

48. 患者，女，75岁。慢性阻塞性肺疾病多年，此次感冒后喘息、精神萎靡5d。急诊入院查不吸氧血气分析提示：pH 7.24，$PaCO_2$ 92mmHg，PaO_2 45mmHg，HCO_3^-49mmol/L。该患者最恰当的诊断是
A. 急性呼吸性酸中毒
B. 急性呼吸性酸中毒合并代谢性酸中毒
C. 慢性呼吸性酸中毒(完全代偿)
D. 慢性呼吸性酸中毒合并急性呼吸性酸中毒(部分代偿)
E. 急性呼吸性酸中毒合并代谢性碱中毒

49. 患者，女，75岁。活动后呼吸困难10年，反复感冒后加重，需要"打点滴"好转。受凉后喘息、精神萎靡5d。个人史：农民，烧柴烹饪40年，煤气灶烹饪10年。查体：脉搏115次/min，呼吸25次/min，血压118/70mmHg，嗜睡，球结膜水肿，双肺可闻及广泛哮鸣音，心律齐，双下肢无水肿。床旁胸部X线片提示双肺透亮度增加，肺容积增大。为了评估病情严重程度，首选的检查为
A. 血常规　　　　B. 肝、肾功能　　　　C. 肺功能
D. 血气分析　　　E. 电解质

50. 患者,男,45 岁。咳嗽 3 个月。既往:吸烟 30 年。查体:左上肺呼吸音低下。患者的胸部 X 线片见图 3-3-5,其诊断为

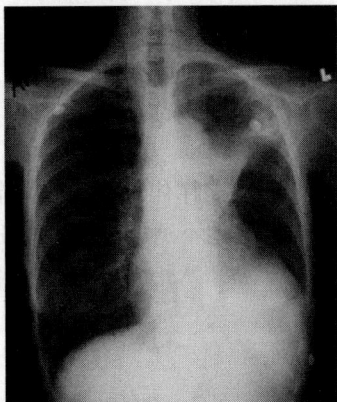

图 3-3-5 胸部 X 线片

A. 肺不张   B. 肺炎   C. 肺曲霉菌

D. 肺脓肿   E. 肺栓塞

50.【答案】A

【解析】X 线提示左肺体积缩小,左肺门上移,斜裂上移,左侧膈肌上抬,为肺不张表现。

【考点】肺不张的影像学

51. 患者,女,70 岁。诊断为慢性阻塞性肺疾病 10 年,规律 LAMA 治疗,肺功能 FEV_1 占预计值 38%,干家务活即出现呼吸困难,1 年内咳嗽、喘息加重 3 次,其中 1 次住院治疗。个人史:农民,烧柴烹饪 40 年。该患者的长期治疗方案应选择

A. 加用 ICS   B. 加用 LABA

C. 加用 ICS/LABA   D. 口服阿奇霉素

E. 口服茶碱

51.【答案】C

【解析】患者肺功能分级Ⅲ级,mMRC>2 分,过去 1 年急性加重大于 1 次,属于 D 组,需要 ICS/LABA 和 LAMA 联合治疗。ICS/LABA 为吸入激素联合长效 β_2 受体激动剂,LAMA 为长效抗胆碱能拮抗剂。

【考点】慢性阻塞性肺疾病的治疗方案

52. 患者,男,65 岁,诊断为慢性阻塞性肺疾病 5 年,平时规律吸入 LAMA 和 ICS/LABA 治疗,症状控制良好。FEV_1 占预计值的 65%,此次受凉后咳脓痰、痰量增加,喘息加重 7d,无发热。左下肺可闻及少许湿啰音。血常规:白细胞计数 $12 \times 10^9/L$,中性粒细胞百分比 86%。胸部 X 线片未见明显渗出改变。该患者的抗生素治疗策略是

A. 无须抗生素   B. 环丙沙星

C. 阿米卡星   D. 左氧氟沙星

E. 头孢哌酮/舒巴坦

52.【答案】D

【解析】患者出现脓痰、痰量增加、呼吸困难加重,血象升高,提示细菌感染诱导 AECOPD 患者。患者肺功能轻度下降,无反复急性加重、近期住院病史和抗生素暴露,无铜绿假单胞菌感染危险因素,按照社区获得性肺炎的病原学治疗,推荐使用阿莫西林/克拉维酸,也可选用呼吸喹诺酮类抗生素。

【考点】慢性阻塞性肺疾病急性加重期的抗生素治疗策略

53. 患者,男,82 岁,诊断为慢性阻塞性肺疾病 20 年,近半年轻度活动即出现憋气,下肢水肿,食欲缺乏。既往:冠心病。查体:神志清楚,口唇发绀,颈静脉怒张,桶状胸,呼气相延长,心界不大,P2>A2,剑下搏动增强,肝肋下 3cm,肝 - 颈静脉回流征阳性,双下肢可凹性水肿。患者特征性的检查结果

53.【答案】B

【解析】此患者出现了肺心病失代偿期的表现,体循环淤血。心电图的 P 波高尖提示右心房扩大。P 波增宽是左心房扩大表现。

【考点】肺心病

不包括

A. 心电图:重度顺钟向转位

B. P波增宽

C. 心脏超声:右心房、右心室扩大

D. 脑钠肽升高

E. 肝酶轻度升高

54.【答案】A

【解析】胸部X线检查的主要适应证是可疑气胸或者纵隔气肿、可疑肺实变、危及生命的支气管哮喘、初步治疗无效、需要机械通气。

【考点】胸部X线检查的主要适应证

54. 患者,男,40岁。喘息、咽痒伴咳嗽1d。1d前曾经路过花卉展览现场,无发热等其他不适。既往有花粉过敏史。查体:双肺散在哮鸣音。患者要求拍胸部X线片,但胸部X线检查**不适用**于

A. 急性支气管哮喘

B. 可疑肺实变

C. 可疑气胸或者纵隔气肿

D. 需要机械通气

E. 危及生命的支气管哮喘

55.【答案】D

【解析】大剂量沙丁胺醇雾化吸入对大部分急性支气管哮喘患者有效。重复大剂量雾化吸入至少应间隔15~30min。

【考点】支气管哮喘药物治疗

55. 患者,女,50岁。反复发作支气管哮喘20年,长期应用沙丁胺醇气雾剂,作为她的签约全科医生,进行沙丁胺醇使用指导,沙丁胺醇重复大剂量雾化吸入至少应间隔

A. 10min　　　　　B. 40min　　　　　C. 5min

D. 15~30min　　　E. 60min

56.【答案】A

【解析】长期用沙丁胺醇或者类固醇药物的患者,应该监测电解质和血糖,这是因为沙丁胺醇可能降低血钾,皮质类固醇可能升高血糖水平。

【考点】支气管哮喘治疗的药物不良反应

56. 患者,女,45岁。反复发作支气管哮喘病史10年,长期应用沙丁胺醇气雾剂或者急性发作时使用皮质类固醇类药物。今天病情平稳,来社区卫生服务中心取药,全科医生建议做一些指标监测。最需要监测的是

A. 电解质和血糖　　　　B. 血常规

C. 心电图　　　　　　　D. 胸部X线片

E. 血氧饱和度

57.【答案】D

【解析】肺通气功能检查:舒张后$FEV_1/FVC<0.7$是慢性阻塞性肺疾病诊断的主要标准。

【考点】慢性阻塞性肺疾病的诊断

57. 患者,女,70岁。咳嗽、咳白痰20年,进行性活动后呼吸困难4年。既往:农民,烧柴烹饪40年,近10年改为烧煤烹饪。高血压20年。查体:双肺呼吸音低下,心界不大,心律齐,双下肢无水肿。对该患者疾病诊断最重要的检查为

A. 血常规　　　　　　　B. 胸部CT

C. 血气分析　　　　　　D. 肺功能检查

E. 超声心动图

58.【答案】B

【解析】患者符合肺炎链球菌肺炎的特点:急性病程,起病前有受凉,突发高热、咳铁锈色痰;肺实变的体征;X线为大叶性肺炎改变;血常规白细胞计数明显升高。

【考点】肺炎链球菌肺炎

58. 患者,女,28岁。淋雨后持续高热、寒战、咳铁锈色痰3d,体温最高40℃。既往体健。入院查体:生命体征平稳,右下肺叩诊浊音,语颤增强,可闻及支气管肺泡呼吸音。血常规:白

细胞计数 18×10^9/L。胸部 X 线片提示:右下叶大片致密阴影。该患者的考虑诊断为

A. 肺脓肿   B. 肺炎链球菌肺炎

C. 病毒性肺炎   D. 阻塞性肺炎

E. 肺结核

【A3/A4 型题】

(1~3 题共用题干)

患者,男,42 岁。公司职员。全身酸痛 2d,乏力,精神差,今感觉发热,体温 39℃。甲型 H_1N_1 流感病毒核酸检测提示阳性,拟给予的治疗药物为磷酸奥司他韦。

1. 抗病毒药磷酸奥司他韦的药理作用是

     A. 神经氨酸酶(NA)的抑制剂

     B. 破坏血凝素(HA)的生成

     C. 抑制 RNA 片段的合成

     D. 抑制 DNA 片段的合成

     E. 不明确

2. 对于可能成为重症病例的高危人群,一旦出现流感样症状应

     A. 在 48h 内给磷酸奥司他韦抗病毒药

     B. 在 72h 之内给磷酸奥司他韦抗病毒药

     C. 确诊后给磷酸奥司他韦抗病毒药

     D. 慎重,不急于给药

     E. 不明确

3. 该患者奥司他韦的推荐剂量为

     A. 75mg,2 次 /d,疗程为 5d

     B. 150mg,1 次 /d,疗程为 5d

     C. 75mg,3 次 /d,疗程为 3d

     D. 75mg,2 次 /d,疗程为 7d

     E. 75mg,1 次 /d,疗程为 7d

(4~5 题共用题干)

患者,女,28 岁。2d 前熬夜着凉后出现鼻塞、流涕、打喷嚏、咳嗽、咽痛、白痰、乏力,自测体温 36.8℃。无胸痛、心悸、盗汗,无头痛,无反酸、嗳气。既往体健,无流行病学史,无药物过敏史。自服板蓝根颗粒,未见好转,来到医院诊治。查体:体温 36.8℃,鼻黏膜正常,口腔黏膜正常,咽部充血,咽后壁未见滤泡,扁桃体无肿大。双肺呼吸音清,未闻及干湿啰音,未及胸膜摩擦音,心率 86 次 /min,律齐,各瓣膜听诊区未闻及杂音。

1.【答案】A

【解析】奥司他韦作用的靶点是分布于流感病毒表面的神经氨酸酶。

【考点】抗病毒药物治疗甲型 H_1N_1 流感的药理作用

2.【答案】A

【解析】在老年人群(≥65 岁)和合并有慢性心脏和 / 或呼吸道疾病的高危人群,在发病 48h 内进行抗病毒治疗可减少流感并发症、降低住院患者的病死率、缩短住院时间,发病时间超过 48h 的重症患者依然能从抗病毒治疗中获益。重症流感高危人群及重症患者,应尽早(发病 48h 内)给予抗流感病毒治疗,不必等待病毒检查结果。

【考点】高危人群奥司他韦启动治疗的时间

3.【答案】A

【解析】磷酸奥司他韦在成人和 13 岁以上青少年的推荐口服剂量是每次 75mg,每日 2 次,共 5d。

【考点】奥司他韦用药剂量

4. 【答案】B

【解析】上呼吸道感染的诊断以临床症状、体征为主,放射影像学检查和血常规化验不作为常规检查项目,依据此患者临床症状、体征可以诊断上呼吸道感染。

【考点】上呼吸道感染的诊断

5. 【答案】A

【解析】此患者目前临床症状无胸痛、心悸,心率86次/min,律齐,各瓣膜听诊区未闻及杂音,与急性心肌炎鉴别没有意义。

【考点】上呼吸道感染的鉴别诊断

6. 【答案】D

【解析】扁桃体Ⅲ度肿大,表面有黄色点状分泌物,诊断为急性化脓性扁桃体炎。

【考点】扁桃体炎的诊断

7. 【答案】E

【解析】根据临床症状 + 血常规,提示为细菌感染,所以不考虑抗病毒治疗。

【考点】抗生素治疗的启动条件

4. 在社区门诊,适宜为此患者进行的辅助检查是

A. 血常规

B. 临床症状、体征明确,不选择做其他辅助检查

C. C 反应蛋白

D. 咽拭子

E. 胸部 X 线片

5. 就此患者目前情况,鉴别诊断**不包括**

A. 急性心肌炎　　　　　　B. 流感

C. 急性支气管炎　　　　　D. 扁桃体炎

E. 过敏性鼻炎

(6~7 题共用题干)

患者,女,50岁。一天前淋雨后出现畏寒、发热、鼻塞、流涕、打喷嚏、咽痛,自测体温 36.8℃,无其他不适。既往体健,未到过疫区,无药物过敏史。自服板蓝根颗粒,未见好转,来到社区卫生服务中心就诊。查体:体温 38℃,咽部充血,扁桃体Ⅲ度肿大,表面有黄色点状分泌物,颌下淋巴结肿大。双肺呼吸音清,未闻及干湿啰音,心率 90 次/min,律齐,各瓣膜听诊区未闻及杂音,腹部及神经系统未见异常。

6. 最有可能的诊断是

A. 急性心肌炎

B. 流感

C. 急性支气管炎

D. 急性化脓性扁桃体炎

E. 过敏性鼻炎

7. 此患者白细胞计数 12.6×10^9/L,淋巴细胞百分比 70%,治疗方案中**不包含**

A. 退热

B. 营养均衡

C. 休息、多饮水、盐水漱咽部

D. 抗生素

E. 抗病毒类药物

(8~9 题共用题干)

患儿,女,2岁。因"发热 2d、咳嗽 1d 伴腹痛"就诊。查体:体温 40℃,神志清,扁桃体Ⅱ度肿大,颈软,颈部可及黄豆大淋巴结 3~4 枚,活动,有压痛,心肺(−),腹稍胀,质软,满腹痛,以脐周为主,无腹肌紧张和固定压痛点。血常规:血红蛋白 128g/L,白细胞计数 8.9×10^9/L,淋巴细胞百分比 78%,中性粒细胞百分比 22%。

8. 最有可能的诊断是
   A. 急性阑尾炎
   B. 肠套叠
   C. 急性胰腺炎
   D. 梅克尔憩室
   E. 上呼吸道感染伴肠系膜淋巴结炎

9. 社区卫生服务中心的处置,最合适的是
   A. 留院观察
   B. 抗生素治疗
   C. 单纯退热治疗
   D. 转诊上一级医院
   E. 解热镇痛 + 抗生素治疗

(10~11 题共用题干)

患者,男,35 岁。因"车祸半小时"急诊来院。患者呼吸困难,口唇发绀,烦躁不安,左侧胸部饱满肋间隙增宽,听诊左侧呼吸音消失,胸部 X 线片检查如图 3-3-6 所示。

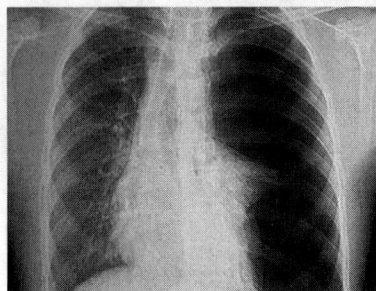

图 3-3-6 胸部 X 线片

10. 患者最可能的诊断是
    A. 张力性气胸
    B. 血胸
    C. 肺大疱
    D. 胸腔积液
    E. 心包积液

11. 该患者的急救措施是
    A. 输血、输液、抗休克
    B. 气管切开正压呼吸
    C. 左侧胸膜腔穿刺减压
    D. 心包穿刺减压
    E. 紧急剖胸探查术

8.【答案】E
【解析】依据临床症状、体征与查体初步判断上呼吸道感染伴肠系膜淋巴结炎。
【考点】上呼吸道感染合并症的诊断依据

9.【答案】D
【解析】此患者病情需要在上一级医院进一步检查明确诊断后再治疗。
【考点】上呼吸道感染合并症的转诊指征

10.【答案】A
【解析】根据左侧无肺纹理的透光区可诊断气胸。
【考点】张力性气胸的诊断

11.【答案】C
【解析】呼吸困难明显、肺压缩程度较重的患者,尤其是张力型气胸需要紧急排气。
【考点】张力性气胸的紧急处理

(12~13题共用题干)

患者,女,30岁。发热乏力1周,呼吸困难2d。查体:体温38.4℃。右肺叩诊实音,呼吸音消失。患者胸腔穿刺,胸腔积液为草黄色稍浑浊,pH 7.2,白细胞计数为620×10^6/L,淋巴细胞为主。胸部X线片如图3-3-7所示。

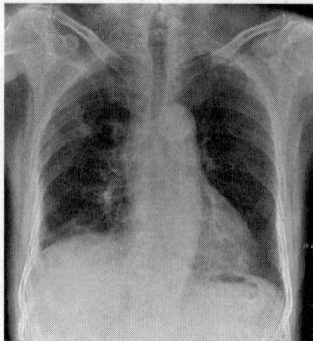

图3-3-7 胸部X线片

12. 最可能的诊断是
    A. 右肺大叶性肺炎伴胸腔积液
    B. 右肺干酪性肺炎伴左侧肺不张
    C. 右肺结核性胸膜炎伴胸腔积液
    D. 右肺癌,阻塞性肺炎
    E. 右胸膜肥厚粘连伴胸腔积液

13. 应选用的药物治疗方案是
    A. 异烟肼 + 利福平 + 乙胺丁醇
    B. 抽胸腔积液 + 抗结核药物
    C. 青霉素
    D. 青霉素 + 丁胺卡那
    E. 抗肿瘤化学疗法 + 免疫疗法

(14~16题共用题干)

患者,男,53岁。慢性支气管炎、肺气肿病史15年,近日呼吸困难加剧、咳嗽、咳痰。今日晨起一阵剧烈咳嗽后自觉喘憋加剧,无法平卧,胸痛剧烈,不敢呼吸。查体:口唇发绀明显,表情痛苦,胸部叩诊呈鼓音。

14. 该患者症状加剧,应考虑
    A. 肺部急性感染   B. 中毒性肺炎   C. 慢性肺心病
    D. 自发性气胸   E. 急性呼吸衰竭

15. 确诊首选的检查是
    A. 血气分析   B. 痰细胞学检查

12.【答案】C
【解析】胸部X线片右侧肋膈角消失,右肺叩诊实音,呼吸音消失,提示右侧胸腔积液。细胞学检查提示:渗出液的白细胞计数常超过500×10^6/L,淋巴细胞为主则多为结核性或恶性,结核性胸腔积液pH<7.30。此患者胸腔积液为草黄色稍浑浊,pH7.2,白细胞计数为620×10^6/L,淋巴细胞为主,故考虑为C。
【考点】胸腔积液的诊断

13.【答案】B
【解析】结核性胸膜炎如有急性渗出、症状明显、积液量多,可选择抽胸腔积液 + 有效抗结核药物治疗。
【考点】胸腔积液的治疗

14.【答案】D
【解析】根据病史、发作诱因、体征及查体发现可判断。另外,成人自发性气胸常继发于基础肺部疾病,如慢性阻塞性肺疾病、肺气肿、肺结核最常见。
【考点】自发性气胸的诊断

15.【答案】C
【解析】X线检查是诊断气胸的重要方法
【考点】诊断气胸的辅助检查

C. 胸部 X 线片　　　　D. 血电解质检查

E. 心电图检查

16. 患者行此检查可见的结果为

　　A. pH 7.35，PaO_2 60mmHg，$PaCO_2$ 35mmHg

　　B. 显微镜下可见白细胞及肿瘤细胞

　　C. 萎缩肺组织与胸膜腔内的气体交界线

　　D. 可见气液平面

　　E. 可见肺型 P 波

16.【答案】C

　　【解析】气胸的 X 线表现为胸部 X 线片上大多有明确的气胸线，即萎缩肺组织与胸膜腔内的气体交界线。

　　【考点】肺不张的 X 线典型表现

（17~18 题共用题干）

患者，因"突发右侧胸痛，并伴呼吸困难"就诊。查体：气管向左侧移位、右侧胸壁隆起，呼吸运动和触觉语颤减弱，叩诊呈鼓音，听诊呼吸音消失。疑为气胸。

17. 确诊首选的检查是

　　A. 胸部 X 线正位片　　B. 超声检查

　　C. 血气分析　　　　　　D. 血常规

　　E. 肺功能检查

17.【答案】A

　　【解析】X 线检查是诊断气胸的重要方法。

　　【考点】气胸辅助检查的选择

18. 患者肺部影像最可能出现

　　A. 圆形或卵圆形透光日，其内有细小的条纹理

　　B. 右侧肺脏被压缩，并见到一发线状线在被压缩肺的外缘

　　C. 右肺下叶见一圆形透亮区，其内可见液平面

　　D. 右肺可见一偏心空洞

　　E. 无异常所见

18.【答案】B

　　【解析】胸部 X 线片上大多有明确的气胸线，即萎缩肺组织与胸膜腔内的气体交界线。气胸线外为无肺纹理的透光区，线内为压缩的肺组织。

　　【考点】气胸肺部 X 线特征

19.【答案】C

　　【解析】支气管哮喘严重发作时可并发气胸、纵隔气肿、肺不张等并发症。气胸的诊断根据典型的症状及体征，突发一侧的剧烈胸痛，伴有不同程度的胸闷、呼吸困难等，查体常有患侧胸廓饱满、呼吸运动减弱、叩诊呈鼓音、肝肺浊音界消失，听诊患侧呼吸音减弱甚至消失。

　　【考点】支气管哮喘并发症及气胸的诊断

（19~20 题共用题干）

患者，女，30 岁。反复发作支气管哮喘 10 年，此次受凉后支气管哮喘再次发作，突然出现极度呼吸困难，严重发绀，右胸剧痛。查体：右胸叩诊鼓音，呼吸音消失。

19. 发生以上情况，考虑最有可能是

　　A. 支气管阻塞引起的窒息　B. 重症支气管哮喘

　　C. 自发性气胸　　　　　　　D. 呼吸衰竭

　　E. 肺栓塞

20. 对此患者应及时采取的措施是

　　A. 经鼻吸痰　　　　　　B. 加大吸氧流量

　　C. 及时进行排气减压　　D. 补充液体促进排痰

　　E. 镇痛

20.【答案】C

　　【解析】自发性气胸治疗包括一般处理和排气。肺压缩在 30% 以下且无明显呼吸困难者可自然吸收，不需要排气。超过 30% 需要排气，若持续负压连续排气 1 周以上仍不能复张者、2 次或 2 次以上同侧发作性自发性气胸者、首次发作但能见巨大肺大疱以及有明显复发可能者、慢性气胸 3 个月以上不复张 / 或有支气管胸膜病等，并发血胸、脓胸内科治疗无效，可考虑外科手术治疗。

　　【考点】气胸的处理

21.【答案】A

【解析】反复发作喘息气急,伴或不伴胸闷或咳嗽,夜间及晨间多发,常与接触变应原、冷空气、物理化学性刺激以及上呼吸道感染、运动等有关;发作时双肺可闻及散在或弥漫性哮鸣音,呼气相延长;上述症状和体征可经治疗缓解或自行缓解。

【考点】支气管哮喘的症状诊断

22.【答案】C

【解析】可逆性气流受限的客观评估指标如下:①支气管舒张试验阳性(吸入支气管舒张剂后,FEV$_1$增加 >12%且 FEV$_1$绝对值增加 >200ml);②支气管激发试验阳性;③呼气流量峰值 PEF 平均每日昼夜变异率 >10%(每日监测 PEF2 次、至少 2 周)。

【考点】可逆性气流受限的客观评估

23.【答案】D

【解析】反复发作喘息气急,伴或不伴胸闷或咳嗽,夜间及晨间多发,常与接触变应原、冷空气、物理化学性刺激以及上呼吸道感染、运动等有关;发作时双肺可闻及散在或弥漫性哮鸣音,呼气相延长;上述症状和体征可经治疗缓解或自行缓解。

【考点】支气管哮喘的症状诊断

24.【答案】A

【解析】支气管哮喘急性发作的治疗取决于发作的严重程度以及对治疗的反应,目的在于尽快缓解症状、接触气流受限和改善低氧血症,同时还需要制订长期治疗方案以及预防再次急性发作。轻度患者可雾化吸入 SABA,效果不佳时可加茶碱缓释片或加用短效抗胆碱药气雾剂吸入;中度患者联合雾化吸入 SABA、短效抗胆碱药、激素混悬液,也可联合静脉氨茶碱类药物,效果欠佳时尽早口服激素,推荐泼尼松龙 30~50mg/d 或等效的其他激素。

【考点】支气管哮喘急性发作的药物治疗

25.【答案】B

【解析】支气管哮喘急性发作的治疗取决于发作的严重程度以及对治疗

(21~22 题共用题干)

患者,女,30 岁。反复发作性呼吸困难,胸闷 2 年。3d 前受凉后咳嗽,咳少量脓痰。接着出现呼吸困难、胸闷,并逐渐加重。查体:无发绀,双肺广泛哮鸣音,肺底部少许湿啰音。

21. 该病例最可能的诊断是
    A. 支气管哮喘
    B. 心源性哮喘
    C. 慢性喘息性支气管炎
    D. 慢性阻塞性肺疾病(红喘型)
    E. 慢性阻塞性肺疾病(紫肿型)

22. 表明气道阻塞具有可逆性的检查结果是
    A. 第 1 秒用力呼气容积(FEV$_1$)>60% 预计值
    B. 呼气流量峰值(PEF)>60% 预计值
    C. 吸入沙丁胺醇后 FEV$_1$ 增加率 >15%
    D. 吸入倍氯米松后 FEV$_1$ 增加率 >15%
    E. 支气管激发试验阳性

(23~26 题共用题干)

患者,女,20 岁。咳嗽伴呼吸困难半天来就诊,既往反复发作呼吸困难、胸闷、咳嗽 3 年,每年秋季发作,可自行缓解。查体:双肺满布哮鸣音,心率 90 次 /min,律齐,无杂音。

23. 该患者的诊断应首先考虑为
    A. 慢性支气管炎
    B. 阻塞性肺气肿
    C. 慢性支气管炎并肺气肿
    D. 支气管哮喘
    E. 心源性哮喘

24. 对该患者的治疗应选用的药物为
    A. β$_2$ 受体激动剂
    B. β$_2$ 受体阻滞剂
    C. α 受体激动剂
    D. α 受体阻滞剂
    E. 抗生素类药物

25. 假设给予足量特布他林和氨茶碱治疗 1d 多病情仍无好转,呼吸困难严重,口唇发绀。此时应采取的措施是
    A. 原有药物加大剂量再用 24h
    B. 应用琥珀酸氢化可的松静脉滴注

C. 大剂量二丙酸倍氯米松气雾吸入

D. 静脉滴注第三代头孢菌素

E. 静脉滴注 5% 碳酸氢钠

26. 假设应用足量解痉平喘药和糖皮质激素等治疗均无效,患者呼吸浅快、神志不清,PaO_2 6.7kPa(50mmHg),$PaCO_2$>9.3kPa(70mmHg)。此时应采取的救治措施为

A. 高浓度吸氧

B. 甲泼尼龙静脉滴注

C. 纠正水电解质和酸碱平衡紊乱

D. 联合应用广谱抗生素静脉滴注

E. 气管插管正压机械通气

(27~29 题共用题干)

患者,男,42 岁。自幼起咳嗽、咳痰、喘息,多为受凉后发作。静脉滴注"青霉素"可缓解,10~20 岁无发作,20 岁后又有 1 次大发作,发作时大汗淋漓、全身发紫、端坐不能平卧,肺部可闻及哮鸣音,静脉注射"氨茶碱、地塞米松"可完全缓解。自此后反复出现夜间轻微喘息,每周发作 3 次以上,不能入睡,PEF 日间变异率为 35%。查体:双肺听诊未闻及干湿啰音,心率 89 次/min。

27. 最可能的诊断是

A. 支气管哮喘急性发作期

B. 支气管哮喘非急性发作期

C. 先天性心脏病急性左心衰竭

D. 肺心病心功能不全

E. 慢性喘息性支气管炎急性发作

28. 根据病情,最佳治疗方案是

A. 每日吸入氨茶碱 + 静脉滴注 β_2 受体激动剂

B. 每日雾化吸入 β_2 受体激动剂 + 静脉滴注氨茶碱

C. 每日雾化吸入抗胆碱药 + 口服 β_2 受体激动剂

D. 每日吸入糖皮质激素 + 吸入 β_2 受体激动剂

E. 每日定量吸入糖皮质激素 + 静脉滴注 β_2 受体激动剂

29. 为了提高疗效,减少复发,需教育患者掌握

A. 正确使用气雾剂的方法

B. 支气管哮喘患者不发作可不用药

C. 抗感染治疗可根治支气管哮喘

D. 支气管哮喘患者不发作不能使用激素

E. 支气管哮喘者需长期使用 β_2 受体激动剂

的反应,目的在于尽快缓解症状、接触气流受限和改善低氧血症,同时还需要制订长期治疗方案以及预防再次急性发作。重度至危重患者持续雾化吸入 SABA、短效抗胆碱药、激素混悬液以及静脉给予氨茶碱类药物,吸氧,尽早静脉应用激素,待病情得到控制和缓解后改为口服给药。

【考点】支气管哮喘急性发作的药物治疗

26.【答案】E

【解析】支气管哮喘患者病情加重,需行机械通气的指征为:全身情况进行性恶化意识模糊、PaO_2<60mmHg、$PaCO_2$>50mmHg。

【考点】重症支气管哮喘机械通气的指征

27.【答案】B

【解析】患者反复发作性咳嗽、咳痰、喘息,给予支气管舒张剂后症状缓解,呼气流量峰值(PEF)日变异率>20%,可诊断支气管哮喘。支气管哮喘可分为急性发作期和非急性发作期。急性发作期是指症状(喘息、气急、胸闷、咳嗽等)突然加重,常有呼吸困难,以呼气流量降低为特征;非急性发作期(又称"慢性持续期")是指患者没有急性发作,但在相当长时间内仍不同频度和程度地出现症状。本病例每周发作 3 次以上,故应属于非急性发作期。

【考点】支气管哮喘的分级分期

28.【答案】D

【解析】对于支气管哮喘非急性发作期的治疗,应首先对患者进行支气管哮喘病情严重程度分级,分为间歇性、轻度持续、中度持续和重度持续 4 级。本例患者 PEF 日变异率为 35%,经常出现夜间喘息,不能入睡,属重度持续(第 4 级)。支气管哮喘非急性发作重度持续的治疗原则是:每日吸入糖皮质激素>1 000μg,应规律吸入 β_2 受体激动剂或口服 β_2 受体激动剂、茶碱控释片,或 β_2 受体激动剂联用抗胆碱药,或加用白三烯拮抗剂口服。故答案为 D。

【考点】慢性持续期支气管哮喘的药物治疗

29.【答案】A

【解析】支气管哮喘为终身疾病且不可根治,因此需长期治疗,患者应学会在家中进行病情监测。若为中重度持续,则应每日规律吸入糖皮质激素,为此需正确掌握气雾剂的使用方法

【考点】支气管哮喘的健康教育

30.【答案】B

【解析】支气管哮喘临床出现反复发作性喘息、呼吸困难、胸闷或者咳嗽,胸部呈过度充气状态,有广泛的哮鸣音,呼气音延长。但在轻度或者非常严重的支气管哮喘发作时,哮鸣音可不出现,心率增快、奇脉、胸腹反常运动和发绀常出现在严重支气管哮喘患者中。此患者意识模糊、口唇发绀,双肺呼吸音明显减低,未闻及干湿啰音,心率128次/min,可触及奇脉,为重度支气管哮喘。

【考点】支气管哮喘的症状体征

31.【答案】C

【解析】支气管哮喘严重发作时可有缺氧,PaO_2 降低,由于过度通气可使 $PaCO_2$ 下降,pH上升,表现为呼吸性碱中毒。如重度支气管哮喘,病情进一步明显,气道阻塞严重,可有缺氧及 CO_2 潴留,$PaCO_2$ 上升,表现为呼吸性酸中毒。如缺氧明显,可合并代谢性酸中毒。

【考点】支气管哮喘诊断及病情程度判断的相关检查

32.【答案】A

【解析】重度至危重支气管哮喘患者持续雾化吸入SABA、短效抗胆碱药、激素混悬液以及静脉给予氨茶碱类药物,吸氧,尽早静脉应用激素,待病情得到控制和缓解后改为口服给药。

【考点】危重支气管哮喘的治疗

33.【答案】C

【解析】运动性支气管哮喘:有些青少年患者,其支气管哮喘症状表现为运动时,尤其同时伴有遭遇冷空气时出现胸闷、咳嗽和呼吸困难,其症状通常在运动结束后而不是运动过程中出现。

【考点】支气管哮喘的特殊类型

34.【答案】B

【解析】临床表现不典型者(如无明显喘息或体征),应至少具备以下1项肺功能试验阳性:①支气管激发试验或运动激发试验阳性;②支气管舒张试验阳性 FEV_1 增加>12%,且 FEV_1 增加绝对值>200ml;③呼气流量峰值(PEF)平均每日昼夜变异率>10%(每日监测PEF 2次,至少2周)。

【考点】支气管哮喘的诊断

(30~32题共用题干)

患者,男,24岁。咳嗽、喘息加重3h,既往反复发作性咳嗽、喘息10年余。查体:意识模糊,口唇发绀,双肺呼吸音明显减低,未闻及干湿啰音,心率128次/min,可触及奇脉。

30. 最可能的诊断是

 A. 支原体肺炎

 B. 支气管哮喘

 C. 支气管内膜结核

 D. 原发性支气管肺癌

 E. 慢性喘息性支气管炎

31. 为进一步明确诊断及判断病情程度,最有意义的检查是

 A. 痰细胞学

 B. 胸部CT

 C. 动脉血气分析

 D. PEF占预计值百分比

 E. 皮肤变应原试验

32. 诊断及病情程度确定后,应采取的最有效措施是

 A. 甲泼尼龙静脉滴注 + 氨茶碱静脉滴注 + 氧疗

 B. 特布他林口服 + 氨茶碱口服 + 氧疗

 C. 亚胺培南静脉滴注 + 氨茶碱静脉滴注 + 氧疗

 D. 沙丁胺醇吸入 + 氨茶碱口服 + 氧疗

 E. 倍氯米松吸入 + 氨茶碱静脉滴注 + 氧疗

(33~34题共用题干)

患者,男,22岁。奔跑后出现呼吸困难,喘憋伴哮鸣音。查体:双肺满布哮鸣音,余(-)。

33. 诊断考虑为

 A. 急性支气管炎 B. 上呼吸道感染

 C. 运动性支气管哮喘 D. 心源性哮喘

 E. 变态反应性肺浸润

34. 为明确诊断应做的检查是

 A. 心电图

 B. 运动激发试验或舒张试验

 C. 皮肤变应原试验

 D. 超声

 E. 胸部X线片

（35~38 题共用题干）

患者，男，28 岁。因"外出春游出现咳嗽、咳白黏痰伴喘息 1d"入院。查体：体温 36.5℃，脉搏 90 次/min，呼吸 28 次/min，血压 120/80mmHg，在肺部可闻及广泛哮鸣音。既往有支气管哮喘史。

35. 该患者最可能的诊断是
    A. 肺炎
    B. 支气管扩张
    C. 肺心病
    D. 支气管哮喘
    E. 慢性支气管炎

36. 该患者支气管哮喘发作最可能的诱因是
    A. 花粉　　　　　　　　B. 尘螨
    C. 动物的毛屑　　　　　D. 病毒感染
    E. 精神因素

37. 患者进一步表现为发绀明显、端坐呼吸、大汗淋漓，24h 经一般解痉治疗后症状无缓解，判断患者为
    A. 混合性支气管哮喘
    B. 内源性支气管哮喘
    C. 重度支气管哮喘
    D. 左心衰竭
    E. 右心衰竭

38. 对该患者应采取的护理措施**不包括**
    A. 每日静脉补液量应在 2 000ml 以上
    B. 在病室内摆放鲜花
    C. 遵医嘱给予祛痰药物
    D. 遵医嘱给予糖皮质激素
    E. 给予低流量持续吸氧

（39~40 题共用题干）

患者，女，45 岁。支气管哮喘急性发作 3d。查体：呼吸 30 次/min，两肺叩诊过清音、闻及广泛哮鸣音，心率 110 次/min，律齐。

39. 此时行肺功能测定，最可能的表现是
    A. 限制性通气功能障碍
    B. 阻塞性通气功能障碍伴弥散功能障碍
    C. 混合型通气功能障碍
    D. 弥散功能障碍
    E. 阻塞性通气功能障碍

35.【答案】D
【解析】反复发作喘息气急，伴或不伴胸闷或咳嗽，夜间及晨间多发，常与接触变应原、冷空气、物理化学性刺激以及上呼吸道感染、运动等有关；发作时双肺可闻及散在或弥漫性哮鸣音，呼气相延长；上述症状和体征可经治疗缓解或自行缓解。
【考点】支气管哮喘的症状体征及诊断

36.【答案】A
【解析】常见的支气管哮喘的危险因素及促发因素包括内源性因素（如支气管哮喘易感基因、过敏体质）和环境因素。环境因素包括室内变应原（尘螨、家养宠物、蟑螂）、室外变应原（花粉、草类）、职业暴露（油漆、饲料、活性染料）、食物（鱼、虾、蟹、蛋类、牛奶）、被动吸烟、大气污染、呼吸道感染等。
【考点】支气管哮喘的诱因

37.【答案】C
【解析】重度支气管哮喘的评估：休息时感气短，端坐呼吸，只能发单字表达；常有焦虑和烦躁，大汗淋漓，呼吸 >30 次/min，常有三凹征，闻及响亮、弥漫的哮鸣音，心率增快，常 >120 次/min，奇脉；使用支气管舒张剂后 PEF 占预计值百分比 <60% 或绝对值 <100L/min 或作用时间 <2h，$PaO_2<60mmHg$，$PaCO_2>45mmHg$，$SaO_2≤90\%$，pH 可降低。
【考点】支气管哮喘急性发作分度的诊断标准

38.【答案】B
【解析】支气管哮喘治疗应采取综合治疗手段，包括：避免接触变应原及其他触发因素，规范化的药物治疗，特异性免疫治疗及患者教育。
【考点】支气管哮喘的治疗与处理

39.【答案】E
【解析】支气管哮喘发作时呈阻塞性通气障碍表现，可出现肺过度充气体征，如桶状胸、叩诊过清音、呼吸音减弱等。
【考点】支气管哮喘的肺功能表现

40.【答案】D

【解析】轻度支气管哮喘发作时，PaO_2 和 $PaCO_2$ 正常或轻度下降；中度支气管哮喘发作时，PaO_2 下降而 $PaCO_2$ 正常；重度支气管哮喘发作时，PaO_2 明显下降而 $PaCO_2$ 超过正常，出现呼吸性酸中毒和/或代谢性酸中毒。

【考点】血气分析在支气管哮喘严重程度评估中的应用

41.【答案】B

【解析】该患者符合支气管哮喘的诊断：反复发作喘息、气急、胸闷或咳嗽，多与接触变应原、冷空气、物理、化学性刺激以及病毒性上呼吸道感染、运动等有关；发作时在双肺可闻及散在或弥漫性、以呼气相为主的哮鸣音，呼气相延长；上述症状和体征可经治疗缓解或自行缓解。

【考点】支气管哮喘的症状体征诊断

42.【答案】C

【解析】支气管哮喘急性发作的治疗取决于发作的严重程度以及对治疗的反应，目的在于尽快缓解症状、接触气流受限和改善低氧血症，同时还需要制订长期治疗方案以及预防再次急性发作。轻度患者可雾化吸入 SABA，效果不佳时可加茶碱缓释片或家用短效抗胆碱药气雾剂吸入；中度患者联合雾化吸入 SABA、短效抗胆碱药、激素混悬液，也可联合静脉氨茶碱类药物，效果欠佳时尽早口服激素，推荐泼尼松龙 30~50mg/d 或等效的其他激素；重度至危重患者持续雾化吸入 SABA、短效抗胆碱药、激素混悬液以及静脉给予氨茶碱类药物，吸氧，尽早静脉应用激素，待病情得到控制和缓解后改为口服给药。

【考点】支气管哮喘的药物治疗

43.【答案】B

【解析】支气管哮喘持续状态指的是常规治疗无效的严重支气管哮喘发作，持续时间一般在 12h 以上。临床表现为：患者不能平卧，心情焦躁，烦躁不安，大汗淋漓，讲话不连贯，呼吸 >30 次/min，胸廓饱满，运动幅度下降，辅助呼吸肌参与工作（胸锁乳突肌收缩、三凹征），心率 >120 次/min，常出现奇脉（>25mmHg）；可出现成人的 PEF 低于本人最佳值的 60% 或 <100L/min，PaO_2<60mmHg，$PaCO_2$>45mmHg，血 pH 下降；X 线表现为肺充气过度，气胸或纵隔气肿；心电图可呈"肺性 P 波"，电轴右偏，窦性心动过速；病情更危重者嗜睡或意识模糊，胸腹呈矛盾运动（膈肌疲劳），哮鸣音可从明显变为消失。其诊断包括诱发因素与临床表现两个部分。

【考点】支气管哮喘持续状态

40. 为判断病情严重度，应选的检查是
 A. 痰涂片和培养
 B. 血白细胞
 C. 胸部 X 线片
 D. 动脉血气分析
 E. 血清 IgE

（41~43 题共用题干）

患者，女，24 岁。在春季旅游中途胸闷，呼吸困难，全身大汗。查体：唇稍发绀，呼吸急促，双肺满布干啰音，心率 90 次/min，律齐。过去曾有类似发作，休息后自行缓解。

41. 最可能的诊断是
 A. 过敏性休克
 B. 支气管哮喘
 C. 喘息性支气管炎
 D. 心源性哮喘
 E. 变态反应性肺浸润

42. 最合适的治疗药物是
 A. 毛花苷 C
 B. 呋塞米
 C. 氨茶碱
 D. 阿托品
 E. 山莨菪碱

43. 经处理后仍无明显缓解，且连续发作 1d 余，可能发生的情况是
 A. 气胸
 B. 支气管哮喘持续状态
 C. 过敏性肺炎
 D. 急性左心衰竭
 E. 阻塞性通气功能障碍

（44~46 题共用题干）

患者，女，21 岁。5d 前淋雨后出现高热、寒战、咳嗽。既往体健，近期无发热患者接触史，外出旅游史及活禽接触史。查体：体温 39.1℃，脉搏 102 次/min，呼吸 25 次/min，血压 115/65mmHg，右上肺可闻及吸气相湿啰音。血常规：白细胞计数 15.6×10^9/L，中性粒细胞百分比 90%，肝肾功能无异常。胸部 X 线片如图 3-3-8 所示。

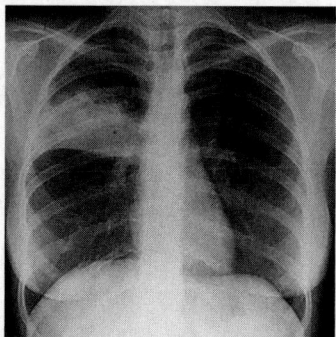

图 3-3-8 胸部 X 线片

44. 该患者的诊断为
    A. 支气管炎   B. 社区获得性肺炎
    C. 干酪性肺炎   D. 肺脓肿
    E. 肺癌

45. 该患者的病原学考虑
    A. 肺炎链球菌   B. 支原体
    C. 大肠埃希菌   D. 甲型流感病毒
    E. 军团菌

46. 该患者的治疗方案优先选择
    A. 亚胺培南   B. 头孢地尼
    C. 阿莫西林/克拉维酸   D. 氨曲南
    E. 甲硝唑

(47~49 题共用题干)

患者,男,66 岁。入冬后发热 3d,最高体温达 39℃,发病前 1d 出现全身肌肉酸痛、乏力、咽痛、咳嗽,口服"消炎药"2d 无好转。既往:高血压 20 年。发病 7d 前其孙子、女儿先后发热。查体:体温 38.1℃,脉搏 102 次/min,呼吸 26 次/min,血压 155/75mmHg,双肺散在少许吸气相湿啰音。血常规:白细胞计数 4.3×10^9/L,中性粒细胞百分比 78%,肝肾功能无异常。胸部 CT 如图 3-3-9 所示。

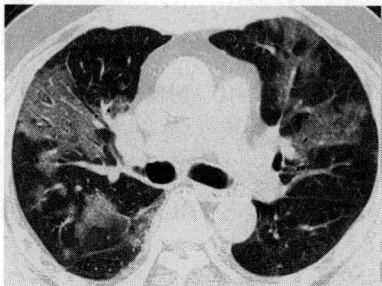

图 3-3-9 胸部 CT

44.【答案】B
【解析】该患者诊断社区获得性肺炎,满足以下条件:①影像学提示右上肺野大片实变;②急性发热、咳嗽症状;③查体提示右上肺湿啰音;④外周血白细胞计数明显升高。鉴于患者急性发病,考虑肺结核、真菌感染的证据不充分,无肺栓塞的危险因素、症状和体征。
【考点】社区获得性肺炎的诊断

45.【答案】A
【解析】患者为无基础疾病的青年患者,影像学为大叶性肺炎,结合受凉后稽留热、咳嗽,外周血白细胞计数水平明显升高,符合社区获得性肺炎的最常见致病菌——肺炎链球菌肺炎的特点。
【考点】社区获得性肺炎的病原学诊断

46.【答案】C
【解析】患者为无基础疾病的青壮年,CURB-65 评分为 0 分,为可以在门诊治疗的轻度肺炎。考虑病原学为革兰氏阳性肺炎链球菌,可选的药物为:①氨基青霉素,青霉素/酶抑制剂复合物;②第一代、二代头孢菌素;③呼吸喹诺酮类;④大环内酯类;⑤多西环素/米诺环素。故该患者可选择阿莫西林/克拉维酸,不建议给予第三代以上头孢、碳青霉烯类抗生素。
【考点】社区获得性肺炎的治疗

47.【答案】C

【解析】此患者临床特征符合病毒性肺炎：①发病多具有季节性，可有流行病学接触史或群居性发病；②前驱上呼吸道症状，肌痛；③外周血白细胞计数正常或降低；④影像学，双肺渗出的间质性肺炎改变。

【考点】病毒性肺炎

48.【答案】D

【解析】病毒性肺炎的快速诊断可采取核酸检测；口咽/鼻咽拭子、合格下呼吸道标本或肺组织标本中流感病毒、副流感病毒1~4型、呼吸道合胞病毒、腺病毒、合胞病毒、冠状病毒等核酸检测阳性。

【考点】病毒性肺炎

49.【答案】C

【解析】我国冬季以新甲型 H_1N_1 流感病毒和 H_3N_2 共同流行。结合冬季发病，临床诊断，应该早期给予经验性抗甲型流感治疗。奥司他韦的活性代谢产物是强效的选择性的流感病毒神经氨酸酶抑制剂。用于成人和1岁及以上儿童的甲型流感和乙型流感治疗。建议患者应在首次出现症状48h以内使用。另外也可用扎那米韦、帕拉米治疗。

【考点】病毒性肺炎的治疗

50.【答案】B

【解析】患者的影像学表现为右上肺实变＋磨玻璃影，结合临床发热、咳嗽症状，肺部湿啰音体征，诊断为社区获得性肺炎。

【考点】支原体肺炎

47. 该患者最可能的病原学为
    A. 支原体
    B. 肺炎链球菌
    C. 病毒
    D. 流感嗜血杆菌
    E. 嗜肺军团菌

48. 该患者下一步的病原学检查首选
    A. 抽血培养
    B. 痰培养
    C. 痰涂片
    D. 鼻/咽拭子呼吸道病毒核酸检测
    E. 军团菌尿抗原检测

49. 该患者入院后病情呼吸困难加重，在病原学未出结果前，应给予的治疗是
    A. 头孢哌酮/舒巴坦
    B. 莫西沙星
    C. 奥司他韦
    D. 利巴韦林
    E. 克林霉素

（50~51题共用题干）

患者，女，28岁。6d前受凉后发热，最高体温39.5℃，伴寒战、干咳。血常规：白细胞计数 4.61×10^9/L，中性粒细胞百分比68.8%；C反应蛋白17mg/L。先后阿奇霉素口服3d、头孢曲松治疗3d无好转。既往：莫西沙星和左氧氟沙星可疑过敏。入院查体：右上肺少许吸气末湿啰音。痰涂片未找到细菌，影像学表现如图3-3-10所示。

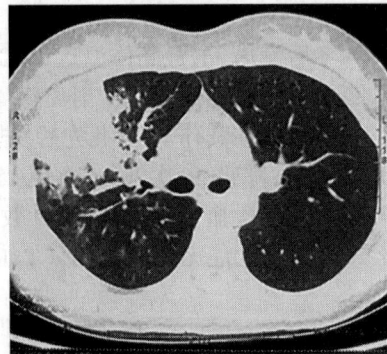

图3-3-10　影像学表现

50. 该患者的入院诊断
    A. 肺结核
    B. 社区获得性肺炎
    C. 肺癌
    D. 肺真菌感染
    E. 肺脓肿

51. 该患者的推荐用抗生素是
    A. 红霉素　　　　　　B. 阿莫西林/克拉维酸
    C. 米诺环素　　　　　D. 头孢地尼
    E. 甲硝唑

(52~54题共用题干)

患者,男,36岁。3d前劳累后开始出现发热、寒战,体温最高达38.8℃。伴咳嗽,黄色黏痰。既往体健。无发热患者接触史。查体:体温38.4℃,脉搏95次/min,呼吸24次/min,血压120/80mmHg,右下肺可闻及吸气相湿啰音。血常规:白细胞计数13.5×10^9/L,中性粒细胞百分比85%,血红蛋白122g/L,血小板计数325×10^9/L。动脉血气分析:pH 7.52,$PaCO_2$ 32mmHg,PaO_2 75mmHg。胸部X线片如图3-3-11所示。

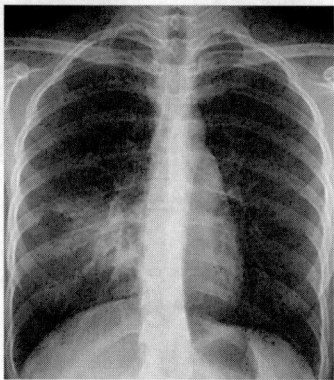

图3-3-11　胸部X线片

52. 该患者社区获得性肺炎的诊断依据**不包括**
    A. 急性发热、咳嗽、咳黄痰
    B. 血常规提示白细胞计数升高、中性粒细胞百分比升高
    C. 血气分析提示低氧血症
    D. 肺部影像学表现
    E. 肺部湿啰音

53. 对此患者的病情严重程度判断有帮助的是
    ①年龄;②血压;③呼吸频率;④意识;⑤白细胞水平
    A. ①②③　　　　　　B. ②③④⑤
    C. ①②③④　　　　　D. ②③④
    E. ①②③④⑤

54. 该患者的首选抗生素方案,**不合适**的是
    A. 阿莫西林/克拉维酸　　B. 头孢克洛
    C. 阿奇霉素　　　　　　D. 头孢哌酮/舒巴坦
    E. 左氧氟沙星

51.【答案】C
　【解析】患者社区获得性肺炎,其表现符合支原体肺炎:青年发病,无基础疾病,干咳,外周血白细胞计数不高,影像学以肺上叶受累。由于其对于大环内酯类药物治疗3d效果不佳,考虑耐药。本患者对呼吸喹诺酮过敏,可选择米诺环素。
　【考点】支原体肺炎

52.【答案】C
　【解析】社区获得性肺炎的诊断标准包括:①社区发病。②肺炎相关临床表现。新近出现的咳嗽、咳痰或原有呼吸道疾病症状加重,伴或不伴脓痰、胸痛、呼吸困难及咯血;发热;肺实变体征和/或闻及湿啰音;外周血白细胞计数$>10 \times 10^9$/L 或$<4 \times 10^9$/L,伴或不伴细胞核左移。③胸部影像学检查显示新出现的斑片状浸润影、叶或段实变影、磨玻璃影或间质性改变,伴或不伴胸腔积液。符合①、③及②中任何1项,并除外肺结核、肺部肿瘤、非感染性肺间质性疾病、肺水肿、肺不张、肺栓塞、肺嗜酸性粒细胞浸润症及肺血管炎等后,可建立临床诊断。血气分析可用于对疾病严重程度判断。
　【考点】社区获得性肺炎的诊断标准

53.【答案】C
　【解析】CURB-65评分可用于社区获得性肺炎的严重程度判断,共5项指标,满足1项得1分:①意识障碍;②尿素氮>7mmol/L;③呼吸频率≥ 30次/min;④收缩压<90mmHg或舒张压≤ 60mmHg;⑤年龄≥ 65岁。
　【考点】社区获得性肺炎的严重程度判断

54.【答案】D
　【解析】患者为无基础疾病的青壮年,CURB-65评分为0分,为可以在门诊治疗的轻度肺炎,考虑病原学为革兰氏阳性肺炎链球菌,选用抗生素原则参照上文第46题。
　【考点】社区获得性肺炎的治疗原则

(55~56题共用题干)

患者,男,41岁。发热、肌肉酸痛、乏力、食欲缺乏2周,腹泻1周,体重下降10kg。既往:吸烟20年,1包/d。查体:体温38℃,脉搏96次/min,呼吸20次/min,血压100/70mmHg,右肺可闻及吸气相湿啰音。辅助检查:白细胞计数9.8×10^9/L,中性粒细胞百分比85%,谷草转氨酶132IU/L,谷丙转氨酶80IU/L,血钠127mmol/L,铁蛋白>2 000μg/L,C反应蛋白209mg/L。胸部影像学如图3-3-12所示。

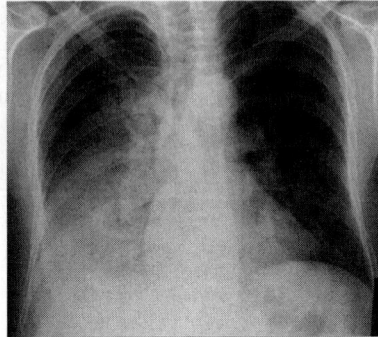

图3-3-12　胸部影像学表现

55. 【答案】D
【解析】患者社区获得性肺炎,右肺大片实变,伴低钠血症、腹泻,以及肺外器官受累,如肝功能异常,要考虑军团菌肺炎。
【考点】军团菌肺炎

55. 该患者病原学检查有诊断意义的是
A. 痰培养
B. 鼻/咽拭子呼吸道病毒核酸检测
C. 痰的抗酸杆菌检测
D. 嗜肺军团菌尿抗原检测
E. 外周血支原体、衣原体IgM检测

56. 【答案】D
【解析】对于免疫功能正常的轻、中度军团菌肺炎患者,可采用大环内酯类、呼吸喹诺酮类或多西环素单药治疗;对于重症病例、单药治疗失败、免疫功能低下的患者,建议喹诺酮类药物联合利福平或大环内酯类药物治疗。
【考点】军团菌肺炎的治疗方案

56. 该患者的经验性治疗方案为
A. 阿莫西林/克拉维酸
B. 头孢地尼
C. 哌拉西林/他唑巴坦
D. 左氧氟沙星
E. 美罗培南

(57~59题共用题干)

患者,男,76岁。脑梗死后遗症、长期卧床,近3个月间断呛咳,近1周呛咳明显,受凉后突起高热、胸痛1周,少量血痰。既往:高血压、糖尿病。发病前2周无发热患者接触史。查体:体温38.5℃,脉搏114次/min,呼吸26次/min,血压156/80mmHg,左下肺可闻及湿啰音,心脏查体正常。血常规:白细胞计数25×10^9/L,中性粒细胞百分比88%。胸部X线片如图3-3-13所示。

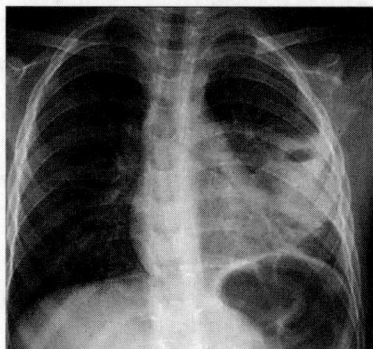

图 3-3-13 胸部 X 线片

57. 该患者最可能的诊断为
    A. 急性大叶性肺炎
    B. 肺结核
    C. 吸入性肺炎
    D. 肺癌
    E. 支气管囊肿合并感染

58. 病原菌最可能是
    A. 肺炎链球菌
    B. 流感嗜血杆菌
    C. 支原体
    D. 衣原体
    E. 厌氧菌

59. 该患者可选择的抗生素是
    A. 氨曲南
    B. 头孢地尼
    C. 阿奇霉素
    D. 米诺环素
    E. 哌拉西林 / 他唑巴坦

(60~61 题共用题干)

患者,男,37 岁。3d 前冲凉水澡后开始出现发热,寒战,体温最高达 38.5℃。伴咳嗽,咳少量脓性痰。口服 "感冒药" 效果欠佳。1d 前上述症状加重,伴畏寒,左侧胸痛,胸痛于咳嗽和深吸气时加剧。既往糖尿病 10 年。吸烟 17 年(3~5 支 /d),少量饮酒。查体:体温 39.3℃,脉搏 96 次 /min,呼吸 25 次 /min,血压 118/82mmHg,急性热病容,左侧呼吸动度差,左下肺触觉震颤减弱,叩诊呈浊音,呼吸音减弱。辅助检查:白细胞计数 21.8×10^9/L,中性粒细胞百分比 91%,红细胞计数 5.3×10^{12}/L,血小板计数 269×10^9/L。胸部 X 线片如图 3-3-14 所示。

57.【答案】C
【解析】诊断吸入性肺炎时应注意以下几点:①有无吸入的危险因素(如脑血管病等各种原因所致的意识障碍、吞咽困难、牙周疾病或口腔卫生状况差等);②胸部影像学显示病灶是否以上叶后段、下叶背段或后基底段为主,呈坠积样特点。患者具有脑血管病后遗症的危险因素,反复呛咳,影像学以左下肺为主,并且出现空洞,考虑吸入性肺炎。
【考点】吸入性肺炎的诊断

58.【答案】E
【解析】吸入性肺炎多为厌氧菌、革兰氏阴性菌及金黄色葡萄球菌感染。
【考点】吸入性肺炎的病原学

59.【答案】E
【解析】吸入性肺炎多为厌氧菌、革兰氏阴性菌及金黄色葡萄球菌感染,治疗应覆盖以上病原体,并根据患者病情严重程度选择阿莫西林 / 克拉维酸、氨苄西林 / 舒巴坦、莫西沙星、碳青霉烯类等具有抗厌氧菌活性的药物,或联合应用甲硝唑、克林霉素。
【考点】吸入性肺炎的治疗

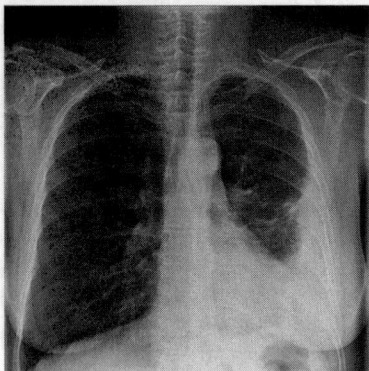

图 3-3-14　胸部 X 线片

60.【答案】E

【解析】患者考虑肺炎旁胸腔积液，诊断依据为：①青年男性，急性起病，发热、咳脓痰，左侧胸膜性胸痛；②查体示，左下胸腔积液体征(左侧呼吸动度差)，左下肺触觉震颤减弱，叩诊浊音，呼吸音减弱；③白细胞计数明显升高，胸部 X 线片提示左侧胸腔积液。患者基础患有糖尿病，出现胸腔积液，则厌氧菌、革兰氏阴性菌及金黄色葡萄球菌感染风险高，治疗需要覆盖以上病原学。

【考点】肺炎并发症的治疗

61.【答案】B

【解析】患者出现了复杂性肺炎旁胸腔积液，pH<7.2，乳酸脱氢酶>1 000IU/L，血糖<2.24mmol/L，为胸腔积液引流的指征。此患者的抗生素治疗能覆盖常见的致病菌，而且具有良好的胸腔渗透性，下一步最重要的治疗是胸腔积液引流。

【考点】胸腔积液

62.【答案】D

【解析】患者有支气管扩张，反复口服抗生素，有铜绿假单胞菌定植的风险。此次肺炎出现了呼吸窘迫：端坐呼吸、呼吸频率大于 30 次 /min，缺氧导致口唇发绀，需要住院甚至 ICU 住院，抗生素需要静脉滴注，并且覆盖铜绿假单胞菌。

【考点】合并结构性肺病的社区获得性肺炎的治疗

60. 该患者首选的治疗方案为

A. 阿奇霉素

B. 米洛环素

C. 头孢呋辛

D. 左氧氟沙星

E. 哌拉西林 / 他唑巴坦

61. 该患者治疗 3d，咳黄痰和胸痛部分好转，但体温控制不佳。左侧胸腔积液化验结果提示：细胞总数 18 300/mm^3，多核细胞百分比 90%，单核细胞百分比 10%；总蛋白 54.6g/L，乳酸脱氢酶 1 200IU/L，血糖 2.0mmol/L，pH 7.18。患者下一步最重要的治疗策略为

A. 升级抗生素

B. 胸腔积液引流

C. 控制血糖

D. 支气管镜下治疗

E. 反复胸腔生理盐水冲洗

(62~64 题共用题干)

患者，男，67 岁。间断咳痰、咳痰、咯血 20 年，发热、咳脓痰伴憋气 1 周。既往：支气管扩张症，每年加重口服抗感染药物 2~3 次。查体：端坐呼吸，体温 38.45℃，脉搏 134 次 /min，呼吸 33 次 /min，血压 100/70mmHg。口唇发绀，双下肺可闻及湿啰音。心脏查体正常，可见杵状指 / 趾。外周血白细胞计数 13×10^9/L，中性粒细胞百分比 85%。胸部 X 线片：双下肺支气管血管扭曲变形，斑片状渗出。

62. 入院后痰涂片显示较多脓细胞和革兰氏阴性杆菌，可首选的抗生素是

A. 克林霉素

B. 阿莫西林 / 克拉维酸钾

C. 头孢曲松

D. 头孢哌酮 / 舒巴坦

E. 阿奇霉素

63. 入院后很快出现嗜睡,查动脉血气分析结果显示 pH 7.20,$PaCO_2$ 80mmHg,PaO_2 45mmHg,HCO_3^- 34mmol/L。患者存在的酸碱失衡是

A. 呼吸性酸中毒

B. 代谢性酸中毒

C. 呼吸性酸中毒合并代谢性酸中毒

D. 呼吸性酸中毒合并代谢性碱中毒

E. 呼吸性酸中毒合并呼吸性碱中毒

63.【答案】A

【解析】血气分析三步见前文【A2 型题】第 48 题。此患者 pH 在急性和慢性呼吸性酸中毒之间,考虑存在慢性呼吸性酸中毒急性加重,未合并代谢性酸中毒和碱中毒。

【考点】血气分析

64. 患者下一步治疗措施首选

A. 气管插管、机械通气

B. 面罩吸氧

C. 无创呼吸机

D. 鼻导管吸氧

E. 雾化治疗

64.【答案】A

【解析】患者出现了肺性脑病,意识障碍,pH 为 7.2,$PaCO_2$ 升高,PaO_2 <50mmHg,为有创呼吸机治疗的指征。

【考点】机械通气的指征

(65~67 题共用题干)

患者,男,60 岁。咳嗽、咳白痰 10 年,进行性活动后呼吸困难 2 年,入冬后憋气加重 1 周,咳嗽、咳痰同前。既往:高血压、冠心病、高脂血症、过敏性鼻炎。吸烟 30 年,20 支 /d。查体:SpO_2:91%,呼气相延长,双肺散在呼气相哮鸣音。3 个月前肺功能:舒张后 FEV_1/FVC 0.62,支气管舒张实验:FEV_1 改善率 20%(430ml),一氧化碳弥散量占预计值的 63%。胸部 X 线片无异常。

65. 患者最可能的诊断为

A. 慢性阻塞性肺疾病

B. 支气管哮喘

C. 慢性阻塞性肺疾病合并支气管哮喘

D. 支气管扩张

E. 慢行支气管炎

65.【答案】C

【解析】患者有吸烟的危险因素,合并过敏性鼻炎。肺功能不完全可逆气流受限,舒张实验阳性,FEV_1 改善绝对值大于 400ml。最可能的诊断为慢性阻塞性肺疾病合并支气管哮喘。

【考点】慢性阻塞性肺疾病合并支气管哮喘

66. 患者最重要的治疗措施为

A. 全身糖皮质激素

B. 积极吸氧

C. 氨茶碱

D. LAMA 吸入

E. 抗生素

66.【答案】A

【解析】慢性阻塞性肺疾病合并支气管哮喘急性加重,痰液的性质和量无改变,无抗生素应用指征,需要给予全身糖皮质激素治疗 5d 左右。

【考点】慢性阻塞性肺疾病急性加重的治疗

67.【答案】B

【解析】慢性阻塞性肺疾病合并支气管哮喘治疗在 ICS 的基础上给予长效支气管扩张剂。

【考点】慢性阻塞性肺疾病合并支气管哮喘治疗

68.【答案】C

【解析】本患者符合慢性阻塞性肺疾病的诊断：有长期吸烟危险因素，临床症状、肺气肿体征、双肺过度充气的影像学改变、不完全可逆的气流受限（舒张后 $FEV_1/FVC<0.7$）。

【考点】慢性阻塞性肺疾病的诊断

69.【答案】C

【解析】稳定期慢性阻塞性肺疾病的药物治疗需要进行症状和未来急性加重风险的评估。症状评价可根据改良呼吸困难指数（mMRC）和慢性阻塞性肺疾病评估测试量表（CAT）评分，急性加重风险由过去 12 个月内的急性加重次数评价（若急性加重≥2 次，或者急性加重需要住院治疗≥1 次则属于高风险）。本患者 mMRC 大于 2 分，过去 12 个月急性加重 <1 次，属于症状多，急性加重风险低危险组。可考虑给予长效支气管扩张剂吸入治疗。

【考点】稳定期慢性阻塞性肺疾病的药物治疗

70.【答案】B

【解析】慢性阻塞性肺疾病（COPD）稳定期进行长期家庭氧疗对具有慢性呼吸衰竭的患者可提高生存率。长期家庭氧疗具体指征：① PaO_2≤55mmHg 或动脉血氧饱和度（SaO_2）≤88%，有或没有高碳酸血症；② PaO_2 55～60mmHg，或 SaO_2<89%，并有肺动脉高压、心力衰竭水肿或红细胞增多症（血细胞比容 >0.55）。一般用鼻导管吸氧，控制性吸氧（防止 CO_2 潴留），氧饱和度不能超过93%，流量 1.0～2.0L/min，吸氧持续时间 >15h/d。本患者有肺心病的体征、血气分析满足氧疗指征。

【考点】氧疗

67. 患者的出院后长期治疗方案为

　　A. LAMA 吸入

　　B. ICS/LABA 吸入

　　C. 氨茶碱口服

　　D. LABA 吸入

　　E. 口服糖皮质激素

（68~70 题共用题干）

患者，男，70 岁。进行性活动后呼吸困难 7 年，近 2 年行走 100m 左右即需要休息，1 年半前因喘息加重当地医院住院 1 次，给予"消炎药物"和平喘药物治疗好转。既往：吸烟 30 年，30 支 /d。查体：桶状胸，双肺呼吸音低下，肺动脉听诊区第二心音亢进，剑下搏动增强，双下肢可凹陷性水肿。胸部 X 线片如图 3-3-15 所示。肺功能检查提示：FEV_1/FVC 0.45，FEV_1 占预计值的 45%，RV/TLC 67%，TLC 占预计值的 150%，一口气呼吸法肺一氧化碳弥散功能（DLCO-sb）占预计值的 60%，支气管舒张实验：FEV_1 改善 4.5%（30ml）。

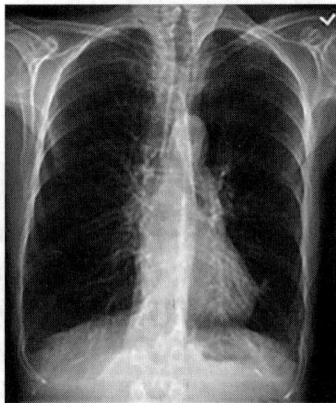

图 3-3-15　胸部 X 线片

68. 该患者的诊断为

　　A. 支气管扩张　　　　　　B. 支气管哮喘

　　C. 慢性阻塞性肺疾病　　　D. 肺气肿

　　E. 慢性支气管炎

69. 该患者的长期治疗方案应选择

　　A. 异丙托溴铵吸入　　　　B. 沙丁胺醇吸入

　　C. 噻托溴铵吸入　　　　　D. 布地奈德吸入

　　E. 氨溴索口服

70. 该患者血气分析：pH 7.41，PaO_2 55mmHg，$PaCO_2$ 61mmHg，HCO_3^- 37mmol/L，该患者需要采取的吸氧模式为

A. 按需吸氧

B. 控制性低流量吸氧,持续时间 >15h/d

C. 高流量吸氧,持续时间 >15h/d

D. 无创呼吸机吸氧,持续时间 >15h/d

E. 夜间吸氧,持续时间约 8h/d

(71~73 题共用题干)

患者,男,79 岁。慢性阻塞性肺疾病 20 年,间断咳嗽、咳痰、喘息,秋冬季节明显。4d 前受凉后出现畏寒,发热,体温最高 40℃,伴咳嗽、咳黄白色痰增加、喘憋、食欲缺乏。2d 来精神欠佳,发绀,躁动。既往高血压、肝囊肿。吸烟 30 余年,已戒烟 20 余年。查体:神志清楚,脉搏 102 次 /min,呼吸 26 次 /min,血压 125/70mmHg,颈静脉充盈,桶状胸,双肺呼吸音弱,左下肺可闻及少量湿啰音,心律齐,P2>A2,各瓣膜听诊区未闻及杂音。肝 - 颈静脉回流征(+)。双下肢轻度水肿。入院血常规提示白细胞计数 10.48×10⁹/L,中性粒细胞百分比 81.3%。

71. 患者目前诊断错误的是

A. 急性左心衰竭

B. 肺心病失代偿期

C. 慢性阻塞性肺疾病急性加重期

D. 肺部感染

E. 呼吸衰竭

72. 血气分析检查结果为:pH 7.56,PaO₂ 55mmHg,PaCO₂ 70mmHg,HCO₃⁻48mmol/L,碱剩余(BE)+23mmol/L。应考虑为

A. 呼吸性酸中毒

B. 呼吸性酸中毒 + 代谢性酸中毒

C. 呼吸性酸中毒 + 代谢性碱中毒

D. 代谢性碱中毒

E. 呼吸性碱中毒 + 代谢性酸中毒

73. 治疗后随访,肺功能结果提示舒张后 FEV₁/FVC 0.32,FVC 占预计值的 87.1%,TLC 占预计值的 108%,RV/TLC 54.17%,DLCO-sb 占预计值的 51.7%。肺功能的正确解读是

A. 阻塞性通气功能障碍

B. 限制性通气功能障碍

C. 弥散功能障碍

D. 阻塞性通气功能障碍 + 弥散功能障碍

E. 限制性通气功能障碍 + 弥散功能障碍

71.【答案】A

【解析】①患者出现了呼吸困难加重、痰量增多和痰的性质改变,诊断为慢性阻塞性肺疾病急性加重期;②出现了颈部静脉充盈、肝 - 颈静脉回流征(+),双下肢水肿,肺动脉瓣区第二心音亢进,提示肺心病失代偿期;③发热、脓痰、左下肺湿啰音、白细胞计数升高提示出现肺部感染;④发绀、躁动,提示呼吸衰竭。

【考点】慢性阻塞性肺疾病急性加重期的临床表现

72.【答案】C

【解析】血气分析第一步:通过 pH 判断有无酸碱失衡,患者 pH>7.45,碱中毒;第二步:判断主要疾病影响呼吸还是代谢。患者 CO₂ 升高,HCO₃⁻ 明显升高,属于呼吸性酸中毒合并代谢性碱中毒。

【考点】血气分析

73.【答案】D

【解析】该患者舒张后 FEV₁/FVC<0.7,肺总量正常,残气量增加,属于阻塞性通气功能障碍。一氧化碳弥散量 < 预计值 80%,弥散功能减退。这属于慢性阻塞性肺疾病出现肺气肿的典型肺功能改变。

【考点】肺功能

(74~76题共用题干)

患者,女,75岁。平地走路100m即出现呼吸困难、咳白痰10年。个人史:农民,烧柴烹饪40年,煤气灶烹饪10年。

74. 【答案】B

【解析】桶状胸提示肺气肿改变,结合多年吸烟病史,考虑慢性阻塞性肺疾病。杵状指在慢性阻塞性肺疾病中不多见,肺部湿啰音、双下肢水肿在心力衰竭也可出现,呼气相延长没有特异性。

【考点】慢性阻塞性肺疾病的体征

74. 以下体格检查对疾病诊断有提示意义的是
    A. 杵状指
    B. 桶状胸
    C. 肺部湿啰音
    D. 呼气相延长
    E. 双下肢轻度可凹性水肿

75. 【答案】E

【解析】患者慢性阻塞性肺疾病急性加重考虑和病毒感染有关,无咳黄脓、痰量增多。痰细菌培养检查不恰当。

【考点】慢性阻塞性肺疾病的诊治

75. 患者进一步评估,**不恰当**的是
    A. 血常规　　　　　　　　B. 胸部X线片
    C. 肺功能　　　　　　　　D. 血气分析
    E. 痰培养

76. 【答案】A

【解析】患者慢性阻塞性肺疾病为肺功能气流受限为2级,有症状,GOLD分组为B组,可选用长期支气管扩张剂治疗。

【考点】慢性阻塞性肺疾病的诊治

76. 该患者肺部听诊无异常,肺功能检查:FEV_1/FVC 0.45,FEV_1占预计值的65%,舒张试验阴性。该患者下一步治疗方案为
    A. LAMA 长期吸入
    B. 间断 SABA 吸入
    C. 口服茶碱
    D. ICS/LABA 吸入
    E. LAMA+ICS/LABA 吸入

(77~79题共用题干)

患者,女,70岁。慢性阻塞性肺疾病10年,感冒后喘息7d,咳嗽、咳白痰,给予静脉茶碱、抗生素治疗3d无好转,近2d出现昏睡、精神萎靡。个人史:吸烟20年。查体:脉搏110次/min,呼吸32次/min,血压120/70mmHg,嗜睡,球结膜水肿,颈静脉充盈,桶状胸,双肺呼气相延长,可闻及呼气相哮鸣音,心律齐,各瓣膜听诊区未闻及杂音;腹部查体无异常,双下肢轻度水肿。指尖脉氧饱和度为83%。

77. 【答案】B

【解析】慢性阻塞性肺疾病急性加重期出现意识障碍、球结膜水肿,提示急性呼吸衰竭导致肺性脑病。

【考点】慢性阻塞性肺疾病急性加重期

77. 如对该患者的疾病严重程度进行评价,最重要的体格检查为
    A. 生命体征　　　　B. 意识　　　　C. 肺部查体
    D. 心脏查体　　　　E. 下肢水肿

78. 【答案】E

【解析】慢性阻塞性肺疾病急性加重期患者很难配合肺功能检查,不推荐进行。

【考点】慢性阻塞性肺疾病急性加重期

78. 该患者下一步的检查,**不恰当**的是
    A. 血常规　　　　　　B. 血生化　　　　　　C. 脑钠肽
    D. 血气分析　　　　　E. 肺功能

79. 下一步立刻采取的治疗措施为
    A. 气管插管、机械通气
    B. 控制性吸氧
    C. 静脉平喘药物
    D. 补液支持
    E. 利尿

79.【答案】A
【解析】慢性阻塞性肺疾病急性加重期出现呼吸衰竭、意识障碍,提示出现了肺性脑病,为气管插管和机械通气的指征。
【考点】慢性阻塞性肺疾病急性加重期的治疗

(80~82 题共用题干)
患者,女,60 岁。反复咳嗽、咳白痰 20 年,冬春季节加重,间断感冒后出现喘息及咳嗽加重。既往:农民,烧柴火 15 年。其母亲、弟弟均有“支气管炎”。查体:生命体征平稳,心、肺、腹查体无异常,双下肢无水肿。辅助检查:血常规、肝肾功能无异常。胸部 X 线片提示双肺纹理增多。肺功能:舒张后 FEV_1/FVC 0.60,FEV_1 占预计值的 84%,支气管舒张实验 FEV_1 改善率 71.8%(750ml)。

80. 该患者的诊断首先考虑
    A. 慢性阻塞性肺疾病
    B. 慢性阻塞性肺疾病合并支气管哮喘
    C. 支气管哮喘
    D. 支气管扩张
    E. 慢性支气管炎

80.【答案】B
【解析】老年女性,有生物燃料暴露的病史,肺功能提示不完全可逆的气流受限,而舒张实验阳性,FEV_1 改善绝对值大于 400ml,并且有家族病史。考虑支气管哮喘合并慢性阻塞性肺疾病。
【考点】慢性阻塞性肺疾病的诊断和鉴别诊断

81. 该患者下一步的治疗方案为
    A. LAMA   B. 按需吸入 SABA
    C. LABA   D. ICS/LABA 吸入
    E. 氨茶碱口服

81.【答案】D
【解析】慢性阻塞性肺疾病合并支气管哮喘的治疗:长效支气管扩张剂必须与吸入糖皮质激素联合运用。
【考点】慢性阻塞性肺疾病合并支气管哮喘的治疗

82. 该患者治疗 3 个月后复查肺功能:FEV_1/FVC 0.72,FEV_1 占预计值的 94%,舒张实验阴性。该患者下一步治疗策略为
    A. LAMA
    B. 按需吸入 SABA
    C. LABA
    D. ICS/LABA 吸入
    E. 氨茶碱口服

82.【答案】D
【解析】患者 3 个月后复查肺功能 FEV_1/FVC 大于 0.7,考虑诊断为支气管哮喘,应继续 ICS/LABA 吸入治疗。
【考点】支气管哮喘的治疗

(83~84 题共用题干)
患者,女,62 岁。进行性呼吸困难 5 年。既往:吸烟 45 年,20 支 /d。

83. 协助诊断慢性阻塞性肺疾病,不恰当的检查是
    A. 血常规   B. 胸部 X 线片
    C. 肺量计检测   D. 血气分析
    E. 支气管激发试验

83.【答案】E
【解析】血常规可除外贫血,胸部 X 线片可除外心脏或其他疾病导致呼吸困难。肺量计检测是慢性阻塞性肺疾病诊断的关键。血气分析评价是否需要长期氧疗。
【考点】慢性阻塞性肺疾病诊断

84.【答案】D

【解析】慢性阻塞性肺疾病住院治疗需要确定病情是处于稳定还是急性加重。初始评价包括是否有呼吸衰竭（脉氧仪）、新出现的下肢水肿和呼吸频率增快，辅助呼吸肌用力可提示急性加重同时也对疾病严重程度有判断。痰性质改变是抗生素应用指征，非住院指征。

【考点】慢性阻塞性肺疾病急性加重

85.【答案】A

【解析】喘息并非慢性阻塞性肺疾病急性加重的特异表现。

【考点】慢性阻塞性肺疾病急性加重。

86.【答案】B

【解析】痰颜色变为脓痰、痰量增多，提示细菌感染，为抗生素应用指征。若痰的性质无改变，则可能和病毒感染、理化因素或焦虑导致。每次加重需要鉴别，不能一律都服用抗生素。急性加重后6周方能行肺功能检查。加重容易出现Ⅱ型呼吸衰竭，控制性氧疗。

【考点】慢性阻塞性肺疾病急性加重期的治疗

87.【答案】A

【解析】慢性阻塞性肺疾病患者接种流感疫苗的好处减少了冬季流感病毒引起的恶化和入院的风险。群体免疫无法根除季节性变化的流感，每年需要接种新的流感疫苗。肺炎球菌多糖疫苗可预防严重的肺炎球菌肺炎，并不能预防易受感染人群的所有肺炎。疫苗接种不会导致疾病恶化。

【考点】慢性阻塞性肺疾病急性加重的预防

88.【答案】B

【解析】需要三类及以上治疗支气管哮喘的药物、肥胖、频繁使用吸入器缓解呼吸急促，都是发生致死性支气管哮喘的危险因素。

【考点】支气管哮喘管理评估

---

84. 患者希望住院治疗，住院前需评价的项目**不包括**

A. 脉搏血氧饱和度测定

B. 呼吸频率

C. 新出现下肢水肿

D. 评价痰液的性质改变

E. 辅助呼吸肌用力

（85~87题共用题干）

患者，男，71岁。诊断为慢性阻塞性肺疾病6年，爬2层楼即出现呼吸困难，近两年反复出现急性加重，每年2~3次。既往吸烟30年。肺量计：FEV_1 占预计值的49%（舒张后）。

85. 以下症状提示患者出现急性加重，**不包括**

A. 喘息　　　　　　　　B. 呼吸困难加重

C. 脓痰增加　　　　　　D. 痰量增加

E. 痰的性质改变

86. 患者急性加重期，需要关注

A. 告诉患者规律服用抗生素

B. 关注痰的量和颜色改变

C. 急诊查胸部X线片

D. 急性加重4周后要复查肺功能

E. 积极吸氧

87. 患者可采取措施预防急性加重，以下说法正确的是

A. 疫苗可以降低慢性阻塞性肺疾病急性加重住院率

B. 人群"群体免疫"可以根除流感

C. 肺炎球菌多糖疫苗可预防患者患肺炎

D. 疫苗接种可导致慢性阻塞性肺疾病恶化

E. 流感疫苗可预防鼻病毒诱发的急性加重

（88~89题共用题干）

患者，男，45岁。患有支气管哮喘。医生接到患者妻子的电话，要求医生去家里出诊，原因是患者出现呼吸急促和喘息，并且一直在使用吸入器。患者肥胖，曾经因支气管哮喘住院治疗。

88. 患者的致死性支气管哮喘的危险因素是

A. 有鼻息肉和特应性体质

B. 需要三类及以上治疗支气管哮喘的药物、频繁使用吸入器和肥胖

C. 执行支气管哮喘自我管理计划

D. 最近接种每年 1 次流感疫苗

E. 经常在家里进行氧疗

89. 医生到患者家出诊,得知最近几天患者一直感觉不适,白天更加频繁地使用沙丁胺醇吸入器,夜里很难入睡。评估支气管哮喘的严重程度,应选择的指标是

A. 呼气流量峰值(PEF)　　B. 体温

C. 喘息的音量　　D. 咳痰

E. 听诊的哮鸣音

89.【答案】A
【解析】呼气流量峰值是评估支气管哮喘严重程度必备的检测。
【考点】支气管哮喘管理评估

(90~91 题共用题干)

患者,女,50 岁。反复发作支气管哮喘 20 年加重 1d。既往有过敏性支气管哮喘病史 20 年,对尘土和螨虫过敏。查体:体温 36.8℃,脉搏 110 次 /min,呼吸≥24 次 /min,血压 130/85mmHg,双肺满布哮鸣音,呼气流量峰值为最佳值的 33%~50%,今来社区卫生服务中心就诊。

90. 此患者目前处于

A. 轻度支气管哮喘

B. 支气管哮喘中度加重

C. 急性重度支气管哮喘

D. 致死性支气管哮喘

E. 中 - 重度支气管哮喘

90.【答案】C
【解析】急性重度支气管哮喘具备以下任何一项均可成立:呼气流量峰值为最佳值或预计值的 33%~50%,呼吸频率≥25 次 /min,心率≥110 次 /min,1 次呼吸不能说完一句话。
【考点】支气管哮喘评估

91. 目前最关键的处理为

A. 就地治疗,吸氧,雾化

B. 大量抗生素静脉注射

C. 紧急转诊收治住院。等待救护车时,使用储雾罐按需吸入沙丁胺醇

D. 静脉滴注氨茶碱

E. 紧急转诊,在等待救护车时,吸氧

91.【答案】C
【解析】此患者属于急性重度支气管哮喘,社区卫生服务中心门诊检查设备和抢救条件有限,需要紧急转诊收治住院。等待救护车时,使用储雾器按需吸入沙丁胺醇,吸入速效 β_2 受体激动剂,例如沙丁胺醇或者特布他林是治疗支气管哮喘和支气管哮喘加重急性症状的首选方法因呼吸急促,无法进行氧疗和口服类固醇类药物,如果救护车短时间内不能够到达,可考虑静脉给予类固醇类药物。
【考点】急性重度支气管哮喘的处理

(92~94 题共用题干)

患者,男,67 岁。进行性活动后呼吸困难 4 年,近 1 年平地走 100m 即出现憋气。既往吸烟 35 年,每日 1 包。查体:双肺呼吸音低下,散在少许呼气相哮鸣音。肺功能检查提示:FEV_1/FVC 0.45,FEV_1 占预计值的 55%,舒张后 FEV_1 改善 -1%。

92. 该患者最可能诊断为

A. 支气管哮喘　　B. 慢性支气管炎

C. 慢性阻塞性肺疾病　　D. 支气管扩张

E. 慢性喘息性支气管炎

92.【答案】C
【解析】慢性阻塞性肺疾病的诊断:①40 岁以上发病;②具有长期吸烟的高危因素;③持续呼吸困难的症状;④支气管舒张后 $FEV_1/FVC<0.7$,该患者均具有上述特点。
【考点】慢性阻塞性肺疾病的诊断

93.【答案】D

【解析】慢性阻塞性肺疾病的治疗：患者有呼吸道症状，呼吸困难指数评分为3分，没有急性加重病史，应该给予长期的长效支气管扩张剂吸入治疗。

【考点】慢性阻塞性肺疾病的治疗

93. 该患者可采取的长期治疗方案为
   A. 孟鲁司特口服
   B. 口服氨茶碱
   C. 吸入糖皮质激素
   D. 吸入长效支气管扩张剂
   E. 按需吸入速效支气管扩张剂

94.【答案】B

【解析】戒烟是慢性阻塞性肺疾病延缓肺功能快速下降的唯一有效措施。

【考点】慢性阻塞性肺疾病的预防

94. 患者为了预防疾病进展，最有效的措施是
   A. 规律药物治疗　　　　B. 戒烟
   C. 每年流感疫苗注射　　D. 康复锻炼
   E. 加强营养

(95~97题共用题干)

患者，女，33岁。发热、咳脓痰8d，呼吸困难3d。给予静脉滴注阿奇霉素3d治疗无好转。既往体健。入院查体：体温39.1℃，脉搏122次/min，呼吸35次/min，血压130/80mmHg。双肺满布哮鸣音，双下肺少许湿啰音。胸部CT如图3-3-16所示。血常规：白细胞计数11×10^9/L，C反应蛋白为396mg/L。

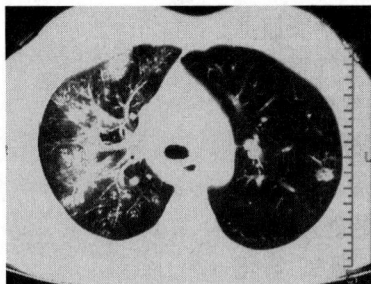

图 3-3-16　胸部 CT

95.【答案】D

【解析】不同类型病原体肺炎的临床表现：该患者发热、脓痰，外周血白细胞计数明显升高，C反应蛋白升高，肺湿啰音，影像学表现为叶、段分部的左肺浸润，符合细菌性肺炎表现。

【考点】不同类型病原体肺炎的特征

95. 该患者的入院诊断考虑为
   A. 病毒性肺炎　　　　　B. 支原体肺炎
   C. 阻塞性肺炎　　　　　D. 细菌性肺炎
   E. 肺结核

96.【答案】A

【解析】重症社区获得性肺炎的主要标准：①需要气管插管行机械通气治疗；②脓毒症休克经积极液体复苏后仍需要血管活性药物治疗。该患者血气分析提示Ⅱ型呼吸衰竭，为机械通气指标，为重症肺炎，需要转入ICU进行机械通气。

【考点】社区获得性肺炎的严重程度判断

96. 该患者入院给予莫西沙星抗感染，入院当天喘憋进行性加重，逐渐出现谵妄，血气分析(面罩吸氧8L/min)：pH 7.098，$PaCO_2$ 80mmHg，PaO_2 118mmHg。该患者下一步立刻的处理为
   A. 转入ICU，气管插管并机械通气
   B. 更换为广谱抗生素
   C. 积极查病原学
   D. 复查影像学
   E. 气管镜检查

97. 该患者莫西沙星治疗 3d 持续高热, 咳出大量脓性痰液, 降钙素原 17.2μg/L; 复查床旁胸部 X 线片可见实变中出现多个空洞样病变、伴有液平, 该患者的抗生素治疗方案选择可考虑

A. 更换为美罗培南
B. 联合奥司他韦
C. 联合氟康唑
D. 联合万古霉素
E. 联合阿米卡星

【案例分析题】

案例一: 患者, 女, 28 岁。2d 前熬夜着凉后出现鼻塞、流涕、打喷嚏、咳嗽、咽痛, 白痰, 乏力, 自测体温 36.8℃, 无头痛、头晕, 无全身酸痛, 无恶心呕吐、腹痛腹泻, 自服板蓝根颗粒, 未见好转。既往体健, 未到过疫区, 无药物过敏史。

提问 1: 该患者的重点查体, 应包括
A. 体温、脉搏、呼吸、血压
B. 鼻黏膜
C. 口腔黏膜
D. 咽部
E. 扁桃体
F. 双肺听诊
G. 心脏听诊
H. 腹部视、听、叩、触

提问 2: 该患者的辅助检查不考虑
A. 血常规
B. 不选择做其他辅助检查, 依据临床症状体征可作出诊断
C. C 反应蛋白
D. 咽拭子
E. 胸部 X 线片
F. 尿常规
G. 便常规

提问 3: 此患者的鉴别诊断应考虑
A. 心肌炎
B. 流感
C. 急性支气管炎
D. 扁桃体炎
E. 过敏性鼻炎
F. 急性咽炎

案例二: 患者, 男, 56 岁。上呼吸道感染 1 周后出现呼吸困难, 夜间为著, 可逐渐自行缓解, 白天症状不明显。既往高血压病史 10 年, 血压控制欠满意。已戒烟 10 年。过敏性鼻炎病史 5 年。查体: 体温 36.7℃, 双肺偶闻哮鸣音, 心率 80 次/min, 律齐, 无杂音。肺部 X 线片未见异常, 行超声心动图检查未见异常。

97. 【答案】D
【解析】需要入住 ICU 的无基础疾病青壮年, 首先需要考虑肺炎链球菌, 其次为金黄色葡萄球菌。该患者降钙素原明显升高, 影像学出现空洞样病变, 应该考虑金黄色葡萄球菌, 在治疗效果不佳基础上, 可以考虑联合耐甲氧西林金黄色葡萄球菌(MRSA)治疗的药物。
【考点】社区获得性肺炎的治疗

提问 1: 【答案】ABCDEFG
【解析】根据病史与临床症状做相应的体格检查, 因患者无恶心呕吐、腹痛、腹泻, 无发热, 所以不选择腹部检查。
【考点】上呼吸道感染的重点体格检查

提问 2: 【答案】ACDEFG
【解析】上呼吸道感染主要依据临床症状和体征可作出诊断, 影像学和一些化验项目不作为常规检查项目。
【考点】上呼吸道感染的诊断

提问 3: 【答案】BCDEF
【解析】上呼吸道感染在特殊情况下合并心肌炎, 临床上会出现乏力、心悸、胸闷, 听诊也会有心率加快, 或者出现心律不齐等, 此患者不具备此系列临床情况。通常情况下根据临床症状与病史可以与流感、急性支气管炎。
【考点】上呼吸道感染的鉴别诊断

提问1:【答案】B

【解析】支气管哮喘的症状有反复发作喘息、气急、胸闷或咳嗽,多与接触变应原、冷空气、物理、化学性刺激以及病毒性上呼吸道感染、运动等有关。

【考点】支气管哮喘的症状、查体与诊断

提问2:【答案】A

【解析】支气管哮喘临床表现不典型者(如无明显喘息或体征),应至少具备以下1项肺功能试验阳性:①支气管激发试验或运动激发试验阳性;②支气管舒张试验阳性FEV_1增加>12%,且FEV_1增加绝对值>200ml;③呼气流量峰值(PEF)平均每日昼夜变异率>10%。

【考点】支气管哮喘诊断标准

提问3:【答案】ABCEF

【解析】支气管哮喘发作时在双肺可闻及散在或弥漫性、以呼气相为主的哮鸣音,呼气相延长。

【考点】支气管哮喘发作的体征

提问1:【答案】BCE

【解析】$PaCO_2$是指二氧化碳分压,正常值是:动脉血35~46mmHg,静脉血37~50mmHg。$PaCO_2$>50mmHg提示存在呼吸性酸中毒或代谢性碱中毒代偿期。$PaCO_2$<35mmHg提示有呼吸性碱中毒。HCO_3^-分为实际碳酸氢盐(AB)和标准碳酸氢盐(SB),AB动脉血21~26mmol/L,静脉血22~28mmol/L,AB降低提示代谢性酸中毒,升高提示代谢性碱中毒;SB正常值21~25mmol/L,降低提示代谢性酸中毒,升高提示代谢性碱中毒。

【考点】血气分析

提问2:【答案】A

【解析】支气管哮喘急性发作的治疗取决于发作的严重程度以及对治疗的反应,目的在于尽快缓解症状、接触气流受限和改善低氧血症,同时还需要制订长期治疗方案以及预防再次急性发作。轻度患者可雾化吸入SABA,效果不佳时可加茶碱缓释片或家用短效抗胆碱药气雾剂吸入;中度患者联合雾化吸入SABA、短效抗胆碱药、激素混悬液,也可联合静脉用氨茶碱类药物,效果欠佳时尽早口服激素,推荐泼尼松龙30~50mg/d或等效的其他激素;重度至危重患者持续雾化吸入SABA、短效抗胆碱药、激素混悬液以及静脉给予氨茶碱类药物,吸氧,尽早静脉应用激素,待病情得到控制和缓解后改为口服给药。

【考点】支气管哮喘的药物治疗

提问1:该患者最有可能的诊断是

A. 慢性阻塞性肺疾病

B. 支气管哮喘

C. 心力衰竭

D. 睡眠呼吸暂停综合征

E. 冠心病

F. 肺炎

提问2:为明确诊断支气管哮喘,首选的检查应包括

A. 肺功能

B. 睡眠呼吸监测

C. 胸部CT

D. 动脉血气分析

E. 冠状动脉CT血管造影术

F. 血常规

提问3:该患者入院后仍间断发作憋气,就此症状,重点查体和临床观察**不包括**

A. 症状缓解时的活动耐力

B. 上呼吸道检查

C. 血压波动情况

D. 肺部啰音

E. 呼气相与吸气相的时间比例

F. 有无奇脉

G. 有无杵状指

H. 腹部检查

案例三:患者,女,48岁。反复咳嗽、胸闷、气喘30年。平素口服茶碱及"止咳祛痰"中药治疗,症状控制不理想。近1周来症状再次出现。查体:心率86次/min,双肺可闻及散在哮鸣音,诊断为"支气管哮喘"。动脉血气分析示:pH 7.46,$PaCO_2$ 32mmHg,PaO_2 64mmHg,HCO_3^- 19.3mmol/L。

提问1:患者血气分析提示

A. 代谢性碱中毒　　　　B. 呼吸性碱中毒

C. 代谢性酸中毒　　　　D. 呼吸性酸中毒

E. 双重性酸碱失衡　　　F. 三重性酸碱失衡

提问2:对纠正该患者支气管哮喘,首选的药物是

A. 吸入短效β_2受体激动剂

B. 口服氨茶类药物

C. 吸入长效β_2受体激动剂

D. 口服糖皮质激素

E. 联合吸入糖皮质激素及长效β_2受体激动剂

F. 抗生素治疗

提问3:为密切监测其病情变化,应首选推荐的方法**不包括**

    A. 定期复查肺功能

    B. 监测呼气流量峰值

    C. 监测肺部体征变化

    D. 定期检测血氧饱和度

    E. 每日评价活动耐力

    F. 心电图

案例四:患者,男,45 岁。5d 前洗澡受凉后,出现寒战,体温高达 40℃,伴咳嗽、咳痰,痰量不多。腹泻 2d,为水样泻。无胸痛、咯血。门诊给双黄连及退热止咳药后,体温仍高,在 38~40℃ 之间波动,逐渐出现气促,少许黄痰。病后食欲缺乏,睡眠差,尿便正常,体重无变化。既往饮酒 20 年。个人史、家族史无特殊。

提问1:患者的重点查体,应包括

    A. 生命体征   B. 神志

    C. 口唇颜色   D. 甲状腺触诊

    E. 肺部查体   F. 心脏听诊

    G. 周围血管征   H. 腹部查体

    I. 下肢水肿   J. 病理征

提问2:为了进一步明确诊断,需要安排的检查包括

    A. 血常规   B. 尿常规

    C. 血培养   D. 电解质

    E. 肝肾功能   F. 心肌酶谱

    G. 脑钠肽   H. 胸部 X 线片

    I. 血气分析   J. 大便常规

提问3:患者心电监护提示:脉搏 106 次/min,血压 85/55mmHg,呼吸 35 次/min,化验结果部分回报。胸部 X 线片:右肺大片实变、渗出影,左下叶多发斑片状影。血气分析:pH 7.52,$PaCO_2$ 32mmHg,PaO_2 45mmHg。血钠 125mmol/L,乳酸脱氢酶 350IU/L。作为接诊医生,需要立刻进行的处理是

    A. 建立静脉通路,吸氧

    B. 静脉补钠

    C. 转入重症监护病房

    D. 莫西沙星静脉滴注,抗感染

    E. 无创呼吸机通气

    F. 止咳

    G. 短效支气管扩张剂雾化

    H. 复查血气分析

    I. 奥司他韦口服

    J. 积极静脉补液,纠正休克

提问3:【答案】ACDEF

【解析】由于支气管哮喘有通气功能随时间节律变化的特点,常见夜间或凌晨症状发作或加重,通气功能下降。监测呼气流量峰值(PEF)日间、周间变异率有助于支气管哮喘的诊断和病情评估。若昼夜 PEF 波动率>20%,提示存在气道可逆性的改变。PEF 可采用微型峰流速仪测定,操作方便,适用于患者自我病情监测与评估。

【考点】支气管哮喘的监测与病情评估

提问1:【答案】ABCEFH

【解析】社区获得性肺炎的重点查体:肺部查体。疾病严重程度的体征:生命体征、神志、口唇是否发绀(呼吸衰竭)、是否有心脏基础疾病或并发症(心力衰竭)。需要鉴别诊断:患者伴有腹泻,需要进行腹部查体。

【考点】社区获得性肺炎的诊治

提问2:【答案】ABCDEHIJ

【解析】社区获得性肺炎的诊断包括三方面。①疾病诊断:行胸部影像学、血常规、尿常规和大便常规鉴别泌尿系和胃肠道感染,血培养鉴别脓毒血症;②疾病严重程度:血气分析、肝肾功能帮助判断是否呼吸衰竭、肝肾衰竭;③病原判断:电解质判断是否合并低钠血症(如军团菌肺炎)。

【考点】社区获得性肺炎的诊断和鉴别诊断

提问3:【答案】ABCDEHJ

【解析】此患者诊断为重症社区获得性肺炎,患者出现休克、呼吸衰竭,治疗需要转入重症监护病房治疗,积极纠正休克和电解质紊乱、积极氧疗(必要时呼吸机支持)。经验性覆盖病原学:患者有洗澡后出现症状,伴有低钠血症和腹泻,需要注意军团菌肺炎,治疗给予莫西沙星。

【考点】社区获得性肺炎的治疗

案例五:患者,女,36岁。咽痛10d,发热、咳大量黄脓痰8d,最高体温达39℃,逐渐出现喘息,无咯血、胸痛,无尿频、尿急、尿痛,发病来精神睡眠差,饮食差,尿便如常,体重下降3kg。患者为服装批发市场工作人员。发病前接触感冒患者。患者的胸部CT如图3-3-17所示。

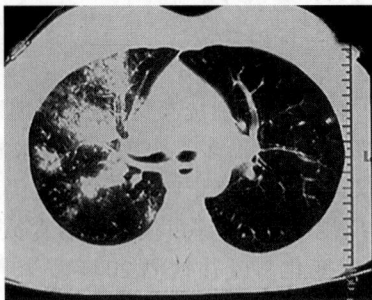

图3-3-17 胸部CT

提问1:【答案】ABCEF
【解析】社区获得性肺炎的重点查体:肺部查体。疾病严重程度的体征:生命体征、神志、口唇是否发绀(呼吸衰竭)、是否有心脏基础疾病或并发症(心力衰竭)。患者发病前有上呼吸道感染,需要上呼吸道检查。
【考点】社区获得性肺炎的临床表现

提问2:【答案】ABCEFHI
【解析】社区获得性肺炎的检查包括:①一般检查,如血常规、C反应蛋白、肝肾功能等,降钙素原可以鉴别是否为细菌感染并且判断严重程度;②病原学检查,如痰培养、血培养等;③疾病严重程度,如血气分析。
【考点】社区获得性肺炎的治疗

提问3:【答案】ABCDEFGHI
【解析】此患者为金黄色葡萄球菌引起肺炎和败血症,降钙素原明显升高,提示严重脓毒血症。治疗措施:①积极抗感染,选用敏感抗生素,无基础疾病青年人金黄色葡萄球菌必要时可联合MRSA抗感染;②纠正低氧血症;③心电监护,预防休克;④金黄色葡萄球菌败血症需要查心脏超声注意合并急性心内膜炎;⑤观察疾病的治疗效果,可复查C反应蛋白、降钙素原和血气分析。
【考点】社区获得性肺炎治疗

提问1:患者的重点查体,应包括

    A. 生命体征

    B. 神志

    C. 鼻、口咽部查体

    D. 甲状腺触诊

    E. 肺部查体

    F. 心脏听诊

    G. 周围血管征

    H. 肝脏触诊

    I. 下肢水肿

    J. 病理征

提问2:为了进一步制订治疗方案,该患者的下一步检查包括

    A. 血常规

    B. 痰培养

    C. 血培养

    D. 心肌酶

    E. 肝肾功能

    F. 降钙素原

    G. 脑钠肽

    H. 血气分析

    I. C反应蛋白

    J. 腹部超声

提问3:该患者的化验回报白细胞计数14.5×10^9/L,中性粒细胞百分比92.5%,杆状核百分比11%,血红蛋白93g/L,降钙素原17.18μg/L。血气分析:pH 7.527,$PaCO_2$ 28.4mmHg,PaO_2 68.9mmHg,HCO_3^- 26mmol/L,血钾3.2mmol/L。血培养:金黄色葡

萄球菌。该患者的下一步诊治为

    A. 建立静脉通路,吸氧

    B. 纠正低血钾

    C. 阿莫西林 / 克拉维酸钾抗感染

    D. 可联合万古霉素抗感染

    E. 心电监护

    F. 超声心动图

    G. 监测 C 反应蛋白变化

    H. 监测血气分析变化

    I. 监测降钙素原变化

    J. 头颅 CT

案例六:患者,男,30 岁。3d 前受凉后突然出现寒战、高热,体温 40℃,以午后、晚间为重,咳嗽、咳暗红色血痰,右侧胸痛,深吸气及咳嗽时加重。既往体健,无发热患者接触史。辅助检查:胸部 X 线片提示右上肺大片状致密影。血白细胞计数 19×10^9/L,中性粒百分比 91%。

提问 1:可用于对疾病严重程度进行判断的体格检查或实验室检查是

    A. 神志　　　　　　B. 血压

    C. 呼吸频率　　　　D. 肺部查体

    E. 心脏听诊　　　　F. 肾功能

    G. 心肌酶　　　　　H. 电解质

    I. 血气分析　　　　J. C 反应蛋白

提问 2:患者神志清楚,脉搏 95 次 /min,呼吸 22 次 /min,血压 120/65mmHg,SpO_2 95%,患者和家属很焦虑。作为社区医院接诊的医生,需要采取的措施是

    A. 立刻开放静脉通道

    B. 联系上级医院转诊

    C. 心电监护

    D. 完善肝肾功能和电解质检查

    E. 退热对症

    F. 镇痛治疗

    G. 积极补液

    H. 经验性抗感染治疗

    I. 胸部 CT 检查

    J. 腹部超声

提问 3:该患者给予头孢曲松和阿奇霉素抗感染治疗,下一步策略是

    A. 药物治疗 3d 后观察效果

    B. 体温≤37.8℃提示有效

    C. 3d 后需要复查胸部 X 线片

提问 1:【答案】ABCFI

    【解析】社区获得性肺炎可利用 CURB-65 进行判断:意识障碍、血尿素氮 >7mmol/L、呼吸≥30 次 /min、休克、年龄大于 65 岁;其他还包括影像学的程度和呼吸衰竭情况,可行血气分析检查。

    【考点】社区获得性肺炎的疾病严重程度

提问 2:【答案】DEH

    【解析】患者的生命体征平稳、无呼吸衰竭,CURB-65 评分小于 1 分,为轻度肺炎,可首先给予经验性抗感染治疗,可选择口服吸收利用度好的药物抗感染治疗。

    【考点】社区获得性肺炎的处理

提问 3:【答案】ABDEFHJ

    【解析】社区获得性肺炎的治疗一般治疗 72h 观察疗效,一般以临床观察为主,观察内容包括体温、症状、生命体征稳定、肺部体征是否好转。可复查血常规、C 反应蛋白、血气分析等实验室指标。临床好转并非需要立刻复查肺部影像学,部分患者的临床好转和肺部影像学表现不平行(如军团菌肺炎)。初始治疗失败需要积极行病原学检查,观察有无并发症的发生。

    【考点】社区获得性肺炎的治疗

D. 观察肺部听诊变化

E. 观察症状变化

F. 复查血常规

G. 积极行胸部 CT 检查

H. 治疗效果不佳需要行病原学检查

I. 抗生素需要影像学吸收后才能停用

J. 初始治疗失败需要注意有无脓胸的发生

提问 1：【答案】ABCDEFGHI

　　【解析】慢性阻塞性肺疾病的重点查体包括：①慢性阻塞性肺疾病急性加重的体征（肺部查体）和反映病严重程度的体征（生命体征、神志异常、球结膜水肿、呼吸窘迫、发绀等）；②有无并发症，右心衰竭的体征；③重点鉴别诊断，如肺炎、胸腔积液、气胸、肺栓塞、充血性心力衰竭的体征等。

　　【考点】慢性阻塞性肺疾病进行加重的诊断和鉴别诊断

提问 2：【答案】ACEFGIJ

　　【解析】慢性阻塞性肺疾病急性加重的检查包括七项。①常规实验室检查：血红细胞计数及血细胞比容有助于了解红细胞增多症或有无出血。血白细胞计数通常对了解肺部感染情况有一定帮助。②胸部影像学检查：鉴别是否合并胸腔积液、气胸与肺炎。③动脉血气分析：评价加重期疾病严重度的重要指标。④肺功能测定：因为患者无法配合且检查结果不够准确，故急性加重期间不推荐。⑤心电图（ECG）和超声心动图（UCG）：对右心室肥厚、心律失常及心肌缺血诊断有帮助。⑥血液生化检查：有助于确定引起 AECOPD 的其他因素，如电解质紊乱（低钠、低钾和低氯血症等）、糖尿病危象或营养不良（低白蛋白）等，亦可发现合并存在的代谢性酸碱失衡。⑦痰培养及药物敏感试验等：痰液物理性状为脓性或黏液性脓性时，则应在开始抗菌药物治疗前留取合格痰液进行涂片及细菌培养。

　　【考点】慢性阻塞性肺疾病急性加重期的实验室检查

提问 3：【答案】CDEFI

　　【解析】患者为无呼吸衰竭的 AECOPD，处理措施为：①短效支气管扩张剂为主，可考虑合用长效支气管扩张剂；②糖皮质激素全身运用；③抗菌药物，出现黄痰、痰量增多和外周血白细胞计数升高；④其他，积极的痰液引流、维持电解质和出入量平衡等。呼吸兴奋剂目前不推荐。肺炎球菌多糖疫苗未来病情稳定再接种。

　　【考点】慢性阻塞性肺疾病急性加重期的治疗

案例七：患者，女，60 岁。诊断为慢性阻塞性肺疾病 2 年，活动后呼吸困难，正常家务活动后需要每日吸入 2~3 次沙丁胺醇，3 个月前肺功能检查提示 FEV_1 占预计值 52%，mMRC 评分为 2 分。患者近 3d 出现呼吸困难加重、痰颜色变为黄绿色、痰量增加，无法从事家务活 2d。既往：吸烟 30 年，1 包 /d。

提问 1：此患者的重点查体包括

A. 生命体征　　　　　B. 神志

C. 球结膜　　　　　　D. 颈静脉

E. 三凹征　　　　　　F. 肺部查体

G. 心脏查体　　　　　H. 肝脏触诊

I. 双下肢水肿　　　　J. 外周血管征

提问 2：下一步对患者诊断的重点检查包括

A. 血常规　　　　　　B. 尿常规

C. 血液生化　　　　　D. 肺功能

E. 血气分析　　　　　F. 胸部 X 线片

G. 超声心动图　　　　H. 便常规

I. 痰培养　　　　　　J. 心电图

提问 3：患者的血气分析：pH 7.41，$PaCO_2$ 39.7mmHg，PaO_2 68mmHg，HCO_3^- 24mmol/L。血常规：白细胞计数 13.5×10^9/L，中性粒细胞百分比 87%。该患者的住院治疗策略是

A. 吸氧

B. 无创呼吸机治疗

C. 短效支气管扩张剂雾化

D. 抗生素治疗

E. 泼尼松龙 40mg 口服

F. 化痰治疗

G. 丁胺卡那雾化

H. 呼吸兴奋剂

I. 监测血常规变化

J. 给予肺炎球菌多糖疫苗接种

案例八：患者，男，68 岁。诊断为慢性阻塞性肺疾病 7 年，规律使用福莫特罗吸入和间断吸入沙丁胺醇 2~3 次 /d，3 个月前急性加重住院治疗 1 周。过去 1 年里出现 6 次肺部感染导致黄痰、痰量

增多、喘息加重,门诊治疗,均给予抗生素治疗,2 次给予口服糖皮质激素治疗。既往吸烟 30 包 / 年。

提问 1:该患者在门诊拟制订长期治疗方案,下一步的重点查体包括

    A. 皮肤黏膜　　　　　　B. 体重指数

    C. 颈静脉　　　　　　　D. 肺部查体

    E. 心脏查体　　　　　　F. 肝脏触诊

    G. 下肢水肿　　　　　　H. 外周血管征

    I. 杵状指

提问 2:为确定下一步综合治疗,还需要进行的评估是

    A. mMRC 评分

    B. CAT 评分

    C. 肺量计

    D. 超声心动图

    E. 急性加重风险

    F. 血糖、血脂

    G. 焦虑和抑郁评分

    H. 腹部超声

    I. 骨密度

    J. 血气分析

提问 3:患者的 mMRC 评分 2 分,FEV_1 占预计值 45%,指尖脉氧饱和度为 87%,该患者的下一步治疗方案为

    A. 增加 ICS 规律吸入

    B. 增加 LAMA 规律吸入

    C. 口服化痰药物

    D. 康复锻炼

    E. 肺炎球菌多糖疫苗

    F. 流感疫苗

    G. 按需吸氧

    H. 保持口腔卫生

    I. 戒烟

    J. 止咳药物

案例九:患者,男,71 岁。诊断为慢性阻塞性肺疾病 6 年,平地走 100m 即出现呼吸困难,近两年反复出现急性加重每年 2~3 次。长期吸入噻托溴铵治疗。既往:吸烟 30 年,20 支 /d;高血压 15 年,糖尿病 5 年。肺量计:FEV_1/FVC 0.4,FEV_1 占预计值 49%(舒张后)。

提问 1:患者对慢性阻塞性肺疾病急性加重很焦虑,提示出现了急性加重的症状包括

    A. 喘息

    B. 呼吸困难加重

    C. 脓痰增加

    D. 痰量增加

提问 1:【答案】ABCDEFGI

    【解析】慢性阻塞性肺疾病的重点查体要突出。①肺部体征:肺气肿和气道堵塞的体征;②全身的影响:如骨骼肌萎缩,消瘦。需要评价体重指数;③并发症:注意肺心病的体征;④合并症:是否合并冠心病、糖尿病、贫血等的体征。

    【考点】慢性阻塞性肺疾病的临床表现

提问 2:【答案】ABCDEFGIJ

    【解析】慢性阻塞性肺疾病的综合评估包括三方面。①疾病综合评估:包括症状、急性加重风险和气流受限评估;②并发症评估:如呼吸衰竭、右心衰竭、红细胞增多,包括超声心动图、血气分析、血常规等;③合并症评估:如骨质疏松、焦虑抑郁、代谢综合征、心血管疾病等。

    【考点】慢性阻塞性肺疾病的诊治

提问 3:【答案】ABCDEFHI

    【解析】患者为有症状、急性加重风险高的患者(D 组),气流重度受限,呼吸衰竭,应该在支气管扩张剂基础上增加 ICS 和 LAMA 吸入,长期氧疗、化痰、康复锻炼、戒烟和未来预防疾病进一步加重策略(保持卫生、疫苗接种)。

    【考点】慢性阻塞性肺疾病的治疗和预防

提问 1:【答案】BCDE

    【解析】慢性阻塞性肺疾病急性加重期的表现包括:痰量增加、痰的性质改变、脓痰增加、呼吸困难加重。喘息并非慢性阻塞性肺疾病急性加重期的特异表现;心悸、胸痛等心血管疾病表现也可出现;任何感染均可出现发热。

    【考点】慢性阻塞性肺疾病急性加重期

E. 痰的性质改变

F. 心悸

G. 发热

H. 胸痛

提问2：患者近3d受凉后日常活动即出现喘息，伴有发热、脓痰。查体：呼吸25次/min，SpO_2 87%，双肺弥漫哮鸣音，少许湿啰音，心律齐，双下肢无水肿。下一步需要的处理是

A. 抗生素治疗

B. 查血常规

C. 急诊查胸部X线片

D. 急性加重4周后要复查肺功能

E. 高流量吸氧

F. 血气分析

G. 心脏超声

H. 全身糖皮质激素

提问3：为了预防未来急性加重和控制病情，以下说法正确的是

A. 疫苗可以降低慢性阻塞性肺疾病急性加重住院率

B. 人群"群体免疫"可以根除流感

C. 肺炎球菌多糖疫苗可预防患者患肺炎

D. 疫苗接种可导致慢性阻塞性肺疾病恶化

E. 流感疫苗可预防鼻病毒诱发的急性加重

F. 可加用沙美特罗/氟替卡松

G. 戒烟

H. 口服小剂量糖皮质激素

第二节　心血管系统疾病

【A1型题】

1. 属于冠心病一级预防的措施是

A. 进行社区居民冠心病筛查

B. 减少饮食中饱和脂肪酸的摄入

C. 加强病例报告制度

D. 及早发现心电图改变

E. 尽早进行支架植入术

2. 对变异型心绞痛最有效的药物是

A. β受体阻滞剂

B. 钙通道阻滞剂

C. α受体阻滞剂

D. 血管紧张素转换酶抑制剂

E. 镇静药

提问2：【答案】ABCFH

【解析】慢性阻塞性肺疾病急性加重期：痰颜色变为脓痰、痰量增多，提示细菌感染，为抗生素应用指征。若痰的性质无改变，则可能和病毒感染、理化因素和焦虑导致。急性加重后6周方能行肺功能检查。加重容易出现Ⅱ型呼吸衰竭，需要查血气分析，控制性氧疗。急性加重可给予糖皮质激素全身应用。鉴别诊断：发热伴肺脏湿啰音，需要进行影像学检查和肺炎鉴别。

【考点】慢性阻塞性肺疾病急性加重期的治疗

提问3：【答案】AFG

【解析】患者症状重、急性加重风险高，可在长期LAMA的治疗基础上，加用LABA/ICS吸入。慢性阻塞性肺疾病患者接种流感疫苗的好处是减少了冬季流感病毒引起的恶化和入院的风险。群体免疫无法根除季节性变化的流感，每年需要接种新的流感疫苗。肺炎球菌多糖疫苗可预防严重的肺炎球菌肺炎，并不能预防易受感染人群的所有肺炎。疫苗接种不会导致疾病恶化。

【考点】慢性阻塞性肺疾病的管理

1.【答案】B

【解析】一级预防又称"病因预防"，通过切断危害因素及病因，提高人群健康水平。

【考点】冠心病一级预防的概念

2.【答案】B

【解析】钙通道阻滞剂类药物能有效减轻心绞痛的症状，是变异型心绞痛的首选药物。

【考点】变异型心绞痛的治疗

3. 他汀类药物最常见的不良反应是
   A. 呼吸困难　　　　　　B. 皮疹
   C. 心律失常　　　　　　D. CK 升高
   E. 剥脱性皮炎

4. 不需将患者转诊至上级医院的是
   A. 首次发生心绞痛
   B. 患者无症状,心电图发现陈旧性心肌梗死
   C. 劳力恶化型心绞痛
   D. 稳定型心绞痛
   E. 心电图出现 ST-T 动态改变

5. 冠心病患者进行运动康复,正确的是
   A. 建议进行有氧运动(行走、跑步等),每次 10~20min,以不感觉劳累为原则
   B. 建议患者根据运动能力,逐渐增加运动时间,最长 60min
   C. 运动频率每周 1~3 次
   D. 运动强度为最大运动强度的 80%~90%
   E. 建议每天进行无氧运动

6. 硝酸酯类药物缓解心绞痛的作用机制,错误的是
   A. 扩张冠脉、降低冠脉循环阻力
   B. 扩张外周血管,减少回心血量
   C. 降低心室容量、心腔内压
   D. 增加心排血量
   E. 降低心肌耗氧

7. 不属于冠心病危险因素的是
   A. 男性
   B. 年龄:男性≥45 岁,女性≥55 岁
   C. 早发冠心病家族史
   D. 吸烟
   E. 运动

8. 最适合诊断冠心病的是
   A. 超声心动图　　　　　　B. 动态血压监测
   C. 动态心电图　　　　　　D. 冠脉 CT 血管成像(CTA)
   E. 倾斜试验

9. 不宜使用阿司匹林的是
   A. 不稳定型心绞痛
   B. 稳定型心绞痛

3.【答案】D
【解析】他汀类药物常见的不良反应有肝酶升高、肌酸激酶(CK)升高、肌痛、肌无力,最严重的为肌溶解。
【考点】他汀类药物的不良反应

4.【答案】D
【解析】B 选项是陈旧性心肌梗死,A、C、E 选项为不稳定型心绞痛,均需转至上级医院评估病情。
【考点】冠心病患者风险评估及转诊指征

5.【答案】B
【解析】运动康复为建议进行有氧运动(行走、跑步、游泳等),每次 30~60min,以不感觉劳累为原则,从 20min 开始,根据运动能力逐渐增加运动时间。运动频率每周 3~5 次,运动强度为最大强度的 50%~80%,无氧运动并非必须,高危或初始运动康复时应以有氧运动为主。
【考点】冠心病患者的运动康复治疗

6.【答案】D
【解析】硝酸酯类药物能降低心肌需氧,同时增加心肌供氧,从而缓解心绞痛,其具体机制如下:扩张冠状动脉、降低阻力、增加冠状循环的血流量,通过对周围容量血管的扩张作用,减少静脉回流心脏的血流量,降低心室容量、心腔内压和心室壁张力,降低心脏前负荷;对动脉系统也有轻度扩张作用,减低心脏后负荷和心脏的需氧。
【考点】硝酸酯类药物的作用机制

7.【答案】E
【解析】冠心病的危险因素有血脂异常、高血压、糖尿病、吸烟、遗传因素、体力活动减少、年龄和性别、酒精摄入以及其他因素[肥胖及不良饮食方式、A 型性格、血液中同型半胱氨酸增高、血浆纤溶酶原激活物抑制物 1(PAI-1)和尿酸增高等]。
【考点】冠心病的危险因素

8.【答案】D
【解析】倾斜试验为诊断血管性晕厥的检查手段,对诊断冠心病无帮助;超声心动图用于评价心脏的结构和功能,可以看到陈旧性心肌梗死的表现,但不如冠脉 CTA 诊断冠心病更加直观和准确;动态心电图主要用于判断心律失常。
【考点】冠心病的辅助检查

9.【答案】D
【解析】阿司匹林可用于冠心病的各种类型,但不常规用于心力衰竭。
【考点】阿司匹林的适应证

C. 急性心肌梗死

D. 心力衰竭

E. 冠状动脉介入治疗术后

10.【答案】C

【解析】除C选项外,其他均为β受体阻滞剂的使用禁忌证,而该药是冠心病患者的二级预防用药,可改善冠心病患者的预后。

【考点】β受体阻滞剂的禁忌证

10. 高血压患者,合并下列哪种情况,宜使用β受体阻滞剂作为降压药物

A. 二度Ⅱ型房室传导阻滞

B. 支气管哮喘急性发作期

C. 冠心病

D. 基础心率在 55~60 次 /min

E. 急性心力衰竭

11.【答案】B

【解析】高血压合并糖尿病患者容易累及肾脏,多合并大量蛋白尿,治疗上应首选血管紧张素转换酶抑制剂 / 血管紧张素受体阻滞剂（ACEI/ARB）,有降低尿蛋白及肾脏保护作用。

【考点】降压药物的选择

11. 高血压合并糖尿病的患者,宜首选用

A. 钙通道阻滞剂 B. ACEI/ARB

C. β 受体阻滞剂 D. 利尿药

E. α 受体阻滞剂

12.【答案】C

【考点】高血压的诊断标准及分级

12. 3 级高血压的诊断标准是

A. 收缩压≥140mmHg,舒张压≥90mmHg

B. 收缩压≥160mmHg,舒张压≥100mmHg

C. 收缩压≥180mmHg,舒张压≥110mmHg

D. 收缩压≥200mmHg,舒张压≥120mmHg

E. 收缩压≥220mmHg,舒张压≥130mmHg

13.【答案】A

【解析】ACEI 可扩张肾小球的入球和出球小动脉,以扩张出球小动脉为主,对于双侧肾动脉狭窄患者,使用 ACEI 会使肾小球的囊内压降低,从而使得肾灌注减少,加剧肾功能的损害。

【考点】ACEI 类药物的使用禁忌证

13. ACEI 类药物的使用禁忌证有

A. 双侧肾动脉狭窄

B. 恶性高血压

C. 合并冠心病

D. 肝功能不全

E. 青光眼

14.【答案】E

【解析】除E选项外,其余选项均属于要转诊的指征。

【考点】基层转诊指征

14. 对于基层管理的高血压患者,不符合转诊指征的是

A. 在改善生活方式的基础上,按照初始治疗方案治疗 2~3 个月,血压不达标

B. 难治性高血压

C. 血压控制平稳的患者,再度出现血压升高并难以控制

D. 随访过程出现新的不良反应或其他严重临床疾病

E. 血压控制平稳的患者,要求去三级医院就诊

15.【答案】E

【解析】大量蛋白尿为肾脏原发损害的表现,不属于肾血管性高血压的典型特点。

【考点】肾血管性高血压的临床表现

15. 不符合肾血管性高血压的表现是

A. 血压升高进展迅速,突然加重

B. 上腹部可闻及血管杂音

C. 背部肋脊角处可闻及血管杂音

D. 可伴有肾功能损害

E. 大量蛋白尿

16. 高血压的诊断标准,正确的是

    A. 在未使用降压药物的情况下,同日测量三次血压,收缩压均≥140mmHg 和 / 或舒张压均≥90mmHg

    B. 在未使用降压药物的情况下,非同日测量三次血压值收缩压均≥140mmHg 和 / 或舒张压均≥90mmHg

    C. 在使用降压药物的情况下,同日测量三次血压值收缩压均≥140mmHg 和 / 或舒张压均≥90mmHg

    D. 在使用降压药物的情况下,非同日测量三次血压值收缩压均≥140mmHg 和 / 或舒张压均≥90mmHg

    E. 患者既往有高血压病史,正在使用降压药物,血压正常,就不再诊断高血压

17. 关于家庭血压监测,**错误**的是

    A. 建议选择经过临床验证的上臂式全自动血压计

    B. 对于初诊或血压控制不佳者,建议就诊前连续测量 5~7d,每日早晚各测量 2~3 个读数,间隔 1min,取平均值

    C. 对于血压控制良好者,建议每周测量 1d

    D. 对高血压患者应积极推动家庭血压监测

    E. 对目前血压正常者不需要家庭血压监测

18. 对于初诊高血压患者,基层转诊至上级医院的指征,**错误**的是

    A. 合并严重靶器官损害或临床情况,如高血压急症等

    B. 鉴别原发性与继发性高血压

    C. 需要进一步明确高血压诊断及危险分层

    D. 妊娠和哺乳期妇女

    E. 高血压治疗 2 周血压仍未达正常范围的患者

19. 心房颤动最常见于

    A. 冠心病

    B. 风湿性心脏病二尖瓣狭窄

    C. 高血压

    D. 肺心病

    E. 缩窄性心包炎

20. 转复前需抗凝治疗的心房颤动是指其发作持续时间超过

    A. 24h   B. 48h   C. 72h

    D. 1 周   E. 4 周

16.【答案】B

【解析】高血压的诊断标准为 B 选项,为未使用降压药物情况下的诊断,一旦诊断高血压病,在服药状态下血压正常也应该继续诊断高血压。

【考点】高血压的诊断

17.【答案】E

【解析】即使服药状态下血压正常,高血压患者也应该定期监测血压。

【考点】家庭血压监测要点

18.【答案】E

【解析】高血压治疗 2 周内不达标不用立刻转诊,可以观察 4~6 周。

【考点】初诊高血压基层转诊指征

19.【答案】B

【解析】心房颤动常发生于有基础心脏病的患者,常见于风湿性心脏病、冠心病、高血压心脏病、甲状腺功能亢进、缩窄性心包炎、心肌病、感染性心内膜炎及慢性肺心病等。心房颤动是风湿性心脏病二尖瓣狭窄相对早期的常见并发症。因此,本题选 B。

【考点】心房颤动的易患因素

20.【答案】B

【解析】心房颤动持续 24~48h 后血栓风险明显增加,在无法评估心房血栓的情况下,需要规范抗凝 3 周后才能进行转复。因此,本题选 B。目前已经可以通过食管超声、心脏增强 CT 或磁共振影像来评估心房血栓情况,不一定需要抗凝 3 周。

【考点】心房颤动的抗凝治疗要求

21.【答案】C

【解析】华法林的代谢个体差异很大,基因分型不同。因此需要监测INR来调整药物用量。循证医学证据显示心房颤动患者INR控制在2.0~3.0之间获益风险比高。因此,本题选C。

【考点】心房颤动的抗凝治疗要求

22.【答案】E

【解析】阵发性室上性心动过速部分可以通过物理方法转复。物理转复的病理基础是兴奋迷走神经,使心率减慢,从而中止室上性心动过速。预激综合征合并室上性心动过速,禁止使用物理方法转复。本题中E选项,二阶梯运动会加快心率,兴奋交感神经。

【考点】阵发性室上性心动过速的治疗

23.【答案】B

【解析】大部分阵发性室上性心动过速由折返机制引起,折返可发生在窦房结、房室结与心房,分别称为窦房折返性心动过速、房室结内折返性心动过速与心房折返性心动过速。另外,利用隐匿性房室旁路逆行传导的房室折返性心动过速习惯上亦归为阵发性室上性心动过速的范畴。因此,本题选B。

【考点】心律失常的发生机制

24.【答案】D

【解析】阵发性室上性心动过速是年轻人比较常见的异位快速心律失常,是指激动在房室束以上的心动过速。主要由折返机制造成,故E选项正确。少数为自律性增高或平行心律。其症状突发突止,可由运动或情绪激动诱发,多有反复发作史,A选项正确。发作时心率多在160~240次/min,快而整齐,心音有力,多无心脏杂音,血压正常或稍低,故B、C选项正确。D选项是心房颤动的典型表现。因此,本题选D。

【考点】心律失常的特点

25.【答案】A

【解析】室性期前收缩即指心室来源的异位起搏点在窦房结发放的冲动到来之前激动了心室,由于不是经过正常的房室结、房室束、左右束支径路激动心室,电冲动是通过心肌细胞间缓慢扩布,因此代表心室除极的QRS波提前出现,且时限延长,>0.12s,形态上宽大畸形,且之前没有P波。因此,本题选A。

【考点】室性期前收缩的心电图特点

26.【答案】A

【解析】室性期前收缩又称"室性早搏",是最常见的心律失常之一。无器质性心脏病的室性期前收缩不会增加此类患者发生心脏性死亡的危险性,如无明显症状,不必使用药物治疗,患者失眠、焦虑、劳累或者饮用咖啡、酒和茶容易诱发室性期前收缩。因此,本题选A。

【考点】室性期前收缩的治疗

21. 心房颤动患者服用华法林,凝血酶原时间的国际标准化比值(INR)应控制在

A. 0.8~1.2　　　　　　B. 1.0~1.5

C. 2.0~3.0　　　　　　D. 2.5~3.5

E. >3.5

22. 室上性心动过速的物理转复方法**不包括**

A. 瓦尔萨尔瓦动作

B. 诱发呕吐反射

C. 压眼球

D. 按摩颈动脉窦

E. 二阶梯运动

23. 阵发性室上性心动过速的发生机制主要是

A. 心肌缺血

B. 折返机制

C. 高血压

D. 感染

E. 心肌纤维化

24. **不属于**阵发性室上性心动过速临床特点的是

A. 突发突止

B. 心率>150次/min

C. 心律绝对规则

D. 第一心音强弱不等

E. 大部分由折返机制引起

25. 符合室性期前收缩心电图的特征是

A. 提前出现的QRS波,形态宽大畸形

B. QRS波时限≤0.12s

C. QRS波前可见异位P波

D. T波高尖

E. 多数代偿间歇不完全

26. 对于无器质性心脏病且无症状的室性期前收缩患者,首先应采取的治疗是

A. 去除病因和诱因

B. 胺碘酮

C. 维拉帕米

D. 普罗帕酮

E. 美托洛尔

27. 最易引起血流动力学异常的心律失常是
    A. 心房扑动
    B. 心房颤动
    C. 窦性心动过速
    D. 阵发性室上性心动过速
    E. 持续性室性心动过速

28. 二度I型房室传导阻滞的心电图特征是
    A. PR 间期进行性缩短,直至一个 P 波受阻不能下传到心室
    B. 相邻 PR 间距进行性延长,直至一个 P 波受阻不能下传到心室
    C. PR 间期进行性延长,直至一个 P 波受阻不能下传到心室
    D. PR 间期 >0.20s,P 波无受阻
    E. PR 间期固定,P 波间断受阻不能下传到心室

29. 治疗三度房室传导阻滞最有效的措施是
    A. 口服 β 受体阻滞剂
    B. 植入心脏起搏器
    C. 口服阿托品
    D. 冠状动脉内支架植入
    E. 静脉注射利多卡因

30. 引起右心室后负荷增高的主要因素是
    A. 肺循环高压
    B. 体循环高压
    C. 回心血量增加
    D. 主动脉瓣关闭不全
    E. 血细胞比容增大

31. 老年心力衰竭患者症状加重的最常见诱因是
    A. 过度劳累
    B. 漏服利尿药物
    C. 心肌缺血
    D. 房性期前收缩
    E. 呼吸道感染

32. 左心衰竭最早出现的症状是
    A. 少尿
    B. 夜间阵发性呼吸困难
    C. 端坐呼吸
    D. 劳力性呼吸困难
    E. 下肢水肿

27.【答案】E
【解析】室性心动过速持续发作,易出现血压减低。本题选E。
【考点】心律失常的临床表现

28.【答案】C
【解析】二度I型房室传导阻滞又称"文氏现象或莫氏I型",其心电图的特征有:①PR 间期逐渐延长,直到 P 波后脱落一个 QRS 波;②脱落后的第一个 RR 间距较其前的 RR 间距为长。每出现 1 次 QRS 波脱落为一个文氏周期,脱落后 PR 间期又缩短,然后再逐渐延长,周而复始。因此,本题选C。
【考点】心律失常的心电图表现

29.【答案】B
【解析】三度房室传导阻滞时来自房室交界区以上的激动完全不能通过阻滞部位,此时药物治疗无效,如果心室率过低,患者很难维持血流动力学稳定。患者应及时进行临时性或永久性心脏起搏治疗,因此,本题选B。
【考点】房室传导阻滞的治疗

30.【答案】A
【解析】心室后负荷即压力负荷,是指心脏在收缩时所承受的阻抗负荷增加。左心室后负荷过度常见于体循环高血压、主动脉流出道受阻(主动脉瓣狭窄、主动脉缩窄);右心室后负荷过度见于肺循环高压、肺动脉狭窄、肺阻塞性疾病及肺栓塞。故本题选A。
【考点】心力衰竭的定义

31.【答案】E
【解析】慢性心力衰竭的急性发作常与诱发因素有关,包括:①感染,为常见诱因,呼吸道感染居首位,特别是肺部感染;②心律失常;③肺栓塞;④劳力过度;⑤妊娠和分娩;⑥贫血与出血;⑦其他,主要包括输血、输液过多或过快,电解质紊乱和酸碱平衡失调,洋地黄过量,利尿过度,心脏抑制药物、抗心律失常药物及皮质激素类药物引起水钠潴留等。老年人最常见的心力衰竭诱因是呼吸道感染。故本题选E。
【考点】慢性心力衰竭的诱因

32.【答案】D
【解析】左心功能不全的各种症状主要为肺淤血所引起。主要表现为各种形式的呼吸困难,其中劳力性呼吸困难最早出现,以后逐渐发生夜间阵发性呼吸困难和端坐呼吸,严重时可出现急性肺水肿。故本题选D。
【考点】心力衰竭的症状

33.　单纯左心衰竭的典型体征是
　　A. 下垂性对称性水肿
　　B. 肝 - 颈静脉回流征阳性
　　C. 双肺底闻及湿啰音
　　D. 胸腔积液
　　E. 颈静脉怒张

33.【答案】C
　　【解析】左心衰竭的病理机制是肺淤血,右心衰竭的机制是体循环淤血。本题的选项中 A、B、D、E 各项均为体循环淤血不表现。只有 C 选项双肺底闻及湿啰音为肺淤血表现。
　　【考点】心力衰竭的体征

34.　右心衰竭体循环淤血的表现是
　　A. 咳嗽
　　B. 心源性哮喘
　　C. 劳力性呼吸困难
　　D. 夜间阵发性呼吸困难
　　E. 肝 - 颈静脉回流征阳性

34.【答案】E
　　【解析】右心衰竭的所有症状和体征均由体循环淤血引起,如双下肢对称性水肿、颈静脉怒张、肝大、肝 - 颈静脉回流征阳性等。咳嗽、心源性哮喘、劳力性呼吸困难和夜间阵发性呼吸困难均为左心衰竭表现。故本题选 E。
　　【考点】心力衰竭的临床表现

35.　对未经治疗的患者,哪项结果正常时最有助于**排除**心力衰竭
　　A. 心电图
　　B. 胸部 X 线检查
　　C. 冠状动脉造影
　　D. 血浆脑钠肽水平
　　E. 血浆肌钙蛋白水平

35.【答案】D
　　【解析】血浆脑钠肽水平(BNP)测定有助于心力衰竭诊断和预后判断,对未经治疗的患者,如其水平正常,则可排除心力衰竭的诊断。选项 A,心电图主要用于排除心律失常;选项 B,胸部 X 线检查可显示心影大小及外形,为心脏病的病因诊断提供重要的参考资料,心脏扩大的程度和动态改变也间接反应心脏功能状态,但其排除心力衰竭的价值不如超声心动图及血浆脑钠肽水平高;选项 C,冠状动脉造影主要用于排除冠心病;选项 E,血浆肌钙蛋白水平主要用于排除心肌梗死。故本题选 D。
　　【考点】心力衰竭的鉴别诊断

36.　超声心动图检查评价心脏收缩功能的主要指标是
　　A. 室壁厚度
　　B. 左心房大小
　　C. 左心室大小
　　D. 右心室大小
　　E. 左心室射血分数

36.【答案】E
　　【解析】超声心动图是评价心脏功能非常重要的检查手段。不仅可以测量室壁厚度、各心腔大小,还可以评估室壁运动状况,评价心室的收缩和舒张功能。左心室射血分数是评价心脏收缩功能的主要指标。因此,本题选 E。
　　【考点】心力衰竭的诊断

37.　洋地黄中毒时,心脏受累最常见的临床表现是
　　A. 室性期前收缩
　　B. 胸痛
　　C. 黄视或绿视
　　D. 头晕
　　E. 咳粉红色泡沫痰

37.【答案】A
　　【解析】洋地黄的中毒表现中心律失常最常见。最多的为室性期前收缩,约占心脏反应的 33%。其次为房室传导阻滞、阵发性或加速性交界性心动过速、阵发性房性心动过速伴房室传导阻滞、室性心动过速、窦性停搏、心室颤动等。因此,本题选 A。
　　【考点】药物过量的表现

38.　慢性心力衰竭时推荐使用的 β 受体阻滞剂是
　　A. 拉贝洛尔
　　B. 美托洛尔
　　C. 阿替洛尔
　　D. 普萘洛尔
　　E. 阿罗洛尔

38.【答案】B
　　【解析】慢性心力衰竭指南推荐的 β 受体阻滞剂是美托洛尔、比索洛尔和卡维地洛。有循证医学证据表明此三类药物可以减少心力衰竭患者的死亡率。因此本题选 B。
　　【考点】药物的作用机制和适应证

39. 治疗慢性心功能不全并能降低死亡率的药物是

    A. 地高辛

    B. 哌唑嗪

    C. 托拉塞米

    D. 硝酸异山梨酯

    E. 福辛普利

【A2 型题】

1. 患者，男，67 岁。突发胸痛 2h，心电图 $V_4 \sim V_6$ ST 段弓背型抬高。心肌损伤标志物最有可能升高的是

    A. 肌红蛋白   B. 肌钙蛋白 I

    C. 肌钙蛋白 T   D. 肌酸激酶同工酶 MB

    E. 肌酸激酶

2. 患者，男，68 岁。快走或爬楼时出现胸闷、胸痛 1 年。每次发作持续 3min 左右，休息可好转，近 2 周自觉症状加重，休息约 10min 方能好转，程度较前剧烈。最可能的诊断是

    A. 稳定型心绞痛   B. 变异型心绞痛

    C. 劳力恶化型心绞痛   D. 急性心肌梗死

    E. 初发劳力性心绞痛

3. 患者，女，75 岁。有高血压、糖尿病史。胸痛伴心悸 5h。急查心肌损伤标志物升高。行心电图提示三度房室传导阻滞。最可能的诊断是

    A. 急性前壁心肌梗死   B. 急性侧壁心肌梗死

    C. 急性下壁心肌梗死   D. 急性间壁心肌梗死

    E. 急性左心房心肌梗死

4. 患者，女，36 岁。安静时经常自觉左胸刺痛，仅持续数秒，自诉含服硝酸甘油数秒即可缓解。胸部无压痛，动态心电图检查未见异常。最可能的诊断是

    A. 变异型心绞痛   B. 心脏神经症

    C. 肋间神经痛   D. 胸膜炎

    E. 食管裂孔疝

5. 患者，男，27 岁。劳动时常有胸闷、气短等症状，有时突然站起时会发生黑矇，甚至意识丧失。查体：胸骨左缘第 3~4 肋间闻及 3 级粗糙的喷射性收缩期杂音。超声心动图示室间隔肥厚。最可能的诊断是

    A. 冠心病伴心绞痛   B. 急性心肌梗死

    C. 室间隔缺损   D. 高血压心脏病

    E. 梗阻性肥厚型心肌病

39.【答案】E

    【解析】慢性心力衰竭治疗中，改善远期预后降低死亡率的药物有 β 受体阻滞剂，肾素 - 血管紧张素系统（RAS）抑制剂（包括 ACEI、ARB 类药物、醛固酮拮抗剂）。福辛普利是 ACEI 类药物，因此本题选 E。

    【考点】药物的作用机制和适应证

1.【答案】A

    【解析】急性心肌梗死肌红蛋白升高最快，2h 即可出现升高，其他心肌酶的升高出现晚，但持续时间比肌红蛋白长。

    【考点】心肌酶升高的时间特征

2.【答案】C

    【解析】与劳力相关的心绞痛是由运动或其他心肌需氧量增加等情况所诱发的心绞痛，包括 3 种类型。稳定型心绞痛：1~3 个月内心绞痛的发作频率、持续时间、诱发胸痛的劳力程度及含服硝酸酯类后症状缓解的时间保持稳定；初发劳力性心绞痛：1~2 个月内初发；劳力恶化型心绞痛：一段时间内心绞痛的发作频率增加，症状持续时间延长，含服硝酸甘油后症状缓解所需时间延长或需要更多的药物，或诱发症状的活动量降低。后两者都属于不稳定型心绞痛范畴。

    【考点】WHO 心绞痛的分型及其临床特点

3.【答案】C

    【解析】下壁心肌梗死易累及房室结，易发生房室传导阻滞。

    【考点】不同壁心肌梗死的特点

4.【答案】B

    【解析】心脏神经症好发年龄为 20~40 岁，女性多见，不适感与劳累无关，与心率也没有关系。

    【考点】胸痛的鉴别诊断

5.【答案】E

    【解析】梗阻性肥厚型心肌病可有劳累后呼吸困难、心悸、乏力、心绞痛、头晕、晕厥、心力衰竭、心律失常等症状，主要体征是胸骨左缘下段收缩期中晚期喷射性杂音，可伴震颤。超声心动图示左心室壁及室间隔肥厚，室间隔与左心室厚度比值≥1.3。

    【考点】冠心病的鉴别诊断及梗阻性肥厚型心肌病的特点

6.【答案】A

【解析】变异型心绞痛是1959年由 Prinzmetal 首先描述的,以自发性心绞痛伴一过性 ST 段抬高为主要临床特点的一种特殊类型的心绞痛,又称"Prinzmetal 心绞痛"。其发病基础是冠状动脉痉挛,最重要的诱发因素是吸烟,多在静息时发生,无体力劳动或情绪激动等诱因,发病时间集中在午夜至上午8时之间,动态心电图发现,心电图异常多为无症状性,患者常因心律失常伴发晕厥。心绞痛典型疼痛时间为数分钟至半小时之内。

【考点】变异型心绞痛的临床特点

7.【答案】C

【解析】题干描述为典型急性左心衰竭的表现,为急性心肌梗死的常见并发症之一。

【考点】急性心肌梗死的并发症、左心衰竭的临床表现

8.【答案】C

【解析】患者发作性左胸疼痛,心电图有 ST-T 改变,怀疑冠心病。冠状动脉造影为确诊金标准。

【考点】冠心病的诊断

9.【答案】C

【解析】根据患者1个月来发作特点,考虑为变异型心绞痛。变异型心绞痛的首选治疗药物为钙通道阻滞剂。

【考点】变异型心绞痛的诊断与治疗

10.【答案】D

【解析】患者有可疑冠心病史,此次胸痛2h,心电图有 ST 段抬高,考虑急性 ST 段抬高心肌梗死可能性大,应收入心脏重症监护病房,急诊冠状动脉造影。

【考点】急性冠脉综合征的诊疗

6. 患者,男,65岁。间断胸痛20d,多于每日夜间休息时发作,每次疼痛持续十几秒可自行好转。曾就诊于急诊查心电图可见 ST 段一过性抬高,并有室性期前收缩。患者有吸烟史。该患者表现属于典型变异型心绞痛发病特点的是

A. 夜间休息时发作以及心电图有 ST 段一过性抬高

B. 每次疼痛持续时间十几秒

C. 有吸烟史

D. 伴有室性期前收缩

E. 年龄65岁

7. 患者,女,70岁。急性心肌梗死后2d,突然出现夜间呼吸困难,咳粉红色泡沫痰,第一心音减弱,舒张期奔马律,心尖可闻及2级收缩期杂音,最可能的诊断是

A. 右心衰竭   B. 室壁瘤

C. 急性左心衰竭   D. 急性支气管肺炎

E. 心肌梗死后综合征

8. 患者,女,56岁。因"发作性左胸疼痛3年,再发3d"住院。心电图有时出现 V_4~V_5 ST 段压低、T 波倒置。患者曾有胆囊炎病史。最有意义的检查是

A. 运动平板试验

B. 单光子发射计算机体层摄影(SPECT)心肌断层

C. 冠状动脉造影

D. 24h 动态心电图

E. 超声心动图

9. 患者,男,62岁。近1个月来出现心前区疼痛,多在凌晨4时左右发作,每次持续5~15min。既往:高血压病史5年,目前用药雷米普利2.5mg,1次/d。查体:血压160/80mmHg,心率60次/min。在胸痛发作时,心电图显示 ST 段抬高,治疗药物首选

A. β受体阻滞剂

B. α受体阻滞剂

C. 钙通道阻滞剂

D. 血管紧张素 I 受体阻滞剂

E. 利尿药

10. 患者,男,50岁。因"剧烈胸痛2h"来急诊。曾有间断胸痛2年,含服硝酸甘油可缓解。体格检查无特殊。心电图 V_1~V_3 ST 段抬高3.0mV(既往心电图正常)。最适宜的措施是

A. 动态观察心肌损伤标志物的变化

B. 立即做 SPECT 心肌显像

C. 动态观察心电图变化

D. 立即冠状动脉造影

E. 带硝酸甘油回家观察,并预约心脏专科门诊

11. 患者,男,56 岁。突发胸骨后疼痛 3h。心电图示Ⅱ、Ⅲ、aVF 导联病理性 Q 波,ST 抬高 2.0mV,首选药物为

A. 硝酸甘油注射剂

B. 阿替洛尔片

C. 低分子右旋糖酐

D. 硝苯地平

E. 尿激酶

11.【答案】E

【解析】患者临床表现考虑为急性心肌梗死,发病3h首选尿激酶溶栓治疗。

【考点】急性心肌梗死的治疗

12. 患者,男,68 岁。间断胸骨后疼痛 2 周,多于活动或进食后出现,持续十余分钟好转,服用"护胃药"效果不明显。有糖尿病 20 年,吸烟 40 年,平均 15 支 /d,父亲 50 岁诊断冠心病。查体:血压 140/80mmHg,双肺未闻及湿啰音,心率 84 次 /min,律齐,未闻及杂音。心电图较前无动态变化。最适宜的检查为

A. 运动平板试验　　　B. 胃镜

C. 胸部 CT　　　D. 超声心动图

E. 冠状动脉造影

12.【答案】E

【解析】患者间断胸痛,虽诱因不典型,但持续时间较典型,且患者有糖尿病、吸烟史及家族史的危险因素,高度怀疑冠心病,宜行冠状动脉造影检查。患者初发2周,为不稳定型心绞痛,不宜行运动平板试验。

【考点】冠心病的鉴别诊断及相关检查

13. 患者,男,60 岁。因冠心病于 2 年前行支架植入术,近期无不适。目前口服阿司匹林 0.1g,1 次 /d,阿托伐他汀 20mg,1 次 /d,美托洛尔 25mg,2 次 /d,此次来复查。查体:血压 120/80mmHg,心率 60 次 /min,双肺未闻及啰音,双下肢无水肿。生化提示肝肾功能正常范围,电解质正常,低密度脂蛋白胆固醇(LDL-C)2.5mmol/L,甘油三酯(TG)2.0mmol/L,该患者的治疗方案为

A. 继续目前治疗,无须调整

B. 将阿司匹林改为氯吡格雷 75mg,1 次 /d

C. 加用依折麦布 10mg,1 次 /d

D. 将美托洛尔减量至 12.5mg,2 次 /d

E. 加用单硝酸异山梨酯缓释片

13.【答案】C

【解析】患者冠心病经皮冠脉介入术(PCI)后,LDL-C目标值应小于1.8mmol/L,目前不达标,需强化调脂治疗。美托洛尔目前用量合适不需调整,患者无症状亦无须加用硝酸酯药物。

【考点】冠心病二级预防药物治疗

14. 患者,男,65 岁。2 型糖尿病病史 5 年,血压 190/110mmHg。按照高血压危险分层为

A. 高血压 3 级,很高危

B. 高血压 2 级,很高危

C. 高血压 3 级,高危

D. 高血压 2 级,中危

E. 高血压 1 级,很高危

14.【答案】A

【解析】根据血压190/110mmHg,为高血压3级;根据血压水平,且伴有糖尿病,不需考虑其他危险因素即可分为很高危组。

【考点】高血压的分级及危险分层

15.【答案】C
　　【解析】普萘洛尔是β受体阻滞剂，可引起支气管痉挛，加重支气管哮喘。
　　【考点】β受体阻滞剂的禁忌证

15. 患者,男,72岁。近2年反复出现喘息,再发2d。既往高血压10年。查体:血压160/110mmHg,心率80次/min,律齐,双肺可闻及呼气相哮鸣音,未闻及湿啰音。下列药物中**不宜**使用的是
A. 卡托普利　　　　　B. 吲达帕胺　　　　　C. 普萘洛尔
D. 复方利血平　　　　E. 硝苯地平

16.【答案】C
　　【解析】心悸气短多年、心率快,不能平卧,提示存在左心衰竭,因此C选项是最可能的诊断。
　　【考点】高血压的靶器官损害

16. 患者,女,55岁。心悸、气短多年,近日症状加重,不能平卧。查体:血压180/110mmHg,心率108次/min,律齐,无杂音,双下肺可闻及湿啰音。最可能的诊断是
A. 冠心病　　　　　　B. 先天性心脏病
C. 高血压心脏病　　　D. 风湿性心脏病
E. 心内膜炎

17.【答案】C
　　【解析】高血压合并糖尿病及蛋白尿,应首选ACEI/ARB,具有降低尿蛋白、保护肾功能的作用。
　　【考点】降压药物选择

17. 患者,男,60岁。高血压30年,糖尿病10年,尿中有泡沫,尿常规蛋白(++++),血生化:肌酐90μmol/L(肾小球滤过率约75ml/min)。宜首选
A. 噻嗪类利尿药　　　B. 血管扩张剂
C. ACEI/ARB　　　　D. 钙通道阻滞剂
E. α受体阻滞剂

18.【答案】D
　　【解析】患者目前情况尚未发生急性心肌梗死,没有溶栓治疗指征,且严重尚未控制的高血压是溶栓禁忌。其他选项正确。
　　【考点】高血压患者合并症的处理

18. 患者,男,61岁。近1周来胸骨后疼痛程度加重,持续时间延长,发作频繁。既往高血压病史8年,冠心病病史4年。测血压190/120mmHg。心电图示以R波为主的导联T波低平或倒置。心肌损伤标志物正常。下列处理**错误**的是
A. 住院卧床休息
B. 吸氧
C. 进行心电监护
D. 溶栓治疗
E. 控制血压至正常范围

19.【答案】C
　　【解析】患者高血压的特征符合嗜铬细胞瘤所致继发性高血压的表现。
　　【考点】继发性高血压的诊断及鉴别诊断

19. 患者,女,67岁。发现血压升高3个月,1d内血压波动明显,最高可达210/110mmHg,低时仅90/60mmHg,血压升高时伴有明显头痛、心悸、大汗、面色苍白,持续20min左右可自行缓解。最可能的诊断是
A. 脑血管病　　　　　　　B. 冠心病
C. 嗜铬细胞瘤　　　　　　D. 高血压心脏病
E. 电解质紊乱

20.【答案】C
　　【解析】原发性醛固酮增多症是由于肾上腺皮质腺瘤或增生,醛固酮分泌增多,保钠保水排钾,主要表现为高血压、低血钾、高尿钾,血pH可偏碱性。
　　【考点】原发性醛固酮增多症的临床表现

20. 患者,男,36岁。夜尿多、乏力3年。查体:血压160/100mmHg。辅助检查:血钠146mmol/L,血钾3.0mmol/L,尿钾60mmol/d。最可能的诊断为

A. 大动脉炎

B. 嗜铬细胞瘤

C. 原发性醛固酮增多症

D. 皮质醇增多症

E. 肾动脉狭窄

21. 患者,女,60 岁。近日发现血压 160/100mmHg,既往有冠心病 5 年,支气管哮喘 20 年,痛风 3 年。首选何种药物降压治疗

    A. 噻嗪类利尿药　　　　　B. 钙通道阻滞剂

    C. β 受体阻滞剂　　　　　D. 中枢抗交感神经药

    E. α 受体阻滞剂

22. 患者,女,35 岁。高血压 1 年,妊娠 10 周,近期血压控制不佳,最高达 190/100mmHg。降压药物宜选择

    A. 福辛普利　　　B. 硝苯地平片　　　C. 硝酸酯

    D. 利尿药　　　　E. 拉贝洛尔

23. 患者,女,32 岁。发现血压升高 3 个月。有高血压家族史。查体:双上肢血压均为 160/90mmHg,体重指数 22kg/m²,余查体无明显阳性体征。最恰当的处理是

    A. 低盐饮食,每日钠盐摄入量降至 6g/d 以下

    B. 进行高强度运动,每次需持续 1h 以上

    C. 每天睡眠 10h

    D. 减轻体重

    E. 不食用鸡蛋

24. 患者,男,70 岁。发现血压升高 2 个月,最高 160/90mmHg,无其他不适主诉。靶器官损害的评估的检查,以下**错误**的是

    A. 心电图　　　　　　　B. 超声心动图

    C. 颈动脉超声　　　　　D. 血生化

    E. 肾上腺超声

25. 患者,男,70 岁。发现血压升高 2 个月,最高 160/90mmHg,无其他不适主诉。血肌酐 133μmol/L,超声提示颈动脉有粥样硬化斑块。高血压危险分层为

    A. 低危　　　　　B. 中危　　　　　C. 高危

    D. 很高危　　　　E. 极低危

26. 患者,女,55 岁。发现血压升高 10 年,血压最高 180/90mmHg,平素使用降压药物血压控制在 140/80mmHg 左右。糖尿病 5 年,无吸烟史,其父亲 70 岁患高血压。患者的心血管危险因素包括

21.【答案】B

  【解析】患者高血压合并心绞痛,有慢性支气管炎,降压药物选择钙通道阻滞剂,禁用 β 受体阻滞剂,可加重慢性支气管炎、支气管哮喘。

  【考点】降压药物适应证及禁忌证

22.【答案】E

  【解析】高血压合并妊娠,应选择对胎儿影响最小的药物,可以使用的药物为拉贝洛尔。

  【考点】高血压合并妊娠的药物选择

23.【答案】A

  【考点】高血压的治疗

24.【答案】E

  【解析】高血压的靶器官评估,主要包含心肌肥厚、心功能、脑血管、肾脏功能等方面的评估,E 选项主要作为筛查继发性高血压的检查。

  【考点】高血压的靶器官评估

25.【答案】D

  【解析】患者血压水平为 2 级,合并一个靶器官损害(颈动脉)和一个临床合并症(肾功能受损),危险分层为很高危。

  【考点】高血压危险分层

26.【答案】C

  【解析】高血压的心血管危险因素中,家族史指的是早发心血管病家族史,一级亲属发病年龄男性 <55 岁,女性 <65 岁。

  【考点】高血压的心血管疾病危险因素

A. 性别　　　　　B. 年龄　　　　　C. 糖尿病

D. 吸烟史　　　　E. 家族史

27. 【答案】E

　　【解析】阵发性室上性心动过速不伴有心脏结构改变，也不合并心功能不全。因此，体格检查在发作间歇应该是无明显异常。本题选E。

　　【考点】心律失常的临床表现

27. 患者，男，19岁。间断心悸8个月，突发突止，持续数秒钟至数分钟不等。平时体力活动不受限，既往否认高血压病史。心电图提示窦性心律，超声心动图未见明显异常。患者心脏查体最可能的发现是

A. 心律不齐

B. 颈静脉怒张

C. 心前区隆起

D. 胸骨左缘第3、4肋间收缩期杂音

E. 无明显异常

28. 【答案】A

　　【解析】急性心肌梗死后射血分数减低，左心室扩大，容易出现室性心律失常。减少死亡率最好的治疗方法为预防性植入埋藏式自动复律除颤器（AICD）。

　　【考点】心律失常的治疗

28. 患者，男，50岁。3个月前因急性前壁心肌梗死行PCI手术，近1个月来反复发作心悸、气短，超声心动检查示左心室扩大，心尖部室壁瘤形成，左心室射血分数（LVEF）38%，动态心电图示窦性心律，24h室性期前收缩12 352次，可见短阵室性心动过速。首选的治疗方法是

A. AICD植入　　　　B. 口服普罗帕酮

C. 口服地高辛　　　　D. 口服美西律

E. 射频消融治疗

29. 【答案】D

　　【解析】患者青年男性，胸闷，持续时间长，伴长出气，查体示心律不齐。要首先考虑心律失常导致胸闷。对心律失常类别判定最有效的检查为24h动态心电图。因此，本题选D。

　　【考点】心律失常的表现

29. 患者，男，21岁。胸闷3个月，晚饭到睡前明显，伴长出气。体力活动无明显受限。既往体健。查体心界不大，心律不齐。对明确诊断最有帮助的辅助检查为

A. 心肌酶　　　　　B. 脑钠肽

C. 超声心动图　　　D. 动态心电图

E. 甲状腺功能

30. 【答案】D

　　【解析】患者青年男性，有突发突止的心悸发作。平素体检心电图异常，最常见的原因为预激综合征合并室上性心动过速。因此，患者心电图表现为预激综合征表现，即PR间期缩短，QRS波增宽，ST-T改变。因此，选D。

　　【考点】预激综合征合并室上性心动过速的心电图表现

30. 患者，男，23岁。体检发现心电图异常10年，间断心悸1年，1年内发作3次，突发突止。既往体健，否认心肌炎病史。查体无明显异常。患者心电图最可能的表现为

A. RR间期不等

B. 前壁导联异常Q波

C. 提前出现的窄QRS波

D. PR间期缩短，QRS波增宽

E. 出现U波

31. 【答案】D

　　【解析】患者青少年女性，突发突止的心悸，心电图见PR间期缩短，QRS波增宽，ST-T改变，考虑诊断为预激综合征合并室上性心动过速。因此，本题选D。

　　【考点】预激综合征合并室上性心动过速的诊断

31. 患者，女，15岁。间断心悸4年，加重伴晕厥3d。心悸为突发突止，发作时脉搏细速无法计数。每年发作3~5次，3d前心悸后发作晕厥1次。心电图见PR间期缩短，QRS波增宽，ST-T改变。超声心动图见心脏大小正常。患者最可能的诊断是

A. 阵发性房颤

B. 持续性房颤

C. 室性心动过速

D. 预激综合征伴室上性心动过速

E. 心脏神经症

32. 患者，女，48岁。心悸1d。心电监护提示频发室性期前收缩、短阵室性心动过速、心室颤动。患者既往否认高血压、糖尿病、高脂血症。目前因急性粒细胞白血病接受含有柔红霉素的药物化学疗法。化学疗法前胸部X线片检查未见异常。患者心律失常最可能的诊断是

A. 急性心肌梗死

B. 急性心肌炎

C. 贫血性心脏病

D. 致心律失常右心室心肌病

E. 药物性心肌病

33. 患者，男，14岁。因"阵发性心悸3年，再次发作2h"入院。查体无异常发现。心电图示心率180次/min，节律规整。QRS波时限0.11s，可见逆行P波，该患者最可能的诊断为

A. 阵发性室上性心动过速

B. 阵发性室性心动过速

C. 窦性心动过速

D. 心房扑动

E. 非阵发性房室交界区心动过速

34. 患者，男，25岁。因"阵发性心悸2d"就诊。有高血压史。查体：血压120/70mmHg，心率180次/min，律齐，心音正常，无杂音。1min后心率降至80次/min，律齐。30s后又恢复至180次/min。最可能的诊断为

A. 窦性心动过速

B. 阵发性房颤

C. 阵发性室上性心动过速

D. 阵发性心房扑动

E. 三度房室传导阻滞

35. 患者，男，27岁。突发心悸2h。查体：心率200次/min，律齐。心电图显示：可见逆行P波，QRS波宽大畸形。既往有"预激综合征"病史。治疗应选择

A. 静脉注射毛花苷C

B. 静脉注射维拉帕米

C. 静脉注射普罗帕酮

32.【答案】E
【解析】患者中年女性，突发恶性心律失常，否认冠心病、心肌炎等心脏器质性疾病，化学疗法前胸部X线片未见异常，提示不存在心脏变大。患者既往无心律失常病史。因此，导致患者突发室性心律失常最常见的原因是急性电解质紊乱，尤其是严重的低钾血症及化学疗法药物的损伤。柔红霉素有明确的心脏毒性。因此，本题选E。
【考点】心律失常的病因

33.【答案】A
【解析】青少年男性，阵发性心悸发作。查体：心率180次/min，节律规则。心电图显示：QRS波时限0.11s，出现逆行P波。符合阵发性室上性心动过速的表现。因此，本题选A。
【考点】心律失常的心电图表现。

34.【答案】C
【解析】青年男性，心悸发作。该患者心悸发作时心率达180次/min，属于快速型心律失常，首先可排除E。由于该患者心悸发作时心律是齐的，而心房颤动时心律绝对不齐，不选B。由于窦性心动过速时心率一般在150次/min以下，室上性心动过速时，心率在160~250次/min，心房扑动时心率在250~350次/min，2：1下传后不会达到180次/min。该患者心率180次/min，符合室上性心动过速的特点，因此，本题选C。
【考点】阵发性室上性心动过速的表现

35.【答案】C
【解析】根据题干，首先考虑的诊断是阵发性室上性心动过速。合并预激综合征的室上性心动过速(QRS波增宽)的治疗：避免刺激迷走神经和使用毛花苷C及维拉帕米等药物，因其延长房室结不应期并缩短旁路不应期，当室上性心动过速发展至心房扑动、心房颤动时易诱发致命性室性心律失常(室性心动过速、心室颤动)。选项A静脉注射毛花苷C和选项B静脉注射维拉帕米也是应该避免的。选项D和选项E是刺激迷走神经的措施，是错误的。因此，本题选C。
【考点】预激综合征的治疗

D. 按摩颈动脉窦

E. 瓦尔萨尔瓦动作(Valsalva 动作)

36.【答案】E

【解析】本题考查心律失常的鉴别诊断。本例患者心电图 PR 间期 0.22s,心率 98 次 /min。PR 间期延长,并没有 QRS 脱落。符合一度房室传导阻滞诊断。因此,答案选 E。

【考点】一度房室传导阻滞的诊断

36. 患者,女,18 岁。患上呼吸道感染 1 周后,感心悸、气短、乏力。心率 98 次 /min,心电图示:PR 间期为 0.22s。应诊断为

A. 窦性心动过速

B. 窦性心律不齐

C. 二度 I 型房室传导阻滞

D. 二度 II 型房室传导阻滞

E. 一度房室传导阻滞

37.【答案】C

【解析】根据患者的临床表现与心电图,考虑患者发生了室性心动过速,已影响血流动力学,故治疗首先考虑电复律。直流电复律适用于各种严重的、甚至危及生命的恶性心律失常。因此,本题选 C。

【考点】心律失常的治疗

37. 患者,男,50 岁。不明原因晕厥,心电图示宽 QRS 波型心动过速,心率 150 次 /min,血压 60/45mmHg。最恰当的处理是

A. 临时心脏起搏器植入

B. 肾上腺素

C. 直流电复律

D. 毛花苷 C

E. 阿托品

38.【答案】D

【解析】患者心悸、头晕,心电图 P 波与 QRS 波无关,QRS 波频率 32 次 /min,QRS 波宽大畸形,提示诊断为三度房室传导阻滞。最适宜的治疗是植入起搏器。患者出现心悸、头晕的时间长达 1 年,目前血流动力学稳定。建议尽早直接植入心脏永久起搏器。因此,本题选 D。

【考点】心律失常的治疗

38. 患者,男,70 岁。心悸、头晕 1 年。查体:血压 100/60mmHg,心律齐;心电图:P 波频率 65 次 /min,QRS 波频率 32 次 /min,QRS 波宽大畸形,P 波与 QRS 波无关。最适宜的治疗是

A. 静脉滴注异丙肾上腺素

B. 静脉注射阿托品

C. 植入心脏临时起搏器

D. 植入心脏永久起搏器

E. 静脉注射多巴胺

39.【答案】A

【解析】患者因劳累后饮咖啡出现心悸,自觉早跳间歇,3~4 次 /min,安静休息时明显,符合房性收缩表现。结合患者有甲亢病史,又是围绝经期女性,房性期前收缩可能性大。因此,本题选 A。

【考点】心律失常的诊断

39. 患者,女,51 岁。因阵发性心悸 5d 来诊,5d 前劳累后饮咖啡出现心悸,自觉早跳间歇,3~4 次 /min,安静休息时明显。有甲状腺功能亢进症(简称"甲亢")病史。心悸最可能的原因为

A. 房性期前收缩

B. 阵发性房颤

C. 阵发性室上性心动过速

D. 阵发性心房扑动

E. 二度房室传导阻滞

40.【答案】C

【解析】患者动态心电图提示室性期前收缩。A、B、C、E 选项均可作为室性期前收缩的治疗药物。结合本题特点,患者为围绝经期,平均心率偏快,心率 82 次 /min,室性期前收缩集中在清醒状态。这些都提示 β 受体阻滞剂是药物治疗首选。因此,本题选 C。

【考点】心律失常的治疗

40. 患者,女,52 岁。阵发心悸 3 个月。动态心电图检查示平均心率 82 次 /min,24h 室性期前收缩 4 573 次,多数室性期前收缩发生在 7:00~20:00。首选的药物是

A. 盐酸普罗帕酮　　B. 胺碘酮　　　　C. 比索洛尔

D. 地高辛　　　　E. 地尔硫䓬

41. 患者,男,68岁。阵发性房颤3年,近2年来服用美托洛尔25mg,2次/d和盐酸普罗帕酮150mg,3次/d,3个月来心房颤动反复发作。发作时心率超过100次/min。基础窦性心律50~60次/min。既往高血压20年,甲状腺功能减退5年。心房颤动首选的治疗方式是
    A. 盐酸普罗帕酮加量
    B. 停用盐酸普罗帕酮,加用胺碘酮
    C. 停用美托洛尔,加用胺碘酮
    D. 射频消融
    E. 植入永久性起搏器

42. 患者,男,48岁。活动时气短2周。既往否认高血压病史。超声心动提示左心室扩大,室壁肥厚,射血分数减低。对诊断最有帮助的病史是
    A. 水肿情况　　　　　B. 有无贫血病史
    C. 近期有无发热病史　D. 有无胸痛表现
    E. 饮酒情况

43. 患者,男,48岁。受凉后咳嗽、喘憋2年,加重伴下肢水肿1个月。既往否认高血压、糖尿病、慢性阻塞性肺疾病。查体:高枕卧位,颈静脉怒张,双下肺可及少量细湿啰音,心界向两侧扩大,心尖可及2/6级收缩期杂音。双下肢可凹性水肿。对明确病因诊断最有帮助的辅助检查为
    A. 胸部X线片　　　　B. 动脉血气分析
    C. 心肌酶　　　　　　D. 超声心动检查
    E. 生化全项

44. 患者,男,60岁。上呼吸道感染后胸闷、憋气半个月。既往高血压15年,5年前陈旧性心肌梗死。心电图提示窦性心律,V₁~V₄导联Q波。胸部X线片见心影明显增大,向双侧扩大,肺门淤血。心脏查体最可能发现的体征是
    A. 心律不齐
    B. 颈静脉怒张
    C. 心前区隆起
    D. 胸骨左缘第3、4肋间收缩期杂音
    E. A2>P2

45. 患者,男,77岁。活动时气短伴下肢水肿6个月。既往:高血压30年,药物治疗。查体:血压120/70mmHg。心电图提示窦性心律,超声心动提示左心室扩大,室壁肥厚,射血分数50%。**不必要**的处理措施是
    A. 积极控制血压　　　B. 预防感冒

41.【答案】D
【解析】患者阵发性房颤,药物治疗效果不佳。药物治疗方面,一种药物不理想可以尝试换用另外一种药物。但患者有明确的甲状腺功能减退,胺碘酮存在治疗禁忌。建议射频消融治疗。因此,答案选D。
【考点】心律失常的治疗

42.【答案】E
【解析】中年男性,左心室扩大肥厚的心力衰竭,最常见的病因是高血压。但患者否认高血压病史。其他心肌肥厚疾病有肥厚型心肌病、酒精性心肌病、血色病和浸润性心肌病。在五个选项里,只有E选项涉及心力衰竭的病因。因此本题选E。
【考点】心力衰竭的病因

43.【答案】D
【解析】患者主诉为咳嗽、喘憋和下肢水肿,查体可见高枕卧位,颈静脉怒张,双下肺可及少量细湿啰音,心界向两侧扩大,心尖可及2/6级收缩期杂音,双下肢可凹性水肿。这些提示患者存在体循环和肺循环淤血,临床考虑全心衰竭,超声心动是最好的辅助检查,不仅可以了解心脏结构,还可以明确是否存在心包积液,对明确诊断意义重大。因此本题选D。
【考点】心力衰竭的诊断

44.【答案】B
【解析】该患者老年男性,高血压、陈旧性心肌梗死,上呼吸道感染后胸闷气短。胸部X线片提示肺淤血、心影扩大。提示患者存在心力衰竭。颈静脉怒张是最容易出现的体征。其他体征在心力衰竭患者中也可以出现,但题中并没有提供相应的线索和依据。因此本题选B。
【考点】心力衰竭的临床表现

45.【答案】C
【解析】患者是射血分数保留的心力衰竭。预防心力衰竭急性加重的方法是避免诱发心力衰竭加重的诱因出现。选项A、B、D和E都可以预防心力衰竭加重。患者是射血分数保留的心力衰竭,且血压不低,窦性心律,目前无强心药物使用指征,因此本题选C。
【考点】慢性心力衰竭的随访和急性加重的预防

C. 规律服用地高辛　　　D. 规律服用利尿药

E. 监测体重

46.【答案】D

【解析】围生期心肌病症状出现在孕期和产后6个月内。孕期贫血、多胎、妊娠高血压综合征、先兆子痫和子痫都是发生围生期心肌病的危险因素。本题中患者无基础心脏病史，产后6周出现劳力性呼吸困难，查体心界扩大，应首先考虑围生期心肌病，因此本题选D。

【考点】心力衰竭的病因

47.【答案】E

【解析】判断心功能分级，先要确定患者是否为急性心肌梗死，是急性心肌梗死采用Killip分级，否则用NYHA分级。该患者急性前壁心肌梗死，用Killip分级。血压60/30mmHg、四肢湿冷、少尿说明伴有休克，心功能分级为Killip分级Ⅳ级。答案选E。

【考点】心力衰竭的心功能分级

48.【答案】D

【解析】老年患者，有高血压病史，1周前受凉后咳嗽、咳黄痰，喘憋加重，不能平卧，是左心衰竭的典型表现；血压高，心率快，双肺满布哮鸣音及中细湿啰音，均为左心衰竭的典型体征。男性，有吸烟史，需要鉴别慢性支气管炎的急性发作。但病例提供患者无慢性咳喘史，双肺满布哮鸣音及中细湿啰音也不是支气管炎的典型体征。答案选D。

【考点】心力衰竭的鉴别诊断

49.【答案】E

【解析】患者是明确二尖瓣狭窄，已经出现心力衰竭症状10年。1周前出现上呼吸道感染，2d来心力衰竭明显加重，已经坐位入睡。最恰当的治疗方式是纠正心力衰竭后手术治疗。利尿、吸氧、抗生素治疗和扩血管治疗都是心力衰竭的治疗手段。但对该患者，最恰当的方式是转诊和接受手术。答案选E。

【考点】急性心力衰竭的转诊

50.【答案】A

【解析】氢氯噻嗪可致低血钾，本患者高龄，服用地高辛和氢氯噻嗪出现多源性室性期前收缩，首先考虑低血钾诱发地高辛中毒。本题选A

【考点】药物的不良反应

46. 患者，女，38岁。活动中气促2周。既往否认高血压、糖尿病、心肌炎。4周前因先兆子痫剖宫产一足月男婴。孕期轻度贫血。查体：高枕卧位，双下肺无啰音，心界向两侧扩大，心尖可及2/6级收缩期杂音。双下肢可凹性水肿。最可能的诊断为

A. 扩张型心肌病　　　B. 急性心肌炎

C. 贫血性心脏病　　　D. 围生期心肌病

E. 高血压心脏病

47. 患者，男，57岁。急性前壁心肌梗死5h，少尿。查体：血压60/30mmHg，心率101次/min，心律齐，双肺满布湿啰音，四肢湿冷。该患者心功能分级为

A. NYHA分级Ⅲ级　　　B. NYHA分级Ⅳ级

C. Killip分级Ⅱ级　　　D. Killip分级Ⅲ级

E. Killip分级Ⅳ级

48. 患者，男，72岁。活动后心悸、气短2年。1周前受凉后咳嗽、咳黄痰，喘憋加重，不能平卧。既往：吸烟50年，高血压30年，否认慢性咳喘史。查体：体温36.7℃，血压170/100mmHg，心率115次/min，P2亢进，心律齐。双肺满布哮鸣音及中细湿啰音。其喘憋最可能的原因是

A. 支气管哮喘

B. 慢性支气管炎急性发作

C. 肺栓塞

D. 心力衰竭

E. 肺炎

49. 患者，女，66岁。发现二尖瓣狭窄20年，夜间阵发性呼吸困难10年，下肢水肿，腹胀，右上腹胀痛半年。1周前开始咳嗽，咳黄痰。2d来憋气明显加重，夜间坐位入睡。查体：颈静脉怒张，双肺底有少量湿啰音，肝肋下3指，质中，压痛，下肢可凹性水肿。该患者最安全的处理是

A. 利尿

B. 吸氧

C. 抗生素治疗

D. 静脉滴注硝酸酯类药物

E. 转诊到可进行心脏瓣膜手术的医院

50. 患者，女，78岁。心源性水肿，应用地高辛0.125mg、1次/d，氢氯噻嗪25mg、1次/d，口服，2周后患者出现多源性室性期

前收缩。最可能的原因是

A. 低血钾　　　B. 低血钙　　　C. 低血钠

D. 高血镁　　　E. 高血钙

51. 患者,男,50岁。突发呼吸困难,咳粉红色泡沫痰。查体:血压 190/100mmHg。首选的治疗药物是

A. 毛花苷 C　　　B. 氨茶碱　　　C. 硝普钠

D. 多巴酚丁胺　　E. 硝酸甘油

52. 患者,男,40岁。入院诊断为扩张型心肌病,心功能Ⅳ级。心电图示心率 96 次/min,心房颤动。血清钾 5.9mmol/L,血清钠 130mmol/L。该患者**不宜**应用

A. 硝普钠　　　B. 呋塞米　　　C. 螺内酯

D. 地高辛　　　E. 阿司匹林

53. 患者,女,67岁。上 2 层楼气短 2 年。既往:高血压 30 年。查体:血压 130/70mmHg,心率 71 次/min,律齐,听诊双肺呼吸音清,双下肢不肿。心功能分级为

A. NYHA 分级Ⅲ级　　　B. NYHA 分级Ⅱ级

C. Killip 分级Ⅱ级　　　D. Killip 分级Ⅰ级

E. NYHA 分级Ⅳ级

54. 患者,男,70岁。1 个月前因急性前壁心肌梗死行急诊 PCI 治疗,植入支架 1 枚。患者 3 周前出院,术后快走 200m 即出现气短。既往:高血压 30 年,吸烟 40 年,20 支/d,已戒 10 年,偶尔少量饮白酒。最有助于患者康复的措施是

A. 询问患者大便出血情况

B. 提醒患者规律服用他汀类药物

C. 鼓励患者戒酒

D. 制订适合的运动计划

E. 建议服用辅酶 Q10

【A3/A4 型题】

(1~2 题共用题干)

患者,男,62 岁。突发胸痛 3h 伴大汗。既往:高血压病史 20 年。查体:血压 100/70mmHg,心率 55 次/min。心电图:$V_1\sim V_4$ 导联 ST 段弓背向上抬高 3.0mV,Ⅱ、Ⅲ、aVF 导联 ST 段水平压低 1.0mV,急测肌酸激酶同工酶(CK-MB)4.3μg/L,肌钙蛋白 T(TnT)0.01μg/L,肌红蛋白(Myo)55μg/L。

1. 诊断考虑为

A. 急性下壁心肌梗死　　　B. 急性前壁心肌梗死

51. **【答案】** C

【解析】 本题患者患急性左心衰竭伴高血压。治疗的原则是尽快使血压下降,减低左心室的负荷。毛花苷 C、氨茶碱、硝普钠、多巴酚丁胺和硝酸甘油五个药比较,只有硝普钠能有效降低左心室后负荷,降低血压。本题选 C。

【考点】 急性心力衰竭的治疗

52. **【答案】** C

【解析】 螺内酯是保钾利尿药,不宜用于高血钾患者,本题中患者血钾 5.9mmol/L,已经超出正常上限。因此,本题选 C。

【考点】 药物的不良反应

53. **【答案】** B

【解析】 判断心功能分级,先要确定患者是否为急性心肌梗死,是急性心肌梗死采用 Killip 分级,否则用 NYHA 分级。该题患者不是急性心肌梗死,用 NYHA 分级。患者可上 2 层楼梯气短,属于体力活动轻度受限,因此本题选 B。

【考点】 心力衰竭的心功能分级

54. **【答案】** D

【解析】 患者是一个心肌梗死后心力衰竭患者。该类患者的管理不仅要考虑到冠心病的二级预防用药和出血风险监测,也要注意到心力衰竭的康复。适合患者情况的循序渐进的运动计划是心力衰竭的重要康复内容。本题选 D。

【考点】 慢性心力衰竭的康复

1. **【答案】** B

【解析】 心肌梗死早期的心电图特征性表现是 ST 段抬高呈弓背向上型,在面向坏死区及周围心肌损伤区的导联上出现,反面导联呈镜像性改变。

【考点】 急性心肌梗死的心电图特征

C. 急性肺栓塞　　　　　　D. 急性心肌炎

E. 急性心包炎

2.【答案】D

【解析】心肌梗死发病3~6h，最多12h内，需尽早应用冠脉血运重建，开通冠脉，心肌得到灌注，改善预后。

【考点】ST段抬高心肌梗死的治疗

2. 患者入院后最重要的治疗措施为
   A. 卧床休息
   B. 镇静镇痛
   C. 心电、血压监护
   D. 再灌注治疗
   E. 给予阿托品静脉注射

（3~5题共用题干）

患者，女，65岁。1h前情绪激动时突发意识丧失。既往：高血压、冠心病10余年。心电图提示心室颤动。

3.【答案】C

【解析】终止心室颤动最有效的措施是电除颤。

【考点】心室颤动的抢救

3. 最有效的治疗是
   A. 心前区锤击　　　　　B. 临时起搏
   C. 电除颤　　　　　　　D. 肾上腺素心内注射
   E. 静脉滴注碳酸氢钠

4.【答案】C

【解析】急性脑出血一般不会以心室颤动为主要表现，如果是脑出血引起脑疝，多为心搏、呼吸停止；急性心肌梗死会因为心肌坏死出现心脏电活动紊乱导致心室颤动。

【考点】心肌梗死的急性并发症

4. 该患者心室颤动最可能的病因是
   A. 高血压　　　　　　　B. 急性脑出血
   C. 急性心肌梗死　　　　D. 电解质紊乱
   E. 脑疝

5.【答案】A

【解析】怀疑急性心肌梗死需尽快进行再灌注治疗，如无条件，应转于就近的上级医院进一步治疗。

【考点】社区急性心肌梗死的处理

5. 假设患者电除颤后心电监护提示窦性心律，ST段明显抬高。最有效的治疗措施是
   A. 再灌注治疗　　　　　B. 输注碳酸氢钠
   C. 输注胺碘酮　　　　　D. 注射肾上腺素
   E. 注射多巴胺

（6~8题共用题干）

患者，女，70岁。近5年来多于快走或爬3层楼时感胸前区闷痛，休息10min可好转，近期无加重。行冠状动脉造影提示前降支中段(mLAD)50%~75%狭窄，未予特殊处理，既往有高血压、糖尿病、高脂血症。平素服用硝苯地平控释片，血压控制于150/90mmHg左右，未用其他药物。入院查体：血压150/85mmHg，心率56次/min，心律齐，听诊双肺呼吸音清，双下肢无水肿。

6.【答案】A

【解析】冠心病患者二级预防治疗需要长期使用可以改善预后的药物，包括抗血小板药物、β受体阻滞剂、ACEI、他汀类调脂药物。该患者为稳定型冠心病，使用单种抗血小板药物即可；患者心率56次/min，虽β受体阻滞剂可改善预后，但因心率偏慢不宜使用。

【考点】冠心病的二级预防药物

6. 患者需要长期使用的药物是
   A. 阿司匹林　　　　　　B. 阿司匹林＋氯吡格雷
   C. β受体阻滞剂　　　　 D. 硝酸酯长效制剂
   E. 硝苯地平

7. 关于降压治疗,患者应
   A. 加用利尿药
   B. 加用 ACEI/ARB
   C. 加用 β 受体阻滞剂
   D. 加用 α 受体阻滞剂
   E. 无须调整

8. 该患者血生化:总胆固醇(TC)5.7mmol/L、低密度脂蛋白胆固醇(LDL-C)3.6mmol/L、甘油三酯(TG)2.1mmol/L。关于调脂治疗,正确的是
   A. 单纯饮食控制,3 个月后复查血脂
   B. 给予他汀类药物调脂治疗
   C. 给予贝特类药物调脂治疗
   D. 治疗以降甘油三酯为主
   E. 治疗以降总胆固醇为主

(9~12 题共用题干)

患者,女,30 岁。发现血压升高 1 个月。血压最高 200/100mmHg,伴有头痛、头晕。有高血压家族史。入院查体:左侧血压 220/110mmHg,右侧血压 140/80mmHg。

9. 对病情判断,意义**不大**的是
   A. 颈部血管杂音
   B. 下肢血压
   C. 是否伴有胸痛
   D. 是否伴有腹痛
   E. 是否有怕热、易出汗、手抖

10. 查体时最有可能出现的阳性结果是
    A. 颈动脉处有血管杂音
    B. 锁骨下动脉处有血管杂音
    C. 心脏各瓣膜区闻及杂音
    D. 足背动脉搏动不对称
    E. 肝脏肋下可触及

11. 对该患者价值**不大**的检查是
    A. 超声心动图
    B. 锁骨下动脉超声
    C. 肾动脉超声
    D. 心电图
    E. 胸部 CT

12. 假设患者血尿酸 640μmol/L,24h 尿钠明显升高;超声心动图正常,肾动脉未见狭窄,肾上腺 MRI 未见异常。**不应使用**
    A. ACEI/ARB
    B. 钙通道阻滞药
    C. 利尿药
    D. β 受体阻滞剂
    E. 血管扩张剂

7.【答案】B
【解析】患者血压控制欠佳,冠心病合并高血压合并糖尿病,首选 ACEI/ARB 类降压药,改善预后。β 受体阻滞剂因患者目前心率慢不宜加用;老年患者应用 α 受体阻滞剂容易引起低血压。
【考点】冠心病合并高血压的药物选择

8.【答案】B
【解析】冠心病合并高血压合并糖尿病,为冠心病极高危人群,LDL-C 目标值为 1.8mmol/L 以下,降 LDL-C 最主要,需使用他汀类药物治疗。
【考点】冠心病患者调脂治疗方案

9.【答案】E
【解析】初诊高血压患者,尤其两侧血压相差比较多,需排除继发性高血压因素。下肢血压、颈部血管杂音、胸腹痛对判断大动脉炎、主动脉夹层有帮助。E 选项为甲亢的表现,与患者表现无明显关系。
【考点】高血压的鉴别诊断

10.【答案】B
【解析】年轻初发高血压患者,双上肢血压相差大于 20mmHg,需警惕单侧锁骨下动脉狭窄,需重关注血管杂音,尤其是锁骨下动脉杂音。
【考点】锁骨下动脉狭窄的表现

11.【答案】E
【解析】超声心动图为明确高血压的心脏靶器官损害,对高血压分级有帮助;B、C 选项为明确有无动脉狭窄,排除继发性高血压;D 选项为原发性醛固酮增多症方面检查;E 选项为肺部疾病检查,与高血压关系不密切。
【考点】高血压的诊断及鉴别诊断

12.【答案】C
【解析】患者高尿酸血症,不宜选用利尿药,尤其是噻嗪类利尿药。
【考点】降压药物的使用

（13~16 题共用题干）

患者，女，76 岁。因"发现血压升高 30 年，血压控制不佳 2 周"入院。平素服用氨氯地平，血压控制在 140/80mmHg 左右。近 2 周血压波动于 180/90mmHg 左右，伴头晕。既往有糖尿病 5 年，有高血压家族史。查体：血压 175/90mmHg，心率 80 次/min，心尖部可闻及 2/6 级收缩期杂音，余查体无明显阳性体征。

13.【答案】B

　　【解析】患者高血压多年，口服单个降压药血压控制良好，有家族史，考虑诊断为原发性高血压，即"高血压病"。根据最高血压水平，可分为 3 级，有临床合并症，为很高危组。

　　【考点】高血压的诊断

13. 该患者的标准诊断为
    A. 高血压 3 级，很高危
    B. 高血压病 3 级，很高危
    C. 继发性高血压，3 级，很高危
    D. 原发性高血压，3 级，高危
    E. 高血压 2 级，很高危

14.【答案】B

　　【解析】高血压肾损害或糖尿病肾损害均表现为蛋白尿，很少为血尿。且尿中红细胞大小不一，原发性肾脏损害可能性大。

　　【考点】高血压肾损害与原发性肾脏疾病鉴别

14. 患者无尿频、尿急、尿痛，尿色正常，24h 尿蛋白 4g，有血尿，红细胞大小不一，无白细胞。应考虑
    A. 高血压肾损害　　　　B. 原发性肾脏疾病
    C. 糖尿病肾损害　　　　D. 输尿管结石
    E. 尿路感染

15.【答案】A

　　【解析】高血压合并糖尿病及有蛋白尿的患者首选 ACEI 类药物。

　　【考点】降压药物的选择

15. 该患者降压药物宜选用
    A. 雷米普利　　　　　　B. 氢氯噻嗪
    C. 富马酸比索洛尔　　　D. 特拉唑嗪
    E. 单硝酸异山梨酯

16.【答案】E

　　【解析】高血压患者低盐饮食，糖尿病患者免糖饮食，伴有蛋白尿的患者应优质蛋白饮食。

　　【考点】高血压患者的饮食方案

16. 该患者的饮食方案宜选择
    A. 低盐低脂饮食
    B. 低盐免糖饮食
    C. 低盐免糖低蛋白饮食
    D. 低盐低脂低蛋白饮食
    E. 低盐免糖优质蛋白饮食

（17~19 题共用题干）

患者，女，43 岁。心悸 1 个月。查体：心率 108 次/min，律不齐，第一心音强弱不等，心尖部有舒张期隆隆样杂音。

17.【答案】D

　　【解析】心律不齐、第一心音强弱不等是心房颤动的典型听诊表现。本题选 D。

　　【考点】心律失常的诊断和识别

17. 听诊的发现符合
    A. 阵发性室上性心动过速
    B. 室性期前收缩
    C. 窦性心律不齐
    D. 心房颤动
    E. 窦性心动过速

18. 为进一步明确心律失常性质,应首选
    A. 心电图检查
    B. 超声心动图
    C. 胸部 X 线片
    D. 嘱患者左侧卧位听诊
    E. 嘱患者屏气后听诊

19. 以下对该患者的处理不恰当的是
    A. 转诊到上级医院
    B. 口服美托洛尔
    C. 静脉注射胺碘酮
    D. 抽血查抗链球菌溶血素"O"
    E. 检查凝血功能

(20~22 题共用题干)

患者,女,18 岁。近 2 周来发热,体温 38℃左右,伴恶心、呕吐、腹泻。遂出现心悸、胸痛、呼吸困难。因"1h 前晕厥发作"就诊。查体:面色苍白,精神萎靡。心率 38 次 /min,律齐,心尖部第一心音低钝,且可闻及"大炮音"。

20. 心电图最可能的表现为
    A. 窦性心动过缓　　　B. 一度房室传导阻滞
    C. 二度房室传导阻滞　D. 三度房室传导阻滞
    E. 室性期前收缩

21. 最适宜的治疗措施为
    A. 静脉注射阿托品　　B. 静脉滴注硝酸甘油
    C. 皮下注射肾上腺素　D. 植入临时心脏起搏器
    E. 心脏电复律

22. 心脏听诊,听到"大炮音"应考虑
    A. 二尖瓣脱垂　　　　B. PR 间期缩短
    C. 患者发热　　　　　D. 完全性房室传导阻滞
    E. 甲状腺功能亢进

(23~25 题共用题干)

患者,男,47 岁。突然意识丧失,呼吸不规则,触摸颈动脉搏动消失。

23. 该患者如果行心电监护,最不可能出现
    A. 电机械分离　　B. 心室颤动　　　C. 心室扑动
    D. 心房颤动　　　E. 室性停搏

18.【答案】A
【解析】心电图是诊断心律失常最重要的一项无创性检查技术,对确定心律失常的性质有重要意义。本题是为了进一步验证体格检查得出的心律失常类型,心电图是最直观重要的检查。本题选A。
【考点】心律失常的心电图识别

19.【答案】C
【解析】心房颤动的治疗原则包括维持窦性心律、控制心室率和抗凝。该患者发生心房颤动的时间不详,且根据典型舒张期杂音,风湿性心脏病二尖瓣狭窄可能性最大。盲目转复心房颤动血栓风险极高。静脉注射胺碘酮为转复心房颤动治疗。本题选C。
【考点】心律失常的治疗原则

20.【答案】D
【解析】患者青年女性,临床表现考虑急性病毒性心肌炎。出现心悸、晕厥,查体心率明显减慢,可闻及"大炮音"。考虑三度房室传导阻滞。因此,本题选D。
【考点】心律失常的诊断和识别

21.【答案】D
【解析】三度房室传导阻滞因房室分离,各自保持自己的节律,对于症状明显、心室率缓慢者,应及时给予临时性或永久性心脏起搏器。患者是急性心肌炎,有恢复正常心律的可能性,需植入临时心脏起搏器。本题选D。
【考点】心律失常的治疗

22.【答案】D
【解析】"大炮音"是由于心房心室同时收缩使第一心音增强所致,见于完全性房室传导阻滞。本题选D。
【考点】心律失常的表现

23.【答案】D
【解析】中年男性,突发意识丧失,呼吸不规则,大动脉搏动消失提示心脏骤停。心脏骤停的心律情况可以是心室颤动、心室扑动,也可能是直接的心脏停搏,有时伴有非常缓慢心室逸搏,还有些情况会出现电机械分离。比如在心脏破裂的情况下,心电监护显示窦性心律,但心脏没有收缩运动。本题选D。
【考点】心律失常的表现

24.【答案】E

【解析】心外按压，按压与松开的时间比为 1∶1 时心排血量最大，按压频率以 100~120 次/min 为佳。成人心脏复苏时，心脏按压 30 次进行口对口呼吸 2 次。心脏按压有效时触及颈动脉或股动脉的搏动。本题选 E。

【考点】心律失常的治疗

25.【答案】E

【解析】心室颤动电除颤应首选直流电 360J 非同步除颤，故选 E。

【考点】心律失常的治疗

26.【答案】E

【解析】冠心病心肌缺血或心肌梗死是引起心力衰竭的最常见原因之一。患者在慢性心力衰竭的基础上，出现快速心律失常诱发心力衰竭加重。查体示患者端坐位、血压升高，双肺底可闻及湿啰音，双肺散在哮鸣音为急性肺水肿。根据临床表现判断为急性左心衰竭。故本题选 E。

【考点】心力衰竭的诊断和鉴别诊断

27.【答案】B

【解析】美托洛尔可抑制心肌的收缩性及自律性和传导性，能够控制心房颤动的心室率。但在射血分数减低的心力衰竭失代偿期，该药会进一步减低心肌收缩力，从而导致肺淤血加重。题目中患者是陈旧性心肌梗死后快速心房颤动诱发心力衰竭，美托洛尔可以控制心室率，但该患者查体心界向左下方扩大，在超声心动证实不存在射血分数减低的情况之前，使用美托洛尔不恰当。因此，本题选 B。

【考点】心力衰竭的药物治疗

28.【答案】E

【解析】Killip 分级：I 级尚无明显心力衰竭；II 级有左心衰竭，肺部啰音 <50% 肺野；III 级有急性肺水肿，全肺干湿啰音；IV 级有心源性休克等不同程度或阶段的血流动力学变化。NYHA 分级：I 级患者有心脏病，但活动量不受限制，平时一般活动不引起疲乏、心悸、呼吸困难及心绞痛；II 级心脏病患者的体力活动受到轻度限制，休息时无自觉症状，但平时活动可出现疲乏、心悸、呼吸困难及心绞痛；III 级心脏病患者的体力活动受到明显限制，小于平时一般活动即引起上述症状；IV 级心脏病患者不能从事任何体力活动，休息状态下也出现心力衰竭的症状，活动后加重。因此，本题选 E。

【考点】心功能分级

24. 即刻对该患者进行心外按压，判断其是否有效的主要方法是
    A. 测血压
    B. 呼喊患者看其是否清醒
    C. 观察瞳孔缩小状况
    D. 摸桡动脉搏动
    E. 摸股动脉搏动

25. 心电监护显示患者为心室颤动，电除颤应首选直流电
    A. 150J 非同步除颤
    B. 200~300J 同步除颤
    C. 200~300J 非同步除颤
    D. 360J 同步除颤
    E. 360J 非同步除颤

（26~29 题共用题干）

患者，女，68 岁。活动后胸闷、气短 2 年，1 周前突发心悸，持续不缓解，1 周来体力明显下降，出现夜间阵发性呼吸困难，前来社区医院门诊就诊。既往陈旧性广泛前壁心肌梗死 5 年。查体：血压 160/90mmHg，脉搏 102 次/min，端坐位。心界向左下方扩大，心音低钝，P2>A2，心律不齐，心音强弱不等，心率 124 次/min，心脏各瓣膜区未闻及杂音。听诊双肺底可闻及湿啰音，双肺散在哮鸣音。腹平软，肝脾肋下未触及，双下肢无水肿。空腹血糖 8.2mmol/L，血清肌钙蛋白正常。

26. 该患者目前最可能的诊断是
    A. 气道梗阻
    B. 肺栓塞
    C. 支气管哮喘
    D. 急性心肌梗死
    E. 急性左心衰竭

27. 该患者暂不宜立即使用
    A. 毛花苷 C　　　B. 美托洛尔　　　C. 硝普钠
    D. 硝酸甘油　　　E. 呋塞米

28. 该患者心功能分级为
    A. Killip 分级 II 级
    B. Killip 分级 III 级
    C. Killip 分级 IV 级
    D. NYHA 分级 III 级
    E. NYHA 分级 IV 级

29. 该患者最恰当的处理方式是
    A. 完善心电图检查
    B. 抽血化验,动态监测心肌酶变化
    C. 利尿,心电监护,尽快转诊到上级医院
    D. 监测血压
    E. 含服硝酸甘油

(30~33题共用题干)

患者,女,74岁。活动中气短2年。3d前跟女儿争吵后胸闷,头晕,恶心。几日来情绪烦躁,夜间睡眠差,喘憋逐渐加重,平地走50m即气短。既往:高血压40年,吸烟50年,20支/d。查体:血压180/80mmHg,心率90次/min,心界饱满,心律齐;双下肺可闻及少量细湿啰音;踝部轻度水肿。

30. 为明确造成患者憋气的病因,首选的检查是
    A. 胸部X线片
    B. 脑钠肽
    C. 心肌酶
    D. 超声心动图
    E. 心电图

31. 以下处理**不适合**的是
    A. 呋塞米20mg,静脉注射
    B. 吸氧
    C. 静脉泵点艾司洛尔
    D. 静脉泵点硝酸甘油
    E. 行心电图

32. 为了提高治疗效果,最需要补充的病史是
    A. 高血压家族史
    B. 药物过敏史
    C. 慢性阻塞性肺疾病病史
    D. 高血压的药物治疗和平时的血压水平
    E. 肾脏病病史

33. 为避免该患者再次出现喘憋加重,最重要的预防宣教内容是
    A. 避免大量饮水
    B. 预防感冒
    C. 每日测量体重
    D. 规律服用降压药物
    E. 避免情绪激动

29.【答案】C
【解析】患者在慢性心力衰竭的基础上,出现快速心律失常诱发心力衰竭加重。查体示患者端坐位、血压升高,双肺底可闻及湿啰音,双肺散在哮鸣音为急性肺水肿。根据临床表现判断为急性左心衰竭。这种情况,患者出现心力衰竭恶化和恶性心律失常风险高,需尽快转诊到有心内科重症监护病房的上级医院。因此,本题选C。
【考点】急性左心衰竭的转诊

30.【答案】B
【解析】本题患者因呼吸困难就诊,既往有高血压病史,也有几十年的吸烟病史,需要明确是心源性呼吸困难还是呼吸系统来源的呼吸困难。脑钠肽正常可以直接除外心力衰竭,且检查简便易行,是首选检查方法,因此本题选B。题目选项中,超声心动图也是心力衰竭诊断中的重要检查,是最难的干扰选项。但不是所有的心力衰竭患者都可以看到心脏结构的改变,且超声心动受检查条件限制,并不是急诊室除外或明确心力衰竭的首选检查方法。
【考点】心力衰竭的诊断

31.【答案】C
【解析】患者症状和病史提示慢性心功能不全急性加重,利尿、扩血管、降压、吸氧以及完善检查都是合理的处理方案。患者目前尚未行超声心动,左心室射血分数不详。不建议直接大剂量使用β受体阻滞剂。因此,本题选C。
【考点】心力衰竭的处理

32.【答案】D
【解析】患者症状和病史提示慢性心功能不全急性加重,血压升高。了解平时的降压药物和血压水平,可以了解血压升高在本次心力衰竭发生中的作用,能够指导降压药物选择和降压计划。因此,本题选D。
【考点】心力衰竭的处理

33.【答案】E
【解析】本题的五个选项都是预防心力衰竭的重要内容。本题患者在情绪激动后出现睡眠差、血压升高,从而导致心力衰竭加重,所以心力衰竭预防宣教里最重要的是要告知患者情绪波动的危害,帮助她避免再次发生类似情况。本题选E。
【考点】心力衰竭的预防

【案例分析题】

案例一：患者，男，55 岁。胸骨后压榨性痛，伴恶心、呕吐 2h。患者于 2h 前突然感到胸骨后疼痛，压榨性，有濒死感，休息与口含硝酸甘油均不能缓解，伴大汗、恶心，呕吐两次，为胃内容物，尿便正常。既往无高血压和心绞痛病史，无药物过敏史，吸烟 20 余年，20 支 /d。查体：体温 36.8℃，脉搏 100 次 /min，呼吸 20 次 /min，血压 100/60mmHg；急性痛苦病容，平卧位，无皮疹和发绀；浅表淋巴结未触及，巩膜无黄染，颈软，颈静脉无怒张；心界不大，心率 100 次 /min，有期前收缩 5~6 次 /min，听诊双肺呼吸音清晰，未闻及干湿啰音；腹平软，肝脾未触及，双下肢不肿。心电图示：V$_1$~V$_5$ 导联呈 Qr 型伴 ST 抬高 3.0mV。

提问 1：患者需尽快进行的初步检查为

A. 心肌损伤标志物

B. 隔 30min 复查心电图

C. 肺动脉增强 CT

D. 肺 CT 平扫

E. 腹部超声

F. 急诊胃镜

提问 2：关于该患者的治疗，正确的是

A. 予以心电监护

B. 尽快启动急诊 PCI

C. 应待心肌损伤标志物结果回报，如心肌损伤标志物升高再启动急诊 PCI

D. 尽快口服阿司匹林及氯吡格雷负荷剂量

E. 给予静脉补液

F. 给予心肺复苏

案例二：患者，男，48 岁。间断心悸半年。半年来间断心悸，每次发作持续数分钟至数小时不等。发作时自觉"心跳不齐"，有"漏跳"，自数脉搏偏慢，有时 40~50 次 /min。既往史：否认高血压、糖尿病，否认呼吸系统疾病，查体发现血脂升高 5 年，未服药。吸烟 20 年，20 支 /d，偶饮酒。父亲患高血压，母亲体健。心电图提示：室性期前收缩。

提问 1：为进一步明确诊断，指导治疗，病史中还需补充的内容是

A. 心悸发作前近期是否有上呼吸道感染病史

B. 工作强度

C. 胸闷、胸痛发生的情况

D. 腹泻、脱水的情况

E. 是否有饮浓茶、咖啡的习惯

F. 睡眠情况

G. 下肢水肿的情况

提问 1：【答案】AB

【解析】患者中年男性，胸痛症状典型，持续 2h，伴有恶心、呕吐，有长期大量吸烟史的危险因素，心率偏快，血压偏低，心电图有 ST 段抬高，初步考虑为急性心肌梗死，尽快做的检查为监测心电图有无动态变化及心肌损伤标志物检查。

【考点】急性心肌梗死的诊断及处理

提问 2：【答案】ABD

【解析】患者中年男性，胸痛症状典型，持续 2h，伴有恶心、呕吐，有长期大量吸烟史的危险因素，心率偏快，血压偏低，已出现期前收缩，心电图有 ST 段抬高，初步考虑为急性心肌梗死，且累及面积大，需心电监测，并尽快启动急诊 PCI 绿色通道，术前给予负荷量抗血小板药物。患者目前不考虑为消化系统疾病，且有心力衰竭风险，暂不需要补液。

【考点】急性心肌梗死的诊断及处理

提问 1：【答案】ABCDEFJ

【解析】心电图提示患者存在频发室性期前收缩。室性期前收缩的病因可以分为器质性疾病和非器质性疾病两大类。心肌缺血、电解质紊乱、心肌炎和各种其他心脏疾病都可能出现室性期前收缩，答案中 A、C、D 选项与这些病因有关。非器质性因素包括精神紧张、工作压力大，即 B、J 选项。还包括睡眠不足，饮酒、茶、咖啡等，选项 E、F。因此，本题选 ABCDEFJ。

【考点】心律失常的诱因和病因

H. 呼吸困难的情况

I. 运动情况

J. 情绪状态

提问 2:患者诉辅导女儿作业时情绪激动,容易诱发心悸,情绪平稳后改善。超声心动图未见心脏结构改变,颈动脉超声未见动脉硬化表现。动态心电图提示平均心率 70 次 /min,24h 室性期前收缩 7 624 次。合理的处理是

A. 行冠状动脉造影

B. 口服美托洛尔

C. 口服胺碘酮

D. 口服地高辛

E. 行电生理检查

F. 行脑钠肽检查

G. 建议患者避免情绪激动

H. 行电生理检查

I. 射频消融

J. 1 个月后复查动态心电图

提问 3:服药后患者自觉心悸减轻,未复诊。4 个月后,患者自觉心悸加重,心悸严重时有片刻的黑矇,复查动态心电图示平均心率 82 次 /min,24h 室性期前收缩 21 434 次,其中成对室性期前收缩 2 568 次,短阵室性心动过速 191 次。合理的治疗包括

A. 收入院

B. 直流电复律

C. 行电生理检查

D. 行射频消融

E. 继续门诊观察

F. 行心电监护

G. 行冠状动脉造影

H. 行支架植入术

I. 行电解质检查

J. 行起搏器植入

案例三:患者,女,79 岁。因"间断心悸 3 年,加重 1 个月,伴晕厥 1d "就诊。患者 3 年前开始无明显诱因心悸,自觉心跳乱,速度快,持续数分钟后缓解。未予重视。1 个月来患者反复发生心悸,持续时间较前明显延长,最长可达 7h。昨日患者再次发生心悸,伴气短,持续 2h 后患者突发意识丧失,摔倒在地。意识恢复后觉心跳恢复正常。发病来精神食欲可。体力活动无明显受限。既往高血压 25 年,糖尿病 5 年。否认咳嗽咳痰病史。否认药物过敏史,否认手术外伤史。

提问 1:患者的重点查体应包括

A. 甲状腺触诊

B. 肝 - 颈静脉回流征

提问 2:【答案】BGJ

【解析】患者单纯室性期前收缩,无器质性疾病。目前室性期前收缩数目不多,基础心率偏快。治疗方案为避免期前收缩诱因,根据症状程度适当口服药物。监测期前收缩变化。选项 G 和 J 符合。用药方面,首选 β 受体阻滞剂,胺碘酮作为二线用药,非首选。因此本题选 B、G、J。

【考点】心律失常的治疗

提问 3:【答案】ACDFI

【解析】患者的心悸加重,出现黑矇,动态心电图发现不仅期前收缩数目明显增多,还出现大量成对的期前收缩和室性心动过速。这种情况下需要收患者住院,在心电监护的情况下完善心悸加重的相关检查。建议行电生理检查,必要时做射频消融。因此,本题选 A、C、D、F、I。

【考点】心律失常的治疗

提问 1:【答案】ABDEFI

【解析】患者老年女性,从心悸发作的特点来看,考虑心房颤动可能性大。患者心悸、气短,持续 2h 后患者突发意识丧失,意识恢复后觉心跳恢复正常。考虑心房颤动转复出现长间歇可能性大。该患者的重点查体包括以下几个方面:首先是心律失常本身,F 选项;其次是心脏的基础病变和心功能评价,B、I、D、E 选项;再次是病因的评估,A 也是正确选项,因为甲亢是心房颤动的一个重要病因。因此,本题选 A、B、D、E、F、I。

【考点】心房颤动的体征

C. 双侧肺底移动度

D. 肺部听诊

E. 心界叩诊

F. 心脏听诊

G. 肾区叩诊

H. 病理征

I. 下肢水肿

J. 角膜反射

提问2：患者应进行的检查是

A. 心电图	B. 胸部 X 线片
C. 血培养	D. 电解质
E. 肝肾功能	F. 脑钠肽
G. 甲状腺功能	H. 凝血功能
I. 超声心动图	J. 腹部超声

提问3：患者超声心动图示左心房扩大，左心室壁肥厚，室间隔和左心室后壁 1.2cm，未见明显节段性运动不良。左心室舒张末内径 4.6cm，射血分数 52%。心电图示窦性心律，心率 48 次 /min。可以选择的处理包括

A. 转心脏内科进一步诊治

B. 舌下含服硝酸甘油

C. 阿司匹林 300mg 嚼碎服用

D. 口服胺碘酮

E. 口服螺内酯

F. 行心电监护

G. 避免出现低钾血症

H. 复查心电图

I. 口服普罗帕酮

J. 口服美托洛尔

案例四：患者，男，73 岁。快走或上 2 层楼梯气短 1 个月。1 个月前受凉后咳嗽、流涕、憋气，体温最高 37.8℃，服用感冒冲剂后体温正常，流涕消失，但仍咳嗽、憋气。夜间咳嗽明显，干咳偶伴少量白痰。快走或上 2 层楼梯气短。2 周前出现下肢水肿，自觉憋气症状略有改善。高血压 20 年，服用硝苯地平控释片 30mg，1 次 /d，血压 130/70mmHg，3 年前体检超声心动图发现主动脉瓣大量反流，心脏不大。无烟酒嗜好。父亲 40 岁去世，具体不详。母亲患肺癌，20 年前去世。两个妹妹患有高血压。

提问1：对该患者的重点查体，应包括

A. 生命体征

B. 神志

C. 肝 - 颈静脉回流征

D. 甲状腺触诊

提问2：【答案】ABDEFGHI

【解析】参照上一题解析，患者心房颤动可能性大。检查涉及诊断、鉴别诊断和治疗。A 选项用于直接评估心律失常类型；B、I、F 选项帮助评估心脏结构和功能；D、G 选项评估心房颤动的病因和诱因；E、H 选项指导药物选择。

【考点】心房颤动的诊断和治疗

提问3：【答案】AFGH

【解析】该患者是阵发性房颤，基础窦性心动过缓，心房颤动转复过程中出现晕厥。考虑转复后长间歇可能性大。此类心房颤动患者需要行心电监护、动态心电图和复查心电图来评估心律状态。不能盲目使用治疗心房颤动的药物和控制心室率的药物。因此 F、H 选项正确，D、I、J 选项错误。患者病情偏重，需要转上级医院评估是否需要植入永久起搏器；避免出现低钾血症可以减少心房颤动复发。其他选项都是无关干扰项。因此，本题选 A、F、G、H。

【考点】心房颤动的治疗

提问1：【答案】ACEFGIJ

【解析】心力衰竭的病理生理基础是体循环淤血和肺循环淤血。临床表现也和这两方面有关。体循环淤血可以表现为末梢的水肿、肝大、颈静脉怒张、肝 - 颈静脉回流征阳性等。肺循环淤血包括肺内的干湿啰音。因此，C、E、G、I 正确。同时心脏本身的视、触、叩、听诊和血管征也很重要，尤其本患者有主动脉瓣反流病史，周围血管征尤其重要，选 F 和 J。患者高血压，血压控制水平对心力衰竭的治疗也非常重要。本题选 A、C、E、F、G、I、J。

【考点】心力衰竭的体征

E. 肺部查体

F. 心脏查体

G. 腹部触诊

H. 病理征

I. 下肢水肿

J. 周围血管征

提问2：为明确诊断并指导治疗，即刻安排的检查包括

A. 心电图   B. 胸部 X 线片

C. 血培养   D. 电解质

E. 肝肾功能   F. 脑钠肽

G. 心肌酶谱   H. 凝血功能

I. 超声心动图   J. 腹部超声

提问3：患者超声心动图提示：左心房、左心室扩大，左心室壁肥厚，室间隔和左心室后壁 1.2cm，左心室舒张末内径 5.9cm，射血分数 43%。估测肺动脉压力 48mmHg。主动脉瓣大量反流。除行主动脉瓣置换术外，可以改善该患者远期预后的药物包括

A. 呋塞米   B. 硝酸甘油

C. 培哚普利   D. 地高辛

E. 螺内酯   F. 缬沙坦

G. 美托洛尔   H. 阿替洛尔

I. 氢氯噻嗪   J. 卡维地洛

案例五：患者，女，78 岁。间断胸闷、气短伴下肢水肿 1 年，加重 1 周。患者 1 年前劳累后出现快走或上楼梯时胸闷、气短，休息后缓解，伴下肢水肿。住院诊断为心力衰竭，予利尿、扩血管等治疗后症状改善。出院后 2 周，患者停用出院所带药物，仅口服阿司匹林和降压药物。10 个月前患者再次出现快走或上 1 层楼梯气短，夜间高枕卧位，伴下肢水肿，再次入院治疗。出院后规律服药 3 个月，再次停用利尿药，仅口服阿司匹林和降压药物，3 个月前再次入院，1 个月前停用利尿药，1 周前上呼吸道感染后出现下肢水肿，憋气加重。既往：高血压 25 年，冠心病 25 年，未行冠状动脉造影和介入治疗。

提问1：下列病史补充内容，对患者心力衰竭管理意义最大的是

A. 以往脑钠肽检测结果

B. 手术外伤史

C. 月经史、婚育史

D. 高血压的药物治疗

E. 冠状动脉造影的结果

F. 患者停用利尿药的理由

G. 胸闷时心电图的表现

H. 平时的血压水平

I. 以往超声心动图的结果

J. 心血管病家族史

提问2：【答案】ABDEFI

【解析】心力衰竭的诊断需要明确患者心力衰竭的程度，因此 F、B 选项需要检查。需要了解患者基础心脏病变，因此 I 选项需要检查。需要了解患者的心脏节律和有无冠脉缺血，因此 A 选项需要检查。心力衰竭治疗要用药，尤其要利尿，因此 D、E 选项也需要检查。心肌酶谱在怀疑急性冠脉综合征的心力衰竭患者是需要的，但该患者病史中无心绞痛，除高血压外无动脉粥样硬化危险因素，不是必须检查的项目。因此本题选 A、B、D、E、F、I。

【考点】心力衰竭的诊断

提问3：【答案】CEFGJ

【解析】抗心力衰竭的药物分为两大类：一类是改善预后的药物，一类是改善症状的药物。前者包括 ACEI 类、ARB 类、β 受体阻滞剂和醛固酮拮抗剂。其中 β 受体阻滞剂有循证医学证据的仅包括美托洛尔、比索洛尔和卡维地洛。因此，本题选 C、E、F、G、J。

【考点】心力衰竭的治疗

提问1：【答案】F

【解析】患者老年女性，有高血压和心肌梗死病史，但近期并没有明显胸痛。几次心力衰竭加重入院，都是因为停用利尿药后出现。因此，对该患者的心力衰竭管理，最重要的是提高药物的依从性。了解患者的停药原因，并帮助其制订可以执行的服药计划非常重要。因此，本题选 F。

【考点】心力衰竭的预防

提问2:【答案】AD

【解析】心力衰竭患者大量利尿后出现心悸,要特别注意电解质紊乱导致的心律失常。低钾血症诱发室性心律失常,主要是室性期前收缩,在此类患者中最常见。严重的情况下会出现室性心动过速或心室颤动。因此需要急查心电图和电解质,给予快速纠正。本题选A、D。

【考点】药物不良反应

提问3:【答案】ACFGHI

【解析】该患者为射血分数保留的心力衰竭,且存在心室肥厚,治疗原则为建议控制心率、血压,改善左心室肥厚,适度利尿。患者同时存在肾功能轻度下降,且停用利尿药后反复心力衰竭入院。因此A、F、G、H需要选择。另外,患者存在冠脉粥样硬化,建议长期服用阿司匹林和他汀类药物进行一级预防。因此,本题选A、C、F、G、H、I。心脏不大的射血分数保留心力衰竭患者不推荐长期口服螺内酯,硫酸氢氯吡格雷片在急性冠脉综合征患者才建议和阿司匹林合用,E、J均不是正确选项。

【考点】心力衰竭的治疗

1.【答案】E

【解析】此题主要考查慢性胃炎诊断。慢性胃炎确诊依据需要依靠胃镜检查和活组织病理检查。

【考点】慢性胃炎的诊断

2.【答案】D

【解析】此题主要考查慢性胃炎诊断的病因。胃食管反流病是食管病变,而不是慢性胃炎的病因。

【考点】慢性胃炎的病因

3.【答案】D

【解析】此题主要考查消化性溃疡的并发症,其中上消化道出血最常见。

【考点】消化性溃疡的并发症

提问2:患者住院当日治疗后尿量2 600ml,憋气明显改善,第2天晨起诉心悸,需马上进行的检查是

A. 心电图   B. 胸部 X 线片
C. 血培养   D. 电解质
E. 肝肾功能   F. 脑钠肽
G. 心肌酶谱   H. 凝血功能
I. 超声心动图   J. 腹部超声

提问3:患者平时服用氨氯地平 5mg,1 次 /d,血压 150/90mmHg。辅助检查:血肌酐 157μmol/L。心电图未见病理性 Q 波,心率 78 次 /min。超声心动图结果:左心房扩大,左心室壁肥厚,室间隔和左心室后壁 1.2cm,未见明显节段性运动不良,左心室舒张末内径 4.9cm,射血分数 54%。冠脉计算机体层摄影血管造影(CTA)见冠脉多处 30%~40% 狭窄。建议患者长期服用的药物包括

A. 氨氯地平   B. 硝酸甘油
C. 阿司匹林   D. 地高辛
E. 螺内酯   F. 缬沙坦
G. 美托洛尔   H. 呋塞米
I. 阿托伐他汀   J. 硫酸氢氯吡格雷片

第三节 消化系统疾病

【A1 型题】

1. 慢性胃炎最可靠的诊断和分类依据是
   A. 胃蛋白酶原的检测
   B. 上消化道造影
   C. 胃酸
   D. 幽门螺杆菌检查
   E. 胃镜及胃黏膜组织学检查

2. 慢性胃炎的病因不包括
   A. 幽门螺杆菌感染
   B. 十二指肠胃反流
   C. 自身免疫因素
   D. 胃食管反流病
   E. 口服非甾体抗炎药

3. 消化性溃疡最常见的并发症为
   A. 癌变   B. 幽门梗阻
   C. 穿孔   D. 出血
   E. 营养不良

4. 消化性溃疡的典型临床表现
   A. 慢性病程,周期性发作,呈节律性上腹痛
   B. 腹痛无规律
   C. 急性病程
   D. 反复出现并发症
   E. 腹泻、便秘交替

5. 夜间腹部疼痛常见于
   A. 胃溃疡　　　　　　B. 十二指肠溃疡
   C. 胆囊炎　　　　　　D. 胰腺炎
   E. 溃疡性结肠炎

6. 消化性溃疡合并幽门螺杆菌感染,既往无抗生素应用史,首次根除幽门螺杆菌,最佳治疗方案是
   A. 质子泵抑制剂 + 铋剂 + 克拉霉素
   B. 质子泵抑制剂 + 铋剂 + 甲硝唑
   C. H_2 受体阻滞剂 + 克拉霉素 + 阿莫西林 + 铋剂
   D. 阿莫西林 + 克拉霉素 + 质子泵抑制剂 + 铋剂
   E. 阿莫西林 + 铋剂 + 质子泵抑制剂

7. 关于慢性胃炎的健康教育,正确的是
   A. 不用减重
   B. 可以喝红酒或啤酒
   C. 注意直系亲属有无严重疾病史
   D. 每日三餐,不必限量
   E. 餐后 3h 内避免躺卧

8. 幽门梗阻常由下列哪种溃疡引起
   A. 胃窦溃疡　　　　　B. 幽门管溃疡
   C. 胃角溃疡　　　　　D. 球后溃疡
   E. 胃多发溃疡

9. 现阶段我国肝硬化主要的病因是
   A. 酒精(大量饮酒)　　B. 病毒性肝炎
   C. 药物或化学毒物　　D. 胆汁淤积
   E. 寄生虫感染

10. 肝硬化失代偿期门静脉高压最主要的并发症是
    A. 消化道症状　　　　B. 内分泌紊乱
    C. 肝肾综合征　　　　D. 腹水
    E. 感染

4.【答案】A
　【解析】此题主要考查消化性溃疡的临床表现。慢性过程、周期性发作是其主要特点。
　【考点】消化性溃疡的临床表现

5.【答案】B
　【解析】此题主要考查十二指肠溃疡的临床表现。通常表现为饥饿痛,有时候会出现夜间痛,胃溃疡通常餐后出现。
　【考点】消化性溃疡的临床表现

6.【答案】D
　【解析】此题主要考查消化性溃疡根除幽门螺杆菌的治疗。常用的联合方案为:2 种抗生素 +1 种质子泵抑制剂 +1 种铋剂。
　【考点】消化性溃疡的治疗

7.【答案】E
　【解析】此题主要考查慢性胃炎的健康教育。慢性胃炎患者食物应多样化,避免偏食,不吃霉变和富含亚硝酸盐的食物,避免烟、酒,同时要保持良好的心理状态,餐后 3h 内避免躺卧。
　【考点】慢性胃炎的患者教育

8.【答案】B
　【解析】此题主要考查消化性溃疡的并发症。幽门梗阻多由十二指肠球部溃疡及幽门管溃疡引起。
　【考点】消化性溃疡的并发症

9.【答案】B
　【解析】此题主要考查肝硬化的病因。在我国,乙型肝炎病毒感染为肝硬化最常见的病因。
　【考点】肝硬化的病因

10.【答案】D
　【解析】此题主要考查肝硬化的临床表现。腹水是由于肝功能减退和门静脉高压的共同结果,是肝硬化失代偿期最突出的临床表现。
　【考点】肝硬化门静脉高压的临床表现

11.【答案】A
　【考点】肝硬化的临床表现

12.【答案】B
　【解析】此题主要考查肝癌的实验室检查。甲胎蛋白（AFP）是诊断肝癌的特异性标志物。
　【考点】肝细胞癌的诊断

13.【答案】C
　【解析】此题主要考查肝性脑病的临床表现。肝性脑病的前驱期表现为轻度性格改变和精神异常。
　【考点】肝性脑病的临床表现

14.【答案】D
　【解析】此题主要考查上消化道出血的部位。十二指肠悬韧带以上的消化道出血称为上消化道出血。
　【考点】上消化道出血的部位

15.【答案】B
　【解析】成人每日消化道出血>5ml,粪便隐血试验即出现阳性。
　【考点】上消化道出血的检查

16.【答案】A
　【解析】此题主要考查上消化道出血的检查方法。胃镜是诊断上消化道出血病因、部位和出血情况的首选方法,它不仅可以直接观察病变、取活检,还可以及时对出血病灶进行处理。
　【考点】上消化道出血的检查

17.【答案】C
　【解析】此题主要考查上消化道出血的评估。1次出血量少于400ml时,因轻度血容量减少可由组织液及脾脏储存的血所补充,多不引起全身症状。
　【考点】上消化道出血

11. 肝硬化的并发症**不包括**
   A. 高凝状态　　　　　　　B. 原发性肝癌
   C. 肝性脑病　　　　　　　D. 肝肾综合征
   E. 上消化道出血

12. 肝细胞癌的肿瘤标志物是
   A. 癌胚抗原（CEA）
   B. 甲胎蛋白（AFP）
   C. 前列腺特异性抗原（PSA）
   D. 糖类抗原 19-9（CA19-9）
   E. 碱性磷酸酶

13. 肝性脑病最早出现的临床表现是
   A. 定向力障碍　　　　　　B. 睡眠障碍
   C. 轻度性格、行为异常　　D. 扑翼样震颤
   E. 昏睡

14. 上消化道出血是指出血部位**不低于**
   A. 贲门
   B. 幽门
   C. 十二指肠球部
   D. 十二指肠悬韧带水平
   E. 空肠下端

15. 上消化道出血粪便隐血试验阳性出血量至少为
   A. 2ml　　　　　B. 5ml　　　　　C. 10ml
   D. 15ml　　　　　E. 20ml

16. 上消化道出血病因检查,最常用的方法是
   A. 胃镜
   B. X 线钡餐
   C. 选择性动脉血管造影
   D. 放射性核素扫描
   E. 腹部 CT

17. 下列关于消化道出血评估的说法,正确的是
   A. 每日出血量超过 100ml 可出现黑粪
   B. 胃内积血量超过 200ml 可引起呕血
   C. 出血量少于 400ml 时多不引起全身症状
   D. 短时间内出血超过 400ml 可出现休克表现
   E. 黑粪是消化道继续出血的指标

18. 肝硬化食管 - 胃底静脉曲张破裂出血,止血措施**不包括**
    A. 血管活性药物
    B. 内镜治疗
    C. 经颈静脉肝内门体分流术
    D. 三腔二囊管压迫
    E. 急诊外科行食管胃底切除术

18.【答案】E
【解析】食管 - 胃底静脉曲张出血量大,急诊外科手术并发症多,死亡率高,目前多不采用。
【考点】上消化道出血

19. 肝硬化食管 - 胃底静脉曲张,为预防再次出血,应首选的措施是
    A. 血管活性药物
    B. 内镜治疗
    C. 经颈静脉肝内门体分流术
    D. 三腔二囊管压迫
    E. 急诊外科手术

19.【答案】A
【解析】血管活性药物通过收缩内脏血管,降低患者门静脉血流量,从而降低门静脉压力而控制急性出血。
【考点】上消化道出血

20. 主要临床表现为渗出性腹泻的疾病为
    A. 肠易激综合征   B. 甲状腺功能亢进症
    C. 细菌性痢疾   D. 糖尿病
    E. 胃大部切除术后

20.【答案】C
【解析】细菌性痢疾(简称"菌痢")为肠道传染病,临床表现为排黏液血便,其腹泻类型为渗出性腹泻。
【考点】腹泻的分类

21. 下列关于腹泻的描述,正确的是
    A. 急性腹泻指病程少于 4 周
    B. 慢性腹泻指病程超过 6 周
    C. 分泌性腹泻的特点是指肠腔内存在大量高渗食物
    D. 渗出性腹泻大便无水样,且量多
    E. 肠道肿瘤可以引起腹泻

21.【答案】E
【解析】腹泻按照时间可分为急性和慢性,通常以 3 周为界;按照发病又可分为渗透性、分泌性、渗出性和动力异常性腹泻;按照病因可分为感染性、非感染性或肿瘤等因素。
【考点】腹泻的分类

22. 肝硬化组织学最典型的特点是
    A. 肝细胞坏死   B. 假小叶形成
    C. 肝细胞脂肪变性   D. 纤维组织增加
    E. 肝细胞增生

22.【答案】B
【解析】假小叶形成是典型的肝硬化组织病理形态。
【考点】肝硬化病理

23. 诊断肝硬化失代偿的依据**不包括**
    A. 发热、腹部不适、乏力
    B. 食管 - 胃底静脉曲张
    C. 肝性脑病
    D. 脾大
    E. 腹水

23.【答案】A
【解析】肝硬化通常起病隐匿,病程发展缓慢,但发热、腹胀、乏力不是肝硬化的特有表现。
【考点】肝硬化的临床表现与诊断

24. 消化性溃疡的预防措施中,**错误**的是
    A. 戒烟酒
    B. 避免服用损伤胃黏膜的药物

24.【答案】E
【解析】有效的患者教育可以预防消化性溃疡的复发,戒烟酒、避免服用损伤胃黏膜的药物、消除胆汁反流、休息、减轻精神压力均是消化性溃疡的预防措施,只有 E 不属于适当的预防措施。
【考点】消化性溃疡的患者教育

C. 消除胆汁反流

D. 适当休息,减轻精神压力

E. 减少每日食物摄入

25.【答案】B

【解析】肝区疼痛是肝癌的常见症状,但肝脏进行性增大对肝癌更具有诊断价值。

【考点】肝癌的诊断要点

25. 对肝癌的诊断最有价值的是

A. 肝区疼痛　　　　　　B. 进行性肝大

C. 肝质硬伴压痛　　　　D. 肝区血管杂音

E. 肝边缘钝

26.【答案】E

【解析】Hp 定居于黏液层与胃窦黏膜上皮细胞表面,一般不侵入胃腺和固有层内,其产生的氨及空泡毒素导致细胞损伤。幽门螺杆菌是微需氧菌。

【考点】消化性溃疡的患者教育

26. 关于幽门螺杆菌(Hp),正确的说法是

A. 常见于正常胃黏膜,黏液层上面

B. 幽门螺杆菌是厌氧菌

C. 炎症程度与该菌数量不成比例

D. 可不直接破坏上皮细胞

E. 注射途径用药,对此菌无作用

27.【答案】B

【解析】质子泵抑制剂作用于壁细胞,抑制胃酸分泌。

【考点】消化性溃疡的治疗

27. 治疗消化性溃疡,疗效最佳的抑酸药是

A. 碳酸氢钠　　　　　　B. 质子泵抑制剂

C. H_2 受体阻滞剂　　　D. 铝碳酸镁

E. 米索前列醇

28.【答案】B

【解析】门静脉高压,脾静脉回流阻力增加,脾脏被动淤血而肿大。

【考点】肝硬化的发病机制

28. 肝硬化脾大的主要原因是

A. 腹水压迫使脾血回流受阻

B. 门静脉高压

C. 肝动脉压力增高

D. 肝静脉压力增高

E. 腹壁静脉曲张

29.【答案】D

【考点】消化性溃疡的临床表现

29. 下列关于消化性溃疡典型的特点是

A. 消瘦、食欲缺乏

B. 嗳气、反酸

C. 恶心、呕吐

D. 十二指肠溃疡多为空腹痛和夜间痛

E. 胃溃疡多为空腹痛和夜间痛

30.【答案】D

【解析】肝硬化腹水在补充白蛋白的基础可予以放腹水治疗。

【考点】肝硬化腹水的治疗

30. 肝硬化腹水治疗恰当的是

A. 应限水,但不需要限钠

B. 只应用螺内酯即可

C. 间断少量放腹水

D. 反复输注白蛋白联合大量放腹水

E. 合并低钠血症时,及时补充氯化钠

31. 多灶性慢性萎缩性胃炎的主要病因是
    A. 免疫因素　　　　　　B. 幽门螺杆菌
    C. 胃酸分泌减少　　　　D. 营养障碍
    E. 十二指肠液反流

31.【答案】B
　　【解析】胃窦炎、全胃炎大多由于幽门螺杆菌感染所致,胃体炎多与自身免疫有关。
　　【考点】胃炎的发病机制

32. 慢性胃炎活动期病理特征是
    A. 胃黏膜萎缩
    B. 肠上皮化生
    C. 胃黏膜中性粒细胞增多
    D. 胃黏膜淋巴细胞浸润
    E. 胃黏膜浆细胞浸润

32.【答案】C
　　【解析】淋巴细胞、浆细胞为主的炎症为慢性,通常中性粒细胞为主提示炎症活动。
　　【考点】胃炎的发病机制

33. 有创性幽门螺杆菌检测的方法是
    A. ^{13}C-呼气试验
    B. 抗原检测
    C. 胃蛋白酶原I(PGI)/胃蛋白酶原II(PGII)
    D. 快速尿素酶试验
    E. 抗体检测

33.【答案】D
　　【解析】幽门螺杆菌的检测方案包括血清抗体检测、呼气试验等无创检查方案进行检测,快速尿素酶试验为有创性检查。
　　【考点】幽门螺杆菌的检测方法

34. 关于幽门螺杆菌检测,描述**错误**的是
    A. 使用抗生素后会存在假阴性可能
    B. 可以通过培养幽门螺杆菌检测
    C. 可以组织学检查检测
    D. 必须通过胃镜检测
    E. 可用快速尿素酶试验检测

34.【答案】D
　　【解析】幽门螺杆菌的检测方法较多,包括血清抗体检测、呼气试验、胃镜及胃黏膜活检、快速尿素酶试验等。
　　【考点】幽门螺杆菌的检测方法

35. 确诊溃疡活动性出血的最可靠方法是
    A. 胃液分析　　　B. X线钡餐检查　　　C. 粪便隐血
    D. 急诊胃镜检查　　E. 血红蛋白测定

35.【答案】D
　　【解析】胃镜可以直视病变情况,了解出血灶并能及时准确止血治疗。
　　【考点】胃溃疡的诊断

36. 以下属于 H_2 受体阻滞剂的是
    A. 法莫替丁　　　B. 奥美拉唑　　　C. 阿托品
    D. 氢氧化铝　　　E. 雷贝拉唑

36.【答案】A
　　【解析】抑酸药主要包含两大类,即质子泵抑制剂(PPI)和 H_2 受体阻滞剂,后者包括雷尼替丁、法莫替丁。
　　【考点】胃炎胃溃疡的治疗

【A2 型题】

1. 患者,女,45岁。反复上腹痛3年,再次发作5d。胃镜下见胃窦黏膜散在点片状红斑。诊断考虑为
    A. 急性胃糜烂性出血性胃炎
    B. 自身免疫性胃炎
    C. 慢性萎缩性胃炎
    D. 消化性溃疡
    E. 慢性非萎缩性胃炎

1.【答案】E
　　【解析】此题主要考查慢性胃炎的诊断。根据病史为慢性病程,内镜下非萎缩性胃炎的诊断依据是红斑(点、片状、条状),黏膜粗糙不平,出血点/斑;萎缩性胃炎依据是黏膜呈颗粒状,黏膜血管显露,色泽灰暗,皱襞细小。
　　【考点】慢性胃炎的诊断及鉴别诊断

2.【答案】B

【解析】此题主要考查慢性胃炎的治疗。慢性胃炎的治疗有根除 Hp、抑酸或抗酸治疗、胃黏膜保护剂、胃动力药、中药等。伴胃黏膜异型增生的处理：轻度异型增生可加强随访观察，重度异型增生确认后应内镜下治疗或手术治疗。

【考点】慢性胃炎的治疗

3.【答案】D

【解析】此题主要考查消化性溃疡穿孔的诊断及鉴别。溃疡急性穿孔主要表现为急性腹膜炎，突发剧烈腹痛，腹痛常起始于中上腹或右上腹，呈持续性，可蔓延至全腹。患者有腹膜刺激征。

【考点】消化性溃疡穿孔的诊断及鉴别

4.【答案】A

【解析】此题主要考查消化性溃疡并发症幽门梗阻的诊断。幽门梗阻引起胃潴留，临床表现为上腹部不适和呕吐。上腹饱胀以餐后为甚，呕吐后可减轻，呕吐量多，内含发酵宿食。上腹部空腹振水音和胃蠕动波是典型体征。

【考点】消化性溃疡并发症

5.【答案】C

【解析】此题主要考查十二指肠溃疡的临床表现。其疼痛特点是上腹部疼痛、饥饿痛，进食或服用抗酸剂后可缓解。

【考点】十二指肠溃疡的临床表现

6.【答案】D

【解析】此题主要考查胃溃疡并发症的临床表现。溃疡急性穿孔主要表现为急性腹膜炎，查体腹膜刺激征阳性。

【考点】胃溃疡穿孔的诊断

7.【答案】A

【解析】此题主要考查胃癌的临床表现。早期胃癌多无症状，进展期胃癌可有上腹痛、餐后加重、厌食、乏力及体重减轻。溃疡型胃癌出血时可引起呕血或黑粪，继之出现贫血。

【考点】胃癌的临床表现

2. 患者，女，55岁。反复上腹痛 10 余年，腹胀 4d。胃镜诊断为慢性萎缩性胃炎，活检提示轻 - 中度异型增生。最佳的治疗方案是
   A. 胃动力药　　　　　　　B. 胃黏膜保护药
   C. 定期随访观察　　　　　D. 内镜下黏膜切除术
   E. 中药

3. 患者，男，40岁。1h 前突感上腹剧痛，伴恶心，无排便、排气，半小时后腹痛转移到右下腹全腹，并向右肩部放射。查体：全腹压痛，有肌紧张和反跳痛，未触及包块。最可能的诊断是
   A. 急性阑尾炎　　　　　　B. 急性胰腺炎
   C. 胆囊炎穿孔　　　　　　D. 消化性溃疡穿孔
   E. 绞窄性肠梗阻

4. 患者，男，42岁。间断上腹痛 4 年，近 1 周腹痛加重，伴呕吐，呕吐后自觉缓解，呕吐物为隔夜宿食。查体：腹部饱满，有振水音。最可能的诊断是
   A. 消化性溃疡并幽门梗阻
   B. 十二指肠淤滞症
   C. 胃癌
   D. 神经性呕吐
   E. 急性胃炎

5. 患者，男，38岁。半年来饥饿时出现上腹痛，进食后缓解，有时反酸。查体：剑突下偏右压痛。最可能的诊断是
   A. 胃溃疡　　　　　　　　B. 十二指肠球炎
   C. 十二指肠溃疡　　　　　D. 应激性溃疡
   E. 慢性浅表性胃炎

6. 患者，男，38岁。今日早饭后突然上腹痛，拒按。既往胃溃疡病史。查体：腹壁呈板状僵硬。最可能的诊断是
   A. 阑尾炎　　　　　　　　B. 胰腺炎
   C. 胆囊炎　　　　　　　　D. 胃溃疡穿孔
   E. 肠梗阻

7. 患者，男，57岁。患胃溃疡 12 年，近 2 个月复发。有恶变可能的是
   A. 进行性疼痛、消瘦、贫血
   B. 上腹部压痛
   C. 食欲缺乏
   D. 反酸
   E. 嗳气

8. 患者,男,46岁。患胃溃疡已10年,近1个月腹痛复发,本次无明显规律,伴反酸、嗳气,药物治疗疗效不满意,急需的检查是
   A. X线钡餐　　　　　B. 腹部超声
   C. 胃酸测定　　　　　D. 粪便隐血试验
   E. 胃镜 + 病理活检

9. 患者,男,72岁。反复发作上腹不适3年。胃镜及病理提示:慢性萎缩性胃炎。患者最合适的治疗是
   A. 法莫替丁　　　　　B. 奥美拉唑
   C. 氢氧化铝　　　　　D. 吉法酯、多潘立酮
   E. 米索前列醇

10. 患者,男,43岁。聚会饮酒后,突然出现剧烈上腹痛,伴大汗,腹部X线片疑似膈下游离气体。下列首选的检查是
    A. 腹部CT　　　　　B. 急诊胃镜
    C. 上消化道造影　　　D. 腹腔镜开腹探查
    E. 呕吐物毒物检测

11. 患者,男,36岁。胃镜检查示胃黏膜有散在小片状充血呈红白相间的花斑状,部分胃黏膜呈红白相间,以白为主。病理:胃黏膜腺体显著减少,淋巴细胞增多。最可能的诊断是
    A. 急性胃炎
    B. 慢性浅表性胃炎
    C. 慢性萎缩性胃炎
    D. 巨大肥厚性胃炎
    E. 慢性浅表萎缩性胃炎

12. 患者,男,56岁。左侧腹痛1年,伴腹泻,间断出现黏液血便。查体:腹部未触及包块。诊断最有帮助的检查是
    A. 便常规　　　　　B. 钡灌肠检查
    C. 下消化道造影　　D. 腹部CT
    E. 结肠镜检查

13. 患者,男,26岁。间断腹胀2年,昨夜晚饭后感腹胀,2h后呕红色血约200ml,排柏油便1次。查体:血压90/70mmHg,心率120次/min,腹平软,无压痛,肝脾未触及。最可能的诊断是
    A. 消化性溃疡出血　　B. 急性胃黏膜损害
    C. 食物中毒　　　　　D. 肝硬化并出血
    E. 胃癌

8.【答案】E
【解析】此题主要考查胃癌的诊断。胃镜检查及黏膜活检是目前最可靠的诊断手段。
【考点】胃癌诊断

9.【答案】E
【解析】此题主要考查萎缩性胃炎的药物治疗。胃黏膜保护剂主要有硫糖铝、枸橼酸铋钾片、米索前列醇。法莫替丁为H$_2$受体阻制剂,奥美拉唑为质子泵抑制剂,二者皆为抑酸剂。氢氧化铝为抗酸剂。
【考点】消化性溃疡的用药

10.【答案】A
【解析】此题主要考查溃疡穿孔的诊断。溃疡穿孔分为急性、亚急性和慢性三种类型。急性穿孔溃疡常位于十二指肠前壁或胃前壁,发生穿孔后胃肠内容物渗入腹腔而引起急性腹膜炎。腹部CT检查可了解腹腔各脏器情况并用于鉴别诊断。
【考点】消化性溃疡穿孔的诊断

11.【答案】C
【解析】此题主要考查慢性萎缩性胃炎的胃镜特点。萎缩性胃炎内镜下黏膜色彩变淡,皱襞变细而平坦,黏液减少,黏膜变薄,有时可透见黏膜血管纹。
【考点】慢性萎缩性胃炎胃镜特点

12.【答案】E
【解析】此题主要考查消化系统疾病的诊查。中老年患者,腹痛、腹泻、间断血便,肠镜检查为重要检查手段,可以直接观察消化道内腔,包括溃疡、出血、炎症、肿瘤等各种病变。
【考点】消化系统疾病的诊查

13.【答案】A
【解析】此题主要考查上消化道出血的诊断。溃疡出血轻者只表现为黑粪,重者出现呕血以及失血过多所致循环衰竭的临床表现,严重者发生休克。消化性溃疡发生出血前常有上腹部疼痛加重现象,一旦出血后,上腹疼痛多随之缓解。部分患者,尤其是老年患者,并发出血前可无症状。
【考点】上消化道出血的诊断

14.【答案】E
　　【解析】此题主要考查上消化道出血的治疗。内科积极治疗仍大量出血不止,危及生命者,需不失时机行手术治疗。
　　【考点】上消化道出血的治疗

14. 患者,男,66岁。因"呕血、黑粪2d"入院,急诊内镜诊断为胃溃疡,深、大,镜下止血效果不佳。适宜采用的治疗措施是
A. 注射奥美拉唑
B. 用氢氧化铝凝胶
C. 胃内去甲肾上腺素灌注
D. 输血、输液
E. 手术治疗

15.【答案】E
　　【解析】此题主要考查消化性溃疡幽门梗阻的治疗。山莨菪碱为抗胆碱药物,临床主要用于解除平滑肌痉挛、胃肠绞痛、胆道痉挛及有机磷中毒等。禁用于颅内压增高、脑出血急性期、青光眼、幽门梗阻、肠梗阻及前列腺肥大者等。
　　【考点】幽门梗阻的药物治疗

15. 患者,男,36岁。间断上腹部反复疼痛8余年,空腹痛、夜间痛明显,反酸,近日疼痛加剧,时间不规律,伴有呕吐,量较大。查体:上腹可见胃型及蠕动波。以下治疗错误的是
A. 西咪替丁　　　　B. 奥美拉唑　　　　C. 枸橼酸铋
D. 雷尼替丁　　　　E. 山莨菪碱

16.【答案】B
　　【解析】此题主要考查十二指肠溃疡的诊断。中年男性,上腹痛、饥饿痛,进食可缓解,考虑十二指肠溃疡;X线钡餐示十二指肠球部变形,考虑球部溃疡。
　　【考点】十二指肠溃疡的诊断

16. 患者,男,40岁。2个月来每于饭前出现上腹痛,进食可缓解,伴反酸。X线钡餐显示:十二指肠球变形,局部压痛。考虑可能的疾病是
A. 胃溃疡　　　　　　　　B. 十二指肠球部溃疡
C. 十二指肠球后溃疡　　　D. 复合性溃疡
E. 巨大溃疡

17.【答案】B
　　【解析】此题主要考查胃癌的诊断。患者中年男性,长期胃溃疡病史,近期疼痛加重,抑酸治疗无效,体重减轻,考虑胃癌可能,可进一步性胃镜检查及活检明确。
　　【考点】胃癌的诊断

17. 患者,男,52岁。胃溃疡病史30年,反复发作,抑酸对症治疗后好转。2个月来,又有疼痛发作,经内科治疗2个月后无明显好转,伴体重减轻。最可能的诊断是
A. 消化性溃疡复发
B. 溃疡癌变
C. 合并慢性萎缩性胃炎
D. 复合性溃疡
E. 巨大溃疡

18.【答案】D
　　【解析】此题主要考查慢性萎缩性胃炎的分类,可分为多灶性和自身免疫性萎缩性胃炎。Hp感染是胃炎的致病因素,^{13}C-呼气试验可以检查患者是否有Hp感染,以及下一步是否抗Hp治疗。
　　【考点】慢性萎缩性胃炎的分类及鉴别

18. 患者,男,40岁。间断上腹痛10年,1个月前胃镜诊断慢性萎缩性胃炎。首选的处理是
A. 腹部CT　　　　　　　B. 复查胃镜
C. 上消化道造影　　　　 D. ^{13}C-呼气试验
E. PGⅠ/PGⅡ

19.【答案】D
　　【解析】此题主要考查消化系统疾病的诊查。中老年患者,上腹部疼痛、血便,胃镜检查为重要检查手段,可以直接观察消化道内腔,包括溃疡、出血、炎症、肿瘤等各种病变。
　　【考点】消化系统疾病的诊查

19. 患者,男,50岁。半年来持续上腹部隐痛,食欲缺乏,消瘦,多次查粪便隐血试验阳性。查体:面色苍白,上腹部压痛(+),未触及包块,无肌紧张。最有意义的检查是
A. 胃液分析　　　　　　　B. 血清促胃液素测定
C. 腹部超声　　　　　　　D. 胃镜
E. 腹部CT

20. 患者,男,50岁。突然呕血约400ml并伴黑粪。查体:血压100/70mmHg,心肺(−),可见腹壁静脉曲张,肝未触及,脾于肋下2cm可触及。有效的止血措施是
    A. 皮下注射生长抑素
    B. 静脉滴注奥美拉唑质子泵抑制剂
    C. 下三腔二囊管
    D. 静脉补液
    E. 冰盐水洗胃

20.【答案】C
【解析】此题主要考查胃食管静脉破裂出血的治疗。三腔二囊管可填塞胃底部黏膜静脉,使血液不流向破裂的食管静脉而达到止血目的,暂时止血效果肯定。
【考点】肝硬化胃食管静脉破裂出血的治疗

21. 患者,男,48岁。平素常感乏力、腹胀、食欲缺乏,于1d前进食烧饼后突然呕血约500ml。既往:慢性肝炎病史18年。查体:面色苍黄,可见蜘蛛痣,脾肋下2cm可触及,肝未触及。实验室检查乙型肝炎表面抗原(HBsAg)阳性。最可能的诊断是
    A. 十二指肠溃疡出血
    B. 胃癌出血
    C. 胃溃疡出血
    D. 食管炎出血
    E. 肝硬化食管 - 胃底静脉曲张破裂出血

21.【答案】E
【解析】此题主要考查肝硬化上消化道出血的诊断。患者有肝炎病史、乏力、腹胀,查体示皮肤黏膜黄染、蜘蛛痣、脾大,考虑肝硬化,近期突发呕血,考虑食管 - 胃底静脉曲张破裂出血。
【考点】肝硬化上消化道出血的诊断

22. 患者,男,39岁。1年前因腹胀诊断为乙型肝炎后肝硬化,2个月前上消化道造影提示轻度食管静脉曲张,2d前出现黑粪,每日1次,粪便隐血试验阳性。最可能的原因是
    A. 食管静脉曲张破裂出血
    B. 糜烂性胃炎
    C. 胃溃疡
    D. 慢性胃炎
    E. 胃癌

22.【答案】A
【考点】肝硬化并发症

23. 患者,男,43岁。腹胀2周。既往有大量饮酒史20年。查体:一般情况可,可见肝掌,脾左肋下2cm,质地中,腹部移动性浊音(+),双下肢轻度凹陷性水肿。血常规:血红蛋白60g/L,白细胞计数3.5×10⁹/L,血小板计数62×10⁹/L。血清白蛋白30g/L,甲胎蛋白5μg/L。最可能的诊断是
    A. 原发性肝癌   B. 脂肪肝
    C. 再生障碍性贫血   D. 结核性腹膜炎
    E. 肝硬化

23.【答案】E
【解析】此题主要考查肝硬化的诊断。患者有大量饮酒史、肝掌、脾大、腹水、低白蛋白血症,考虑存在门静脉高压和肝功能障碍。
【考点】肝硬化的诊断

24. 患者,男,62岁。肝硬化并大量腹水,近2d尿少,腹胀明显加重,端坐位,双下肢水肿。治疗时首选
    A. 静脉利尿药
    B. 口服利尿药

24.【答案】E
【解析】此题主要考查肝硬化腹水的治疗。对于顽固性大量腹水患者,可于1～2h内抽排腹水4～6L,同时每升腹水补充白蛋白6～8g,以维持有效血容量,阻断肾素 - 血管紧张素 - 醛固酮系统(RAAS)激活。
【考点】肝硬化并发症的治疗

C. 输注白蛋白

D. 扩容后利尿

E. 穿刺放腹水,同时输注白蛋白

25.【答案】C
【解析】此题主要考查肝癌的诊断。患者中年男性,乙型肝炎、肝硬化病史,近期出现肝区疼痛、腹胀,查体肝大、质地硬,考虑原发性肝癌可能。
【考点】原发性肝癌的诊断

26.【答案】A
【解析】此题主要考查肝硬化食管-胃底静脉曲张破裂出血的诊断。患者中年男性,皮肤黏膜黄染、肝掌(+)、腹水、脾大,考虑肝硬化。近期出现呕血、黑粪,考虑上消化道出血。
【考点】食管-胃底静脉曲张出血临床表现

27.【答案】B
【解析】此题主要考查溃疡性结肠炎的诊断。溃疡性结肠炎病变位于大肠,多数在直肠、乙状结肠,可扩展至降结肠、横结肠,亦可累及全结肠。临床表现为腹泻、黏液脓血便、腹痛,多呈反复发作的慢性病程。
【考点】溃疡性结肠炎的诊断及鉴别

28.【答案】D
【解析】此题主要考查肝癌诊断。患者中年男性,乙型肝炎表面抗原阳性,近期出现低热、黄疸、肝大且质硬,甲胎蛋白明显升高,考虑原发性肝癌。
【考点】原发性肝癌诊断

29.【答案】B
【解析】此题主要考查肝癌的诊断。中年男性,乙型肝炎病史,近期出现乏力、肝区不适,超声检查示肝脏有一3cm×3cm单发结节,考虑为肝癌。
【考点】原发性肝癌的诊断

---

25. 患者,男,47岁。慢性乙型肝炎、肝硬化患者,2周前出现右上腹疼痛,呈持续性,腹胀加重。查体:肝右肋下4cm,质地硬。最可能的诊断是
A. 并发结核性腹膜炎
B. 并发自发性细菌性腹膜炎
C. 肝癌
D. 转移性肿瘤
E. 肝硬化病情加重

26. 患者,男,50岁。半天前无明显诱因出现呕吐暗红色液体200ml,伴黑色稀便,量较多,患者自觉头昏、乏力、出冷汗。查体:血压106/60mmHg,脉搏90次/min,面色苍白,全身皮肤黏膜黄染,肝掌(+),腹部膨隆明显,肝肋下未及,脾肋下1.5cm,质地中等,肠鸣音活跃,移动性浊音(+)。最可能的诊断是
A. 肝硬化并食管-胃底静脉曲张破裂出血
B. 食管贲门黏膜撕裂综合征
C. 消化性溃疡
D. 急性胃黏膜病变
E. 胃癌

27. 患者,女,29岁。反复发作黏液血便,伴膝关节疼痛,多次细菌培养阴性,X线钡餐灌肠检查示乙状结肠袋消失,管壁平滑变硬,肠管缩短,肠腔狭窄。最可能的诊断是
A. 克罗恩病 B. 溃疡性结肠炎
C. 结肠过敏 D. 肠结核
E. 慢性菌痢

28. 患者,男,42岁。近期发现肝大肋下4cm,质硬,有大小不等的结节,伴低热、食欲缺乏、轻度黄染,HBsAg(+),谷丙转氨酶40IU/L,甲胎蛋白800μg/L。最可能的诊断是
A. 急性黄疸性肝炎 B. 慢性活动性肝炎
C. 大结节性肝硬化 D. 原发性肝癌
E. 胆汁性肝硬化

29. 患者,男,38岁。HBsAg阳性20年,近期乏力、肝区不适。超声发现肝右叶有一3cm×3cm结节状低回声区,周围可见声晕。最可能的诊断是

A. 肝硬化(结节性)　　B. 原发性肝癌
C. 硬化型肝癌　　　　D. 肝囊肿
E. 肝血管瘤

30. 患者,男,58岁。间断上腹痛4个月,进食后加重,消瘦、贫血。应高度警惕的是
A. 消化性溃疡　　B. 慢性胃炎
C. 胃癌　　　　　D. 肝癌
E. 胰腺炎

30.【答案】C
【解析】此题主要考查胃癌的诊断。中年男性,近期出现上腹部疼痛,有消瘦、贫血等恶性消耗症状,需警惕胃癌。
【考点】胃癌的诊断

31. 患者,女,48岁。上腹部不适、失眠1年,排便不规律,时干时稀,每两天排1次大便,1周来自觉大便色深,疑胃肠道出血。为进一步明确诊断,首选的检查是
A. 胃镜　　　　　B. 结肠镜
C. 胃镜、结肠镜　D. 粪便隐血
E. 血红蛋白检查

31.【答案】C
【解析】胃肠镜是明确消化道出血的首选检查项目。
【考点】消化道出血检查

32. 患者,女,45岁。因胃部不适行胃镜检查,结果示慢性萎缩性胃炎伴重度肠上皮化生和活动性炎,^{13}C-呼气试验阳性。有胃癌家族史。最佳处理为
A. 定期胃镜复查
B. 定期X线造影复查
C. 根除Hp治疗
D. 手术切除胃,预防胃癌
E. 黏膜保护剂治疗

32.【答案】C
【解析】此题主要考查Hp相关性慢性胃炎的治疗。患者有胃部不适症状,且有胃癌家族史,胃镜检查示活动性炎伴重度肠上皮化生,需行根除Hp治疗。
【考点】慢性胃炎的病因治疗

33. 患者,男,40岁。胃溃疡3年,突然上腹剧疼,面色苍白,出冷汗。查体:全腹压痛,反跳痛,肌紧张。急诊应做的检查是
A. 胃镜
B. 钡餐X线
C. 立位腹部X线片、腹部CT
D. 胸部X线检查、开腹探查
E. 腹腔试验性穿刺

33.【答案】C
【解析】此题主要考查消化道溃疡穿孔的诊断。患者胃溃疡病史,突发上腹部剧烈疼痛,有腹膜刺激征,考虑急性穿孔可能,予立位腹部X线片明确。
【考点】消化道溃疡穿孔的诊断

34. 患者,男,38岁。已诊断十二指肠球部溃疡并幽门梗阻。经内科禁食、胃肠减压、补液等治疗3d后缓解。其幽门梗阻的原因可能为
A. 因局部炎症水肿造成幽门梗阻
B. 因瘢痕收缩造成幽门梗阻
C. 因胃癌造成幽门梗阻
D. 因胃内良性肿瘤造成幽门梗阻
E. 因胃外肿块压迫造成幽门梗阻

34.【答案】A
【解析】此题主要考查幽门梗阻的原因,分两类:一类为溃疡活动期溃疡周围组织炎性充血、水肿或炎症引起的幽门反射性痉挛所致,此类幽门梗阻属于暂时性,内科治疗有效,可随溃疡好转而消失;另一类由于溃疡多次复发,瘢痕形成和瘢痕组织收缩所致,内科治疗无效,多需内镜下扩张治疗或外科手术。
【考点】幽门梗阻病因分类

35.【答案】E

【解析】此题主要考查肝硬化自发性腹膜炎的诊断和治疗。由于自发性腹膜炎后果严重,临床上怀疑自发性腹膜炎者应立即行经验性治疗。

【考点】肝硬化并发症的诊断及治疗

36.【答案】C

【解析】此题主要考查肝性脑病的治疗。由于上消化道出血所致的肝性脑病,通过灌肠或导泻等措施清洁肠道,口服或鼻饲缓泻剂,如乳果糖、乳梨醇、25%硫酸镁。用生理盐水或弱酸液灌肠,一方面排出积血,另一方面使肠道保持酸性状态,利于氨的吸收。肥皂水是碱性液,不利于氨的排出。

【考点】肝性脑病的治疗

37.【答案】C

【解析】此题主要考查上消化道出血的治疗。患者呕血、黑粪、周围循环衰竭表现,考虑急性大出血,需积极抢救,紧急输血补充血容量。

【考点】上消化道出血的治疗

38.【答案】A

【解析】PPI是消化性溃疡治疗首选药物。

【考点】消化性溃疡的治疗

39.【答案】B

【解析】乙状结肠镜和纤维结肠镜检查:75%的大肠癌位于乙状结肠镜所能窥视的范围内。镜检时不仅可以发现癌肿,还可观察其大小、位置以及局部浸润范围。通过乙状结肠镜可以采取组织做病理检查。

【考点】消化系统疾病的诊断

35. 患者,男,56岁。肝硬化,近日发热,全腹压痛,抽出腹水混浊。应尽快采取的措施为
A. 腹水细菌培养
B. 血细菌培养
C. 腹水涂片染色查结核分枝杆菌
D. 腹部 X 线片
E. 抗生素早期联合应用

36. 肝硬化上消化道出血入院 1 周,治疗后一直未排便。1d 前患者突然出现定向力障碍。为缓解症状,最佳的治疗方案是
A. 用醋酸溶液灌肠
B. 肥皂水灌肠
C. 乳果糖灌肠
D. 生理盐水灌肠
E. 口服或鼻饲 25% 硫酸镁

37. 患者,男,40岁。间断上腹痛 1 个月,1d 前突然出现呕吐咖啡样物 100ml,并排柏油样稀便 1 000ml。查体:面色苍白,四肢发冷,脉搏 126 次 /min,血压 60/40mmHg,血红蛋白 50g/L。最佳处理是
A. 输葡萄糖氯化钠液
B. 输低分子右旋糖酐
C. 立即输血及补液
D. 急诊手术
E. 升压药

38. 患者,男,25岁。间断上腹痛 2 周,为空腹痛,服用 H_2 受体阻滞剂治疗症状减轻。停药后症状加重如前,改服 PPI 治疗症状缓解,1 周后行胃镜检查。胃镜提示:慢性胃炎、十二指肠球部变形,尿素酶试验(−)。最合适的措施是
A. 继续口服 PPI
B. 口服 H_2 受体阻滞剂
C. 行 ^{13}C- 呼气试验
D. 应胃窦和胃体活检 Hp 染色
E. 可停药

39. 患者,男,42岁。间断腹痛、腹胀 2 余年,加重 3 个月,大便 4~5 次 /d,不成形。食欲缺乏,1 个月内体重下降 5kg。化验粪便隐血(+),血红蛋白 104g/L。确诊的最佳手段是
A. 肿瘤标记物　　　　B. 结肠镜
C. 大便找瘤细胞　　　D. 腹部 CT
E. 腹部超声

40. 患者,男,60岁。因"恶心1d,呕吐鲜血及血块2次,黑粪1次"入院。否认有"胃病"史。有长期吸烟史,近两天痰中带血。鉴别出血部位最可靠的方法是
    A. 胃镜检查　　　　　　B. X线片
    C. 胃肠钡餐造影　　　　D. 呕吐物pH测定
    E. 支气管造影

41. 患者,男,55岁。患肝硬化5年,进食稍差,不挑食,尿便正常。查体:中度贫血貌,巩膜不黄,肝未触及,脾肋下5cm,腹水征(−)。血红蛋白80g/L,红细胞平均体积86fL,白细胞计数3.0×10^9/L,分类正常,血小板计数35×10^9/L。全血细胞减少最可能的原因是
    A. 再生障碍性贫血
    B. 巨幼细胞贫血
    C. 阵发性睡眠性血红蛋白尿
    D. 脾功能亢进
    E. 急性白血病

42. 患者,男,50岁。4h前突发上腹剧烈疼痛。查体:上腹压痛。为明确诊断,下列检查**不必要**的是
    A. 心电图　　　　　　　B. 血淀粉酶
    C. 腹部X线片　　　　　D. 肝胆胰超声检查
    E. 尿淀粉酶

43. 患者,男,45岁。上腹不适5年,近1个月来食后饱胀感,嗳气。近3d来粪便隐血(++);血清抗壁细胞抗体阴性;胃镜:幽门区可见黏膜下血管网。最可能的诊断是
    A. 浅表性胃窦炎
    B. 浅表性胃窦炎合并出血
    C. 慢性胃体炎
    D. 慢性萎缩性胃窦炎
    E. 急性胃炎

44. 患者,男,56岁。患者肝硬化腹水,近1周发热,体温38.8℃,腹围较前增加,心率96次/min。最可能的诊断是
    A. 脾周围炎　　　　　　B. 肝炎明显活动
    C. 自发性腹膜炎　　　　D. 合并心力衰竭
    E. 肝癌破裂

45. 患者因呕血、黑粪急诊住院3d,治疗后缓解。今晨起感头昏、心悸。查体:血压80/60mmHg,脉搏118次/min。血尿素氮12.4mmol/L。最可能的原因是

40.【答案】A
【解析】此题主要考查呕血和咯血的鉴别。支气管扩张大咯血时,如将血液咽下,胃受血液刺激,产生呕吐,再将血呕出,易与上消化道出血混淆。纤维胃镜检查可证实有无上消化出血,是鉴别呕血与咯血的最可靠方法。
【考点】呕血及咯血的鉴别

41.【答案】D
【解析】此题主要考查肝硬化失代偿期临床表现。该患者患肝硬化伴脾大,出现全血红细胞减少最可能是脾功能亢进。
【考点】肝硬化的临床表现

42.【答案】E
【解析】此题主要考查腹痛的鉴别诊断。患者中老年男性,突发上腹部剧痛,需要筛查心肌梗死、胃肠道穿孔、主动脉夹层破裂、胰腺炎等急腹症。淀粉酶是诊断胰腺炎常用指标,血清淀粉酶起病6~12h开始升高,而尿淀粉酶开始升高的时间较晚。
【考点】急腹症的鉴别诊断

43.【答案】D
【解析】此题主要考查慢性萎缩性胃炎的诊断。萎缩性胃炎内镜依据是黏膜呈颗粒状,黏膜血管显露,色泽灰暗,皱襞细小。
【考点】慢性萎缩性胃炎的诊断

44.【答案】C
【解析】此题主要考查自发性腹膜炎的诊断。在腹腔内无感染的情况下,腹水自发感染导致自发性细菌性腹膜炎和内毒素血症。肝硬化患者肠道细菌过度生长和肠壁通透性增加,肠壁局部免疫防御功能下降,使肠腔内细菌易位经过肠系膜淋巴结进入循环系统产生菌血症。由于患者单核-吞噬细胞系统活性减弱以及腹水中调理素、免疫球蛋白、补体及白蛋白下降导致腹水感染。
【考点】自发性腹膜炎的诊断

45.【答案】D
【解析】此题主要考查消化道出血是否停止的判断。临床上出现下列情况应考虑继续出血或再出血:①反复呕血或黑粪次数增多、粪质稀薄,伴有肠鸣音亢进;②周围循环衰竭表现经充分补液、输血未见明显改善,或虽暂时好转而又恶化;③血红蛋白浓度、红细胞计数与血细胞比容继续下降,网织红细胞计数持续增高;④补液和尿量足够的情况下,血尿素氮持续或再次增高;⑤胃管抽出物有较多鲜血。
【考点】消化道出血是否停止的判断

A. 肾功能不全   B. 电解质紊乱

C. 酸中毒   D. 继续出血

E. 低血糖

46.【答案】A

  【解析】此题主要考查慢性胃炎的治疗。H_2受体阻滞剂可以抑制胃酸分泌,减少胃酸对胃黏膜的损害。

  【考点】慢性胃炎的治疗

46. 患者,男,44岁。上腹部饱胀,隐痛不适,常有反酸。胃镜检查:胃窦部黏膜红白相间,以白为主;病理切片示:胃黏膜显示慢性炎症,黏膜肌层增厚,黏膜固有腺体减小,幽门螺杆菌尿素酶试验阴性。最合适的方案是

A. H_2受体阻滞剂   B. 1%稀盐酸合剂

C. 铋剂   D. 硫糖铝

E. 碱性药物

47.【答案】D

  【解析】此题主要考查功能性消化不良的诊断。患者中年女性,上腹部饱胀感,胃黏膜保护剂治疗无效,胃肠镜检查未发现器质性病变,考虑功能性消化不良。

  【考点】功能性消化不良的诊断

47. 患者,女,40岁。上腹饱胀不适,明显厌食,体重减轻。查体:上腹部有轻度压痛,结膜苍白。胃镜光镜下检查未发现异常。经用硫糖铝治疗效果不佳。最可能的诊断为

A. 慢性萎缩性胃窦炎 B. 慢性萎缩性胃体炎

C. 十二指肠炎   D. 功能性消化不良

E. 胃癌

【A3/A4 型题】

(1~3 题共用题干)

患者,男,31 岁。发热 5d,伴腹痛、腹泻,大便 10~20 次 /d,水样便,有血及黏液。查体:体温 37.9℃,下腹有压痛明显。血钾 2.3mmol/L,血钠 130mmol/L;大便镜检红细胞计数 20~30/HP,白细胞计数 3~5/HP;直肠镜检查:可见结肠烧瓶状溃疡,散在分布。

1.【答案】D

  【解析】患者血钾偏低,应首先补钾治疗。

  【考点】腹泻的治疗

1. 治疗首选的方案是

A. 静脉补钠   B. 口服补液盐

C. 甲硝唑   D. 静脉补钾

E. 静脉抗生素

2.【答案】C

  【解析】此题需在前一题判定正确情况下结合病例特点选择。确诊则须大便镜检查溶组织阿米巴原虫。

  【考点】腹泻的鉴别诊断

2. 为确诊应检查的项目是

A. 大便培养

B. 自身免疫性抗体

C. 镜检查找溶组织阿米巴原虫

D. 大便毛蚴孵化

E. 结肠镜活检病理

3.【答案】B

  【解析】患者起病较缓,腹泻,次数不太多,右下腹压痛明显,中毒症状不重,大便镜检红细胞多,故阿米巴痢疾可能性大。

  【考点】腹泻的鉴别诊断

3. 首先考虑的疾病是

A. 菌痢   B. 阿米巴痢疾

C. 溃疡性结肠炎   D. 血吸虫病

E. 结肠癌

(4~6 题共用题干)

患者,男,47 岁。胃溃疡病史 8 年,近 4 个月疼痛加重,发生频率逐渐频繁,用多种药物治疗无效。查体:浅表淋巴结无肿大,腹平软,上腹部压痛,可扪及肿块。

4. 就目前考虑,可能性最大的诊断是
   A. 胃良性溃疡复发　　　B. 胃溃疡癌变
   C. 并发幽门梗阻　　　　D. 穿透性溃疡
   E. 复合性溃疡

5. 应首选的检查是
   A. 粪便隐血试验　　　　B. 血清促胃液素测定
   C. 超声　　　　　　　　D. 胃镜检查
   E. 钡餐造影

6. 首选的处理方法是
   A. 继续药物治疗　　B. 定期随访　　C. 手术治疗
   D. 化学疗法　　　　E. 放射治疗

(7~9 题共用题干)

患者,男,30 岁。因"反复上腹痛 10 余年,再发伴呕血 1d"入院。患者常有空腹痛及夜间疼痛,入院前有间断呕血 3 次,为咖啡样物质,量约 300ml,排黑色稀便 3 次,量约 1 300ml。入院查体:脉搏 126 次 /min,血压 88/50mmHg,面色苍白,肢端发冷。血红蛋白 58g/L。

7. 此患者上消化道出血的病因诊断最可能是
   A. 肝硬化并食管 - 胃底静脉曲张破裂出血
   B. 食管贲门黏膜撕裂综合征
   C. 消化性溃疡
   D. 急性胃黏膜病变
   E. 胃癌

8. 最佳的紧急治疗措施为
   A. 口服止血药物
   B. 输低分子右旋糖酐
   C. 立即输血及输液
   D. 紧急手术
   E. 静脉应用升压药物维持血压

9. 为进一步明确诊断,此患者最需要进行的检查是
   A. 腹部 CT 检查　　　　　　B. MRI 检查

4.【答案】B
【解析】患者中年男性,长期胃溃疡病史,近期出现疼痛性质、节律改变,且内科治疗无效,考虑胃溃疡癌变。
【考点】胃癌的病因和诊断

5.【答案】D
【解析】胃癌的诊断主要依据胃镜检查及病理活检。
【考点】胃癌的诊断

6.【答案】C
【解析】此题主要考查胃癌病因、发病机制、诊断及治疗。胃癌的首选治疗方式为手术治疗。
【考点】胃癌的治疗

7.【答案】C
【解析】消化性溃疡是消化道出血的最常见原因,该患者有长期反复腹痛病史,且有消化性溃疡的典型的临床表现。
【考点】消化道出血病因

8.【答案】C
【解析】患者呕血及黑粪量多,面色苍白、四肢发冷,提示周围循环衰竭,需要紧急输血及补液补充血容量。
【考点】上消化道出血的治疗

9.【答案】D
【解析】此题需在第 7 题判定正确情况下选择。胃镜检查是明确上消化道出血病因的首选检查方法。急诊胃镜检查还可根据病变的特征判断是否继续出血或估计再出血的危险性,并同时进行内镜下止血治疗。
【考点】出血的病因诊断

C. 手术探查 　　　　　D. 胃镜检查

E. 血管造影检查

(10~12 题共用题干)

患者,男,47 岁。近 1 周腹胀加重,尿量明显减少(300~400ml/d),双下肢水肿加重。既往肝硬化病史 6 年。辅助检查尿素氮 13.5mmol/L,肌酐 207μmol/L。

10. 最可能的诊断是

A. 肝硬化并自发性腹膜炎

B. 肝硬化并结核性腹膜炎

C. 肝硬化恶变

D. 肝硬化并肝肾综合征

E. 肾病综合征

11. 下一步最重要的检查是

A. 肾脏超声

B. 抽腹水检查

C. 血钠和尿钠的浓度检查

D. 尿常规

E. 腹部超声

12. 最主要的治疗措施是

A. 白蛋白扩容后利尿 　　B. 限制钠盐和水的摄入

C. 加大利尿药的剂量 　　D. 腹腔穿刺大量放腹水

E. 多巴胺扩张肾血管

(13~14 题共用题干)

患者,男,50 岁。乏力 2 个月,黑粪 2d。查体:胸部皮肤可见蜘蛛痣,腹软,肝肋下未触及,脾肋下 3cm,质地硬,移动性浊音(+),双下肢轻度凹陷性水肿。

13. 最可能的诊断是

A. 消化性溃疡

B. 胃癌

C. 肝硬化并食管静脉曲张破裂

D. 肝癌

E. 肝硬化并肝肾综合征

14. 下一步最重要的检查是

A. 胃镜 　　　B. 粪便隐血试验 　　C. 胸部 X 线

D. 腹部超声 　　E. 腹部 CT

10.【答案】D

【解析】此题主要考查肝肾综合征诊断。顽固性腹水患者出现少尿、无尿、氮质血症、低血钠、低尿钠,考虑出现肝肾综合征。

【考点】肝肾综合征的诊断

11.【答案】C

【解析】此题需在前一题判定正确情况下结合病例特点选择。肝肾综合征患者肾脏无实质性病变,由于炎症门静脉高压,内脏高动力循环使体循环血流量明显减少,多种扩血管物质如前列腺素、一氧化氮、胰高血糖素、脑钠肽、内毒素及降钙素基因相关肽等不能被肝脏灭活,引起体循环血管床扩张。因此肝肾综合征呈稀释性低血钠、低尿钠。

【考点】肝肾综合征的诊断

12.【答案】A

【解析】此题需在第 11 题判定正确情况下选择。肝肾综合征的治疗原则是增加动脉有效血容量和降低门静脉压力,在积极改善肝功能前提下,可以采取输注白蛋白维持有效血容量,后进行利尿。

【考点】肝肾综合征的治疗

13.【答案】C

【解析】此题主要考查肝硬化失代偿期表现。失代偿期肝硬化主要表现为门静脉高压及肝功能损害。门静脉高压常导致食管 - 胃底静脉曲张出血、腹水、脾大等。

【考点】肝硬化门静脉高压的临床表现

14.【答案】A

【解析】胃镜有助于鉴别肝硬化上消化道出血的具体原因,如食管 - 胃底静脉曲张、门静脉高压性胃病、消化性溃疡、糜烂出血性胃炎及上消化道恶性肿瘤等。

【考点】肝硬化上消化道出血的诊断

(15~17 题共用题干)

患者,男,27 岁。十二指肠球部溃疡病史 6 年,突然上腹疼痛 4h,后全腹痛,疼痛剧烈,大汗淋漓。查体:全腹压痛及反跳痛。

15. 患者最有诊断意义的体征是
    A. 腹肌紧张　　　　　　B. 腹部叩诊鼓音
    C. 肝浊音界消失　　　　D. 腹部移动性浊音
    E. 肠鸣音消失

16. 下一步最重要的检查是
    A. 胃镜　　　　　　　　B. 立位腹部 X 线
    C. 胸部 X 线　　　　　 D. 钡餐检查
    E. 腹腔穿刺

17. 患者最有可能的病理表现是
    A. 十二指肠球部小弯侧
    B. 十二指肠球部前壁
    C. 十二指肠球部后壁
    D. 十二指肠球降部
    E. 十二指肠水平部

(18~20 题共用题干)

患者,男,67 岁。常于进餐后出现腹痛 16 年,间断予以抑酸药物治疗,症状有好转,近 3 个月复发,近 2 个月内科保守治疗无明显效果,粪便隐血试验持续阳性。

18. 该患者最可能的诊断是
    A. 胃溃疡活动　　　　　B. 合并十二指肠溃疡
    C. 胃溃疡癌变　　　　　D. 慢性胃炎
    E. 慢性胃窦炎

19. 下一步最重要的检查是
    A. 胃镜 + 活检　　B. 钡餐　　　　　C. 胸部 X 线
    D. 胃液分析　　　 E. 腹部 X 线

20. 该患者下一步的治疗方案
    A. 继续观察随访
    B. 继续口服当前药物
    C. 手术
    D. 中医药治疗
    E. 加用抑酸药物

15.【答案】C
　【解析】此题主要考查溃疡穿孔的诊断。肝浊音界限消失代之以鼓音者,多由于肝脏表面覆有气体所致,是急性胃肠穿孔的一个重要征象。
　【考点】溃疡穿孔的诊断

16.【答案】B
　【解析】立位腹部 X 线见膈下游离气体可明确溃疡穿孔。
　【考点】溃疡穿孔的诊断

17.【答案】B
　【解析】急性穿孔的溃疡常位于十二指肠前壁或胃前壁。
　【考点】消化性溃疡穿孔的常见部位

18.【答案】C
　【解析】此题主要考查胃溃疡并发症。老年男性,长期胃溃疡病史,近期复发,内科保守治疗无效,需警惕癌变。
　【考点】胃溃疡的并发症

19.【答案】A
　【解析】此题需在前一题判定正确情况下结合病例特点选择。胃镜检查和活检是确诊胃癌的主要手段。
　【考点】胃癌的诊断

20.【答案】C
　【解析】此题需在第 18 题判定正确情况下选择。胃癌的手术治疗是目前唯一有可能根除胃癌的手段。
　【考点】胃癌的治疗

（21~23 题共用题干）

患者，男，45 岁。右下腹隐痛伴食欲缺乏 3 个月，间断有低热，体重下降约 4kg。查体:肝肋下 2cm，质地中等，未触及结节。谷丙转氨酶 48IU/L，甲胎蛋白 500mg/L，X 线示右膈外侧抬高运动受限，超声示右肝实质性暗区 5cm×3cm。

21. 该患者最可能的疾病是
　　A. 慢性活动性肝炎　　　　B. 原发性肝癌
　　C. 肝囊肿　　　　　　　　D. 阿米巴肝脓肿
　　E. 肝血管瘤

22. 下一步最重要的检查是
　　A. 腹部 CT　　　　　　　B. 腹部磁共振
　　C. 观察甲胎蛋白变化　　　D. 定期复查超声
　　E. 定期复查肝功能

23. 该患者最佳治疗方案是
　　A. 放射治疗　　　　　　　B. 化学疗法
　　C. 手术治疗　　　　　　　D. 内科保守治疗
　　E. 放射介入治疗

（24~26 题共用题干）

患者，男，35 岁。因关节痛服用布洛芬数片后出现胃部疼痛，5h 前排黑粪约 100g。既往无胃病及其他病史。查体:血压 100/60mmHg，脉搏 96 次/min，血红蛋白 98g/L，粪便隐血（+++）。

24. 该患者最可能的疾病是
　　A. 胃溃疡
　　B. 急性糜烂出血性胃炎
　　C. 胃黏膜脱垂
　　D. 食管贲门黏膜撕裂综合征
　　E. 十二指肠溃疡

25. 首选的检查是
　　A. 腹部超声　　　　　　　B. 腹部 X 线
　　C. 钡餐　　　　　　　　　D. 选择性动脉造影
　　E. 胃镜

26. 该患者的治疗药物
　　A. 质子泵抑制剂　　　　　B. 氨甲环酸
　　C. 6- 氨基己酸　　　　　　D. 紧急输血
　　E. 血管升压素

21.【答案】B
　　【解析】此题主要考查原发性肝癌的诊断。中年男性，肝区疼痛，食欲缺乏、间断低热、体重下降，查体示肝大，超声示肝脏占位病变，甲胎蛋白明显升高，考虑原发性肝癌。
　　【考点】原发性肝癌的诊断及鉴别

22.【答案】A
　　【解析】此题需在前一题判定正确情况下结合病例特点选择。腹部 CT 能全面客观地反映肝癌的特性，已经成为肝癌诊断的常规手段。
　　【考点】肝癌的影像学检查

23.【答案】C
　　【解析】对于瘤体在 3~5cm 之间的单结节型肝癌可行手术切除治疗。
　　【考点】原发性肝癌的治疗

24.【答案】B
　　【解析】患者服用非甾体抗炎药后突发胃部疼痛，有上消化道出血表现，考虑急性糜烂出血性胃炎。
　　【考点】急性胃炎的临床表现

25.【答案】E
　　【解析】此题需在前一题判定正确情况下结合病例特点选择。确诊依赖于在出血后 12~48h 内进行急诊胃镜检查。
　　【考点】急性胃炎的诊断

26.【答案】A
　　【解析】质子泵抑制剂可抑制胃酸分泌，提高胃内 pH 有助于止血和促进病变愈合。
　　【考点】急性胃炎的治疗

(27~28 题共用题干)

患者,女,45 岁。右上腹痛 20d。查体:皮肤巩膜轻度黄染,右上腹隆起,肝肋下 4cm,结节感,质地硬。超声提示肝内弥漫低密度结节,门静脉直径 1.4cm,脾大。乙型肝炎表面抗原(+)。

27. 该患者最可能的疾病是
    A. 原发性肝癌   B. 慢性乙型肝炎
    C. 脂肪肝   D. 肝硬化
    E. 转移性肝癌

28. 下列对诊断意义**不大**的检查是
    A. 肝脏 CT 平扫 + 增强
    B. 甲胎蛋白
    C. 肝动脉血管造影
    D. 肝脏 MRI
    E. 癌胚抗原

(29~30 题共用题干)

患者,男,26 岁。下腹痛疼痛 1 年,伴大便次数增多,大便 3~4d,稀水便,排便后腹痛缓解,每周出现 3 次左右。患者一般情况好。查体:左下腹压痛,余无异常。

29. 该患者最可能的疾病是
    A. 肠易激综合征   B. 菌痢   C. 急性肠炎
    D. 结肠肿物   E. 功能性腹泻

30. 为明确诊断,首选的检查是
    A. 血清癌胚抗原   B. 粪便隐血
    C. 红细胞沉降率   D. 粪便培养
    E. 结肠镜

【案例分析题】

案例:患者,男,55 岁。近 2 年来间断感乏力、食欲缺乏、腹胀。否认肝炎史。近 20 年每日饮白酒 250ml(半斤)以上。查体:肝掌、蜘蛛痣,巩膜黄染,腹部膨隆,未见腹壁静脉曲张,肝右肋下未触及,脾左肋下 3cm,移动性浊音(+)。实验室检查:乙型肝炎表面抗原(+),谷丙转氨酶 120IU/L,谷草转氨酶 280IU/L。

提问 1:该患者可能诊断的是
    A. 慢性胃炎   B. 消化性溃疡
    C. 病毒性肝炎   D. 酒精性肝硬化
    E. 肝癌   F. 腹膜炎
    G. 肾功能不全

27.【答案】A
【解析】此题主要考查肝癌的诊断。中年女性,乙型肝炎病史,新发右上腹痛,肝大、脾大、腹水、黄疸,超声示肝内弥漫性结节,提示原发性肝癌。
【考点】原发性肝癌诊断

28.【答案】E
【解析】此题需在前一题判定正确情况下结合病例特点选择。CT 可全面客观反映肝癌的特性,为肝癌诊断的常规手段。MRI 判断肿瘤与血管的关系、观察肿瘤内部结构及其坏死等情况优于 CT。肝动脉造影是诊断小肝癌的最佳方法。甲胎蛋白是最具有诊断价值的肝癌标志物。
【考点】肝癌的诊断

29.【答案】A
【解析】此题主要考查慢性腹泻的鉴别诊断。患者青年男性,反复发作腹痛,排便后缓解,伴排便频率改变,无特殊体征,考虑肠易激综合征。
【考点】肠易激综合征的诊断

30.【答案】E
【解析】结肠镜可以观察肠道内腔,包括溃疡、出血、炎症、肿瘤等各种病变,利于明确诊断。
【考点】内镜检查的应用

提问 1:【答案】CDE
【解析】该患者有肝硬化的典型查体表现,即蜘蛛痣、肝掌、肝大,同时有腹水表现,且实验室检查提示肝炎病毒感染。
【考点】肝硬化的病因、诊断及鉴别诊断

提问2:【答案】ABCDGH

　　【解析】肝硬化的相关检查主要是明确肝硬化的诊断,评估其严重程度,以及其对各个器官功能的影响。

　　【考点】肝硬化的诊断

提问3:【答案】ABCEFH

　　【解析】该患者肝硬化的原因有饮酒及肝炎病毒感染,因此需要戒酒、抗肝炎病毒治疗,同时患者有腹水表现,需要予以利尿药、抽腹水及白蛋白治疗;降低门静脉压力可以减少肝硬化的腹水、上消化道出血等相关并发症的风险。

　　【考点】肝硬化的治疗

1.【答案】E

　　【解析】此题主要考查骨质疏松症的临床表现。骨质疏松症的临床表现主要为骨痛、身高缩短、脆性骨折,病理性骨折非骨质疏松症的表现。

　　【考点】骨质疏松症的主要临床表现

2.【答案】C

　　【解析】此题主要考查骨质疏松症的治疗药物——双膦酸盐的药理特点、不良反应及注意事项等。双膦酸盐是一种骨吸收抑制药物,改变骨基质特性,抑制骨吸收,降低骨折发生率,该类药物消化道吸收极低,有些制剂可致浅表性消化性溃疡,消化道反应重时可使用静脉制剂,但需要警惕罕见的颌骨坏死。由于双膦酸盐静脉注射可致双膦酸盐-钙螯合剂沉积,故血栓栓塞性疾病和严重肾功能不全患者不推荐使用。

　　【考点】骨质疏松症药物治疗——双膦酸盐的使用

3.【答案】C

　　【解析】此题主要考查自身免疫性甲状腺疾病分类。Graves病和桥本甲状腺炎都属于自身免疫性甲状腺疾病。

　　【考点】甲状腺疾病的分类

提问2:患者还需要的检查是

　　A. 血常规　　　　　B. 肝功能
　　C. 肝炎病毒　　　　D. 甲胎蛋白
　　E. 腹部 X 线片　　F. 钡灌肠
　　G. 腹部超声　　　　H. 腹部 CT
　　I. 粪便隐血

提问3:该患者的治疗包括

　　A. 戒酒
　　B. 保护肝功能
　　C. 应用利尿药
　　D. 应用抗生素
　　E. 腹腔穿刺抽腹水
　　F. 抗肝炎病毒治疗
　　G. 应用白蛋白
　　H. 降低门静脉压力
　　I. 切除脾脏

第四节　内分泌系统疾病

【A1 型题】

1. 骨质疏松的常见症状不包括
　　A. 骨痛
　　B. 身高缩短
　　C. 骨折
　　D. 肌无力
　　E. 病理性骨折

2. 关于双膦酸盐,下列说法错误的是
　　A. 双膦酸盐是一种强烈的骨吸收抑制药物
　　B. 双膦酸盐可以改变骨基质特性
　　C. 消化道吸收率较高
　　D. 罕见的不良反应有颌骨坏死
　　E. 血栓栓塞性疾病和严重肾功能不全患者不推荐使用

3. 自身免疫性甲状腺疾病除格雷夫斯病(Graves病),还包括
　　A. 亚急性甲状腺炎
　　B. 结节性甲状腺肿
　　C. 桥本甲状腺炎
　　D. 纤维性甲状腺炎
　　E. 垂体 TSH 瘤

4. 反映甲状腺功能最敏感的实验室指标是

    A. T_4

    B. FT_3

    C. FT_4

    D. TSH

    E. TPO-Ab

5. 对于妊娠期妇女，怀疑甲亢，**不适合**的检查是

    A. FT_3

    B. FT_4

    C. TSH

    D. 甲状腺摄 ^{131}I 率

    E. 甲状腺超声

6. 抗甲状腺药物的常见不良反应**不包括**

    A. 药物性肝损害

    B. 白细胞减少症

    C. 药疹

    D. 药物性肾损害

    E. ANCA 相关性小血管炎

7. 甲亢患者进行手术治疗的禁忌证**不包括**

    A. 胸骨后甲状腺肿

    B. 妊娠早期甲亢

    C. 妊娠晚期甲亢

    D. 轻症可使用抗甲状腺药物治疗

    E. 合并心力衰竭不耐受手术

8. 放射性 ^{131}I 治疗 Graves 病，观察多久可以进行第二次放射性 ^{131}I 治疗

    A. 3 个月

    B. 6 个月

    C. 12 个月

    D. 2 个月

    E. 4 个月

9. 关于甲亢性心脏病，下列**错误**的是

    A. 窦性心动过速

    B. 心律失常多表现为室性心动过速

    C. 脉压增大，出现周围血管征

    D. 心房颤动

    E. 心脏扩大，第一心音亢进

4. **【答案】** D

【解析】 此题主要考查甲状腺功能的实验室检查。临床上促甲状腺素（TSH）是反映甲状腺功能最敏感的指标。三碘甲腺原氨酸（T_3）、甲状腺素（T_4）是甲状腺功能的基本指标，受甲状腺结合球蛋白的影响；游离三碘甲腺原氨酸（FT_3）、游离（甲状腺素 FT_4）直接反映甲状腺功能，不受甲状腺结合球蛋白的影响；TPO-Ab 为甲状腺过氧化物酶抗体，与自身免疫性甲状腺疾病有关。

【考点】 甲状腺功能的实验室检查

5. **【答案】** D

【解析】 此题主要考查妊娠期患甲亢的检查。甲状腺摄 ^{131}I 率为放射性核素检查，不适合妊娠期女性。

【考点】 甲状腺疾病的检查

6. **【答案】** D

【解析】 此题主要考查抗甲状腺药物的不良反应。抗甲状腺药物的常见不良反应包括：药疹和过敏性皮肤病、粒细胞减少症和粒细胞缺乏症、中毒性肝炎、抗中性粒细胞胞质抗体（ANCA）相关性小血管炎。

【考点】 抗甲状腺药物的不良反应

7. **【答案】** A

【解析】 此题主要考查甲状腺功能亢进症（简称"甲亢"）的手术治疗的禁忌证。甲亢的手术治疗禁忌证如下：较重或发展较快的浸润性突眼患者；合并较重的心、肝、肾、肺疾病或全身状况差不耐受手术的患者；妊娠早期（孕 12 周前）或妊娠晚期（孕 28 周后）甲亢患者；轻症可使用抗甲状腺药物治疗的患者。

【考点】 甲亢的手术治疗禁忌证

8. **【答案】** B

【解析】 此题主要考查放射性 ^{131}I 治疗。放射性 ^{131}I 治疗，如症状没缓解，间隔 6 个月可以再次进行。

【考点】 放射性 ^{131}I 治疗的时间间隔

9. **【答案】** B

【解析】 此题主要考查甲亢性心脏病的临床表现。甲亢心脏病主要表现为心搏增强、心尖部第一心音亢进、房性心律失常、心脏扩大、心功能衰竭。收缩压升高、舒张压下降和脉压增大是甲亢的特征性改变，并可出现毛细血管搏动、水冲脉等周围血管征。

【考点】 甲亢性心脏病的临床表现

10.【答案】E

【解析】此题主要考查 Graves 病的危险因素。通常,该病是在遗传背景上,加上感染性因素(耶尔森菌感染)、精神因素、应激因素,以及吸烟、某些药物、^{131}I 和创伤等因素所致。

【考点】Graves 病的危险因素

11.【答案】C

【解析】此题主要考查促甲状腺激素受体抗体。促甲状腺激素受体抗体是体内引起甲状腺自主合成和分泌甲状腺激素的关键物质,具有早期诊断意义。

【考点】Graves 病的血清学特征

12.【答案】A

【解析】原发性骨质疏松症分为绝经后骨质疏松症(Ⅰ型)、老年性骨质疏松症(Ⅱ型)及特发性骨质疏松症。绝经后骨质疏松症是由于雌激素的下降,对破骨细胞的抑制作用减弱,破骨增强所致的高转化性骨质疏松症。破骨和成骨为耦联过程,破骨增强则成骨同样加快,但不足以抵消破骨增强对骨量的影响。

【考点】骨质疏松症的病因

13.【答案】A

【解析】调节钙磷代谢的激素主要包括 1,25-二羟维生素 D_3、甲状旁腺激素(PTH)及降钙素。其中 1,25-二羟维生素 D_3 为维生素 D 的活性形式,主要促进肠道钙的吸收,也增加肠道磷及肾脏钙磷的重吸收。甲状旁腺激素主要促进破骨,使得骨钙释放入血。降钙素防止餐后食物相关的血钙升高。

【考点】钙磷代谢的调节

14.【答案】A

【解析】高甘油三酯血症的危害是急性胰腺炎,严重的高甘油三酯血症(>10mmol/L)可引起急性胰腺炎。

【考点】脂代谢紊乱的危害

15.【答案】C

【解析】致动脉粥样硬化的血脂谱表现为低密度脂蛋白胆固醇(LDL-C)升高、高密度脂蛋白胆固醇降低及甘油三酯水平的升高,糖尿病和代谢综合征患者这三种脂代谢紊乱通常同时存在。其中 LDL-C 为最核心因素,LDL-C 通过血管内皮进入血管壁内,巨噬细胞吞噬被修饰的氧化型 LDL-C 后形成泡沫细胞,构成了动脉粥样硬化斑块的脂质核心。

【考点】脂代谢紊乱的危害

10. Graves 病可能的危险因素**不包括**
   A. 遗传因素
   B. 耶尔森菌感染
   C. 应激刺激或精神创伤
   D. 吸烟、药物因素
   E. α 链球菌感染

11. Graves 病最特征的体液免疫指标是
   A. TPO 阳性
   B. TSH 升高
   C. 促甲状腺激素受体抗体(TRAb)阳性
   D. 甲状腺结合免疫球蛋白
   E. 甲状腺球蛋白抗体(TgAb)

12. Ⅰ型原发性骨质疏松症的病因是
   A. 雌激素水平下降,破骨增强
   B. 雌激素水平下降,成骨被抑制
   C. 高龄所致破骨增强
   D. 高龄所致成骨被抑制
   E. 家族性尿钙排出增多

13. 促进肠道钙吸收的激素是
   A. 1,25-二羟维生素 D_3
   B. PTH
   C. 降钙素
   D. 甲状腺激素
   E. 利磷因子

14. 与急性胰腺炎风险相关的是
   A. 甘油三酯
   B. 极低密度脂蛋白胆固醇
   C. 低密度脂蛋白胆固醇
   D. 高密度脂蛋白胆固醇
   E. 脂蛋白 α

15. 动脉粥样硬化症患者首要的血脂控制目标是
   A. 甘油三酯
   B. 极低密度脂蛋白胆固醇
   C. 低密度脂蛋白胆固醇
   D. 高密度脂蛋白胆固醇
   E. 游离脂肪酸

16. 内分泌性高血压最常见的原因是
    A. 皮质醇增多症
    B. 原发性醛固酮增多症
    C. 嗜铬细胞瘤
    D. 甲状腺功能亢进症
    E. 肢端肥大症

17. 原发性醛固酮增多症患者出现低血钾的原因是
    A. 钾摄入减少
    B. 钾经消化道丢失
    C. 钾经肾脏丢失
    D. 钾经皮肤丢失
    E. 钾离子细胞内外异常分布

18. 特发性醛固酮增多症首选的治疗方法是
    A. 醛固酮受体阻滞剂
    B. 血管紧张素转换酶抑制剂（ACEI）类降压药
    C. 血管紧张素受体阻滞剂（ARB）类降压药
    D. 肾上腺全切术
    E. 肾上腺一侧切除加对侧部分切除术

19. 皮质醇增多症的定性诊断试验包括
    A. 上午8点促肾上腺皮质激素（ACTH）- 皮质醇水平
    B. 随机 ACTH- 皮质醇水平
    C. 小剂量地塞米松抑制实验
    D. 大剂量地塞米松抑制实验
    E. 卡托普利抑制试验

20. 继发性醛固酮增多症常见的病因**不包括**
    A. 肾动脉狭窄
    B. 慢性肾病
    C. 充血性心力衰竭
    D. 胰岛素抵抗
    E. 恶性高血压

21. 原发性与继发性醛固酮增多症最主要的区别是
    A. 高血压的程度
    B. 血钾的水平
    C. 高血压对药物的反应
    D. 肾素活性
    E. 醛固酮水平

16.【答案】B
【解析】继发性高血压是病因明确的高血压，又称"症状性高血压"，在高血压人群中占 5%~10%；常见病因为肾实质性、肾血管性高血压、内分泌性高血压。以上选项中的疾病均可导致继发性高血压，但原发性醛固酮增多症最为常见，据我国的调查，难治性高血压中原发性醛固酮增多症发病率 7% 左右。
【考点】继发性高血压的病因

17.【答案】C
【解析】醛固酮是肾上腺皮质球状带分泌的盐皮质激素，可促进肾远曲小管和集合管对 Na^+ 的主动重吸收，Cl^- 和水的重吸收也随之增多，同时通过 Na^+-K^+ 和 Na^+-H^+ 交换而促进 K^+ 和 H^+ 的排出，产生储钠、排钾、维持容量的作用。醛固酮增多则导致高血压、血钠偏高、低血钾、尿钾排出增多。
【考点】原发性醛固酮增多症的发病机制

18.【答案】A
【解析】醛固酮瘤首选手术治疗。而特发性醛固酮增多症首选药物治疗，螺内酯、依普利酮等醛固酮受体阻滞剂可作为治疗选择。
【考点】原发性醛固酮增多症的治疗

19.【答案】C
【解析】皮质醇增多症的定性诊断是指明确患者是否存在皮质醇增多症，包括以下四项试验：尿游离皮质醇、深夜血浆或唾液皮质醇、过夜 1mg 小剂量地塞米松抑制试验、$48h \times 2mg/24h$ 小剂量地塞米松抑制试验（后两者均属于小剂量地塞米松抑制试验）。
【考点】皮质醇增多症的诊断

20.【答案】D
【解析】醛固酮的分泌主要受肾素 - 血管紧张素系统的调节（肾素 - 血管紧张素 - 醛固酮系统，即 RAAS 系统），也受血浆 Na^+、K^+ 水平的影响。当各种原因使肾脏灌注减少，肾小球入球小动脉管壁的牵张感受器因入球小动脉压力下降和血容量减少而受到刺激，促进球旁器细胞的肾素分泌，继而激活 RAAS 系统，醛固酮分泌增多。肾动脉狭窄、恶性高血压、慢性肾脏病变、充血性心力衰竭等均存在肾灌注减少。
【考点】醛固酮分泌的调节

21.【答案】D
【解析】肾素 - 血管紧张素 - 醛固酮系统中，肾素 - 血管紧张素对醛固酮正向调节，而醛固酮对肾素 - 血管紧张素有负反馈的抑制作用。故原发性醛固酮增多症表现为低肾素 - 高醛固酮，而继发性醛固酮增多症表现为高肾素 - 高醛固酮。
【考点】醛固酮分泌的调节

181

22.【答案】D

【解析】异源性 ACTH 综合征是由非 ACTH 细胞来源的肿瘤不适当地合成及分泌生物活性的 ACTH,而引起的 ACTH 依赖性皮质醇增多症,其中约 40% 的肿瘤为小细胞肺癌。

【考点】皮质醇增多症的病因

23.【答案】A

【解析】糖尿病是由遗传和环境因素共同引起的一组以慢性高血糖为主要特征的临床综合征。胰岛素缺乏和胰岛素作用障碍单独或同时引起糖类、脂肪、蛋白质、水和电解质等的代谢紊乱。糖尿病可引起急性代谢紊乱,也可并发多种慢性并发症,导致器官功能障碍和衰竭,甚至致残或致死。

【考点】糖尿病定义

24.【答案】C

【解析】糖尿病高血糖的表现与其发现时间关系密切,多数无症状,有症状者常常血糖水平较高或时间较长导致其他病变才被诊断;"三多一少"是指多尿、多饮、多食及体重下降;2 型糖尿病的首发症状多种多样,除"三多一少"外,视力减退、肢端麻木、尿路感染、皮肤瘙痒、女性外阴瘙痒、低血糖及高血糖危象均可为首发症状。

【考点】糖尿病临床表现

25.【答案】A

【解析】长时间放置血标本血糖会降低,因而采血后应尽早送实验室检测;口服葡萄糖耐量试验(OGTT)应在清晨空腹进行;应激性高血糖常为暂时性和自限性,不能据此诊断糖尿病;诊断糖尿病应抽血前 3d 摄入足量的碳水化合物;血清和血浆血糖均高于全血血糖。

【考点】糖尿病诊断和分型

26.【答案】B

【解析】目前我国糖尿病诊断依据为静脉血浆血糖,糖化血红蛋白和尿糖不作为确诊依据。

【考点】糖尿病诊断和分型

27.【答案】D

【解析】妊娠糖尿病(gestational diabetes mellitus,GDM)的诊断标准为:达到或超过下列至少一项指标,空腹血糖(FPG)≥5.1mmol/L,餐后 1h 血糖≥10.0mmol/L 和 / 或餐后 2h 血糖≥8.5mmol/L。

【考点】糖尿病诊断和分型

---

22. 异源性 ACTH 综合征最常见的病因是
 A. 垂体腺瘤　　　　B. 垂体腺癌　　　　C. 肺鳞癌
 D. 小细胞肺癌　　　E. 胰腺癌

23. 有关糖尿病的说法**错误**的是
 A. 糖尿病是一组由遗传因素决定的以慢性高血糖为特征的代谢性疾病
 B. 糖尿病由胰岛分泌和 / 或作用缺陷所引起
 C. 糖尿病可因严重临床情况而致残或危及生命,早发现、早诊断、早干预意义重大
 D. 糖尿病可导致慢性多系统损害,也可出现急性严重代谢紊乱
 E. 糖尿病的主要临床特征是高血糖

24. 有关 2 型糖尿病临床特点,以下描述正确的是
 A. 通常是慢性起病,"三多一少"症状明显
 B. 首发症状中不包括高血糖危象
 C. 部分患者因低血糖就诊而诊断
 D. 并存相关的自身免疫性疾病概率高
 E. 年龄小于 25 岁糖尿病患者可除外 2 型糖尿病

25. 有关血糖测定,以下描述正确的是
 A. 长时间放置血标本,血糖值会降低
 B. 在无任何能量摄入 8h 后即可进行 OGTT
 C. 应激状态下血糖也可用于糖尿病诊断
 D. 抽血前一天无须限制饮食
 E. 血浆血糖低于全血血糖

26. 诊断糖尿病时应依据
 A. 静脉血清血糖
 B. 静脉血浆血糖
 C. 全血血糖
 D. 静脉血浆血糖与糖化血红蛋白
 E. 静脉血浆血糖与尿糖

27. 妊娠期采用口服葡萄糖耐量试验(OGTT)诊断妊娠糖尿病的标准是
 A. 达到或超过下列至少一项指标:空腹血糖≥7.0mmol/L,餐后 2h 血糖 >11.1mmol/L
 B. 达到或超过下列至少一项指标:空腹血糖≥5.1mmol/L,餐后 2h 血糖≥8.5mmol/L
 C. 达到或超过下列至少一项指标:空腹血糖 >5.1mmol/L,餐

后 1h 血糖 >10.0mmol/L 和 / 或餐后 2h 血糖≥8.5mmol/L

  D. 达到或超过下列至少一项指标：空腹血糖≥5.1mmol/L，餐后 1h 血糖≥10.0mmol/L 和 / 或餐后 2h 血糖≥8.5mmol/L

  E. 达到或超过下列至少两项指标：空腹血糖≥5.1mmol/L，餐后 1h 血糖≥10.0mmol/L 和 / 或餐后 2h 血糖≥8.5mmol/L

28. 糖尿病酮症酸中毒最常见的诱因是
  A. 胰岛素治疗中断   B. 胰岛素治疗不适当减量
  C. 感染   D. 酗酒
  E. 使用糖皮质激素

28.【答案】C
 【解析】糖尿病酮症酸中毒(DKA)最常见的诱因是感染。
 【考点】糖尿病急性并发症

29. 关于高渗高血糖综合征的治疗原则,以下描述正确的是
  A. 目前多主张治疗开始时使用低渗溶液
  B. 第一个 24h 补液量不能超过 6 000ml
  C. 当血糖下降至 16.7mmol/L 时,应开始输入 5% 葡萄糖液加胰岛素
  D. 当血糖下降至 16.7mmol/L 时,应开始输入 5% 葡萄糖液
  E. 绝大多数患者需要补碱

29.【答案】C
 【解析】高渗高血糖综合征的治疗原则为：目前多主张治疗开始时使用等渗溶液；第一个 24h 补液量可达 6 000ml~10 000ml，当血糖下降至 16.7mmol/L 时，应开始输入 5% 葡萄糖液加胰岛素，一般不需要补碱。
 【考点】糖尿病急性并发症

30. 接受药物治疗的糖尿病患者,低血糖的诊断标准为
  A. 血糖 <2.8mmol/L   B. 血糖 <3.0mmol/L
  C. 血糖≤2.8mmol/L   D. 血糖≤3.0mmol/L
  E. 血糖≤3.9mmol/L

30.【答案】E
 【解析】非糖尿病患者血糖低于 2.8mmol/L 作为低血糖诊断标准，对于接受药物治疗的糖尿病患者只要血糖≤3.9mmol/L 就属于低血糖范畴。
 【考点】糖尿病急性并发症

31. 下列属于糖尿病微血管并发症的是
  A. 冠状动脉粥样硬化性心脏病
  B. 肾动脉狭窄
  C. 糖尿病视网膜病变
  D. 脑梗死
  E. 下肢动脉闭塞

31.【答案】C
 【解析】微血管病变累及全身各个组织器官，主要表现在视网膜、肾、神经和心肌，最常见的是糖尿病视网膜病变、糖尿病肾病、糖尿病心肌病。
 【考点】糖尿病慢性并发症

32. 对糖耐量有影响的药物是
  A. 维生素 B$_1$ B. 糖皮质激素 C. 阿司匹林
  D. 维生素 C   E. 腺苷

32.【答案】B
 【解析】糖皮质激素有升糖作用。
 【考点】糖尿病基层管理

33. 关于糖尿病神经病变的诊断,以下描述错误的是
  A. 有明确的糖尿病病史
  B. 神经病变出现在糖尿病诊断时或之后
  C. 常见的临床症状包括疼痛、麻木、感觉异常
  D. 常见的物理检查项目包括振动觉、痛觉、温度觉、压力觉和踝反射
  E. 没有临床症状者可除外糖尿病神经病变

33.【答案】E
 【解析】根据《中国 2 型糖尿病防治指南(2013 年版)》，对有明确的糖尿病病史、但无明显糖尿病周围神经病变的临床症状者，5 项检查中(振动觉、痛觉、温度觉、压力觉和踝反射)任 2 项异常，可临床诊断为糖尿病周围神经病变。
 【考点】糖尿病慢性并发症

34.【答案】A

【解析】饮食及运动治疗是2型糖尿病治疗的基础,也是早期干预最有效的方法。

【考点】糖尿病综合防治原则

35.【答案】E

【解析】医学营养治疗是糖尿病基础管理措施,是综合管理的重要组成部分。血糖升高及糖尿病患者均应采用饮食疗法。

【考点】糖尿病综合防治原则

36.【答案】C

【解析】糖尿病患者开始体育锻炼的最佳时间是餐后1~2h,此时血糖较高,不易发生低血糖。

【考点】糖尿病综合防治原则

37.【答案】C

【解析】肥胖的2型糖尿病患者通常存在胰岛素抵抗,如无特殊并发症、首发血糖较高或血糖难以控制的情况不推荐初治即应用胰岛素。消瘦的患者要注意起病年龄及1型糖尿病相关自身抗体等问题,以区分糖尿病类型,未确定为2型糖尿病的患者不宜贸然选择磺脲类降糖药。而且是否选择胰岛素治疗不应由患者个人意愿来定,首先要符合糖尿病综合防治原则。糖尿病患者在血糖控制良好情况下,可在两餐间加服水果。

【考点】糖尿病综合防治原则

38.【答案】C

【解析】格列本脲口服后2~6h血药浓度达峰值,持续作用24h。半衰期为10~16h。老年人使用易出现低血糖。

【考点】口服降糖药物

39.【答案】E

【解析】利拉鲁肽为胰高血糖素样多肽-1(GLP-1)受体激动剂,以葡萄糖浓度依赖的方式增强胰岛素分泌,抑制胰高血糖素分泌,并能延缓胃排空,通过中枢性的食欲抑制来减少进食量。

【考点】降糖药物的使用

40.【答案】B

【解析】西格列汀可选择性抑制二肽基肽酶-4(DPP-4)活性,而减少胰高血糖素样多肽-1(GLP-1)在体内的失活,从而提高内源性GLP-1水平而降低血糖。

【考点】口服降糖药物

---

34. 2型糖尿病的基础治疗措施是
   A. 饮食治疗　　　　　　　　B. 胰岛素治疗
   C. 降糖药治疗　　　　　　　D. 减重手术
   E. 中药扶正

35. 关于糖尿病饮食治疗的描述,正确的是
   A. 血糖升高但未达到糖尿病诊断标准时,不用饮食治疗
   B. 未出现并发症者,不用饮食治疗
   C. 用药治疗时,可不用饮食治疗
   D. 肥胖者,宜给极低能量饮食治疗
   E. 所有糖尿病患者,都应饮食治疗

36. 糖尿病患者开始体育锻炼的最佳时间是
   A. 餐后20min　　　　　　　B. 餐后30min~1h
   C. 餐后1~2h　　　　　　　D. 餐后2~3h
   E. 餐前30min

37. 有关糖尿病治疗,正确的是
   A. 较为肥胖的2型糖尿病患者初始治疗较适宜应用胰岛素治疗
   B. 消瘦的患者较宜应用磺脲类药物治疗
   C. 二甲双胍影响乳酸代谢,肾功能不全的患者慎重应用
   D. 患者有意愿进行胰岛素治疗即可尝试
   E. 糖尿病患者不宜进食水果

38. 作用时间最长、最容易发生低血糖的降糖药是
   A. 格列吡嗪　　　B. 瑞格列奈　　　C. 格列本脲
   D. 利格列汀　　　E. 吡格列酮

39. 新一代降糖药利拉鲁肽的作用机制是
   A. 促进外周组织对葡萄糖的利用,改善胰岛素抵抗
   B. 促进尿糖排出
   C. 抑制肠道葡萄糖吸收
   D. 抑制二肽基肽酶-4(DPP-4)活性
   E. 激动GLP-1受体,增加胰岛素分泌

40. 可升高2型糖尿病患者血中胰高血糖样多肽-1(GLP-1)水平的药物是
   A. 二甲双胍　　　　　　　　B. 西格列汀
   C. 格列苯脲　　　　　　　　D. 阿卡波糖
   E. 吡格列酮

41. 刺激餐后胰岛素早期分泌的降糖药是
    A. 双胍类
    B. 噻唑烷二酮类
    C. 磺脲类
    D. 格列奈类
    E. α-葡萄糖苷酶抑制剂

42. 用于2型糖尿病一线药物治疗的口服降糖药物**不包括**
    A. 双胍类
    B. 噻唑烷二酮类
    C. 磺脲类
    D. 格列奈类
    E. α-葡萄糖苷酶抑制剂

43. 晚餐前注射预混胰岛素的首选部位是
    A. 腹部　　　　　　　　B. 上臂
    C. 大腿　　　　　　　　D. 腹部和上臂
    E. 臀部和大腿

44. 甘精胰岛素属于
    A. 短效胰岛素　　　　　B. 速效胰岛素类似物
    C. 中效胰岛素　　　　　D. 长效胰岛素类似物
    E. 长效胰岛素

45. 糖化血红蛋白可以反映最近多长时间内的血糖水平
    A. 1~2个月　　　B. 2~3个月　　　C. 3~4个月
    D. 4~6个月　　　E. 6~9个月

【A2 型题】

1. 患者,男,85岁。近1个月在屋内跌倒2次,有吸烟、饮酒嗜好,患者在日照好的时候进行户外轮椅散步0.5~1h,**不属于该患者疾病危险因素**的生活方式是
    A. 体力活动减少　　　　B. 跌倒
    C. 日光照射不足　　　　D. 吸烟
    E. 高龄

2. 患者,女,55岁。绝经后2年,因腰背疼痛就诊,骨密度检查提示骨质疏松症,该患者的疾病属于的类型是
    A. 老年性骨质疏松症　　B. Ⅰ型骨质疏松症
    C. 继发性骨质疏松症　　D. Ⅱ型骨质疏松症
    E. 低转换型骨质疏松症

41.【答案】D
　　【解析】格列奈类主要通过刺激胰岛素的早时相分泌而降低餐后血糖,具有吸收快、起效快和作用时间短的特点,主要用于控制餐后高血糖,也有一定降低空腹血糖的作用。
　　【考点】口服降糖药物

42.【答案】B
　　【解析】根据《国家基层糖尿病防治管理指南(2018)》,用于一线药物治疗的口服降糖药主要包括二甲双胍、胰岛素促泌剂、α-葡萄糖苷酶抑制剂。
　　【考点】口服降糖药物

43.【答案】E
　　【解析】不同注射部位吸收胰岛素速度快慢不同,腹部最快,其次为上臂、大腿和臀部。为延缓中效的吸收,减少夜间低血糖的发生,注射预混胰岛素时,晚餐前首选注射部位为臀部或大腿。
　　【考点】胰岛素治疗

44.【答案】D
　　【解析】甘精胰岛素属于长效胰岛素类似物。
　　【考点】胰岛素治疗

45.【答案】B
　　【解析】糖化血红蛋白一般反映最近2~3个月血糖水平,这与红细胞的寿命有关(120d)。
　　【考点】糖尿病基层管理

1.【答案】C
　　【解析】骨质疏松症的危险因素包括高龄、吸烟、制动、体力活动减少、跌倒、吸烟、酗酒、日光照射减少、钙和维生素D摄入不足等。
　　【考点】骨质疏松症的危险因素

2.【答案】B
　　【解析】原发性骨质疏松症包括绝经后骨质疏松症(Ⅰ型)和老年性骨质疏松症(Ⅱ型)。前者为高转换型骨质疏松症,后者为低转换型骨质疏松症。
　　【考点】骨质疏松症的分类

3.【答案】E

【解析】此题主要考查 Graves 病患者甲状腺查体。主要表现为甲状腺弥漫性肿大，质软，甲状腺血流增多，较为特异性的表现为震颤和血管杂音。

【考点】Graves 病甲状腺查体的特点

4.【答案】C

【解析】此题主要考查碘甲亢。长期服用胺碘酮所致甲亢与摄碘量增加有关，称为"碘甲亢"。该类患者近一半可停药后自愈，对于长期服用胺碘酮的患者需随访监测甲状腺功能。

【考点】碘甲亢的特点

5.【答案】B

【解析】此题主要考查甲亢伴周期性瘫痪。该病常见于亚洲年轻男性，诱因多为饱餐，疲劳，精神紧张，高糖饮食，饮酒，寒冷，运用胰岛素、利尿药、糖皮质激素、麻醉药等后发生。表现为近端肌群无力。

【考点】甲亢伴周期性瘫痪

6.【答案】B

【解析】此题主要考查抗甲状腺药物的适应证。β 受体阻滞剂不适合在支气管哮喘患者使用。

【考点】甲状腺功能亢进的药物治疗

7.【答案】B

【解析】此题主要考查甲状腺功能的实验室检查。凡能引起甲状腺结合球蛋白(TBG)升高的因素都有可能影响 T_4 和 T_3 的测定结果，如妊娠、病毒性肝炎、口服避孕药等。

【考点】甲状腺功能的实验室检查假阳性情况

3. 患者，男，25 岁。消瘦、心悸、进食量增加、体重减轻 2 个月。既往体健。外院诊断甲状腺功能亢进症，Graves 病。患者甲状腺查体最可能的表现为

A. 甲状腺弥漫性肿大，可及触痛结节

B. 甲状腺触诊质韧，表面光滑

C. 甲状腺触诊质硬，表面有结节

D. 结节固定，不活动

E. 甲状腺可触及震颤，可闻及血管杂音

4. 患者，男，56 岁。因阵发性房颤服用胺碘酮，近 1 个月来出现消瘦、易怒、大便次数增加、手抖等不适。辅助检查：T_3、T_4 升高，TSH 降低。下列描述**错误**的是

A. 停用胺碘酮数月后部分患者甲状腺功能可自行恢复

B. 极少数患者停用胺碘酮后，甲亢症状加重

C. 抗甲状腺药物治疗效果好

D. 同位素不适合本型甲亢的治疗

E. 患者出现的症状与服用胺碘酮可能相关

5. 患者，男，24 岁。曾因"消瘦、易怒、大便次数增加"就诊，诊断为甲亢。患者未规律治疗，一次聚餐饮酒后，出现下肢无力。可能的诊断是

A. 重症肌无力

B. 甲亢伴周期性瘫痪

C. 甲亢性肌病

D. 周围神经炎

E. 肌营养不良症

6. 患者，男，22 岁。曾因"易怒、心悸、腹泻、手抖、体重下降等不适"就诊，当时诊断为 Graves 病，近 2 个月患者再次出现心悸，腹泻，性质同前，患者幼年时患支气管哮喘。下列药物**不适合**使用的是

A. 丙硫氧嘧啶　　　　　　B. 普萘洛尔

C. 甲巯咪唑　　　　　　　D. 卡比马唑

E. 甲硫氧嘧啶

7. 患者，女，28 岁。妊娠 3 个月，查甲状腺功能示 T_4 和 T_3 升高，TSH、FT_3、FT_4 正常，对于该结果最合理的解释是

A. 妊娠期甲亢

B. 妊娠引起血清 TBG 升高，导致 T_4 和 T_3 升高

C. 甲状腺功能减退症

D. 肾功能不全所致

E. 桥本甲状腺炎

8. 患者,男,33岁。Graves病服用甲巯咪唑治疗1.5年,考虑停药。与复发相关的实验室检查是

    A. FT_3 B. FT_4 C. TSH

    D. T_4 E. TRAb

9. 患者,女,60岁。因巨细胞性动脉炎,接受泼尼松龙50mg/d治疗。该患者预防骨质疏松最适当的治疗是

    A. 双膦酸盐治疗   B. 钙及维生素D

    C. 激素替代治疗   D. 雷洛昔芬

    E. 鲑降钙素

10. 患者,男,45岁。身高171cm,体重85kg,口服糖耐量试验显示:空腹血糖6.7mmol/L,餐后1h血糖9.8mmol/L,餐后2h血糖7.0mmol/L。检查结果符合

    A. 正常血糖范围   B. 空腹血糖受损

    C. 糖耐量减低   D. 1型糖尿病

    E. 2型糖尿病

11. 患者,女,24岁。孕期首次产前检查时发现空腹血糖7.4mmol/L,餐后2h血糖12.0mmol/L,患者无早发糖尿病家族史,无酮症倾向。该患者最可能的诊断是

    A. 1型糖尿病

    B. 2型糖尿病

    C. 青年人中成年发病型糖尿病

    D. 妊娠糖尿病

    E. 正常血糖状态

12. 患者,男,70岁。口渴、多尿2周,伴有软弱无力,进食减少。近两天嗜睡。既往无糖尿病病史。急诊检查:血压70/50mmHg,呼吸34次/min,心率108次/min。神志不清,皮肤干燥失水,血糖34.6mmol/L,尿糖(++++),尿酮(±)。该患者最可能的诊断是

    A. 急性脑梗死   B. 痫性发作

    C. 乳酸酸中毒   D. 糖尿病酮症酸中毒

    E. 高渗高血糖综合征

13. 患者,男,37岁。多食、多饮、体重下降3个月。随机血糖28.4mmol/L,尿酮体(+),予以静脉胰岛素降糖治疗,血糖下降至13.9mmol/L后改为皮下胰岛素注射,当日进食较少,次日患者出现发作性弛缓性瘫痪。查体:血压100/68mmHg,脉搏110次/min。体形中等,匀称,皮肤潮湿。血糖4.0mmol/L。患者出现发作性弛缓性瘫痪的可能原因是

8.【答案】E

【解析】此题主要考查抗甲状腺药物的停药指征。抗甲状腺药物治疗停药最重要的指标是促甲状腺激素受体抗体(TRAb),TRAb在甲亢患者中阳性率高,对于甲亢的诊断、病情的活动和复发均有重要意义,同时是停药的重要指征。

【考点】抗甲状腺药物的停药指征

9.【答案】A

【解析】多种疾病及药物可导致继发性骨质疏松,其中糖皮质激素所致骨质疏松症为最常见的药物相关骨质疏松症。超生理量的糖皮质激素促进破骨、抑制成骨。双膦酸盐是其预防和治疗的一线药物。

【考点】糖皮质激素性骨质疏松症的防治

10.【答案】B

【解析】该患者空腹血糖在6.1~7.0mmol/L之间,餐后2h血糖<7.8mmol/L,符合空腹血糖受损(IFG)诊断。

【考点】糖尿病诊断

11.【答案】B

【解析】患者首次产前检查血糖即达到糖尿病诊断标准,考虑患者为孕前就患有糖尿病。患者无酮症倾向,无急性发作表现,无家族遗传早发糖尿病,考虑2型糖尿病可能性大。

【考点】糖尿病诊断

12.【答案】E

【解析】老年患者,既往无糖尿病病史;口渴多尿,伴有软弱无力、进食减少;近日出现嗜睡;血压低、心率快、神志不清、皮肤干燥失水、呼吸加快,血糖超过33.3mmol/L,无明显尿酮增多。考虑高渗高血糖综合征可能性大。如血浆渗透压大于320mol/L,则可明确诊断。

【考点】糖尿病急性并发症

13.【答案】C

【解析】该患者首诊高血糖,静脉降糖治疗中未及时补钾,直接转为皮下胰岛素治疗后,出现发作性弛缓性瘫痪症状,考虑胰岛素所致的转移性低钾血症导致弛缓性瘫痪发生。

【考点】糖尿病急性并发症

A. 高渗高血糖综合征　　　B. 糖尿病酮症酸中毒

C. 转移性低钾血症　　　　D. 糖尿病周围神经病变

E. 低血糖

14.【答案】C

　　【解析】该孕妇用胰岛素治疗,清晨出现心悸、大汗,考虑低血糖可能性大,故应快速进食以提高血糖水平。

　　【考点】糖尿病急性并发症

14. 孕妇,26 岁。妊娠33 周,用胰岛素治疗糖尿病,今晨5时惊醒,伴心悸、大汗。此时有效的处理措施是

A. 检测血糖　　　　　　　B. 检测尿糖及酮体

C. 立即进食　　　　　　　D. 注射胰岛素

E. 测量体温

15.【答案】B

　　【解析】患者出现外伤后溃疡不愈合,提示糖尿病足的发生,属于糖尿病并发症,符合胰岛素适应证,予以使用。

　　【考点】胰岛素治疗

15. 患者,男,50 岁。肥胖、2 型糖尿病 6 年,口服二甲双胍 250mg,3 次/d。5 个月前因外伤出现左足溃疡至今未愈,空腹血糖 7.2mmol/L,三餐后2h 血糖分别为 9.2mmol/L、10.4mmol/L、8.9mmol/L。降糖治疗的最佳方案推荐

A. 增加二甲双胍剂量

B. 加用胰岛素

C. 加用磺脲类口服降糖药

D. 加用 α- 葡萄糖苷酶抑制剂

E. 暂无须更改降糖计划

16.【答案】E

　　【解析】该患者新近出现劳累后胸痛,需进一步明确冠心病诊疗方案,符合转诊至上级医院指征。

　　【考点】糖尿病合并初发型心绞痛的社区管理

16. 患者,女,67 岁。诊断 2 型糖尿病 15 年,口服二甲双胍 0.5g,3 次/d;西格列汀 100mg,1 次/d。在某社区随访时发现空腹血糖 7.2mmol/L,餐后 2h 血糖 14.2mmol/L,糖化血红蛋白 7.5%。追问病史,近 1 个月出现劳累后心前区不适,伴有心悸,休息后可自行缓解。心电图检查提示心肌缺血。目前较为恰当的基层处理方案是

A. 嘱患者密切监测血糖,3d 后复诊

B. 调整治疗方案,改用皮下胰岛素治疗

C. 调整治疗方案,加用扩冠药物治疗

D. 调整治疗方案,加用 α- 葡萄糖苷酶抑制剂治疗

E. 联系上级医院,安排转诊

17.【答案】A

　　【解析】拟进一步控制空腹血糖,需首先明确糖升高原因。采用替代胰岛素治疗方案后,空腹血糖仍然高的可能原因包括夜间胰岛素应用不足、黎明现象或索莫吉反应,夜间多次测定血糖有助于鉴别清晨高血糖的原因。

　　【考点】糖尿病基层管理

17. 患者,男,48 岁。糖尿病 12 年,皮下注射门冬胰岛素 30,早餐前 24IU,晚餐前 22IU。随访中发现空腹血糖 13.6~16.8mmol/L,餐后 2h 血糖 8.6~10.0mmol/L。为进一步控制空腹血糖,首选的处理方案是

A. 监测凌晨(0~4 时)血糖 2~3 次

B. 连续监测 7 次血糖(早、午、晚餐前后和睡前血糖)3d

C. 加用口服降糖药物

D. 增加晚餐前胰岛素用量

E. 增加早餐前胰岛素用量

18. 患者,女,65 岁。2 型糖尿病 14 年,口服降糖药治疗中,糖化血红蛋白 6.8%;高血压病史 10 年,最高血压 200/110mmHg,降压治疗中,目前血压控制在 140/90mmHg 以下;血脂异常病史 10 年,甘油三酯 1.5mmol/L,低密度脂蛋白胆固醇 2.0mmol/L,高密度脂蛋白胆固醇 1.1mmol/L。无其他并发症和并存疾病。控制**不达标**的指标是
    A. 血压　　　　　　　　B. 糖化血红蛋白
    C. 高密度脂蛋白胆固醇　　D. 低密度脂蛋白胆固醇
    E. 甘油三酯

18.【答案】C
【解析】女性患者,高密度脂蛋白胆固醇控制目标为 >1.3mmol/L。
【考点】糖尿病基层管理

19. 患者,男,80 岁。体检发现空腹血糖 8.2mmol/L,餐后 2h 血糖 13.0mmol/L。查体:血压 160/100mmHg,体重指数 27kg/m²,血肌酐 158μmol/L。诊断 2 型糖尿病。该患者首选的降糖药是
    A. 二甲双胍　　B. 格列吡嗪　　C. 罗格列酮
    D. 利格列汀　　E. 格列本脲

19.【答案】D
【解析】该患者血肌酐升高,存在慢性肾脏病。利格列汀肾排泄量较低(<5%),用于慢性肾脏病患者不需调整剂量,安全有效,故为首选。
【考点】口服降糖药物

20. 患者,女,58 岁。2 型糖尿病病史 15 年,长期口服格列喹酮 30mg,1 次/d。查体:血压 145/90mmHg,体重指数 18.3kg/m²,余未见异常所见。散瞳后眼底检查:可见在一个象限内有 20 多处视网膜内出血。实验室检查:空腹血糖 6.8mmol/L,餐后 2h 血糖 10.6mmol/L,血肌酐 92.8μmol/L,尿蛋白(−)。降糖治疗应选择
    A. 磺脲类降糖药加量
    B. 加用双胍类降糖药
    C. 加用 α-葡萄糖苷酶抑制剂
    D. 改为注射胰岛素
    E. 加用格列奈类

20.【答案】D
【解析】患者口服降糖药血糖控制不理想,伴有视网膜病变,低体重,符合胰岛素使用适应证,应及时改用胰岛素治疗。
【考点】胰岛素治疗

21. 患者,女,62 岁。2 型糖尿病病史 14 年,近 2 个月出现双下肢水肿。查体:血压 150/100mmHg,神志清楚,营养差;双肺未闻及干湿啰音,心率 75 次/min,律齐,肝脾肋下未触及,双下肢指压痕(+)。实验室检查:空腹血糖 9.6mmol/L,血白蛋白 28g/L。为明确水肿原因,首先应完善的检查是
    A. 肾功能　　　　　B. 肝功能
    C. 尿蛋白定量　　　D. 双肾超声
    E. 超声心动图

21.【答案】C
【解析】患者糖尿病 10 余年,血糖控制不佳,目前出现水肿、高血压及低蛋白血症,首先考虑糖尿病肾病的发生。首选尿蛋白定量检查明确是否为肾性蛋白丢失。
【考点】糖尿病慢性并发症

22. 患者,男,59 岁。7 年前体检时诊断 2 型糖尿病,目前口服格列喹酮 30mg,1 次/d,二甲双胍 0.5g,3 次/d。近 1 个月来视力明显减退,散瞳眼底检查可见新生血管形成。该患者糖尿病视网膜病变临床分级考虑为
    A. 无明显视网膜病变

22.【答案】E
【解析】增殖期视网膜病变的散瞳眼底检查所见为出现以下一种或多种改变:新生血管形成、玻璃体积血或视网膜前出血。
【考点】糖尿病慢性并发症

B. 非增殖期视网膜病变,轻度

C. 非增殖期视网膜病变,中度

D. 非增殖期视网膜病变,重度

E. 增殖期视网膜病变

23.【答案】A

【解析】胰岛素治疗适应证包括1型糖尿病患者、各种严重的糖尿病急性或慢性并发症、新诊断的2型糖尿病伴有明显高血糖、2型糖尿病B细胞功能明显减退者等。

【考点】糖尿病综合防治原则

23. 患者,男,65岁。明显消瘦伴乏力、口渴3周,初次诊断2型糖尿病。查空腹血糖16.2mmol/L,餐后2h血糖23.4mmol/L。患者首选的治疗方案是

A. 胰岛素治疗　　　　　B. 单纯饮食、运动治疗

C. 双胍类药物治疗　　　D. α-葡萄糖苷酶抑制剂治疗

E. 格列奈类治疗

24.【答案】C

【解析】无论何种类型的糖尿病,在围术期均应使用胰岛素治疗。由于手术应激血糖波动加大,需选用短效联合长效胰岛素平稳控制血糖。

【考点】糖尿病综合防治原则

24. 患者,男。60岁。2型糖尿病病史18年。口服二甲双胍0.5g、3次/d及格列齐特80mg、3次/d。近2个月自觉乏力、体重下降4~5kg,乙状结肠癌拟行手术治疗。实验室检查:空腹血糖6~8mmol/L,餐后血糖8~11mmol/L。血糖处理原则为

A. 继续口服降压药物治疗

B. 改用长效胰岛素控制血糖

C. 改用短效联合长效胰岛素控制血糖

D. 改用预混胰岛素治疗

E. 改用胰岛素及胰岛素增敏剂联合治疗

25.【答案】C

【解析】患者为初诊的轻中度血糖异常患者,并存肥胖和高血压、血脂控制未达标。综合治疗策略方面,正确答案为C。降糖治疗方案方面,应包括糖尿病教育、饮食控制、合理运动、应用口服降糖药物或胰岛素,血糖监测和手术等综合性治疗措施。但患者糖化血红蛋白≤7%,可首选生活方式干预。

【考点】糖尿病综合防治原则

25. 患者,女,52岁。口渴多饮5个月。高血压病史15年,肥胖症病史10年。辅助检查:空腹血糖7.9mmol/L,餐后2h血糖12.1mmol/L,糖化血红蛋白6.8%,低密度脂蛋白胆固醇2.8mmol/L。该患者治疗原则为

A. 首先进行强化生活方式干预,3个月后随访

B. 首先进行强化生活方式干预,6个月后随访

C. 立即启动生活方式干预+降压+降糖+调脂+抗血小板+控制体重综合治疗

D. 立即启动口服降糖药物治疗

E. 立即启动胰岛素治疗

26.【答案】C

【解析】对于超重或肥胖的2型糖尿病患者,通常起始治疗的首选药物为二甲双胍。

【考点】口服降糖药物治疗

26. 患者,男,48岁。糖尿病病史2年,身高172cm,体重75kg,一直采用医学营养治疗控制血糖。目前空腹血糖7.6mmol/L,餐后2h血糖14.5mmol/L,糖化血红蛋白7.6%,无多食、多饮、体重下降等症状。治疗方案优选

A. 强化生活方式干预

B. 生活方式干预+胰岛素治疗

C. 生活方式干预+二甲双胍治疗

D. 生活方式干预+吡格列酮治疗

E. 生活方式干预+格列吡嗪控释片治疗

27. 患者,男,40岁。3个月前体检发现血糖升高,诊断2型糖尿病,随访就诊。近3个月来无不适症状,生活方式干预效果不佳,二甲双胍1.0g,2次/d治疗中。查体:身高170cm,体重90kg,余无异常。实验室检查:HbA1c7.8%,空腹血糖6.8mmol/L,餐后2h血糖12.6mmol/L。拟采用药物联合治疗,首选的治疗药物是

    A. 罗格列酮   B. 格列本脲   C. 胰岛素

    D. 瑞格列奈   E. 阿卡波糖

27.【答案】E

【解析】该患者空腹血糖控制达标,但餐后血糖和糖化血红蛋白不达标,肥胖。拟选择两种口服降糖药物治疗时,如无禁忌,应首先选择降低餐后血糖而且不引起体重增加的药物。

【考点】口服降糖药物

【A3/A4 型题】

(1~2 题共用题干)

患者,女,80岁。消瘦,跌倒后腰痛,活动受限1d。行腰椎X线片提示腰椎L₄压缩性骨折,骨质疏松。既往史:高血压20年,肝肾功能正常,吸烟史50年,每日20支。

1. 关于该患者骨质疏松症的治疗,**错误**的是

    A. 每日适量补充钙剂,总摄入量达 800~1 200mg

    B. 患者必须服用活性维生素 D 治疗

    C. 有疼痛患者可予以非甾体抗炎药镇痛治疗

    D. 预防跌倒,戒烟戒酒

    E. 进食富含钙镁与异黄酮类食物(如豆制品等)

1.【答案】B

【解析】骨质疏松症的治疗包括基础治疗、对症治疗和特殊药物治疗。基础治疗包括生活方式干预,如改善营养状况、补充富含钙镁与异黄酮类食物、加强钙剂及维生素D补充。有肾功能不全患者需要补充活性维生素。对症治疗包括镇痛,骨折的治疗包括固定、复位或者手术治疗。此外还包括特殊药物治疗。

【考点】骨质疏松症的治疗

2. 患者骨质疏松危险因素**不包括**

    A. 吸烟   B. 老年

    C. 女性   D. 高血压

    E. 消瘦

2.【答案】D

【考点】骨质疏松症危险因素

(3~5 题共用题干)

患者,女,37岁。Graves病诊断明确,行甲状腺次全切除术。术后患者出现体温升高,烦躁大汗,体温最高40℃,心率155次/min。

3. 该患者最可能的诊断是

    A. 术后继发细菌感染

    B. 甲亢危象

    C. 甲亢加重

    D. 术后继发病毒感染

    E. 甲亢危象前期

3.【答案】B

【解析】此题主要考查甲亢危象的临床表现。甲亢危象多伴有诱因,感染、应激、甲状腺手术术前准备不充分等,主要表现为原有甲亢症状加重、高热、心率过快、大汗、腹痛、腹泻,甚至谵妄、昏迷。

【考点】甲亢危象的特点

4. 对于该患者的治疗,**错误**的是

    A. 保证足够的能量和液体补充

    B. 积极降温

4.【答案】C

【解析】此题主要考查甲亢危象的治疗原则。甲亢危象时,首先要去除诱因,保证能量、液体摄入,维持电解质平衡;优先使用丙硫氧嘧啶(PTU),阻断外周组织中T₄向有生物活性的T₃转换;积极对症支持治疗,包括降温、减慢心率等。上述治疗不满意,可采用透析、血浆置换等方式降低甲状腺激素浓度。

【考点】甲亢危象的治疗原则

C. 优先使用甲巯咪唑治疗,阻断外周组织中 T_4 向 T_3 的转换

D. 普萘洛尔控制心率

E. 糖皮质激素的使用

5.【答案】D

【解析】此题主要考查甲亢手术治疗预防甲亢危象的处理原则。术后甲亢危象多与术前准备不充分、甲亢症状控制欠佳有关。

【考点】甲亢手术治疗预防甲亢危象的原则

5. 甲亢手术,预防术后并发甲亢危象,关键的步骤是

A. 手术切除适当量腺体

B. 术中勿过多挤压甲状腺

C. 术中止血彻底

D. 基础代谢率降到正常范围再进行手术

E. 术后彻底冲洗切口

（6~7 题共用题干）

患者,女,28 岁。月经减少、睡眠差、多食、消瘦、手抖不适。既往体健。否认特殊药物服药史。查体发现患者双眼突出,甲状腺质软,甲状腺Ⅱ度肿大,可扪及震颤。

6.【答案】A

【解析】此题主要考查甲亢单纯性突眼。单纯性突眼,其突眼度不超过 18mm,病因与甲状腺毒症所致的交感神经兴奋性增高有关。

【考点】甲亢单纯性突眼的诊断

6. 该患者如果诊断单纯性突眼,其突眼度最可能的是

　　A. 17mm　　　　　　B. 25mm　　　　　　C. 20mm

　　D. 21mm　　　　　　E. 23mm

7.【答案】C

【解析】此题主要考查甲亢单纯性突眼。甲亢单纯性突眼的临床表现为突眼度不超过 18mm、睑裂增宽、Stellwag 征、von Graefe 征、Joffroy 征、Mobius 征。

【考点】甲亢单纯性突眼的查体

7. 该患者突眼,查体时需要检查的体征**不包括**

　　A. Stellwag 征　　　　B. von Graefe 征　　　C. Hoffman 征

　　D. Joffroy 征　　　　　E. Mobius 征

（8~9 题共用题干）

患者,男,45 岁。口干、多尿、多饮半年。常规体检:ALT 64IU/L,AST 21IU/L,FBG 8.9mmol/L,TG 11.33mmol/L,TC 8.18mmol/L,HDL-C 1.06mmol/L,LDL-C 3.19mmol/L。颈动脉超声可见混合回声斑块。

8.【答案】A

【解析】糖尿病常表现为低密度脂蛋白胆固醇升高、高密度脂蛋白胆固醇降低及甘油三酯水平的升高。其中低密度脂蛋白胆固醇为动脉粥样硬化的最核心因素,也是调脂治疗的首要治疗目标。但如果患者存在严重的高甘油三酯血症(超过 5.6mmol/L),在生活方式干预的基础上,可先使用降低甘油三酯的药物,以减少发生急性胰腺炎的风险。

【考点】脂代谢紊乱的危害

8. 患者首先应当控制的血脂是

　　A. 甘油三酯　　　　　　　　B. 极低密度脂蛋白胆固醇

　　C. 低密度脂蛋白胆固醇　　　D. 高密度脂蛋白胆固醇

　　E. 游离脂肪酸

9.【答案】A

【解析】贝特类药物能明显降低血浆极低密度脂蛋白,并因而降低甘油三酯,伴有低密度脂蛋白(LDL)水平的中度降低(降低 10% 左右),在一定程度上增加高密度脂蛋白(HDL)水平。

【考点】脂代谢紊乱的治疗

9. 该患者首选的调脂药物是

A. 贝特类

B. 他汀类

C. 烟酸类

D. 胆固醇吸收抑制剂

E. 肝功能异常,暂时仅生活干预

(10~13题共用题干)

患者,男,54岁。2型糖尿病10年,目前使用二甲双胍1g、2次/d,西格列汀100mg、1次/d。查体:血压156/90mmHg,体重指数30kg/m^2,心率80次/min。辅助检查:Scr 89μmol/L,ALT 34IU/L,AST 18IU/L,HbA1C 6.8%,TG 3.1mmol/L,TC 5.99mmol/L,HDL-C 1.07mmol/L,LDL-C 3.83mmol/L。颈动脉超声可见混合回声斑块。

10. 该患者首选的调脂药物是
    A. 贝特类
    B. 他汀类
    C. 烟酸类
    D. 胆固醇吸收抑制剂
    E. 生活干预,暂时不用药物

11. 如患者使用辛伐他汀20mg治疗,LDL-C理想的控制目标是
    A. <3.1mmol/L　　B. <2.6mmol/L　　C. <1.8mmol/L
    D. <1.6mmol/L　　E. <1.3mmol/L

12. 该患者使用他汀类药物治疗1个月后,自觉下肢无力,有酸痛感。查体:双下肢肌肉压痛阳性,尿色深。此时首选的检查是
    A. 肾功能　　B. 肝功能　　C. 肌酸激酶
    D. 甲状腺功能　　E. 肌电图

13. 患者因乏力肌肉酸痛,复测肝功能正常,血清肌酐136μmol/L,肌酸激酶1 056IU/L(24~195IU/L),甲状腺功能正常。处理**不恰当**的是
    A. 暂停他汀类药物　　B. 水化治疗
    C. 碱化尿液　　D. 暂时减少活动量
    E. 血液透析

(14~17题共用题干)

患者,男,30岁。1年来发作性头痛,面色苍白,出汗,心动过速,发作时血压增高,最高达200/120mmHg,持续半小时可自行缓解。发作间期血压正常。

14. 患者初步诊断首先考虑
    A. 嗜铬细胞瘤/副神经节瘤
    B. 恶性高血压
    C. 原发性醛固酮增多症
    D. 肾动脉狭窄
    E. 库欣综合征

10.【答案】B
　【解析】无明确心血管疾病的2型糖尿病患者,但年龄超过40岁并有一个或多个心血管疾病危险因素者(该患者高血压?血脂紊乱),LDL-C的控制目标是<2.6mmol/L。因此应当加用他汀类,使LDL-C达标。
　【考点】脂代谢紊乱的治疗

11.【答案】B
　【解析】无明确心血管疾病的2型糖尿病患者,但年龄超过40岁并有一个或多个心血管疾病危险因素者,LDL-C的控制目标是LDL-C<2.6mmol/L。
　【考点】脂代谢紊乱的治疗

12.【答案】C
　【解析】他汀类药物可引起肌病,包括肌痛(有症状,但肌酸激酶正常)、肌炎(有症状且肌酸激酶增高,肌酸激酶小于正常上限10倍)和横纹肌溶解(有症状、肌酸激酶显著升高、肌红蛋白尿、肌酐升高等)。他汀类药物治疗中要检测肌酸激酶,特别是在出现肌肉无力或疼痛时。
　【考点】他汀类药物的不良反应

13.【答案】E
　【解析】临床表现考虑横纹肌溶解症的可能,需要停药、休息、水化、碱化治疗,必要时血液透析或置换。患者虽肌酸激酶轻度增高,尚无透析指征。
　【考点】他汀类药物的不良反应

14.【答案】A
　【解析】嗜铬细胞瘤/副神经节瘤典型的症状包括发作性的头痛、心悸、多汗,又称"嗜铬细胞瘤三联征"。高血压是其最常见的临床症状,其中40%~50%为阵发性,血压发作性增高时可有三联征表现。
　【考点】嗜铬细胞瘤的临床表现

15.【答案】C

【解析】酚妥拉明为 α 受体阻滞剂,可阻滞儿茶酚胺的 α 受体效应,使儿茶酚胺水平增高所致的高血压迅速下降。怀疑嗜铬细胞瘤的患者,血压持续升高(170/110mmHg 以上,30min)时,可将酚妥拉明试验作为诊断及治疗试验。嗜铬细胞瘤患者在静脉注射酚妥拉明 2min 后,血压明显下降:幅度大于 35/25mmHg,并持续 3~5min 或更长时间。

【考点】嗜铬细胞瘤的诊断

16.【答案】A

【解析】香草扁桃酸(VMA)为儿茶酚胺的最终代谢产物,由尿排出。患者高血压发作时 VMA 阳性提示儿茶酚胺异常增多,考虑嗜铬细胞瘤/副神经节瘤。其中,肾上腺素仅能够在肾上腺组织合成,故考虑肾上腺嗜铬细胞瘤。

【考点】嗜铬细胞瘤的诊断

17.【答案】C

【解析】嗜铬细胞瘤术前需要进行充分的 α 受体阻滞剂的准备,目的是阻断过量儿茶酚胺的作用,维持正常血压、心率,并改善心脏和其他脏器的功能,减少麻醉诱发儿茶酚胺过度释放所致严重并发症。对于无明显血压升高的患者也推荐术前进行儿茶酚胺的阻断治疗。

【考点】嗜铬细胞瘤的治疗

18.【答案】C

【解析】符合 2 型糖尿病诊断标准,没有老年糖尿病的分型名称。

【考点】糖尿病诊断和分型

19.【答案】C

【解析】新诊断的 2 型糖尿病患者,除 HbA1c 接近目标值外(<7.5%),可先行 3~6 个月的生活方式干预,其余患者均应开始药物治疗。通常首选二甲双胍。若单药治疗 3 个月后 HbA1c 不能达标,应考虑增加第二种药物治疗。该患者没有胰岛素和手术治疗指征。

【考点】口服降糖药物

15. 此时应进行的诊断试验是

A. 高钠试验

B. 卡托普利试验

C. 酚妥拉明试验

D. 小剂量地塞米松抑制试验

E. 大剂量地塞米松抑制试验

16. 患者血压增高并有不适时,留取尿香草扁桃酸(VMA)定性为阳性,取血测定血肾上腺素明显增高,去甲肾上腺素及多巴胺轻度增高。患者最可能的诊断是

A. 肾上腺嗜铬细胞瘤

B. 副神经节瘤

C. 先天性肾上腺皮质增生

D. 肾上腺皮质增生

E. 肾上腺皮质腺癌

17. 患者肾上腺超声发现左肾上腺区直径 5cm 左右、密度不均匀占位,拟转诊至专科医院。转诊前的处理恰当的是

A. 不用特殊处理

B. 使用 β 受体阻滞剂治疗

C. 使用 α 受体阻滞剂治疗

D. 使用钙通道阻滞剂治疗

E. 使用肾素 - 血管紧张素 - 醛固酮系统(RAAS)抑制剂治疗

(18~20 题共用题干)

患者,男,65 岁。主诉无不适,体检发现血糖升高。既往高血压病史 10 年,冠心病病史 5 年。查体:血压 150/100mmhg,体重指数 28kg/m²,余未见异常。HbA1c7.8%,OGTT 试验结果:空腹血糖 7.6mmol/L,餐后 2h 血糖 13.6mmol/L。低密度脂蛋白胆固醇(LDL-C)2.4mmol/L。

18. 该患者最可能的诊断是

A. 糖尿病前期　　B. 1 型糖尿病　　C. 2 型糖尿病

D. 老年糖尿病　　E. 糖耐量减低

19. 该患者首选的降糖治疗方案是

A. 生活方式干预

B. 生活方式干预 + 胰岛素治疗

C. 生活方式干预 + 二甲双胍治疗

D. 生活方式干预 + 磺脲类药物治疗

E. 生活方式干预 + 二甲双胍 +α- 葡萄糖苷酶抑制剂治疗

20. 该患者 LDL-C 的控制目标是
    A. <1.3mmol/L   B. <1.8mmol/L   C. <2.6mmol/L
    D. <3.0mmol/L   E. <3.3mmol/L

20.【答案】B
【解析】因该患者合并冠心病,故 LDL-C 的控制目标是 <1.8mmol/L。
【考点】糖尿病基层管理

(21~23 题共用题干)

患者,男,12 岁。因"体重减轻、多饮、多尿半年,加重 1 个月"就诊于某社区卫生服务中心。否认慢性病及传染病病史。有糖尿病家族史。辅助检查:随机血糖 16.4mmol/L。

21. 关于该患者的分型诊断,最重要的实验室检查项目为
    A. 糖尿病相关自身抗体测定
    B. 胰岛 B 细胞功能检查
    C. 血糖测定和 OGTT
    D. 糖化血红蛋白测定
    E. 糖化血浆白蛋白测定

21.【答案】A
【解析】绝大多数的 1 型糖尿病是免疫介导性疾病,因此检测自身抗体是糖尿病分型诊断的重要检查项目。
【考点】糖尿病诊断和分型

22. 该患者首选的处理方案是
    A. 胰岛素治疗
    B. 口服降糖药治疗
    C. 转诊至综合医院内分泌科诊疗
    D. 生活方式干预 + 胰岛素治疗
    E. 糖尿病饮食 + 胰岛素治疗

22.【答案】C
【解析】糖尿病患者转诊至上级医院的指征:儿童和年轻人(<25 岁)的糖尿病患者。
【考点】糖尿病基层管理

23. 如果该患者需要采用多次皮下注射胰岛素强化治疗,调整胰岛素用量的时间间隔一般为
    A. 每天调整 1 次   B. 每 1~2d 调整 1 次
    C. 每 1~3d 调整 1 次   D. 每 3~5d 调整 1 次
    E. 每 5~7d 调整 1 次

23.【答案】D
【解析】采用多次皮下注射胰岛素强化治疗,应根据相应血糖水平分别调整胰岛素用量,一般每 3~5d 调整 1 次。
【考点】胰岛素治疗

(24~26 题共用题干)

患者,男,52 岁。公务员。体检时发现血糖升高 1 周来诊。主诉无不适。既往高血压病史 6 年,最高血压 160/110mmHg,口服氨氯地平治疗中。查体:身高 180cm,体重 90kg,血压 140/90mmHg,心率 72 次 /min,心律齐。口服葡萄糖耐量试验(OGTT)结果:空腹血糖 6.0mmol/L,餐后 2h 血糖 10.7mmol/L;糖化血红蛋白 6.1%。

24. 患者最可能的诊断是
    A. 空腹血糖受损   B. 糖耐量减低
    C. 糖尿病   D. 正常血糖
    E. 正常糖耐量

24.【答案】B
【解析】糖调节受损(糖尿病前期)的诊断主要依据 OGTT 结果,若空腹血糖正常,糖负荷后 2h 血糖 ≥7.8mmol/L,但小于 11.1mmol/L,临床诊断为糖耐量减低。
【考点】糖尿病诊断和分型

25.【答案】E

【解析】考虑该患者血糖升高的治疗原则首选个体化生活方式干预，因而口服降糖药不良反应不是该阶段糖尿病教育的主要内容。

【考点】糖尿病基层管理

26.【答案】B

【解析】该患者理想体重为75kg[身高(cm)−105]，平时从事轻体力劳动，由于该患者超重，原则上给予每日每公斤理想体重25~30kcal总能量。

【考点】糖尿病基层管理

27.【答案】A

【解析】患者有上呼吸道感染诱因，血糖高，食欲不佳，头晕、恶心，伴烦躁、心悸，呼气有烂苹果味，查体有脱水体征。考虑最可能出现的是糖尿病急性并发症，酮症酸中毒的可能性最大。

【考点】糖尿病基层管理

28.【答案】D

【解析】酮症酸中毒病情稳定后应过渡到皮下胰岛素注射，以进一步控制血糖，不宜过早恢复口服降糖药治疗。

【考点】胰岛素治疗

29.【答案】B

【解析】使用预混胰岛素者，应监测空腹和晚餐前血糖，根据空腹血糖调整晚餐前胰岛素剂量，根据晚餐前血糖调整早餐前胰岛素剂量。

【考点】糖尿病基层管理

25. 作为其签约全科医生，拟对患者进行糖尿病教育，主要内容一般**不包括**

A. 糖尿病的自然病程

B. 糖尿病的临床表现

C. 糖尿病的危害

D. 个体化治疗目标

E. 口服降糖药的不良反应

26. 如拟对该患者进行医学营养治疗，每日摄入的总能量推荐为

A. 1 125~1 500kcal　　　B. 1 875~2 250kcal

C. 2 250~2 625kcal　　　D. 2 625~3 000kcal

E. 1 500kcal

(27~29 题共用题干)

患者，女，66 岁。因"发热 3d，头昏、恶心 2d"就诊某社区卫生服务中心。3d 前患者因着凉后发热，咳嗽，咳黄痰，诊断"上呼吸道感染"，目前抗感染对症治疗中。2d 前自觉头昏、恶心，伴烦躁、心悸，发病以来饮食欠佳。自行监测血糖：空腹血糖 17.2mmol/L。既往 2 型糖尿病 10 年，规律服用口服降糖药，二甲双胍 0.5g，3 次/d 口服；格列齐特 160mg，2 次/d 口服。空腹血糖控制在 5~7mmol/L；餐后 2h 血糖控制在 8~10mmol/L。查体：血压 100/70mmHg，呼吸 28 次/min，呼气有烂苹果味。神志清楚、精神不振，皮肤弹性差，口唇干裂。心率 120 次/min，心律齐。

27. 根据上述病史，该患最可能的诊断是

A. 糖尿病酮症酸中毒　　　B. 高血糖高渗综合征

C. 糖尿病心肌病　　　　　D. 低血糖

E. 糖尿病肾病

28. 患者经静脉应用胰岛素、抗感染等对症支持治疗后，血糖基本平稳，症状明显改善，此后进一步诊疗方案中**不合理**的是

A. 胰岛素分泌功能检查

B. 糖尿病慢性并发症检查

C. 使用胰岛素泵治疗

D. 停用胰岛素，继续应用口服降糖药

E. 采用多次皮下注射胰岛素治疗

29. 如果该患者使用预混胰岛素治疗，关于血糖监测方案，以下正确的是

A. 根据餐后血糖，调整上一餐前的胰岛素用量

B. 根据空腹血糖调整晚餐前胰岛素用量

C. 根据睡前血糖调整早餐前胰岛素用量

D. 即使血糖控制良好,每日监测 4 次血糖(早餐前后,午餐和晚餐后)

E. 重点监测空腹和睡前血糖

【案例分析题】

案例一:患者,女,45 岁。心悸,活动后气短、不能平卧 1 周,伴有夜间阵发性呼吸困难。查体:血压 140/60mmHg,脉搏 98 次/min;双肺底少量湿啰音,心界左大,心率 132 次/min,心律绝对不齐,第一心音强弱不等;腹平,未及压痛,肠鸣音正常,双下肢胫前轻度对称性可凹陷性水肿。既往有甲亢病史,曾服用抗甲状腺药物治疗半年,症状改善停药,未再监测甲状腺功能。否认其他疾病病史,否认药物过敏史。今日查甲状腺功能提示:FT_3、FT_4 升高,TSH 下降。

提问 1:对于该患者的查体,还需要针对性补充的内容是

A. 毛细血管搏动,水冲脉

B. 甲状腺触诊、听诊

C. 突眼度检查

D. 颈动脉血管杂音

E. 双侧肺底移动度

提问 2:该患者最有可能的诊断是

A. 高血压性心脏损害

B. 肥厚型心肌病

C. 扩张型心肌病

D. 甲亢性心脏病

E. 冠状动脉粥样硬化性心脏病

提问 3:关于该患者的治疗,说法正确的是

A. 治疗原则同高排出量性心脏病

B. 立即予以足量抗甲状腺药物,控制甲状腺功能至正常

C. 洋地黄类药物早期足量使用

D. 待药物控制甲状腺毒症后,尽早予以放射性 ^{131}I 治疗

E. 使用 β 受体阻滞剂控制心室率

F. 加强利尿,减少心脏前后负荷

G. 放射性 ^{131}I 治疗不适用于该患者

案例二:患者,男,46 岁。常规体检:肝肾功能正常,血糖 6.2mmol/L,血钾 3.3mmol/L,血钠 145mmol/L,血氯 108mmol/L,碳酸氢根 31mmol/L。10 年前体检发现血压增高,无头痛、头晕,目前使用厄贝沙坦 150mg 治疗,血压长期控制在 130~145mmHg/70~80mmHg。余无特殊。

提问 1:患者血钾降低,病史询问还应当关注的问题是

A. 血压波动性

B. 有无腹泻

提问 1:【答案】ABC

【解析】此题主要考查甲亢性心脏病体征。甲亢性心脏病的主要临床表现为心房颤动、心律失常、心脏扩大、心功能衰竭。该类患者由于脉压增大,表现为水冲脉、毛细血管搏动等周围血管征。

【考点】甲亢性心脏病的主要体征

提问 2:【答案】D

【解析】此题主要考查甲亢性心脏病诊断。该患者有甲亢病史,抗甲状腺药物治疗不规范,未规律监测甲状腺功能。此次出现心房颤动、心脏扩大、心功能不全表现,支持甲亢性心脏病诊断。

【考点】甲亢性心脏病的特点

提问 3:【答案】ABDEF

【解析】此题主要考查甲亢性心脏病治疗原则。甲亢性心脏病治疗原则同高排出量性心脏病,立即予以足量抗甲状腺药物,控制甲状腺功能,待甲状腺毒症控制后,今早予以放射性 ^{131}I 治疗。加强对症支持治疗,加强利尿改善心脏前后负荷、改善心室率,洋地黄类药物剂量宜低。

【考点】甲亢性心脏病的治疗原则

提问 1:【答案】BDEFGK

【解析】人体每日从食物中摄入钾 50~100mmol,血浆中的钾经肾小球滤过,在近曲肾小管被完全重吸收,远曲肾小管和集合管再将钾泌出到尿液中排出,使钾在体内维持平衡。体内钾约有 98% 存在于细胞内,细胞外液中钾的总量很小,但异常能产生显著的病生理改变。引起低血钾血症的原因包括:钾摄入不足;钾损失过多,经胃肠道(如呕吐、腹泻、胃肠减压等)、经皮肤(大量出汗、烧伤等)、经肾脏丢失(排钾利尿药、盐皮质及类盐皮质激素增多等);钾在体内分布异常,如大量输注高渗葡萄糖或碱中毒等。高血压与低血钾同时存在,应考虑内分泌性高血压或降压药物的影响。

【考点】高血压、低血钾的诊断和鉴别

提问2：【答案】ABF

【解析】患者无急性失钾的诱因，例如腹泻、使用利尿药等，也缺乏使钾细胞内外异常分布的基础病，考虑为慢性低血钾。无弛缓性瘫痪等明显症状，临床上表现为慢性低血钾症状（乏力、夜尿增多），也支持长期持续性低血钾。如果血钾<3.5mmol/L、24h尿钾排出大于25mmol，或血钾<3.0mmol/L、24h尿钾排出大于20mmol，考虑肾性失钾，该患者肾性失钾诊断明确。高血压合并低血钾、肾性失钾，除外药物因素，应首先考虑继发性高血压。

【考点】高血压、低钾血症的鉴别诊断

提问3：【答案】BDE

【解析】低血钾的常见心电图改变包括U波增高并可与T波融合成；T波低平，平坦或倒置；ST段下降；QT间期延长。低血钾还可出现各种心律失常，以窦性心动过速、室性期前收缩、阵发性心动过速较为常见。

【考点】低钾血症的临床表现

提问4：【答案】ACDG

【解析】有临床线索提示继发性高血压（该患者低血钾、肾性失钾）时，应当转诊专科进一步明确病因及下一步治疗。同时应进行对症处理，该患者需要补钾治疗，对慢性无明显症状的轻中度低钾血症，以口服补钾为宜；而低盐饮食有助于控制血压，还可一定程度上减少肾小管钠钾交换而缓解肾性失钾所致低血钾。部分以低血钾为特征的高血压有家族遗传的病史，如家族性醛固酮增多症、Liddle综合征等，需要询问家族史。高血压、低血钾需评价盐皮质激素及类盐皮质激素功能，ACEI或ARB类降压药物及螺旋酯可能影响测定结果，暂时不使用。

【考点】继发性高血压的处理

提问5：【答案】A

【解析】患者立位肾素-醛固酮的测定结果示醛固酮水平增高，醛固酮/肾素比值升高，考虑原发性醛固酮增多症。ACTH-皮质醇节律紊乱，但过夜小剂量地塞米松抑制试验示皮质醇可被抑制在1.8μg/dl以下，皮质醇增多症可除外。巴特（Bartter）综合征表现为低血钾、肾性失钾，但Bartter综合征患者血压在正常偏低水平。利德尔（Liddle）综合征表现为高血压、低血钾、肾性失钾，但体内肾素-醛固酮均处于被抑制状态，又称"假性醛固酮增多症"。肾动脉狭窄也是常见的引起高血压、低血钾的病因，但该病高血压、低血钾是由于肾小球灌注不足，肾素产生增多所致的继发性醛固酮增多症，化验呈现高肾素-高醛固酮血症。

【考点】继发性高血压的诊断和鉴别

C. 有无发作性心悸、出汗

D. 有无发作性弛缓性瘫痪

E. 有无夜尿增多

F. 是否使用皮质激素

G. 是否使用利尿药

H. 有无发作性高血压

I. 慢性肾脏病史

J. 过敏史

K. 家族史

提问2：追问患者，近期无腹泻，除厄贝沙坦外未服用其他药物；近两年体力下降，长时间行走下肢乏力；夜尿较前增多，由不起夜至每夜1~2次；病程中无发作性弛缓性瘫痪。复测血钾3.08mol/L，24h尿钾定量57mmol（生物参考区间25~125mmol）。以下说法正确的是

A. 考虑慢性持续性低钾血症

B. 存在肾性失钾

C. 应回顾饮食，可能存在钾摄入不足

D. 可能存在钾细胞内外异常分布

E. 可能存在经汗液的钾丢失

F. 应考虑继发性高血压

G. 应考虑高血压肾小管损伤

提问3：患者心电图检查的可能表现包括

A. 窦性心动过缓　　　　B. QT间期延长

C. 高尖T波　　　　　　D. T波低平、倒置

E. T波、U波融合　　　　F. 鱼钩型ST-T改变

提问4：患者高血压、低血钾、肾性失钾。进一步的处理包括

A. 口服补钾药物

B. 静脉滴注补钾药物

C. 低盐饮食

D. 了解家族类似疾病病史

E. 加用醛固酮拮抗剂螺内酯

F. 改用ACEI或ARB类降压药物

G. 联系转诊

提问5：患者转诊综合医院后，完善检查：直立位肾素1.2mIU/L（参考值2.80~39.9mIU/L），直立位醛固酮23.2ng/dl（参考值3.0~23.6ng/dl），醛固酮/肾素19.3（参考值<3.7）；早8时皮质醇25.2μg/dl（参考值4.4~19.9μg/dl），过夜1mg地塞米松服用后早8时皮质醇1.13μg/dl。患者的诊断考虑

A. 原发性醛固酮增多症

B. 皮质醇增多症

C. Bartter综合征

D. Liddle综合征

E. 肾动脉狭窄

案例三:患者,男,33 岁。4d 前受凉后出现发热,最高体温 38.5℃;伴明显咽痛,无咳嗽、咳痰。自觉口渴,饮水多,尿量较前增多。服"感冒清热颗粒""泰诺林"等,症状无明显好转。1d 前出现恶心,并呕吐 3 次,食欲差,乏力,后逐渐出现精神萎靡。既往史:间断多饮、多食、多尿 2 年,未诊治。母亲患"糖尿病",10 年前去世。即刻快速指尖血糖 26mmol/L。

提问 1:患者的查体重点应包括

 A. 生命体征   B. 神志

 C. 脱水貌   D. 甲状腺触诊

 E. 肺部查体   F. 心脏叩诊

 G. 周围血管征   H. 病理征

 I. 下肢水肿

提问 2:为明确诊断并评估病情,即刻安排的急诊检查包括

 A. 血常规   B. 尿常规

 C. 血培养   D. 电解质

 E. 肝肾功能   F. 脑钠肽

 G. 心肌酶谱   H. 血气分析

 I. 脑脊液检查   J. 腹部超声

 K. 胸部 X 线片

提问 3:患者部分检查结果回报:尿糖(++++),尿酮体(++++);血糖 24.19mmol/L,血钾 4.19mmol/L,血钠 135.9mmol/L;血气分析:pH 7.18,PaCO$_2$ 20mmHg,PaO$_2$ 97mmHg,HCO$_3^-$ 12.5mmol/L。作为接诊医生,需立即进行的处置是

 A. 吸氧

 B. 小剂量胰岛素持续静脉滴注

 C. 皮下注射胰岛素

 D. 口服及静脉补液

 E. 静脉补钾

 F. 静脉输入 1.25% 碳酸氢钠

 G. 抗感染

 H. 监测血糖

 I. 监测尿常规

 J. 复测血气

案例四:患者,男,56 岁。患者正在做午餐时,忽觉四肢发软、心悸、头晕、出汗,无胸痛、黑矇等不适。既往史:2 型糖尿病 6 年,服用二甲双胍 0.5g、3 次/d 及格列美脲 2mg、1 次/d 治疗,阿卡波糖 50mg、3 次/d,2 个月前糖化血红蛋白 7.1%;高血压 4 年,福辛普利 10mg,1 次/d。

提问 1:如果患者到门诊咨询,建议其出现类似情况时应当即刻进行的检查是

 A. 血压   B. 心率

提问 1:【答案】ABCEFH

【解析】糖尿病酮症中毒为糖尿病高糖危象,部分患者无明确糖尿病病史,为首发表现。临床表现包括高血糖(三多一少)、酸中毒(恶心、呕吐、乏力、精神萎靡等)、脱水及不同程度的渗透压增高,不论有无基础糖尿病,对意识障碍(轻度异常到昏迷)、酸中毒、失水、休克的患者,要考虑酮症酸中毒(DKA)、高血糖高渗综合征(HHS)的可能性。查体重点关注生命体征、精神神志、脱水情况、腹部及神经系统体征。感染为常见诱因之一,此患者有呼吸道感染的表现,查体应包含相关内容,最常见感染部位包括呼吸道、泌尿道、皮肤、消化道等。

【考点】糖尿病酮症酸中毒识别及重点体格检查

提问 2:【答案】ABDEH

【解析】由临床表现及快速血糖,考虑糖尿病酮症酸中毒及上呼吸道感染。糖尿病酮症酸中毒应评价血糖、酮体(血、尿酮体)及水电解质酸碱平衡情况。

【考点】糖尿病酮症酸中毒的辅助检查

提问 3:【答案】BDEGHIJ

【解析】高血糖危象(糖尿病酮症酸中毒)的治疗核心是充分补液(口服及静脉双途径)、胰岛素(小剂量胰岛素持续静脉滴注)治疗、纠正水电解质酸碱平衡紊乱、去除诱因等。但要注意 pH 在 7.0 之上,不需要补碱治疗;补液及使用胰岛素,酮体消失,酸中毒随之纠正。过度补碱,pH 升高过快,氧离曲线左移,影响组织氧供;呼吸变浅,血 PaCO$_2$ 上升,脑内 pH 异常下降,加重脑水肿。

【考点】糖尿病酮症酸中毒的治疗

提问 1:【答案】ABEI

【解析】服用胰岛素促泌剂(格列美脲)的患者在餐前出现心悸、出汗等交感神经兴奋性增高的表现,应当考虑低血糖的可能性。糖尿病合并发高血压的患者,还需要考虑低血压(直立性低血压)及无痛性心肌缺血的可能性。

【考点】糖尿病低血糖的识别及鉴别

提问2：【答案】A

【解析】糖尿病低血糖是指糖尿病药物治疗过程中发生的血糖过低现象，可导致患者不适，甚至有生命危险。糖尿病患者血糖≤3.9mmol/L，即可诊断(非糖尿病患者血糖≤2.8mmol/L，诊断低血糖)。低血糖的症状包括交感神经兴奋性增高(多汗、心悸、颤抖、无力、饥饿、四肢发冷等)及中枢神经系统的症状(大脑皮质受抑制的表现，例如意识模糊、语言障碍等，严重者可出现皮质下及延髓受抑制的表现)。严重低血糖也可诱发糖尿病患者出现心脑血管急性事件。

【考点】糖尿病低血糖的诊断

提问3：【答案】CEFG

【解析】糖尿病低血糖的处理原则，对无意识障碍的患者，建议口服葡萄糖15~20g或口服蔗糖，每15~20min监测1次血糖，确定低血糖恢复情况。纠正低血糖时也可选择其他碳水化合物，但该患者服用阿卡波糖，影响复杂碳水化合物吸收，故而不适用。低血糖恢复后距就餐>1h者给含淀粉或蛋白质食物。低血糖患者要分析低血糖发生的原因。该患者表现为下餐前的低血糖，可能和两餐之间未加餐有关，也可能与运动、体力活动不当有关，降糖药物(特别是格列美脲)也是发生低血糖的原因，但是否调整药物治疗，需要进行综合评价后确定。

【考点】糖尿病低血糖的处理原则

提问1：【答案】ABCDEFGJ

【解析】患者有高血糖相关症状(三多一少)，空腹指尖快速血糖增高，应考虑糖尿病的可能性。根据《中国2型糖尿病防治指南(基层版)》，初次接诊应当询问糖尿病、并发症及伴随疾病的情况，并了解家族史。A、B、D项是对糖尿病慢性并发症的询问；C项询问低血糖(急性并发症)的情况；E、F、G、J项为血糖升高的危险因素。

【考点】(疑诊)糖尿病初诊重点问诊

提问2：【答案】ABCFIJK

【解析】根据《中国2型糖尿病防治指南(基层版)》，社区初次接诊糖尿病，查体应当包括身高、体重、腰围、血压、足背动脉搏动，计算体重指数。足部10g尼龙丝检查评价浅感觉，踝反射评价深感觉，是糖尿病周围神经病变的常用检查方法。高血压的患者应评价心脏大小。糖尿病合并高血压要关注动脉粥样硬化疾病的风险。

【考点】(疑诊)糖尿病初诊重点查体

C. 病理征
D. 尿常规
E. 快速血糖
F. 糖化血红蛋白
G. 心肌酶谱
H. 颈部血管超声
I. 心电图

提问2：患者即刻在家中自测血糖3.2mmol/L，血压145/85mmHg，脉率103次/min。患者不适的主要原因是

A. 低血糖
B. 高血压
C. 快速性心律失常
D. 无痛性心肌缺血
E. 直立性低血压

提问3：对该患者恰当的处理是

A. 首先进食饼干或其他碳水化合物15g
B. 首先进食高蛋白食品15g
C. 首先进食葡萄糖15g
D. 临时停用午餐前二甲双胍
E. 进食后15~20min复测血糖
F. 评价患者低血糖发生的原因
G. 改变生活方式，两餐之间加餐
H. 长期治疗格列美脲停用或减量
I. 长期治疗二甲双胍停用或减量

案例五：患者，男，55岁。口干、多尿、多饮3个月。患者3个月来，自觉口干，饮水量较前增加，之前无夜间起夜，现起夜排尿次数1~2次，进食量同前，体重变化不明显。空腹测定指尖快速血糖8.5mmol/L。

提问1：还应当询问患者的相关病史包括

A. 有无视物异常
B. 有无肢端麻痛
C. 有无发作性心悸、出汗
D. 有无胸痛、胸闷
E. 有无使用皮质激素等
F. 有无高血压、高血脂等
G. 生活方式
H. 过敏史
I. 手术史
J. 糖尿病家族史

提问2：患者病程中无明显视力异常，无尿中泡沫增多，肢体无疼痛、麻木等不适。既往史：发现高血压2年，目前服用硝苯地平缓释片10mg，2次/d，血压控制于130/80mmHg左右。一兄患2型糖尿病。余无特殊。对患者进行体格检查，应重点关注的项目包括

A. 体重指数

B. 腰围

C. 血管杂音

D. 肺部体征

E. 甲状腺触诊

F. 心脏体征

G. 肝脏触诊

H. 移动性浊音

I. 踝反射

J. 足背动脉搏动

K. 足部 10g 尼龙丝检查

提问 3：患者行口服葡萄糖耐量试验：空腹血糖（FPG）7.8mmol/L，餐后 2h 血糖 14.3mmol/L；空腹胰岛素（FINS）16.8μIU/ml，餐后 2h 胰岛素 67.8μIU/ml；糖化血红蛋白：7.9%，尿常规：尿糖（++）、尿酮体（−）、尿蛋白（−）。患者进一步的辅助检查应包括

A. 肝肾功能

B. 血脂

C. 血乳酸

D. 血渗透压

E. 尿微量蛋白定量

F. 眼底

G. 胸部 X 线片

H. 心电图

I. 计算机体层血管成像（CTA）

J. 头颅 CT

K. 神经传导速度

提问 3：【答案】ABEFH

【解析】患者空腹血糖≥7.0mmol/L，餐后 2h 血糖≥11.1mmol/L，糖尿病诊断明确，根据病史、查体、家族史及胰岛素结果，2 型糖尿病明确。《中国 2 型糖尿病防治指南（基层版）》要求评价肝肾功能、血脂、尿常规（有条件测定尿微量蛋白）、眼底、心电图、神经相关检查（包括神经系统体征，必要时电生理）。

【考点】糖尿病初诊

第五节　泌尿系统疾病

【A1 型题】

1. 急性肾小球肾炎最常见的病原体是

A. 乙型溶血性链球菌　　　　B. 葡萄球菌

C. 大肠埃希菌　　　　D. 腺病毒

E. 克雷伯菌

1.【答案】A

【解析】此题主要考查急性肾小球肾炎病原体该病的病原体以乙型溶血性链球菌最常见。

【考点】急性肾小球肾炎的致病原

2. 对急性肾小球肾炎的诊断最有意义的是

A. 蛋白尿和低蛋白血症

B. 血尿和红细胞管型

C. 尿沉渣镜检白细胞满视野和白细胞管型

D. 蛋白尿和脓尿

E. 血尿和红细胞管型

2.【答案】B

【解析】此题主要考查急性肾小球肾炎的诊断。红细胞管型提示肾小球性血尿。

【考点】急性肾小球肾炎的诊断

3.【答案】E

【解析】此题主要考查急性肾小球肾炎和急进性肾小球肾炎鉴别诊断。两者的主要鉴别点在于急进性肾小球肾炎多在早期出现少尿或无尿,短期内进行性肾功能恶化。

【考点】急性肾小球肾炎和急进性肾小球肾炎的鉴别诊断

4.【答案】C

【解析】此题主要考查原发性肾小球疾病病理分型。肾病综合征属于原发性肾小球疾病的临床分型。

【考点】原发性肾小球疾病的病理分型

5.【答案】C

【解析】此题主要考查急性肾小球肾炎的临床表现。本题选C。

【考点】急性肾小球肾炎的临床表现

6.【答案】E

【解析】此题主要考查肾病综合征治疗。糖皮质激素为肾病综合征主要治疗药物。

【考点】肾病综合征的治疗

7.【答案】A

【解析】尿路感染的感染途径最常见的为上行感染,约占95%。

【考点】尿路感染的感染途径

8.【答案】D

【解析】此题主要考查尿路感染抗感染治疗原则。尿路感染联合用药适用于单一药物治疗失败、严重感染、混合感染、耐药菌株出现时。

【考点】尿路感染的抗感染治疗原则

9.【答案】C

【考点】慢性肾衰竭的病因

3. 急性肾小球肾炎与急进性肾小球肾炎的主要鉴别点是
   A. 有肉眼血尿和贫血
   B. 有低蛋白血症
   C. 有前驱呼吸道感染
   D. 有高血压
   E. 进行性肾功能恶化

4. 原发性肾小球疾病的病理分型不包括
   A. 新月体性肾小球肾炎
   B. 未分类的肾小球肾炎
   C. 肾病综合征
   D. 膜性肾病
   E. 轻微肾小球病变

5. 急性肾小球肾炎最常见的临床表现是
   A. 尿频、尿急伴肾区叩击痛
   B. 高血压、高脂血症、水肿
   C. 血尿、高血压、水肿、蛋白尿
   D. 水肿、蛋白尿
   E. 高血压、颈静脉怒张、肺水肿

6. 原发性肾病综合征的主要治疗药物是
   A. 人血白蛋白支持治疗
   B. 阿托伐他汀调脂治疗
   C. 细胞毒性药物抑制免疫与炎症反应
   D. 呋塞米利尿消肿
   E. 糖皮质激素抑制免疫与炎症反应

7. 尿路感染最常见的感染途径是
   A. 上行感染
   B. 盆腔炎症所致的感染
   C. 血行感染
   D. 直接感染
   E. 淋巴道感染

8. 下列关于尿路感染的抗感染治疗,错误的是
   A. 在留取尿细菌检查标本后立即开始抗感染治疗
   B. 一般首选对革兰氏阴性菌有效的抗菌药物
   C. 抗菌药物在尿和肾内的浓度要高
   D. 早期联合用药
   E. 选用肾毒性小,不良反应少的抗菌药物

9. 我国慢性肾衰竭的最常见病因是
   A. 高血压肾小球动脉硬化
   B. 糖尿病肾病
   C. 慢性肾小球肾炎
   D. 多囊肾病
   E. 慢性间质性肾炎

10. 慢性肾脏病患者的最主要死因是
　　A. 心血管病变　　　　　B. 消化道出血
　　C. 尿毒症肺水肿　　　D. 肾性贫血
　　E. 尿毒症脑病

11. 慢性肾衰竭典型的水、电解质紊乱表现为
　　A. 代谢性酸中毒、高钾、低钙、高磷
　　B. 代谢性酸中毒、高钾、高钙、高磷
　　C. 代谢性酸中毒、高钾、高钙、低磷
　　D. 代谢性碱中毒、高钾、高镁
　　E. 代谢性碱中毒、高钾、高钙、低磷

12. 无尿是指 24h 尿量
　　A. 小于 400ml　　　B. 小于 200ml　　　C. 小于 100ml
　　D. 小于 50ml　　　　E. 小于 40ml

13. 下列关于慢性肾脏病高转化性骨病的叙述，**错误**的是
　　A. 慢性肾脏病肾性骨营养不良以高转化性骨病最常见
　　B. 主要是由于骨化三醇不足或铝中毒引起骨组织钙化障碍所致
　　C. 可形成纤维囊性骨炎，易发生肋骨骨折
　　D. 骨活检有助于早期诊断
　　E. X 线检查可见骨骼囊样缺损及骨质疏松的表现

【A2 型题】

1. 患者，女，21 岁。3 周前曾有咽痛，近 3d 出现颜面部水肿伴血尿，血压 145/95mmHg，尿蛋白（++），白细胞 5~10/HP，红细胞 30~40/HP，血 C3 轻度下降。考虑为急性肾小球肾炎，其治疗原则为
　　A. 以止血、消除血尿为主　　　B. 以利尿、消除蛋白尿为主
　　C. 以休息和对症治疗为主　　　D. 以降压为主
　　E. 以治疗合并症为主

2. 患者，男，28 岁。半个月前曾有上呼吸道感染，近 5d 出现全身水肿伴尿少，血压 165/95mmHg，尿蛋白（++），红细胞（++++），白细胞 0~4/HP，抗链球菌溶血素"O"（ASO）>500IU/ml。此患者肾性水肿的主要原因是
　　A. 抗利尿激素分泌过多
　　B. 全身毛细血管通透性增加
　　C. 大量蛋白从尿液中丢失
　　D. 管球失衡
　　E. 醛固酮增高引起水钠潴留

10.【答案】A
　　【解析】心血管病变是慢性肾脏病患者的常见并发症和最主要死因。
　　【考点】慢性肾脏病的并发症及主要死因

11.【答案】A
　　【解析】此题主要考查慢性肾衰竭的临床表现。慢性肾衰竭典型的水、电解质紊乱表现为：代谢性酸中毒、高钾、低钙、高磷、轻度高镁。
　　【考点】慢性肾衰竭的临床表现

12.【答案】C
　　【解析】此题主要考查无尿定义。无尿是指 24h 尿量少于 100ml。
　　【考点】无尿的定义

13.【答案】B
　　【解析】此题主要考查慢性肾脏病肾性骨营养不良表现。慢性肾脏病肾性骨营养不良包括高转化性骨病、低转化性骨病和混合性骨病，以高转化性骨病最常见，骨活检有助于早期诊断。高转化性骨病主要由于 PTH 过高引起，可形成纤维囊性骨炎，易发生肋骨骨折，X 线检查可见骨骼囊样缺损及骨质疏松的表现。B 选项为低转化性骨病中骨软化症的主要原因。
　　【考点】慢性肾衰竭肾性骨营养不良的表现

1.【答案】C
　　【解析】急性肾小球肾炎的治疗以休息和对症治疗为主。
　　【考点】急性肾小球肾炎的治疗

2.【答案】D
　　【解析】此题主要考查肾性水肿的原因。肾性水肿主要是由于肾小球滤过率下降，而肾小管重吸收功能基本正常造成"管球失衡"和肾小球滤过分数下降，导致水钠潴留。
　　【考点】肾性水肿的原因

3.【答案】E
　【考点】慢性肾盂肾炎的诊断

3. 患者,男,43岁。反复发作尿路感染10年,近2年夜尿增多,昨起尿频、尿急、尿痛。尿白细胞计数10~15/HP,血尿素氮11mmol/L,超声提示右肾稍缩小,左肾明显缩小,中段尿培养获大肠埃希菌。其最可能的诊断为
　　A. 急性肾盂肾炎
　　B. 慢性间质性肾炎
　　C. 急性间质性肾炎
　　D. 慢性膀胱炎
　　E. 慢性肾盂肾炎

4.【答案】C
　【解析】此题主要考查急性肾小球肾炎饮食治疗。该患者肾功能受损,需限制蛋白质摄入,并以优质蛋白为主。
　【考点】急性肾小球肾炎的饮食治疗

4. 患者,女,16岁。咽痛、发热后3周出现水肿,尿量减少,尿色发红,血压148/90mmHg,尿蛋白(+++),红细胞满视野,红细胞管型(++),血肌酐160μmol/L,血C3降低。现对其饮食指导,下列**错误**的是
　　A. 选用优质动物蛋白为主
　　B. 予低盐饮食(每次3g以下)
　　C. 补充大量的蛋白质
　　D. 补充足够能量
　　E. 予富含维生素的饮食

5.【答案】A
　【解析】此题主要考查儿童原发性肾病综合征分类和病理类型。儿童原发性肾病综合征以微小病变型肾病为主。
　【考点】儿童原发性肾病综合征的分类和病理类型

5. 患儿,男,6岁。全身水肿,尿蛋白5.8g/24h,血浆白蛋白25.8g/L,该患儿入院后相关检查排除为继发性肾病综合征,此患儿病变的病理类型最可能为
　　A. 微小病变型肾病
　　B. 局灶节段性肾小球硬化
　　C. 系膜增生性肾小球肾炎
　　D. 膜性肾病
　　E. 系膜毛细血管性肾小球肾炎

6.【答案】E
　【考点】慢性肾小球肾炎的临床表现及诊断

6. 患者,女,27岁。晨起眼睑水肿3年,时有腰酸,血压165/100mmHg,双下肢轻度凹陷性水肿。血红蛋白99g/L,尿蛋白(++),红细胞10~15/HP,尿蛋白定量1.85g/24h,血浆白蛋白33g/L,肌酐133.8mmol/L,尿素氮10.2mmol/L。最可能的诊断为
　　A. 急性肾小球肾炎
　　B. 急进性肾小球肾炎
　　C. 肾病综合征
　　D. 贫血
　　E. 慢性肾小球肾炎

7.【答案】A
　【解析】大肠埃希菌是尿路感染最常见的致病菌。
　【考点】尿路感染的病原体

7. 患者,男,27岁。尿频、尿急、尿痛3d,有腰痛,输尿管点压痛,该病最常见的致病菌为
　　A. 大肠埃希菌
　　B. 柠檬酸杆菌
　　C. 克雷伯菌
　　D. 腺病毒
　　E. 大肠球菌

8. 患者,女,48 岁。反复尿频、尿急、尿痛、腰痛 3 年,临床诊断为慢性肾盂肾炎。其诊断的主要依据是
   A. 反复尿频、尿急、尿痛,腰痛,病程 3 年
   B. 尿细菌培养大肠埃希菌 >10^5/ml
   C. 尿蛋白(+~++),尿白细胞(++~+++)
   D. 尿浓缩功能减退
   E. X 线静脉肾盂造影发现肾盂、肾盏变形,缩窄

8.【答案】E
   【解析】此题主要考查慢性肾盂肾炎诊断。慢性肾盂肾炎的诊断除反复发作尿路感染病史之外,需要结合影像学及肾脏功能检查,主要有:肾外形凹凸不平,且双肾大小不等;静脉肾盂造影发现肾盂、肾盏变形,缩窄;持续性肾小管功能损害。
   【考点】慢性肾盂肾炎的诊断

9. 患者,男,35 岁。2d 前出现寒战、高热,尿频、尿急、尿痛,伴腰痛,左侧肾区叩击痛,尿沉渣镜检有白细胞管型。下列治疗措施首选
   A. 氧氟沙星 0.4g,顿服,1d
   B. 氧氟沙星 0.2g,2 次 /d,3d
   C. 氧氟沙星 0.2g,2 次 /d,7d
   D. 尿感宁颗粒 1 袋,3 次 /d
   E. 头孢呋辛 0.25g 联合氧氟沙星 0.2g,2 次 /d,7d

9.【答案】C
   【解析】此题主要考查尿路感染诊断及治疗。根据题干信息,此例为急性肾盂肾炎,首选治疗措施为氧氟沙星 0.2g,2 次 /d,7d。
   【考点】尿路感染的诊断及治疗

10. 患者,男,15 岁。尿频、尿急、尿痛 3d,无发热、腰痛等,尿白细胞 25~30/HP。下列措施**错误**的是
    A. 可适当口服碳酸氢钠以碱化尿液,缓解症状
    B. 予易消化、富含维生素饮食
    C. 因有尿频、尿痛,限制饮水
    D. 急性期休息
    E. 注意会阴部清洁

10.【答案】C
   【解析】此题主要考查尿路感染一般治疗与预防。尿路感染应多饮水、勤排尿。
   【考点】尿路感染的一般治疗与预防

11. 患者,女,22 岁。新婚,突发尿频、尿急、尿痛 6h,无寒战发热,无腰痛等,尿沉渣镜检白细胞 20~30/HP,红细胞 0~5/HP,尿蛋白微量。最可能的诊断是
    A. 泌尿系结核
    B. 急性肾盂肾炎
    C. 急性尿道炎
    D. 急性膀胱炎
    E. 慢性肾盂肾炎急性发作

11.【答案】D
   【解析】此题主要考查尿路感染的诊断。该患者膀胱刺激征为突出表现,首先考虑为急性膀胱炎。
   【考点】尿路感染的诊断

12. 患者,女,35 岁。反复发作尿频、尿急,伴左侧腰痛 1 年多,时有低热(体温 37.5℃左右),无消瘦、盗汗、咯血。曾用多种抗菌药物治疗,效果不佳,多次行清洁中段尿培养,菌落计数 >10^5/ml,进一步查肾脏超声提示左肾盂及左输尿管上段积液。下列属于防止再发的重要措施是
    A. 多饮水、勤排尿、增加营养
    B. 提高机体免疫功能
    C. 重新选用抗生素治疗 4 周

12.【答案】D
   【解析】此题主要考查尿路感染治疗。该患者定位考虑为肾盂肾炎,反复发作,肾脏超声提示左肾盂及左输尿管上段积液,存在尿路梗阻,故答案选D。
   【考点】尿路感染的治疗

D. 解除尿路梗阻

E. 长期低剂量抑菌治疗

13.【答案】D

【考点】大量蛋白尿的定义

13. 患者,男,26 岁。平素体健,发现颜面水肿、血尿、大量蛋白尿半年余,血压 168/105mmHg。该患者有大量蛋白尿,则其 24h 尿蛋白定量应该为

A. >1.5g/d　　　　　　B. >2.0g/d　　　　　　C. >3.0g/d

D. >3.5g/d　　　　　　E. >4.0g/d

14.【答案】A

【解析】此题主要考查继发性肾病的鉴别诊断。该患者有肘、肩、双手指关节疼痛病史 2 年,考虑为继发性肾病综合征,狼疮肾炎可能大,故本题答案选 A。

【考点】继发性肾病的鉴别诊断

14. 患者,女,28 岁。水肿、蛋白尿 3 个月余,尿蛋白总量为 3.5g/24h,有肘、肩、双手指关节疼痛病史已 2 年。为明确诊断,该患者最需要作的检查是

A. 抗核抗体谱检查　　　　　　B. 肾功能检查

C. 抗 O 试验　　　　　　　　　D. 肾脏超声

E. 胸部 X 线片检查

15.【答案】B

【考点】慢性肾炎急性发作的临床表现

15. 患者,男,31 岁。间断性颜面部及下肢水肿 3 年,5d 前感冒后水肿明显加重,且出现肉眼血尿,血压 170/110mmHg,轻度贫血貌,眼底正常,血红蛋白 100g/L,红细胞 3.8×10^{12}/L,尿蛋白(+++),红细胞满视野,血肌酐、尿素氮正常。最可能的诊断是

A. 急进性肾炎　　　　　　B. 慢性肾炎急性发作

C. 慢性肾盂肾炎　　　　　　D. 肾结核

E. 肾或肾周肿瘤

16.【答案】C

【解析】此题主要考查慢性肾衰竭的营养治疗。根据题干,患者为慢性肾小球肾炎、慢性肾衰竭终末期,限制蛋白饮食是治疗的重要环节。予低磷优质低蛋白饮食,同时补充适量的必需氨基酸,保证摄入足够的能量,需注意补充维生素及叶酸等营养素以及控制钾、磷的摄入。

【考点】慢性肾衰竭的营养治疗

16. 患者,女,37 岁。颜面部水肿、血尿 7 年,5d 前着凉后出现发热、乏力,尿量减少,全身水肿,血压 170/105mmHg,血红蛋白 78g/L,内生肌酐清除率 10ml/min。此时最佳的营养治疗是

A. 动物高蛋白高钙饮食

B. 植物油与植物低蛋白饮食

C. 低磷优质低蛋白饮食

D. 高钙饮食

E. 高蛋白高能量饮食

17.【答案】C

【解析】此题主要考查慢性肾衰竭透析治疗的指征。C 选项错误。慢性肾衰竭透析指征包括:当肾小球滤过率 <10ml/min 并有明显尿毒症表现时,应予透析治疗;对糖尿病肾病患者,可适当提前至肾小球滤过率 10~15ml/min 时安排透析治疗;血钾 >6.5mmol/L 时应及时给予血液透析治疗;血肌酐 >707μmol/L 并有明显尿毒症表现时,应予透析治疗。C 选项中限定了只有当血肌酐 >707μmol/L 时才需要开始透析治疗,故错误。

【考点】慢性肾衰竭透析治疗的指征

17. 患者,男,56 岁。间歇性水肿 2 年,加重 1 周伴乏力、牙龈出血。血压 165/105mmHg,睑结膜苍白,血红蛋白 72g/L,尿蛋白(+++),尿素氮 42mmol/L,肌酐 902μmol/L,肾脏超声提示双肾萎缩,双肾皮质变薄。下列有关透析治疗的指征,**错误**的是

A. 对糖尿病肾病患者,可适当提前至肾小球滤过率 10~15ml/min 时安排透析治疗

B. 当出现尿毒症肺水肿先兆时应该安排紧急透析治疗

C. 只有当血肌酐 >707μmol/L 时才需要开始透析治疗

D. 血钾 >6.5mmol/L 时应及时给予血液透析治疗

E. 当肾小球滤过率 <10ml/min 并有明显尿毒症表现时,应予透析治疗

18. 患者,男,45 岁。乏力、腰酸、夜尿增多 2 个月。血压 150/88mmHg,门诊查血红蛋白 110g/L,尿蛋白(+),尿素氮 12.5mmol/L,肌酐 156μmol/L,空腹血糖 7.5mmol/L。下列防治措施**错误**的是

A. 积极、及时、有效地控制高血压,目标血压 <130/80mmHg

B. 因慢性肾衰竭常合并高钾血症,降压药物避免使用 ACEI 和 ARB

C. 严格控制血糖,将空腹血糖控制在 5.0~7.2mmol/L,糖化血红蛋白控制在 <7%

D. 控制蛋白尿 <0.5g/24h

E. 积极纠正贫血、应用他汀类药物、戒烟

【A3/A4 型题】

(1~3 题共用题干)

患者,女,20 岁。半个月前曾有扁桃体炎,经治疗好转,3d 前出现颜面部水肿,尿色红,每日排尿 2~3 次,血压 155/98mmHg,尿蛋白(++),尿红细胞 30~40/HP,血肌酐 122μmol/L,血浆白蛋白 33g/L,血 C3 偏低。

1. 最可能的诊断是

A. 急性肾小球肾炎　　　B. 急进性肾小球肾炎

C. 急性肾小管坏死　　　D. 肾病综合征

E. 急性肾盂肾炎

2. 血 C3 可能恢复正常的时间为

A. 发病 10 周内　　　B. 发病 8 周内

C. 发病 6 周内　　　D. 发病 4 周内

E. 发病 2 周内

3. 下列与肾小球肾炎预后无关的因素是

A. 大量蛋白尿　　　B. 肾功能受损

C. 镜下血尿　　　D. 高龄

E. 持续高血压

(4~6 题共用题干)

患者,男,28 岁。双下肢水肿伴尿少 3 个月。血压 145/88mmHg,尿蛋白(+++),红细胞(++),24h 尿蛋白定量为 5.6g,血红蛋白 99g/L,

18.【答案】B
【解析】此题主要考查慢性肾衰竭的早期防治对策和措施。ACEI 和 ARB 治疗早期慢性肾脏病,除了具有良好降压作用外,还有其独特的减少肾小球高滤过、减轻蛋白尿的作用,还可减少心肌重塑,降低心血管事件的发生率。ACEI 和 ARB 有使血钾升高及一过性血肌酐升高的作用,在使用过程中,应注意观察血钾和肌酐水平的变化。
【考点】慢性肾衰竭的早期防治对策和措施

1.【答案】A
【解析】此题主要考查急性肾小球肾炎的临床表现。该患者扁桃体炎后出现颜面水肿、血尿、蛋白尿、高血压、肾功能异常、C3 偏低,最可能的诊断为急性肾小球肾炎。
【考点】急性肾小球肾炎的临床表现

2.【答案】B
【考点】C3 恢复正常的时间

3.【答案】C
【解析】此题主要考查肾小球肾炎的预后。老年患者、有持续性高血压、大量蛋白尿或肾功能不全,预后较差。
【考点】肾小球肾炎的预后

4.【答案】D
【解析】此题主要考查肾病综合征临床表现及诊断。本病最可能诊断为肾病综合征。
【考点】肾病综合征的临床表现及诊断

5.【答案】D
【解析】此题主要考查肾病综合征的并发症。肾病综合征容易发生血栓、栓塞并发症,其中以肾静脉血栓最为常见,发生率10%~50%。
【考点】肾病综合征的并发症

6.【答案】C
【解析】此题主要考查肾病综合征糖皮质激素治疗原则和方案。糖皮质激素使用原则为:起始足量,口服8周,必要时可延长至12周;缓慢减药;最小有效剂量长期维持半年左右。细胞毒性药物可用于"激素依赖型"或"激素抵抗型"的患者,协同激素治疗。地塞米松半衰期长,不良反应大,不推荐。
【考点】肾病综合征糖皮质激素治疗原则和方案

7.【答案】C
【解析】此题主要考查尿路感染的诊断。以中段尿培养和菌落计数最有意义。
【考点】尿路感染的诊断

8.【答案】B
【解析】此题主要考查再发性尿路感染鉴别。重新感染是指尿路感染经治疗后症状消失,尿菌阴性,但在停药6周后再次出现真性系菌尿,菌株与上次不同;复发是指尿路感染经治疗后症状消失,尿菌转阴后在6周内再出现菌尿,菌种与上次相同且为同一血清型。
【考点】再发性尿路感染的鉴别

9.【答案】A
【解析】此题主要考查尿路感染抗感染治疗原则。抗菌药物使用原则为:选用致病菌敏感的抗菌药物,一般首选对革兰氏阴性菌有效的抗菌药物,治疗3d症状无改善,按药敏结果调整用药;抗菌药物在尿和肾内的浓度要高;选择肾毒性小、不良反应少的抗菌药物;对不同类型的尿路感染给予不同治疗时间;单一药物治疗失败、严重感染、混合感染、耐药菌株出现时应联合用药。
【考点】尿路感染抗感染的治疗原则

肌酐168μmol/L,血浆白蛋白26g/L,血总胆固醇8.9mmol/L。

4. 最可能的诊断是
　　A. 急性肾小球肾炎
　　B. 慢性肾小球肾炎
　　C. 高血压伴肾小球动脉硬化
　　D. 肾病综合征
　　E. 糖尿病肾病

5. 本病易并发血栓、栓塞并发症,最为常见的是
　　A. 肺血管血栓、栓塞　　　　B. 冠状血管血栓
　　C. 下肢静脉血栓　　　　　　D. 肾静脉血栓
　　E. 下腔静脉血栓

6. 如该患者目前口服泼尼松50mg/d治疗已6周,水肿明显消退,尿蛋白较前减少,下一步治疗措施为
　　A. 改用环磷酰胺　　　　　　B. 加用环磷酰胺
　　C. 继续目前治疗　　　　　　D. 缓慢减量
　　E. 改用地塞米松口服

(7~9题共用题干)
患者,女,28岁。突发寒战高热、尿急尿痛伴肾区疼痛1d。2个月前有类似发作史,当时行清洁中段尿培养提示大肠埃希菌生长,服药4d后症状消失,自行停药。

7. 此时最有意义的检查是
　　A. 尿素氮、肌酐测定
　　B. 尿L型细菌培养
　　C. 中段尿培养和菌落计数
　　D. 尿蛋白定量
　　E. 硝酸盐还原试验

8. 鉴别尿路感染复发或重新感染最有意义的检查是
　　A. 抗体包裹细菌检查
　　B. 致病菌血清型测定
　　C. 中段尿培养和药敏试验
　　D. 尿涂片
　　E. 白细胞排泄率

9. 下一步适合的治疗方案是
　　A. 选用对革兰氏阴性菌有效的抗菌药物
　　B. 选用对革兰氏阳性菌有效的抗菌药物

C. 暂不予抗菌药物,待尿培养结果后选用敏感抗菌药物

D. 使用药物碱化尿液

E. 联合应用广谱抗菌药物缩短疗程

(10~12题共用题干)

患者,男,35岁。慢性肾盂肾炎病史多年,近1周出现发热、少尿,1d前出现鼻出血。查体:血压175/105mmHg,贫血貌,两肺呼吸音粗,心脏叩诊临界大小,双下肢水肿。实验室检查:血红蛋白66g/L,尿蛋白(++),血肌酐1 003μmol/L。

10. 最可能的诊断是

A. 急进性肾小球肾炎　　B. 急性肾衰竭,维持期

C. 慢性肾盂肾炎　　　　D. 恶性高血压

E. 慢性肾衰竭晚期

11. 患者贫血的原因主要是

A. 失血性贫血

B. 维生素 B₁₂ 缺乏

C. 营养不良

D. 缺铁

E. 促红细胞生成素缺乏

12. 患者查电解质,血钾6.8mmol/L,最佳治疗措施是

A. 呋塞米利尿,增加钾的排出

B. 静脉应用碳酸氢钠,积极纠正酸中毒

C. 静脉注射葡萄糖酸钙

D. 血液透析

E. 口服聚磺苯乙烯,增加肠道钾排出

【案例分析题】

案例一:患者,男,22岁。水肿、尿少10d。查体:血压120/80mmHg,体重60kg,双下肢轻度凹陷性水肿。血常规:血红蛋白120g/L;尿蛋白(++),红细胞5~10/HP;血生化:转氨酶正常,尿素氮7.7mmol/L,肌酐111μmol/L,血浆白蛋白24g/L,总胆固醇9.2mmol/L;尿蛋白定量8.8g/24h。既往体健,否认家族性遗传疾病史。

提问1:该患者最可能的诊断是

A. 急性肾小球肾炎

B. 急性肾盂肾炎

C. 原发性高血压

D. 急性间质性肾炎

E. 急性右心衰竭

F. 肾病综合征

10. 【答案】E
【解析】此题主要考查慢性肾衰竭的诊断。该患者最可能的诊断是慢性肾衰竭晚期。此病例有多年慢性肾盂肾炎基础疾病史,有贫血、出血倾向、高血压、蛋白尿,血肌酐1 003μmol/L,故最可能的诊断为慢性肾衰竭晚期。
【考点】慢性肾衰竭的诊断

11. 【答案】E
【解析】此题主要考查慢性肾衰竭贫血的原因。慢性肾衰竭贫血原因主要是由于肾组织分泌促红细胞生成素减少所致,故称为肾性贫血。
【考点】慢性肾衰竭贫血的原因

12. 【答案】D
【解析】此题主要考查慢性肾衰竭的高钾血症的治疗。该患者严重高钾血症(血钾>6.5mmol/L),应及时血液透析治疗。
【考点】慢性肾衰竭的高钾血症的治疗

提问1:【答案】F
【解析】此题主要考查肾病综合征的临床表现及诊断。肾病综合征诊断标准:①尿蛋白>3.5g/L;②血浆白蛋白<30g/L;③水肿;④高脂血症。其中前两项为诊断所必须。
【考点】肾病综合征的临床表现及诊断

提问 2:【答案】ABCE

【解析】此题主要考查原发性肾病综合征的病理类型。根据题干信息,患者为青年男性,青年原发性肾病综合征常见病理类型包括系膜增生性肾小球肾炎、微小病变型肾病、局灶节段性肾小球硬化、系膜毛细血管性肾小球肾炎。膜性肾病好发于中老年。

【考点】原发性肾病综合征的病理类型

提问 3:【答案】ABCDEF

【解析】此题主要考查原发性肾病综合征的并发症。肾病综合征并发症包括感染、血栓及栓塞并发症、急性肾损伤、蛋白质及脂肪代谢紊乱。

【考点】肾病综合征的并发症

提问 4:【答案】ABCDFGHI

【解析】此题主要考查肾病综合征治疗。肾病综合征的治疗包括:①一般治疗,休息、营养。②对症治疗,包括利尿消肿、减少尿蛋白、调脂治疗。③抑制免疫与严重反应,首选糖皮质激素。细胞毒类药物可用于"激素依赖型"和"激素抵抗型"的患者,协同糖皮质激素治疗。④中医药治疗。⑤积极防治并发症。

【考点】肾病综合征的治疗

提问 5:【答案】ACDG

【解析】此题主要考查肾病综合征使用糖皮质激素治疗方案。肾病综合征使用糖皮质激素治疗方案及注意事项:①起始足量。泼尼松 1mg/(kg·d),口服 8 周,必要时可延长至 12 周。②缓慢减药。足量治疗后每 2~3 周减原用量的 10%,当减至 20mg/d 时病情易复发,应更加缓慢减量。③长期维持。最后以最小有效剂量(10mg/d)再维持治疗半年。为减轻激素不良反应,激素可采取全日量顿服或在维持用药期间两日量隔日 1 次顿服;水肿严重、有肝功能损害或泼尼松疗效不佳时,可更换为等剂量甲泼尼龙口服或静脉滴注;长期应用糖皮质激素可出现感染、药物性糖尿病、骨质疏松等不良反应,少数病例还可发生股骨头无菌性缺血性坏死,需加强监测,及时处理;环磷酰胺等细胞毒性药物可用于"激素依赖型"或"激素抵抗型"患者,协同激素治疗。

【考点】肾病综合征使用糖皮质激素的治疗方案

提问 2:该患者入院后相关检查信息排除为继发性疾病,如行肾活检,其病理类型常见的有

A. 微小病变型肾病

B. 局灶节段性肾小球硬化

C. 系膜增生性肾小球肾炎

D. 膜性肾病

E. 系膜毛细血管性肾小球肾炎

F. 毛细血管内增生性肾小球肾炎

G. 新月体性和坏死性肾小球肾炎

H. 硬化性肾小球肾炎

提问 3:本病常见的并发症有

A. 营养不良

B. 蛋白质代谢紊乱

C. 感染

D. 血栓、栓塞并发症

E. 急性肾损伤

F. 脂肪代谢紊乱

提问 4:对于该例患者,下例治疗措施正确的是

A. 卧床休息,饮食上低盐、优质蛋白

B. 利尿消肿,但不宜过快过猛

C. 选用比常规降压剂量大的 ACEI 或 ARB,减少尿蛋白

D. 糖皮质激素抑制免疫炎症反应,抑制醛固酮和抗利尿激素分泌

E. 常用环磷酰胺抑制免疫反应

F. 调脂治疗

G. 可选用雷公藤辅助治疗

H. 中医药辨证论治,可予健脾、补肾、利水的方剂治疗

I. 预防性抗凝治疗

提问 5:针对此病,下列关于糖皮质激素治疗,叙述正确的有

A. 口服泼尼松 60mg/d,8 周,必要时可延长至 12 周

B. 泼尼松足量治疗后每 2~3 周减原用量的 10%,当减至 30mg/d 时病情易复发,应更加缓慢减量

C. 减至最小有效剂量 10mg/d 时再维持治疗半年

D. 为减轻激素不良反应,激素可采取全日量顿服或在维持用药期间两日量隔日 1 次顿服

E. 水肿严重、有肝功能损害或泼尼松疗效不佳时,可更换为等剂量地塞米松口服或静脉滴注

F. 对"激素敏感型"患者,需加用环磷酰胺,协同激素治疗

G. 长期应用糖皮质激素可出现感染、药物性糖尿病、骨质疏松等不良反应,需加强监测,及时处理

案例二:患者,女,26岁。尿频、尿痛伴腰痛2d,发热2h急诊就诊。既往体健。查体:体温39.9℃,血压115/75mmHg;颜面无水肿,两肺呼吸音稍粗,未闻及干湿啰音,心率120次/min,律齐,各瓣膜听诊区未闻及病理性杂音。腹平软,全腹无压痛、反跳痛,左侧肾区叩击痛(+),双下肢无水肿。既往体健,否认家族性遗传疾病史。

提问1:全科医生接诊该患者时,首先进行的检查是

A. 血常规

B. 尿常规

C. 尿培养及药敏

D. 尿沉渣涂片

E. 肾脏、膀胱、输尿管超声

F. 肾功能

G. 血脂及血浆白蛋白

H. 腹部X线片

I. 静脉肾盂造影

提问2:尿细菌定量培养出现"假阴性"的主要原因有

A. 近1周内使用过抗生素

B. 标本被污染

C. 饮水过多,尿液被稀释

D. 病灶排菌呈间歇性

E. 尿液在膀胱内停留时间不足6h

F. 取清晨首次尿液作为送检标本

提问3:根据实验室检查,提示上尿路感染的情况包括

A. 尿沉渣镜检白细胞>5/HP

B. 尿沉渣镜检红细胞>3~10/HP

C. 膀胱冲洗后尿培养阳性

D. 尿沉渣镜检有白细胞管型,并除外间质性肾炎、狼疮肾炎等

E. 尿渗透压降低

F. 尿NAG升高,尿β_2微球蛋白升高

提问4:对于此病,抗菌药物治疗的选用原则包括

A. 选用致病菌敏感的抗菌药物

B. 无病原学结果前,首选对革兰氏阴性菌有效的抗菌药物

C. 选用广谱抗菌药物

D. 抗菌药物在尿中及肾内的浓度要高

E. 选用肾毒性小的抗菌药物

F. 对不同类型的尿路感染给予不同治疗时间

G. 选用半衰期长的抗菌药物

H. 采用长程低剂量抑菌治疗以防复发

I. 单一药物治疗失败、严重感染、混合感染、耐药菌株出现时应联合用药

提问1:【答案】ABCDF

【解析】青年女性,尿路刺激症状,有发热,查体左侧肾区叩痛,考虑急性肾盂肾炎可能大。应行血常规、尿常规、尿细菌学检查,并查肾功能除外肾功能损伤。

【考点】尿路感染的诊断

提问2:【答案】ABCDE

【解析】此题主要考查尿路感染细菌学检查。尿细菌定量培养出现假阴性结果的主要原因有:①近1周内使用过抗生素;②尿液在膀胱内停留时间不足6h;③收集中段尿时,消毒液混入标本内;④饮水过多,尿液被稀释;⑤感染灶排菌呈间歇性。

【考点】尿路感染的细菌学检查

提问3:【答案】CDEF

【解析】此题主要考查上尿路感染定位诊断。出现下列情况时提示上尿路感染:①膀胱冲洗后尿培养阳性;②尿沉渣镜检有白细胞管型,并除外间质性肾炎、狼疮肾炎等;③尿渗透压降低;④尿NAG升高,尿β_2微球蛋白升高。而A、B选项无助于鉴别上尿路感染与下尿路感染。

【考点】上尿路感染的定位诊断

提问4:【答案】ABDEFI

【解析】此题主要考查尿路感染抗感染治疗原则。尿路感染抗感染的治疗原则包括:①选用致病菌敏感的抗菌药物,无病原学结果前,首选对革兰氏阴性菌有效的抗菌药物;②抗菌药物在尿中及肾内的浓度要高;③选用肾毒性小、不良反应少的抗菌药物;④单一药物治疗失败、严重感染、混合感染、耐药菌株出现时应联合用药;⑤对不同类型的尿路感染给予不同治疗时间。

【考点】尿路感染抗感染的治疗原则

第六节　血液系统疾病及风湿免疫疾病

1.【答案】E
【解析】缺铁性贫血多为小细胞低色素贫血。
【考点】贫血的分类及病因分析

2.【答案】B
【解析】动植物食品铁吸收率不同，由于铁吸收主要部位在十二指肠及空肠上段，胃肠功能及药物会影响铁吸收，尤其酸碱度会影响铁吸收，所以影响酸碱度药物也会影响铁吸收。
【考点】人体铁代谢及影响因素

3.【答案】B
【解析】缺铁性贫血的高危人群包括婴幼儿及偏食青少年、妊娠及哺乳期妇女、月经过多女性、特殊饮食如食物缺铁者。
【考点】缺铁性贫血的人群特点

4.【答案】B
【解析】缺铁性贫血的血象特点：平均红细胞体积（MCV）低于80fl，平均红细胞血红蛋白量（MCH）小于27pg；平均红细胞血红蛋白浓度（MCHC）小于32%；小细胞低色素贫血（血片中可见红细胞体积小，中央淡染区扩大）；网织红细胞计数正常或轻度增高。
【考点】缺铁性贫血的血象特点

5.【答案】D
【解析】巨幼细胞贫血的血象特点：呈大细胞性贫血，平均红细胞血红蛋白量（MCH）和平均红细胞体积（MCV）均增高，平均红细胞血红蛋白浓度（MCHC）可正常。可见大椭圆形红细胞、点彩红细胞。网织红细胞计数可正常。重者全血细胞减少。
【考点】巨幼细胞贫血的血象特点

6.【答案】B
【解析】巨幼细胞贫血的治疗用药及疗程判断：如有原发病，积极治疗原发病，用药后继发巨幼细胞贫血的应酌情停药；补充缺乏的营养物，如叶酸，口服每次5~10mg，每日3次，用至贫血表现完全消失。如无原发病，不需维持治疗；如有维生素 B_{12} 缺乏，则需同时注射维生素 B_{12}，无维生素 B_{12} 吸收障碍者可口服维生素 B_{12} 片剂。若有神经系统表现，治疗维持半年到1年。恶性贫血患者，治疗维持终生。
【考点】巨幼细胞贫血的治疗

【A1 型题】

1. 正常细胞性贫血不常见于
   A. 纯红细胞再生障碍性贫血
   B. 溶血性贫血
   C. 急性失血性贫血
   D. 骨髓病性贫血
   E. 缺铁性贫血

2. 关于铁代谢，以下描述中错误的是
   A. 植物食品铁吸收率低
   B. 质子泵抑制剂不会影响铁的吸收
   C. 人体内铁主要通过肠黏膜脱落细胞随粪便排出
   D. 铁主要在十二指肠及空肠上段吸收
   E. 饮浓茶或维生素 C 缺乏会影响铁吸收

3. 不易发生缺铁性贫血的人群是
   A. 婴幼儿及偏食青少年
   B. 成年男性
   C. 妊娠、哺乳期妇女
   D. 月经过多女性
   E. 素食主义者

4. 缺铁性贫血的标准不包括
   A. 平均红细胞体积（MCV）低于 80fl
   B. 平均红细胞血红蛋白量（MCH）小于 32pg
   C. 平均红细胞血红蛋白浓度（MCHC）小于 32%
   D. 血片中可见红细胞体积小，中央淡染区扩大
   E. 网织红细胞计数正常或轻度增高

5. 巨幼细胞贫血的血象特点不包括
   A. 呈大细胞性贫血
   B. 可见大椭圆形红细胞、点彩红细胞
   C. 网织红细胞计数可正常
   D. MCV 80~100fl
   E. 重者可见全血细胞减少

6. 关于巨幼细胞贫血的治疗，错误的是
   A. 用药后继发巨幼细胞贫血的应酌情停药

B. 口服叶酸每次 5~10mg，每日 3 次，用至网织红细胞上升

C. 如叶酸缺乏同时有维生素 B_{12} 缺乏，则需同时注射维生素 B_{12}，无维生素 B_{12} 吸收障碍者可口服维生素 B_{12} 片剂

D. 若有神经系统表现，治疗维持半年到 1 年

E. 恶性贫血患者，治疗维持终生

7. 缺铁性贫血患者口服铁剂有效的血象表现首先是
   A. 外周红细胞增多
   B. 铁蛋白增高
   C. 外周血增多，血红蛋白浓度上升
   D. 血清铁浓度上升
   E. 外周网织红细胞增多

8. 下列关于白血病发病原因，**不恰当**的是
   A. 可能与病毒感染有关　　B. 可能与 X 线电离辐射有关
   C. 可能与细菌感染有关　　D. 可能与遗传相关
   E. 可能与接触苯有关

9. 急性白血病常见的临床表现**不包括**
   A. 贫血　　　　B. 发热　　　　C. 出血
   D. 牙龈增生　　E. 巨脾

10. 慢性淋巴细胞白血病的治疗指征**不包括**
    A. 体重下降大于 10%
    B. 巨脾伴脾区疼痛
    C. 淋巴结大于 5cm
    D. 重度贫血
    E. 发热（体温 38℃）大于 2 周

11. 下述哪类药物**不属于**免疫抑制剂
    A. 甲氨蝶呤　　B. 环磷酰胺　　C. 吗替麦考酚酯
    D. 来氟米特　　E. 甲泼尼龙

12. 骨关节炎区别于类风湿关节炎的病理特点是
    A. 骨关节炎最基本的病理改变是软骨变性
    B. 骨关节炎最基本的病理改变是血管炎
    C. 骨关节炎的晨僵时间一般不超过 30min
    D. 手骨关节炎具有遗传倾向
    E. 骨关节炎最基本的病理改变是滑膜炎

13. 下列关于类风湿因子的说法，**错误**的是
    A. 少数正常人类风湿因子也可以出现低滴度阳性

7.【答案】E
【解析】口服铁剂治疗缺铁性贫血的血象特点首先表现为网织红细胞计数增多。
【考点】缺铁性贫血的治疗有效的血象特点

8.【答案】C
【解析】白血病的发病可能与病毒感染、X 线电离辐射、遗传和苯等化学物质接触有关。
【考点】白血病的常见发病原因

9.【答案】E
【解析】急性白血病患者常出现贫血、发热、皮下或内脏出血、牙龈增生。巨脾常见于慢性白血病。
【考点】急性白血病的常见临床表现

10.【答案】C
【解析】慢性白血病是慢性惰性病程，早期治疗不延长生存期。积极治疗指征包括：体重下降大于 10%；巨脾伴脾区疼痛；重度贫血；发热（体温 38℃）大于 2 周；淋巴结进行性长大或直径大于 10cm；淋巴细胞进行性增高，2 个月内增加 50%。
【考点】慢性白血病的治疗指征

11.【答案】E
【考点】免疫抑制剂的种类

12.【答案】A
【解析】类风湿关节炎的基本病理改变是滑膜炎和血管炎。滑膜炎是关节表现的基础，血管炎是关节外表现的基础。而软骨变性是骨关节炎最基本的病理改变。骨关节炎晨僵时间较短，一般不超过 30min，是骨关节炎的临床表现之一。
【考点】骨关节炎的病理特点

13.【答案】C
【解析】类风湿因子的靶抗原为变性 IgG 分子的 Fc 片段，可分为 IgM、IgG、IgA 型，在临床工作中主要检测 IgM 型。
【考点】类风湿因子的特点

B. 其滴度与类风湿关节炎病情活动、严重性成正比

C. 都是 IgM 类自身抗体

D. 在某些慢性感染性疾病及恶性肿瘤的患者血清中可出现低滴度阳性

E. 类风湿性因子阴性不能完全排除类风湿关节炎的诊断

【A2 型题】

1. 患者,男,56 岁。因"近期体检发现贫血"就诊。血常规:血红蛋白 95g/L,MCV 110fl,MCH 36pg,MCHC 350g/L。平素不吸烟,饮白酒 30 年,每天 250g,喜食蔬菜及肉类,谷物不多,无高血压、糖尿病等病史。查体:轻度贫血貌,心、肺、腹未见异常。造成贫血的最可能原因是

A. 叶酸或维生素 B_{12} 摄入不足

B. 胃肠道疾病干扰叶酸利用

C. 二甲双胍干扰维生素 B_{12} 吸收

D. 酗酒促进叶酸排出

E. 嘌呤、嘧啶自身合成异常

2. 患者,男,36 岁,主要从事装修工作 12 年。因"头晕牙龈出血 1 个月"就诊。查体:血压 100/66mmHg,脉搏 120 次 /min,重度贫血貌,黏膜苍白,心肺未见异常,腹软,肝脾不大。血常规:白细胞计数 0.9×10^9/L,中性粒细胞百分比 38%,红细胞计数 1.08×10^{12}/L,血红蛋白 65g/L,血细胞比容 0.23,MCV 88.5fl,MCH 28.7pg,MCHC 37.2%,血小板计数 19×10^9/L。关于发病病因,下列最有可能的是

A. 可能与肝炎病毒感染有关

B. 可能与应用氯霉素类抗生素有关

C. 可能与缺铁有关

D. 可能与接触杀虫剂有关

E. 可能与接触苯有关

3. 患者,女,32 岁。因"月经量过大,感头晕 1 个月"就诊。查体:血压 110/70mmHg,脉搏 101 次 /min,贫血貌,舌炎;心肺未见异常,腹软,肝脾未扪及。血常规:白细胞计数 5.9×10^9/L,中性粒细胞百分比 48%,红细胞计数 2.08×10^{12}/L,血红蛋白 75g/L,血细胞比容 0.23,MCV 69fl,MCH 22pg,MCHC 27%,血小板计数 209×10^9/L。血清铁 6.8μmol/L,血清铁蛋白 10μg/L,血清可溶性转铁蛋白受体 28nmol/L。开始给予多糖铁复合物治疗,治疗目标是

A. 患者自觉症状改善

B. 红细胞及血红蛋白恢复正常

C. 红细胞形态恢复正常

1.【答案】D

【解析】患者红细胞平均体积(MCV)110fl,大于 100fl;平均红细胞血红蛋白量(MCH)36pg,大于 32pg;平均红细胞血红蛋白浓度(MCHC)350g/L,在正常范围内。符合大细胞性贫血。大细胞性贫血最常见的原因为巨幼细胞贫血。巨幼细胞贫血的病因和发病机制包括:①叶酸和 / 或维生素 B_{12} 减少。首先是由于食物加工不当大量破坏叶酸;其次是偏食,饮食中蔬菜、肉蛋类减少引起叶酸摄入减少,完全素食者维生素 B_{12} 摄入减少。该患者喜食蔬菜及肉类,不符合该项病因。②叶酸需要量增加。多见于婴幼儿、青少年、妊娠和哺乳妇女,该患者为 56 岁男性,不符合;甲状腺功能亢进、慢性感染、肿瘤等消耗性疾病的叶酸需要量也增加,该患者无相关病史或临床症状表现。③叶酸和 / 或维生素 B_{12} 吸收障碍。肠道疾病、肿瘤、手术、药物、寄生虫等叶酸和 / 或维生素 B_{12} 吸收障碍,患者无相关病史或临床症状表现,无用药史。④叶酸排出量增加。血液透析、酗酒可增加叶酸排出,该患者饮酒 30 年,每天 250g。

【考点】贫血的分类以及巨幼细胞贫血的病因和发病机制

2.【答案】E

【解析】患者全血细胞减少,中度贫血,正细胞正色素性贫血,有装修工作的个人史,肝脾不大,急性白血病可能。急性白血病的相关危险因素中,装修工最常接触的是含苯的物质。

【考点】全血细胞减少的原因

3.【答案】E

【解析】患者白细胞及血小板计数正常,血红蛋白及红细胞计数降低,MCV 小于 80fl,MCH 小于 26pg,为小细胞低色素性贫血;结合患者月经量过多病史,提示铁丢失过多,考虑缺铁性贫血诊断。缺铁性贫血的治疗目标是根除病因,补足贮存铁。反映贮备铁的指标为铁蛋白和含铁血黄素,故治疗目标应为血清铁蛋白恢复正常。

【考点】缺铁性贫血的治疗目标

D. 血清铁恢复正常

E. 血清铁蛋白恢复正常

4. 患者,女,42岁。对称性小关节肿痛伴晨僵5年。近3个月症状加重,晨僵时间明显延长,并出现干咳、气短、活动后呼吸困难,无夜间阵发性呼吸困难。查体:双手腕关节、掌指关节肿胀,压痛(+),双手握力下降,双手呈杵状指,双肘部发现无痛性皮下结节,双下肺闻及 Velcro 啰音。最可能的诊断是

A. 类风湿关节炎活动

B. 类风湿关节炎活动伴肺间质病变

C. 类风湿关节炎活动 + 心功能不全

D. 类风湿关节炎

E. 系统性红斑狼疮

5. 患者,女,28岁。4个月前曾外出西藏旅游,后出现反复低热,面部红斑,四肢关节肿痛,脱发,口腔溃疡,近1个月情绪变化明显,经常哭闹不止,无法胜任工作。血常规:红细胞计数 2.5×10^{12}/L,血红蛋白 86g/L,血小板计数 15×10^9/L;尿常规:红细胞(+)/高倍镜,尿蛋白(+)。该患者最有可能的诊断是

A. 系统性红斑狼疮

B. 干燥综合征

C. 骨关节炎

D. 特发性血小板减少性紫癜

E. 强直性脊柱炎

6. 患者,女,20岁。近3个月反复发热,体温 37.5~38.5℃,伴有全身肌痛、多关节酸痛、脱发、口腔溃疡、面部水肿。尿常规:红细胞(++)/高倍镜,尿蛋白(++),透明管型(+),颗粒管型(+)。免疫学检查最有可能出现的抗体是

A. 抗中性粒细胞抗体　　　B. 抗 JO-1 抗体

C. 抗 SCI-70 抗体　　　　D. 抗核抗体

E. 抗 CCP 抗体

7. 患者,女,27岁。2个月前因受凉后出现发热咽痛,自行口服磺胺类药物及吲哚美辛后好转。近1个月出现头晕牙龈出血前来就诊。查体:血压 110/68mmHg,脉搏 110 次/min;重度贫血貌,黏膜苍白;心肺未见异常,腹软,肝脾不大。血常规:白细胞计数 1.39×10^9/L,中性粒细胞百分比 42%,红细胞计数 1.98×10^{12}/L,血红蛋白 68g/L,血细胞比容 0.23,MCV80.5fl,MCH 27.6pg,MCHC 33.2%,血小板计数 15×10^9/L。开始给予司坦唑醇 2mg/次,3 次/d,3 个月后头晕乏力症状有好转。**不**属于该患者基本治愈疗效标准的是

4.【答案】B

【解析】类风湿关节炎的诊断标准:①关节内或周围晨僵持续至少 1h;②至少同时有 3 个关节区软组织肿胀或积液;③腕、掌指、近端指间关节区中,至少 1 个关节区肿;④对称性关节炎;⑤有类风湿结节;⑥血清类风湿因子阳性;⑦X 线片改变。7 项标准满足 4 项可诊断为类风湿关节炎(①~④项至少持续 6 周)。患者满足①②③④共 4 项标准。近 3 个月有加重,提示病情活动。类风湿关节炎最常累及肺部,以肺间质病变多见,主要表现为活动后气促,心脏受累以心包炎最多见,但通常患者无相关临床表现。

【考点】类风湿关节炎及其关节外表现的诊断

5.【答案】A

【解析】系统性红斑狼疮的诊断标准为:①颊部红斑;②盘状红斑;③光过敏;④口腔溃疡;⑤关节炎;⑥浆膜炎;⑦肾脏病变(尿蛋白 >0.5g/24h,或 +++,或管型);⑧神经病变;⑨血液学疾病;⑩免疫学异常;⑪抗核抗体。符合以上 4 项或 4 项以上者,除外感染、肿瘤和其他结缔组织病后可诊断系统性红斑狼疮。该患者符合:①③④⑧⑨。患者为女性,为该疾病的好发人群,而旅游日照是重要诱因。

【考点】系统性红斑狼疮的诊断标准

6.【答案】D

【解析】系统性红斑狼疮的诊断标准见上题。该患者符合:④⑤⑦。高度怀系统性红斑狼疮,且患者为女性,为该疾病的好发人群。在选项中,只有抗核抗体与系统性红斑狼疮相关。

【考点】系统性红斑狼疮的自身免疫抗体

7.【答案】E

【解析】患者为口服磺胺类药物引起的再生障碍性贫血:中度正细胞正色素性贫血,白细胞计数 $<2 \times 10^9$/L,血小板计数 $<20 \times 10^9$/L。再生障碍性贫血基本治愈的疗效标准包括:贫血和出血症状消失;血红蛋白男性达 120g/L,女性达 110g/L,白细胞计数达 4×10^9/L,血小板计数达 100×10^9/L,随访 1 年病情稳定未复发。

【考点】再生障碍性贫血的疗效标准

A. 贫血和出血症状消失

B. 血红蛋白:男性达 120g/L,女性达 110g/L

C. 白细胞计数达 4×10^9/L

D. 血小板计数达 100×10^9/L

E. 随访 6 个月病情稳定未复发

8.【答案】D
【解析】患者为中年男性,以非特异性症状疲乏、腹胀为主要表现,体检时发现白细胞明显增高以及巨脾。急性白血病以贫血、出血、感染和浸润等征象为主要表现,肝脾多轻中度肿大。慢性白血病起病缓慢,早期常无自觉症状,多因体检发现血常规异常或脾大确诊。
【考点】白血病的分型和诊断

8. 患者,男,52 岁。近 2 个月感觉疲乏腹胀,自认为与劳累相关,未予重视。1d 前例行体检查体:脾明显肿大,已达脐部。血常规:白细胞计数 41×10^9/L,中性粒细胞百分比 42%,血红蛋白 118g/L,血小板计数 115×10^9/L。该患者最可能的诊断是

A. 急性粒细胞性白血病

B. 急性淋巴细胞性白血病

C. 急性嗜酸细胞性白血病

D. 慢性粒细胞性白血病

E. 淋巴瘤

9.【答案】B
【解析】患者为轻度贫血,为小细胞性贫血,有母乳喂养史,且喂养双胎,铁消耗量大,为缺铁性贫血高危人群。
【考点】缺铁性贫血的高危人群和临床表现

9. 患者,女,28 岁。5 个月前剖宫产双胞胎,一直行母乳喂养。近 2 个月感乏力、头晕耳鸣。血常规:白细胞计数 4.39×10^9/L,血红蛋白 98g/L,红细胞平均体积 73fl,网织红细胞 1.3%。此时该患者最有可能的诊断是

A. 感染性贫血   B. 缺铁性贫血

C. 溶血性贫血   D. 再生障碍性贫血

E. 巨幼细胞贫血

10.【答案】D
【解析】类风湿关节炎的诊断标准见前文第 4 题。患者满足①②③共 3 项标准,高度怀疑类风湿关节炎。类风湿关节炎的自身抗体包括类风湿因子、抗角蛋白抗体谱(包括抗核周因子、抗角蛋白抗体、抗聚焦蛋白微丝蛋白抗体、抗环瓜氨酸肽抗体)。其中,抗环瓜氨酸肽抗体即抗 CCP 抗体,特异性较类风湿因子明显提高,且可在疾病早期出现。
【考点】类风湿关节炎的自身抗体

10. 患者,女,30 岁。6 个月前出现双手及掌指屈曲困难,清晨明显,持续约 1h 可减轻,逐渐出现肿痛,5 个月前左腕关节开始肿痛。为明确诊断,应进行的检查项目是

A. 血常规

B. 抗 Sm 抗体

C. 抗 JO-1 抗体

D. 抗环瓜氨酸肽(CCP)抗体

E. 抗核抗体

11.【答案】C
【解析】患者为轻度正细胞性贫血,起病急,病程仅 1d,有茶色尿、黄疸,有蚕豆接触史,为急性发作性疾病,考虑葡萄糖-6-磷酸脱氢酶缺乏症可能性大,葡萄糖-6-磷酸脱氢酶缺乏症属于溶血性贫血常见病因。其余 4 个选项多为慢性疾病。
【考点】溶血的临床表现

11. 患者,男,7 岁。1d 前与班级同学外出春游,晚上回家后出现茶色尿。次日出现黄疸,父母立即带其急诊。血常规:白细胞计数 5.20×10^9/L,血红蛋白 98g/L,红细胞平均体积 93fl。追问病史,患儿春游期间尝少许蚕豆。该患儿最可能的诊断是

A. 感染性贫血   B. 缺铁性贫血

C. 溶血性贫血   D. 再生障碍性贫血

E. 巨幼细胞贫血

12. 患者,女,66岁。自觉清晨双手和掌指关节僵硬5个月,逐渐出现关节肿痛,休息后尤为明显。为协助诊断,已安排的相关检查中抗 CCP(+),类风湿因子(+)。最可能的诊断是
    A. 系统性红斑狼疮　　　　B. 干燥综合征
    C. 骨关节炎　　　　　　　D. 类风湿关节炎
    E. 强直性脊柱炎

13. 患者,男,41岁。反复腰背部僵痛5年。因长期从事伏案工作,自以为腰椎病寻求康复治疗效果不显著。3年前因为劳累出现眼胀痛及视力下降,眼科医生诊断虹膜炎,给予激素等治疗后好转。1个月前因母亲去世再次出现眼胀痛及视力下降,较3年前加重,眼科医生仍考虑虹膜炎,给予甲泼尼龙治疗。该患者最可能的诊断是
    A. 系统性红斑狼疮　　　　B. 干燥综合征
    C. 骨关节炎　　　　　　　D. 类风湿关节炎
    E. 强直性脊柱炎

14. 患者,女,3岁。自小偏食,喂养不当,从小发色偏黄且干枯,皮肤干燥,经常口角皲裂伴口舌炎,经常感冒受凉,注意力不集中。查体:轻度贫血貌,指甲脆薄易裂。血常规:白细胞计数 5.20×10^9/L,血红蛋白86g/L,红细胞平均体积60fl。该患儿最可能的诊断
    A. 感染性贫血　　　　　　B. 巨幼细胞贫血
    C. 溶血性贫血　　　　　　D. 再生障碍性贫血
    E. 缺铁性贫血

15. 患者,女,28岁。反复口腔溃疡1年余,近半年发现泡沫尿,面部水肿,偶有关节酸痛。查体:体温37.5℃,血压100/72mmHg;甲周红斑,双手关节未见明显畸形;双下肺叩诊呈浊音,双下肺呼吸音减低;心界不大,各瓣膜区未闻及心脏杂音;双足踝及胫前轻度水肿。血常规:白细胞计数 2.20×10^9/L,血红蛋白86g/L,红细胞平均体积81fl。该患者最可能的诊断
    A. 系统性红斑狼疮　　　　B. 干燥综合征
    C. 骨关节炎　　　　　　　D. 类风湿关节炎
    E. 强直性脊柱炎

16. 患者,女,57岁。自觉清晨双手和掌指关节僵硬10个月,逐渐出现关节肿痛,活动后关节僵硬症状可减轻。相关检查:抗 CCP(+),类风湿因子(+)。若明确诊断后,首选的治疗药物方案为
    A. 非甾体抗炎药

12.【答案】D
【解析】类风湿关节炎的自身抗体包括类风湿因子、抗角蛋白抗体谱(包括抗核周因子、抗角蛋白抗体、抗聚焦蛋白微丝蛋白抗体、抗环瓜氨酸肽抗体)。其中,抗环瓜氨酸肽抗体即抗 CCP 抗体,特异性较类风湿因子明显提高,且可在疾病早期出现。
【考点】类风湿关节炎的自身抗体

13.【答案】E
【解析】强直性脊柱炎(AS)多发于20~30岁。早期首发症状常为下腰背痛伴晨僵,30% 左右的患者可出现反复的葡萄膜炎或虹膜炎。
【考点】强直性脊柱炎的临床表现

14.【答案】E
【解析】患儿为小细胞性贫血。临床表现为易感染、发色偏黄且干枯、皮肤干燥、常口角皲裂伴口舌炎、注意力不集中、指甲脆薄易裂,均符合缺铁性贫血的表现。
【考点】缺铁性贫血的临床表现及诊断标准

15.【答案】A
【解析】系统性红斑狼疮的诊断标准见前文。该患者符合诊断标准中④⑤⑥⑦⑨。符合诊断SLE。患者为女性,为该病的好发人群。
【考点】系统性红斑狼疮的诊断标准

16.【答案】B
【解析】类风湿关节炎的诊断标准见前文。患者满足①②共2项标准,高度怀疑类风湿关节炎。类风湿关节炎的自身抗体抗环瓜氨酸肽抗体(抗 CCP 抗体)特异性较类风湿因子明显提高,且可在疾病早期出现。患者目前诊断类风湿关节炎明确。非甾体抗炎药是改善关节炎症的常用药,但不能控制病情,应与改变病情抗风湿药同服。类风湿关节炎一旦确诊,都应早期使用改变病情抗风湿药(DMARD),其中甲氨蝶呤应作为类风湿关节炎的首选药。使用糖皮质激素必须同时应用 DMARD,使用原则应是小剂量、短疗程。
【考点】类风湿关节炎的药物治疗

B. 非甾体抗炎药 + 甲氨蝶呤

C. 非甾体抗炎药 + 糖皮质激素

D. 非甾体抗炎药 + 硫唑嘌呤

E. 糖皮质激素 + 来氟米特

17. 患者,男,8岁。近2个月出现胸骨疼痛,近期洗澡发现左侧睾丸肿大,无疼痛不适。1d前出现发热。血常规:白细胞计数 $15.20 \times 10^9/L$,见原始细胞5%,血红蛋白116g/L,红细胞平均体积850fl,血小板计数 $55 \times 10^9/L$。该患儿最可能的诊断是

A. 急性白血病　　　　　B. 慢性白血病

C. 缺铁性贫血　　　　　D. 类白血病反应

E. 淋巴瘤

【A3/A4 型题】

(1~3 题共用题干)

患者,女,16岁。近1周常常在刷牙时出现牙龈出血,未予重视。1d前出现月经来潮,月经量较平时增加数十倍,伴有明显头晕乏力,前来就诊。

1. 为评估病情,应该首先安排的检查是

A. 血常规　　　　　　　B. 雌、孕激素水平

C. 肝功能　　　　　　　D. 肾功能

E. 凝血功能

2. 若血常规示白细胞计数 $4.80 \times 10^9/L$,血红蛋白95g/L,血小板计数 $19 \times 10^9/L$。为明确诊断,应进行的检查**不包括**

A. 凝血功能　　　B. 腹部超声　　　C. 骨髓检查

D. 血小板计数　　E. 血型

3. 针对该患者,如果排除继发性血小板减少症,考虑 ITP 可能性较大,一线治疗方案是

A. 糖皮质激素 + 静脉滴注丙种球蛋白

B. 糖皮质激素 + 重组血小板生成素

C. 环孢素 A + 静脉滴注丙种球蛋白

D. 脾切除

E. 大剂量甲泼尼龙 + 长春新碱

(4~6 题共用题干)

患者,女,24岁,刚参加工作,从事计算机编程。自觉清晨双手和掌指关节较为僵硬,自认为症状与工作相关,未予重视。3个月后逐渐出现双手及掌指关节肿痛,休息后更为明显。

17.【答案】A

【解析】急性白血病正常骨髓造血功能受抑制表现在贫血、发热以及出血。白血病细胞增殖浸润在骨骼和关节,常见于胸骨下段局部压痛;睾丸肿大多为一侧无痛性肿大,另一侧虽无肿大,活检时也可发现浸润。眼部、口腔、皮肤、中枢神经系统也可受浸润。慢性白血病病程通常为数年。

【考点】急性白血病的临床表现和血象

1.【答案】A

【解析】患者短时间出现出血倾向,刷牙时持续牙龈出血,且月经来潮,经量陡增,伴有头晕乏力,提示出血量大,故应首先评估出血的病情程度。血常规中血红蛋白、血小板的含量可以对疾病原因及出血情况进行初步的判断。

【考点】急性非外伤性出血的病因筛查及病情判断

2.【答案】E

【解析】患者为轻度贫血,血小板明显降低。故需评估血小板降低的情况。

【考点】贫血及血小板降低的原因

3.【答案】A

【解析】首次诊断的特发性血小板减少性紫癜(ITP)一线治疗方案是糖皮质激素 + 静脉滴注丙种球蛋白。脾切除、抗 CD20 单克隆抗体、血小板生成药物、长春新碱、环孢素 A 等都属于二线治疗方案。

【考点】特发性血小板减少性紫癜的治疗方案

4. 考虑患者可能性最大的疾病是
   A. 类风湿关节炎
   B. 血清阴性脊柱关节病
   C. 系统性红斑狼疮
   D. 骨性关节炎
   E. 痛风

5. 对于患者的早期诊断和评估病情,**不应**首先安排的检查
   A. 类风湿因子
   B. 抗 CCP 抗体
   C. 红细胞沉降率或 C 反应蛋白
   D. 双手 X 线片改变
   E. ANCA

6. 若诊断该病,首选的治疗药物为
   A. 糖皮质激素类固醇
   B. 非甾体抗炎药
   C. 改变病情抗风湿药
   D. 生物制剂
   E. 金制剂

(7~10题共用题干)

患者,女,45岁。近1年出现月经量增多,伴有心悸气短、容易疲倦。

7. 考虑患者患可能性最大的疾病是
   A. 更年期综合征
   B. 贫血
   C. 甲状腺功能减退
   D. 冠心病
   E. 肺炎

8. 若诊断该疾病,有意义的检查结果是
   A. 血清可溶性转铁蛋白受体高于正常值
   B. 血清铁高于正常值
   C. 总铁蛋白结合力低于正常值
   D. 转铁蛋白饱和度高于正常值
   E. 血清铁蛋白高于正常值

9. 为明确病因,对诊断帮助最大的检查
   A. 胃肠镜检查
   B. 雌、孕激素检查

4.【答案】A
【解析】类风湿关节炎的诊断标准见前文。患者满足①②共2项标准,高度怀疑类风湿关节炎。
【考点】类风湿关节炎的诊断

5.【答案】E
【解析】类风湿关节炎的自身抗体包括类风湿因子,其滴度与类风湿关节炎的活动性和严重性成正比。抗角蛋白抗体谱(包括抗核周因子、抗角蛋白抗体、抗聚焦蛋白微丝蛋白抗体、抗环瓜氨酸肽抗体),其中抗环瓜氨酸肽抗体(抗 CCP 抗体)特异性较类风湿因子明显提高,且可在疾病早期出现,对类风湿关节炎的诊断敏感性和特异性均高。双手 X 线片对类风湿关节炎诊断、关节病分期、病变演变的监测均很重要。红细胞沉降率、C 反应蛋白在类风湿关节炎常升高,且与疾病的活动明显相关。抗中性粒细胞质抗体(ANCA)与小血管炎相关。
【考点】类风湿关节炎的检查和评估

6.【答案】C
【解析】患者诊断类风湿关节炎明确。非甾体抗炎药是改善关节炎症的常用药,但不能控制病情,应与改变病情抗风湿药同服。类风湿关节炎一旦确诊,都应早期使用改变病情抗风湿药。使用糖皮质激素必须同时应用改变病情抗风湿药。使用改变病情抗风湿药疗效不佳时,再考虑使用生物制剂。金制剂属于改变病情抗风湿药中的一种,分为注射及口服两种剂型,口服者不良反应少,适于早期或者轻型患者,现已很少使用。
【考点】类风湿关节炎的治疗

7.【答案】B
【解析】患者为 45 岁女性,虽年龄处于围绝经期范围,病史未提供月经周期紊乱、经量减少的病史。目前以明显经量增多为主要临床表现。心悸气短、容易疲倦符合由于月经过多导致血液丢失过多引起的贫血症状。该患者重点考虑贫血,搜查其病因是重点。
【考点】女性贫血原因

8.【答案】A
【解析】患者近 1 年月经量增多,血液丢失增多,属于长期慢性丢失铁的人群。患者已有心悸气短、容易疲倦的症状,可见机体内贮备铁已减少到不足以补偿功能状态的状态。铁代谢指标发生异常:贮铁值(铁蛋白、含铁血黄素)降低,血清铁和转铁蛋白饱和度降低,总铁结合力和未结合铁的转铁蛋白升高,组织缺铁,红细胞内缺铁。转铁蛋白受体表达于红系造血细胞膜表面,其表达量与红细胞内血红蛋白合成所需的铁代谢密切相关,当红细胞内铁缺乏时,转铁蛋白受体脱落进入血液成为血清可溶性转铁蛋白受体。
【考点】缺铁性贫血的实验室检查

9.【答案】E
【解析】患者近期出现月经量增多,

无更年期综合征的其他表现,更年期综合征的可能性相对较小。处于围绝经期的妇女经量突然增多,需警惕肿瘤的可能性,故进行阴道超声检查评估有无肿瘤的可能性。

【考点】围绝经妇女保健及缺铁性贫血的病因

10.【答案】B

【解析】缺铁性贫血的治疗目标是根除病因,补足贮备铁。反映贮备铁的指标为铁蛋白和含铁血黄素,故治疗目标应为血清铁蛋白恢复正常。

【考点】缺铁性贫血的治疗目标

11.【答案】B

【解析】患者满足类风湿关节炎的诊断标准的①②③⑥⑦共5项标准,诊断类风湿关节炎。非甾体抗炎药是改善关节炎症的常用药,但不能控制病情,应与改变病情抗风湿药同服。类风湿关节炎一旦确诊,都应早期使用改变病情抗风湿药,其中甲氨蝶呤应作为类风湿关节炎的首选药。但甲氨蝶呤可引起尿酸增高,而该患者血尿酸已达419μmol/L,已经接近绝经后妇女尿酸水平临界值(420μmol/L),高于绝经前女性临界值(350μmol/L),因此该患者不适合使用甲氨蝶呤。使用糖皮质激素必须同时应用改变病情抗风湿药,使用原则应是小剂量、短疗程。

【考点】类风湿关节炎的诊断和药物治疗

12.【答案】A

【解析】类风湿关节炎初诊应摄手指及腕关节的X线片。早期可见关节周围软组织肿胀影、关节端骨质疏松(Ⅰ期);进而关节间隙变窄(Ⅱ期);关节面出血虫蚀样改变(Ⅲ期);晚期可见关节半脱位和关节破坏后的纤维性和骨性强直(Ⅳ期)。该患者属于Ⅰ期。

【考点】类风湿关节炎的X线分期

C. 甲状腺功能检查

D. 骨髓检查

E. 阴道超声

10. 若去除病因后补充铁剂,停药指征是
A. 血红蛋白恢复正常
B. 铁蛋白恢复正常
C. 红细胞总数恢复正常
D. 红细胞形态恢复正常
E. 血清铁恢复正常

(11~12题共用题干)

患者,女,45岁。因"手指、掌指、腕关节肿痛和关节僵硬半年"就诊。实验室检查:血尿酸419μmol/L,类风湿因子(+),抗CCP(+);双手X线片示双手掌指及腕关节骨质疏松。

11. 最佳治疗方法为
A. 非甾体抗炎药
B. 硫唑嘌呤 + 非甾体抗炎药
C. 非甾体抗炎药 + 糖皮质激素
D. 甲氨蝶呤 + 非甾体抗炎药
E. 糖皮质激素

12. 该患者手及腕关节分期为
A. Ⅰ期　　　B. Ⅱ期　　　C. Ⅲ期
D. Ⅳ期　　　E. Ⅴ期

【案例分析题】

案例一:患者,男,82岁。近1年来反复出现头晕伴乏力,自认为与高血压与糖尿病相关的脑供血不足所致,未予重视。1个月前活动后出现晕厥约2min自行恢复,未诉头痛但自觉乏力加重。送至当地医院急诊,体温36℃,脉搏78次/min,呼吸16次/min,血压95/58mmHg,动脉血氧饱和度(SaO₂)95%。随机血糖9.0mmol/L,钾离子3.8mmol/L。血常规:白细胞计数4.65×10⁹/L,中性粒细胞百分比55.5%,红细胞计数3.08×10¹²/L,血红蛋白65g/L,血细胞比容0.23,MCV68.5fl,MCH 18.7pg,MCHC 272g/L,血小板计数195×10⁹/L。心电图示窦性心律。急诊头颅CT示颅内多发缺血灶。考虑贫血,给予输血后症状好转,建议加用口服多糖铁复合物150mg,1次/d。1d前再次出现晕厥及黑粪急诊入院。既往诊断高血压20年,平素口服苯磺酸氨氯地平,每次5mg,1次/d,控制血压110~120mmHg/60~65mmHg。诊断糖尿病1年,口服阿卡波糖,每次50mg,3次/d,自诉指尖空腹血糖7~8mmol/L,未监测餐后血糖。

提问1:患者的病史询问还需要补充的重点内容是

    A. 饮食习惯

    B. 有无腹痛等症状

    C. 详细的用药史

    D. 饮酒情况

    E. 家族患病情况

    F. 大便习惯问题

    G. 体重变化

    H. 传染病情况

提问2:患者部分检查结果:白细胞计数 $8.61 \times 10^9/L$,中性粒细胞百分比70.5%,红细胞计数 $2.08 \times 10^{12}/L$,血红蛋白50g/L,血细胞比容0.17,MCV 68.8fl,MCH 17.7pg,MCHC 268g/L,血小板计数 $105 \times 10^9/L$,血糖8mmol/L。作为接诊医生,需立即进行的处理是

    A. 立即建立静脉通路

    B. 进行血型鉴定和交叉配血实验,做好输血准备

    C. 暂禁食

    D. 吸氧

    E. 使用抗生素

    F. 继续口服多糖铁复合物

    G. 暂停降压药及降糖药等目前用药

    H. 使用促红细胞生成素

提问3:为明确诊断并评估病情,还应该安排的检查是

    A. 血清铁

    B. 消化内镜检查

    C. 地中海贫血基因检测

    D. 粪便隐血检查

    E. 铁蛋白、转铁蛋白饱和度及总铁蛋白结合力

    F. ^{14}C- 呼气试验

    G. 促红细胞生成素

    H. 叶酸及维生素 B_{12}

案例二:患者,女,62岁。4个月前常常于清晨出现双手和掌指关节屈曲困难,僵硬约1h后方可减轻,2个月来逐渐出现关节肿痛,休息后尤为明显。查体:双手掌指关节明显肿胀,有压痛,左腕关节肿胀伴有压痛,无明显关节畸形。

提问1:为明确诊断,可安排的检查项目是

    A. 类风湿因子

    B. 抗环瓜氨酸抗体(CCP)抗体

    C. 红细胞沉降率

    D. 双手 X 线片

    E. ANCA

    F. C 反应蛋白

提问1:【答案】ABCDEFG

【解析】患者为高龄男性,有高血压、糖尿病史。1个月前发作性晕厥后乏力明显,当地医院检查提示血压降低,血糖及血钾正常,中度贫血,为小细胞低色素性贫血,1d前有明显的晕厥及黑粪病史。患者1d前解黑粪,结合既往贫血病史,小细胞低色素性贫血,病因可能为慢性失血,考虑消化道出血可能性大,但仍需排除其他引起黑粪的情况以及其他引起贫血的原因。了解患者的家族患病情况、饮食习惯及药物使用情况,排除其他引起黑粪的可能。同时评估消化道出血的其他情况,包括有无腹痛、既往大便情况、饮酒情况;患者高龄,需警惕肿瘤可能,了解体重变化情况。

【考点】病史采集

提问2:【答案】ABCDG

【解析】患者重度贫血,病史中1d前有黑粪、晕厥;根据血常规提示血红蛋白较1个月前明显降低,故目前考虑为消化道出血活动期。消化道出血病情急、变化快,抗休克、迅速补充血容量治疗应放在一切医疗措施的首位,因此需建立静脉通道、完成合血,做输血准备,暂禁食,吸氧。患者有糖尿病史,禁食状态下,通过静脉营养,需根据血糖水平来决定是否需要控制血糖,故暂不口服原有降糖药物。患者上次晕厥后血压偏低,需监测血压后再决定是否使用降压药物。患者目前白细胞计数及中性粒细胞百分比正常,无须使用抗生素。患者目前消化道出血原因不明,需进一步明确病因,考虑消化道出血以外,有无其他贫血原因可能;补充铁剂及促红细胞生成素不需要立即处理,可根据贫血原因后期使用。

【考点】消化道出血的紧急处理

提问3:【答案】ABDEF

【解析】患者目前考虑消化道出血,首先需确定有无消化道出血,可查粪便隐血,监测血常规动态变化。患者黑粪,原因考虑上消化道出血,可完善消化内镜检查、^{14}C- 呼气试验。患者为小细胞低色素性贫血,需警惕有无其他引起贫血的可能,完善铁蛋白、转铁蛋白饱和度及总铁结合力检测。

【考点】贫血的检查

提问1:【答案】ABCDFH

【解析】患者满足类风湿关节炎的诊断标准的①②③共3项标准,高度怀疑类风湿关节炎。需完善的检查:类风湿因子、抗CCP抗体、抗角

蛋白抗体,均为对类风湿关节炎诊断敏感性、特异性较高的指标,尤其是抗CCP抗体;红细胞沉降率和C反应蛋白,可反应类风湿关节炎的病情活动程度;所有初诊的类风湿关节炎的患者都需要进行双手X线片摄影。

【考点】类风湿关节炎的诊断和鉴别诊断

提问2:【答案】ABCDEFG

【解析】非甾体抗炎药是改善关节炎症的常用药,但不能控制病情,应与改变病情抗风湿药同服,故A应选。类风湿关节炎一旦确诊,即应早期使用改变病情抗风湿药,其中甲氨蝶呤应作为类风湿关节炎的首选药。所以B、D、F、G可选。使用糖皮质激素必须同时应用改变病情抗风湿药,使用原则应是小剂量、短疗程,一旦病情缓解,尽快递减糖皮质激素用量,E可选。如最初改变病情抗风湿药方案治疗未能达标,或存在有预后不良因素时,应考虑加用生物制剂,所以C可选。

【考点】类风湿关节炎的治疗

提问3:【答案】ABCDE

【解析】类风湿关节炎药物的不良反应如下。非甾体抗炎药:胃肠道反应为主;改变病情抗风湿药:肝损害、骨髓抑制、胃肠道反应、口炎、眼底改变、血肌酐、血压改变等;糖皮质激素:骨质疏松;生物制剂靶向治疗:局部的皮疹、感染,尤其是结核感染。红细胞沉降率和C反应蛋白是反映病情活动度的指标。随访红细胞沉降率及C反应蛋白的目的是针对病情控制情况,不是监测药物不良反应。

【考点】类风湿关节炎的治疗随访

G. HLA-B27

H. 抗角蛋白抗体

提问2:若明确诊断后,可选择的治疗药物包括

A. 塞来昔布

B. 甲氨蝶呤

C. 肿瘤坏死因子-α拮抗剂

D. 硫唑嘌呤

E. 糖皮质激素

F. 来氟米特

G. 羟氯喹

H. 曲马多

提问3:在治疗过程中,为避免药物不良反应,要注意随访的指标是

A. 血常规

B. 肝功能

C. 肾功能

D. 结核γ干扰素释放试验

E. 粪便隐血

F. 红细胞沉降率

G. C反应蛋白

H. 心电图

第四章　儿科疾病

第一节　新生儿疾病

【A1 型题】

1. 正确测量头围的方法是
   A. 将软尺绕头部一周测量最大周长
   B. 将软尺紧贴头皮沿枕骨及眉弓绕头一周
   C. 将软尺紧贴头皮沿枕骨结节最高点及眉弓一周
   D. 将软尺紧贴头皮沿枕骨结节最高点及眉弓上缘一周
   E. 以上都不是

2. 新生儿产热机制主要依靠
   A. 每日母乳的足够摄入　　B. 适当的葡萄糖液补充
   C. 自发的肢体活动　　　　D. 尽量减低能量消耗
   E. 棕色脂肪的产热作用

3. 新生儿血中免疫球蛋白，从母体可经胎盘进入胎儿的是
   A. IgA　　　　　　B. IgM　　　　　　C. IgG
   D. IgD　　　　　　E. IgE

4. 足月儿外观特点，错误的是
   A. 肤色红润，毳毛少　　　B. 耳壳成形，直挺
   C. 乳腺结节 <4mm　　　　D. 头发分条清楚
   E. 指甲达到指尖

5. 关于新生儿黄疸，下列说法错误的是
   A. 60%~80% 的新生儿可出现生理性黄疸
   B. 生后 24h 内出现的黄疸为病理性黄疸
   C. 早产儿血清胆红素 >171μmol/L（10mg/dl）以上可发生核黄疸
   D. 足月儿血清总胆红素 <221μmol/L 者均为生理性黄疸

1. 【答案】D
   【解析】此题主要考查新生儿体格检查最常用指标（头围）的测量方法，将软尺紧贴头皮沿枕骨结节最高点及眉弓上缘一周回至 0 点。
   【考点】新生儿的生理特点

2. 【答案】E
   【解析】此题主要考查新生儿的体温维持及产热机制。新生儿是在去甲肾上腺素的作用下促进棕色脂肪的代谢产热。
   【考点】新生儿的解剖生理特点

3. 【答案】C
   【解析】此题主要考查新生儿的免疫机制。免疫球蛋白 IgG 可从母体通过胎盘传给胎儿。
   【考点】新生儿的解剖生理特点

4. 【答案】C
   【解析】此题主要考查新生儿的外观特点，足月儿乳腺结节 >4mm。
   【考点】新生儿的解剖生理特点

5. 【答案】D
   【解析】此题主要考查新生儿病理性黄疸的诊断标准。出现早、进展快、程度重、消退延迟或退而复现、直接胆红素高都是病理性黄疸。
   【考点】新生儿黄疸的临床特点

E. 生理性黄疸为自限性,足月儿 2 周内消退,早产儿 3~4 周内消退

6. 【答案】B

【解析】胆红素脑病后遗症的四大临床表现包括手足徐动、听力障碍、眼球运动障碍、智力落后。

【考点】新生儿黄疸的严重并发症的临床特点

7. 【答案】E

【解析】新生儿黄疸加重的诱因:缺氧和喂养不足(包括饥饿、脱水)、便秘导致肠肝循环增加。

【考点】新生儿黄疸加重的诱因

8. 【答案】C

【解析】此题主要考查新生儿溶血症的发病机制。O 型个体对 A 型(或 B 型)抗原的反应特别敏感,所以新生儿 ABO 溶血的母亲多为 O 型,婴儿是 A 型或 B 型。

【考点】新生儿溶血症的发病机制

9. 【答案】A

【解析】新生儿复苏的关键是呼吸管理,通气是关键。初步复苏的五个步骤应严格按照顺序进行,不能调换,否则将影响复苏效果。患儿呼吸道不通畅影响患儿自主呼吸的建立和正压通气的效果。

【考点】新生儿窒息的治疗

1. 【答案】D

【解析】此题主要考查正常新生儿的特点。生理性体重下降不超过出生体重 9%,超过 10% 为脱水。

【考点】早期新生儿的生理特点

2. 【答案】E

【解析】此题主要考查正常早期新生儿呼吸系统的特点。随第 1 次哭声建立呼吸后,呼吸频率降至 40 次/min,口周青紫改善,肺液吸收前可闻及肺部湿啰音,轻度周围青紫是需要合理保暖。

【考点】早期新生儿的生理特点

---

6. 胆红素脑病后遗症**不包括**

A. 手足徐动 　　　　　　　B. 偏瘫

C. 听力障碍 　　　　　　　D. 眼球运动障碍

E. 智力落后

7. 可使新生儿黄疸加重的诱因**不包括**

A. 饥饿 　　　　B. 缺氧 　　　　C. 便秘

D. 脱水 　　　　E. 碱中毒

8. 新生儿 ABO 血型不合溶血症常见于

A. 母血型为 A 或 B,胎儿血型为 O

B. 母血型为 A 或 B,胎儿血型为 AB

C. 母血型为 O,胎儿血型为 A 或 B

D. 母血型为 O,胎儿血型为 AB

E. 母血型为 AB,胎儿血型为 A 或 B

9. 在窒息 ABCDE 复苏方案中

A. A 是根本,通气是关键

B. B 是根本,有足够搏出量最重要

C. C 是根本,辅以药物治疗

D. D 最主要,并尽量吸尽呼吸道黏液

E. E 最主要,并尽量建立呼吸

【A2 型题】

1. 胎龄 39 周女婴,母乳喂养,吸吮好,哺后安睡,胎便已排,生后 4d 体重下降 7%。查体:反应好,面色红润,轻度黄染,心肺(−),此婴儿体重下降可能的原因是

A. 进乳量多,进水少 　　　B. 进水多,进乳量少

C. 新生儿脱水 　　　　　　D. 生理性体重下降

E. 新生儿败血症

2. 胎龄 38 周新生儿,顺产。生后立即出现呼吸快,70 次/min,有三凹征,口周青紫,双肺可闻及湿啰音,生后 1h 患儿症状明显改善,呼吸频率降至 40 次/min,除有轻度周围青紫外,余均正常。最可能的是

A. 吸入性肺炎 　　　　　　B. 产前感染性肺炎

C. 新生儿肺透明膜病 　　　D. 产时感染性肺炎

E. 正常生理特点

3. 患儿,8d。胎龄 34 周,体重 2 000g,生后 3d 出现黄疸,逐渐加重,体温 37℃,一般情况好。白细胞计数 12×10^9/L,谷丙转氨酶 32IU/L,血清总胆红素 171μmol/L(10mg/dl),间接胆红素为主。最可能的诊断是
A. 新生儿败血症
B. 生理性黄疸
C. 新生儿肝炎
D. 葡萄糖 -6- 磷酸脱氢酶缺乏症(G6PD)
E. 先天性胆道闭锁

3.【答案】B
【解析】此题主要考查正常新生儿黄疸的特点。该患儿没有达到病理性黄疸(出现早、进展快、程度重、消退延迟或退而复现、直接胆红素高)的标准。
【考点】新生儿生理性黄疸的特点

4. 足月儿,35d。母乳喂养,患儿于生后 6d 出现黄疸,2~3 周达高峰,血清胆红素 >342μmol/L(20mg/dl),无核黄疸症状,改用人工喂养后,黄疸明显消退。谷丙转氨酶 36IU/L,血胆红素以间接胆红素为主,应考虑
A. 新生儿肝炎
B. 新生儿巨细胞感染
C. 母乳性黄疸
D. 新生儿溶血症
E. 新生儿败血症

4.【答案】C
【解析】此题主要考查晚期母乳性黄疸的特点。表现为黄疸消退延迟,停母乳后黄疸明显消退,间接胆红素升高为主,肝功能正常,无神经系统损伤。
【考点】母乳性黄疸的特点

5. 足月新生儿,生后第 2 天出现黄疸,母乳喂养,吃奶可,无嗜睡、肌张力减低。查体皮肤中重度黄染,间接胆红素 >220.5μmol/L(12.9mg/dl),下列诊断最不可能的是
A. 新生儿 ABO 溶血
B. 新生儿 Rh 溶血
C. 新生儿败血症
D. 先天性胆道闭锁
E. 葡萄糖 -6- 磷酸脱氢酶缺乏症(G6PD)

5.【答案】D
【解析】此题主要考查新生儿病理性黄疸的鉴别诊断。先天性胆道闭锁为直接胆红素升高。
【考点】新生儿黄疸的鉴别诊断

6. 早产儿,4d,第二产。生后第 2 天出现嗜睡、呕吐、拒奶,时有烦躁及抽搐,偶有尖叫。查体:皮肤黄染,心率 150 次 /min,两肺(−),腹软,肝脾大,四肢肌张力增强。辅助检查:红细胞计数 4×10^{12}/L,血红蛋白 130g/L,周围血涂片见有核红细胞 20%,血清胆红素 342μmol/L(20mg/dl),血糖 3.36mmol/L(60mg/dl)。最可能的诊断是
A. 低血糖
B. 颅内出血
C. 溶血症合并核黄疸
D. 重症新生儿肺炎
E. 败血症合并化脓性脑膜炎

6.【答案】C
【解析】此题主要考查新生儿病理性黄疸的诊断、病因及并发症。早产儿生后第 2 天即有神经系统损伤症状(出现嗜睡、呕吐、拒奶,时有烦躁及抽搐,偶有尖叫),在黄疸高峰期血清胆红素 342μmol/L(20mg/dl),考虑为核黄疸。黄疸出现早、程度重、进展快,常见原因是溶血症。
【考点】新生儿黄疸的病因及并发症

7. 新生儿出生体重 3.2kg,生后 48h 血清总胆红素 290μmol/L,间接胆红素 277μmol/L,在等待化验检查结果期间,首选的治疗方法是
A. 光照疗法
B. 输注白蛋白
C. 口服苯巴比妥
D. 交换输血
E. 输血浆

7.【答案】A
【解析】新生儿黄疸的治疗常用光照疗法。
【考点】新生儿黄疸的治疗

8.

8.【答案】C

【解析】此题主要考查新生儿窒息的诊断。根据皮肤颜色、心率、弹足底或导管插管反应、肌张力、呼吸5项评分,此患儿各项均减1分,为5分。

【考点】新生儿窒息的诊断

9.【答案】D

【解析】此题主要考查新生儿窒息的诊断以及缺氧后脏器损伤之一的新生儿缺氧缺血性脑病(HIE)的临床特点及诊断。此患儿有轻度窒息,第1天出现神经系统异常表现,72h后逐渐恢复正常,首先考虑新生儿缺氧缺血性脑病。

【考点】新生儿窒息的临床特点及诊断

10.【答案】B

【解析】此题主要考查新生儿窒息的诊断,缺氧后脏器损伤之一的新生儿缺氧缺血性脑病的临床特点及诊断。此患儿有窒息史,第2天出现神经系统异常表现,首先考虑新生儿缺氧缺血性脑病。此患儿表现为抑制表现,脑损伤较重。

【考点】新生儿窒息的临床特点及诊断

11.【答案】E

【解析】此题主要考查新生儿肺炎的临床特点及诊断。胎儿窘迫及生后1min及5min评分为5分和7分,羊水Ⅲ度污染,均是新生儿肺炎的高危因素。生后患儿有吐沫,呼吸快,面色发绀,双肺呼吸音粗,可闻及细湿啰音,症状、体征提示呼吸系统疾病。经阴分娩经过产道挤压肺液减少,湿肺可能性不大。足月儿,非择期剖宫产,不支持新生儿透明膜病。

【考点】新生儿肺炎的临床特点及诊断

12.【答案】E

【解析】此题主要考查新生儿败血症及其常见并发症的临床特点及诊断。脐部少许脓性分泌物提示原发感染灶为脐炎;白细胞计数 21×10^9/L,中性粒细胞百分比80%,提示细菌感染;拒奶2d,半日来惊厥2次提示新生儿败血症合并化脓性脑膜炎。

【考点】新生儿败血症的临床特点及诊断

8. 新生儿出生时,身体红,四肢青紫,心率90次/min,呼吸20次/min,呼吸不规则,四肢略屈曲,弹足底有皱眉,Apgar评分为

A. 3分　　　　　B. 4分　　　　　C. 5分

D. 6分　　　　　E. 7分

9. 39周新生儿,日龄5d。生后Apgar评分:1min为5分,5min为8分。生后第1天患儿烦躁不安,吃奶差,肌张力稍高,有自发或刺激引起肌阵挛,72h后逐渐恢复正常。最可能的诊断是

A. 新生儿败血症　　　　B. 新生儿颅内出血

C. 新生儿脑膜炎　　　　D. 新生儿缺氧缺血性脑病

E. 低血糖

10. 足月儿,生后第2天嗜睡,面色微绀,呼吸33次/min,心率92次/min,前囟紧张,心音较低钝,四肢肌张力差,拥抱反射消失;有窒息史。最可能的诊断是

A. 低血糖　　　　　B. 新生儿缺氧缺血性脑病

C. 新生儿肺透明膜病　　D. 湿肺

E. 吸入综合征

11. 37周新生儿,因胎儿窘迫行产钳助产经阴分娩。生后1min及5min评分为5分和7分。羊水Ⅲ度污染,脐带绕颈2圈,紧,胎盘无异常,出生体重2.6kg。生后患儿有吐沫,呼吸68次/min,心率101次/min,面色发绀,双肺呼吸音粗,可闻及细湿啰音。最可能的诊断是

A. 低血糖　　　　　B. 新生儿缺氧缺血性脑病

C. 新生儿肺透明膜病　　D. 湿肺

E. 吸入综合征

12. 新生儿,7日龄。因"拒奶2d,半日来惊厥2次"就诊。查体:反应差,全身中度黄染,心肺(-),肝肋下3cm,脐部少许脓性分泌物,前囟饱满。白细胞计数 21×10^9/L,中性粒细胞百分比80%,淋巴细胞百分比20%,血钙2.25mmol/L,血糖3.02mmol/L(54mg/dl)。诊断可能为

A. 新生儿脐炎

B. 新生儿低血糖

C. 新生儿颅内出血

D. 新生儿低钙血症

E. 新生儿败血症合并化脓性脑膜炎

【A3/A4型题】

(1~3题共用题干)

足月婴儿,1日龄。因脐带绕颈引起胎儿窘迫,出生时全身皮肤

青紫,Apgar 评分 1min 为 3 分,5min 5 分,10min 7 分。查体:昏迷,反射消失,心率慢,呼吸不规则,肌张力低下。

1. 患儿目前的表现,**不可能**的是
   A. 意识改变,惊厥　　　　B. 肾脏损害
   C. 持续胎儿循环　　　　D. 坏死性小肠结肠炎
   E. 溶血性贫血

2. 患儿诊断为新生儿缺氧缺血性脑病,临床分度为
   A. 极轻度　　　B. 轻度　　　C. 中度
   D. 重度　　　E. 极重度

3. 下列各项检查中,**不是**必需的是
   A. 监测呼吸、心率、血压
   B. 血糖
   C. 血清总胆红素和直接胆红素
   D. 血钙
   E. 头颅超声检查

(4~5 题共用题干)
胎龄 35 周新生儿,体重 2.2kg,生后 2d 出现嗜睡、吃奶差。查体:体温正常,全身皮肤黄染,心肺腹(−),拥抱反射消失,肌张力减低。化验胆红素 342μmol/L(20mg/dl),血红蛋白 120g/L,母血型"O"型。

4. 最可能的诊断是
   A. 化脓性脑膜炎　　　　B. 颅内出血
   C. 新生儿败血症　　　　D. 破伤风
   E. 新生儿胆红素脑病

5. 首选的治疗是
   A. 光照治疗　　　B. 换血疗法　　　C. 输白蛋白
   D. 纠正酸中毒　　　E. 苯巴比妥钠

(6~7 题共用题干)
胎龄 41 周新生儿,生后 2d,因宫内窘迫,胎头吸引分娩。生后 Apgar 评分:1min 4 分,5min 7 分,10min 9 分。转入儿科后患儿一直嗜睡,呕吐,枕部有血肿,前囟 3cm×3cm,颅缝略宽,四肢肌张力低。

6. 最可能的诊断是
   A. 新生儿败血症　　　　B. 新生儿低血糖
   C. 新生儿先天性脑积水　　D. 新生儿颅内出血
   E. 新生儿缺氧缺血性脑病

1.【答案】E
　【解析】此题主要考查新生儿窒息的诊断。Apgar 评分 1min 3 分是重度窒息,缺氧后多脏器损伤与溶血导致的贫血不相关。
　【考点】新生儿窒息的临床特点及诊断

2.【答案】D
　【解析】此题主要考查新生儿缺氧后脏器损伤之一的新生儿缺氧缺血性脑病的诊断。昏迷、反射消失是重度新生儿缺氧缺血性脑病的表现。
　【考点】新生儿缺氧缺血性脑病的诊断

3.【答案】C
　【解析】新生儿窒息的一般治疗原则首先是维持生命体征和内环境稳定,评估脑损伤。
　【考点】新生儿窒息的治疗

4.【答案】E
　【解析】此题主要考查新生儿黄疸的并发症——新生儿胆红素脑病的诊断。生后 2d 早产儿,胆红素 342μmol/L(20mg/dl),已经出现嗜睡、吃奶差,提示出现胆红素脑病。
　【考点】新生儿胆红素脑病的诊断

5.【答案】B
　【解析】此题主要考查新生儿病理性黄疸的治疗原则。生后 2d 早产儿,已经出现胆红素脑病,尽快降低胆红素首选换血疗法。
　【考点】新生儿病理性黄疸的治疗

6.【答案】E
　【解析】此题主要考查新生儿缺氧缺血性脑病的诊断。生后 Apgar 评分 1min 4 分提示有窒息史,嗜睡、四肢肌张力低提示神经系统损伤,首先考虑为新生儿缺氧缺血性脑病。胎头吸引分娩、枕部有血肿,要鉴别新生儿颅内出血。
　【考点】新生儿缺氧缺血性脑病的诊断

7.【答案】B

【解析】新生儿窒息的诊断首选颅脑影像学检查。

【考点】新生儿窒息的检查原则

提问1:【答案】D

【解析】此题主要考查新生儿黄疸病因之一的新生儿溶血症临床特点及诊断。母血型"O"型,Rh(+),3d新生儿黄疸程度重、进展快[胆红素359.1μmol/L(21mg/dl)],伴贫血(血红蛋白120g/L)最可能的诊断为新生儿溶血症。

【考点】新生儿溶血症的临床特点及诊断

提问2:【答案】ADEF

【解析】Coombs试验可明确诊断新生儿溶血症;网织红细胞计数辅助溶血症的诊断;血培养、胸部X线片鉴别可能的感染。

【考点】新生儿溶血症的实验室诊断

提问3:【答案】BCDE

【解析】此题主要考查新生儿溶血症的治疗原则。1d来嗜睡、拒奶提示有胆红素脑病,需要换血治疗。换血准备时积极光照疗法退黄,输白蛋白增加与胆红素结合,避免未结合胆红素入脑,苯巴比妥钠增加肝酶活性。

【考点】新生儿溶血症的治疗原则

提问4:【答案】D

【解析】此题主要考查新生儿溶血症的病因。母亲RhD(+),新生儿有抗E、C抗体,来自母亲,所以其母亲的Rh血型可能是ccDee。

【考点】新生儿溶血症的病因

提问1:【答案】C

【解析】此题主要考查新生儿窒息的临床特点,生后Apgar评分1min、5min及10min分别为2、3、6分为重度窒息,生后24h出现反应差、嗜睡,提示需注意神经系统表现。

【考点】新生儿窒息的临床特点

7. 为明确诊断首选的检查是

A. 血培养   B. 头颅 CT   C. 血糖

D. 血电解质   E. 脑脊液

【案例分析题】

案例一:胎龄39周男婴,3d。2d前出现黄疸,逐渐加重,1d来嗜睡、拒奶。查体:反应差,重度黄染,心肺(−),肝肋下3cm,肌张力低下。血红蛋白120g/L,红细胞计数3.9×10^{12}/L,网织红细胞9%,胆红素359.1μmol/L(21mg/dl)。母血型"O"型,Rh(+)。

提问1:该患儿最可能的诊断为

A. 新生儿败血症

B. 新生儿肝炎

C. 先天性胆道闭锁

D. 新生儿溶血症

E. 新生儿化脓性脑膜炎

F. 新生儿肺炎

提问2:可采用的检查是

A. 血培养

B. 测 G-6-PD 活性

C. 腹部超声

D. 网织红细胞计数

E. 做血型及抗人球蛋白试验

F. 胸部 X 线片

提问3:可采取的治疗是

A. 抗生素   B. 输白蛋白

C. 换血治疗   D. 苯巴比妥钠

E. 光照疗法   F. 糖皮质激素

提问4:若患儿检查结果:直接抗人球蛋白试验(Coombs试验)阳性,释放试验释放出抗E、C抗体。其母亲的Rh血型可能是

A. eCdee   B. ccDEE

C. cCDeE   D. ccDee

E. CCDEE   F. cCdeE

案例二:胎龄38周新生儿,自然分娩,娩出过程不顺利。生后Apgar评分1min、5min及10min分别为2、3、6分,生后24h出现反应差、嗜睡,继而有吸吮、咂嘴等动作,阵发性口周发绀,呼吸不规则,瞳孔固定,前囟较紧张。

提问1:患儿查体时最可能发现的问题是

A. 前囟紧张

B. 皮肤出血点

C. 四肢肌力、肌张力异常

D. 皮肤感染灶

E. 瞳孔固定

F. 肺部问题

提问2：为控制惊厥，可采用的治疗包括

A. 肌内注射呋塞米 3mg

B. 肌内注射地塞米松 1.5mg

C. 20% 甘露醇 10ml 静脉注射

D. 苯巴比妥钠 60mg 15~30min 内静脉滴注

E. 肌内注射维生素 K₁ 1mg

F. 静脉注射 10% 葡萄糖液 6ml

提问3：该患儿脑损伤的主要部位是

A. 脑干　　　　　　　B. 小脑

C. 中脑　　　　　　　D. 脑室

E. 大脑半球　　　　　F. 脑神经

提问2：【答案】CDF

【解析】此题主要考查新生儿窒息的治疗。为控制惊厥首选苯巴比妥钠；静脉注射葡萄糖液维持血糖水平；20% 甘露醇减轻脑水肿。

【考点】新生儿窒息的治疗

提问3：【答案】A

【解析】此题主要考查新生儿窒息的病理特点。患儿呼吸不规则、瞳孔固定，提示脑干损伤。

【考点】新生儿窒息的病理特点

第二节　儿童营养性疾病

【A1 型题】

1. 判断小儿体格发育最常用的指标是

A. 动作发育能力　　　　B. 语言发育程度

C. 智能发育水平　　　　D. 神经反射发育

E. 体重、身高、头围

1.【答案】E

【解析】此题主要考查小儿体格发育最常用指标。其他选项为智力运动发育指标。

【考点】儿童发育评价的方法

2. 正常小儿前囟闭合的年龄是

A. 4~10 个月　　　B. 6~12 个月　　　C. 8~14 个月

D. 12~18 个月　　　E. 18~24 个月

2.【答案】D

【解析】此题主要考查小儿生长发育规律。正常小儿前囟闭合的年龄在 1~1.5 岁。

【考点】小儿前囟闭合的年龄

3. 母乳与牛乳相比的优点，**错误**的是

A. 蛋白质含量比牛乳多

B. 乳白蛋白含量多

C. 蛋白质遇酸后凝块小

D. 乳铁蛋白对免疫有帮助

E. 酪蛋白含量少

3.【答案】A

【解析】此题主要考查小儿营养的基本知识。虽然母乳蛋白质含量比牛乳少，但是乳白蛋白含量多而酪蛋白含量少，蛋白质遇酸后凝块小，易被消化吸收。含有比牛乳多的乳铁蛋白对免疫有帮助。

【考点】小儿营养的基本知识

4. 反映小儿骨骼发育的重要指标是

A. 体重　　　　　　B. 头围　　　　　　C. 身长

D. 胸围　　　　　　E. 牙齿

4.【答案】C

【考点】儿童发育评价的方法

5. 10 个月婴儿每日能量及水的需要约是

A. 460kJ/kg,150ml/kg　　　B. 430kJ/kg,130ml/kg

C. 400kJ/kg,110ml/kg　　　D. 380kJ/kg,110ml/kg

E. 360kJ/kg,100ml/kg

5.【答案】A

【解析】此题主要考查小儿营养的基本知识。婴儿期每日需要能量约 460kJ/kg（110kcal/kg），需要水约 150ml/kg。

【考点】小儿营养的基本知识和正确的喂养方法

6.【答案】E

【解析】此题主要考查锌缺乏症的临床表现。锌缺乏时的表现开始先食欲下降，味觉减退、异常，常有复发性口腔溃疡，影响进食。继而有生长发育落后、身材矮小，视觉暗适应力下降，免疫功能差，多次反复感染，伤口愈合延迟。

【考点】锌缺乏症的临床表现

7.【答案】A

【解析】此题主要考查营养不良的临床表现。皮下脂肪消耗的顺序先是腹部，其次为躯干、臀部、四肢，最后为面颊部。

【考点】营养不良的临床表现

8.【答案】A

【解析】维生素D缺乏性佝偻病活动早期的临床表现是神经、精神症状。

【考点】维生素D缺乏性佝偻病活动早期的临床表现

9.【答案】B

【解析】维生素D手足搐搦症的实验室指标是钙离子浓度降低。

【考点】维生素D缺乏性手足搐搦症的实验室指标

10.【答案】C

【解析】此题主要考查遗尿症的诊断标准，正常儿童可以控制排尿的年龄是2~3岁。发生不随意排尿诊断遗尿症的年龄是5岁以上。

【考点】遗尿症的诊断标准

1.【答案】C

【解析】此题主要考查小儿生长发育的规律。男婴出生体重3.3kg，每月增长700g以上，6~8周后囟闭合，3个月抬头稳。

【考点】小儿生长发育的规律

2.【答案】E

【解析】此题主要考查小儿生长发育的规律。1岁左右会独走，会叫"爸爸、妈妈"。考查儿童1岁时的身高、头围。

【考点】小儿生长发育的规律

3.【答案】D

【解析】此题主要考查小儿生长发育的规律。独坐稳，玩玩具能换手，刚会爬，不能扶站的年龄大概是8月龄，8月龄婴儿应该接种麻疹疫苗。

【考点】小儿生长发育的规律和国家免疫规划疫苗接种程序

6. 下面哪项**不是**锌缺乏时的表现
   A. 生长发育落后　　　　B. 伤口愈合延迟
   C. 味觉减退　　　　　　D. 食欲下降
   E. 肝脾大

7. 营养不良患儿皮下脂肪逐渐减少或消失，最后累及的部位是
   A. 面颊部　　　B. 胸部　　　C. 腹部
   D. 臀部　　　　E. 四肢

8. 维生素D缺乏性佝偻病最早出现的临床表现是
   A. 神经、精神症状　　　B. 全身肌肉松弛
   C. 腕踝畸形　　　　　　D. 出牙延迟
   E. 颅骨软化

9. 维生素D缺乏性手足搐搦症发生惊厥是由于血清中
   A. 钾离子浓度降低　　　B. 钙离子浓度降低
   C. 氯离子浓度降低　　　D. 钠离子浓度降低
   E. 磷离子浓度降低

10. 正常儿童可以控制排尿的年龄和发生不随意排尿诊断遗尿症的年龄分别是
    A. 1~2岁，4岁以上　　　B. 2~3岁，4岁以上
    C. 2~3岁，5岁以上　　　D. 3~4岁，5岁以上
    E. 3~4岁，6岁以上

【A2型题】

1. 正常男婴，体重6kg，前囟1.5cm×1.0cm，后囟已闭，抬头稳。最可能的月龄为
   A. 28d以内　　　B. 1~2月龄　　　C. 3月龄
   D. 4月龄　　　　E. 5月龄

2. 正常小儿扶着走很稳，刚会独走，会叫"爸爸、妈妈"，其身高、头围约是
   A. 55cm，38cm　　　B. 60cm，40cm　　　C. 65cm，42cm
   D. 70cm，44cm　　　E. 75cm，46cm

3. 正常女婴，独坐稳，玩玩具能换手，刚会爬，不能扶站。保健科通知按计划预防接种，最可能的疫苗是
   A. 卡介苗　　　　　　　B. 乙型肝炎疫苗
   C. 百白破三联疫苗　　　D. 麻疹疫苗
   E. 脊髓灰质炎疫苗

4. 患儿,3 月龄。易惊,好哭,不发热,纯母乳喂养。查体:前囟平软,枕秃,颅骨有乒乓球感,眼神灵活,克尼格征及巴宾斯基征阳性。最可能的诊断是
   A. 化脓性脑膜炎　　　　B. 颅内出血
   C. 维生素 D 缺乏性佝偻病　D. 病毒性脑炎
   E. 败血症

5. 患儿,1 月龄左右。冬季出生,纯母乳喂养,体重增长满意,体检正常,应给予维生素 D 预防量是
   A. 每天 400IU　　　　B. 每天 1 000IU
   C. 每天 1 500IU　　　　D. 每天 2 000IU
   E. 每天 3 000IU

6. 患儿,女,11 月龄。多汗,睡眠不安,烦躁。查体可见方颅、肋膈沟,下肢轻度 O 型腿。查血清钙稍低,血清磷降低,碱性磷酸酶增高。其佝偻病应处于
   A. 前驱期　　　B. 初期　　　C. 激期
   D. 恢复期　　　E. 后遗症期

7. 患儿,女,6 岁。体检时发现身高 118cm,体重 30kg,体重超过同性别、同身高正常儿童均值的 30%~39%;父母均超重。此患儿属
   A. 正常　　　B. 单纯性肥胖症　　C. 继发性肥胖症
   D. 身材矮小　　E. 遗传性肥胖

8. 患儿,1 岁。食欲差,母乳少,以米糊、稀饭喂养,未添加其他辅食。诊断为营养不良 I 度。最先出现的症状是
   A. 身长低于正常　B. 体重不增　　C. 皮肤干燥
   D. 皮下脂肪减少　E. 肌张力低下

9. 患儿,男,3 岁。因"反复腹泻 1 年余"多次就诊。精神稍差,活动略少,近 1 年余体重未增。查体患儿皮下脂肪减少,首先累及的部位是
   A. 面颊部　　　B. 胸部　　　C. 腹部
   D. 臀部　　　　E. 四肢

10. 患儿,男,10 月龄。多汗,易哭闹,夜间睡不平稳,生后纯母乳喂养,未添加维生素 D 和钙剂,日晒少。此婴儿最常见的骨骼改变是
    A. 颅骨软化　　B. 方颅　　　C. 肋膈沟
    D. 肋骨串珠　　E. O 型腿

4.【答案】C
【解析】此题主要考查维生素 D 缺乏性佝偻病的临床表现与鉴别诊断。患儿不发热,除外感染性疾病,正常婴儿克尼格征及巴宾斯基征阳性,目前临床表现符合维生素 D 缺乏性佝偻病。
【考点】维生素 D 缺乏性佝偻病的临床表现

5.【答案】A
【解析】此题主要考查维生素 D 缺乏性佝偻病的预防。婴儿期给予维生素 D 预防量是每天 400~800IU。
【考点】维生素 D 缺乏性佝偻病的预防

6.【答案】C
【解析】此题主要考查维生素 D 缺乏性佝偻病的临床表现。佝偻病激期的临床表现是多汗、睡眠不安、烦躁;查体可见方颅、肋膈沟,下肢轻度 O 型腿;查血清钙稍低,血清磷降低,碱性磷酸酶增高。
【考点】维生素 D 缺乏性佝偻病的临床表现

7.【答案】B
【解析】此题主要考查肥胖症的诊断标准。按身高测体重超过标准平均值20%即可称肥胖,或按年龄测体重超过同年龄平均值 2 个标准差以上。遗传影响是单纯性肥胖症的病因之一。
【考点】肥胖症的诊断标准

8.【答案】B
【解析】营养不良最先出现的症状是体重不增。
【考点】营养不良的临床表现

9.【答案】C
【解析】此题主要考查营养不良的临床表现,营养不良全身各部位皮下脂肪消减,首先累及的部位是腹部,以后为躯干、臀部、四肢,最后是面部。
【考点】营养不良的临床表现

10.【答案】B
【解析】此题主要考查佝偻病活动期(激期)的骨骼病变。颅骨软化多见于 3~6 月龄,方颅多见于 5~9 月龄,胸廓畸形(肋膈沟、肋骨串珠)多发生于 1 岁左右小儿,下肢畸形(O 型腿、X 型腿)是 1 岁以后站立行走后,不能负担身体重量的负重引起的。本例患儿 10 月龄,应选方颅。
【考点】佝偻病的临床表现

11.【答案】D

　　【解析】此题主要考查佝偻病的治疗。维生素D以口服为主，不主张大剂量，一般剂量每日 50~125μg(2 000~5 000IU)，4~6 周后改预防量。

　　【考点】佝偻病的治疗

12.【答案】D

　　【解析】此题主要考查营养不良的诊断。自幼人工喂养，食欲极差，有时腹泻，又喂养不足；3 岁半体重8kg，体重明显低于同龄儿童；腹部皮下脂肪厚度约 0.3cm；营养不良的诊断成立。

　　【考点】营养不良的诊断

1.【答案】C

　　【解析】此题主要考查营养不良的临床表现。患儿有身高、体重下降，腹部皮下脂肪菲薄，皮肤较松弛，属中度营养不良。

　　【考点】营养不良的临床表现

2.【答案】A

　　【解析】营养不良的常见并发症可以有多种维生素缺乏，最常见是维生素A缺乏。

　　【考点】营养不良的常见并发症

3.【答案】E

　　【解析】此题主要考查营养不良的治疗。中度营养不良儿童推荐能量每日从 420kJ/kg(100kcal/kg)开始。

　　【考点】营养不良的治疗

4.【答案】A

　　【解析】此题主要考查维生素D缺乏性佝偻病的骨骼改变。颅骨软化好发于 3~6 月龄，其余选项的骨骼改变均为 6 个月以上。

　　【考点】维生素D缺乏性佝偻病的临床表现

11. 女婴，6 月龄。爱哭闹，多汗，夜间睡不稳。生后纯母乳喂养，体重 10kg，未添加维生素 D 和钙剂，未加辅食。查血清钙降低、血清磷降低、碱性磷酸酶增高。应给予维生素 D 剂量是

A. 每天 400IU
B. 每天 600IU
C. 每天 800IU
D. 每天 2 000IU
E. 每天 10 000IU

12. 患儿，男，3 岁半。自幼人工喂养，食欲极差，有时腹泻，精神差，活动减少。身高 85cm，体重 8kg。皮肤干燥、苍白，腹部皮下脂肪厚度约 0.3cm。脉搏缓慢，心音较低钝。其主要诊断应是

A. 先天性甲状腺功能减退症
B. 营养性贫血
C. 婴幼儿腹泻
D. 营养不良
E. 心功能不全

【A3/A4 型题】

(1~3 题共用题干)

患儿，男，4 岁。身高 90cm，体重 11kg，皮肤较松弛，腹部皮下脂肪约 0.3cm。

1. 该小儿的营养状况属于

A. 正常
B. 轻度营养不良
C. 中度营养不良
D. 重度营养不良
E. 极重度营养不良

2. 此患儿最易并发缺乏

A. 维生素 A
B. 维生素 B
C. 维生素 B_{12}
D. 维生素 C
E. 维生素 D

3. 开始供给能量每日应为

A. 250kJ/kg(60kcal/kg)
B. 300kJ/kg(70kcal/kg)
C. 340kJ/kg(80kcal/kg)
D. 375kJ/kg(90kcal/kg)
E. 420kJ/kg(100kcal/kg)

(4~7 题共用题干)

患儿，女，4 月龄。胎龄 35 周双胎之小，出生体重 2 200g，生后体重增加满意，未添加辅食。近 1 个月易惊，夜间睡眠不安。

4. 查体最常见的骨骼改变是

A. 颅骨软化
B. 方颅
C. 肋膈沟
D. O 型腿
E. 肋骨串珠

5. 此时,可靠的早期诊断指标是

    A. 血清钙浓度降低   B. 血清磷浓度降低

    C. 血清碱性磷酸酶增高   D. 血 1,25-$(OH)_2D_3$ 降低

    E. 血 PTH 降低

6. 其佝偻病处于

    A. 前驱期   B. 初期   C. 激期

    D. 恢复期   E. 后遗症期

7. 错误的预防措施是

    A. 适当多晒太阳

    B. 提倡母乳喂养

    C. 孕母补充维生素 D 及钙剂

    D. 及时添加辅食

    E. 2 月龄开始补充维生素 D

【案例分析题】

案例一:患儿,男,1 月龄。无明显诱因阵发性面色发绀 3 次,有时伴吸气性喘鸣,每次持续数十秒至 1min,能自行缓解。近日夜间易惊。查体无异常。孕 35 周早产,冬季出生,母孕晚期有频繁小腿抽筋史,患儿系人工喂养,未添加维生素 D 和钙剂。

提问 1:患儿应进行的检查是

    A. 血糖   B. 脑电图

    C. 血钙   D. 头颅 CT

    E. 脑脊液   F. 胸部 X 线片

提问 2:最可能的诊断是

    A. 喉痉挛   B. 屏气发作

    C. 先天性喉喘鸣   D. 低血糖

    E. 癫痫   F. 呼吸骤停

案例二:患儿,3 月龄。生后人工喂养,突发四肢抽搐,面肌颤动,两眼上翻,持续数秒至数分钟后自然缓解,1d 来发作 4~5 次,每次缓解后一切活动正常,就诊时又出现四肢抽搐。

提问 1:患儿需要补充的病史为

    A. 发热   B. 进食史或腹泻史

    C. 用药史   D. 外伤史

    E. 既往史   F. 家族史

提问 2:患儿即时处理应给予

    A. 钙剂   B. 脱水剂

    C. 葡萄糖   D. 维生素 D

    E. 止惊剂   F. 能量合剂

5.【答案】D

  【解析】此题主要考查维生素 D 缺乏性佝偻病的实验室诊断。血 1,25-$(OH)_2D_3$ 在佝偻病活动早期常已降低,对早期诊断比其他检查更灵敏可靠。

  【考点】维生素 D 缺乏性佝偻病的实验室诊断

6.【答案】C

  【解析】此题主要考查维生素 D 缺乏性佝偻病的临床表现与分期。早产、双胎、低体重、未添加辅食是佝偻病的病因;近 1 个月易惊、夜间睡眠不安,为佝偻病神经精神症状;>3 月龄(此患儿 4 月龄)通常为激期。

  【考点】维生素 D 缺乏性佝偻病的临床表现与分期

7.【答案】E

  【解析】此题主要考查维生素 D 缺乏性佝偻病的预防。开始补充维生素 D 的时间是 2 周。

  【考点】维生素 D 缺乏性佝偻病的预防

提问 1:**【答案】**AC

  【解析】维生素 D 缺乏性手足搐搦症的常见病因:围生期维生素 D 摄入不足,日照不足,生长速度快、需求增加,食物中补充维生素 D 不足,疾病影响。

  【考点】维生素 D 缺乏性手足搐搦症的诊断

提问 2:**【答案】**A

  【解析】维生素 D 缺乏性手足搐搦症的临床表现主要为惊厥、喉痉挛和手足搐搦。

  【考点】维生素 D 缺乏性手足搐搦症的临床表现

提问 1:**【答案】**ABCDEF

  【解析】维生素 D 缺乏性手足搐搦症表现为惊厥的典型发作,鉴别感染(中枢神经系统感染、热性惊厥)、电解质紊乱(低钙惊厥)、颅脑外伤、颅脑发育异常、用药不当等。以上选项均为需要补充的病史。

  【考点】维生素 D 缺乏性手足搐搦症的临床表现与鉴别诊断

提问 2:**【答案】**ACE

  【解析】此题需了解维生素 D 缺乏性手足搐搦症的治疗。3 月龄婴儿患病常见原因是低血糖、低血钙等代谢因素,治疗须控制惊厥,避免进一步脑损伤。

  【考点】维生素 D 缺乏性手足搐搦症的治疗

第三节 小 儿 疾 病

【A1 型题】

1. 【答案】C
【解析】此题主要考查小儿消化系统解剖生理特点。小儿肠管的长度随年龄而增长，但是相对身长而言，肠管较长，成人肠管长度约为身长的 5.4 倍，新生儿为 8.3 倍，1 岁为 7.6 倍，故婴儿肠道相对较长。
【考点】小儿消化系统解剖生理特点

2. 【答案】A
【解析】通常黑粪和柏油样便提示上消化道出血，柏油样便比黑粪出血量大，最常见的是消化性溃疡伴出血。暗红色血便提示小肠部位出血，最常见的是梅克尔憩室合并出血。鲜红色血便提示结直肠出血，以肠道感染及结肠息肉常见。
【考点】消化性溃疡临床表现

3. 【答案】B
【解析】扁桃体 4~10 岁发育达高峰，14~15 岁逐渐退化。
【考点】小儿呼吸系统解剖特点

4. 【答案】C
【解析】肺先天畸形与反复肺部感染相关，属下呼吸道感染。
【考点】儿童上呼吸道感染防治

5. 【答案】B
【解析】小儿急性喉炎属于上气道梗阻。上气道梗阻时表现为吸气相延长，可闻吸气相喉鸣，吸气时出现三凹征，为吸气性呼吸困难；呼气末有明显喉鸣音为下气道梗阻，为呼气性呼吸困难，多见于支气管哮喘。
【考点】急性喉炎临床表现

6. 【答案】E
【解析】婴幼儿支气管哮喘诊断评分为：凡年龄小于 3 岁，反复咳喘 3 次以上（3 分），发作时有喘鸣或哮鸣音（2 分），咳喘突然发作（1 分），既往过敏史（1 分），有支气管哮喘家族史（1 分），支气管舒张剂有效（1 分），评分达到或超过 5 分即可诊断婴幼儿支气管哮喘。
【考点】支气管哮喘诊断

1. 婴儿消化系统特点，下列**不符合**的是
   A. 胃幽门括约肌发育良好
   B. 贲门括约肌发育不成熟
   C. 婴儿肠道相对较短
   D. 胃酸、胃蛋白酶活性较低
   E. 婴儿胃呈水平位

2. 小儿黑粪和柏油样便最常见的病因是
   A. 消化性溃疡
   B. 急性胃炎
   C. 食管 - 胃底静脉曲张破裂
   D. 胃扭曲
   E. 肠套叠

3. 小儿上呼吸道的解剖特点**不包括**
   A. 咽鼓管呈宽、直、短、平的特点
   B. 咽扁桃体发育的高峰是 1~3 岁
   C. 喉部呈漏斗状，喉腔狭窄
   D. 鼻腔黏膜与鼻窦黏膜连续，且鼻窦开口相对较大
   E. 鼻腔短，无鼻毛，后鼻道狭窄

4. 学龄儿童反复上呼吸道感染，与哪项因素**无关**
   A. 慢性扁桃体炎　　　　B. 慢性鼻窦炎
   C. 肺先天畸形　　　　　D. 腺样体肥大
   E. 慢性鼻炎

5. 小儿急性喉炎的临床表现**不包括**
   A. 鼻翼扇动　　　　　　B. 呼气末有明显喉鸣音
   C. 犬吠样咳嗽　　　　　D. 呼吸困难伴三凹征
   E. 声音嘶哑

6. 婴幼儿支气管哮喘诊断评分中，**错误**的是
   A. 家族支气管哮喘史阳性计 1 分
   B. 肺部出现喘鸣音计 2 分
   C. 喘息呈突然发作计 1 分
   D. 反复喘息 3 次或以上记 3 分
   E. 评分大于 10 分可作出诊断

7. 关于儿童急性肾炎的描述,**错误**的是
   A. 临床急性起病,以血尿为主
   B. 可伴有不同程度蛋白尿
   C. 病原菌为 A 组乙型溶血性链球菌
   D. 本病处理得当预后良好
   E. 病毒、支原体等感染也可致肾小球肾炎

8. 尿红细胞形态学检查可用于鉴别
   A. 原发与继发性肾小球疾病
   B. 感染与非感染性血尿
   C. 肾小球性与非肾小球性血尿
   D. 肾炎与肾病性血尿
   E. 泌尿系畸形与肿瘤性血尿

9. 外周血白细胞计数总数最早接近成人水平的年龄是
   A. 2 岁后   B. 4 岁后   C. 6 岁后
   D. 8 岁后   E. 10 岁后

10. 有关脑性瘫痪的描述,正确的是
    A. 由出生前到出生后 1 岁的器质性脑损伤所致
    B. 病因为进行性脑损伤
    C. 在幼儿期出现临床症状
    D. 以中枢性运动障碍和姿势异常为表现
    E. 大多数患儿在 3 岁以内可以自愈

11. 对于风湿热的预后,说法**错误**的是
    A. 伴发心包炎者预后良好
    B. 首次发作累及心脏者,预后较差
    C. 舞蹈病的预后一般良好
    D. 并发心功能不全者预后不良
    E. 反复发作累及心脏者预后不良

12. 婴幼儿类风湿疾病的多数病例常伴以下症状,**除了**
    A. 对称性多关节炎   B. 长期间歇发热
    C. 一过性多形性皮疹   D. 肝、脾、淋巴结肿大
    E. 心包炎、心肌炎

13. 过敏性紫癜患儿实验室检查中**不可能**出现的是
    A. 白细胞增高   B. 血小板下降
    C. 血红蛋白正常   D. 出血时间正常
    E. 凝血时间正常

7.【答案】C
【解析】急性肾炎是急性肾小球肾炎的简称,病因不一。临床急性起病,以血尿为主,可伴有不同程度蛋白尿,可伴水肿、少尿、高血压或肾功能不全等。大多数病例为由 A 组乙型溶血性链球菌急性感染后引起的免疫复合物性肾小球肾炎,又称"急性链球菌感染后肾小球肾炎"。其他病原如细菌、病毒、支原体、寄生虫、梅毒螺旋体、钩端螺旋体等也可致病,为非链球菌感染后肾小球肾炎。本病处理得当预后良好。
【考点】肾小球疾病的临床及病理分型

8.【答案】C
【解析】当尿中红细胞形态以变形红细胞为主时属肾小球性血尿;而红细胞形态基本正常、同一,则为非肾小球性血尿。
【考点】孤立性血尿的临床特点

9.【答案】D
【解析】各年龄小儿的白细胞及淋巴细胞计数变化较大,白细胞计数均值在出生时为 18.1×10^9/L,以后逐渐下降。$1\sim3$ 岁为 11.2×10^9/L,4 岁时为 9.1×10^9/L,8 岁时为 8.3×10^9/L,16 岁时为 7.8×10^9/L。
【考点】小儿血液系统生理特点

10.【答案】D
【解析】脑性瘫痪是由于胎儿期或婴幼儿期脑部非进行性损伤所致的临床综合征,主要表现为持续存在的中枢性运动和姿势发育障碍,活动受限。
【考点】脑性瘫痪的临床表现

11.【答案】A
【解析】几乎所有风湿热病例的心脏均有不同程度的受累。心脏是风湿热唯一的持续性器官损害,以心肌炎及心内膜炎多见,亦可见全心炎。
【考点】风湿热的临床表现

12.【答案】E
【解析】婴幼儿类风湿疾病以幼年特发性关节炎全身型多见,临床以全身表现(如发热、多形性皮疹,肝、脾、淋巴结肿大及浆膜腔积液等)常见,在年长儿的 JIA 关节型常出现对称性多关节炎。
【考点】幼年特发性关节炎的临床表现

13.【答案】B
【解析】过敏性紫癜,血小板计数正常或升高,出血和凝血时间正常。
【考点】过敏性紫癜的诊断

1.【答案】C
【解析】此题主要考查各种口腔炎的临床特征。溃疡性口炎一开始为疱疹，后出现大小不等的糜烂和溃疡，创面灰白色或黄色假膜，边界清楚易擦去，局部淋巴结肿大和全身症状；疱疹性口炎表现为患儿高热，口腔黏膜出现单个或成簇的小疱疹；鹅口疮为口腔黏膜表面覆盖白色乳凝状小点或小片状物，无意擦去；继发性口腔炎为患儿口腔黏膜病变，迁延不愈或反复发生，同时还有全身其他系统病变。
【考点】口腔炎诊断及鉴别诊断

2.【答案】E
【解析】患儿表现为高热、牙龈和口腔黏膜出现溃疡性病变，伴口周水疱，是典型的疱疹性口炎，该病由单纯疱疹病毒 1 型（HSV-1）引起，故答案选 E。
【考点】口腔炎诊断及鉴别诊断

3.【答案】D
【解析】纤维胃镜 +Hp 检测可明确食管、胃、十二指肠病变，是诊断的金标准。由于存在技术的难度，在 3 岁以下的婴幼儿中使用较少。
【考点】慢性胃炎的诊断

4.【答案】C
【解析】该患儿以腹痛为主要表现，器质性病变引起的可能性较小，腹型癫痫的腹痛特点为：反复发作、发作突然、消失迅速、部位不定、发作间歇正常、腹部无固定压痛点。因此，应考虑腹型癫痫。
【考点】腹痛鉴别诊断

5.【答案】E
【解析】致病性大肠埃希菌肠炎好发于夏天，大便每日 10 余次，量中，蛋花汤样，常有少量黏液，大便常规有少量白细胞，而轮状病毒性肠炎好发于秋冬季，蛋花汤样大便，不含黏液，大便常规无白细胞。
【考点】小儿腹泻病病因

6.【答案】E
【解析】食管下端括约肌功能紊乱时发生短暂性松弛破坏了抗反流功能，导致胃内容物反流入食管，而非食管下括约肌松弛障碍。
【考点】胃食管反流的发病机制

【A2 型题】

1. 患儿，男，3 岁。因"高热 3d"入院。查体：咽部充血，口腔黏膜出现大小不等糜烂，部分灰白色附着，边界清，易擦去，耳后淋巴结黄豆大小。该患儿最可能的诊断是
   A. 疱疹性口炎   B. 鹅口疮
   C. 溃疡性口炎   D. 继发性口腔炎
   E. 药物过敏性口炎

2. 患儿，女，14 个月。高热 2d，流涎、拒食就诊。查体：体温 39℃，发热面容，检查时哭闹，颌下淋巴结肿大，右口角见数个疱疹，舌面及齿龈处有几簇小疱疹，部分已溃破成浅溃疡，咽充血明显，心、肺无特殊。该病最可能由下列哪种病原体引起
   A. 链球菌   B. 腺病毒
   C. 白念珠菌   D. 柯萨奇病毒
   E. 单纯疱疹病毒

3. 患儿，男，8 岁。近 2 年时常上腹隐痛、腹胀，晨起有恶心，偶尔呕吐，食纳减少。其父近期纤维胃镜检查诊断为浅表性胃炎、Hp（+）。该患儿应选择的检查是
   A. 肝功能检查   B. 胃电图检查
   C. 粪便虫卵检查   D. 纤维胃镜 +Hp 检测
   E. 上消化道钡餐造影

4. 患儿，男，8 岁。反复腹痛 1 年多，为发作性剧痛，每天上午或晚上发作 1~2 次，每次持续 1~3min，发作间隙无任何不适，不伴腹泻与便秘。查体：腹部无固定压痛。脑电图提示有异常。最可能的诊断是
   A. 慢性胃炎   B. 消化性溃疡   C. 腹型癫痫
   D. 慢性肠梗阻   E. 慢性胰腺炎

5. 患儿，男，10 个月。因"腹泻 3d"于 7 月份就诊。大便每天 10 余次，量中，蛋花汤样，含黏液。查体：精神稍萎靡，皮肤弹性差，哭泪少。大便常规：白细胞（+）。其病原体最可能为
   A. 真菌   B. 铜绿假单胞菌
   C. 轮状病毒   D. 痢疾杆菌
   E. 致病性大肠埃希菌

6. 患儿，女，1 个月。生后第 1 周出现呕吐，多数发生在进食后，呕吐物为胃内容物，食管 24h pH 检查确诊为胃食管反流。与该病发病无关的因素为
   A. 抗反流屏障功能低下

B. 频发短暂的食管下括约肌松弛

C. 胃、十二指肠功能失常

D. 食管黏膜的屏障功能破坏

E. 食管下括约肌松弛障碍

7. 患儿,男,7岁。咳嗽 12d,加重 1周,晚间明显,病初伴发热,咳黏痰,伴胸痛。查体:一般情况可,呼吸平稳,咽充血,两肺呼吸音稍粗,偶闻干啰音。胸部 X 线呈肺门阴影增浓,右下肺有云雾状阴影。病初用过利巴韦林及青霉素,无效,改用了红霉素后近日症状好转。下列错误的是

A. 肺炎支原体是介于细菌与病毒之间的一种微生物

B. 红霉素、四环素对该患儿的疾病有良好效果

C. 胸部 X 线片对诊断本病很有帮助

D. 咳嗽常较剧,可似百日咳

E. 肺部不一定出现阳性体征

8. 患儿,男,1岁。高热、频繁咳嗽、阵发性喘憋 5d,经抗生素治疗无明显效果。查体:精神差,鼻翼扇动,吸气性凹陷,两肺下野叩诊稍浊,双肺呼吸音减低,闻及少量细湿啰音。血白细胞计数 9.0×10^9/L,胸部 X 线片示双肺片状密度较淡阴影。最可能的诊断为

A. 腺病毒肺炎　　　　　B. 支原体肺炎

C. 肺炎球菌肺炎　　　　D. 金黄色葡萄球菌肺炎

E. 呼吸道合胞病毒肺炎

9. 患儿,男,2岁。高热伴咳嗽 5d,用青霉素 3d体温仍高。今气促、烦躁。查体:体温 39.5℃,呼吸 65 次/min,心率 170 次/min,气管左移。胸部 X 线片示两肺有斑片状密度增高影,右肺液气胸。最可能的诊断是

A. 支原体肺炎　　　　　B. 金黄色葡萄球菌肺炎

C. 腺病毒肺炎　　　　　D. 肺炎球菌肺炎

E. 真菌性肺炎

10. 患儿,男,9岁。反复呼吸道感染,2岁之内曾患肺炎多次,易感乏力,活动后有气促但无青紫。胸骨左缘第 3、4 肋间闻及4 级吹风样收缩期杂音,肺动脉瓣区第二心音较亢进,心尖区闻及短促舒张期杂音。心电图:左、右心室肥大。胸部 X 线片:两肺充血,左、右心室均大,以左心室为显著,肺动脉段突出,主动脉结偏小。最可能的诊断为

A. 房间隔缺损

B. 房间隔缺损合并动脉导管未闭

C. 室间隔缺损

7.【答案】B
【解析】支原体肺炎首选大环内酯类抗生素,目前临床上以阿奇霉素为首选药物,也可用红霉素。四环素类因有肝肾毒性,以及影响牙齿和骨骼发育,故 8 岁以下患儿禁用。
【考点】支原体肺炎的临床表现、诊断、鉴别诊断及防治

8.【答案】A
【解析】腺病毒肺炎特点:大多数起病后持续高热,经抗生素治疗无效;后出现精神萎靡,肺部体征出现较迟,出现憋喘;X 线检查肺部可有较大片阴影,以左下为最多见。
【考点】各种肺炎的临床诊断

9.【答案】B
【解析】胸部 X 线片提示为液气胸、脓胸和脓气胸是金黄色葡萄球菌肺炎的特点。
【考点】各种肺炎的临床诊断

10.【答案】C
【解析】该患儿有明显的心脏杂音,自幼儿起反复多次发生肺炎,有活动后气促,应首先考虑为左向右分流型先天性心脏病,根据听诊结果及辅助检查,提示肺动脉高压,考虑室间隔缺损。
【考点】室间隔缺损的诊断

D. 室间隔缺损合并动脉导管未闭

E. 动脉导管未闭

11.【答案】E

【解析】肺门"舞蹈征"主要见于自左向右分流的先天性心脏病,其产生的原因是:在心室收缩期,有较多的血液冲入肺动脉,使肺动脉在收缩期和舒张期压力差增大,右心房、右心室增大是房间隔缺损的特征。

【考点】房间隔缺损的诊断

11. 患儿,男,8岁。活动耐受力比同学差,曾患肺炎3次。查体:心前区隆起,心尖搏动较弥散,无震颤,胸骨左缘第2肋间闻及Ⅲ级收缩期杂音,肺动脉瓣区第二心音亢进,固定分裂。胸部透视示肺门"舞蹈征",右心房、右心室增大。诊断为

A. 室间隔缺损　　　　　　B. 动脉导管未闭

C. 艾森门格综合征　　　　D. 法洛四联症

E. 房间隔缺损

12.【答案】E

【解析】胸骨左缘第2肋间收缩和舒张期均有杂音是动脉导管未闭的典型体征。

【考点】动脉导管未闭的诊断

12. 患儿,女,3个月。咳嗽、喘憋4d,咳嗽、哭闹时出现青紫。肺有细湿啰音,心率150次/min,胸骨左缘第2肋间可闻及双期杂音,肝在肋下3cm。最可能的诊断为

A. 房间隔缺损　　　　　　B. 法洛四联症

C. 室间隔缺损　　　　　　D. 艾森门格综合征

E. 动脉导管未闭

13.【答案】A

【解析】法洛四联症特征:心前区隆起,左侧第2~4肋间可闻及收缩期粗糙喷射性杂音,肺动脉第二心音减弱,X线检查示靴状心。

【考点】法洛四联症的诊断

13. 患儿,男,11个月。逐渐出现发绀,活动后加剧,常在大便后出现阵发性呼吸困难。查体:全身发绀,心前区隆起,左侧第2、3、4肋间可闻及粗糙喷射性收缩期杂音,肺动脉瓣区第二心音减弱,X线检查示靴状心,肺野清晰。最可能的诊断为

A. 法洛四联症　　　　　　B. 室间隔缺损

C. 三尖瓣下移畸形　　　　D. 艾森门格综合征

E. 完全型大动脉转位

14.【答案】D

【解析】肺动脉狭窄特征:无发绀,说明无分流型先天性心脏病,胸骨左缘第2肋间收缩期病理性杂音,可向颈部传导,伴震颤,P2减弱,胸部X线片示右心室不同程度增大。

【考点】肺动脉狭窄的诊断

14. 患儿,男,7岁。无发绀,胸骨左缘第2肋间3级收缩期杂音,P2减弱,胸部X线片示右心室增大。诊断考虑

A. 室间隔缺损　　　　　　B. 房间隔缺损

C. 动脉导管未闭　　　　　D. 肺动脉狭窄

E. 法洛四联症

15.【答案】D

【解析】室性心动过速的心电图特征:节律可稍不齐,PR间期有异常,QRS波>0.10s,P波与QRS波无固定关系,P波频率较QRS波慢,有时可见到室性融合波或心室夺获现象。

【考点】常见心律失常诊断

15. 患儿,男,8岁。心脏导管检查后突然出现烦躁不安,呼吸急促,心前区疼痛,血压72/50mmHg,肝肋下可及。心电图示心室率170次/min,PR间期有异常,QRS波>0.10s,P波与QRS波无固定关系。下列诊断可能性最大的是

A. 阵发性房性心动过速　　B. 阵发性窦性心动过速

C. 阵发性交界性心动过速　D. 室性心动过速

E. 心房颤动

16.【答案】D

【解析】该患者诊断尿路感染成立。由于病程反复,应该做静脉肾盂造影,除外泌尿道畸形、结石等基础疾病合并存在。

【考点】尿路感染临床特点和诊断

16. 患儿,女,10岁。消瘦、反复低热、夜尿多2年,3次尿培养均为大肠埃希菌生长。为进一步确诊疾病,首选检查是

A. 肾小球滤过率　　　　B. 肾超声
C. 腹部 X 线片　　　　　D. 静脉肾盂造影
E. 放射性肾图

17. 患儿,女,10 岁。水肿 2d 伴少尿、血尿,发病前 2 周有呼吸道感染史。查体:眼睑及颜面水肿,血压 134/96mmHg。尿检查红细胞满视野,白细胞 2/HP,尿蛋白(+),血抗链球菌溶血素"O"增高。首先应考虑的诊断是
A. 急性肾小球肾炎　　　B. 肾炎性肾病
C. 急进性肾小球肾炎　　D. 肾病综合征
E. 病毒性肾炎

18. 患儿,男,7 岁。肾病综合征复发,面部、双下肢明显凹陷性水肿,阴囊水肿,腹部移动性浊音(+)。以下**不恰当**的利尿消肿方法是
A. 螺内酯口服　　　　　B. 氢氯噻嗪口服
C. 呋塞米静脉注射　　　D. 低分子右旋糖酐静脉滴注
E. 人血白蛋白静脉滴注

19. 患儿,男,9 岁。发热伴皮肤出血点 20d,右上肢疼痛 7d。查体:贫血貌,皮肤散在瘀点,肝、脾均为肋下 3~4cm,胸骨压痛。血红蛋白 50g/L,白细胞计数 25×10⁹/L,血小板计数 10×10¹²/L。首先考虑的诊断是
A. 儿童类风湿关节炎　　B. 再生障碍性贫血
C. 地中海贫血　　　　　D. 特发性血小板减少性紫癜
E. 急性白血病

20. 患儿,男,6 岁。高热嗜睡,呕吐 3d 伴有精神症状,强哭强笑,右上肢抽搐。查体:脑膜刺激征阳性,右下肢肌力 3 级,右侧巴宾斯基征阳性。脑脊液:压力 155mmH₂O,细胞总数 151/ml,有核细胞 125/ml,单个核细胞百分比 73%,蛋白定量 450mg/L,糖及氯化物正常。最可能的诊断是
A. 结核性脑膜炎　　　　B. 病毒性脑膜炎
C. 真菌性脑膜炎　　　　D. 化脓性脑膜炎
E. 脑脓肿

21. 患儿,男,5 岁。因"双下肢疼痛伴肢体无力 4d"入院,继而出现四肢对称性无力,面部表情呆板,无意识障碍,四肢感觉正常,腱反射消失。14d 左右病情未再进展,检查脑脊液:白细胞计数 8×10⁶/L,糖 2.8mmol/L,氯化物 124mmol/L,蛋白 0.6g/L。考虑的诊断是
A. 急性脑干脑炎　　　　B. 脊髓灰质炎

17.【答案】A
【解析】急性肾小球肾炎大多数病例是由 A 组乙型溶血性链球菌急性感染后引起的免疫复合物性肾小球肾炎,急性起病,血尿为主,伴有不同程度蛋白尿,可伴水肿、少尿、高血压,或肾功能不全等。
【考点】急性肾炎的发病机制及临床表现

18.【答案】C
【解析】患儿肾病复发,明显水肿,已存在血容量不足,在应用利尿药时应注意先扩容,防止发生失血性休克。低分子右旋糖酐和白蛋白具有提高血管内渗透压的作用以达到消肿利尿的目的,口服利尿药较缓和,不易发生失血性休克,可适当应用。静脉注射呋塞米快速利尿,可加重血容量不足,造成失血性休克,故不宜单独使用。
【考点】肾病综合征的治疗原则

19.【答案】E
【解析】白血病的诊断线索包括几个方面:①好发于学龄儿童,男童多于女童,起病较急;②临床表现为贫血、出血、感染和白血病浸润导致的症状;③查体可有肝、脾、淋巴结肿大;④外周血贫血及血小板减少,白细胞可减少上升或正常,出现幼稚细胞;⑤骨髓原始及幼稚细胞≥25%,确诊后要进行白血病的 MICM 分型。
【考点】白血病的诊断

20.【答案】B
【解析】病毒性脑膜炎临床表现包括发热、头痛、疲倦等一般症状;典型症状常见意识障碍,精神行为异常、惊厥发作或惊厥持续状态、弥漫性或局灶性神经系统体征;可有颅内压增高及脑膜刺激征。脑脊液主要表现为细胞数增多,早期可中性粒细胞为主,稍后则以单核淋巴细胞为主,蛋白常轻度增高,糖和氯化物均无异常,急性期脑脊液免疫球蛋白升高,以 IgM 明显。
【考点】病毒性脑膜炎的诊断

21.【答案】D
【解析】急性炎症性多神经根炎为急性炎症性多发性神经根炎。本病任何年龄均可发病,但以 4~10 岁儿童多见,表现为四肢对称性弛缓性瘫痪,1~2 周内达到最高峰,部分病例有运动性脑神经累及,一般无感觉障碍。脑脊液中蛋白显著增高,而细胞数正常,为蛋白与细胞分离现象,是诊断本病的主要依据。
【考点】急性炎症性多发性神经根神经炎的诊断

C. 脊髓肿瘤　　　　　D. 急性炎症性多神经根炎

E. 肠道病毒感染

22.【答案】D

【解析】川崎病的诊断标准，以下六项满足五项即可考虑：①不明原因发热 5d 以上；②双侧球结膜弥漫性充血，无渗出；③口唇潮红，皲裂，口咽黏膜充血，杨梅舌；④病初 1~9d，手指足趾肿胀，掌趾潮红，恢复期 9~21d 出现指 / 趾端膜状脱屑或肛周脱屑；⑤躯干四肢多形性红斑；⑥颈部淋巴结非化脓性肿大，直径达 1.5cm 或更大。

【考点】川崎病的临床表现与诊断

22. 患儿，男，7 个月。因"高热 6d"入院。查体：发育正常，浅表淋巴结大，结膜充血，咽红，唇较干红，手指足趾肿胀，掌面潮红，心肺(−)。实验室检查：白细胞计数 21×10^9/L，中性粒细胞百分比 76%，淋巴细胞百分比 24%，血小板计数 380×10^9/L，红细胞沉降率 68mm/h，C 反应蛋白 80mg/L。最可能的诊断是

A. 传染性单核细胞增多症

B. 结核病

C. 咽结合膜热

D. 川崎病

E. 败血症

23.【答案】C

【解析】糖尿病是终身的内分泌代谢性疾病，强调综合治疗，主要包括五个方面：饮食管理、运动锻炼、自我血糖监测、糖尿病知识教育和心理支持。该患儿为初诊患儿，目前无糖尿病酮症酸中毒，建议尽早采用胰岛素，强化治疗方案。

【考点】儿童糖尿病治疗

23. 患儿，男，10 岁。口渴、多饮、多尿、乏力 1 个月。近两天来发热、咳嗽，空腹血糖 18.0mmol/L，血酮体阴性，尿糖(+++)，pH 7.28，BE- 8mmol/L。对其采取的主要的治疗是

A. 口服磺脲类降糖药　　　B. 口服双胍类降糖药

C. 胰岛素治疗　　　　　　D. 严格控制饮食

E. 抗生素以控制感染

24.【答案】D

【解析】儿童甲状腺功能减退症典型症状：特殊面容和体态（"丑、小、黄"），神经系统功能障碍（呆），生长发育停滞（矮），心血管功能低下，消化功能紊乱。

【考点】先天性甲状腺功能减退症的临床表现

24. 患儿，男，3 岁。身高 60cm，喜静，4d 排便 1 次。查体：智力低下，面色苍黄，鼻梁宽平，舌厚大，经常伸出口外，皮肤粗糙。腕部 X 线片见骨化中心 1 个。此患儿最可能的诊断是

A. 21 三体综合征　　　　　B. 垂体性侏儒症

C. 佝偻病　　　　　　　　D. 甲状腺功能减退症

E. 软骨发育不良

25.【答案】D

【解析】风湿热是 A 组乙型溶血性链球菌感染后的免疫性非化脓性炎症反应。对链球菌感染，现已公认苄星青霉素是首选药物，若过敏者可改用大环内酯类抗生素。

【考点】风湿热的治疗

25. 患儿，女，13 岁。发热 2 周余，胸腹部间断出现环形红斑。辅助检查：血红蛋白 100g/L，白细胞计数 13.6×10^9/L，中性粒细胞百分比 82%，淋巴细胞百分比 17%，红细胞沉降率 50mm/h，C 反应蛋白(+)，抗链球菌溶血素"O"（ASO）500IU/ml，心电图正常。诊断风湿热。应首选的治疗为

A. 阿司匹林　　　　　　　B. 阿司匹林 + 泼尼松

C. 青霉素 + 泼尼松　　　　D. 青霉素

E. 青霉素 + 阿司匹林

【A3/A4 型题】

(1~2 题共用题干)

患儿，男，13 岁。因"反复上腹部疼痛 2 年"就诊。近 2 年来，患儿反复出现上腹部疼痛，阵发性疼痛，空腹和夜间明显，伴恶心、

反酸,无腹泻。查体:神志清,精神可,心肺无特殊,腹软,上腹部压痛,无反跳痛。

1. 考虑的诊断是
   A. 慢性胆囊炎 　　　　B. 反流性食管炎
   C. 慢性胃炎 　　　　　D. 十二指肠溃疡
   E. 胃溃疡

2. 该患儿确诊为十二指肠溃疡,不规则用药 3 个月,突发上腹部疼痛剧烈,大量呕吐宿食,伴胃蠕动波及振水音。最可能的病情是
   A. 穿孔 　　B. 胃神经症 　　C. 幽门梗阻
   D. 癌变 　　E. 出血

(3~4 题共用题干)
患儿,男,4 个月。咳嗽 3d,加重伴呼吸急促 1d。查体:体温 37℃,呼吸 60 次/min;呼吸困难,鼻翼扇动,三凹征阳性,双肺广泛呼气性喘鸣音,少量干啰音;心率 180 次/min,律齐,心音有力,无杂音;腹部膨胀,肝肋下 2cm,剑突下 1.5cm,质软;神经系统查体未见异常。

3. 可能的诊断是
   A. 支气管炎 　　　　　B. 喘息性支气管炎
   C. 毛细支气管炎 　　　D. 支气管哮喘
   E. 支气管肺炎

4. 引起该疾病最常见的病原体是
   A. 呼吸道合胞病毒 　　B. 副流感病毒
   C. 腺病毒 　　　　　　D. 肺炎支原体
   E. 金黄色葡萄球菌

(5~6 题共用题干)
患儿,男,1 岁。高热伴咳嗽 5d,曾用青霉素治疗 3d 无效。查体:体温 39.6℃,呼吸 50 次/min,心率 150 次/min;口唇青紫,轻度三凹征;两肺有中细湿啰音,右下肺叩诊稍浊,呼吸音减低;腹稍胀,肝肋下 2cm。胸部 X 线片示两肺大小不等斑片状密度增高影,右上肺有两个透光区。

5. 最可能的诊断为
   A. 肺炎球菌肺炎 　　　B. 呼吸道合胞病毒肺炎
   C. 金黄色葡萄球菌肺炎 　D. 支原体肺炎
   E. 腺病毒肺炎

1.【答案】D
【解析】多数消化性溃疡病的患儿,以呕血、便血、穿孔为最早发现的临床症状。不同年龄症状差别大:新生儿和婴幼儿起病急;新生儿以穿孔和消化道出血为主要特征;婴幼儿多以呕血、便血就诊;学龄前和学龄儿童可诉腹痛,疼痛部位多位于上腹部或脐周,与进食无明显关系,且多伴有恶心、呕吐和上消化道出血;学龄儿童接近成人症状,当出现十二指肠溃疡时,以上腹脐周痛为主,会出现夜间发作和空腹痛。
【考点】消化性溃疡病临床表现

2.【答案】C
【解析】该患儿出现了十二指肠溃疡并发症幽门梗阻。突发上腹部疼痛剧烈,大量呕吐宿食,伴胃蠕动波及振水音是幽门梗阻的主要症状。
【考点】消化性溃疡病的临床表现

3.【答案】C
【解析】毛细支气管炎多发生于2岁以下的婴幼儿,多见于1~6个月小婴儿。发病与该年龄小儿支气管的解剖学特点有关,其病理生理表现为小气道上皮细胞的急性炎症、水肿、坏死和黏液产生增多,以及支气管痉挛。冬春季节发病,病初症状较轻,可表现为鼻塞、咳嗽、吃奶差,低热,2~3d后出现咳嗽加重、呼吸增快,肺过度充气,三凹征,肺部出现广泛喘鸣音、湿啰音,或两者并存。
【考点】毛细支气管炎的临床表现和诊断

4.【答案】A
【解析】毛细支气管炎44%由呼吸道合胞病毒所致,10%~30%由副流感病毒所致,5%~10%由腺病毒所致。肺炎支原体也可以引起毛细支气管肺炎。
【考点】毛细支气管炎的病原体

5.【答案】C
【解析】金黄色葡萄球菌肺炎进展快,从单侧或双侧出现小片浸润影,可于数小时之内发展为脓肿,如肺部出现小脓肿、脓气胸、肺大疱,应高度怀疑金黄色葡萄球菌肺炎。
【考点】各种肺炎的临床诊断和治疗

6.【答案】B

【解析】金黄色葡萄球菌肺炎进展快，从单侧或双侧出现小片浸润影，可于数小时之内发展为脓肿。抗生素首选苯唑西林与氯唑西林，备选第一代、第二代头孢类抗生素，若对青霉素过敏者可选用万古霉素治疗。

【考点】各种肺炎的临床诊断和治疗

7.【答案】E

【解析】糖尿病昏迷是由糖尿病引起的一组以意识障碍为特征的临床综合征，要及时进行血糖、尿常规等检查，以明确诊断。

【考点】糖尿病昏迷的诊断

8.【答案】B

【解析】酮症酸中毒常见诱因包括急性感染、过食、诊断延误，或诊断已明确，但突然中断胰岛素治疗等因素。起病急，进食减少、恶心、呕吐、腹泻、关节或肌肉疼痛；查体多有脱水和酸中毒征象，皮肤黏膜干燥，呼吸深长，呼气中有酮味；严重时出现血压下降、神志淡漠、嗜睡甚至昏迷。

【考点】糖尿病酮症酸中毒的诊断

9.【答案】C

【解析】儿童糖尿病酮症酸中毒紧急评估后，应及时补充水分和电解质及小剂量静脉应用胰岛素。小剂量胰岛素的应用：补液开始后1~2h，胰岛素0.1IU/(kg·h)+0.9%生理盐水50ml；<5岁儿童0.05IU/(kg·h)，先计算4~6h，微量泵维持。

【考点】糖尿病酮症酸中毒的治疗

提问1:【答案】ABC

【解析】中度脱水表现为丢失液体量占体重5%~10%，精神状态萎靡或不安，皮肤弹性差，唇舌黏膜干燥，前囟或眼窝凹陷，尿量明显减少，四肢稍凉，脉搏快，血压正常或下降。题干中患儿症状符合中度脱水特征，低钠血症符合低渗性脱水。

【考点】小儿腹泻病的相关特征

提问2:【答案】D

【解析】轮状病毒性肠炎好发于秋冬季，大便蛋花汤样，不含黏液；大便常规无白细胞；容易导致脱水。

【考点】小儿腹泻病的病因

6. 应选用的抗生素是
 A. 红霉素
 B. 苯唑西林
 C. 青霉素剂量加大
 D. 氨苄西林 + 庆大霉素
 E. 利巴韦林(三氮唑核苷)

(7~9题共用题干)

患儿，女，12岁。因"发热2d嗜睡4h"入院。2d前患儿受凉后出现发热，流涕，咽痛不适，最高体温38.9℃，后出现恶心、呕吐、腹痛、腹泻。查体:嗜睡，皮肤黏膜干燥，呼吸深长，呼气有一种烂苹果味，心肺无特殊。

7. 为明确诊断，进一步应做的检查是
 A. 血气分析
 B. HbA1c
 C. 果糖胺
 D. 电解质
 E. 血糖、尿糖、尿酮体

8. 最可能的诊断是
 A. 急性胃肠炎
 B. 糖尿病酮症酸中毒
 C. 急腹症
 D. 中枢神经系统感染
 E. 食物中毒

9. 确诊后，首选的治疗是
 A. 5% 碳酸氢钠
 B. 常规胰岛素
 C. 补充水分和电解质及小剂量静脉应用胰岛素
 D. 中效胰岛素
 E. 补充水分和电解质

【案例分析题】

案例一:患儿，男，10个月。因"腹泻4d"入院，每日大便15次左右，蛋花汤样，水分多，伴有呕吐、尿少、轻咳。查体:体温38.0℃，前囟、眼窝凹陷，皮肤弹性差，四肢稍凉。血白细胞计数7.0×10^9/L。血 Na^+ 120mmol/L，K^+ 3.7mmol/L，BE-15mmol/L。大便常规镜检白细胞0~1/HP。

提问1:患儿可能的诊断是
 A. 腹泻病
 B. 中度脱水
 C. 低渗性脱水
 D. 等渗性脱水
 E. 重度脱水
 F. 高渗性脱水

提问2:最可能的病原体是
 A. 金黄色葡萄球菌
 B. 产毒性大肠埃希菌
 C. 侵袭性大肠埃希菌
 D. 轮状病毒
 E. 白念珠菌
 F. 沙门菌

提问3:脱水、代谢性酸中毒纠正后突然抽搐,此时应做的检查是

    A. 脑脊液   B. 头颅 CT

    C. 血糖   D. 血钠

    E. 血钙   F. 血钾

提问4:以下何种情况提示补液失败

    A. 持续、频繁、大量腹泻

    B. 频繁严重呕吐

    C. 口服补液盐溶液,评估患儿中度脱水

    D. 口服补液盐溶液服用量不足

    E. 口服补液 2h,评估患儿皮肤弹性差,尿量仍少

    F. 口服补液 4h,患儿精神状态萎靡、眼窝凹陷、四肢稍凉

案例二:患儿,男,3 岁 10 个月。因"发热、咳嗽 4d"就诊。患儿于 4d 前受凉后出现发热,呈不规则热型,体温波动于 38~39.5℃之间,予退热治疗后热退,后又复升,发热时有畏寒,无寒战,无抽搐。咳嗽为阵发性连声咳,伴痰声,无气喘,无青紫,咳后无鸡鸣样回声。查体:体温 37℃,脉搏 116 次/min,呼吸 22 次/min,血压 80/60mmHg;体重 15kg,身高 102cm。神志清,精神可,全身浅表淋巴结无肿大,咽红,双扁桃体Ⅱ度肿大,未见渗出,颈软,未见吸气三凹征,双肺呼吸音粗,可闻及干啰音。

提问1:最可能的诊断是

    A. 急性上呼吸道感染   B. 气道异物

    C. 儿童社区获得性肺炎   D. 急性支气管炎

    E. 毛细支气管炎   F. 急性喉炎

提问2:需要进行必要的辅助检查是

    A. 肺功能   B. 血气分析

    C. 血常规   D. 胸部 X 线片

    E. 痰培养   F. 喉镜

提问3:该患儿明确为急性支气管炎,**不支持**该诊断的是

    A. 肺部听诊,呼吸音粗糙,有时可闻及不固定的干湿啰音

    B. 胸部 X 线片提示,双肺纹理粗多

    C. 双肺闻及固定湿啰音

    D. 胸部 X 线片提示右下肺云雾状阴影

    E. 呼气末可闻及喘鸣音

    F. 吸气末可闻及痰鸣音

提问4:4 周后该患儿复诊,仍有咳嗽,诊断为感染后咳嗽,以下选项**不符合**该诊断的是

    A. 近期有明确的呼吸道感染史

    B. 胸部 X 线片检查无异常

    C. 肺通气功能正常

    D. 咳嗽时出现喘息

提问3:【答案】E

【解析】补液后血钙被稀释,酸中毒纠正后,离子钙减少,导致低血钙抽搐。

【考点】腹泻治疗及补液原则

提问4:【答案】ABCDF

【解析】以下情况提示补液可能失败:持续、频繁、大量腹泻;口服补液盐溶液服用量不足;频繁严重呕吐;口服补液 4h,患儿仍有脱水表现。

【考点】腹泻治疗及补液原则

提问1:【答案】D

【解析】急性支气管炎的诊断:上呼吸道感染后出现剧烈咳嗽,渐有支气管分泌物,肺部听诊呼吸音粗糙,有时可闻及固定的干湿啰音,胸部 X 线片显示双肺纹理增粗。

【考点】急性支气管炎的诊断

提问2:【答案】CDE

【解析】该患儿进行血常规及胸部 X 线片检查,排除支气管肺炎、气管及支气管异物;进行细菌病原学检查选用合适抗生素。

【考点】急性支气管炎的诊断

提问3:【答案】CDE

【解析】选项 C、D 为支气管肺炎的体征和 X 线表现。呼气末可闻及喘鸣音可能为喘息性支气管炎,是婴幼儿时期常发生的一种特殊类型的支气管炎,多见于 3 岁以下小儿。

【考点】急性支气管炎的诊断

提问4:【答案】DE

【解析】感染后咳嗽的临床特征和诊断线索有:①近期有明确的呼吸道感染史;②咳嗽呈刺激性干咳或伴少量白色黏痰;③胸部 X 线片检查无异常;④肺通气功能正常;⑤咳嗽通常具有自限性;⑥除外引起慢性咳嗽的其他原因。

【考点】急性支气管炎的诊断

E. 持续性流涕

F. 咳嗽呈刺激性干咳或伴少量白色黏痰

案例三:患儿,女,8岁。半个月前有发热,体温 38.6~39.8℃,伴稀水便 7~8 次 /d,1 周后自愈。近 2d 感疲乏、头晕,晕厥 1 次。入院查体:面色苍白,脉缓而规则,血压 65/40mmHg,心界扩大,心率 50 次 /min,有"大炮音"。

提问 1:最可能的诊断为

A. 中毒性心肌炎   B. 病毒性心肌炎

C. 病毒性脑炎   D. 风湿热

E. 川崎病   F. 动脉导管未闭

提问 2:该患儿心电图检查的结果最有可能是

A. 窦性心动过缓   B. 二度房室传导阻滞

C. 三度房室传导阻滞   D. 心室率慢的心房颤动

E. 交界性心动过速   F. 室性期前收缩

提问 3:需要尽快完善的实验室检查是

A. 心肌酶谱   B. 肌钙蛋白

C. 血常规   D. 血生化

E. 血清病毒抗体检测   F. 冠脉 CT

第四节 小儿传染病

【A1 型题】

1. 轮状病毒性肠炎的大便特点是

A. 黏液便

B. 脓血便

C. 水样或蛋花汤样、黄色、无腥臭味

D. 暗绿色水样便、黏液较多、腥臭味

E. 果冻样便

2. 麻疹典型皮疹出现的顺序是

A. 额面部、耳后发际、颈部、躯干、四肢、手掌、足底

B. 耳后发际、额面部及颈部、躯干、四肢、手掌、足底

C. 额面部、颈部、躯干、四肢、手掌、足底

D. 颜面部、颈部、耳后发际、躯干、四肢、手掌、足底

E. 耳后发际、躯干、四肢、手掌、足底

3. 为阻断新生儿乙型肝炎母婴传播,最佳措施是

A. 注射乙型肝炎免疫球蛋白

B. 注射乙型肝炎疫苗

C. 避免剖宫产

提问 1:【答案】B

【解析】病毒性心肌炎诊断标准:①心功能不全、心源性休克或心脑综合征;②心脏扩大;③心电图特征性改变;④血 CK-MB 升高或 TnT 阳性。以上临床依据 2 项,同时具备病原学诊断参考依据之一,则可临床诊断。

【考点】病毒性心肌炎的诊断

提问 2:【答案】C

【解析】心脏听诊有"大炮音"、心律规则、心率慢,出现晕厥,符合三度房室传导阻滞的临床表现。

【考点】病毒性心肌炎的诊断

提问 3:【答案】ABCDE

【解析】病毒性心肌炎的诊断需要排除其他心肌疾病,及时进行血常规、血生化、心肌酶谱、肌钙蛋白、心电图、超声心动图、胸部 X 线及病原学方面的检查。

【考点】病毒性心肌炎的诊断和治疗

1.【答案】C

【考点】轮状病毒性肠炎的大便性状特点

2.【答案】B

【解析】此题主要考查麻疹出疹特点。麻疹起病 3~4d 后开始出现皮疹,先见于耳后发际,渐至额面部及颈部,然后从上而下蔓延至躯干和四肢。

【考点】麻疹的皮疹特点

3.【答案】D

【解析】此题主要考查乙型肝炎母婴传播的预防。患有乙型肝炎的母亲所生下的新生儿应于产后立即注射乙型肝炎免疫球蛋白联合乙型肝炎疫苗进行预防。

【考点】病毒性肝炎的预防

D. 注射乙型肝炎免疫球蛋白＋乙型肝炎疫苗

E. 禁止母乳喂养

4. 有关水痘的传染源，下述选项中正确的是

A. 水痘患者

B. 无症状带毒者

C. 带状疱疹患者的传染源作用较水痘患者更强

D. 带毒的家养动物

E. 带毒的野生动物

5. 脑膜炎双球菌的治疗首选

A. 磺胺类抗生素　　　　B. 大剂量青霉素

C. 氯霉素　　　　　　　D. 小剂量青霉素

E. 四环素

6. 引起儿童黄疸性肝炎最常见的病原为

A. 甲型肝炎病毒　　　　B. 乙型肝炎病毒

C. 丙型肝炎病毒　　　　D. 丁型肝炎病毒

E. 戊型肝炎病毒

7. 麻疹并发肺炎患儿应隔离至出疹后

A. 5d　　　　　B. 6d　　　　　C. 8d

D. 10d　　　　　E. 14d

【A2 型题】

1. 患儿，男，7岁。因"急性腹泻2h"入院。2h前开始急性腹泻，共10余次，稀水便，继之呕吐4~5次，无腹痛及里急后重，不发热。查体：血压70/60mmHg，脉搏120次/min，神志清，轻度脱水，腹软，无压痛。粪便常规镜检(-)，直接涂片染色见鱼群状排列的细菌。最可能的诊断是

A. 急性菌痢　　　　B. 霍乱

C. 急性胃肠炎　　　D. 胃肠型食物中毒

E. 中毒性菌痢

2. 患儿，10个月。低热、嗜睡7d，时有呕吐、咳嗽。查体：烦躁不安，前囟稍隆起，颈抵抗，心、肺无异常，肝、脾轻度肿大。脑脊液：外观清亮，白细胞计数250×10⁶/L，中性粒细胞百分比30%，淋巴细胞百分比70%，潘氏试验(+)，氯化物96.8mmol/L，葡萄糖1.63mmol/L，结核菌素试验(-)。最可能的诊断是

A. 化脓性脑膜炎　　　B. 病毒性脑炎

C. 结核性脑膜炎　　　D. 隐球菌性脑膜炎

E. 中毒性脑病

4.【答案】A
【解析】此题主要考查水痘的流行病学。水痘患者是唯一的传染源，病毒存在于患者的疱疹液、鼻咽分泌物和血液中，水痘患者自出疹前1~2d至皮疹结痂均有传染性。带状疱疹患者也是发生水痘的传染源，但其传染性不如水痘患者强。
【考点】水痘的流行病学

5.【答案】B
【解析】此题主要考查流行性脑脊髓膜炎(以下简称"流脑")的治疗原则。流脑的致病菌是脑膜炎双球菌，青霉素是首选药物。青霉素虽不易透过血脑屏障，但在脑膜有炎症时，加大剂量能使脑脊液中达到有效浓度。磺胺类抗生素和氯霉素也有效，但耐磺胺菌株渐增多，氯霉素适用于对青霉素、磺胺类抗生素过敏的患者，但不适于新生儿。
【考点】流脑的治疗原则

6.【答案】A
【解析】此题主要考查病毒性肝炎的临床表现。儿童急性黄疸性肝炎以甲型肝炎多见，症状较明显，乙型和丙型肝炎多表现为无黄疸型。感染乙型肝炎病毒(HBV)后，因小儿免疫反应低，不易清除HBV，易发展为无症状乙型肝炎表面抗原(HBsAg)携带者。
【考点】病毒性肝炎的临床表现

7.【答案】D
【解析】此题主要考查麻疹的预防。单纯麻疹患者在家隔离至出疹后5d，并发肺炎或喉炎者住院隔离至出疹后10d。
【考点】麻疹的预防

1.【答案】B
【解析】此题主要考查霍乱诊断。霍乱泻吐期的诊断要点：急性起病，无痛性剧烈腹泻，稀水便或米泔水样；无里急后重，无恶心的喷射性呕吐，腓肠肌痛性痉挛或腹直肌痉挛；一般无发热，儿童可有发热，粪便涂片染色可见鱼群状排列的革兰氏阴性弧菌。
【考点】霍乱的诊断

2.【答案】C
【解析】此题主要考查几种脑膜炎的鉴别。结核性脑膜炎脑脊液外观清亮/毛玻璃样浑浊，细胞总数增加，早期以中性粒细胞为主，晚期以淋巴细胞为主，潘氏试验(+)，葡萄糖减少，氯化物明显减少。
【考点】脑膜炎的鉴别

3.【答案】C

【解析】此题主要考查麻疹的诊断和鉴别诊断。麻疹以发热起病，伴上呼吸道感染症状，以后全身发疹，皮疹消退后遗留棕色色素沉着。肠道病毒感染皮疹为多形性，病情轻，上呼吸道症状少。幼儿急疹起病急，高热但一般情况好，发热3~5d，退热出疹。风疹全身症状轻，出疹早，24h内遍及全身，皮疹退后不留色素沉着。药疹出疹前有用药史，无麻疹症状和体征。

【考点】麻疹的诊断和鉴别诊断

4.【答案】A

【解析】此题主要考查流行性乙型脑炎（以下简称"乙脑"）的诊断及鉴别诊断。乙脑发病有明显的季节性（7~9月份），临床特点为急性起病、高热、头痛、呕吐、意识障碍、惊厥、脑膜刺激征阳性等，脑脊液呈病毒性脑膜炎样改变。

【考点】乙脑的诊断及鉴别诊断

5.【答案】C

【解析】此题主要考查儿科常见病原发性肺结核。原发综合征由肺原发灶、局部淋巴结病变和两者相连的淋巴管炎组成。

【考点】儿童原发性肺结核的特点

6.【答案】B

【解析】此题主要考查中毒性菌痢的诊断。中毒性菌痢多见于儿童，以重度毒血症、休克和中毒性脑病为主要临床表现，而腹泻在起病时可不明显，甚至无腹痛、腹泻，常需做生理盐水灌肠或直肠拭子，取粪便黏液或可疑部分查到大量红细胞、脓细胞而确诊。

【考点】菌痢的诊断

7.【答案】E

【解析】此题主要考查流脑的治疗。病例为暴发型脑膜脑炎型流脑，应及时应用脱水剂，减轻脑水肿，防止脑疝和呼吸衰竭发生。颅内压增高时不宜行脑脊液检查，以避免脑疝发生。

【考点】流脑的治疗

3. 患儿，16个月。2周前全身皮肤出疹，2~3d疹出齐伴发热，热型不详，咳嗽无吐泻，曾在当地用过青霉素。查体：体温正常，两肺呼吸音粗，躯干、四肢可见棕色色素沉着。该患儿最可能的诊断是

A. 风疹 　　　　B. 幼儿急疹 　　　　C. 麻疹

D. 药疹 　　　　E. 肠道病毒感染

4. 患儿，7岁。因"发热、嗜睡5d"入院。体温40℃，浅昏迷，颈硬，双侧瞳孔小，膝反射亢进，巴宾斯基征阳性。脑脊液无色透明，白细胞计数 $95 \times 10^6/L$，多核细胞百分比55%，单核细胞百分比45%，葡萄糖3.0mmol/L，氯化物109mmol/L，蛋白0.6g/L；外周血白细胞计数 $14.5 \times 10^9/L$，中性粒细胞百分比80%，淋巴细胞百分比20%。最可能的诊断是

A. 流行性乙型脑炎 　　　　B. 隐球菌性脑膜炎

C. 中毒型痢疾 　　　　D. 流脑

E. 结核性脑膜炎

5. 患儿，5岁。1个月来消瘦，乏力，烦躁易哭，时有低热。查体：颈部淋巴结肿大，肺无啰音，肝肋下2cm。结核菌素试验（++），胸部X线片示右中上肺可见哑铃状阴影。诊断为

A. 支气管肺炎 　　　　B. 支气管淋巴结核

C. 原发性肺结核 　　　　D. 淋巴结核

E. 血行播散型肺结核

6. 患儿，5岁。畏寒、发热8h，嗜睡3h。查体：体温40.5℃，脉搏120次/min，血压75/50mmHg，发育、营养良好，浅昏迷，瞳孔等大，对光反应良好，面色苍白，四肢冷，未见瘀点和瘀斑，心、肺（−），腹软，克尼格征、布鲁津斯基征（−）。胸部X线片未见异常。为及时诊断，应立即进行的检查是

A. 血常规 　　　　B. 直肠拭子或盐水灌肠镜检

C. 脑脊液检查 　　　　D. 大便培养

E. 血培养

7. 患儿，8岁。高热3d，昏迷1d伴抽搐。查体：深度昏迷，呼吸节律不齐，瞳孔缩小，颈项强直，脑膜刺激征阳性。外周血白细胞计数 $18.5 \times 10^9/L$，中性粒细胞百分比85%，淋巴细胞百分比15%，血小板计数 $110 \times 10^9/L$。下列处理错误的是

A. 镇静

B. 降温

C. 吸氧

D. 快速静脉注射甘露醇

E. 立即腰椎穿刺送检脑脊液检查

8. 患儿,男,6岁。发热2d,同时咳嗽、头痛、流涕、畏光、流泪。查体:体温39℃,眼睑轻度水肿,眼结膜轻度充血,双肺呼吸音稍粗,心率120次/min,律齐。此时查体还可发现何种临床表现,对诊断最有意义

   A. 瘀斑　　　　B. 斑丘疹　　　　C. 红斑疹

   D. 科氏斑　　　　E. 疱疹

9. 患儿,女,4岁。确诊水痘。关于该病的叙述**不准确**的是

   A. 水痘是由水痘-带状疱疹病毒引起的疾病

   B. 以全身出现水疱疹为特征

   C. 水痘可通过飞沫和直接接触传播

   D. 水痘散发,无季节性

   E. 感染水痘后一般可获持久免疫

【A3/A4 型题】

(1~2题共用题干)

患儿,5岁。发热、头痛、皮疹10h,频繁抽筋,昏迷2h。查体:全身散在瘀斑,两下肢已融合成片,血压测不出,瞳孔右侧散大、左侧直径为3mm,左下肢轻瘫,呼吸节律不规则。

1. 考虑此患儿流脑的分型是

   A. 普通型　　　　B. 败血症休克型

   C. 暴发型脑膜脑炎型　　　　D. 暴发型混合型

   E. 慢性败血症型

2. 与患儿有密切接触的父母亲应进行的预防措施是

   A. 早期检查,及时发现继发新患者再及时治疗

   B. 菌苗预防

   C. 口服利福平

   D. 高锰酸钾溶液漱口

   E. 中药预防

(3~4题共用题干)

患儿,5岁。8月4日因"发热、嗜睡、头痛4d"入院。体温40.5℃,浅昏迷,颈强直,双侧瞳孔小,膝跳反射亢进,巴宾斯基征阳性。脑脊液透明色,白细胞计数88×10^6/L,多核细胞百分比60%,单核细胞百分比40%,葡萄糖2.7mmol/L,氯化物118mmol/L,蛋白0.8g/L。外周血白细胞计数15×10^9/L,中性粒细胞百分比75%,淋巴细胞百分比25%。

3. 最可能的诊断是

   A. 中毒性菌痢　　　　B. 结核性脑膜炎

8.【答案】D

【解析】此题主要考查麻疹的诊断。麻疹以发热起病,伴上呼吸道感染及眼结膜炎症状,以后全身发疹,其突出特征为发疹前出现麻疹黏膜斑(科氏斑)。

【考点】麻疹的诊断

9.【答案】D

【解析】此题主要考查水痘的流行病学。水痘四季可发病,但以冬春季为高。带状疱疹散发,无季节性。

【考点】水痘的流行病学

1.【答案】D

【解析】此题主要考查流脑的分型。按病情轻重,流脑一般分为4种类型:普通型、暴发型、轻型和慢性败血症型。其中暴发型又分败血症休克型、脑膜脑炎型和混合型三种类型。该患儿兼有败血症休克和脑膜、脑实质严重受损的临床表现,故应为暴发型混合型流脑。

【考点】流脑的临床表现

2.【答案】C

【解析】此题考查流脑的预防措施。流脑患者的密切接触者应服用化学药物预防。磺胺类抗生素因耐药率高,预防效果不佳,多采用利福平或米诺环素,或两者合用。中药预防流脑暂无循证医学证据支持。

【考点】流脑的预防

3.【答案】D

【解析】此题主要考查中毒性菌痢的鉴别诊断。中毒性菌痢多见于儿童,主要应与乙脑进行鉴别。二者发病季节、发病年龄、高热、昏迷均相似,但乙脑发展较缓,脑脊液检查有异常,大便检查无脓细胞。

【考点】菌痢的鉴别诊断

C. 流脑   D. 乙脑

E. 虚性脑膜炎

4. 下列各项中,对于该患儿鉴别诊断最有意义的是

A. 起病急骤   B. 大便检查有无炎性成分

C. 高热、昏迷、抽搐   D. 早期休克

E. 呼吸衰竭

【案例分析题】

案例一:患儿,女,3岁。发热、咳嗽 4d,伴头痛、流涕、畏光、流泪、全身不适。查体:体温 39.6℃,眼睑水肿,结膜充血,颊黏膜充血。颈软无抵抗,心肺无异常。近 1d 来耳后发际处可见少许淡红色斑丘疹。

提问1:该患儿最可能的诊断是

A. 猩红热   B. 风疹

C. 麻疹   D. 幼儿急疹

E. 流感   F. 肠道病毒感染

提问2:该病可能出现的并发症是

A. 肺炎   B. 喉炎

C. 脑炎   D. 亚急性硬化性全脑炎

E. 心肌炎   F. 营养不良

提问3:下列有助于确诊的实验室检查是

A. 血常规

B. C 反应蛋白

C. 鼻咽部分泌物或尿沉渣涂片查多核巨细胞或包涵体细胞

D. 咽部或结合膜分泌物中分离到病原体

E. 1 个月内未接种过疫苗,血清特异性 IgM 抗体阳性

F. 恢复期血清 IgG 抗体滴度比急性期升高 4 倍以上

案例二:患儿,男,11岁。"突起高热,头痛,呕吐 2d"入院。查体:全身皮肤有瘀点、瘀斑,昏睡,颈有抵抗。血白细胞计数 19.2×10^9/L,中性粒细胞百分比 93%,淋巴细胞百分比 7%。检查证实有中枢细菌性感染,并在瘀点、瘀斑涂片中找到革兰氏阴性双球菌。

提问1:患儿用有效脱水治疗已 7d,关于停药的依据,以下**不准确**的说法是

A. 血象恢复正常

B. 体温恢复正常

C. 临床症状、体征消失

D. 用足 14d 后停药

E. 脑脊液恢复正常后方可停药

F. 血及脑脊液细菌培养阴性后停药

4.【答案】B

【解析】此题考查中毒性菌痢与乙脑的鉴别诊断要点。中毒性菌痢可表现为循环衰竭和呼吸衰竭,与乙脑的鉴别要点在于大便检查有脓细胞。

【考点】菌痢的鉴别诊断

提问1:【答案】C

【解析】此题主要考查儿科常见病麻疹的临床特点。发热、上呼吸道感染症状、眼睑水肿、结膜充血、颊黏膜充血、耳后出现斑丘疹为典型的麻疹临床表现。

【考点】麻疹的临床特点

提问2:【答案】ABCDEF

【解析】此题在前一题判定正确的基础上,考查麻疹相关的并发症。以上六个选项均为麻疹并发症,其中以肺炎最常见。

【考点】麻疹的并发症

提问3:【答案】DEF

【解析】此题需在提问1判定正确情况下正确选择麻疹确诊方法,需对各种检测方法有一定了解。麻疹患者可通过鼻咽部分泌物或尿沉渣涂片查多核巨细胞或包涵体细胞,早期疑诊;咽部或结合膜分泌物中分离到麻疹病毒、血清特异性麻疹 IgM 抗体阳性、恢复期血清中麻疹 IgG 抗体滴度比急性期升高 4 倍以上,或急性期抗体阴性而恢复期抗体阳转,均可协助确诊。

【考点】麻疹确定诊断的方法

提问1:【答案】ABDEF

【解析】此题考查流脑的治疗。脑膜脑炎型流脑应及时应用脱水剂治疗,脱水剂的停药依据为颅内高压的症状、体征好转。

【考点】流脑的治疗

提问 2：流脑败血症期主要病变是

    A. 血管内皮细胞损害

    B. 血管壁炎症、坏死、血栓形成

    C. 血管周围出血

    D. 皮下、黏膜及浆膜局灶性出血

    E. 血管腔内微血栓形成

    F. 颅底化脓性炎症和粘连

提问 3：目前最有价值的检查方案为

    A. 腰椎穿刺做脑脊液常规及细菌培养

    B. 血培养

    C. 血常规

    D. 尿常规

    E. 便常规

    F. 流脑抗原的免疫学检测

提问 2：【答案】ABCD

    【解析】此题考查流脑的病理改变。流感败血症期的主要病变是血管内皮细胞损害，血管壁有炎症、坏死和血栓形成，血管周围有出血，皮下、黏膜及浆膜也有局灶性出血。血管腔内微血栓形成见于败血症休克型流脑。颅底化脓性炎症和粘连见于流脑脑膜炎期。

    【考点】流脑的病理

提问 3：【答案】A

    【解析】此题考查流脑的实验室检查。脑脊液检查是明确诊断的重要检查方法。当颅内压明显增高时，应予快速静脉滴注甘露醇，降低颅内压后再进行操作。

    【考点】流脑的实验室检查

第五章　急诊科疾病

1.【答案】E

【解析】按胸痛的危险程度可分为低危胸痛和高危胸痛:高危胸痛多为致命性疾病所致,主要包括急性冠脉综合征、主动脉夹层、肺栓塞、张力性气胸等,此类胸痛危及生命,死亡率高。A、B、C、D 选项均属于高危胸痛。

【考点】高危胸痛的识别

2.【答案】C

【解析】心脏骤停是危重症,表现为呼吸、心搏停止,意识丧失或抽搐,脉搏消失,血压测不出。其中,最快速判定的标志是意识丧失、大动脉搏动消失。

【考点】心脏骤停的快速识别

3.【答案】A

【解析】根据患者的主诉,考虑急性冠脉综合征可能性大,心电图是诊断急性冠脉综合征(不稳定型心绞痛、非 ST 段抬高心肌梗死和 ST 段抬高心肌梗死)最快速、简单、重要的检查手段。胸部 X 线片:能帮助判断肺纹理情况、心影大小、有无气胸,但对诊断急性冠脉综合征没有直接意义;肌钙蛋白:对诊断急性心肌梗死意义较大,但等待时间略长,且一般急性心肌梗死发生后 2~4h 开始升高,故早期可能为阴性;超声心动图:可评价室壁运动有无异常,但不是社区常备的检查手段;血气分析:可评价有无呼吸衰竭、酸碱失衡,但对诊断急性冠脉综合征没有直接价值。

【考点】急性冠脉综合征的快速识别

4.【答案】C

【解析】心电图导联与心室部位的关系:Ⅱ、Ⅲ、AVF 对应下壁;V_1~V_3 对应前间壁;V_3~V_5 对应前壁;V_1~V_5 对应广泛前壁;Ⅰ、aVL、V_5、V_6 对应侧壁。

【考点】急性心肌梗死心电图表现

【A1 型题】

1. 以下各种胸痛疾病中,**不会**紧急危及生命的是
   A. 急性冠脉综合征
   B. 主动脉夹层
   C. 肺栓塞
   D. 张力性气胸
   E. 心脏神经症

2. 可作为心脏骤停最快速识别标志的是
   A. 突然意识丧失,口唇发绀
   B. 突然意识丧失,瞳孔扩大
   C. 突然意识丧失,大动脉搏动消失
   D. 突然意识丧失,口吐白沫
   E. 突然意识丧失,肢体抽搐

3. 社区接诊一老年男性患者,63 岁。因"持续胸痛伴大汗 20min"就诊,最先应做的检查是
   A. 心电图
   B. 胸部 X 线片
   C. 肌钙蛋白
   D. 超声心动图
   E. 血气分析

4. 某患者因胸痛来社区就诊,心电图示 V_1~V_3 导联 QRS 波呈 QrS 型,ST 段呈弓背向上抬高伴 T 波倒置,诊断心肌梗死的部位是
   A. 下壁　　　　　　　　　B. 广泛前壁
   C. 前间壁　　　　　　　　D. 前壁
   E. 侧壁

5. 心肌梗死最早出现的症状是
   A. 烦躁、大汗
   B. 低血压和休克
   C. 胸痛
   D. 呼吸困难
   E. 恶心,呕吐

6. 冠心病由社区门诊立即转诊至上级医院的指征**不包括**
   A. 确诊、高度怀疑或不能排除急性冠脉综合征的患者
   B. 发作较前频繁、持续时间延长、活动耐力下降的稳定型心绞痛患者
   C. 急性心肌梗死支架植入术后社区随诊
   D. 无典型胸痛发作,但心电图有 ST-T 动态改变
   E. 正在恶化的慢性心力衰竭

7. 不稳定型心绞痛的急诊治疗药物**不包括**
   A. 硝酸酯类
   B. 钙通道阻滞剂
   C. 抗凝血药
   D. β 受体阻滞剂
   E. 正性肌力药物

8. 下列哪项**不符合**休克的诊断标准
   A. 四肢湿冷、皮肤花纹、黏膜苍白或发绀
   B. 意识异常
   C. 收缩压小于 80mmHg
   D. 脉搏细速,超过 100 次 /min 或不能触及
   E. 呼吸困难

9. 过敏性休克首选药物为
   A. 肾上腺素
   B. 去甲肾上腺素
   C. 异丙肾上腺素
   D. 多巴酚丁胺
   E. 间羟胺

10. 关于感染性休克的描述,正确的是
    A. 感染合并低血压,可诊断感染性休克
    B. 感染加组织灌注不足,可诊断感染性休克
    C. 感染引起低血压,可诊断感染性休克
    D. 感染引起低血压,经液体复苏不能纠正,可诊断感染性休克
    E. 感染加脏器功能不全,可诊断感染性休克

5.【答案】C
【解析】此题主要考核心肌梗死的临床表现。通常胸痛是心肌梗死的首发和典型症状。
【考点】急性心肌梗死的临床表现

6.【答案】C
【解析】冠心病由社区门诊转诊至上级医院的指征:首发心绞痛患者;首发的陈旧性心肌梗死患者;发作较前频繁、持续时间延长、活动耐力下降的稳定型心绞痛患者;需要调整药物治疗方案或需要进一步检查的稳定型心绞痛患者;无典型胸痛发作,但心电图有 ST-T 动态改变;确诊、高度怀疑或不能排除急性冠脉综合征的患者;需要血运重建的患者;新近发生的心力衰竭或正在恶化的心力衰竭患者。
【考点】冠心病的转诊指征

7.【答案】E
【解析】抗心绞痛药物的作用机制包括:增加心肌供氧,舒张冠脉血管,解除冠脉痉挛,降低心前后负荷,降低心室舒张末期压力,使心内膜下区血流增加,减慢心率,增加冠状动脉血流灌注时间,抑制或消除血栓的形成。正性肌力药物可增强心肌收缩力,还可通过兴奋迷走神经而致冠状动脉收缩,诱发心绞痛,故不属于不稳定型心绞痛的急诊治疗药物。
【考点】不稳定型心绞痛的急诊治疗措施

8.【答案】E
【解析】休克的诊断标准:①有发生休克的病因;②意识异常;③脉搏快,超过 100 次 /min,脉搏细速或不能触及;④四肢湿冷,胸骨部位皮肤指压阳性(压后再充盈时间大于 2s),皮肤花纹,黏膜苍白或发绀,尿量小于 30ml/h 或无尿;⑤收缩压小于 80mmHg;⑥脉压小于 20mmHg;⑦原有高血压者收缩压较原有水平下降 30% 以上。凡符合第①项,以及第②③④中的两项,和第⑤⑥⑦中的一项者,即可诊断。
【考点】休克的诊断标准

9.【答案】A
【解析】肾上腺素是治疗过敏性休克的首选药物,0.3~0.5mg 肌内或皮下注射,每 5~10min 可重复给药。
【考点】过敏性休克的急救方法

10.【答案】D
【解析】感染性休克的诊断标准:在明确诊断感染(脓毒症)的基础上,伴全身炎症反应综合征(SIRS),伴有持续性低血压(成人收缩压 <90mmHg,平均动脉压 <70/40mmHg,或低于正常年龄平均值的 2 个标准差)并伴组织低灌注(血清乳酸 >2mmol/L 或毛细血管再充盈时间延长)。
【考点】感染性休克的诊断标准

11.【答案】B
【解析】休克早期识别应关注以下几点：①精神神志状态，反映脑组织灌注情况；②肢体温度、色泽，能反映体表灌流的情况；③脉搏，休克时脉搏细速出现在血压下降之前。
【考点】休克的早期识别

12.【答案】E
【解析】失血性休克常见的疾病是外伤大出血、消化道大出血、严重烧伤、严重吐泻、内脏破裂、宫外孕、前置胎盘、胎盘剥离、手术失血等。脾破裂出血为内脏破裂，易导致失血性休克，仅能通过手术止血，故易导致休克。急性阑尾炎、急性胰腺炎、胆道感染、急性胃十二指肠溃疡穿孔如病情控制不及时可导致感染性休克。
【考点】失血性休克的病因

13.【答案】C
【考点】初级心肺复苏技术

14.【答案】A
【解析】2015国际心肺复苏指南建议胸外按压频率：按压快速、有力，≥100次/min，一般为100~120次/min，按压与放松时间大致相等。
【考点】初级心肺复苏技术

15.【答案】A
【解析】肾上腺素可提高心肌的收缩力，增加心排血量，可以改变细心室颤动为粗心室颤动，有利于早期实施电除颤，适用于各种类型的心搏骤停。
【考点】复苏药物的应用

16.【答案】A
【解析】此题主要考查热型。稽留热是指体温恒定地维持在39℃以上，达数天或数周，24h内体温波动范围不超过1℃。常见于大叶性肺炎、斑疹伤寒及伤寒高热期。但应注意，临床上热型可因治疗干预或个体反应等因素表现不典型。
【考点】发热热型的判断

17.【答案】B
【解析】此题主要考查发热患者不同部位查体重点。发热患者的体格检查需根据患者的主诉和伴随症状有针对性地进行，既全面又重点突出。
【考点】发热患者体格检查要点

18.【答案】E
【解析】此题主要考查发热病因。通常发热病因分为感染性和非感染性两大类，以感染性较为多见。肾综合征出血热的病原体是汉坦病毒，此种发热属于感染性发热。
【考点】发热的病因

11. 反映早期休克比较敏感的指标是
A. 血压　　　　　B. 脉搏　　　　　C. 皮肤温度
D. 意识　　　　　E. 尿量

12. 最易导致休克的疾病是
A. 急性阑尾炎　　　　　B. 急性胰腺炎
C. 胆道感染　　　　　D. 急性胃十二指肠溃疡穿孔
E. 脾破裂出血

13. 根据 2015 国际心肺复苏指南建议，徒手心肺复苏时，心脏按压与人工呼吸的频数比例为
A. 15:1　　　　　B. 15:2　　　　　C. 30:2
D. 30:1　　　　　E. 5:1

14. 根据 2015 国际心肺复苏指南建议，徒手心肺复苏时，胸外按压频率是
A. 100~120 次 /min　　　　　B. 100 次 /min
C. 至少 120 次 /min　　　　　D. 最多 120 次 /min
E. 60~100 次 /min

15. 心脏复苏时最常用的药物是
A. 肾上腺素　　　　　B. 阿托品　　　　　C. 碳酸氢钠
D. 胺碘酮　　　　　E. 利多卡因

16. 大叶性肺炎常表现的热型是
A. 稽留热　　　　　B. 弛张热　　　　　C. 间歇热
D. 波状热　　　　　E. 回归热

17. 关于发热患者的体格检查，下列描述正确的是
A. 注意患者全身营养状况，尤其是急性发热者
B. 如发现肿大的淋巴结，应注意相应的引流区域有无感染或肿瘤
C. 对于发热伴有头痛的患者，需特别注意巴宾斯基征的检查
D. 胸部检查应着重于肺部查体，其他对发热鉴别诊断意义不大
E. 腹部检查注意勿漏检季肋点压痛和肾区叩击痛，这些体征提示肌肉软组织感染

18. 下列哪种情况引起的发热为感染性发热
A. 大面积烧伤　　　　　B. 白血病　　　　　C. 风湿热
D. 中暑　　　　　E. 肾综合征出血热

19. 意识障碍的严重程度可通过患者哪三个方面进行评估
    A. 角膜反射、语言反应、睁眼反应
    B. 瞳孔对光反射、语言反应、睁眼反应
    C. 肢体运动、语言反应、定向力检查
    D. 肢体运动、语言反应、睁眼反应
    E. 肢体运动、角膜反射、睁眼反应

20. 关于意识障碍患者辅助检查的选择,下列说法**错误**的是
    A. 怀疑颅脑损伤所致意识障碍者,首选头颅 CT 检查
    B. 怀疑急性脑血管病所致意识障碍者,首选头颅 CT 检查
    C. 怀疑中枢神经系统感染所致意识障碍者,首选头颅 CT 检查
    D. 怀疑肺性脑病所致意识障碍者,需行动脉血气分析
    E. 怀疑药物、食物中毒所致意识障碍者,需行血、尿毒物检测

21. 下列社区医生对于意识障碍患者的处理,**错误**的是
    A. 严密监测患者生命体征
    B. 如发生危及生命的情况,立即转诊
    C. 保持呼吸道通畅,合理吸氧
    D. 快速降温,保护大脑功能
    E. 如有癫痫发作,控制抽搐

22. 最支持患者诊断咯血的描述是
    A. 血液喷射状涌出口腔
    B. 血液呈暗红色或棕色
    C. 血液酸碱反应为酸性
    D. 伴有黑粪
    E. 出血后咳血痰数日

23. 咯血最常用的辅助检查**不包括**
    A. 血液学检查　　　　B. 痰液检查
    C. 胸部 X 线检查　　　D. 胸部 CT 检查
    E. 肺部 MRI 检查

24. 下列关于咯血伴随症状的描述,**错误**的是
    A. 咯血伴发热多见于肺结核、肺炎、肺脓肿等
    B. 咯血伴胸痛多见于肺结核、肺栓塞、支气管肺癌等
    C. 咯血伴脓痰多见于支气管扩张、肺脓肿等
    D. 咯血伴皮肤黏膜出血多见于过敏性紫癜、单纯性紫癜等
    E. 咯血伴杵状指多见于支气管扩张、肺癌等

19.【答案】D
　　【解析】此题主要考查格拉斯哥昏迷评分。格拉斯哥昏迷评分基于肢体运动、语言反应、睁眼反应三个方面进行评分,得分越高提示意识状态越好,最高分为 15 分。
　　【考点】意识障碍程度的判定

20.【答案】C
　　【解析】此题主要考查不同原因意识障碍患者选择不同辅助检查方法。怀疑中枢神经系统感染所致意识障碍者,最重要的辅助检查是脑脊液检查。从脑脊液中检测出病原体是确立病因诊断的重要依据,同时脑脊液常规检查对于病因分析及鉴别诊断也有重要参考价值。
　　【考点】意识障碍患者辅助检查方法的选择

21.【答案】B
　　【解析】此题主要考查社区医生对患者发生危及生命的临床情况时的处理原则。患者在社区卫生服务中心就诊期间,如发生心搏骤停、脑疝、呼吸衰竭等危及生命的情况,应立即就地抢救,而不是立即转诊。
　　【考点】社区医生对意识障碍的处理原则

22.【答案】E
　　【解析】此题主要考查咯血与呕血的鉴别诊断。以下特点支持咯血诊断:有肺结核、支气管扩张、肺癌等病史;出血前有咽痒、胸闷、咳嗽等症状;出血方式为咯出;血液颜色鲜红;血中混有痰及泡沫;酸碱反应为碱性;一般无黑粪,除非咽下血液较多;出血后常有血痰数日。
　　【考点】咯血与呕血的鉴别诊断

23.【答案】E
　　【解析】此题主要考查咯血的辅助检查方法。与 MRI 相比,肺部检查优先选择 CT,由于肺部的运动噪声大,非必须情况下,一般不选择 MRI。对于咯血,其他进一步的检查方法有支气管镜检查及血管造影等。
　　【考点】咯血辅助检查的选择

24.【答案】D
　　【解析】此题主要考查咯血的伴随症状。咯血不同的伴随症状通常对咯血病因有提示作用,其中咯血伴皮肤黏膜出血多见于血液病、肺出血型钩端螺旋体病等。
　　【考点】咯血不同伴随症状对病因的提示

25.【答案】C

【解析】此题主要考查静脉补钾的浓度。经外周静脉滴注氯化钾的浓度应不超过0.3%,速度不超过20mmol/h。

【考点】经外周静脉补钾的安全浓度限制

26.【答案】C

【解析】胸腔积液的常见体征包括:少量积液时可闻及胸膜摩擦音,触及胸膜摩擦感。大量积液时,患侧胸廓饱满,触觉语颤减弱,局部叩诊浊音,呼吸音减低或消失;可伴有气管、纵隔向健侧移位。此外还可能合并原发病的体征。支气管呼吸音为肺实变时出现的体征。

【考点】胸腔积液的常见病因

27.【答案】B

【解析】根据临床表现把自发性气胸分成稳定型和不稳定型,符合下列所有表现者为稳定型,否则为不稳定型:呼吸频率<24次/min;心率60~120次/min;血压正常;呼吸室内空气时SaO2>90%;两次呼吸间说话成句。

【考点】自发性气胸的临床类型

28.【答案】A

【解析】保守治疗适用于首次发生的、症状较轻的闭合性气胸。故A选项说法错误。

【考点】自发性气胸的处理要点

29.【答案】E

【解析】慢性阻塞性肺疾病(COPD)常见机体及环境致病因素包括吸烟、职业粉尘和化学物质、空气污染、感染所致慢性气道炎症、气道高反应性、年龄、寒冷空气等。肥胖不是COPD的致病因素。

【考点】COPD常见的致病因素

30.【答案】A

【解析】沙丁胺醇为短效β2受体激动剂(吸入后1~5min起效),沙美特罗为缓慢起效的长效β2受体激动剂,异丙托溴铵为短效抗胆碱药(5~15min起效),噻托溴铵为长效抗胆碱药,布地奈德为短效吸入激素。

【考点】急性呼吸困难的治疗常用药物

31.【答案】E

【解析】鲍曼不动杆菌为医院获得性肺炎的常见病原体。

【考点】社区获得性肺炎的常见病原体

25. 经外周静脉滴注氯化钾的浓度**不超过**
   A. 0.1%　　　　　B. 0.2%　　　　　C. 0.3%
   D. 2%　　　　　　E. 3%

26. 下列属于胸腔积液常见体征的是
   A. 患侧胸廓塌陷
   B. 患侧叩诊过清音
   C. 患侧触觉语颤减弱
   D. 气管向患侧移位
   E. 可闻及支气管呼吸音

27. 下列临床表现,符合稳定型气胸的是
   A. 呼吸频率 30 次/min
   B. 心率 75 次/min
   C. 血压 80/40mmHg
   D. SaO2 88%(未吸氧)
   E. 两次呼吸间隔说话不成句

28. 下列关于气胸的治疗,说法**错误**的是
   A. 保守治疗不适用于首次发生的、症状较轻的闭合性气胸
   B. 高浓度吸氧可加快胸腔内气体的吸收
   C. 胸腔穿刺抽气适用于小量气胸(20%以下)、呼吸困难较轻、心肺功能尚好的闭合性气胸患者
   D. 张力性气胸病情危急,应迅速解除胸腔内正压以避免发生严重并发症,如无条件紧急插管引流,紧急时亦需立即胸腔穿刺排气
   E. 胸腔闭式引流适用于不稳定型气胸,呼吸困难明显、肺压缩程度较重,交通性或张力性气胸,反复发生气胸的患者

29. COPD常见的致病因素**不包括**
   A. 吸烟　　　　　　　　B. 职业粉尘和化学物质
   C. 空气污染　　　　　　D. 感染
   E. 肥胖

30. 吸入后起效最快的药物是
   A. 沙丁胺醇　　　　B. 沙美特罗　　　　C. 异丙托溴铵
   D. 噻托溴铵　　　　E. 布地奈德

31. 社区获得性肺炎的常见病原体**不包括**
   A. 肺炎链球菌　　　　　　B. 流感嗜血杆菌
   C. 支原体　　　　　　　　D. 衣原体
   E. 鲍曼不动杆菌

32. 诊断呼吸衰竭最重要的血气分析指标是
- A. 动脉血氧分压低于 60mmHg
- B. 动脉血二氧化碳分压高于 50mmHg
- C. pH 低于 7.35
- D. 二氧化碳结合力高于 29mmol/L
- E. BE<-2.3mmol/L

33. 特发性肺间质纤维化的患者最常见的体征是
- A. 单侧局限性的湿啰音　　B. 双肺干啰音
- C. Velcro 啰音　　　　　D. 杵状指
- E. 口唇发绀

34. 肺栓塞常见的栓子来源不包括
- A. 深静脉血栓栓塞　　　B. 左心房血栓
- C. 羊水栓塞　　　　　　D. 脂肪栓塞
- E. 空气栓塞

35. 肺栓塞时常见的心电图表现不包括
- A. V_1~V_4 导联 T 波倒置和 ST 段异常
- B. $S_1Q_{III}T_{III}$征
- C. 右束支传导阻滞
- D. 三度房室传导阻滞
- E. 窦性心动过速

【A2 型题】

1. 患者,男,52 岁。1h 前突发心前区闷痛伴四肢厥冷,出汗,休息不能缓解。查体:血压 90/65mmHg,脉搏 106 次/min,尿相对密度 1.024,中心静脉压(CVP)31mmHg。治疗首先使用的药物是
- A. 呋塞米　　　　　　　B. 硝普钠
- C. 毛花苷 C　　　　　　D. 右旋糖酐
- E. 间羟胺

2. 患者,男,60 岁。右下腹痛伴间断呕吐 8d。查体:体温 35.0℃,脉搏 120 次/min,血压 80/50mmHg,神志不清,烦躁不安,全腹压痛、反跳痛,四肢冰冷、青紫呈花斑发绀,尿量 <30ml/h。既往:5 年前有陈旧性心肌梗死。考虑诊断为
- A. 心源性休克
- B. 失血性休克(中度)
- C. 失血性休克(重度)
- D. 感染性休克(冷休克)
- E. 感染性休克(暖休克)

32.【答案】A
【解析】呼吸衰竭是各种原因引起的肺通气和/或换气功能严重障碍,以致不能进行有效的气体交换,导致缺氧伴(或不伴)二氧化碳潴留,从而引起一系列生理功能和代谢紊乱的临床综合征。在海平大气压下,于静息条件下呼吸室内空气,并排除心内解剖分流和原发于心排血量降低等情况后,动脉血氧分压(PaO_2)低于 8kPa(60mmHg),伴有或不伴有二氧化碳分压($PaCO_2$)高于 6.65kPa(50mmHg),即为呼吸衰竭。
【考点】血气分析对呼吸衰竭的诊断价值

33.【答案】C
【解析】90% 的特发性肺间质纤维化患者可在双肺基底部吸气末闻及 Velcro 啰音,而并非局限的湿啰音或干啰音。口唇发绀和杵状指为疾病晚期表现。
【考点】特发性肺间质纤维化常见体征

34.【答案】B
【解析】左心房血栓仅在有房间隔缺损时可进入右心系统,引起反常栓塞,极少见。
【考点】肺栓塞常见栓子来源

35.【答案】D
【解析】肺栓塞最常见的心电图表现为窦性心动过速。还常见到 V_1~V_4 导联 T 波倒置和 ST 段异常、$S_1Q_{III}T_{III}$ 征、完全或不完全右束支传导阻滞、肺型 P 波、电轴右偏及顺钟向转位等。
【考点】肺栓塞时的心电图表现

1.【答案】D
【解析】心源性休克发生后,首先要给予适当扩容,维持有效循环血量。
【考点】心源性休克的急救

2.【答案】D
【解析】根据患者的临床表现考虑为感染性休克,是临床上最常见的休克类型之一,临床上以革兰氏阴性杆菌感染最常见。根据血流动力学的特点又分为低动力休克(冷休克)和高动力性休克(暖休克)两型。冷休克周围血管阻力增高、心排血量降低、低中心静脉压、低肺动脉楔压、低氧血症、代谢性酸中毒。表现为血压降低、脉搏细速,脉压小、皮肤湿冷、呼吸浅快、发绀、少尿。故选 D。
【考点】感染性休克的识别

3.【答案】E
【解析】本病例有发热,体温大于38.0℃,腹痛,有腹膜炎的体征,白细胞计数小于4×10⁹/L,为感染的临床表现;神志淡漠、烦躁、血压下降,尿量减少为休克的表现,故支持感染性休克的诊断。
【考点】感染性休克的识别

4.【答案】D
【解析】及时补充血容量,治疗原发疾病和制止继续失血、失液是治疗低容量性休克的关键。
【考点】失血性休克的急救方法

5.【答案】C
【解析】失血性休克首先应快速静脉滴注等渗盐水或者平衡盐水。
【考点】失血性休克的急救方法

6.【答案】C
【解析】心前区压榨性疼痛、含服硝酸甘油无效、出汗,均属于急性心肌梗死的症状,且既往有冠心病,胸痛时有发作,更支持心肌梗死的诊断。主动脉夹层为撕裂样疼痛;肺栓塞需有持续性憋气;气胸非心前区疼痛;心源性休克有血压下降。
【考点】急性冠脉综合征的临床表现

7.【答案】D
【解析】选项A、B、C、E均是急救措施。该患者首次发生心绞痛,高度怀疑急性冠脉综合征,发作持续时间较长,均是由社区门诊转至上一级医院的转诊指征。
【考点】急性冠脉综合征的急救和转诊指征

3. 患者,女,67岁。上腹痛伴发热、黄染3d。查体:体温39.0℃,烦躁,皮肤黏膜及巩膜黄染,上腹压痛、反跳痛,肌紧张不明显。血常规:白细胞计数3.5×10⁹/L,血小板计数156×10⁹/L;血尿淀粉酶正常。经抗菌治疗第2天,症状不缓解,患者神志淡漠,血压75/60mmHg,尿量小于25ml/h。此时患者考虑合并
A. 失血性休克　　　B. 心源性休克
C. 过敏性休克　　　D. 神经源性休克
E. 感染性休克

4. 患者,男,40岁。右上腹钝器伤。查体:呼吸加快,神志不清,脉搏140次/min,血压70/50mmHg,腹膨隆,移动性浊音(+)。考虑外伤性肝脏破裂,紧急处理方法是
A. 立即输血
B. 立即手术治疗
C. 纠正休克,血压正常后手术治疗
D. 边治疗休克,边手术治疗
E. 内科保守治疗

5. 患者,男,25岁。因车祸伤到急诊室时,血压70/40mmHg,心率140次/min,初步诊断为重度失血性休克,应首先输注的是
A. 葡萄糖盐水　　　B. 葡萄糖溶液　　　C. 平衡盐溶液
D. 全血　　　E. 血浆

6. 患者,女,70岁。患者于20min前在外出的路上突然出现心前区痛,为持续压榨样痛,自行服用硝酸甘油后无缓解,伴有冷汗。既往有冠心病,时有胸痛发作,休息可缓解。120送至急诊。查体:体温36.7℃,血压100/50mmHg,神志清楚,皮肤湿冷,双肺未闻及啰音,心率110次/min,律齐,各瓣膜听诊区未闻及病理性杂音。最可能的诊断是
A. 急性主动脉夹层　　　B. 急性肺栓塞
C. 急性冠脉综合征　　　D. 气胸
E. 心源性休克

7. 患者,男,67岁。在家人陪同下来社区就诊,情绪紧张、焦虑。2周前与邻居争吵后开始出现心前区疼痛,几乎每日均有发作,每次持续5~10min,休息或含服硝酸甘油可缓解。今日发作3次,最后1次发作持续约20min方可缓解,遂来社区就诊。在就诊的过程中再次出现心前区疼痛,发作时血压160/70mmHg,心率80次/min,心电图提示前间壁心肌缺血。下列做法错误的是
A. 立即休息、吸氧、含服硝酸甘油,做好心理疏导,消除紧张情绪

B. 建立静脉通路,心电监护,准备好急救措施(如除颤仪)

C. 予以阿司匹林 300mg 嚼服或氯吡格雷 300~600mg 嚼服

D. 症状缓解后让患者回家休息,按时服药

E. 建议患者转上级医院进一步诊治

8. 患者,男,52 岁。吞咽困难 30d,不能进水 2d,伴有口渴、尿少、体重下降。查体:呼吸 26 次 /min,心率 120 次 /min,血压 80/50mmHg;神志清楚,烦躁,四肢皮温偏低。辅助检查:血钠 152mmol/L、血钾 3.2mmol/L、HCO_3^- 18mmol/L、$PaCO_2$ 38mmHg。首要处理措施应是

A. 补充血容量　　　　B. 氧疗

C. 纠正酸碱失衡　　　D. 有控制地补充血钾

E. 应用升压药

9. 患者,女,62 岁。2d 前洗澡受凉后出现发热,体温最高升至 38.5℃,伴咳嗽、咳黄痰,自行服用感冒清热颗粒效果不佳。查体:体温 38.0℃,急性病容,球结膜充血,浅表淋巴结未触及肿大,听诊双肺呼吸音粗,右下肺可闻及湿啰音。血常规:白细胞计数 $12×10^9$/L,中性粒细胞百分比 86.7%、淋巴细胞百分比 16%。胸部 X 线片:右下肺炎。既往青霉素皮试阳性。给予静脉滴注阿奇霉素时,突然出现呼吸困难、胸痛、胸闷、心悸、全身皮肤瘙痒。查体:意识模糊,面色苍白,口唇发绀,全身散在皮疹,四肢湿冷,脉搏细速,心音低钝,双肺听诊可闻及干鸣音。此患者诊断首先考虑为

A. 感染性休克　　　　B. 心源性休克

C. 过敏性休克　　　　D. 失血性休克

E. 急性肺栓塞

10. 患者,女,42 岁。进行性少尿 6d。既往体健。查体:血压 168/95mmHg,听诊双肺呼吸音粗,双肺可闻及湿啰音,心率 135 次 /min,心律齐,各瓣膜听诊区未闻及病理性杂音,双下肢水肿。辅助检查:血尿素氮(BUN)21.0mmol/L,血肌酐(Scr)678.5μmol/L。动脉血气分析:pH 7.28,$PaO_2$60mmHg,$PaCO_2$30mmHg,BE-11mmol/L。最主要的急救措施是

A. 利尿治疗　　　B. 血液透析　　　C. 降压治疗

D. 口服泼尼松　　E. 纠正酸中毒

11. 患者,男,50 岁。车祸伤后出现左大腿化脓性感染 1 周,间断出现高热、寒战。查体:体温 39.0℃,血压 80/60mmHg,急性病容,脉搏细速。扩容治疗应首选

A. 葡萄糖溶液　　B. 全血　　　C. 血浆

D. 平衡盐溶液　　E. 红细胞

8.【答案】A
【解析】根据患者病史可知入量不足。根据尿少、血压下降、烦躁可判断有效循环血容量不足。目前最需要进行的是补液治疗,以提升血容量、维持血压、保证组织灌注。
【考点】失血性休克的识别和急救

9.【答案】C
【解析】此患者在静脉滴注阿奇霉素时突然出现呼吸困难、胸痛、胸闷、心悸、全身皮肤瘙痒,查体见意识模糊、面色苍白、口唇发绀、全身散在皮疹、四肢湿冷、脉搏细速、心音低钝、双肺听诊可闻及干鸣音。以上均为休克的临床表现和体征。结合既往对青霉素过敏,因此首先要考虑抗生素引起的过敏性休克。
【考点】过敏性休克的识别

10.【答案】B
【解析】急性肾衰竭急诊透析的参考指征为:血钾大于 6.5mmol/L,或每天上升 1mmol/L;心电图出现明显异位心律,伴 QRS 波增宽;血肌酐大于 442μmol/L,尿素氮 28.6mmol/L;体内水潴留过多,出现高血容量性心力衰竭或肺水肿迹象者;尿毒症症状明显,如恶心、呕吐、精神症状等;严重酸中毒补碱未能纠正者。
【考点】急性肾衰竭的透析指征

11.【答案】D
【解析】感染性休克是等渗性脱水,一般输入等渗盐水或者平衡盐水以尽快补足有效循环血容量,纠正休克。
【考点】感染性休克的急救

12. 【答案】E

【解析】休克患者在转运过程中应取仰卧位或脚抬高仰卧位,以保证回心血量增多,有助于血压维持。

【考点】休克患者途中的防范措施和注意事项

12. 患者,男,52 岁。因"头晕、出汗伴全身乏力 4h"到社区就诊。在等候就诊的过程中大量呕鲜血,量约 1 000ml,烦躁不安。查体:血压 88/40mmHg,急性病容,四肢湿冷,脉搏细速。诊断消化道大出血、失血性休克,需立即进行转诊至上一级医院诊治。该休克患者转运注意事项**不包括**

A. 开放两条以上静脉输液通道,及时补充血容量

B. 吸氧

C. 给予适当的血管活性药物

D. 注意保暖,密切观察生命体征

E. 尽可能坐位休息,避免再次呕血

13. 【答案】C

【解析】急性有机磷中毒的临床表现为呼气或呕吐物中有蒜臭味儿,胆碱能兴奋表现包括大汗、针尖样瞳孔、腺体分泌、平滑肌痉挛、肌肉颤动、中枢神经系统症状。

【考点】急性有机磷中毒的临床表现

13. 患者,女,27 岁。家人发现患者卧床不起,呼之不应,多汗、流涎、呼吸困难,可闻及大蒜样气味儿。查体:血压 90/50mmHg,脉搏 130 次 /min,呼吸 7 次 /min;意识不清,双侧瞳孔缩小,对光反射消失;双肺可闻及湿啰音,心率 60 次 /min,心律齐,心音低钝,无杂音;肝脾肋下未触及,肌束震颤、抽搐。最可能的诊断是

A. 急性安定中毒 　　 B. 急性一氧化碳中毒

C. 急性有机磷中毒 　　 D. 急性氯丙嗪中毒

E. 急性巴比妥中毒

14. 【答案】A

【解析】急性中毒的处理原则立即终止接触毒物,清除进入体内已经吸收或尚未吸收的毒物。故选 A。

【考点】急性中毒的治疗原则

14. 患者,女,35 岁。口服 20% 百草枯溶液一大口后,出现恶心、呕吐 40min。立即被家人送往医院。既往体健。查体:血压 100/70mmHg,脉搏 75 次 /min,呼吸 12 次 /min,意识清楚,双肺呼吸音清,未闻及干湿啰音,心率 80 次 /min,心律齐,无杂音;腹部柔软,上腹部轻压痛,无反跳痛及肌紧张。该患者应首先进行的治疗是

A. 立即彻底洗胃和导泻 　　 B. 血液净化治疗

C. 扩容补液 　　 D. 免疫抑制剂治疗

E. 抗氧化剂及中药治疗

15. 【答案】A

【解析】此题主要考查感染性发热的常见病原体。此患者最可能的诊断是肺炎链球菌肺炎,病原体为肺炎链球菌。

【考点】不同病原体肺炎的临床特征鉴别

15. 患者,男,28 岁。受凉后高热、咳嗽、黄痰 5d,右下肺可闻及湿啰音。血常规:白细胞计数 18.8×10⁹/L,中性粒细胞百分比 86%。胸部 X 线片显示右下肺片状浸润性阴影。引起该患者发热最可能的病原体为

A. 肺炎链球菌 　　 B. 金黄色葡萄球菌

C. 肺炎支原体 　　 D. 流感病毒

E. 白色假丝酵母菌

16. 【答案】A

【考点】急性乳腺炎的首选检查方法

16. 患者,女,31 岁。产后 1 个月,哺乳期。发热 1d,最高 39℃,右侧乳房外上象限肿痛,无咽痛、咳嗽、腹痛、尿痛等不适。进一步检查首选

A. 血常规   B. 血培养

C. 胸部 X 线片   D. 乳腺超声

E. 乳腺钼靶 X 线摄影

17. 患者,女,45 岁。近期旅游劳累。发热伴尿频、尿急、尿痛 2d,最高体温 39℃,伴有寒战及腰痛。查体:右侧肾区轻度叩痛。血常规:白细胞计数 15.8×10⁹/L,中性粒细胞百分比 89%;尿常规:白细胞 50~60/HP。该患者治疗原则**错误**的是

A. 注意休息、多饮水、勤排尿

B. 无病原学结果前,抗感染首选对革兰氏阴性菌有效的抗生素

C. 抗生素治疗 3d,症状无改善应按药敏试验结果调整用药

D. 抗生素疗程至少 2 周

E. 高热时可给予退热治疗

18. 患者,男,86 岁。发热、咳嗽、咳痰无力 1d,最高体温 39.7℃,嗜睡,不能进食。既往糖尿病 20 年,右上肺癌术后 5 年。查体:血压 155/80mmHg,呼吸 30 次/min,心率 140 次/min,SpO₂ 90%,嗜睡,两肺听诊痰鸣音较多。提示该患者病情严重的体征**不包括**

A. 体温 39.7℃   B. 嗜睡

C. 血压 155/80mmHg   D. 呼吸 30 次/min

E. 心率 140 次/min

19. 患者,男,75 岁。突发头痛、呕吐后呼之不应半小时。发病前患者曾与人激烈争吵,既往高血压 20 年,糖尿病 15 年。查体:血压 210/110mmHg,呼之不应,左侧肢体偏瘫,左侧巴宾斯基征阳性。引起该患者意识障碍最可能的原因为

A. 高血压脑病   B. 急性脑梗死

C. 急性脑出血   D. 低血糖昏迷

E. 脑震荡

20. 患者,男,59 岁。发现呼之不应 1h。外地开会,同事发现患者未按时到场,打开房门发现患者倒地、皮肤湿冷、心率快,立即拨打 120。同事诉患者有糖尿病史,注射胰岛素治疗。急诊接诊后,首选化验检查是

A. 血常规   B. 血生化   C. 快速血糖

D. 动脉血气分析   E. 头颅 CT

21. 患者,女,68 岁。发现意识不清 2h,地上有地西泮空药盒 2 个。既往高血压 10 年及抑郁症半年。社区卫生服务中心接诊该患者现场应急处理,错误的是

17.【答案】B

【解析】此题主要考查感染性发热的治疗原则。首次发生急性肾盂肾炎的致病菌 80% 为大肠埃希菌,首选对革兰氏阴性菌有效的药物。

【考点】急性肾盂肾炎的治疗原则

18.【答案】C

【解析】此题主要考查高热患者病情严重程度的判断。该患者血压虽然高于正常,但 155/80mmHg 的水平尚不足以说明该患者病情严重。

【考点】通过高热患者体征评估病情严重程度

19.【答案】C

【解析】此题主要考查通过临床线索进行昏迷病因鉴别。此患者情绪激动诱因下突发头痛、呕吐、血压明显升高、意识障碍、肢体偏瘫及同侧病理征阳性,符合急性脑出血的诊断要点。

【考点】通过临床线索进行昏迷病因鉴别

20.【答案】C

【解析】此题主要考查昏迷患者急诊就诊辅助检查方法的选择。昏迷患者急诊就诊应根据发病情况、既往史、医疗单位设备条件及检查方法便捷程度选择适当的方法及先后顺序。根据病史,该患者应首先排除低血糖昏迷,快速血糖检查应为首选检查方法;血生化检查虽然也包含血糖,但不能立即获得检查结果,不利于迅速鉴别诊断及救治。

【考点】昏迷患者急诊就诊辅助检查方法的选择

21.【答案】B

【解析】此题主要考查社区卫生服务中心对昏迷患者现场应急处理原则。昏迷患者确实存在气道阻塞的风险,应首先评估气道,清除口腔异物,头偏向一侧,必要时可采用喉罩或气管插管。该患者评估后再确定是需要立即气管插管保护气道。

【考点】社区卫生服务中心对昏迷患者现场应急处理原则

A. 大声呼叫患者或给予疼痛刺激以判断其意识水平

B. 该患者有气道阻塞的风险,应立即气管插管保护气道

C. 监测生命体征并反复评估

D. 建立静脉通路

E. 现场应急处理后立即联系转诊

22.【答案】B
【解析】此题主要考查昏迷患者转诊原则及流程。社区卫生服务中心向上级医院转诊时不需自己联系转诊医院床位情况。
【考点】社区卫生服务中心昏迷患者转诊原则及流程

22. 患者,男,72 岁。大量饮白酒后呼之不应半小时,鼾音明显。由朋友送至社区卫生服务中心就诊。社区首诊后决定向上级医院转诊,下列处理**错误**的是

A. 转诊前监测生命体征、保护气道、建立静脉通路

B. 和上级医院联系,询问病房是否有床位

C. 呼叫急救中心并说明患者病情

D. 等待过程中随时观察患者生命体征、血氧饱和度

E. 急救人员到场做好病情交接班

23.【答案】D
【解析】此题考查老年患者咯血病因的鉴别。该患者结合现病史及既往史、个人史,初步考虑符合支气管肺癌的临床表现,需做进一步检查明确诊断。
【考点】老年患者咯血病因的鉴别

23. 患者,男,68 岁。间断咳嗽半年,咯血 2d。刺激性干咳为主,痰少,咯血为痰中带血丝,近半年体重减轻 3kg。吸烟史 30 年,每日 20 支。既往身体健康。该患者咯血最可能的病因是

A. 肺炎 　　　　B. 支气管扩张 　　　　C. 肺脓肿

D. 肺癌 　　　　E. 肺梗死

24.【答案】E
【解析】此题主要考查接诊大量咯血患者时初步检查手段的选择。胸部 CT 安全无创,对咯血的诊断及鉴别诊断具有独特的优势,但对于活动性大咯血患者,一般应在咯血停止后进行。
【考点】大量咯血患者初步检查手段的选择

24. 患者,女,34 岁。咯血半天。痰中带鲜血,共十余口,来诊时大量咯血,约 100ml。轻度咳嗽,咳痰,无发热。查体:无发绀,肺部未闻及干湿啰音。接诊时,初步化验检查**不包括**

A. 血常规 　　　　　　B. 凝血功能检查

C. 动脉血气分析 　　　D. 胸部 X 线片

E. 胸部 CT

25.【答案】A
【解析】此题主要考查咯血的治疗原则。其中咯血出血部位明确者,应取患侧卧位,呼吸困难者可取半卧位。
【考点】咯血患者的治疗原则

25. 患者,女,55 岁。咯血伴咳嗽、咳痰 2d,每日咯血量 50~100ml。既往右下肺支气管扩张 6 年,反复咯血。查体:右下肺可闻及局限性湿啰音。胸部 X 线片符合支气管扩张合并感染。该患者治疗原则**错误**的是

A. 卧床休息,左侧卧位

B. 原则上不用镇咳药,鼓励患者将血咳出

C. 指导患者一旦大量咯血,注意体位,防止窒息

D. 静脉应用止血药物

E. 抗生素控制感染

26.【答案】D
【解析】此题主要考查咯血患者药物治疗的选择。垂体后叶激素是治疗咯血,尤其是大咯血的首选止血药,但因其有血压升高、胸闷、腹痛等不良反应,对患有高血压、冠心病、心力衰竭者及孕妇慎用或禁用。
【考点】咯血患者止血药物的选择

26. 患者,男,62 岁。咯血 1d,从痰中带血到整口鲜血,逐渐加重,总量约 150ml。既往高血压 15 年,就诊时血压 185/110mmHg。该患者药物止血治疗**不宜**选用

A. 酚妥拉明　　　B. 氨基己酸　　　C. 酚磺乙胺

D. 垂体后叶激素　　E. 巴曲酶

27. 患者,男,65岁。胸痛1h,社区卫生服务中心心电图示Ⅱ、Ⅲ、aVF导联ST段弓背向上抬高0.5mV。联系转诊过程中,患者突发意识丧失,心电监测示直线。此时抢救用药首选

A. 阿托品　　　　B. 肾上腺素　　　C. 多巴胺

D. 多巴酚丁胺　　E. 去甲肾上腺素

27.【答案】B

【解析】此题主要考查心跳呼吸骤停,心电监测为不可除颤心律时急救药物的选择。此时应首选肾上腺素。

【考点】心跳呼吸骤停时急救药物的选择

28. 患者,女,25岁。自服地西泮100片后3h,昏迷。查体:血压125/70mmHg,呼吸16次/min,心率80次/min,SpO_2 98%。药物治疗首选

A. 纳洛酮　　　　　　B. 呋塞米

C. 尼克刹米　　　　　D. 氟马西尼

E. 还原性谷胱甘肽

28.【答案】D

【解析】此题主要考查地西泮中毒的药物治疗。地西泮属于苯二氮䓬类镇静催眠药,而氟马西尼为苯二氮䓬类拮抗剂,是地西泮中毒的特效解毒药。

【考点】地西泮中毒的药物治疗

29. 患者,男,33岁。活动后呼吸困难1周。2d前曾有一过性意识丧失,数秒后神志转清,无头晕、头痛,无肢体活动障碍,既往:1个月前右下肢骨折。查体:血压132/76mmHg,脉搏122次/min,双肺呼吸音清,未闻及干湿啰音,心律齐,未闻及杂音。心电图:不完全性右束支传导阻滞;肌钙蛋白(TnI)0.042μg/L;血气分析:pH 7.45,$PaCO_2$ 30mmHg,PaO_2 55mmHg;胸部X线片:双肺心膈未见异常。最可能的诊断是

A. 肺栓塞　　　　　　B. 张力性气胸

C. 急性心肌梗死　　　D. 急性心力衰竭

E. 急性支气管炎

29.【答案】A

【解析】青年男性,下肢骨折病史,呼吸困难,Ⅰ型呼吸衰竭,TnI低水平升高,心电图不完全性右束支传导阻滞,首先考虑肺栓塞可能性大。

【考点】急性呼吸衰竭的病因诊断

30. 患者,男,74岁。呼吸困难2h。既往:COPD病史。查体:神清,喘息貌,双肺散在哮鸣音,未闻及湿啰音,查血气分析 PaO_2 52mmHg,$PaCO_2$ 55mmHg,应该采取的正确的氧疗方式为

A. 高浓度、高流量吸氧　　B. 低浓度、低流量吸氧

C. 低浓度、高流量吸氧　　D. 立即给予机械通气治疗

E. 给予高频呼吸机供氧

30.【答案】B

【解析】COPD患者,Ⅱ型呼吸衰竭,应采取低浓度、低流量吸氧。

【考点】呼吸衰竭的处理原则

31. 患者,女,47岁。反复发作性喘息20余年,加重2d。查体:端坐位,喘息貌,双肺满布哮鸣音。针对可能的引起呼吸困难的病因,采取的主要治疗方案是

A. 吸氧、强心、利尿

B. 吸氧、镇静、硝酸甘油静脉滴注

C. 吸氧、支气管扩张剂吸入、全身性激素应用

D. 吸氧、抗生素应用

E. 机械通气治疗

31.【答案】C

【解析】支气管哮喘的处理原则:氧疗;重度或严重支气管哮喘发作时尽早静脉使用激素,病情缓解后改为口服药物;吸入β₂受体激动剂。此外,还可应用茶碱类药物、白三烯调节剂、抗胆碱能药物等。

【考点】呼吸衰竭的处理原则

32.【答案】E

【解析】青年女性，曾有花粉接触史，此次就诊出现过敏症状伴呼吸困难，查体可闻及双肺哮鸣音，首先考虑支气管哮喘。

【考点】急性呼吸困难的常见病因

33.【答案】B

【解析】受凉后出现上呼吸道感染症状，但结合声音嘶哑及呼吸困难，查体有吸气相喉鸣声，应当首先考虑喉炎。

【考点】急性呼吸困难的常见病因

34.【答案】D

【解析】此患者的初步诊断是支气管哮喘急性发作。合并嗜睡（意识障碍）、氧饱和度下降及双肺呼吸音低（哮鸣音减弱或消失、沉默肺），符合危重表现。

【考点】支气管哮喘急性发作程度评估

35.【答案】D

【解析】患者既往肺癌病史，呼吸困难为主要表现，听诊右上肺呼吸音低，结合胸部X线片，首先考虑肺不张。患者无发热、咳嗽、咳痰、干酪型肺结核诊断依据不足。心力衰竭胸部X线片主要表现为心影增大、肺水肿等。胸腔积液常为右下肺密度增高，若为叶间积液或包裹性积液，水平裂常下移，故排除。

【考点】急性呼吸困难的常见病因

36.【答案】B

【解析】患者青年男性，有典型的结核中毒症状，合并呼吸困难，右下肺呼吸音低，结合胸部X线片表现，应考虑胸腔积液可能性最大。不足以作出其他诊断。

【考点】呼吸困难的常见病因

37.【答案】A

【解析】患者发热伴咽痛、腹泻，考虑病毒感染可能性大。近期出现呼吸困难、双肺湿啰音，伴心肌酶升高，考虑病毒性心肌炎合并心力衰竭。

【考点】急性呼吸困难的常见病因

---

32. 患者，女，18岁。突发呼吸困难4h。发病前曾有花粉接触史，伴有鼻痒、流涕、打喷嚏、干咳。查体：神清，喘息貌，双肺满布哮鸣音。最可能的诊断是
   A. 急性支气管炎 　　　　 B. 上呼吸道感染
   C. 病毒性心肌炎 　　　　 D. 气胸
   E. 支气管哮喘

33. 患者，男，22岁。受凉后出现发热、咽痛、咳嗽、声音嘶哑、呼吸困难。查体可见咽喉部充血、水肿，颈部淋巴结轻度肿大和触痛，听诊可闻及吸气相喉鸣声。此患者最可能的诊断是
   A. 支气管哮喘 　　 B. 急性喉炎 　　 C. 支气管炎
   D. 肺炎 　　 E. 淋巴结炎

34. 患者，男，30岁。受凉后出现咽痛，自服头孢类抗生素后出现全身皮疹伴呼吸困难，大汗、嗜睡、口唇发绀。既往有支气管哮喘病史。听诊双肺呼吸音低，氧饱和度88%。患者目前病情严重程度为
   A. 轻度 　　 B. 中度 　　 C. 重度
   D. 危重 　　 E. 不能确定

35. 患者，男，78岁。既往右肺上叶肺癌病史，未行手术及放化疗，中药治疗。近1周出现呼吸困难，无明显发热、咳痰等不适，听诊右上肺呼吸音低，胸部X线片提示右肺上叶密度增高，水平裂向上移位。最可能的诊断是
   A. 肺炎 　　 B. 心力衰竭 　　 C. 干酪型肺结核
   D. 肺不张 　　 E. 右侧胸腔积液

36. 患者，男，35岁。呼吸困难2d，合并低热、盗汗、乏力、食欲减退。查体：右下肺呼吸音减低，胸部X线片提示右下肺透过度减低，呈弧形影。最可能的诊断是
   A. 肺栓塞
   B. 结核性胸膜炎合并胸腔积液
   C. 肺部感染
   D. 支气管扩张
   E. 气胸

37. 患者，女，28岁。发热1周，伴咽痛、腹泻，1d来出现胸闷、呼吸困难。查体：双肺湿啰音。心电图提示窦性心动过速，心肌酶CK-MB 55IU/L。最可能的诊断是
   A. 病毒性心肌炎 　　　　 B. 气胸
   C. 胸腔积液 　　　　 D. 肺炎
   E. 肠道感染

38. 一患者因大量胸腔积液行胸腔穿刺术,抽液过程中,胸腔积液的性质较前无明显变化,患者突然出现头晕、冷汗、心悸、面色苍白、脉搏细弱。应考虑

　　A. 复张性肺水肿　　　　B. 气胸

　　C. 抽液量不足　　　　　D. 胸膜反应

　　E. 血胸

39. 患者,男,23 岁。支气管哮喘病史,长期应用吸入沙美特罗 / 氟替卡松,此次受凉后出现呼吸困难加重,咳嗽,少痰。查体:神清,双肺满布哮鸣音,呼气相延长,心律齐,心率 110 次 /min,腹软,双下肢不肿。血常规:白细胞计数 12.9×10^9/L,中性粒细胞百分比 88.5%。关于药物治疗的说法,**不恰当**的是

　　A. 静脉给予泼尼松龙 40mg 抑制气道炎症

　　B. 给予沙丁胺醇扩张支气管

　　C. 给予氨茶碱扩张支气管

　　D. 给予镇静药物减少氧耗

　　E. 给予孟鲁司特口服

40. 患者,男,78 岁。发热、右侧胸痛 5d,体温最高 39℃,自行服用“头孢”无好转,1d 前出现呼吸困难,咳嗽,咳黄痰,偶带血丝,症状逐渐加重来诊。既往:糖尿病、支气管扩张。查体:神清,呼吸急促,右中下肺呼吸音低,叩诊浊音,余肺野呼吸音粗,可闻及湿啰音;心律齐,未闻及杂音;腹软,双下肢不肿。血常规:白细胞计数 22.3×10^9/L,中性粒细胞百分比 94.2%。胸部 X 线片:右侧胸腔积液。下列说法**错误**的是

　　A. 继续口服“头孢”,疗程 7~10d

　　B. 静脉应用抗生素,选择三代头孢 + 甲硝唑

　　C. 加强营养支持

　　D. 胸腔穿刺引流明确积液性质

　　E. 出现脓胸时应尽量将脓液抽净

41. 患者,女,22 岁。与男朋友争吵后出现呼吸困难,伴有手足、面部、口周麻木。查体:双眼紧闭,不语,心、肺、腹查体未见明显异常,全身僵直,双手搐搦。首先考虑的诊断是

　　A. 癔症　　　　　B. 脑血管病　　　　C. 呼吸衰竭

　　D. 中毒　　　　　E. 癫痫发作

42. 患者,男,45 岁。进食自行腌制酸菜 1h 后出现恶心、呕吐、呼吸困难就诊,既往体健。查体:心率 78 次 /min,血压 115/75mmHg,$SpO_2$95%,神清,口唇甲床呈紫黑色;双肺呼吸音清,未闻及干湿啰音,心律齐,未闻及杂音;腹软,无压痛,双下肢不肿。首先考虑的诊断是

38.【答案】D

　　【解析】复张性肺水肿常表现为快速大量抽液时,突发咳粉红色泡沫痰、呼吸困难、双肺遍布湿啰音、氧饱和度下降、X 线提示肺水肿。若发生气胸,抽液时可见气体。若为血胸,抽液时胸腔积液的外观会有变化。患者表现符合胸膜反应。

　　【考点】胸腔穿刺术常见并发症

39.【答案】D

　　【解析】支气管哮喘的治疗常用药物有糖皮质激素、β₂ 受体激动剂、白三烯调节剂、茶碱、抗胆碱药,出现呼吸肌疲劳、二氧化碳潴留时需进行机械通气。支气管哮喘急性发作,慎用镇静药物。

　　【考点】支气管哮喘急性发作的处理原则

40.【答案】A

　　【解析】肺部感染,胸腔积液及出现脓胸的处理:静脉应用抗生素,选择 β 内酰胺类/β 内酰胺酶抑制剂 + 甲硝唑,或者碳青霉烯类药物;抽液明确胸腔积液性质;出现脓胸时疗程 6~8 周;尽量抽净脓液;加强营养支持治疗。此时继续口服抗生素不合适。

　　【考点】急性呼吸困难的处理要点

41.【答案】A

　　【解析】癔症可以出现呼吸困难,但临床上需要除外器质性疾病。癔症常见于年轻女性,发病前常有情绪激动诱因,查体无明显阳性体征,化验检查无明显异常,血气分析可有过度通气表现,心理暗示有效。但诊断需慎重,需要除外器质性疾病。

　　【考点】急性呼吸困难的常见病因——癔症

42.【答案】B

　　【解析】亚硝酸盐中毒的典型表现。亚硝酸盐多存在于腌制的咸菜、肉类,不洁井水和变质腐败蔬菜中,有时误将工业用亚硝酸盐当作食用盐腌制食品,可出现亚硝酸盐中毒。亚硝酸盐中毒的潜伏期长短不等,长者有 1~2d,短者仅 10min 左右。表现为发绀、胸闷、呼吸困难、呼吸急促、头晕、头痛、心悸等。中毒严重者还可出现恶心、呕吐、心率变慢、心律不齐、烦躁不安、血压降低、肺水肿、休克、惊厥或抽搐、昏迷,最后可因呼吸、循环衰竭而死亡。发病前进食短期腌制菜类而出现上述症状,皮肤黏膜呈典型的蓝灰、蓝褐或蓝黑色。应高度怀疑为亚硝酸盐中毒。

　　【考点】急性呼吸困难的常见病因——亚硝酸盐中毒

A. 急性胃肠炎　　　　　　　B. 亚硝酸盐中毒

C. 有机磷中毒　　　　　　　D. 一氧化碳中毒

E. ARDS

【A3/A4 型题】

(1~3 题共用题干)

患者,男,52 岁。因"上腹突发剧烈疼痛伴恶心、呕吐半小时"来社区卫生服务中心就诊。既往 2 年前开始出现嗳气、反酸伴周期性上腹部疼痛,腹痛多发生于饭后 1h 左右,持续 1~2h 可自行缓解。查体:体温 37.5℃,脉搏 110 次/min,呼吸 23 次/min,血压 90/60mmHg;患者前屈位,全腹肌紧张板样,压痛、反跳痛均存在;肝浊音界消失,肠鸣音消失;双肺呼吸音清晰,未闻及干湿啰音,心律齐,无杂音。

1. 最可能的诊断为
   A. 胆绞痛　　　　　　B. 胃痉挛　　　　　　C. 肠痉挛
   D. 消化道穿孔　　　　E. 急性胃炎

2. 为明确诊断首选检查
   A. 立位腹部 X 线片　　　　B. 腹部 CT
   C. 腹部超声　　　　　　　D. 腹部 MRI
   E. 腹穿

3. 消化道穿孔**不应**有的表现是
   A. 突然剧痛
   B. 腹部无压痛
   C. 腹部 X 线片中膈下游离气体
   D. 肠鸣音减少
   E. 呈持续性腹痛

(4~5 题共用题干)

患者,女,68 岁。因"服用 30 片安定后出现意识不清 1d"在镇社区卫生服务中心就诊,给予洗胃、补液、利尿等治疗,患者仍未清醒。查体:体温 37.0℃,呼吸 12 次/min,血压 100/60mmHg,意识不清;呼吸减慢,双肺呼吸音清,未闻及干湿啰音,心率 60 次/min,心律齐,无杂音。经家属要求和主管医生同意,转往上级医院进一步治疗。转运途中大约 2h,已和上级医院联系,同意接收。

4. 关于转运途中应做的准备,下面描述**错误**的是
   A. 转运途中一定有医护人员陪护,医生只要有执业医师资格证即可

1.【答案】D

【解析】消化道穿孔多继发于溃疡、炎症、外伤或癌肿。突发刀割样剧烈腹痛,成持续性,迅速波及全腹,有明显的腹膜刺激征,一般多为全腹压痛、反跳痛和肌紧张,常伴有休克,腹部移动性浊音阳性,肝浊音界缩小或消失,肠鸣音消失。因此题中的临床表现符合消化道穿孔的表现。

【考点】消化道穿孔的临床表现

2.【答案】A

【解析】X 线检查约有 80% 患者可在膈下见到半月形的游离气体影,简单易行,必要时可行诊断性腹腔穿刺辅助检查。

【考点】消化道穿孔的诊断方法

3.【答案】B

【解析】消化道穿孔为突发刀割样剧烈腹痛,成持续性,迅速波及全腹,有明显的腹膜刺激征,一般多为全腹压痛、反跳痛和肌紧张,常伴有休克,腹部移动性浊音阳性,肝浊音界缩小或消失,肠鸣音消失。

【考点】消化道穿孔的临床特点

4.【答案】A

【解析】危重症患者在转运途中应由接受过专业训练的医务人员陪护。转运人员应熟练掌握各种急救理论的基础知识和操作能力。

【考点】使用 120 转运患者的准备

B. 必须指定 1 名转运人员作为转运过程的负责人,所有决策均由该负责人作出

C. 检查患者生命体征,维持患者生命体征平稳

D. 畅通气道,吸氧,携带气管插管用品,携带简易呼吸机

E. 转运前应保持两条通畅的静脉通路

5. 关于危重症患者转运时 120 急救车上需配备的药品,下面选择中均正确的是
   A. 生理盐水、乳酸钠林格液、维生素 C 注射液
   B. 纳洛酮、葡萄糖酸钙注射液、地西泮注射液
   C. 毛花苷 C、氨茶碱、维生素 B_6
   D. 硝酸甘油注射液、肝素、卡马西平
   E. 肾上腺素、地塞米松、阿托品、氟哌啶醇

5.【答案】B
【解析】根据《中国重症患者转运指南(2010)》(草案)危重患者(成人)转运配置药物,选项中的维生素 C、维生素 B_6、卡马西平未在其中。
【考点】120 急救车转运前药品准备

(6~7 题共用题干)

患者,女,40 岁。骑自行车外出时被大货车撞伤,120 急救车赶到后,医生发现患者左大腿疼痛、出血、畸形。查体:血压 76/48mmHg,脉搏 130 次/min,烦躁,面色苍白,皮肤湿冷,听诊双肺呼吸音清晰,未闻及干湿啰音,心率 130 次/min,律齐。腹部柔软,无压痛、反跳痛及肌紧张。

6. 关于现场救治措施,**错误**的是
   A. 出血采用加压包扎或止血带止血
   B. 建立静脉通路快速输入平衡溶液
   C. 固定患肢,防止移动患者时骨折断端损伤附近的肌肉、血管、神经。
   D. 到达现场后,马上搬到救护车上送至医院急诊室进行抢救
   E. 开放性伤口先止血、包扎再固定。

6.【答案】D
【解析】该患者为下肢开放性骨折,还存在失血性休克。开放性伤口要进行止血、包扎、固定后再进行搬运;失血性休克需尽快补充血容量以维持血流动力学稳定。
【考点】骨折的院前急救方法

7. 在 120 急救车上,医生应随时评估有无危及生命的紧急情况。下列选项描述**错误**的是
   A. 气道是否通畅
   B. 是否有呼吸
   C. 进行快速血糖监测
   D. 是否有体表可见的大量出血
   E. 神志是否清醒

7.【答案】C
【解析】ABBCS 方法可快速判断有无危及生命的紧急情况:A,气道是否通畅;B,是否有呼吸;B,是否有体表大量出血;C,是否有脉搏;S,神志是否清醒。故 C 为不正确。
【考点】危重患者快速评估方法

(8~10 题共用题干)

患者,男,70 岁。发热伴咳嗽、咳痰 4d,自服对乙酰氨基酚及复方鲜竹沥 3d 无效。查体:体温 39.1℃,左肺底可闻及少量湿啰音。血常规:白细胞计数 15.7×10^9/L,中性粒细胞百分比 88%。胸部 X 线片示左下肺片状浸润性阴影。

8.【答案】A

【解析】此题主要考查发热伴咳嗽、咳痰的鉴别诊断,该患者基本符合社区获得性肺炎的诊断标准,但需进一步排除其他疾病。

【考点】发热伴咳嗽、咳痰的鉴别诊断

9.【答案】C

【解析】此题考查老年社区获得性肺炎患者初始经验性治疗抗生素的选择。对老年人或有基础疾病的患者,以下三个抗生素方案供选择:①第二代头孢菌素单用或联合大环内酯类;②β-内酰胺类/β-内酰胺酶抑制剂单用或联合大环内酯类;③呼吸喹诺酮类。

【考点】老年社区获得性肺炎患者初始经验性治疗抗生素的选择

10.【答案】B

【解析】此题考查重症感染性发热患者血压下降原因的识别。该患者病情加重,高度怀疑重症肺炎,此时血压下降最大的可能是感染性休克。

【考点】重症感染性发热患者感染性休克的识别

11.【答案】B

【解析】此题考查昏迷患者的鉴别诊断。该患者老年、有高血压史、头痛、肢体活动障碍、神志不清、神经系统定位体征,最符合脑出血的诊断,但需进一步检查确定诊断。

【考点】昏迷患者的鉴别诊断

12.【答案】A

【解析】此题考查急性脑血管病鉴别诊断辅助检查方法的选择。考虑急性脑血管病致意识障碍者,辅助检查以头颅CT最为重要,急诊应用安全快速,且在起病时间即可判断是出血性还是缺血性脑血管病。

【考点】急性脑血管病鉴别诊断辅助检查方法的选择

13.【答案】E

【解析】此题考查社区医生接诊急性脑出血昏迷患者的正确处理方法。昏迷患者应保持呼吸道通畅,将头偏向一侧;留置胃管鼻饲饮食应在发病2~3d后进行;脑出血患者不要急于降压,应先降颅内压后,再根据血压情况决定是否血压治疗;应先评估患者生命体征并初步处理,再转诊。

【考点】社区医生接诊急性脑出血昏迷患者的正确处理

---

8. 该患者最可能的诊断是
- A. 社区获得性肺炎
- B. 肺脓肿
- C. 肺结核
- D. 支气管扩张并感染
- E. 肺癌并感染

9. 该患者初始经验性治疗,抗生素选择
- A. 青霉素类
- B. 大环内酯类
- C. 第二代头孢菌素
- D. 氨基糖苷类
- E. 碳青霉烯类

10. 该患者病情加重,高热不退,意识模糊,呼吸30次/min,血压70/50mmHg。血压下降最可能的原因是
- A. 失血性休克
- B. 感染性休克
- C. 过敏性休克
- D. 心源性休克
- E. 神经源性休克

(11~13题共用题干)

患者,男,66岁。独居。因"神志不清2h"就诊。2h前患者给女儿打电话诉头痛、右侧肢体无力。女儿来家发现患者倒地呼之不应,呕吐咖啡色胃内容物。既往高血压12年,糖尿病10年。查体:血压190/100mmHg,呼吸18次/min,SpO₂96%,双侧瞳孔直径4mm,对光反射灵敏,颈软无抵抗,四肢无自主活动,右侧巴宾斯基征阳性。

11. 该患者最可能的诊断是
- A. 大面积脑梗死
- B. 脑出血
- C. 蛛网膜下腔出血
- D. 短暂性脑缺血发作
- E. 低血糖昏迷

12. 鉴别该患者为脑出血或脑梗死,安全快速的首选检查方法是
- A. 头颅CT
- B. 头颅MRI
- C. 头颅DSA(数字减影血管造影)
- D. 腰椎穿刺
- E. 脑电图

13. 社区卫生服务中心接诊该患者,下列急诊处理正确的是
- A. 保持呼吸道通畅,仰卧位以仰头抬颏法开放气道
- B. 留置胃管,鼻饲饮食
- C. 积极应用降压药控制血压至140/80mmHg
- D. 因病情危重,立即联系转诊,之后迅速评估处理患者
- E. 初步评估处理后,及时与患者家属沟通,交代病情

（14~16题共用题干）

患者，女，82岁。肺癌晚期多发转移8个月，痰中带血3个月，今日因剧烈咳嗽后突发大咯血15min急诊就诊。来诊时患者神志尚清，可见大量鲜血经口鼻涌出。3min后患者惊恐不安，躁动挣扎，很快呼吸困难，发绀明显。血压150/90mmHg，心率120次/min，呼吸22次/min，SpO₂76%。

14. 该患者最可能发生的情况是
 A. 气胸　　　 B. 窒息　　　 C. 肺栓塞
 D. 休克　　　 E. 急性左心衰竭

15. 此时最关键的救治措施是
 A. 立即储氧面罩最大流量吸氧
 B. 立即无创呼吸机辅助通气
 C. 立即体位引流，气管插管吸出血液
 D. 立即胸腔穿刺抽出气体
 E. 立即大量补液及垂体后叶激素止血治疗

16. 该患者持续大量咯血，血压降至80/50mmHg。下列处理错误的是
 A. 加快输液速度，申请输血
 B. 加强药物止血
 C. 联系支气管镜止血
 D. 联系支气管动脉栓塞止血
 E. 请外科会诊急诊手术治疗

（17~19题共用题干）

患者，男，23岁。身高181cm，体重60kg，搬重物时突发左侧胸痛，呼吸困难。

17. 首先考虑的诊断是
 A. 急性心肌梗死　　 B. 主动脉夹层
 C. 肺栓塞　　　　　 D. 自发性气胸
 E. 支气管哮喘发作

18. 该患者查体时可以出现以下体征，除了
 A. 左肺呼吸音减低　　 B. 气管向右侧移位
 C. 左侧呼吸动度增加　 D. 触觉语颤减弱
 E. 左肺叩诊鼓音

19. 为明确诊断，最快速有效的辅助检查手段是
 A. 胸部X线片　　　 B. 血常规

14.【答案】B
【解析】此题主要考查大咯血患者发生窒息的判断。大咯血最致命的并发症就是窒息，对大咯血患者及家属应提前交代窒息可能及注意事项，医务人员同时做好窒息抢救的准备工作。
【考点】大咯血患者窒息的判断

15.【答案】C
【解析】此题考查大咯血患者发生窒息的紧急救治。其中最关键的措施是体位引流及气管插管，此时为无创呼吸机的禁忌证。
【考点】大咯血窒息的紧急救治

16.【答案】E
【解析】此题考查大咯血伴有血流动力学不稳定时的急诊救治。该患者肺癌晚期多发转移为外科手术禁忌证。
【考点】大咯血伴有血流动力学不稳定时的急诊救治

17.【答案】D
【解析】此题主要考查自发性气胸的好发人群。原发性自发性气胸多见于瘦高体形青壮年男性。
【考点】自发性气胸的好发人群

18.【答案】C
【解析】此题主要考查自发性气胸的体征。体征主要取决于积气量的多少和是否伴有胸腔积液。少量气胸体征不明显，听诊呼吸音减弱具有重要意义；大量气胸时，气管向健侧移位，患侧胸部隆起，呼吸运动与触觉语颤减弱，叩诊过清音或鼓音，心或肝浊音界缩小或消失；液气胸时，胸内有振水声；血气胸如失血量过多，可使血压下降，甚至发生失血性休克。
【考点】自发性气胸的体征和诊断要点

19.【答案】A
【解析】此题主要考查自发性气胸的诊断要点。立位后前位胸部X线片检查是诊断气胸的重要方法，可显示肺受压程度，肺内病变情况以及有无胸膜粘连、胸腔积液和纵隔移位等。必要时可摄侧位胸部X线片。气胸的典型表现为外凸形的细线条形阴影，称为气胸线，线外透亮度增高，无肺纹理，线内为压缩的肺组织。
【考点】自发性气胸的诊断要点

C. 心电图　　　　　　　　　D. 血气分析

E. 胸部 CT

(20~22 题共用题干)

患者,男,65 岁。突发呼吸困难 1h。既往:冠心病、陈旧性心肌梗死、PCI 术后、高血压、糖尿病。查体:血压 180/105mmHg,神清,端坐位,大汗,双肺可闻及湿啰音,心律不齐,S_1 强弱不等,心率 130 次/min,未闻及杂音,腹软,双下肢可凹性水肿。

20.【答案】A
【解析】急性左心衰竭的表现。
【考点】急性呼吸困难的常见病因——急性左心衰竭

20. 患者首先考虑的诊断是

A. 急性左心衰竭

B. 支气管哮喘

C. 慢性阻塞性肺疾病急性加重期(AECOPD)

D. 肺栓塞

E. 气胸

21.【答案】C
【解析】急性左心衰竭的处理原则:吸氧,心电监测,扩血管,利尿,必要时强心剂;常规处理无效者考虑呼吸机辅助通气、左心室辅助装置等;针对病因治疗,去除诱因等。
【考点】急性呼吸困难的处理要点

21. 以下治疗措施,最合适的是

A. 吸氧,监测,激素,抗生素

B. 吸氧,监测,抗生素,支气管扩张剂

C. 吸氧,监测,扩血管,利尿

D. 吸氧,监测,镇静,β 受体阻滞剂

E. 吸氧,监测,冠心病二级预防

22.【答案】A
【解析】该患者出现呼吸心跳骤停需立即启动 CPR,进行初级心肺复苏,同时呼叫 120 前来救治和转运。心肺复苏越及时,救治成功率越高。药物治疗不是主要抢救措施,如可获得 AED 也是治疗的一部分,但通常先进行心肺复苏。通过触诊大动脉搏动消失可初步判断心脏骤停,无须首选心电图以免耽误抢救时机。
【考点】院前急救心肺复苏

22. 患者治疗 1h 后症状无缓解,呼吸困难进行性加重;查体双肺满布干湿啰音,查体过程中突发意识丧失,呼之不应,触诊颈动脉搏动消失。此时最合理的处理措施是

A. 立即心肺复苏并呼叫急救车转上级医院

B. 立即给予毛花苷 C 静脉注射

C. 立即寻找自动体外除颤器(AED)除颤

D. 立即做心电图明确心率、心律

E. 立即乘坐私家车转上级医院,避免耽误时间

(23~25 题共用题干)

患者,女,62 岁。食欲缺乏、恶心呕吐 3d,呼吸困难 1h,伴有口干,少尿。既往:2 型糖尿病,近 1 周自行停用胰岛素治疗;冠心病;高血压。查体:神清,呼吸深快,口唇无发绀,双肺呼吸音粗,未闻及啰音,心律齐,心率 120 次/min,未闻及杂音,腹软,无压痛,双下肢不肿。

23.【答案】B
【解析】糖尿病酮症酸中毒(DKA)也是引起呼吸困难的常见病因之一,患者呼吸深快,呼气有烂苹果味。
【考点】急性呼吸困难的常见病因——DKA

23. 该患者查体最可能出现的是

A. 呼气有蒜味　　　　　　　B. 呼气有烂苹果味

C. 呼气有苦杏仁味　　　　　D. 呼气有酒精味

E. 呼气有尿素味

24. 为明确诊断,最重要的辅助检查是
    A. 血常规、胸部 X 线片　　B. 心电图、脑钠肽
    C. 心电图、TnI　　　　　　D. 血糖、尿常规
    E. 血生化、腹部超声

25. 关于该患者的治疗,说法**错误**的是
    A. 积极补液　　　　　　　 B. 小剂量胰岛素
    C. 必要时补碱　　　　　　 D. 一般不需要补钾
    E. 寻找诱因并处理

【案例分析题】

案例一:患者,男,65 岁。7h 前,晚餐后出现胸闷、气短、大汗淋漓,伴咳嗽、咳痰。其间自觉恶心,呕吐 1 次。呕吐后胸闷无明显缓解。无发热、寒战,无头晕、头痛,无胸痛。家中吸氧症状不缓解,急诊收入院。既往史:4 年前曾于外院行冠状脉介入治疗,植入支架 1 枚。吸烟 30 余年,每天 1 包。

提问 1:根据上述提供的病史,该患者可能的诊断有
    A. 急性左心衰竭　　　　　 B. 肺栓塞
    C. 支气管哮喘　　　　　　 D. AECOPD
    E. 消化性溃疡　　　　　　 F. 主动脉夹层

提问 2:还需要补充询问的病史包括
    A. 发病诱因　　　　　　　 B. 呼吸困难的特点
    C. 伴随症状　　　　　　　 D. 诊治经过
    E. 既往病史

提问 3:补充病史,2d 前患者追赶公共汽车后突发胸骨后闷痛,伴出汗,休息约 1h 略有好转,可步行回家。后活动耐量显著减低,步行约 200m 即感喘憋,休息及自行含服速效救心丸 10 粒后略有改善,未就医。于夜间感胸闷、气短,坐起后缓解。此次发作为端坐呼吸,呼吸急促,咳粉红色泡沫样痰,感恶心,伴呕吐胃容物 1 次,尿量减少,无发热、寒战,无胸痛、撕裂样疼痛及放射痛。发病以来,食欲缺乏,睡眠不佳。既往史:4 年前诊断心肌梗死,前降支植入支架。糖尿病病史 10 年,目前胰岛素治疗,未规律监测血糖。高血压病史 13 年,血压最高 200/130mmhg,口服氨氯地平 + 缬沙坦 + 氢氯噻嗪治疗。吸烟史 40 年,每日约 20 支,未戒烟。饮酒史 30 余年,高度白酒每日 200ml(4 两)左右,未戒酒。对磺胺类药物过敏,否认其他药物、食物等过敏史。查体需要重点关注的是
    A. 生命体征
    B. 肺部视诊、听诊
    C. 腹部(肝脏触诊)
    D. 心脏叩诊、听诊节律杂音,A2 与 P2 关系,颈静脉怒张
    E. 水肿(颜面、肢体)

24.【答案】D
　　【解析】糖尿病酮症酸中毒(DKA)的诊断中年,常规的血、尿化验即能提供充足的诊断依据。
　　【考点】DKA 的诊断要点

25.【答案】D
　　【解析】DKA 的处理要点:补液;小剂量胰岛素,监测血糖调整剂量;pH<7.10 者补碱;DKA 患者存在不同程度的失钾,所以有尿、无高钾血症患者均应补钾;积极处理 DKA 诱因。
　　【考点】DKA 的治疗原则

提问 1:【答案】ABCD
　　【解析】本题可使用排除法:消化性溃疡不会出现胸闷、气短;主动脉夹层会出现胸痛,但病例中未描述有胸痛;A、B、C、D 均可出现病例中提供的症状。
　　【考点】呼吸困难的鉴别诊断

提问 2:【答案】ABCDE
　　【解析】询问病史时仍需要详细询问发病诱因、症状、伴随症状、诊治经过、既往史,有助于进行初步诊断。
　　【考点】呼吸困难的诊断及鉴别诊断

提问 3:【答案】ABCDE
　　【解析】根据病史、查体不排除冠心病、急性左心衰竭可能,因此需要关注生命体征、心肺查体;腹部查体及水肿的检查排除有无心衰竭。
　　【考点】急性冠脉综合征、心力衰竭体格检查要点

提问4:【答案】ABCDEF
【解析】选项A、B、C、D、E、F均是急性心肌梗死、心力衰竭患者需要检查的项目。
【考点】急性冠脉综合征、心力衰竭的辅助检查

提问5:【答案】D
【解析】急性心肌梗死、左心衰竭属于危重症,建议进心内科重症监护病房(CCU)进行治疗。
【考点】急性心肌梗死的治疗地点

提问6:【答案】ABCDEFH
【解析】急性心肌梗死药物治疗:抗凝、β受体阻滞剂、双联抗血小板、扩冠、调脂、改善心肌重构,24h内不建议使用洋地黄。发病12h之内介入治疗首选,超过12h,如上述药物治疗不佳,出现心源性休克,最好在18h内行介入治疗。
【考点】急性心肌梗死的药物治疗及介入治疗时限

提问1:【答案】ABCDEG
【解析】此题考查发热患者病史询问要点。个人兴趣爱好不属于个人史内容,一般不作为要点特殊询问。
【考点】发热患者病史询问要点

提问2:【答案】ABCEFGH
【解析】此题考查发热患者体格检查要点。根据该患者年龄及病史,甲状腺触诊及神经系统定位体征目前不需作为体格检查要点。
【考点】发热患者体格检查要点

提问4:为明确诊断,需安排的辅助检查是
　　A. 心电图
　　B. TnI、脑钠肽
　　C. 血常规+C反应蛋白、电解质、肝肾功能
　　D. 血气分析
　　E. 胸部X线正侧位
　　F. 超声心动图

提问5:该患者确诊为急性前壁心肌梗死、急性左心衰竭,最适宜的治疗地点是
　　A. 医院急诊留观
　　B. 社区卫生服务中心观察室
　　C. 心内科病房
　　D. 心内科重症监护室
　　E. 呼吸科重症监护室

提问6:患者已入住CCU,心肌梗死已大于12h,最适宜的治疗是
　　A. 抗凝
　　B. β受体阻滞剂
　　C. 双联抗血小板
　　D. 扩冠
　　E. 调脂
　　F. 改善心肌重构
　　G. 洋地黄强心
　　H. 药物治疗效果不佳,可介入治疗开通血管

案例二:患者,女,30岁。职员。因"寒战、高热4d"急诊就诊。体温最高39℃,乏力明显,无咽痛、流涕,无咳嗽、咳痰,无腹痛、腹泻,无尿频、尿急、尿痛,食欲差,进食少。

提问1:接诊该患者,进一步询问的病史要点应包括
　　A. 起病情况(诱因、缓急等)
　　B. 有无发热接触史及传染病接触史
　　C. 热型(体温波动范围、发热为间歇还是持续等)
　　D. 有无头痛、关节痛、肌肉疼痛等伴随症状
　　E. 既往史
　　F. 平素个人兴趣爱好
　　G. 就诊前用药情况

提问2:该患者体格检查要点应包括
　　A. 生命体征
　　B. 营养状况,全身有无皮疹及感染灶
　　C. 淋巴结检查
　　D. 甲状腺触诊
　　E. 肺部叩诊、听诊
　　F. 心脏听诊

G. 腹部触诊

H. 四肢关节肌肉检查

I. 神经系统定位体征

提问3:为明确发热原因及评估病情,急诊初步检查应包括

A. 血常规   B. 尿常规

C. 血培养   D. 电解质

E. 肝肾功能   F. 自身抗体

G. 胸部 X 线片   H. 胸部 CT

I. 腹部超声

提问4:如该患者先去社区卫生服务中心就诊,查血常规:白细胞计数 17.7×10⁹/L,中性粒细胞百分比 90%。尿常规、胸部 X 线片、腹部超声均未见异常。下一步处理正确的是

A. 嘱患者休息,避免劳累

B. 进食粥等清淡流食,少食肉蛋类,多饮水

C. 广谱抗生素治疗

D. 因发热原因不明确,不宜用退热药

E. 指导患者物理降温方法

F. 因可排除传染病,无须居家隔离

G. 嘱患者 3d 内无缓解或加重,随时复诊

H. 治疗 3d 效果不佳,给予转诊

案例三:患者,男,63 岁,农民。因"刺激性咳嗽半年,痰中带血 1 周"来社区卫生服务中心就诊。患者近半年出现刺激性咳嗽,自以为与多年吸烟有关,未介意,未就诊。近 1 周开始出现痰中带血,咯血量少,鲜红色,无发热、胸痛及呼吸困难。自述近半年体重减轻约 5kg。既往史:平素身体健康,从未做过体检。吸烟 40 年,20~30 支/d。家族中无遗传病史,近亲属无肿瘤病史。

提问1:关于该患者咯血原因,下列疾病可能性大的是

A. 支气管扩张   B. 支气管肺癌

C. 肺结核   D. 肺炎球菌肺炎

E. 肺梗死   F. 二尖瓣狭窄肺淤血

G. 白血病

提问2:社区卫生服务中心初步检查血常规及凝血功能均正常,胸部 X 线片提示左肺门不规则团块影,心影不大。下一步处理正确的是

A. 嘱患者戒烟、服止血药、定期复查

B. 服用吗啡类镇咳药,以避免频繁咳嗽加重咯血

C. 请本社区卫生服务中心更有经验的医生会诊

D. 将患者纳入城市癌症筛查项目,3 个月后行免费胸部 CT 检查

E. 向患者及家属交代有咯血加重的可能

F. 向患者及家属交代一旦大咯血防止窒息的方法

提问3:【答案】ABCDEGI

【解析】此题考查发热患者急诊接诊初步检查的选择。自身抗体及胸部 CT 均不作为急诊接诊初步检查项目,如病情需要可安排作为进一步检查。

【考点】发热患者急诊接诊初步检查的选择

提问4:【答案】ACEGH

【解析】此题考查社区医生对原因不明发热患者的处理。发热患者应补充足够的蛋白质、能量和维生素;退热治疗可采用物理降温,也可给予退热药物;该患者发热原因不明,虽白细胞计数明显升高,也不能完全排除传染病的可能。

【考点】社区医生对原因不明发热患者的处理

提问1:【答案】ABC

【解析】此题考查咯血的发病原因及临床特点。患者老年男性,长期大量吸烟,刺激性咳嗽伴咯血,体重下降,高度怀疑呼吸系统疾病所致。肺炎球菌肺炎虽然可以出现咯血,但该患者发病及其他临床表现不符合肺炎球菌肺炎。

【考点】咯血的发病原因及临床特点

提问2:【答案】EFH

【解析】此题考查咯血患者的社区处理及转诊原则。该患者咯血伴肺部占位,符合转诊指征,不应择期检查或定期复查。原则上咯血患者不用镇咳药,如患者频繁剧烈咳嗽,可以适当镇咳,但不应使用吗啡类镇咳药。

【考点】咯血的社区处理及转诊原则

提问3:【答案】BEF

【解析】此题考查咯血病因诊断的辅助检查方法。血型为咯血患者应检查项目,但对咯血病因诊断没有帮助;痰培养加药敏主要针对呼吸道感染进行诊断和选择合适抗生素;短时间内复查胸部X线片无有效帮助;肺功能检查也无益于咯血病因诊断;超声心动图对心血管疾病致咯血的诊断有帮助,但该患者不需此项检查。

【考点】咯血病因诊断的辅助检查方法

提问1:【答案】ABCFGJ

【解析】AECOPD会出现生命体征不平稳,严重者意识模糊,缺氧可导致皮肤黏膜发绀;听诊双肺可闻及干啰音;心率偏快;需明确有无下肢水肿,与充血性心力衰竭鉴别。

【考点】急性呼吸困难,AECOPD

提问2:【答案】ACG

【解析】为诊断AECOPD并评估病情常进行的检查包括:血常规、胸部影像学检查、血气分析、心电图、肺功能、心脏超声等。最首选的是血常规、胸部X线片、血气分析。血常规:血红细胞计数及血细胞比容有助于了解红细胞增多症或有无出血。白细胞计数通常对了解肺部感染情况有一定帮助。部分患者肺部感染加重时白细胞计数可增高和/或出现中性粒细胞核左移。相当比例的慢性阻塞性肺气肿患者的气道、肺和血液中嗜酸性粒细胞增多。部分AECOPD患者的嗜酸性粒细胞、中性粒细胞以及其他炎症细胞数量同时增加。痰中嗜酸性粒细胞的存在与病毒感染易感有关。如果在急性加重时伴有痰或外周血中嗜酸性粒细胞增多,则对全身糖皮质激素治疗的反应性更好。胸部影像学检查:AECOPD患者就诊时,首先应行胸部影像学检查以鉴别是否合并胸腔积液、气胸与肺炎;胸部影像学检查也有助于AECOPD与其他具有类似症状的疾病鉴别,如肺水肿和胸腔积液等。动脉血气分析是评价加重期疾病严重度的重要指标。

【考点】急性呼吸困难,AECOPD

提问3:【答案】BEFGHIL

【解析】AECOPD的治疗低流量吸氧,避免氧浓度过高加重二氧化碳潴留,监测血气分析,必要时呼吸机辅助通气。吸入支气管扩张剂(沙丁胺醇、异丙托溴铵等)及激素,口服或静脉激素,根据病情选择抗生素,一般多静脉给药,酌情选用化痰药物。常规处理病情不缓解者尽早转上级医院。

【考点】急性呼吸困难,AECOPD

G. 向医院所属区疾控中心报告此病例

H. 转诊至上级医院

提问3:该患者咨询转诊后他需要做哪些检查明确咯血病因,下列检查中有帮助的是

A. 血型　　　　　　　B. 痰病理

C. 痰培养加药敏　　　D. 复查胸部X线片

E. 胸部CT　　　　　　F. 支气管镜检查

G. 肺功能检查　　　　H. 超声心动图

案例四:患者,男,74岁。咳嗽、咳痰伴呼吸困难2d。患者2d前无明显诱因出现咳嗽、咳痰,为黄白痰,自觉发热(体温未测),呼吸困难,活动后加重,自觉尿量较前无明显变化,无胸闷、胸痛、咯血等不适,自服头孢类抗生素(具体不详)及沙丁胺醇吸入后,症状无好转来诊。既往:慢性支气管炎病史,否认过敏史。否认高血压、糖尿病、心脏病史。

提问1:该患者查体时,需要重点关注的有

A. 生命体征　　　　　B. 神志

C. 皮肤黏膜发绀　　　D. 浅表淋巴结触诊

E. 脑膜刺激征　　　　F. 双肺听诊

G. 心脏听诊　　　　　H. 腹部触诊

I. 病理征　　　　　　J. 下肢水肿

提问2:为明确诊断并评估病情,该患者首先要进行的检查有

A. 血常规　　　　　　B. 腹部超声

C. 胸部X线片　　　　D. 下肢血管超声

E. 头颅CT　　　　　　F. 颈动脉超声

G. 血气分析　　　　　H. 心电图

提问3:血常规:白细胞计数 12.8×10^9/L,中性粒细胞百分比88%;血气分析:pH 7.42,$PaCO_2$ 55mmHg,PaO_2 65mmHg。下列适当的处理是

A. 高流量吸氧

B. 低流量吸氧

C. 立即应用无创呼吸机

D. 立即气管插管机械通气

E. 抗菌药物

F. 吸入激素

G. 吸入支气管扩张剂

H. 静脉应用激素

I. 化痰药物

J. 镇静剂

K. 镇咳药物

L. 必要时及时转上级医院

案例五:患者,女,26 岁。因"胸闷 1d"就诊。患者 1d 前出现胸闷、呼吸困难,伴有大汗,周身乏力,摔倒 1 次,无意识障碍及肢体活动障碍,无胸痛,无发热,无咳嗽咳痰,无少尿无水肿,无夜间阵发性呼吸困难。查体:脉搏 135 次 /min,呼吸 30 次 /min,血压 109/76mmHg,血氧饱和度 91%(未吸氧)。神清,口唇发绀,呼吸浅快,双肺呼吸音清,未闻及干湿啰音,心音有力,心律齐,未闻及杂音;腹软,双下肢不对称肿胀,左侧为著。胸部 X 线片:双肺、心、膈未见明显异常。

提问 1:该患者询问病史时,需要重点关注的有

    A. 近期上呼吸道感染病史

    B. 近期骨折病史

    C. 近期下肢制动病史

    D. 口服避孕药病史

    E. 下肢不对称、肿胀病史

    F. 发作性呼吸困难病史

    G. 长期慢性咳嗽、咳痰病史

    H. 体力劳动时胸痛病史

    I. 关节痛病史

    J. 雷诺现象

提问 2:为明确诊断并评估病情,该患者首先要进行的检查有

    A. 血常规   B. TnI/ 脑钠肽

    C. CTPA   D. 下肢血管超声

    E. 超声心动图   F. D- 二聚体

    G. 血气分析   H. 心电图

    I. 尿常规   J. 尿妊娠试验

    K. 便常规 + 隐血

提问 3:患者双下肢不对称肿胀。D- 二聚体 2.2mg/L;血气分析:pH7.56,$PaCO_2$ 22mmHg,PaO_2 61mmHg,SaO_2 91%(未吸氧)。下列适当的处理有

    A. 吸氧   B. 下肢制动

    C. 带口服药回家   D. 转上级医院完善 CTPA

    E. 抗菌药物   F. 抗焦虑药物

    G. 营养心肌药物   H. 抗凝血药物

    I. 化痰药物

提问 1:【答案】ABCDE

【解析】此题需了解肺栓塞的常见诱因,肺栓塞的危险因素分为原发性和继发性。原发性多与遗传变异相关,如抗磷脂抗体综合征、蛋白 S 缺乏、蛋白 C 缺乏等;继发性常见的有创伤、骨折、外科手术后、肾病综合征、吸烟、妊娠 / 产褥期、血小板异常、恶性肿瘤、深静脉置管、肥胖、长期卧床、长途飞行或乘车旅行、口服避孕药等。肺栓塞症状多样,缺乏特异性,常见症状有:不明原因呼吸困难、气促,活动后加重,胸痛,晕厥,咯血,心悸等。

【考点】急性呼吸困难,肺栓塞

提问 2:【答案】ABCDEFGH

【解析】肺栓塞辅助检查(补充)怀疑肺栓塞时,应查 D- 二聚体,如阴性可基本排除;此外,还需要查心电图、血气分析、心肌损伤标志物、超声心动图、下肢血管超声等,有助于评估病情,寻找栓子来源,CT 肺动脉造影(CTPA)可明确诊断。

【考点】急性呼吸困难,肺栓塞

提问 3:【答案】ABDH

【解析】肺栓塞的病情评估转诊和治疗。根据危险分层决定治疗方案,无禁忌证者立即开始抗凝治疗。有下肢静脉血栓者下肢制动,有抗凝禁忌者可考虑下腔静脉滤器。高危肺栓塞患者,如无禁忌证,应考虑静脉溶栓。

【考点】急性呼吸困难,肺栓塞

第六章　外科疾病

1.【答案】B
　【解析】此题主要考查丹毒的致病菌。该病的致病菌为乙型溶血性链球菌。
　【考点】丹毒的致病菌

2.【答案】D
　【解析】此题主要考查破伤风患者临床表现。破伤风患者典型症状是在肌紧张性收缩的基础上阵发性强烈痉挛，最先受影响的肌群是咬肌，膈肌受影响时可出现呼吸暂停，声、光、接触、饮水等刺激可诱发，强烈的肌痉挛可能发生骨折，发作时患者神志清楚。
　【考点】破伤风的临床表现

3.【答案】A
　【解析】此题主要考查等渗性缺水补液。等渗盐水中 Cl⁻ 含量比血清 Cl⁻ 含量高 50mmol/L，大量输入后可导致高氯性酸中毒，纠正缺水后，排钾量有所增加，血清 K⁺ 也因细胞外液量的增加而被稀释降低，可能出现低钾血症。
　【考点】等渗性缺水补液

4.【答案】B
　【解析】此题主要考查代谢性碱中毒发生机制。长期胃肠减压的患者可丧失大量的 H⁺ 和 Cl⁻，肠液中的 HCO₃⁻ 不能被 H⁺ 中和被重吸收入血，使血浆 HCO₃⁻ 增加，Cl⁻ 的丢失使肾远曲小管代偿性的重吸收 HCO₃⁻ 增加，导致碱中毒。大量胃液的丧失也丢失了 Na⁺，K⁺ 和 Na⁺ 交换增加，H⁺ 和 Na⁺ 交换增加，排出了 H⁺ 和 K⁺，造成了低钾血症。
　【考点】酸碱平衡失调

5.【答案】D
　【解析】此题主要考查甲状腺功能亢进患者手术适应证和禁忌证。青少年患者为手术禁忌证。
　【考点】甲状腺功能亢进患者手术适应证

【A1 型题】

1. 丹毒的致病菌是
   A. 梭状杆菌
   B. 乙型溶血性链球菌
   C. 金黄色葡萄球菌
   D. 铜绿假单胞菌
   E. 大肠埃希菌

2. 关于破伤风的临床表现，错误的描述是
   A. 咬肌的强烈收缩最早出现
   B. 声音刺激可能诱发全身肌肉痉挛
   C. 可出现呼吸暂停
   D. 严重者神志不清
   E. 可能发生骨折

3. 仅大量输入等渗盐水纠正等渗性缺水时，可能导致
   A. 高氯血症
   B. 高钾血症
   C. 高钠血症
   D. 水过多
   E. 代谢性碱中毒

4. 长期胃肠减压患者易发生的是
   A. 高钾血症、代谢性碱中毒
   B. 低钾血症、代谢性碱中毒
   C. 高氯血症、代谢性碱中毒
   D. 高钾血症、代谢性酸中毒
   E. 低钾血症、代谢性酸中毒

5. 不适宜施行甲状腺大部切除术的是
   A. 自主性高功能性甲状腺腺瘤
   B. 妊娠中期重度甲亢
   C. 胸骨后甲状腺肿伴甲亢
   D. 青少年原发性甲亢
   E. 中度 Graves 病

6. 关于乳腺脓肿切开引流处理,正确的是
   A. 浅部脓肿沿乳房表面做弧形切口
   B. 深部脓肿沿乳房上缘做弧形切口
   C. 乳晕下脓肿沿乳晕边缘做弧形切口
   D. 可在脓腔中部另加切口做对口引流
   E. 切开乳腺导管做充分引流

7. 乳头鲜红色血性溢液最常见于
   A. 乳腺囊性增生病　　　　B. 乳房纤维腺瘤
   C. 乳管内乳头状瘤　　　　D. 乳房肉瘤
   E. 乳腺癌

8. 乳腺癌患者皮肤出现"酒窝征"的原因是
   A. 肿瘤侵入了乳管
   B. 肿瘤累及 Cooper 韧带
   C. 癌细胞堵塞了皮下淋巴管
   D. 肿瘤侵犯了胸肌
   E. 肿瘤侵犯了局部皮肤

9. 关于腹股沟疝,描述正确的是
   A. 直疝疝囊在精索的前外方
   B. 斜疝疝囊颈在腹壁下动脉外侧
   C. 斜疝由腹股沟管突出,不进入阴囊
   D. 直疝疝块回纳后压住深环,疝块不再突出
   E. 斜疝疝块外形多呈半球形,基底宽

10. 关于绞窄性疝的治疗,错误的是
    A. 探查肠管未坏死,可将其送回腹腔
    B. 肠管坏死较广泛,应做肠切除吻合术
    C. 切除坏死肠管,同时行疝修补术
    D. 仔细探查肠管,必要时另作切口探查
    E. 绞窄的内容物为大网膜时,应予以切除

11. 阑尾切除术后最常见的并发症是
    A. 出血　　　　　　　　B. 腹腔脓肿
    C. 粘连性肠梗阻　　　　D. 切口感染
    E. 盲肠瘘

12. 肠梗阻的典型临床表现是
    A. 腹痛、呕吐、腹胀、停止排便排气
    B. 腹痛、腹胀、肠型、肠鸣音减弱
    C. 腹痛、呕血、腹胀、肠鸣音亢进

6. 【答案】C
   【解析】此题主要考查乳腺脓肿切开引流。为避免损伤乳管而形成乳瘘,应做放射状切开,乳晕下脓肿应沿乳晕边缘做弧形切口,深部脓肿可沿乳房下缘做弧形切口,脓腔较大时,可在脓腔的最低部位另加切口做对口引流。
   【考点】乳腺脓肿切开引流

7. 【答案】C
   【解析】此题主要考查乳管内乳头状瘤临床表现。该病最常见的临床表现为乳头溢液,可为血性、棕黄色或黄色液体。
   【考点】乳管内乳头状瘤临床表现

8. 【答案】B
   【解析】此题主要考查乳腺癌临床表现。该病早期表现为乳房无痛、单发的小肿块,若累及乳房悬韧带(Cooper 韧带),可使其缩短而致肿瘤表面皮肤凹陷,出现"酒窝征"。
   【考点】乳腺癌的临床表现

9. 【答案】B
   【解析】此题主要考查腹股沟斜疝和直疝的鉴别。腹股沟斜疝多呈椭圆或梨形,疝囊颈在腹壁下动脉外侧,由腹股沟管突出,可进入阴囊;直疝疝块多呈半球形,精索在疝囊前外方,疝块回纳后压住深环,疝块仍可突出。
   【考点】斜疝和直疝的鉴别

10. 【答案】C
    【解析】此题主要考查绞窄性疝的处理原则。施行肠切除吻合术的患者,因手术区污染,不同时做疝修补术,以免因感染而导致手术失败。
    【考点】绞窄性疝的处理原则

11. 【答案】D
    【解析】此题主要考查阑尾炎切除术后并发症。阑尾炎术后并发症包括出血、切口感染、粘连性肠梗阻、阑尾残株炎和粪瘘,其中以切口感染最常见。腹腔脓肿为急性阑尾炎的并发症。
    【考点】阑尾炎切除术后并发症

12. 【答案】A
    【解析】此题主要考查肠梗阻的典型临床表现。该病的典型临床表现为腹痛、呕吐、腹胀、肛门停止排便排气。
    【考点】肠梗阻的典型临床表现

D. 腹痛、呕吐、停止排便排气、肠鸣音亢进

E. 腹痛、呕血、肠型、停止排便排气

13.【答案】E

【解析】此题主要考查肠梗阻的典型临床表现。该病 X 线检查可见膨胀突出的孤立性肠袢,不随时间而改变位置。

【考点】绞窄性肠梗阻的临床表现

13. 关于绞窄性肠梗阻临床表现,**错误**的是

A. 有腹膜刺激征

B. 呕吐血性液体

C. 腹胀不对称,可有局部隆起的肿块

D. 腹痛严重持续不缓解

E. X 线检查可见膨胀突出的孤立性肠袢,随时间而改变位置

14.【答案】B

【解析】此题主要考查溃疡病穿孔的最典型体征。溃疡穿孔后酸性胃内容物流入腹腔,引起化学性腹膜炎,腹肌紧张呈板状腹。

【考点】溃疡病穿孔的体征

14. 溃疡病穿孔的最典型体征是

A. 全腹压痛　　B. 板状腹　　　　C. 肝浊音界缩小

D. 肠鸣音亢进　　E. 腹式呼吸减弱

15.【答案】D

【解析】此题主要考查查科(Charcot)三联征。胆外胆管结石继发胆管炎时,可出现典型的 Charcot 三联征:腹痛、寒战高热、黄疸。

【考点】Charcot 三联征

15. Charcot 三联征是指

A. 腹痛、寒战高热、呕吐　　B. 腹痛、腹泻、休克

C. 腹痛、呕吐、黄疸　　　　D. 腹痛、寒战高热、黄疸

E. 腹痛、黄疸、休克

16.【答案】C

【解析】此题主要考查胆道蛔虫病的临床表现。该病的特点为"症征不符",常伴发剑突下钻顶样剧烈绞痛,但腹部体征较轻,仅有右上腹或剑突下深压痛。

【考点】胆道蛔虫病的临床表现

16. 关于胆道蛔虫病的临床表现,下列**错误**的是

A. 剑突下钻顶样剧痛

B. 疼痛呈间歇性发作

C. 右上腹有明显的腹膜刺激征

D. 可出现黄疸

E. 伴有恶心、呕吐

17.【答案】D

【解析】此题主要考查 T 管拔除指征。术后 10~14d 行 T 管造影,如胆道通畅,夹闭 T 管 24~48h,无腹痛、黄疸、发热等症状可予以拔管。

【考点】T 管拔除指征

17. 胆总管切开取石术后,可拔除 T 管的是

A. 术后 7d,伤口拆线,体温正常

B. 术后 7d,黄疸消退,引流减少

C. 术后 10d,引流减少,体温正常

D. 术后 14d,黄疸消退,造影通畅

E. 术后 14d,黄疸消退,引流减少

18.【答案】E

【解析】此题主要考查重症急性胰腺炎的诊断。腹部增强 CT 能诊断急性胰腺炎,鉴别是否合并胰腺组织坏死,是诊断出血坏死性胰腺炎最有意义的检查。

【考点】重症急性胰腺炎诊断

18. 对急性重症胰腺炎最具诊断价值的检查是

A. 血淀粉酶检测　　　　B. 尿淀粉酶检测

C. 腹部超声　　　　　　D. 立位腹部 X 线片

E. 腹部增强 CT

19.【答案】C

【解析】此题主要考查急性胰腺炎手术适应证。胰腺和胰周坏死组织继发感染、伴胆总管下端梗阻,合并肠穿孔或胰腺假性囊肿是该病的手术适应证。

【考点】急性胰腺炎治疗原则

19. 急性胰腺炎手术适应证**不包括**

A. 继发性胰腺脓肿　　　　B. 胰腺假性囊肿

C. 急性水肿性胰腺炎　　　D. 胆源性胰腺炎

E. 多次反复发作胰腺炎

20. Ⅰ度内痔的临床表现是
    A. 肛门疼痛伴血便　　　　B. 间歇性便后出血
    C. 肛门瘙痒　　　　　　　D. 肛门部位下坠感
    E. 便血伴有痔块脱出

21. 下肢静脉曲张最容易发生皮肤溃疡的部位是
    A. 足背部　　　　　　　　B. 小腿中 1/3 内侧
    C. 小腿中 1/3 外侧　　　　D. 小腿下 1/3 内侧
    E. 小腿下 1/3 外侧

22. 患者,女,40岁。原因不明外伤,被抬入急诊,昏迷,下肢有创
    口及血迹。应首先
    A. 了解致伤的原因和作用部位
    B. 了解症状及演变过程
    C. 观察呼吸、血压、心率、瞳孔
    D. 详细查损伤局部情况
    E. 仔细查伤口及创面

23. 成人,体重 60kg,面颈部、双上肢Ⅱ度烧伤,第一个 24h 应
    补液
    A. 2 160ml　　　　B. 3 380ml　　　　C. 4 160ml
    D. 4 880ml　　　　E. 4 500ml

24. 急性尿潴留病因中,属于机械性梗阻的是
    A. 外伤高位截瘫　　　　　B. 良性前列腺增生
    C. 腰椎麻醉术后　　　　　D. 神经源性膀胱
    E. 使用阿托品

25. 肾盂结石 1.5cm,表面光滑,输尿管通畅,首选的治疗方法是
    A. 体外冲击波碎石
    B. 肾盂切开取石
    C. 肾实质切开取石
    D. 药物排石
    E. 肾镜取石

26. 肱骨中、下 1/3 处骨折时,患者可能出现的表现是
    A. 爪形手、环指(无名指)屈曲障碍
    B. 垂腕、虎口区感觉障碍
    C. 拇指屈曲、对掌障碍
    D. 前壁外侧皮肤感觉障碍
    E. 拇指、示指、中指皮肤感觉障碍

20.【答案】B
　【解析】此题主要考查内痔的临床表现。间歇性便后出血是内痔的常见临床表现,Ⅰ度内痔无痔块脱出。
　【考点】内痔的临床表现

21.【答案】D
　【解析】此题主要考查下肢静脉曲张的临床表现。由于静脉高压、血液淤滞,溃疡好发部位为小腿远侧 1/3 内踝上方。
　【考点】下肢静脉曲张临床表现

22.【答案】C
　【解析】此题主要考查创伤急救原则。创伤急救可分五个步骤进行,首要的是观察呼吸、血压、心率、意识和瞳孔等生命体征,迅速评估伤情。
　【考点】创伤急救原则

23.【答案】C
　【解析】此题主要烧伤补液治疗原则。面颈部、双上肢烧伤,烧伤面积为 3%+3%+7%+6%+5%=24%;第一个 24h 补液量计算方法:成人每个 1% Ⅱ度烧伤面积每公斤体重补充胶体液 0.5ml 和电解质液 1ml,另加基础水分 2 000ml。故该患者第一个 24h 补液量 24×60×1.5+2 000=4 160ml。
　【考点】烧伤补液治疗原则

24.【答案】B
　【解析】此题主要考查急性尿潴留病因。引起该病的原因分机械性梗阻和动力性梗阻。机械性梗阻是指膀胱出口、尿道有器质性梗阻病变,如前列腺增生、尿道结石、尿道狭窄等。
　【考点】急性尿潴留病因

25.【答案】A
　【解析】此题主要考查尿路结石的治疗原则掌握。治疗直径≤2cm 的肾结石及输尿管上段结石,无尿路梗阻等禁忌证情况下,首选体外冲击波碎石。
　【考点】尿路结石的治疗

26.【答案】B
　【解析】此题主要考查肱骨中下 1/3 骨折临床表现。肱骨中下 1/3 后外侧有桡神经沟,桡神经自后方紧贴骨面向外前方进入前臂,此处骨折可能损伤桡神经,出现垂腕、前臂旋后障碍、手背桡侧皮肤感觉障碍。
　【考点】肱骨中下 1/3 骨折

27.【答案】D

【解析】此题主要考查髋关节脱位的临床表现。髋关节后脱位的典型表现为患肢缩短，髋关节屈曲、内收、内旋畸形；髋关节前脱位表现为髋关节屈曲、外展、外旋畸形。

【考点】髋关节后脱位的临床表现

28.【答案】E

【解析】此题主要考查慢性骨髓炎的典型 X 线表现。该病早期表现为虫蚀样骨破坏、骨质疏松，并逐渐出现硬化区，晚期可有死骨、无效腔形成。

【考点】慢性骨髓炎的典型 X 线表现

29.【答案】C

【解析】此题主要考查颈椎病的治疗原则。牵引治疗可缓解肌痉挛，减小椎间盘压力，减少对神经根的刺激，缓解症状，适合于神经根型、椎动脉型、交感神经型颈椎病。脊髓型颈椎病禁用牵引治疗，否则易导致脊髓损伤。

【考点】颈椎病的治疗

30.【答案】A

【解析】此题主要考查手术区准备原则。手术区准备消毒时，应由手术区中心部向外周消毒，感染手术部位，应从手术区外周涂向感染处；消毒范围要包括切口周围15cm的区域；如有切口延长的可能应相应扩大皮肤消毒范围；手术切口周围必须覆盖四层或四层以上的无菌巾。

【考点】手术区准备

31.【答案】C

【解析】此题主要考查手术中无菌原则。手术人员穿无菌衣和戴无菌手套之后，个人无菌空间为肩部以下、腰部以上的身前区、双侧手臂；手术台铺设无菌单后，台面范围为无菌区。

【考点】手术中的无菌原则

1.【答案】E

【解析】儿童计划免疫包括了百白破疫苗的注射，注射后人体产生了对破伤风杆菌的主动免疫，因此除规范处理伤口外，不需进行其他处理。

【考点】外科感染

---

27. 髋关节后脱位时，患肢呈现的典型畸形是

    A. 髋关节伸直、内收、外旋畸形

    B. 髋关节伸直、外展、内旋畸形

    C. 髋关节屈曲、外展、内旋畸形

    D. 髋关节屈曲、内收、内旋畸形

    E. 髋关节屈曲、内收、外旋畸形

28. 慢性骨髓炎的典型 X 线表现是

    A. 肥皂泡样改变

    B. 骨膜呈现"洋葱皮"现象

    C. Codman 三角

    D. 骨性病变自干骺端向一侧突出

    E. 虫蚀样骨破坏与骨质疏松并硬化

29. **不适合**牵引治疗的颈椎病类型是

    A. 神经根型　　　　B. 椎动脉型　　　　C. 脊髓型

    D. 交感神经型　　　E. 混合型

30. 患者手术区准备时，正确的方式为

    A. 感染伤口手术，应自手术区外周向伤口处涂擦药液

    B. 手术区皮肤消毒范围要包括手术切口周围 10cm 的区域

    C. 已经接触污染部位的药液纱布，可以再返擦清洁处

    D. 如手术时有延长切口的可能，也不必扩大消毒范围

    E. 手术切口周围必须覆盖两层或两层以上的无菌巾

31. 手术人员穿无菌手术衣和戴无菌手套后，能够用手接触的部位是

    A. 背部　　　　　　　　B. 腰部以下部位

    C. 前胸部　　　　　　　D. 肩部以上部位

    E. 手术台边缘以下的布单

【A2 型题】

1. 患者，男，7 岁。左前臂锐器划伤 4h。既往：规律计划免疫，无过敏。查体：伤口长度 2cm，边缘较规整，深度达真皮层，污染不重，出血不多。左前臂 X 线片未见骨折及异物。未预防破伤风感染，除规范处理伤口外，还应进行的处理是

    A. 注射破伤风类毒素 0.5ml

    B. 注射破伤风免疫球蛋白 250IU

    C. 注射破伤风抗毒素 1 500IU

    D. 注射青霉素

    E. 不需其他处理

2. 患者,男,42 岁。肛周疼痛伴发热 1 周,逐渐加重,体温最高 38.9℃。抗感染治疗后缓解不明显,近 3d 出现会阴部肿胀、皮温高,累及右大腿内侧。既往:糖尿病,血糖控制不满意。查体:会阴部皮肤肿胀、皮温升高,肛门右侧为著,延伸至右大腿内侧,无明显波动感,有握雪感。CT 提示会阴部及右大腿内侧广泛皮下感染伴积气,未见明确脓肿形成。应警惕发生的疾病是

   A. 肛瘘   B. 疖   C. 痈

   D. 坏死性肌膜炎   E. 肛周脓肿

2.【答案】D

【解析】患者皮下广泛感染,加重较快,伴有皮下积气,应警惕坏死性肌膜炎。

【考点】外科感染

3. 患者,男,48 岁。甲状腺术后 4d,术中情况具体不详,病理结果未出。半天来感嘴麻、脚麻、手麻,偶有面部、头皮抽搐。无呼吸困难、饮水呛咳,无声音嘶哑,无发热。既往:高血压,余无特殊。查体:颈部伤口外观干燥,局部无明显肿胀。最可能的病因是

   A. 低磷血症   B. 低钙血症   C. 低钾血症

   D. 低钠血症   E. 低镁血症

3.【答案】B

【解析】患者甲状腺术后,出现面手足麻伴有抽搐,首先考虑甲状旁腺损伤导致低钙血症。

【考点】水电解质紊乱

4. 患者,女,30 岁。体检发现颈部结节 1 周,无疼痛,无呼吸困难,无吞咽困难,无声音嘶哑,无饮水呛咳。既往体健。查体:甲状软骨下方右侧可及一质韧结节,大小约 0.9cm,无压痛,不随吞咽上下移动,伸舌时向上移动。最可能的诊断是

   A. 甲状腺结节   B. 颈部淋巴结核

   C. 颈部淋巴结肿瘤   D. 颈部血肿

   E. 舌管囊肿

4.【答案】E

【解析】年轻患者,颈部结节,无不适,结节跟随伸舌运动而移动,首先考虑舌管囊肿。

【考点】颈部肿块

5. 患者,女,31 岁。右乳疼痛 2d,发热 4h,体温最高 39.1℃,伴有寒战。既往体健,无过敏,顺产后 2 个月,母乳喂养。查体:体温 38.8℃,双乳皮肤未见红肿,右乳可及 3cm×4cm 包块,有压痛,无波动感,双侧腋下淋巴结轻度肿大。血常规:白细胞计数 $12×10^9/L$,中性粒细胞百分比 86%。最可能的诊断是

   A. 乳腺癌   B. 浆细胞性乳腺炎

   C. 哺乳期乳腺炎   D. 乳腺纤维腺瘤

   E. 淋巴瘤

5.【答案】C

【解析】哺乳期女性,乳腺疼痛伴发热,首先考虑哺乳期乳腺炎。

【考点】乳房疾病

6. 患者,女,66 岁。左乳肿物 1 个月,无疼痛,无乳头溢液。查体:左乳外上象限 3cm×4cm×2.5cm 肿物,质地硬,表面不光滑,活动度小,界限不清,右腋下可触及淋巴结。初步诊断是

   A. 乳管内乳头状瘤   B. 乳房纤维腺瘤

   C. 乳腺囊性增生病   D. 乳腺癌

   E. 乳腺炎

6.【答案】D

【解析】老年女性,无痛性乳腺肿物,质地硬,表面不光滑,首先考虑乳腺癌。

【考点】乳房疾病

7.【答案】C

【解析】患者考虑嵌顿疝,嵌顿时间短,无腹膜炎;血常规白细胞正常;且基础病多、口服抗血小板药物;手术风险大,应首先尝试嵌顿疝手法还纳。

【考点】腹外疝的诊治

7. 患者,男,77岁。右阴囊可复性肿物14年,不能还纳3h,伴恶心。既往:高血压、糖尿病、冠心病,2个月前急性心肌梗死行经皮冠脉介入术(PCI),口服阿司匹林和氯吡格雷。查体:心率74次/min,血压150/105mmHg,体温36.8℃,右阴囊肿大,局部压痛,阴囊听诊有肠鸣音,腹部无压痛。血常规:白细胞计数8.5×10⁹/L,中性粒细胞百分比77%。应进行的处理是

A. 立即手术治疗　　　　　B. 胃肠减压

C. 尝试手法还纳　　　　　D. 继续观察

E. 导尿

8.【答案】B

【解析】患者腹股沟区可复性肿物,不进入阴囊,首先考虑腹股沟直疝。

【考点】腹外疝的诊断

8. 患者,男,72岁。左侧腹股沟区可复性肿块6年。查体:站立时,左侧耻骨结节上外方出现4cm×4cm半球形肿物,未进入阴囊,平卧后消失。最可能的诊断是

A. 股疝　　　　　B. 腹股沟直疝　　　　　C. 隐睾

D. 腹股沟斜疝　　　　　E. 鞘膜积液

9.【答案】E

【解析】青年男性,右下腹持续性疼痛伴发热,查体右下腹局限性腹膜炎,尿常规正常,首先考虑急性阑尾炎。

【考点】阑尾炎的诊断

9. 患者,男,25岁。10h前无明显诱因出现右下腹痛,持续性,逐渐加重,伴恶心,伴里急后重感,无腹泻。6h前出现发热,体温最高38.5℃。无腰痛、无肩背部疼痛。既往体健,无类似发作病史。查体:血压120/75mmHg,心率108次/min,体温38.2℃,腹平坦,肠鸣音1次/min,腹软,耻骨上区偏右处压痛,反跳痛可疑,局部似有肌紧张。血常规:白细胞计数18×10⁹/L,中性粒细胞百分比87%。尿常规正常。初步诊断是

A. 消化道穿孔　　　　　B. 泌尿系结石　　　　　C. 尿路感染

D. 胃肠炎　　　　　E. 急性阑尾炎

10.【答案】C

【解析】右下腹持续性疼痛伴发热,查体右下腹局限性腹膜炎,首先考虑急性阑尾炎;超声有可能看不到肿大阑尾,不能否定阑尾炎诊断,但超声未提示右下腹脓肿,且患者病史仅2d,应考虑手术治疗。

【考点】阑尾炎的治疗

10. 患者,男,36岁。右下腹持续性疼痛2d,逐渐加重。口服头孢克洛后无明显缓解,2h前出现发热37.6℃。无尿急、尿频、尿痛,无腹泻。既往体健,无类似发作病史。查体:血压120/70mmHg,心率102次/min,体温38.0℃,腹平坦,肠鸣音1次/min,腹软,右下腹压痛,反跳痛可疑,似有肌紧张。血常规:白细胞计数14×10⁹/L,中性粒细胞百分比85%。超声提示右下腹少量积液。首选的治疗是

A. 口服抗生素观察　　　　　B. 静脉使用抗生素观察

C. 手术治疗　　　　　D. 超声引导穿刺引流

E. 退热镇痛后观察

11.【答案】A

【解析】患者有疼、吐、胀、闭表现,考虑为肠梗阻。胃大部切除术后患者,进食山楂、柿子、枣等高鞣酸食物后,易形成粪石引发肠梗阻。

【考点】肠梗阻的发病原因

11. 患者,男,59岁。吃糖葫芦后下腹胀痛1d,阵发性加重,伴恶心,呕吐少量胃内容物,1d来未排便,排气有减少。既往:高血压,胃癌行胃大部切除术后3年,术后恢复良好,未发作过肠梗阻。查体:血压135/90mmHg,心率92次/min,体温36.3℃,腹略胀,肠鸣音5次/min,调略高,全腹轻压痛,无

肌紧张。血常规:白细胞计数 11×10^9/L,中性粒细胞百分比 83%。最可能的发病原因是
A. 粪石形成　　B. 术后肠粘连　　C. 内疝
D. 肿瘤复发　　E. 肠扭转

12. 患者,女,74 岁。1 周未排便,排气困难且排气有减少,感腹胀,有阵发性腹部绞痛。既往:高血压,便秘 15 年。查体:体温 36.7℃,腹胀,肠鸣音 5 次 /min,有气过水声,全腹轻压痛,无肌紧张。血常规:白细胞计数 8×10^9/L,中性粒细胞百分比 82%。立位腹部 X 线片:结肠内容物较多,中下腹可见巨大扩张的结肠肠襻,呈倒"U"形。最可能的发病原因是
A. 粪石形成　　B. 肠粘连　　C. 内疝
D. 肠缺血　　E. 肠扭转

13. 患者,男,36 岁。进食后突发上腹剧烈疼痛 4h,持续性、恶心未呕吐。既往:反酸、烧心 2 年,体检发现血压升高,均未就诊。查体:血压 145/85mmHg,心率 102 次 /min,体温 37.4℃,强迫体位,腹平坦,肠鸣音未及,全腹压痛拒按,肌紧张。血常规:白细胞计数 16×10^9/L,中性粒细胞百分比 88%。立位腹部 X 线片:双膈下未见游离气体,腹部散在气液平面,不全肠梗阻不除外。对明确诊断最有价值的检查是
A. 腹部超声　　　　B. 腹部 CT
C. 急诊胃镜　　　　D. 上消化道造影
E. 内镜逆行胰胆管造影术

14. 患者,男,26 岁。进食后突发上腹剧烈疼痛 6h,快速进展为全腹剧痛,持续性。查体:血压 125/80mmHg,心率 102 次 /min,体温 37.0℃,强迫体位,肠鸣音未及,全腹压痛拒按,肌紧张。血常规:白细胞计数 14×10^9/L,中性粒细胞百分比 88%。立位腹部 X 线片:右膈下可见新月形游离气体影。最佳的治疗方法为
A. 手术治疗
B. 禁食、抗感染、补液、抑酸、观察
C. 洗胃
D. 下胃管、禁食、补液、观察
E. 腹腔穿刺引流

15. 患者,男,36 岁。饮酒后上腹痛 4d,自服左氧氟沙星后腹痛略有缓解。发热 1d,体温 38.2℃。既往:胆囊结石 4 年,反复发作胆囊炎,最近 1 次为 1 个月前,外院输液 1 周。查体:体温 37.8℃,腹平坦,右上腹饱满,压痛明显,局部肌紧张。血常规:白细胞计数 19×10^9/L,中性粒细胞百分比 91%,谷丙转氨酶 15IU/L,谷草转氨酶 25IU/L,总胆红素 170μmol/L,淀

12.【答案】E
【解析】患者既往便秘多年,可能存在乙状结肠冗长。此次排气减少、腹胀、肠鸣音有气过水声,考虑存在机械性肠梗阻。立位腹部X线片可见倒"U"形巨大扩张的结肠肠襻,考虑为乙状结肠扭转。
【考点】肠梗阻的发病原因

13.【答案】B
【解析】患者既往反酸、烧心,为可疑消化性溃疡症状,突发剧烈上腹痛,查体全腹压痛拒按,应考虑消化性溃疡穿孔。受多种因素影响,消化道穿孔患者立位腹部X线片可能看不到典型膈下游离气体,应考虑行腹部CT明确诊断。
【考点】溃疡病穿孔的诊断

14.【答案】A
【解析】患者突发上腹痛,查体全腹腹膜炎,立位腹部X线片可见膈下游离气体影,消化道穿孔诊断明确。患者年轻,无明确基础疾病,且穿孔非空腹穿孔,应该优先选择手术治疗。
【考点】溃疡病穿孔的治疗

15.【答案】E
【解析】患者胆囊炎诊断明确。胆囊炎急诊胆囊切除的适应证包括发病 2~3d 内、感染不重、近期(2~3 个月)无炎症发作等。患者发病4d,感染重,近期有明显炎症发作,不宜手术切除胆囊。胆囊炎症重且单纯抗感染治疗效果欠佳,可考虑手术胆囊造瘘或超声引导胆囊穿刺引流。炎症控制满意 2~3 个月后,再择期胆囊切除。
【考点】胆囊炎的治疗

粉酶正常。超声:胆囊11cm×4.3cm,胆囊壁厚1.1cm,双边征,胆囊颈部结石嵌顿,肝脏胆囊床区积液,不除外胆囊穿孔,肝内外胆管未见扩张。最佳的治疗方法为

A. 腹腔镜胆囊切除术　　　B. 开腹胆囊切除术

C. 内镜逆行胰胆管造影术　　D. 经皮肝穿胆道引流

E. 超声引导胆囊穿刺引流

16. 患者,女,42岁。吃烤肉后出现剑突下疼痛5h,恶心、未呕吐,无发热,无反酸、烧心。既往:体检发现胆囊结石,未发作过胆囊炎、胆绞痛。查体:体温36.5℃,腹平坦,剑突下轻压痛,无肌紧张,Murphy征阴性,无皮疹,无肋骨压痛。血常规:白细胞计数11×10^9/L,中性粒细胞百分比79%,谷丙转氨酶25IU/L,谷草转氨酶23IU/L,总胆红素190μmol/L,淀粉酶正常。予山莨菪碱注射液10mg后,患者腹痛缓解明显。接下来首先考虑的检查是

A. 腹部MRI　　　　　　B. 内镜逆行胰胆管造影术

C. 腹部CT　　　　　　D. 立位腹部X线片

E. 腹部超声

17. 患者,男,36岁。餐后上腹持续性绞痛4h,程度较重,无发热,伴恶心,未呕吐,尿色深。既往:胆囊结石4年,反复发作胆绞痛,均自行缓解。查体:体温36.4℃,巩膜似有黄染,腹平坦,上腹压痛,无肌紧张,Murphy征阴性。血常规:白细胞计数8×10^9/L,中性粒细胞百分比75%,谷丙转氨酶415IU/L,谷草转氨酶365IU/L,总胆红素420μmol/L,淀粉酶223IU/L。超声:胆囊9.8cm×3.8cm,胆囊壁毛糙,胆囊多发结石,最大0.6cm,肝内外胆管轻度扩张,胆管末端显示不清。磁共振胰胆管成像(MRCP):胆囊多发结石,胆管扩张1.1cm,胆管末端结石0.2cm。予山莨菪碱注射液10mg后腹痛未缓解,并出现寒战发热38.9℃。合理的治疗方案为

A. 腹腔镜胆囊切除术 + 术中胆道镜取石术

B. 腹腔镜胆囊切除术 +ERCP 取石术

C. ERCP 取石术

D. PTBD

E. 继续对症支持治疗

18. 患者,女,63岁。阵发性上腹绞痛2d,均自行缓解,无发热。既往:体检发现胆囊结石5年,余无特殊。查体:体温36.4℃,巩膜无黄染,腹平坦,上腹轻压痛,无肌紧张,Murphy征阴性。血常规:白细胞计数6×10^9/L,中性粒细胞百分比75%,谷丙转氨酶63IU/L,谷草转氨酶41IU/L,总胆红素270μmol/L,淀粉酶92IU/L。超声:胆囊8.2cm×3.1cm,胆囊

16.【答案】E

【解析】患者有胆囊结石病史,油腻饮食后出现剑突下疼痛,无反酸、烧心等胃肠道症状,首先考虑胆囊炎和胆绞痛。在胆囊炎未累及壁腹膜时,表现为内脏痛,呈剑突下疼痛,此时Murphy征也不明显,而胆囊累及壁腹膜引发躯体痛表现为右上腹痛。胆囊炎的首选影像学检查是腹部超声。

【考点】胆囊炎的诊断

17.【答案】A

【解析】患者胆囊结石、胆管末端结石诊断明确,对症治疗后腹痛无缓解出现发热,考虑胆管梗阻诱发胆管炎,应手术治疗。患者年轻,应避免选择ERCP取石术(需切开Oddi括约肌)。患者胆管扩张,可行手术胆道探查取石。因患者有胆囊结石,手术同时切除胆囊。经皮肝穿胆道引流(PTBD)仅能引流胆汁降低胆管压力,但无法取石,不应选择。

【考点】胆石症的诊治

18.【答案】B

【解析】患者超声提示胆囊结石,但胆管观察不清(受十二指肠气体影响)。CT提示胆管扩张,但胆囊结石及胆管结石在CT上均未提示,考虑患者胆道结石为CT阴性结石(约10%的概率)。进一步检查可选择无创的磁共振胰胆管成像(MRCP)。胃镜、内镜逆行胰胆管造影术(ERCP)、经皮肝穿胆道引流(PTBD)均为有创操作,不作为首选。上消化道造影在胆道结石的诊断中帮助不大。

【考点】胆石症的诊治

壁毛糙,胆囊多发结石,最大 1.1cm,肝内外胆管轻度扩张,胆管末端显示不清。腹部平扫 CT:胆囊 8.4cm×3.3cm,壁不厚,未见胆囊结石,肝外胆管内径 1.1cm,未见明确胆管结石及胆管壁增厚。进一步的合理检查为

A. 胃镜　　　　B. MRCP　　　　C. ERCP
D. PTBD　　　　E. 上消化道造影

19. 患者,男,45 岁。1d 前吃烤肉后出现上腹痛,自述未饮酒,伴后背疼痛,持续性,程度较重,伴恶心,自行催吐后腹痛无缓解。既往:高血压、糖尿病、高脂血症,均未规律治疗。查体:体温 37.4℃,血压 160/90mmHg,心率 108 次 /min,腹胀,肠鸣音弱,上腹压痛,似有肌紧张,双肾区无叩痛。血常规:白细胞计数 17×10⁹/L,中性粒细胞百分比 91%,谷丙转氨酶 73IU/L,谷草转氨酶 62IU/L,总胆红素 310μmol/L,淀粉酶 2 702IU/L。超声:胆囊 8.3cm×3.0cm,胆囊壁毛糙,腹腔少量积液,腹腔胀气,余观察不满意。以下检查结果中,最有可能与患者目前病情相符的检查是

A. 血糖 4.7mmol/L　　　　B. 血红蛋白 88g/L
C. 甘油三酯 9.6mmol/L　　　D. 白蛋白 24g/L
E. 血气分析氧分压 165mmHg

19.【答案】C
【解析】患者油腻饮食后上腹痛,伴后背痛,持续性,呕吐不缓解,血淀粉酶升高超过正常上限 3 倍,考虑急性胰腺炎。患者超声未见胆囊结石,胆源性胰腺炎可能性小。患者未饮酒,暂不考虑酒精性胰腺炎。患者既往高脂血症,本次油腻饮食后发病,应考虑高脂血症性胰腺炎。
【考点】胰腺疾病的诊断

20. 患者,女,68 岁。皮肤巩膜黄染 1 个月,进行性加重,尿色深,大便颜色浅,无发热、无恶心、呕吐,无腹痛。既往:高血压,服药控制良好。查体:体温 36.4℃,血压 125/80mmHg,心率 84 次 /min,皮肤巩膜明显黄染,腹软、无压痛,右上腹触及肿大胆囊,Murphy 征阴性,肝区无叩痛。血常规:白细胞计数 8×10⁹/L,中性粒细胞百分比 72%,谷丙转氨酶 173IU/L,谷草转氨酶 102IU/L,总胆红素 217μmol/L,淀粉酶 167IU/L。超声:胆囊 11.3cm×4.5cm,胆囊壁毛糙,胆管扩张 2.1cm,胆管末端显示不清,腹腔少量积液。首先考虑的疾病是

A. 胆囊癌　　　　B. 胃癌　　　　C. 胰腺癌
D. 肝癌　　　　E. 肝门胆管癌

20.【答案】C
【解析】患者无痛性黄疸,进行性加重,右上腹触及无痛肿大胆囊,应首先考虑胰腺癌(壶腹周围癌)。
【考点】胰腺疾病的诊断

21. 患者,女,86 岁。进食后突发下腹疼痛 16h,持续性,逐渐加重,恶心未呕吐,有便意,未排便,有少量排气。既往:糖尿病、脑梗死,服阿司匹林。查体:血压 155/85mmHg,心率 92 次 /min,体温 37.2℃,腹平坦,肠鸣音未及,下腹压痛,肌紧张可疑。血常规:白细胞计数 13×10⁹/L,中性粒细胞百分比 89%。腹部 CT:腹盆腔及肝周积液,下腹及肠系膜内散在气体。最可能的诊断为

A. 胃穿孔　　　　B. 十二指肠穿孔　　　C. 结肠穿孔
D. 小肠穿孔　　　　E. 食管穿孔

21.【答案】D
【解析】老年患者,有糖尿病,且服阿司匹林,对疼痛相对不敏感,穿孔的症状体征相对不典型。胃十二指肠穿孔会导致化学性刺激强烈的消化液进入腹腔,疼痛感及腹膜炎强烈,且穿孔后腹腔游离气体相对较多。结肠穿孔后,肠内容物进入腹腔相对较少,而气体多,表现为相对缓和的腹痛和较多的腹腔游离气体。小肠穿孔,消化液进入腹腔较多,而气体较少。所以最可能为小肠穿孔。
【考点】急腹症的诊断

22.【答案】C

【解析】患者"心律不齐"考虑为心房颤动,突发剧烈腹部疼痛伴有便血,应警惕心房栓子脱落导致的肠系膜血管栓塞。肠坏死、肠梗阻均会导致血淀粉酶升高。肠缺血会导致肠坏死,诊断延误会危及患者生命,应首先考虑并除外。

【考点】急腹症的诊断

22. 患者,男,67岁。14h前无诱因突发剧烈脐周绞痛,持续性,无放射。自服"解痉药"效果不佳。11h前出现褐色稀便,量多,便后腹痛无缓解。恶心,未呕吐,无发热。既往曾有"心律不齐"病史,未诊治。查体:血压155/85mmHg,心率155次/min,心律不齐,体温37.2℃。腹胀,全腹压痛,反跳痛,肌紧张可疑,叩诊鼓音,移动性浊音检查不能配合,肠鸣音弱。血常规:白细胞计数 $16 \times 10^9/L$,中性粒细胞百分比89%,淀粉酶428IU/L。立位腹部X线片:全腹散在短小阶梯样气液平面,不全肠梗阻可能。便常规:隐血阳性。应首先考虑的疾病是

A. 消化道穿孔   B. 炎症性肠病   C. 肠缺血

D. 急性胰腺炎   E. 肠扭转

23.【答案】D

【解析】患者大便表面有鲜血,考虑为直肠、肛管周围出血。患者便血时有肛门疼痛,排便后逐渐缓解,首先考虑肛裂。

【考点】肛门直肠疾病的诊断

23. 患者,女,37岁。因"便鲜血1h"就诊。1h前患者排便时感肛门疼痛,无腹泻,大便成形。排便后发现大便表面有少量鲜血,卫生纸上也有少量鲜血。无头晕、黑朦。排便后肛门疼痛逐渐缓解。既往体健。查体:血压120/70mmHg,心率72次/min,神清语利,腹软、无压痛。其最可能的诊断是

A. 直肠癌   B. 肛周脓肿   C. 肛瘘

D. 肛裂   E. 内痔

24.【答案】C

【解析】患者老年女性,无痛性便血,首先考虑肿瘤因素导致出血。血在大便表面,与大便不相混,且便常规可见红细胞,考虑为结肠较低位的肿瘤。首先行直肠指诊。

【考点】肛门直肠疾病的诊断

24. 患者,女,73岁。间断便血1周。患者1周前无诱因出现间断便血,量不多,暗红色,大便成形,血在大便表面,与大便不相混。无腹痛,无肛门疼痛,无发热。既往体健,半年来偶有稀便。查体:血压135/70mmHg,心率76次/min,腹软、无压痛。血常规:白细胞计数 $8 \times 10^9/L$,血红蛋白107g/L。便常规:红细胞30/HP,白细胞0/HP,隐血阳性。作为全科医生,下一步首先考虑进行的检查是

A. 凝血功能   B. 肠镜

C. 直肠指诊   D. 腹部增强CT

E. 立位腹部X线片

25.【答案】C

【解析】患者心房颤动病史,突发下肢疼痛伴麻木,查体患肢苍白、皮温低、动脉搏动消失、无力(右足下垂),具有典型"5P"表现,即疼痛(pain)、感觉异常(paresthesia)、麻痹(paralysis)、无脉(pulselessness)、和苍白(pallor)。该患者应考虑的疾病是动脉栓塞。

【考点】周围血管疾病的诊断

25. 患者,男,56岁。无诱因突发右下肢疼痛伴麻木发凉14h。既往:持续性房颤8年,不规律服用阿司匹林。查体:血压130/90mmHg,心率144次/min,左下肢皮温正常,左足背动脉搏动可及,右足苍白,右足及右下肢皮温降低,右足下垂,右足背动脉腘动脉搏动未及,右股动脉可触及搏动。应考虑的疾病是

A. 右下肢深静脉血栓形成

B. 右下肢血栓闭塞性脉管炎

C. 右下肢急性动脉栓塞

D. 右下肢血栓性浅静脉炎

E. 右下肢动脉硬化闭塞

26. 患者,男,37岁。右下肢疼痛发凉 5 个月。既往:右下肢血栓性浅静脉炎病史,无高血压,无糖尿,吸烟 20 年,20 支 /d。查体:左下肢皮温正常,左足背动脉搏动正常,右足苍白,右足皮温明显降低,Buerger 试验阳性,右足背动脉搏动消失,右股动脉、右腘动脉可触及搏动,应考虑
    A. 右下肢深静脉血栓形成
    B. 右下肢血栓闭塞性脉管炎
    C. 右下肢急性动脉栓塞
    D. 右下肢血栓性浅静脉炎
    E. 右下肢动脉硬化闭塞

26.【答案】B
【解析】患者青壮年,右下肢血栓性浅静脉炎病史,吸烟,慢性起病的右下肢疼痛、发凉,Buerger 试验阳性,首先考虑血栓闭塞性脉管炎。
【考点】周围血管疾病的诊断

27. 患者,男,53岁。4h 前自 2m 高处摔下,自诉伤后无昏迷,现头晕、头痛,视物不清。查体:神清语利,左前额可见长约 2cm 皮肤挫裂伤,无活动性出血,双侧眶周、眼睑及球结膜瘀斑,有淡红色血性液体自鼻孔流出,颈软无抵抗,四肢活动正常。血常规:白细胞计数 13×10^9/L,中性粒细胞百分比 87%,血红蛋白 152g/L。最可能的诊断是
    A. 脑震荡   B. 蛛网膜下腔出血
    C. 颅底骨折   D. 急性硬膜外血肿
    E. 急性硬膜下血肿

27.【答案】C
【解析】患者坠落伤,有视神经功能障碍的表现,脑脊液鼻漏、"熊猫眼"体征,首先考虑颅底骨折。
【考点】创伤的诊断

28. 患者,男,17岁。12d 前骑自行车时摔倒,左季肋区疼痛就诊某医院急诊科,胸部 X 线片:左 8、9 肋骨骨折。予镇痛、休息后疼痛症状明显缓解。今日在学校慢跑时突发意识模糊、面色苍白、出冷汗。查体:神志淡漠,心率 134 次 /min,血压 60/30mmHg。最可能的诊断是
    A. 迟发性颅内血肿   B. 张力性气胸
    C. 延迟性脾破裂   D. 肝被膜下血肿破裂
    E. 腹主动脉瘤破裂

28.【答案】C
【解析】患者左上腹外伤后 1 周余,突发循环衰竭,考虑延迟性脾破裂导致失血性休克。
【考点】创伤的诊断

29. 患者,男,38岁。左上肢及左小腿高压电击伤 6h。查体:脉搏 120 次 /min,血压 80/60mmHg,烧伤面积 20%,左前臂及左小腿肿胀明显,肢端皮温低,甲床颜色淡,按压变白后颜色恢复慢。应采取的紧急措施是
    A. 补液抗休克
    B. 吸氧、镇静镇痛、清创包扎创面
    C. 急诊行切开减张术,输液并碱化尿液
    D. 静脉应用抗生素
    E. 创面碘伏纱布覆盖,待休克好转后施行清创术

29.【答案】C
【解析】患者电击伤,左上肢及左下肢肿胀、末梢循环差,考虑因电击烧伤后出现肌肉坏死,筋膜室压力升高,出现筋膜室综合征,应切开减压并碱化尿液,预防肌肉坏死导致的肾衰竭。
【考点】烧伤的处理

30. 患者,女,28岁。在家炸鸡翅时被锅中溅出的热油烫伤。烫伤部位为右前臂内侧,面积约 8cm×4.5cm,表皮完整。她受

30.【答案】D
【解析】烫伤后,应立即用自来水冲洗 10min 以降温而阻止热向更深层组织渗透。
【考点】烧伤的处理

伤后立刻给全科医生打电话,该全科医生适宜的建议首先是

A. 立刻去医院治疗　　　　B. 创面上涂抹牙膏

C. 创面上覆盖湿毛巾　　　D. 自来水冲洗 10min

E. 创面上涂抹食用酱油

31.【答案】B
　【解析】口服碳酸氢钠碱化尿液可溶解尿酸结石。
　【考点】泌尿系结石的诊治

31. 患者,女,35 岁。1 周前体检,超声发现右肾结石,为进一步诊治来诊。患者无腹痛、腰痛、发热。肾、输尿管及膀胱 X 线片:未见明确结石影。泌尿系平扫 CT:右肾结石,直径 1.4cm,右肾盂、集合系统未见扩张积水。口服碳酸氢钠 2 个月后复查 CT 见右肾结石较前缩小,直径约 0.6cm,该结石成分最有可能是

A. 磷酸盐结石　　　B. 尿酸结石　　　C. 草酸钙结石

D. 混合结石　　　E. 感染性结石

32.【答案】C
　【解析】患者泌尿系结石诊断明确,已继发近端输尿管、肾盂积水且合并严重感染,应考虑肾盂穿刺造瘘引流缓解梗阻并控制感染。
　【考点】泌尿系结石的诊治

32. 患者,女,65 岁。间断左腰腹痛 1 周,发热 1d 就诊。查体:心率 122 次 /min,血压 100/70mmHg,体温 39.8℃,左肾区叩痛 (+)。腹部 CT:左输尿管上段结石直径约 1.8cm,左肾盂扩张最大径约 3.6cm,左肾周围炎症渗出改变。此时最合理的治疗是

A. 抗炎保守治疗　　　　B. 体外冲击波碎石治疗

C. 左肾造瘘引流　　　　D. 留置左侧输尿管支架管

E. 输尿管镜碎石手术治疗

33.【答案】E
　【解析】患者考虑为前列腺增生导致尿潴留,导出 500ml 尿液后仍有尿液流出,考虑膀胱中尿液较多。应夹闭导尿管 30min 后再打开引流尿液,避免一次性排空膀胱导致膀胱出血。
　【考点】前列腺疾病的诊治

33. 患者,男,76 岁。不能排尿伴下腹憋胀半日。既往:前列腺增生 16 年、高血压、糖尿病、陈旧性脑梗死。查体:下腹膨隆,耻骨上至脐下 2 指叩诊浊音。行导尿术,引流出尿液 500ml 后,观察导尿管内仍有尿液继续流出。此时操作最合理的是

A. 继续引流尿液后拔除导尿管,鼓励患者尝试排尿

B. 继续开放导尿管,直至膀胱完全排空

C. 将尿袋置于脐上水平,使尿液排出速度减慢

D. 夹闭导尿管 30min 后再打开,排尽尿液后夹闭导尿管,定时开放

E. 夹闭导尿管 30min 后再打开,排尽尿液后保持导尿管通畅

34.【答案】D
　【解析】患者急性尿潴留,导尿未成功,首先考虑耻骨上膀胱造瘘缓解病情。病情稳定后再考虑进一步治疗。
　【考点】前列腺疾病的诊治

34. 患者,男,81 岁。不能排尿伴下腹憋胀 11h。既往:高血压、糖尿病、冠心病、陈旧性脑梗死。查体:下腹膨隆,耻骨上至脐下 2 指叩诊浊音。反复尝试导尿,未能成功。下一步合理的治疗方案为

A. 口服 α 受体阻滞剂　　　B. 肾穿刺造瘘

C. 膀胱镜　　　　　　　　D. 耻骨上膀胱造瘘

E. 经尿道前列腺电切术

35. 患者,女,82 岁。行走时不慎摔倒,左髋部着地,左髋剧痛,不能站立。既往:高血压,糖尿病,服药控制,骨质疏松。查体:左下肢缩短,外旋畸形约 40°,左下肢纵向叩击痛(+)。其最可能的诊断是

　　A. 左髋关节前脱位　　　　B. 左髋关节后脱位

　　C. 左股骨颈骨折　　　　　D. 左股骨粗隆间骨折

　　E. 骨盆骨折

35.【答案】C

　　【解析】患者左髋外伤后有疼痛、畸形、功能障碍,有轴向叩击痛,首先考虑存在骨折。左下肢外旋畸形小,考虑股骨颈骨折。

　　【考点】骨折与脱位的诊断

36. 患者,男,4 岁。妈妈给穿衣服时用力牵拉右腕,患儿突然大哭,右手不肯拿取玩具。查体:右肘关节略屈曲,右肘活动受限,无肿胀和畸形。其可能的诊断是

　　A. 右肘关节脱位　　　　　B. 右桡骨头半脱位

　　C. 右肱骨髁上骨折　　　　D. 右肱骨外髁撕脱骨折

　　E. 右肱骨内髁撕脱骨折

36.【答案】B

　　【解析】儿童,上肢伸直位牵拉后肘关节疼痛、活动受限,查体无畸形和肿胀,首先考虑桡骨头半脱位。

　　【考点】骨折与脱位的诊断

37. 患者,男,25 岁。下楼时和同学玩耍,踩空台阶,右足跖屈内收位落地,立即感右踝疼痛难忍,不敢活动,即来诊。既往体健。查体:右踝外侧肿胀、压痛,局部有皮下淤血,右踝关节外侧韧带走形处明显压痛点。右踝正侧位片:未见明确骨折。合理的初步处理为

　　A. 石膏固定　　　　B. 热敷　　　　C. 冷敷

　　D. 口服抗生素　　　E. 局部按摩

37.【答案】C

　　【解析】患者考虑为踝关节扭伤,处理为 RICE 原则:休息(rest),冷敷(ice),加压包扎(compression),抬高患肢(elevation)。故 C 正确。

　　【考点】扭伤的处理

38. 患者,女,68 岁。右膝关节行走后疼痛 3 年,2 周前长距离行走后疼痛加重,伴右膝肿胀、活动受限。无发热,无手指关节疼痛。既往:高血压、高脂血症,服药控制。查体:右膝浮髌试验阳性,髌骨摩擦试验阳性,内、外翻应力试验阴性。血常规:白细胞计数 7×10^9/L,肌酐 67μmol/L,尿酸 142μmol/L,红细胞沉降率 6mm/h。考虑初步诊断为

　　A. 半月板损伤　　　　　B. 类风湿关节炎

　　C. 化脓性关节炎　　　　D. 骨关节炎

　　E. 痛风

38.【答案】D

　　【解析】患者无感染征象、尿酸正常、红细胞沉降率正常,暂除外化脓性关节炎、痛风、类风湿关节炎。老年女性,活动后右膝关节疼痛,髌骨摩擦试验阳性,初步考虑为退行性变、骨关节炎。

　　【考点】骨关节疾病的诊断

39. 患者,男,54 岁。因"右膝关节肿胀 1 周"就诊。既往体健,无手术史。查体:体温 37.2℃,右膝关节处皮肤发红、皮温高,关节活动严重受限。对排除感染性关节炎最有价值的检查是

　　A. 全血细胞计数　　B. 关节抽吸术　　C. 膝关节磁共振

　　D. 血清尿酸　　　　E. 膝关节 X 线片

39.【答案】B

　　【解析】关节脓毒血症时会出现中性粒细胞增多,但并非所有病例均会出现。血清尿酸在急性痛风和感染性关节炎时,可能正常,也可能升高或降低。X 线片可发现严重感染性关节炎的骨破坏,磁共振检查比 X 线更敏感一些,而关节抽吸术是诊断的金标准。人工关节是行关节抽吸术的禁忌证。

　　【考点】骨关节疾病的辅助检查

40. 患者,男,51 岁。搬重物时突感腰痛伴右下肢放射痛 1d 余,休息后缓解不明显。既往体健。查体:腰椎棘突压痛阳性,

40.【答案】D

　　【解析】患者腰扭伤后出现下肢感觉和运动障碍,考虑存在腰椎间盘脱出,右足跛指觉减退、背伸力弱,应为 L_5 神经根受压。

　　【考点】腰扭伤的诊断

右下肢 Lasegue 征阳性,右足蹈指感觉减退,背伸力弱。功能异常的神经根是

A. L$_2$　　　　　B. L$_3$　　　　　C. L$_4$

D. L$_5$　　　　　E. S$_1$

41.【答案】A

【解析】患者有右手、右腕感觉、运动功能异常,为神经根功能受损表现。患者不具有步态不稳、眩晕等其他类型颈椎病症状。

【考点】颈肩痛的诊断

41. 患者,女,39岁,公司白领,伏案工作。颈部疼痛 4 个月,伴右手麻木,无视物模糊,步态不稳和眩晕。既往体健。查体:颈部压痛,伴右上肢放射痛,压头试验阳性,右手"虎口区"感觉减退,右腕伸腕力量有减弱。最可能的颈椎病类型是

A. 神经根型　　　B. 交感神经型　　　C. 椎动脉型

D. 脊髓型　　　　E. 复合型

42.【答案】C

【解析】患者考虑表皮样囊肿感染。感染伤口,应选择从外往内旋转消毒。

【考点】消毒方法及注意事项

42. 患者,女,32岁。背部肿物 2 年,肿物表面近中心位置有黑头。未处理,逐渐增大。1 周来肿物疼痛、红肿,伴有发热 37.5℃,口服抗生素效果不明显。近 3d 体温升高至 38℃,原肿物黑头处有脓性分泌物流出。拟行手术治疗,术前消毒应

A. 感染伤口,可以不消毒　　B. 从内往外旋转消毒

C. 从外往内旋转消毒　　　　D. 叠瓦式消毒

E. 先手术再消毒

【A3/A4 型题】

(1~4 题共用题干)

患者,女,69岁。右下肢疼痛 1d,发热 2h,体温最高 38.7℃。既往:高血压,糖尿病,无过敏。查体:体温 38.8℃,右下肢胫前皮肤充血,范围约 8cm×4.5cm,境界清楚,压痛,肿胀不明显,未及波动感,足背动脉搏动正常。血常规:白细胞计数 14×10^9/L,中性粒细胞百分比 81%。

1.【答案】B

【解析】丹毒是链球菌感染,与蜂窝织炎、毛囊炎、疖和痈不同,皮肤红肿通常境界清楚且很少形成脓肿。

【考点】外科感染的鉴别诊断

1. 最可能的诊断是

A. 蜂窝织炎　　　B. 丹毒　　　　　C. 毛囊炎

D. 疖　　　　　　E. 痈

2.【答案】B

【解析】丹毒的常见致病菌是链球菌。

【考点】外科感染的病因

2. 此病常见的致病菌是

A. 金黄色葡萄球菌　　　　B. 链球菌

C. 大肠埃希菌　　　　　　D. 克雷伯菌

E. 厌氧菌

3.【答案】C

【解析】丹毒是细菌感染,细菌侵入皮肤的途径通常是皮肤有破损,常见的原因有足癣、开放性外伤等。

【考点】外科感染的诊断

3. 还应警惕患者伴有的疾病是

A. 痛风　　　　　　　　　B. 下肢骨折

C. 足癣　　　　　　　　　D. 类风湿关节炎

E. 下肢动脉栓塞

4. 抗感染治疗疗程是

    A. 3~4d   B. 5~7d   C. 10~14d

    D. 18~20d   E. 25~30d

4.【答案】C

【解析】下肢丹毒,恢复常较慢,抗感染的疗程通常大于1周,为10~14d。

【考点】外科感染的治疗

(5~7题共用题干)

患者,女,32岁。右乳不适1d,发热2h,体温最高38.9℃。既往体健,无过敏,剖宫产后2周,母乳喂养。查体:体温38.8℃,双乳皮肤未见红肿,双乳未及明确肿块,右乳有轻压痛,双侧腋下淋巴结轻度肿大。血常规:白细胞计数16×10⁹/L,中性粒细胞百分比88%。

5. 最可能的诊断是

    A. 上呼吸道感染   B. 哺乳期乳腺炎   C. 尿路感染

    D. 胃肠炎   E. 产褥热

5.【答案】B

【解析】患者哺乳期,右乳不适伴发热,首先考虑哺乳期乳腺炎。

【考点】乳房疾病的诊断

6. 为不影响患者治疗期间哺乳,首选的抗生素是

    A. 左氧氟沙星   B. 依替米星   C. 庆大霉素

    D. 头孢克洛   E. 多西环素

6.【答案】D

【解析】L_1及L_2类抗生素被认为是哺乳期应用较安全的抗生素。头孢类抗生素是哺乳期用药安全级别L_2以上的抗生素,选项中另外4种抗生素哺乳期用药安全级别不足L_2。

【考点】外科感染的治疗

7. 患者治疗2d后,仍有发热,体温37.8℃,应进一步做的检查是

    A. 胸部X线片   B. 乳腺超声   C. 尿常规

    D. 便常规   E. 妇科超声

7.【答案】B

【解析】哺乳期乳腺炎治疗后缓解不明显,须除外乳腺脓肿,应做乳腺超声。

【考点】乳房疾病的诊治

(8~10题共用题干)

患者,女,72岁。4d前无明显诱因出现持续性右下腹痛,逐渐加重,伴恶心。自行服用左氧氟沙星,未就诊。半天前出现发热,体温最高37.5℃,来诊。既往体健,无类似发作病史。查体:血压130/75mmHg,心率96次/min,体温37.4℃,腹平坦,肠鸣音2次/min,腹软,右下腹压痛,反跳痛可疑,局部似有肌紧张。血常规:白细胞计数12×10⁹/L,中性粒细胞百分比81%。尿常规正常。超声:右下腹可见低回声区,大小约5.1cm×4.7cm。

8. 初步诊断是

    A. 消化道穿孔   B. 泌尿系结石

    C. 子宫内膜异位症   D. 急性尿潴留

    E. 急性阑尾炎

8.【答案】E

【解析】患者右下腹痛、有发热,血常规白细胞高,超声可疑右下腹包裹性积液,首先考虑急性阑尾炎、阑尾周围脓肿。

【考点】阑尾炎的诊断

9. 治疗3d后,症状缓解不明显,仍有发热37℃,进一步治疗方案为

    A. 剖腹探查   B. 体外碎石   C. 膀胱造瘘

    D. 继续观察   E. 穿刺引流

9.【答案】E

【解析】阑尾周围脓肿,抗感染治疗后效果不佳,考虑超声引导的脓肿穿刺引流。

【考点】阑尾炎的治疗

10.【答案】C
　　【解析】患者老年女性,阑尾炎发作,应警惕伴有盲肠肿瘤的可能性。患者感染控制满意后,应行肠镜予除外。
　　【考点】阑尾炎的诊治

11.【答案】A
　　【解析】患者有痛、胀、闭表现,查体腹胀明显,肠鸣音调高,CT见乙状结肠占位、结肠扩张,考虑为乙状结肠占位导致机械性肠梗阻。
　　【考点】肠梗阻的诊断

12.【答案】D
　　【解析】患者乙状结肠占位,肝多发结节,增强有环形强化,首先考虑结肠癌肝转移。
　　【考点】结肠肿瘤的诊断

13.【答案】A
　　【解析】患者结肠梗阻重,因有回盲瓣的作用,形成闭襻肠梗阻,容易肠绞窄或肠穿孔,应尽快手术治疗。
　　【考点】肠梗阻的治疗

14.【答案】B
　　【解析】乙状结肠肿瘤梗阻,回肠造瘘、胃造瘘、胃肠减压均无缓解病情效果。肠镜下放支架创伤小,能缓解梗阻。Dixon术创伤和风险大于肠镜放支架。
　　【考点】肠梗阻的治疗

15.【答案】B
　　【解析】患者症状、体征为典型消化道穿孔表现,为明确诊断,首先考虑立位腹部X线片。
　　【考点】溃疡病穿孔的诊断

10. 治疗后,患者病情缓解,离院时应嘱患者行
　　A. PET-CT　　　　　B. MRCP　　　　　C. 肠镜
　　D. 胃镜　　　　　　E. 立位腹部 X 线片

(11~14题共用题干)
患者,男,84 岁。腹部绞痛 2d,阵发性加重,排气有减少,未排便,伴恶心,未呕吐,无发热。既往:高血压、糖尿病、心房颤动、COPD、陈旧性脑梗死。查体:血压 135/90mmHg,心率 76 次 /min,体温 36.3℃;腹胀明显,肠鸣音 5 次 /min,调高,全腹轻压痛,无肌紧张。血常规:白细胞计数 11×10⁹/L,中性粒细胞百分比 83%。腹部增强 CT:乙状结肠壁增厚,动脉期强化,近端结肠扩张,最宽处 8.1cm,小肠无扩张,左肾囊肿,肝多发结节,最大者 1.2cm,动脉期环形强化。

11. 初步诊断是
　　A. 肠梗阻　　　　　B. 菌痢　　　　　C. 先天性巨结肠
　　D. 炎症性肠病　　　E. 便秘

12. 患者增强 CT 所见肝脏结节,考虑为
　　A. 血管瘤　　　　　B. 肝囊肿　　　　C. 肝癌
　　D. 肝转移瘤　　　　E. 胆管细胞癌

13. 建议下一步治疗方案为
　　A. 完善术前准备,手术治疗
　　B. 输液观察
　　C. 回家观察
　　D. 灌肠通便
　　E. 口服缓泻药

14. 患者及家属考虑患者高龄、基础病多,希望采取创伤尽量小的方式缓解病情,适宜的建议是
　　A. 胃肠减压　　　　B. 肠镜下放支架　　C. Dixon 术
　　D. 回肠造瘘　　　　E. 胃造瘘

(15~17题共用题干)
患者,男,31 岁。出租车司机。早餐时突发上腹剧烈疼痛 4h,持续性,伴恶心,未呕吐。既往体健。查体:血压 135/80mmHg,心率 111 次 /min,体温 37.1℃,强迫体位,肠鸣音未及,全腹肌紧张。

15. 为明确诊断,首先考虑的检查是
　　A. 腹部超声　　　　　　　B. 立位腹部 X 线片

C. 尿常规　　　　　　　D. 血淀粉酶

E. 腹腔诊断性穿刺

16. 患者发病原因首先考虑为

A. 消化道肿瘤　　　B. 胃石梗阻　　　C. 消化性溃疡

D. 胆石症　　　　　E. 高脂血症

17. 治疗建议为

A. 禁食水、胃肠减压、输液观察

B. 胆囊穿刺引流

C. 胃镜下治疗

D. 手术治疗

E. 口服碳酸氢钠片

16.【答案】C
【解析】患者青年男性，消化道穿孔原因首先考虑消化性溃疡导致穿孔。
【考点】溃疡病穿孔的病因

17.【答案】D
【解析】患者消化道穿孔，非空腹穿孔，发病时间短，无明确手术禁忌，首选手术治疗。
【考点】溃疡病穿孔的治疗

(18~20 题共用题干)

患者，女，62 岁。右上腹痛 1d，发热 37.5℃，伴恶心。既往：胆囊结石 3 年，反复多次右上腹痛，自行缓解，未就诊，余无特殊。查体：体温 37.4℃，血压 115/70mmHg，心率 94 次/min，皮肤巩膜似有黄染，右上腹压痛，Murphy 征阳性，麦氏点无压痛。

18. 为明确诊断，最有帮助的检查是

A. 血常规　　　　　B. 尿常规　　　　　C. 便常规

D. 腹部超声　　　　E. 立位腹部 X 线片

19. 患者生化检查：谷丙转氨酶 246IU/L，谷草转氨酶 312IU/L，总胆红素 69μmol/L，血淀粉酶 113IU/L。应首先考虑合并的疾病是

A. 胆管结石　　　B. 胰腺炎　　　　C. 急性肝炎

D. 肝脓肿　　　　E. 胆囊穿孔

20. 患者检查过程中突然寒战，体温升高至 39.4℃，神志淡漠。应考虑采取的治疗方案是

A. 快速补液，观察　　　　B. 手术治疗

C. 物理降温　　　　　　　D. 退热药降温

E. 静脉滴注抗生素，观察

18.【答案】D
【解析】患者右上腹痛伴低热，查体 Murphy 征阳性，考虑胆囊炎，应行腹部超声。其他检查均无特异性。
【考点】胆囊炎、胆石症的诊断

19.【答案】A
【解析】胆石症患者，出现肝损害及黄疸，首先考虑胆管结石。
【考点】胆囊炎、胆石症的诊断

20.【答案】B
【解析】考虑患者发生了化脓性胆管炎，应手术治疗，引流胆汁，降低胆道内压力。
【考点】胆囊炎、胆石症的治疗

(21~23 题共用题干)

患者，男，34 岁。1 周前体检超声：轻度脂肪肝，胆囊 7.8cm×2.8cm，胆囊多发息肉，最大 0.4cm，未见胆囊结石，胆管无扩张，双肾未见异常。既往体健。患者对超声发现的"胆囊息肉"比较焦虑，来向医生咨询。

21.【答案】C

【解析】胆囊息肉是否行手术治疗，需要关注是否出现过胆绞痛或胆囊炎发作，即是否出现过上腹痛。

【考点】胆囊炎、胆石症的临床表现

22.【答案】A

【解析】胆固醇息肉和炎性息肉是胆囊假性息肉，前者为胆囊壁上的胆固醇结晶。炎性息肉为炎症刺激所致的一种肉芽肿，患者常合并胆囊结石或发作过胆囊炎，但患者既往无不适，超声也未发现胆囊结石。胆道蛔虫会有腹部剧痛，患者既往无不适，胆道蛔虫可能性小。患者青年男性，胆囊多发"息肉"，胆囊癌常为单发肿物或胆囊壁弥漫增厚。胆囊腺肌症，常为胆囊壁的增厚。最可能的是胆固醇息肉。

【考点】胆囊炎、胆石症的诊断

23.【答案】E

【解析】胆囊息肉的手术指征为：有胆绞痛或胆囊炎发作；单发广基底息肉大小超过10mm；观察中息肉明显增大。现患者观察1年，息肉大小变化不大且为多发息肉，可继续观察。

【考点】胆囊炎、胆石症的治疗

24.【答案】B

【解析】患者青年男性，突发剧烈腰痛，可自行缓解，发作史伴有恶心、呕吐，腹部无压痛，首先考虑泌尿系结石。最可能出现的体征是左肾区叩痛。

【考点】泌尿系结石的临床表现

25.【答案】B

【解析】泌尿系结石发作肾绞痛，常可在尿常规中发现镜下血尿。

【考点】泌尿系结石的诊断

26.【答案】B

【解析】泌尿系结石发作肾绞痛，首先给予解痉镇痛治疗。

【考点】泌尿系结石的治疗

27.【答案】D

【解析】泌尿系结石如果较小，可多喝水、多运动，尝试让其自行排出。

【考点】泌尿系结石的治疗

提问1：【答案】ABDFGHJ

【解析】通过便血的颜色、血与大便的关系（混在一起还是涂在表面），可以协助判断出血的位置。便血患者，要关注是否服用影响凝血功能的药物。便血的次数和量有助于评估出血量和速度。如果患者有呕血，首先怀疑上消化出血。如果患者便血伴有肛门疼痛，首先考虑肛裂。

【考点】肛门直肠疾病的临床表现

21. 追问病史中，需要重点关注是否出现过的症状是
    A. 反酸　　　　　B. 烧心　　　　　C. 上腹痛
    D. 腹泻　　　　　E. 便秘

22. 患者既往无特殊不适，结合患者的超声，考虑最可能的是
    A. 胆固醇息肉　　B. 炎性息肉　　　C. 胆囊蛔虫
    D. 胆囊癌　　　　E. 胆囊腺肌症

23. 1年后患者复查超声：胆囊多发息肉，最大0.4cm。患者无不适。适宜的建议是
    A. 手术切除胆囊　　　　　B. 抽血查肿瘤标志物
    C. MRCP　　　　　　　　D. PET-CT
    E. 继续观察

（24~27题共用题干）

患者，男，31岁。昨日无诱因突发剧烈左腰痛，20min自行缓解。今日再次剧烈左腰痛半小时。腰痛时伴恶心、呕吐，无发热，无腹泻。既往体健。查体：血压130/80mmHg，心率101次/min，体温36.5℃，腹软、无压痛。

24. 查体最可能出现的体征是
    A. Murphy征　　　　　　B. 肾区叩痛
    C. Cullen征　　　　　　D. 脾大
    E. 左季肋部皮疹

25. 下面检查有利于明确诊断的是
    A. 血常规　　　　　B. 尿常规　　　　C. 便常规
    D. 生化　　　　　　E. 凝血

26. 首先给予的治疗是
    A. 抗感染治疗　　　B. 解痉镇痛　　　C. 输止血药
    D. 抑制胃酸　　　　E. 补液治疗

27. 患者病情缓解后，离院时应告知的内容是
    A. 卧床制动　　　　　　　B. 避免油腻饮食
    C. 避免喝茶、咖啡　　　　D. 多喝水
    E. 监测血糖

【案例分析题】

案例一：患者，男，57岁。因"大便带血3d"就诊。
提问1：需要重点询问的病史有
    A. 便血颜色　　　　　　　B. 血与大便的关系

C. 有无胸痛　　　　　D. 既往服用药物的情况

E. 有无喘憋　　　　　F. 便血的次数

G. 有无呕血　　　　　H. 便血的量

I. 有无背痛　　　　　J. 有无肛门疼痛

提问2:查体重点关注的体征是

A. 生命体征　　　　　B. 呼吸音

C. 下肢水肿　　　　　D. 直肠指诊指套染血

E. 肠鸣音　　　　　　F. 腹部压痛

G. 阴囊水肿　　　　　H. 肛门括约肌张力

I. 肝区叩痛　　　　　J. 肾区叩痛

提问3:需要完善的初步辅助检查包括

A. 血常规　　　　　　B. 血生化

C. 凝血功能　　　　　D. 肿瘤标志物

E. 血气分析　　　　　F. 血糖

G. 腹部增强CT　　　　H. 肠镜

I. 肛门镜　　　　　　J. 胃镜

K. 腹部超声　　　　　L. 便常规

案例二:患者,男,21岁。脐周痛1d,右下腹痛2h,无发热,恶心,未呕吐,无腹泻。既往:3年前发作"阑尾炎",输液治疗好转。

提问1:查体需要注意的体征是

A. 心率　　　　　　　B. 呼吸音

C. Murphy征　　　　　D. 麦氏点压痛

E. 肾区叩痛　　　　　F. 肠鸣音

G. 皮疹　　　　　　　H. 腹股沟区包块

I. 蜘蛛痣　　　　　　J. 脾大

K. 移动性浊音

提问2:需要完善的初步辅助检查是

A. 血常规　　　　　　B. 血生化

C. 尿常规　　　　　　D. 心肌酶

E. 凝血功能　　　　　F. 感染筛查

G. 肿瘤标志物　　　　H. 腹部超声

I. 血气分析　　　　　J. 便常规

K. 腹部增强CT

提问3:治疗计划包括

A. 泵入生长抑素　　　B. 质子泵抑制剂

C. 禁食水　　　　　　D. 抗过敏治疗

E. 抗感染治疗　　　　F. 静脉补液

G. 手术治疗　　　　　H. 胃肠减压

案例三:患者,女,63岁。吃烤肉后右上腹痛1d,无发热,恶心,未呕吐。既往:高血压、胆囊结石。

提问2:【答案】ADEF

【解析】消化道出血的患者,首先要评估生命体征。腹部查体首先要明确有无固定的压痛点。直肠指诊是消化道出血的常规检查。肠鸣音情况,有助于判断肠腔内是否还有血液存留。

【考点】肛门直肠疾病的临床表现

提问3:【答案】ABCIKL

【解析】对于便血的患者,需要完善血常规、血生化、凝血功能、便常规检查,其中便常规通过镜检大便中是否有红细胞,可以协助判断出血的位置。对于怀疑直肠肛管范围内出血的患者,应做肛门镜以确诊或除外。腹部超声可以协助检查有无明显的肠壁增厚、肿瘤肝转移灶、肝硬化等。

【考点】肛门直肠疾病的诊断

提问1:【答案】DEFG

【解析】怀疑阑尾炎的患者,要注意麦氏点是否有压痛。肾区叩痛阳性的患者需要除外泌尿系结石。阑尾炎患者,肠鸣音通常会减弱,如果患者肠鸣音活跃或亢进,要除外胃肠炎或肠梗阻。如果患者有皮疹,要警惕过敏或紫癜引起的腹痛。

【考点】阑尾炎的临床表现

提问2:【答案】ACH

【解析】仅为诊断,首先需要进行的检查包括血常规(评估炎症程度)、尿常规(与泌尿系结石相鉴别)、腹部超声。

【考点】阑尾炎的诊断

提问3:【答案】CEFG

【解析】阑尾炎的治疗方案包括禁食水(也为手术治疗做准备)、静脉补液、抗感染治疗。对诊断明确的患者,如果不存在手术禁忌,应考虑手术治疗。

【考点】阑尾炎的治疗

提问1:【答案】CDHJ

　　【解析】患者油腻饮食后上腹痛,既往有胆囊结石病史,首先应考虑胆囊炎可能。需要关注是否有皮肤巩膜黄染(与胆管结石相鉴别)、上腹部压痛、Murphy征。如果患者有腹肌紧张,提示出现腹膜炎、炎症重。

　　【考点】胆囊炎的临床表现

提问2:【答案】ABKM

　　【解析】为明确诊断的初步检查包括血常规(评估炎症程度)、血生化(评估是否有胆道梗阻)、腹部超声(评估胆囊大小、壁厚、胆管是否扩张)、血淀粉酶(是否伴有胰腺炎)。

　　【考点】胆囊炎的诊断

提问3:【答案】BDFGHK

　　【解析】对于胆囊炎的腹部超声,需要重点关注胆囊大小(胆囊越大炎症越重)、是否有胆囊结石(无结石胆囊炎少见)、胆囊壁厚度(炎症水肿程度)、胆管宽度、胆管是否有结石、胰腺是否肿胀(伴有胰腺炎)。

　　【考点】胆囊炎的诊断

提问1:【答案】BCDHIJ

　　【解析】下肢疼痛伴有发热,首先考虑软组织感染,需要鉴别痛风、外伤、血管缺血、腰椎间盘突出等。足癣是下肢软组织感染常见的诱因。腰痛、右下肢麻木用来鉴别腰椎间盘突出。间歇性跛行用来鉴别下肢动脉狭窄缺血。

　　【考点】外科感染的鉴别诊断

提问2:【答案】BCDFIK

　　【解析】下肢软组织感染,需要鉴别痛风、外伤、血管缺血、腰椎间盘突出等。下肢皮温升高是软组织感染的常见表现。足癣是下肢软组织感染常见的诱因,足趾间皮肤皲裂是足癣的表现之一。下肢感觉、直腿抬高试验用来鉴别腰椎间盘突出。足背动脉搏动情况用来鉴别下肢动脉狭窄缺血。

　　【考点】外科感染的鉴别诊断

提问3:【答案】AB

　　【解析】对于比较明确的下肢软组织感染,需要完善血常规(评估炎症程度)、血生化检查(评估肝肾功能、明确血尿酸水平)。

　　【考点】外科感染的辅助检查

提问1:查体需要关注的体征有

A. 蜘蛛痣	B. 颈静脉充盈
C. 皮肤巩膜黄染	D. 上腹部压痛
E. 呼吸音	F. 杵状指
G. 下肢水肿	H. Murphy 征
I. 肠鸣音	J. 腹肌紧张

提问2:初步辅助检查需要

A. 血常规	B. 血生化
C. 凝血功能	D. 肿瘤标志物
E. 血气分析	F. 血糖
G. 腹部增强 CT	H. 肠镜
I. 肛门镜	J. 胃镜
K. 腹部超声	L. 便常规
M. 血淀粉酶	

提问3:患者做了腹部超声,需要重点关注的指标是

A. 肝脏大小	B. 胆管宽度
C. 有无腹水	D. 胆囊大小
E. 脾脏大小	F. 胆囊有无结石
G. 胆囊壁厚度	H. 胆管有无结石
I. 肠管宽度	J. 双肾大小
K. 胰腺有无肿胀	

案例四:患者,男,58岁。右下肢疼痛2d,发热1d,体温最高38.4℃。既往:糖尿病。查体:右下肢胫前皮肤充血。

提问1:需要注意追问的病史包括

A. 腹痛	B. 足癣
C. 右下肢近期外伤史	D. 痛风病史
E. 胸痛	F. 近期饮酒
G. 胸闷	H. 右下肢麻木
I. 间歇性跛行	J. 腰痛
K. 头晕	

提问2:查体需要注意的体征是

A. 腹股沟包块	B. 足趾间皮肤皲裂
C. 足背动脉搏动	D. 右下肢感觉
E. 右下肢关节运动	F. 右下肢皮肤破溃
G. 右下肢轴向叩击痛	H. 肠鸣音
I. 右下肢皮温	J. 皮肤黏膜黄染
K. 直腿抬高试验	L. 膝关节抽屉试验

提问3:初步辅助检查需要

A. 血常规	B. 血生化
C. 凝血功能	D. 肿瘤标志物
E. 血气分析	F. 胸部 X 线片

G. 腹部增强 CT   H. 便常规

I. 下肢血管超声

案例五:患者,男,31 岁。爬梯子修吸顶灯时踩空,从 1.3m 高度摔下,左脚先落地,随后向后坐在地上。既往体健。

提问 1:需要警惕的损伤部位包括

A. 头   B. 颈

C. 胸   D. 腹

E. 腰   F. 左上肢

G. 右上肢   H. 骨盆

I. 左下肢   J. 右下肢

提问 2:患者感左踝疼痛,查体需要注意的体征包括

A. 左踝运动受限   B. 左踝皮疹

C. 左踝肿胀   D. 左下肢静脉曲张

E. 左下肢皮肤溃疡   F. 左踝畸形

G. 左踝色素沉着   H. 左踝皮下淤血

提问 3:患者除左踝疼痛外,无其他不适,检查未发现骨折,目前处理建议包括

A. 热敷   B. 冷敷

C. 石膏固定   D. 休息

E. 抬高左下肢   F. 抗感染治疗

G. 弹性绷带包扎   H. 必要时复查 X 线片

I. 手术治疗   J. 功能锻炼

提问 1:【答案】EHI

【解析】患者从 1.3m 坠落,左下肢、臀部着地,首先考虑腰椎、骨盆、左下肢损伤。

【考点】创伤的诊断

提问 2:【答案】ACFH

【解析】骨折和软组织损伤的常见体征包括关节运动受限、软组织肿胀、畸形和淤血。

【考点】创伤的临床表现

提问 3:【答案】BDEGH

【解析】急性软组织损伤的治疗原则包括休息(rest)、冷敷(ice)、加压包扎(compression)、抬高患肢(elevation)。新鲜骨折,有时不能在 X 线片上清晰显示,对不能除外骨折的患者,应在外伤后 3d 复查 X 线片。

【考点】创伤的处理

第七章　妇产科疾病

【A1 型题】

1.【答案】A
【考点】女性生殖器官的血液供应和血管分布

2.【答案】E
【解析】此题主要考查月经周期。月经周期由卵泡期和黄体期组成，黄体期相对较为稳定，为月经周期后14d，因此排卵时间应从后往前推14d。
【考点】月经周期的组成

3.【答案】B
【解析】此题主要考查雌孕激素的生理作用。雌激素的生理作用包括增加子宫平滑肌对缩宫素的敏感性；使子宫内膜腺体及间质增生、修复；使宫颈松弛，扩张，宫颈黏液分泌增加，易拉成丝状；促使阴道上皮细胞增生、角化、黏膜变厚等。
【考点】雌孕激素的生理作用

4.【答案】D
【解析】从妊娠第6周后，血浆容量即开始上升，至第20时，比非孕时增加20%，到孕24周则迅速上升，增加45%~50%，第24周以后速度减慢，于妊娠第32~34周逐渐达高峰，孕34周血浆容量最多增加可达1 000~1 200ml，此后维持此水平直至分娩。
【考点】妊娠生理变化

5.【答案】C
【解析】围产期是指妊娠28周后到分娩后1周以内的阶段。
【考点】围产期的定义

6.【答案】B
【解析】阴道后穹窿穿刺出不凝血有助于诊断异位妊娠破裂出血。
【考点】围产期的定义

【A1 型题】

1. 子宫动脉来自
   A. 髂内动脉　　　　　　B. 髂外动脉　　　　　C. 髂总动脉
   D. 腹主动脉　　　　　　E. 腹壁下动脉

2. 月经周期是 36d，排卵发生的时间，大约在月经周期的
   A. 第 10d　　　　　　　B. 第 14d　　　　　　C. 第 16d
   D. 第 18d　　　　　　　E. 第 22d

3. 下列属于雌激素生理作用的是
   A. 降低妊娠子宫对缩宫素的敏感性
   B. 子宫内膜增生
   C. 宫颈黏液减少，变稠，拉丝度减少
   D. 阴道上皮细胞脱落加快
   E. 通过中神经系统产生升温作用

4. 妊娠时血容量达到高峰的时间
   A. 孕 6~8 周　　　　　　B. 孕 10 周　　　　　C. 孕 20 周
   D. 孕 32~34 周　　　　　E. 孕 38 周

5. 我国目前应用的围产期是指
   A. 围绕分娩前后 1 周以内的阶段
   B. 分娩前 1 周到分娩后 24h 以内的阶段
   C. 妊娠 28 周后到分娩后 1 周以内的阶段
   D. 妊娠 37 周后到分娩后 1 周以内的阶段
   E. 妊娠 38 周后到分娩后 1 周以内的阶段

6. 异位妊娠腹腔内出血常用的辅助诊断方法，除超声检查外还有
   A. 尿妊娠试验　　　　　　　　B. 阴道后穹窿穿刺

C. 诊断性刮宫　　　　　　D. 腹腔镜检查

E. 血常规检查

7. 应用硫酸镁治疗妊娠期高血压疾病,镁中毒时最早出现的指标是

　　A. 呼吸减慢　　　　　　B. 心率下降

　　C. 尿量减少　　　　　　D. 膝腱发射迟钝,消失

　　E. 膝腱反射亢进

8. 妊娠期间发生急腹症的常见原因**不包括**

　　A. 肾绞痛　　　　　　　B. 阑尾炎

　　C. 胆囊炎　　　　　　　D. 卵巢肿物蒂扭转

　　E. 尿路感染

9. 卵巢癌的主要治疗手段是

　　A. 激素治疗　　　　　　B. 放射治疗

　　C. 化学疗法　　　　　　D. 手术 + 化学疗法

　　E. 免疫治疗

10. 右侧卵巢癌,腹膜表面有肿瘤种植,最大直径 2.5cm,分期应为

　　A. Ⅰb 期　　　　B. Ⅲa 期　　　　C. Ⅲc 期

　　D. Ⅱc 期　　　　E. Ⅳ 期

11. 子宫肌瘤在产褥期容易发生

　　A. 玻璃样变　　B. 脂肪性变　　C. 囊性变

　　D. 红色变性　　E. 肉瘤变

12. 诊断宫颈癌依赖的检查是

　　A. 子宫颈刮片细胞学检查　　B. 阴道镜检查

　　C. 阴道上皮染色体检查　　　D. 碘试验

　　E. 活体组织检查

13. 吸宫术后闭经伴周期性腹痛,应首先考虑

　　A. 人工流产综合征

　　B. 子宫穿孔

　　C. 羊水栓塞

　　D. 人工流产后感染

　　E. 宫腔粘连

14. 可行人工流产吸宫术的情况是

　　A. 妊娠 14 周

7.【答案】D
【解析】当血清镁浓度达 4mmol/L 时,深腱反射消失;达 4~7mmol/L 时,嗜睡、心动过缓、低血压(由周围血管扩张所致)、肠蠕动减弱、恶心、呕吐、腹泻、尿潴留、皮肤血管扩张等;达 10mmol/L 时,随意肌麻痹,呼吸抑制;达 15mmol/L 时,心脏停搏(由心肌收缩性能严重抑制所致)。
【考点】硫酸镁中毒的表现

8.【答案】E
【解析】妊娠期急腹症需要和外科急腹症鉴别。泌尿系统常容易混淆的是输尿管结石、尿路感染(上尿路感染,例如肾盂肾炎),常引起腰痛。
【考点】妊娠期急腹症的鉴别

9.【答案】D
【解析】卵巢癌一经发现均应手术治疗,术后辅以化学疗法。
【考点】卵巢癌治疗原则

10.【答案】C
【解析】骨盆缘外累及腹膜的大块转移,最大直径 >2cm,伴有或不伴有腹膜后淋巴结阳性,分期应为 Ⅲc 期。
【考点】卵巢癌分期

11.【答案】D
【解析】产褥期子宫收缩,肌瘤容易缺血变性。
【考点】子宫肌瘤变性

12.【答案】E
【解析】活检是宫颈癌三阶梯诊断的最后一步。
【考点】宫颈癌的诊断

13.【答案】E
【解析】吸宫术后闭经伴腹痛应考虑宫腔粘连。
【考点】人工流产术后并发症

14.【答案】E
【解析】A、B、C、D 项均为人工流产吸宫手术的禁忌证,孕 14 周应选择钳刮术。
【考点】人工流产术禁忌证

B. 急性生殖道炎症

C. 各种慢性病的急性期

D. 手术当天体温超过 37.5℃，1h 后再测仍高者

E. 妊娠剧吐

15.【答案】B
【考点】子宫内膜异位症临床表现

15. 子宫内膜异位症重要的临床特点是

A. 腹痛于经期第 1~2d 开始

B. 继发性进行性加重痛经

C. 经期腹痛，肛门下坠胀感

D. 痛经进行性加重

E. 下腹两侧疼痛

16.【答案】C
【解析】卵巢妊娠时子宫不一定增大，故 C 选项错误。
【考点】宫外孕的诊断

16. 卵巢妊娠诊断标准在下列各项中，**错误**的是

A. 双侧输卵管必须正常

B. 囊胚必须位于卵巢组织内

C. 子宫必须增大

D. 卵巢及囊胚必须以卵巢固有韧带与子宫相连

E. 囊胚壁上有卵巢组织

17.【答案】B
【解析】子宫内膜在卵巢分泌的雌激素作用下呈增殖期改变，卵巢排卵后生成黄体，分泌孕激素，子宫内膜在孕激素的作用下转化为分泌期，为受精卵的着床做准备。
【考点】子宫内膜的周期性变化

17. 子宫内膜由增殖期转为分泌期，主要发挥作用的激素是

A. 雌激素 　　　　B. 孕激素

C. 卵泡刺激素 　　D. 黄体生成素

E. 促性腺激素释放激素

18.【答案】D
【解析】子宫内膜在雌激素的长期影响下一直处于增生状态，良性阶段分为单纯增生和复杂增生。如果一直缺乏孕激素的转化，单纯增生会发展成单纯不典型增生，复杂增生会发展成复杂不典型增生；不典型增生由于出现了腺上皮的异型性，如果缺乏及时的处理通常会发展成子宫内膜癌。
【考点】子宫内膜癌前病变的概念

18. 属于癌前病变的是

A. 子宫内膜增生 　　　B. 子宫内膜单纯增生

C. 子宫内膜复杂增生 　D. 子宫内膜不典型增生

E. 萎缩型子宫内膜

19.【答案】C
【解析】滴虫性阴道炎通常在月经后复发，所以临床通常以三次月经后复查均为阴性作为治愈标准。
【考点】滴虫性阴道炎的治疗

19. 滴虫性阴道炎的治愈标准应为

A. 用药后症状消失

B. 用药后白带减少

C. 经后复查白带，三次阴性

D. 治疗后镜检滴虫阴性

E. 治疗后，复查白带二次阴性

20.【答案】D
【解析】滴虫性阴道炎的分泌物典型特点为稀薄灰黄色泡沫状白带，可伴外阴瘙痒；外阴阴道假丝酵母菌病的典型分泌物为白色豆渣样白带且伴外阴瘙痒；细菌性阴道病的白带多呈灰白色、不伴外阴瘙痒。
【考点】滴虫性阴道炎的临床表现以及与其他阴道炎的鉴别

20. 滴虫性阴道炎最典型的临床表现是

A. 白色豆渣样白带，外阴奇痒

B. 血性白带，外阴奇痒难忍

C. 脓性白带，阴道灼痛

D. 灰黄泡沫状白带伴外阴瘙痒

E. 黄色白带，外阴不痒

21. 滴虫性阴道炎最常见的传播方式是
    A. 性交传染 B. 公共浴池
    C. 坐式厕所 D. 衣物
    E. 游泳池

22. 月经周期为28d的有排卵型的妇女,于月经周期第23d刮宫,镜检子宫内膜应是
    A. 增生早期 B. 增生晚期
    C. 分泌早期 D. 分泌晚期
    E. 月经前期

23. 诊断子宫内膜癌最可靠的方法是
    A. 超声检查 B. 分段诊刮及病理检查
    C. 宫腔镜检查 D. 宫颈刮片检查
    E. 盆腔检查

24. 青春期的性健康教育**不包括**
    A. 第一性征和第二性征的健康发育
    B. 生殖系统良好的卫生习惯
    C. 各年龄段性问题的正确处理
    D. 正确的性别自认
    E. 对妊娠问题的讲解

25. 骨质疏松的检测方法最准确的是
    A. 超声检查 B. X线检查
    C. 血钙检测 D. DXA
    E. 磁共振

26. **除**下述哪项外,均能监测卵巢排卵
    A. 子宫内膜活检
    B. 基础体温测定
    C. 阴道细胞涂片检查
    D. 子宫黏液结晶检查
    E. 测定血中催乳素

27. 关于外阴阴道假丝酵母菌病,**错误**的是
    A. 比滴虫性阴道炎少见
    B. 多见于接受大剂量激素治疗
    C. 多由白念珠菌感染所致
    D. 孕妇及糖尿病患者易得
    E. 长期应用抗生素的人易发病

21.【答案】A
【解析】滴虫性阴道炎主要经性交传染,公共设施也有一定的传播可能,但是性交还是最主要的传播方式。
【考点】滴虫性阴道炎的临床表现以及与其他阴道炎的鉴别

22.【答案】D
【解析】子宫内膜的周期性变化分为增殖期、分泌期和月经期。其中分泌期时间位于排卵后,又分为分泌早期和分泌晚期。
【考点】子宫内膜的周期性变化

23.【答案】B
【解析】子宫内膜癌的诊断可以依靠超声提示内膜增厚、血流异常,或者磁共振提示的内膜改变以及宫腔镜检查获得可靠的证据,但是分段诊刮后的病理组织学结果才是诊断的金标准。
【考点】子宫内膜癌的诊断方法

24.【答案】E
【解析】健康指个人在生理、心理和社会适应上的良好状态。青少年个体健康包括生理健康和心理健康。生理健康指第一性征和第二性征的健康发育、生殖系统良好的卫生习惯、各年龄段性问题的正确处理。心理健康指正确的性别自认。
【考点】青春期性教育的内容

25.【答案】D
【解析】骨密度的检测包括超声检查、X线检查、磁共振、DXA(双能X射线吸收法)等。其中,DXA的检测误差最小,最为准确,所以是骨密度检测的金标准。
【考点】检测骨密度的方法

26.【答案】E
【解析】监测排卵的方法有基础体温测定、超声监测卵泡发育、尿LH水平测定、血清黄体酮检测、宫颈黏液栓的检查、子宫内膜活检等。催乳素水平不能监测排卵与否。
【考点】监测排卵的方法

27.【答案】A
【解析】外阴阴道假丝酵母菌病多因阴道内乳酸杆菌减少引起菌群失调所致,长期应用抗生素、孕妇、糖尿病患者人好发,临床多见。
【考点】外阴阴道假丝酵母菌病的病因及发病率

28.【答案】C

【解析】子宫内膜在卵巢分泌的雌激素作用下呈增殖改变，排卵后生成黄体，分泌孕激素，子宫内膜在孕激素的作用下转化成分泌期，所以增殖期和分泌期不会同时存在。

【考点】有排卵功血患者的内膜变化

29.【答案】D

【解析】更年期功血是由于卵巢无排卵，不能分泌孕激素所致，治疗首选孕激素。孕激素促使子宫内膜转化，同时使子宫内膜螺旋动脉收缩从而达到止血目的；当出血较多时可以同时注射雄激素。45岁以上患者应用雌激素容易引起血栓形成，所以一般情况下不用雌激素和避孕药。

【考点】更年期功血的治疗

30.【答案】B

【解析】慢性宫颈炎的临床表现有白带增多、严重时有血性白带，甚至有性交后出血，宫颈分泌物多，精子不易通过，可以合并不孕。但是慢性宫颈炎多是局部炎症，引起全身感染少，所以一般没有发热的情况。

【考点】慢性宫颈炎的临床表现

31.【答案】C

【解析】无排卵功血多见于青春期或更年期女性，因为缺乏卵泡刺激激素(FSH)和黄体生成素(LH)峰的形成，所以不能规律排卵，也不能分泌黄体酮将子宫内膜由增殖期转化成分泌期。因此月经不规律，基础体温也呈单相。

【考点】无排卵功血的特点

32.【答案】C

【解析】盆腔炎多见于产后、流产后、剖宫产、其他妇科手术后或者经期性生活及阴道冲洗引起的感染。而多囊卵巢综合征是内分泌疾病，与感染无关。

【考点】生殖器炎症的后遗症

33.【答案】E

【解析】月经期女性由于子宫内膜脱落，血管断面形成了创面，一旦细菌侵入极易造成感染，引发感染类疾病。所以月经期尤其要注意卫生，保持外阴清洁、禁止游泳、禁止性生活，同时加强营养，多进食水果蔬菜，保持大便通畅。

【考点】月经期卫生

1.【答案】C

【解析】子宫内膜异位症的典型临床症状是继发性逐渐加重的痛经，常伴有不孕症，双侧附件区的囊性包块可能是巧克力囊肿形成。

【考点】子宫内膜异位症临床表现和体征

28. 生育期功能失调性子宫出血(功血)患者的子宫内膜变化中，**错误**的是
   A. 经前呈分泌反应
   B. 分泌反应不良
   C. 增生性内膜与分泌反应同时存在
   D. 子宫内膜呈息肉样增生
   E. 子宫内膜的分泌反应不一致

29. 更年期功血首选止血方法是
   A. 注射雌激素　　　　　B. 注射生长激素
   C. 口服避孕药　　　　　D. 注射孕激素＋雄激素
   E. 口服雌激素

30. 下列**不符合**慢性宫颈炎临床表现的是
   A. 白带增多　　　B. 长期微热　　　C. 血性白带
   D. 不孕　　　　　E. 性交出血

31. 关于无排卵功血的临床表现，**错误**的是
   A. 多见于青春期及更年期
   B. 诊刮多为增生期子宫内膜
   C. 月经周期短，规律
   D. 未能形成 FSH、LH 峰状分泌
   E. 基础体温为单相

32. **不属于**生殖器炎症后遗症的是
   A. 慢性附件炎　　　　　B. 输卵管积水
   C. 多囊卵巢综合征　　　D. 慢性盆腔结缔组织炎
   E. 输卵管卵巢囊肿

33. 月经期的女性要注意经期卫生，**错误**的是
   A. 保持外阴清洁
   B. 保持精神愉快
   C. 禁止游泳
   D. 合理营养，多吃水果蔬菜蛋白质
   E. 可以进行性生活

【A2 型题】

1. 患者，女，28岁，患不孕症。经期腹痛5年，每次于月经来潮前1~2d开始腹痛，月经来潮结束后渐消失。查体：子宫大小正常，后倾，不活动，压痛，双侧附件可触及 6cm 囊性肿块，串珠状增厚，有压痛。根据上述症状、体征、考虑的诊断是
   A. 慢性盆腔炎　　　　　B. 结核性盆腔炎

C. 子宫内膜异位症　　　D. 双侧输卵管卵巢囊肿

E. 卵巢癌

2. 患者,女,19 岁,未婚。自感腹稍胀,下坠 2 个月,无腹痛,月经周期正常,经期下腹部不适。查体:子宫正常大小,子宫左侧可扪及一 10cm×8cm×7cm 囊性、硬度不均的肿块,和子宫贴近,表面光,可活动。考虑最有可能的诊断为

A. 浆膜下子宫肌瘤　　　B. 卵巢畸胎瘤

C. 输卵管积水　　　　　D. 子宫内膜异位囊肿

E. 卵巢炎性囊肿

3. 患者,女,17 岁,未婚。近 2 个月发现左下腹有一肿物,生长较快,移动性浊音(+),检查子宫正常,左侧可触及一拳头大小肿物,囊实性,活动好。贫血,HCG 正常,AFP 升高,CA12-5 正常。考虑最有可能的诊断为

A. 浆液性囊腺癌　　　　B. 黏液性囊腺癌

C. 库肯勃瘤　　　　　　D. 颗粒细胞瘤

E. 内胚窦瘤

4. 患者,女,50 岁。2 个月来因消瘦妇科检查发现盆腔肿块。患胃溃疡 20 多年,已绝经 2 年。妇科检查:阴道正常,宫颈光滑,子宫水平位正常大小,子宫两侧均可检到 10mm 直径大小的实性肿块,活动,与子宫分开。考虑最有可能的诊断为

A. 卵巢囊性畸胎瘤　　　B. 乳头状囊腺癌

C. 颗粒细胞瘤　　　　　D. 库肯勃瘤

E. 卵巢纤维瘤

5. 患者,女,56 岁。绝经 4 年后血性白带半年,阴道不规则少许出血半个月。宫颈光滑,宫体稍大,诊刮内膜为豆渣状。下述可能性大的疾病是

A. 宫颈癌　　　B. 子宫内膜癌　　　C. 生殖器结核

D. 子宫肌瘤　　　E. 宫血

6. 患者,女,23 岁。起床后突然出现剧烈左下腹痛伴恶心呕吐,既往曾有过两次类似腹痛,经改善体位后疼痛减轻。查体:体温 36.7℃,脉搏 100 次 /min,子宫正常大小,无压痛,子宫左侧可触及 6cm×5cm×5cm 的囊性包块,边界清楚,活动,压痛明显。应首先考虑为

A. 急性化脓性输卵管炎　　　B. 左卵巢囊肿蒂扭转

C. 子宫浆膜下肌瘤变性　　　D. 阑尾炎

E. 双角子宫

2.【答案】B

【解析】未婚女性,附件区囊性不均质包块,应考虑畸胎瘤可能。

【考点】畸胎瘤临床表现和体征

3.【答案】E

【解析】卵巢内胚窦瘤又称"卵黄囊瘤",是卵巢恶性生殖细胞瘤(OGCT)中最常见的类型之一。多发生在年轻妇女和青少年,发病中位年龄为 19 岁。内胚窦瘤细胞形态多样,可分泌甲胎蛋白(AFP),故血清 AFP 浓度明显升高。

【考点】卵巢肿物的鉴别

4.【答案】D

【解析】该患者伴随可疑消化道肿瘤病史,双侧卵巢肿物,应怀疑转移瘤可能性。

【考点】卵巢肿物的鉴别

5.【答案】B

【解析】绝经后女性,阴道不规则出血,子宫增大,伴豆腐渣样内膜组织,应考虑子宫内膜癌。

【考点】子宫内膜癌的临床表现

6.【答案】B

【解析】妇科急腹症,与体位变换有关,查体可触及子宫左侧包块,应考虑卵巢囊肿蒂扭转。

【考点】妇科急腹症的鉴别

7. 【答案】B

【解析】结合病史和查体应考虑先天性处女膜闭锁,应做手术切开。

【考点】生殖道畸形的处理

---

7. 患者,女,12岁。周期性下腹痛半年,近3d腹痛加重,伴尿频。查体:外阴大小阴唇发育正常,处女膜向外膨出,呈紫蓝色,直肠腹部诊可触及直肠前的包块。该患者下一步的处置是

A. 局部穿刺　　　　　　B. 处女膜切开术

C. 抗炎镇痛治疗　　　　D. 剖腹探查术

E. 观察经过

---

8. 【答案】B

【解析】黄体酮试验(-),雌激素试验阳性,垂体兴奋试验静脉注射LH-RH50μg,注射后半小时血LH值较注射前增高3倍,应考虑下丘脑性闭经。

【考点】下丘脑-垂体-卵巢轴的功能鉴别

---

8. 患者,女,30岁,已婚。闭经1年半,闭经半年时曾注射黄体酮5d,有阴道出血4d,以往月经2~3个月1次,尚规律。妇科检查无异常,黄体酮试验(-),雌激素试验阳性,垂体兴奋试验静脉注射黄体生成素-释放激素(LH-RH)50μg,注射后半小时血LH值较注射前增高3倍。应诊断为

A. 子宫性闭经　　　　　　B. 下丘脑性闭经

C. 垂体性闭经　　　　　　D. 卵巢性闭经

E. 其他内分泌腺紊乱

---

9. 【答案】D

【解析】功血应先行妇科检查排除其他器质性病变。

【考点】功血的鉴别诊断

---

9. 患者,女,已婚,26岁。使用宫内避孕器3年,月经基本规律,末次月经6月10日,7月8日就诊,阴道出血淋漓10d不净,咖啡样,伴下腹痛,不剧烈,未经任何诊治。医师最先采取的步骤应是

A. 立即诊刮　　　B. 血常规化验　　　C. 抗生素治疗

D. 盆腔检查　　　E. 药物止血

---

10. 【答案】E

【解析】人工流产术后出血淋漓不尽应考虑宫内残留可能,测定HCG有助于鉴别。

【考点】人工流产术后并发症

---

10. 患者,女,25岁,未婚。早孕期行药物流产,情况不明,此后阴道淋漓出血,出血40d不净,适宜的诊治是

A. 诊刮　　　　　　B. 血常规化验　　　C. 盆腔检查

D. 尿妊娠试验　　　E. 血HCG测定

---

11. 【答案】B

【解析】孕19周不是钳刮术的适应证。

【考点】中孕期终止妊娠的方法

---

11. 患者,女,39岁。停经19周,妇科检查,宫底脐下一指,腹部听诊可及胎心正常,终止目前妊娠的方法**错误**的是

A. 雷夫诺尔羊膜腔内注射引产术

B. 人工流产——钳刮术

C. 水囊引产术

D. 雷夫诺尔羊膜腔注射引产术

E. 前列腺素引产

---

12. 【答案】D

【解析】人工流产术后闭经,伴腹痛,应考虑宫颈及宫腔粘连可能,妇科查体显示子宫增大,宫体有压痛,可能是宫腔积血所致。

【考点】人工流产术后并发症

---

12. 患者,女,26岁。人工流产过后45d,未来月经,下腹痛渐加重3d,人工流产手术顺利,阴道出血1d净。盆腔检查,子宫饱满,软、压痛明显,双附件阴性。考虑可能性大的是

A. 盆腔感染　　　B. 人工流产不全　　　C. 宫外孕

D. 宫颈粘连　　　E. 早孕

13. 初产妇，34岁。孕40周，自然临产，第二产程1h 50min，准备行会阴侧切，协助胎儿娩出。侧切时，将切伤的肌肉是
    A. 会阴浅横肌，深横肌，球海绵体肌，部分耻骨肌
    B. 会阴浅横肌，深横肌，球海绵体肌，部分坐骨尾骨肌
    C. 会阴浅横肌，深横肌，球海绵体肌，肛门外括约肌
    D. 会阴浅横肌，深横肌，坐骨绵体肌，部分耻骨肌
    E. 会阴浅横肌，深横肌，坐骨绵体肌

13.【答案】A
【解析】会阴侧切时，常自会阴后联合中线向左侧45°方向剪开会阴，从外往内将损伤会阴浅横肌、深横肌、球海绵体肌和部分耻骨肌。
【考点】盆底解剖结构

14. 患者，女，26岁。第一胎，月经周期规律，核对孕周准确，停经31周。无诱因阵发性腹痛半小时，间隔7~8min 1次，强度中等，血压120/75mmHg，心率88次/min，胎心率146次/min，伴血性白带，子宫底高度30cm，耻骨联合上方可扪及胎头、浮，下腹轻压痛。首先应该的检查是
    A. 观察宫缩   B. 羊水振荡试验
    C. 阴道检查并分泌物培养   D. 超声
    E. 胎心电子监护

14.【答案】C
【解析】先兆早产，应查宫颈条件并留B族溶血性链球菌培养。
【考点】先兆早产的处理

15. 患者，女，26岁。平素月经规律，现停经18周，有自觉胎动。近两周开始腹部胀痛，由轻到重，呈持续性，突然腹部剧痛1h入院。查体：神志清，贫血貌，腹部略膨隆，有压痛、反跳痛，未闻及胎心。首选的处置方法是
    A. 引产   B. 剖腹探查术   C. 保胎治疗
    D. 吸氧   E. 观察经过

15.【答案】B
【解析】停经、腹痛，宫内未及胎心，应考虑宫外孕破裂，完善检查后行剖腹探查术。
【考点】宫外孕的处理

16. 35岁初产妇，自停经18周起，即发现血压升高，130/90mmHg，现停经26周，近3d来下肢水肿及头昏头痛加重，血压170/120mmHg，尿蛋白（-）。正确的诊断是
    A. 先兆子痫
    B. 原发性高血压并发先兆子痫
    C. 妊娠高血压
    D. 中度妊娠高血压综合征
    E. 原发性高血压

16.【答案】B
【解析】孕20周前出现收缩压超过90mmHg，应诊断原发性高血压，26周症状符合先兆子痫的表现。
【考点】妊娠期高血压疾病

17. 患者，女，29岁。孕33周，妊1产0,1周来下肢水肿，头痛，视物不清，1d来进食后上腹部不适，恶心。门诊急查谷丙转氨酶58IU/L，尿蛋白（++），收入院。下列最有帮助的检查是
    A. 血小板+纤维蛋白原
    B. 超声胆囊
    C. 眼底检查
    D. 血小板+纤维蛋白原+纤维蛋白降解产物
    E. 血小板+胆红素

17.【答案】E
【解析】怀疑HELLP综合征，应查血小板和胆红素帮助诊断。
【考点】HELLP综合征的诊断标准

18.【答案】D

【解析】无痛性阴道出血，阴道检查可触及胎盘组织，应诊断前置胎盘，剖宫产术是前置胎盘终止妊娠的主要方式。阴道分娩仅适用于边缘性前置胎盘而胎儿为头位，且在临产后发生出血，但血量不多，产妇一般情况好，产程进展顺利，估计在短时间内可以结束分娩者。

【考点】前置胎盘临产处理

19.【答案】C

【解析】先兆子痫最常见的并发症之一为胎盘早剥，结合病史及查体可诊断。

【考点】胎盘早剥的临床表现和诊断

20.【答案】D

【解析】胎儿生物物理评分(BPS)是20世纪80年代Manning等总结出一种超声监测高危胎儿行为的方法，包括胎动(FM)、胎儿呼吸运动(FBM)、非激惹试验(NST)、胎儿肌张力(FT)、羊水量(AFV)共5项。其中最简单的测试方法即为胎动计数，故孕30周后常建议产妇自数胎动。

【考点】胎儿生物物理评价

21.【答案】C

【解析】妊娠期出现胆红素升高，黄疸，并且有皮肤瘙痒表现，应怀疑妊娠肝内胆汁淤积症(ICP)可能，可进一步完善肝功能相关检验。

【考点】妊娠肝内胆汁淤积症的临床表现

22.【答案】B

【解析】外阴阴道假丝酵母菌病可以因长时间应用抗生素诱发，临床表现以外阴瘙痒为主，分泌物检查为白色稠厚或凝乳样、豆腐渣白带，妇科检查可见阴道黏膜充血、小阴唇内侧及阴道黏膜上附有白色块状物。

【考点】外阴阴道假丝酵母菌病的临床表现

18. 初孕妇，妊娠37周，阴道少量流血1周，增多2h，量如月经伴有肿胀，宫高30cm，右枕前位(ROA)，胎头浮，胎心134次/min，血压110/80mmHg，脉搏90次/min，输液下作阴道检查，宫口开5cm，羊膜囊突出，于3~6点处触及软组织，诊断前置胎盘。其处理应为
A. 催产素加强宫缩　　　　　B. 人工破膜
C. 人工破膜+头皮钳牵引　　D. 剖宫产
E. 阴道塞纱布条止血

19. 患者，初产妇，22岁。妊娠32周，因先兆子痫入院。入院后，突发下腹痛，3h后胎心消失，宫底明显升高，子宫硬，压痛(+)，孕妇贫血貌，阴道仅少量流血，宫口扩张1cm。下列疾病可能性大的是
A. 先兆子宫破裂　　　　　B. 前置胎盘
C. 胎盘早剥　　　　　　　D. 胎盘边缘血窦破裂
E. 子宫破裂

20. 患者，36岁。妊1产0，妊娠36周，产前检查宫底高度30cm，胎儿骶左前位，胎心140次/min。预测胎儿在宫内安危状况最简易的方法是
A. 生物物理评分
B. 催产素激惹试验(OCT试验)
C. E_3 连续测定
D. 胎动计数
E. 血清胎盘生乳素的测定

21. 第一胎孕期检查正常，妊娠36周，2周来感皮肤痒，皮肤发黄(黄疸)，食欲好，无其他自觉不适，检查血胆红素51.1μmol/L(3mg/dl)，谷丙转氨酶稍高，血压120/80mmHg，应考虑诊断为
A. 妊娠高血压综合征　　　B. 急性传染性肝炎
C. 妊娠肝内胆汁淤积症　　D. 原发性妊娠急性脂肪肝
E. 药物性肝炎

22. 患者，女，45岁。外阴瘙痒3d。患者1周前因上呼吸道感染口服头孢克洛1周，3d前开始出现外阴瘙痒，伴阴道分泌物增多。查体：外阴充血、有抓痕、阴道充血，有大量豆渣样分泌物。宫颈及盆腔内诊未见异常。患者最可能的诊断是
A. 滴虫性阴道炎　　　　　B. 外阴阴道假丝酵母菌病
C. 细菌性阴道病　　　　　D. 外阴营养不良
E. 老年性阴道炎

23. 患者,女,35岁。因"白带增多1周"到妇科门诊就诊。分泌物色白,有腥臭味,无外阴瘙痒。查体:阴道白色分泌物多,附着在阴道壁。患者最可能的诊断是
    A. 滴虫性阴道炎　　　　　B. 外阴阴道假丝酵母菌病
    C. 细菌性阴道病　　　　　D. 外阴营养不良
    E. 老年性阴道炎

24. 患者,女,23岁。性交后出血20d。患者平素月经规律,14岁初潮。妇科检查见宫颈中度糜烂样改变,宫口有少量白色分泌物,接触性出血阳性。宫颈无明显举痛,子宫正常大小,双附件未及异常。患者需要做的检查是
    A. 阴道镜检查　　　B. TCT　　　　　C. HPV
    D. TCT+HPV　　　　E. 宫颈活检

25. 患者,女,56岁。末产30年前,绝经6年,阴道少量出血2个月。妇科检查:外阴正常,阴道上2/3为硬脆组织占据,接触性出血明显,宫颈处形成凹陷性溃疡,双侧主骶韧带增厚缩短,已达盆壁,以右侧为显。此患者最好的诊断方法是
    A. 诊断性刮宫　　　B. 宫颈活检　　　C. TCT 检查
    D. 超声检查　　　　E. CT 检查

26. 患者,女,26岁。月经不规律10年,末次月经50d前,此次阴道出血淋漓不尽15d,妇科检查未见异常,尿妊娠试验(−)。患者最可能的疾病是
    A. 流产　　　　　　B. 异位妊娠　　　C. 滋养细胞疾病
    D. 宫颈癌出血　　　E. 无排卵功血

27. 患者,女,49岁。月经周期延长半年。近半年来患者月经周期40~60d,有时需要口服黄体酮来月经。此患者最可能的诊断是
    A. 排卵期出血　　　B. 无排卵月经　　C. 滋养细胞疾病
    D. 先兆流产　　　　E. 子宫肌瘤

28. 患者,女,35岁。停经50d,阴道出血1周,有轻度下腹痛,来妇科就诊。此患者首先要做的检查是
    A. 超声检查　　　　　　　B. 女性激素水平测定
    C. 磁共振检查　　　　　　D. 尿妊娠试验测定
    E. 血常规检查

29. 患者,女,30岁。停经8周,阴道少许出血3d,无腹痛。妇科检查:宫口闭,子宫增大如孕2个月大小,软,无压痛,两侧附件正常。最可能的诊断为

23.【答案】C
　　【解析】细菌性阴道病多无外阴瘙痒,以分泌物增多为主,分泌物可有腥臭味。妇科检查可见阴道分泌物多附着于阴道壁,分泌物检测胺臭味阳性及见到线索细胞。
　　【考点】细菌性阴道病的分泌物特点

24.【答案】D
　　【解析】宫颈病变筛查应该遵循三阶梯顺序:第一步,TCT+HPV检查;第二步,阴道镜检查;第三步,宫颈活检。
　　【考点】宫颈病变筛查的方法

25.【答案】B
　　【解析】根据病史及妇科检查描述,此患者为宫颈癌可能性最大,因此需要宫颈活检确定诊断,进而再行进一步检查确定病变范围,确定治疗方案。
　　【考点】宫颈病变的筛查方法

26.【答案】E
　　【解析】无排卵功血多有月经周期不规律或者月经周期长的特点,但是停经后出血的患者首先要除外妊娠相关疾病,如流产、异位妊娠等疾病。
　　【考点】无排卵功血的特点和妊娠的鉴别方法

27.【答案】B
　　【解析】患者是围绝经期女性,处于卵巢功能衰退晚期阶段,这个时期发生的出血多为无排卵功血,因此缺乏子宫内膜缺之孕激素的转化作用。
　　【考点】更年期阴道出血的特点

28.【答案】D
　　【解析】生育年龄女性,有停经、阴道出血、腹痛,需要首先排除异位妊娠和先兆流产这两种妇科常见又需要紧急处理的疾病。尿妊娠试验是最快速最简便易行的方法。
　　【考点】妊娠相关疾病的检查

29.【答案】B
　　【解析】先兆流产的诊断:有停经、阴道出血史,查体宫颈口闭合、子宫大小与孕周相符。
　　【考点】先兆流产的诊断

A. 习惯性流产　　B. 先兆流产　　C. 正常妊娠

D. 难免流产　　E. 过期流产

30.【答案】B

【解析】产后恢复排卵的时间跟母乳喂养的时间相关，停哺乳后一般2~3次月经后才恢复正常排卵。此次出血考虑子宫内膜脱落不全，是由于无排卵不能产生孕激素所致。

【考点】产后月经的恢复

30. 患者，女，26岁。产后1年，产后半年停哺乳，产后来潮1次，末次月经2个月前，突发阴道出血1d。妇科检查未见异常。最先考虑的疾病是

A. 妊娠　　　　B. 无排卵功血　　C. 流产

D. 黄体功能不全　E. 胎盘残留

31.【答案】A

【解析】青春期功血的治疗原则根据患者血红蛋白的情况而定，80g/L以上可以考虑孕激素内膜脱落法，80g/L以下多选择雌激素内膜增长法，待血红蛋白增长到80g/L以后再给予孕激素脱落。

【考点】青春期功血的处理

31. 患者，女，15岁。初潮14岁。月经不规律，末次月经2个月前，此次月经来潮持续10d，量一直较多，有血块。查体：子宫未见异常。此患者诊断考虑无排卵功血，目前血红蛋白78g/L。最首先考虑的治疗方法是

A. 雌激素内膜增长法　　B. 孕激素内膜脱落法

C. 止血药　　　　　　　D. 雄激素

E. 刮宫术

32.【答案】D

【解析】患者为围绝经期女性，子宫内膜厚引发的出血，内膜厚度>2cm，需要首先除外内膜恶性病变，确定子宫内膜病变性质，因此要在取环的同时行诊断性刮宫。

【考点】诊断性刮宫的指征

32. 患者，女，48岁。阴道淋漓出血2个月，超声提示子宫内膜厚2cm，宫内节育器位置正常。此患者最适合的处理应该是

A. 雌激素止血　　　　B. 孕激素止血

C. 子宫切除　　　　　D. 取环+分段诊断性刮宫

E. 子宫内膜消融术

33.【答案】D

【解析】绝经后阴道出血女性，最常见疾病为子宫内膜癌，子宫内膜癌诊断的金标准就是宫腔镜下活检取病理，单纯诊断性刮宫容易遗漏微小病灶。

【考点】绝经后阴道出血的处理

33. 患者，女，58岁。绝经10年，阴道流血3个月，检查子宫颈及附件均正常，宫体稍大，无压痛。首选的辅助检查方法是

A. 宫腔冲洗液细胞学检查

B. 后穹窿吸出物涂片细胞学检查

C. 宫腔碘油造影

D. 宫腔镜检查取病理+分段诊断性刮宫

E. 诊断性刮宫

34.【答案】C

【解析】绝经后阴道流液及出血可见于阴道炎、宫颈病变、宫腔内病变、输卵管病变，妇科查体可以发现阴道炎，宫腔镜检查的过程中可以发现宫颈管内病变和宫腔病变，是选项中最适合的检查方法。

【考点】绝经后阴道出血的鉴别诊断

34. 患者，女，58岁。绝经6年，不规则阴道流血1年。妇科检查：宫颈稍肥大，质正常，宫体前倾，稍大，硬度正常，活动度可。最有助于确定诊断的措施是

A. 阴道细胞涂片检查

B. 分段诊刮

C. 宫腔镜检查+分段诊断性刮宫

D. 超声

E. 宫颈活检

35.【答案】B

【解析】围绝经期妇女，由于雌激素水平的降低，会出现月经不调、失眠、烦躁等月经及情绪变化，考虑绝经期综合征。

【考点】绝经期综合征的临床表现

35. 患者，女，50岁。月经不调2年，伴失眠、烦躁半年。妇科检查未见异常，此患者最可能的诊断是

A. 抑郁症　　　B. 绝经期综合征　　C. 无排卵功血

D. 焦虑症　　　E. 子宫肌瘤

36. 患者,女,53 岁。绝经 1 年,潮热、盗汗半年,口服中成药无缓解。伴关节疼痛、失眠。临床诊断为绝经期综合征。能改善患者以上临床症状的最佳措施是

A. 口服中成药　　　　B. 碳酸钙片剂口服

C. 激素补充治疗　　　D. 安定口服

E. 心理治疗

37. 患者,女,52 岁。绝经 3 年,患者如果想开始激素替代治疗,最佳时间是

A. 绝经 1 年以内　　　B. 绝经 3 年以内

C. 绝经 5 年以内　　　D. 绝经 10 年之内

E. 60 岁以后

38. 患者,女,35 岁。性交后出血 1 周,妇科检查发现宫颈中度糜烂,鉴别宫颈病变最准确的方法是

A. 宫颈刮片细胞学检查　　B. 碘试验

C. 宫颈活检　　　　　　　D. 阴道镜检查

E. 宫颈锥切术

39. 患者,女,56 岁。外阴瘙痒反复发作 3 年,加重 1 个月。妇科检查见双侧大阴唇及部分小阴唇萎缩,皮肤色素减退,局部菲薄,弹性差,可见抓痕。此患者最可能的诊断是

A. 白癜风　　　　　　　B. 滴虫性阴道炎

C. 外阴阴道假丝酵母菌病　D. 细菌性阴道病

E. 外阴硬化性苔藓

40. 18 岁学生来咨询避孕和性病问题,需要向其提供预防性病的方法,内容不包括

A. 尽可能减少性伙伴

B. 采用避孕套

C. 不吸食毒品,不接受非专业人员的注射

D. 如果发现异常尽快就医

E. 可以采取安全期避孕

41. 患者,女,50 岁。性交后出血,宫颈活检病理所见为宫颈上皮内瘤变 2 级。最合适的治疗是

A. 阴道内应用干扰素栓剂　B. 电熨治疗

C. 口服抗病毒药物　　　　D. 宫颈 LEEP 手术

E. 子宫全切术

36.【答案】C

【解析】绝经相关问题的处理包括:激素补充治疗、健康生活方式、心理调节、传统医学治疗、饮食控制等,激素补充治疗是解决绝经相关问题的最佳方案。

【考点】绝经相关疾病的处理

37.【答案】D

【解析】不同的绝经阶段所表现的症状有所不同,绝经 5 年之内可以出现血管舒缩症状,绝经 5 年以后可以发生骨质疏松。因此,激素补充治疗最佳的窗口期是指绝经 10 年之内或者 60 岁以前,60 岁以后开始激素补充治疗弊大于利。

【考点】绝经后激素补充治疗开始的时间

38.【答案】C

【解析】宫颈糜烂是过去沿用的名词,目前统称宫颈柱状上皮异位,但是肉眼难以区别有无恶性或癌前病变,需要细胞学筛查、阴道镜检查、宫颈活检这三阶梯的逐步处理。其中,宫颈活检后的病理检查是最准确的诊断。

【考点】宫颈病变的筛查方法

39.【答案】E

【解析】外阴硬化性苔藓临床表现为外阴瘙痒,妇科检查可见:外阴萎缩、皮肤弹性差、外阴皮肤色素减退、病变对称,阴道分泌物正常。确诊还需靠组织病理学诊断。

【考点】外阴瘙痒的鉴别诊断

40.【答案】E

【解析】性传播疾病是世界性的传染病,发病与性行为尤其是性生活混乱有关,因此其防治也是性教育内容之一。目前还没有 100% 预防性病的方法,须注意以下几点:尽可能减少性伙伴、采用避孕套、发现异常及时就医、不用毒品、不接受非专业人员的注射。

【考点】青春期性教育的内容

41.【答案】D

【解析】宫颈上皮内瘤变的处理根据患者的年龄、是否有生育要求和病变的程度而定。此患者50岁,近绝经年龄,药物治疗效果差,且指南无推荐;电熨治疗面积较浅,不利于病灶的清除,全子宫切除适用于宫颈上皮内瘤变 3 级以上的患者。LEEP 治疗切除范围是最合适的。

【考点】宫颈病变的治疗

42.【答案】E

【解析】绝经后女性骨质疏松的治疗根据患者的骨密度检查结果可以给予补钙、阿膦酸盐类、降钙素类药物治疗。其中，维生素D在促进钙质的吸收方面尤其重要，所以不仅要给予药物补充，还要多晒太阳，增加维生素D的合成。

【考点】滴虫性阴道炎的临床表现以及与其他阴道炎的鉴别

43.【答案】B

【解析】无排卵功血的发生是因为卵巢无排卵，子宫内膜长期受雌激素影响缺乏孕激素作用，因而一直处于增殖期，治疗应该给予足量孕激素促进子宫内膜转化成分泌期，从而完全脱落。

【考点】无排卵功血的治疗

44.【答案】C

【解析】外阴阴道假丝酵母菌病的典型分泌物性状为豆渣样或乳酪样，显微镜检查可见菌丝或孢子，真菌培养用于普通涂片阴性或者反复发作的患者的检查，治疗首选阴道用药，制霉菌素、克霉唑、咪唑类药物均可。

【考点】滴虫性阴道炎的临床表现以及与其他阴道炎的鉴别

1.【答案】A

【解析】此题主要考查妇产科常见病子宫肌瘤的临床表现和辅助检查。该患者为典型的子宫肌瘤病例，超声是诊断的最佳方法。

【考点】子宫肌瘤的临床特点

2.【答案】B

【解析】急性尿潴留可能是由于增大的子宫压迫所致，妇科查体结果提示子宫肌瘤可能性大。

【考点】子宫肌瘤的临床特点

3.【答案】C

【解析】子宫肌瘤增大压迫膀胱，引起尿潴留，此时有手术指征，具体手术方式可由术中所见和肌瘤位置等综合决定。

【考点】子宫肌瘤的处理

42. 患者,女,60岁。绝经10年,主诉"髋关节疼痛"。骨科检查提示严重骨质疏松,最恰当的治疗**不包括**
   A. 常规补钙
   B. 阿仑膦酸盐
   C. 维生素D类药物口服
   D. 加强体育锻炼
   E. 避免日晒

43. 患者,已婚妇女,39岁。停经2个月后阴道出血10d,量多,妇科检查无异常,尿妊娠试验(-),基础体温曲线呈单相型。应首先考虑的处理的是
   A. 诊断性刮宫
   B. 应用黄体酮治疗
   C. 应用睾酮治疗
   D. 应用止血药物
   E. 绒毛膜促性腺素

44. 患者,女,48岁。外阴瘙痒、白带增多3d。检查:阴道黏膜充血,分泌物呈乳酪状,镜检可见菌丝。最恰当的处理应是
   A. 取阴道分泌物细菌培养
   B. 甲硝唑0.2g,3次/d,口服
   C. 制霉菌素片放入阴道,1次/d
   D. 用碱性液体冲洗阴道
   E. 氯霉素片放入阴道,1次/d

【A3/A4型题】

(1~3题共用题干)

患者,40岁,G_2P_1。2d前突然发生尿潴留,导尿后腹部检查扪及下腹正中有一肿块,质硬,活动度好,形状不规则,肿块如孕12周大小。患者平常月经周期28d,经期7~8d,量多有血块,无明显痛经。

1. 确定其诊断的最佳简便辅助方法为
   A. 超声
   B. 子宫探针试验
   C. 子宫碘油造影
   D. CT
   E. 尿妊娠试验

2. 最可能的诊断为
   A. 卵巢囊肿
   B. 子宫肌瘤
   C. 妊娠子宫
   D. 子宫肥大症
   E. 盆腔子宫内膜异位症

3. 最好的治疗方案为
   A. 追踪观察
   B. 全子宫切除
   C. 开腹探查术
   D. 全子宫及双附件切除
   E. 诊刮术

(4~6题共用题干)

患者,女,31岁。原发性痛经,近1年加重。结婚3年未避孕,未孕,月经规律,量中等。子宫正常大小,右附件触及5cm囊肿。

4. 本例患者,可能性大的诊断是
   A. 盆腔炎　　　　　　　B. 盆腔结核
   C. 子宫内膜异位症　　　D. 子宫腺肌病
   E. 继发不孕

5. 本例患者不孕的原因最可能为
   A. 输卵管不通　　　　　B. 男方异常
   C. 盆腔广泛粘连　　　　D. 盆腔有子宫内膜异位病灶
   E. 宫颈因素

6. 以下最合适的处理是
   A. 腹腔镜检查 + 囊肿穿刺或囊肿剥除术
   B. 超声检查
   C. CT 检查
   D. 检查治疗
   E. 按异位症用药

(7~9题共用题干)

患者,女,26岁。人工流产术后25d。仍有少量阴道流血,妇科检查:子宫饱满,质中轻压疼,宫口闭,双附件(−)。

7. 应首先考虑的是
   A. 子宫穿孔　　　　　　B. 子宫内膜炎
   C. 子宫复旧不良　　　　D. 人工流产不全
   E. 宫外孕

8. 最**不合适**的辅助检查是
   A. 常规化验　　　　　　B. 血 HCG 测定
   C. 超声　　　　　　　　D. 尿妊娠试验
   E. 探宫腔

9. 如体温 37.5℃,血白细胞计数 9.8×10^9/L,血 HCG 25mIU/L,应进行的处理是
   A. 抗炎,同时口服米非司酮
   B. 先抗感染后刮宫
   C. 立即刮宫
   D. 仅用止血药即可
   E. 仅口服米非司酮即可

4. 【答案】C
【解析】原发性痛经,伴不孕,右附件囊肿,考虑巧克力囊肿可能性大。
【考点】巧克力囊肿的临床表现

5. 【答案】D
【解析】子宫内膜异位症常有多发病灶,此类患者不孕,常因病变造成盆腔肿块、粘连、输卵管堵塞卵泡发育不好或排卵障碍等因素引起。
【考点】巧克力囊肿的临床表现

6. 【答案】A
【解析】囊肿大小超过5cm,若诊断巧克力囊肿可行手术治疗。
【考点】巧克力囊肿的处理

7. 【答案】B
【解析】人工流产术后最常见并发症。
【考点】人工流产并发症

8. 【答案】E
【解析】炎症急性期不适合宫腔操作。
【考点】人工流产并发症的处理

9. 【答案】A
【解析】炎症急性期不应做刮宫,可抗炎同时用药物促进宫内残留排出。
【考点】宫内残留的处理

10.【答案】C

【解析】患者是围绝经期女性,处于卵巢功能衰退晚期阶段,近半年来月经不规律,这个时期发生的出血多为无排卵功血,缺乏孕激素对子宫内膜的转化。

【考点】围绝经期无排卵功血的诊断

11.【答案】A

【解析】围绝经期无排卵功血的治疗可选择孕激素子宫内膜脱落法、子宫内膜萎缩法。具体选择要根据患者一般情况和血红蛋白情况而定,血红蛋白在80g/L以上多选择子宫内膜脱落法,就是给予相应的孕激素。雌激素和避孕药因为会增加这个年龄段的女性血栓风险,所以不选择。

【考点】围绝经期无排卵功血的治疗

12.【答案】A

【解析】围绝经期无排卵功血的治疗选择孕激素子宫内膜脱落法、子宫内膜萎缩法。

【考点】围绝经期无排卵功血的治疗

13.【答案】B

【解析】外阴阴道假丝酵母菌病好发于长期使用抗生素、糖尿病、妊娠及长期使用激素的女性,阴道分泌物的典型特点为豆渣样、乳酪样分泌物。

【考点】外阴阴道假丝酵母菌病的诊断

14.【答案】D

【解析】外阴阴道假丝酵母菌病的检查通常采用氢氧化钾溶液涂片找菌丝或者孢子,但是有25%左右的漏诊,尤其是对于阴道炎反复发作的患者,分泌物真菌培养是最准确的检测方法。

【考点】外阴阴道假丝酵母菌病的诊断

15.【答案】B

【解析】外阴阴道假丝酵母菌病根据发病的特点选择治疗方案。初次发病患者可以选择单纯阴道用药或者单纯口服用药,反复发作的患者推荐口服＋阴道用药联合治疗。

【考点】外阴阴道假丝酵母菌病的治疗

(10~12题共用题干)

患者,女,48岁。近半年来月经不规律,周期1~2个月,经期4~15d,曾经间断使用中药治疗。末次月经50d前,查体子宫双附件未见异常。血常规检查:除血红蛋白109g/L外,其他未见异常;超声检查子宫内膜厚12mm,其余未见异常。

10. 此患者最可能的诊断是

A. 子宫肌瘤　　　　　　　B. 子宫内膜异位症

C. 无排卵功血　　　　　　D. 子宫肌腺症

E. 血液系统疾病

11. 如果根据患者目前情况治疗,不恰当的是

A. 雌激素治疗　　　　　　B. 孕激素治疗

C. 避孕药治疗　　　　　　D. 诊断性刮宫

E. 止血药治疗

12. 下列药物中首选的药物是

A. 黄体酮类药物　　　　　B. 戊酸雌二醇

C. 去氧孕烯　　　　　　　D. GnRH-a

E. 坤宝丸

(13~15题共用题干)

患者,女,45岁。月经规律,近1年来外阴瘙痒间断发作5~6次,自己从药店购买栓剂应用后有时可以缓解,体形较胖,有糖尿病史,查体外阴阴道充血,阴道内有大量豆渣样分泌物。

13. 此患者最可能的病因是

A. 滴虫性阴道炎

B. 外阴阴道假丝酵母菌病

C. 外阴营养不良

D. 细菌性阴道病

E. 老年性阴道炎

14. 此患者需要做的检查是

A. 细菌性阴道病检测

B. 经阴道超声检查

C. 血糖检查

D. 阴道分泌物真菌培养

E. 血常规检测

15. 此患者最适合的治疗是

A. 甲硝唑阴道栓

B. 克霉唑阴道栓 + 口服氟康唑

C. 阴道冲洗

D. 口服降糖药

E. 光疗

(16~18 题共用题干)

患者,女,50 岁。停经 1 年,近半年来潮热、盗汗、失眠,偶尔感觉骨痛。FSH 78IU/L,E₂ 15.0ng/L。超声检查子宫略小,子宫内膜厚度 3mm,双附件未见异常。

16. 此患者最可能的诊断是

A. 子宫内膜结核　　B. 无排卵功血

C. 绝经期综合征　　D. 妊娠

E. 甲亢

17. 此患者需要进一步做的检查**不包括**

A. 生化全套　　B. 促卵泡生成素和雌二醇

C. 乳腺超声　　D. 盆腔磁共振

E. 骨密度检测

18. 能够最大程度缓解患者症状、改善骨质疏松的治疗是

A. 中药治疗　　B. 孕激素治疗

C. 激素补充治疗　　D. 植物雌激素

E. 中医针灸

【案例分析题】

案例一:29 岁经产妇,妊娠33 周,5 年前行剖宫产,孕 5 产 1,因"下腹疼痛 12h"入院。在门诊产妇突然晕倒,意识尚清醒。查体:血压 60/34mmHg,脉搏 120 次 /min,贫血貌,腹部膨隆,移动性浊音(+),子宫轮廓不清楚,腰部可清楚触及胎体。

提问 1:该患者最可能的诊断是

A. 子宫破裂

B. 先兆早产

C. 胎盘早剥

D. 自发性脾破裂

E. 妊娠合并卵巢肿物破裂

提问 2:该患者需要立即做的检查是

A. 血常规　　B. 超声

C. 腹部 X 线片　　D. 凝血功能

E. CA12-5

提问 3:术中可能进行的操作包括

A. 子宫修补　　B. 子宫切除

16.【答案】C

【解析】我国女性患者的绝经年龄在 40~55 岁之间,平均 50 岁。围绝经期 10~15 年,绝经期综合征是指妇女从绝经过渡期开始至绝经后所发生的性激素水平波动或减少所致的一系列躯体或精神心理症状。包括潮热、多汗、失眠、烦躁、易怒、性交困难以及骨质疏松、毛发、皮肤等改变。

【考点】绝经期综合征的诊断

17.【答案】D

【解析】绝经期综合征患者治疗之前需要详细询问病史,比如有无血栓家族史等,还需要除外子宫和乳腺的疾病,乳腺癌患者是激素补充治疗的绝对禁忌证。针对子宫的检查一般用超声检查即可,不需要磁共振的昂贵检查。

【考点】绝经期综合征激素补充治疗

18.【答案】C

【解析】绝经期综合征是雌激素缺乏所致,绝经 5~10 年后,易发生骨质疏松、动脉硬化性心血管病、远期可以发生老年痴呆。在绝经早期开始激素替代补充治疗是解决绝经相关问题的最佳方案。以上几种治疗都可以缓解绝经症状,但是最有效的方法还是激素补充治疗。

【考点】绝经期综合征的治疗方法

提问 1:【答案】A

【解析】腹痛伴晕倒,有休克症状,查体提示腹腔内积血,子宫轮廓不清楚,可触及胎儿肢体,应考虑子宫破裂可能。

【考点】子宫破裂的临床表现和诊断

提问 2:【答案】ABD

【解析】子宫破裂有条件时应及时查床旁超声明确诊断,大量出血时应查血常规及凝血,初步判断失血量,评估凝血功能。

【考点】子宫破裂的处理

提问 3:【答案】ABCD

【解析】术中注意检查子宫是否已有破裂,若子宫裂口较易缝合、感染不严重、患者状态欠佳时,可作裂口修补缝合,有子女者结扎输卵管,无子女者保留其生育功能。否则可行子宫全切除或次全切除。若出血汹涌,可行髂内血管结扎术。

【考点】子宫破裂的手术处理

C. 绝育　　　　　　　D. 髂内动脉结扎

E. 卵巢 + 子宫全切

案例二: 28 岁初产妇,足月妊娠,临产。预计胎儿偏大,产程进展顺利、宫口开全 1h 后,胎心 100 次 /min、胎头 S+2,左枕横位,羊水粪染。助手转儿头低位产钳娩出女婴 4 000g,新生儿出生后即哭,随之阴道有活动性鲜血流出约 200ml,胎盘自娩,检查完整,但阴道仍出血多伴血块约 300ml。

提问 1:该患者阴道持续出血最可能的原因是

A. 宫缩乏力

B. 软产道损伤

C. 凝血功能障碍

D. 产程延长

E. 胎膜胎盘残留

提问 2:应立即做的操作包括

A. 导尿排空膀胱以保证宫缩好

B. 再次检查胎盘有无异常

C. 检查宫颈有无裂伤或侧切有无延裂

D. 检查宫腔有无胎盘残留

E. 测血压脉搏及查凝血功能

提问 3:以下选项正确的是

A. 黏膜和肌肉裂伤为会阴Ⅰ度裂

B. 裂伤至肛门括约肌者为会阴Ⅲ度裂伤

C. 裂伤至阴道侧穹窿者为会阴Ⅱ度裂伤

D. 会阴Ⅱ度裂伤即可造成大便失禁

E. 会阴侧切可损伤部分肛提肌

案例三: 患者,女,28 岁。因同房后出血半年来诊。妇科检查:外阴(−),阴道畅,宫颈柱状上皮异位,窥器接触时有出血,子宫前位,正常大小,活动度好,无压痛,双附件区未触及异常包块,压痛(−)。

提问 1:对该患者首选的检查方法是

A. 宫颈细胞学检查

B. 宫颈活检

C. 阴道镜检查

D. 阴道分泌物检查

E. 宫腔镜探查加分段诊刮

提问 2:若该患者的检查结果是低级别上皮内病变(LSIL)时,以下处理方法正确的是

A. 进行 HPV 分型检测,若 HPV 检测提示 HPV 18(+)则立即行宫颈锥切术

B. 进行 HPV 分型检测,若 HPV 检测为阴性时可半年再

提问 1:【答案】B

　　【解析】产后出血的四大因素:软产道损伤、胎膜胎盘残留、凝血功能障碍、宫缩乏力。

　　【考点】产后出血的原因

提问 2:【答案】ABCDE

　　【考点】产后出血的原因和处理

提问 3:【答案】BCE

　　【解析】Ⅰ度指会阴部皮肤及阴道入口黏膜撕裂,出血不多;Ⅱ度裂伤指裂伤已达会阴体筋膜及肌层,累及阴道后壁黏膜,向阴道后壁两侧沟延伸并向上撕裂,解剖结构不易辨认,出血较多;Ⅲ度裂伤指裂伤向会阴深部扩展,肛门外括约肌已断裂,直肠黏膜尚完整;Ⅳ度裂伤指肛门、直肠和阴道完全贯通,直肠肠腔外露,组织损伤严重,出血量可不多。

　　【考点】会阴裂伤的分度

提问 1:【答案】A

　　【解析】怀疑宫颈来源的出血应警惕宫颈癌和癌前病变,首选宫颈细胞学检查及 HPV 检测,确定病变性质。

　　【考点】宫颈癌的三级诊断

提问 2:【答案】CE

　　【解析】细胞学检查提示 LSIL 可不经过 HPV 检测分流直接行阴道镜检查加活检,LEEP 术后仍需规律复查 TCT+HPV。

　　【考点】宫颈癌前病变的处理

复查

  C. 阴道镜检查加活检

  D. 直接行宫颈锥切术

  E. 若行手术治疗,术后仍需规律复查 TCT+HPV

提问 3:若该患者行宫颈锥切术后病理提示鳞状细胞癌,间质浸润深度 4mm,宽度 5mm,则该患者最合适的处理方法为

  A. 再次行宫颈锥切术,若切缘干净可进一步随访观察

  B. 若有生育要求可行广泛宫颈切除术加盆腔淋巴结清扫术

  C. 行子宫全切术

  D. 宫颈锥切术加盆腔淋巴结清扫术

  E. 化学疗法后根据具体情况决定是否行手术治疗

提问 3:【答案】BC
【解析】IA2 期患者若有生育要求可行广泛宫颈切除术加盆腔淋巴结清扫术。
【考点】宫颈癌的手术治疗

案例四:患者,女,15 岁。初潮 14 岁。既往月经不规律,周期 1~3 个月,经期 7~15d。以"阴道出血 15d,加重 3d"就诊。既往病史无特殊,否认家族遗传病及传染病史。

提问 1:患者的重点检查应包括

  A. 生命体征

  B. 神志

  C. 血常规、凝血功能检查

  D. 超声检查

  E. 凝血功能检查

  F. 生化检查

  G. 乳腺检查

提问 1:【答案】ABCDEF
【解析】青春期女性由于下丘脑垂体卵巢轴的建立尚未完善,容易发生无排卵功血,表现为月经周期缺乏规律性,月经期不稳定,时长时短,或者淋漓不尽的出血。
【考点】青春期功血的诊断

提问 2:患者生命体征尚平稳,部分检查结果回报:血常规示血红蛋白 56g/L,其余化验结果正常。作为接诊医生,应该立即进行的处理是

  A. 建立静脉通道

  B. 抗感染

  C. 备血,准备输血

  D. 大剂量雌激素口服

  E. 复查血常规、凝血功能

  F. 吸氧

  G. 向家属交代病情

  H. 联系上级医院,做好转诊准备

提问 2:【答案】ABCDEFGH
【解析】患者 15 岁,为青春期女性,初潮 14 岁。规律月经周期的建立需要 2 年左右的时间,在此段时间内下丘脑垂体卵巢轴的发育不完善,容易发生无排卵功血。处理青春期无排卵功血的原则是先止血、纠正贫血,然后调整周期。针对这种慢性失血造成重度贫血的患者,止血的同时要重视全身贫血状况的纠正和防止贫血造成其他脏器损伤的发生,包括及时转诊给专科医生处理。
【考点】青春期功血、重度贫血的处理

案例五:患者,女,52 岁。绝经 1 年,潮热、烦躁、失眠半年,最近 1 个月自觉心悸。心电图提示非特异 ST 段改变;性激素检查处于绝经后水平。既往病史无特殊,否认家族遗传病及传染病史。

提问 1:该患者下一步该做的检查是

  A. 甲状腺功能　　　B. 24h 心电图监测

  C. 盆腔超声　　　　D. 生化全套

提问 1:【答案】ABCDEFG
【解析】围绝经期患者,由于雌激素水平的降低会出现心悸等类似心脏器质性病变的症状,需要与心脏本身的疾病相鉴别;排除器质性疾病以后,符合激素补充治疗适应证者酌情给予激素补充治疗。
【考点】围绝经期患者的处理

E. 乳腺超声　　　　F. 抑郁症量表评分

G. 骨密度检测　　　　H. 胸部 X 线片

提问 2:患者经过上述检查和心内科会诊后排除了心脏病,可以推荐给患者的治疗是

A. 锻炼身体

B. 保持愉快情绪

C. 除外禁忌证后的激素补充治疗

D. 中医中药治疗

E. 抗抑郁药

F. 治疗失眠的药物

G. 钙片

提问 2:【答案】ABCDEFG

　　【解析】围绝经期患者的治疗包括对中心症状的治疗和对局部症状的治疗,需要多学科合作,包括骨科、神经内科、心血管内科等。首先建议患者保持健康的生活方式,加强锻炼,保持精神愉快。出现精神系统症状时及时给予药物处理。预防骨质疏松、心血管疾病和神经系统损害的发生。局部症状如性交痛或者性交困难等问题可以采用局部用药解决。

　　【考点】围绝经期的药物治疗

第八章 神经内科疾病

【A1 型题】

1. 癫痫临床诊断主要根据
   A. 脑电图
   B. 脑血管疾病史
   C. 患者发作史
   D. 脑炎史
   E. 脑外伤史

2. 癫痫诊断最主要的辅助检查是
   A. 头颅磁共振
   B. 正电子发射体层成像（PET）
   C. 脑电图
   D. 脑磁图
   E. 光电子发射计算机断层扫描（SPECT）

3. 成年期癫痫的常见病因是
   A. 遗传代谢性疾病
   B. 脑发育异常
   C. 特发性癫痫
   D. 中枢神经系统感染
   E. 先天性因素

4. 脑出血最常见的病因是
   A. 高血压
   B. 脑淀粉样血管病
   C. 脑血管畸形
   D. 血液病
   E. 凝血功能异常

5. 高血压脑出血的常见部位是
   A. 壳核
   B. 脑桥
   C. 内囊
   D. 小脑
   E. 脑室

1.【答案】C
【解析】癫痫诊断的主要依据为临床发作史。完整而详细的发作史对区分是否是癫痫发作、癫痫发作的类型、癫痫及癫痫综合征的诊断都有很大帮助。而脑电图可协助癫痫诊断，脑外伤、脑炎及脑血管病史往往增加癫痫发生的风险，不能作为诊断的主要依据。
【考点】癫痫的诊断

2.【答案】C
【解析】对于癫痫的诊断，脑电图检查仍为用于诊断及鉴别诊断的最主要辅助检查，有助于明确有无癫痫发作及对癫痫发作进行分类。临床怀疑癫痫的患者应常规行脑电图检查。确诊为癫痫后仍需要结合头颅磁共振、PET、SPECT 等进一步查找病因。脑磁图可以与脑电图互补，用于对癫痫源的定位及功能区定位，但目前不是常规检查。
【考点】癫痫的诊断

3.【答案】D
【解析】不同年龄阶段癫痫的病因不同，新生儿及婴儿期主要病因为先天及围产期因素、遗传代谢性疾病、皮质发育异常等；儿童期及青春期主要病因为特发性、先天及围产期因素、中枢神经系统感染、脑发育异常等；成年期主要病因为头颅外伤、脑肿瘤、中枢神经系统感染等；老年期主要为脑血管意外、脑肿瘤、代谢性疾病、变性病等。
【考点】癫痫的病因

4.【答案】A
【解析】脑出血最常见的病因为高血压性脑出血，占全部脑出血的 70%~80%。脑淀粉样血管病多见于老年脑叶出血患者或家族性脑出血患者。脑血管畸形、血液病及凝血功能异常相对较少见。
【考点】脑出血的病因

5.【答案】C
【考点】脑出血的临床表现

6.【答案】B

【解析】高血压脑出血患者,控制血压可降低复发率,尤其是脑叶和半球深部出血患者,建议将血压控制在140/90mmHg 以下。

【考点】高血压脑出血二级预防

7.【答案】C

【解析】蛛网膜下腔出血主要原因为颅内动脉瘤破裂,约占85%以上。

【考点】蛛网膜下腔出血病因

8.【答案】E

【解析】脑出血为脑实质内部血肿,往往累及脑内神经纤维传导束、皮质及神经核团,有神经系统局灶体征;而蛛网膜下腔出血分布于蛛网膜下腔,除脑膜刺激征外,在疾病早期局灶体征相对较少。

【考点】脑出血与蛛网膜下腔出血的鉴别诊断

9.【答案】B

【解析】血肿扩大是脑出血病情加重的主要原因。增加致残率及死亡率,而控制过高的血压是预防血肿扩大的主要措施。

【考点】脑出血血肿扩大的预防

10.【答案】C

【解析】对于缺血性卒中一级预防,应常规检测血脂水平,若LDL-C>3.9mmol/L,应启动生活方式改善,并启动他汀类药物治疗。LDL-C<3.9mmol/L,但伴有颅内和/或颅外大动脉粥样硬化证据,推荐使用他汀类药物治疗以降低缺血性卒中/TIA的风险。

【考点】缺血性卒中一级预防他汀类药物的使用原则

11.【答案】B

【解析】脑梗死病后24~48h 内显示低密度灶,脑出血可在发病即刻显示高密度灶。

【考点】脑梗死相关辅助检查

12.【答案】B

【解析】脑出血即刻就可出现颅内高密度灶,而梗死为24~48h 后出现低密度病灶。头颅 CT 可迅速准确地鉴别脑出血与脑梗死,是疑似卒中患者首选的检查方法。

【考点】脑血管病的相关辅助检查及诊断

---

6. 高血压脑出血二级预防血压控制要求
   A. 低于 130/80mmHg
   B. 低于 140/90mmHg
   C. 低于 150/90mmHg
   D. 低于 120/80mmHg
   E. 低于 160/90mmHg

7. 蛛网膜下腔出血最常见的病因是
   A. 高血压
   B. 脑血管畸形
   C. 颅内动脉瘤
   D. 抗凝治疗
   E. 血液系统疾病

8. 鉴别脑出血与蛛网膜下腔出血的最主要临床依据是
   A. 有无高血压
   B. 有无意识障碍
   C. 有无血性脑脊液
   D. 有无脑膜刺激征
   E. 有无神经系统的局灶性体征

9. 脑出血血肿扩大影响患者预后,预防病灶扩大的最有效措施是
   A. 控制过高的血糖
   B. 控制过高的血压
   C. 控制过高的血脂
   D. 控制过高的体温
   E. 控制入量

10. 关于缺血性卒中一级预防使用他汀类药物的适应证,说法正确的是
    A. 低密度脂蛋白正常的患者不需要他汀类药物治疗
    B. 若低密度脂蛋白 >3.9mmol/L,应改善生活方式,不需要他汀类药物治疗
    C. 若低密度脂蛋白 >3.9mmol/L,应改善生活方式,并启动他汀类药物治疗
    D. 没有卒中病史,不需要启动他汀类药物治疗
    E. 当伴有颅内和/或颅外大动脉粥样硬化证据并存在低密度脂蛋白增高时,才启动他汀类药物治疗

11. 脑梗死后 CT 可显示出病灶的时间及病灶的性质为
    A. 病后即可显示高密度病灶
    B. 病后 24~48h 显示低密度病灶
    C. 病后即显示低密度病灶
    D. 病后 2~4 周显示低密度灶
    E. 病后 24~48h 显示高密度病灶

12. 急诊室中常用于鉴别脑出血与脑梗死最快速、安全的检查是
    A. 头颅磁共振
    B. 脑电图

C. 头颅 CT　　　　　　　D. 脑干诱发电位

E. 腰椎穿刺脑脊液检查

13. 腔隙性脑梗死最常见的危险因素是

　　A. 高血压　　　　　　　B. 心房颤动

　　C. 糖尿病　　　　　　　D. 吸烟

　　E. 高脂血症

14. 目前脑梗死超早期治疗的时间窗是

　　A. 6h 内　　　　　　　B. 8h 内

　　C. 12h 内　　　　　　　D. 16h 内

　　E. 24h 内

15. 腔隙性脑梗死最常见的临床类型是

　　A. 纯感觉性卒中

　　B. 纯运动性轻偏瘫

　　C. 共济失调性轻偏瘫

　　D. 感觉运动性卒中

　　E. 构音障碍 - 手笨拙综合征

16. 缺血性卒中复发风险高,其复发风险为每年

　　A. 1.5%~2.4%　　　　　B. 2.4%~9.6%

　　C. 9.6%~12%　　　　　D. 10%~15%

　　E. 5%~15%

17. 高血压脑病短期内血压控制目标是

　　A. 2~4h 内将血压平稳降至 160~180/100~110mmHg,并维持在此水平

　　B. 2~4h 将血压平稳降至 140/90mmHg,并维持在此水平

　　C. 2~4h 内将收缩压平稳降至 110~120mmHg,并维持在此水平

　　D. 血压 200/130mmHg 以下不予降压治疗

　　E. 6~12h 内降压幅度小于 25%

18. 下列关于短暂性脑缺血发作,描述错误的是

　　A. 由于脑或视网膜局灶性缺血所致

　　B. 无影像学改变的急性梗死

　　C. 症状可反复发作

　　D. 发病突然

　　E. 可遗留轻微神经功能缺损症状

19. 下列关于 TIA 发病危险因素的描述,错误的是

13.【答案】A

【解析】腔隙性脑梗死的危险以高血压、糖尿病、吸烟最为常见,尤其是长期控制不佳的高血压。

【考点】腔隙性脑梗死的病因

14.【答案】A

【解析】脑梗死发病 4.5h 内可采用阿替普酶溶栓治疗,《中国急性缺血性卒中诊治指南 2014》指出 4.5~6h 内推荐静脉使用尿激酶,对于无条件使用阿替普酶的患者,发病 6h 内可使用尿激酶。

【考点】脑梗死超早期治疗

15.【答案】B

【解析】腔隙性脑梗死最常见的类型是纯运动性轻瘫,常位于内囊、脑桥等部位。

【考点】腔隙性脑梗死的临床表现

16.【答案】B

【解析】缺血性卒中复发风险高,每年有 2.4%~9.6% 的患者复发,而复发者致残率及死亡率均增高。所以要做好缺血性卒中的二级预防

【考点】脑血管病的流行病学

17.【答案】A

【解析】高血压脑病应在 2~4h 内将血压平稳降至 160~180/100~110mmHg,并维持在此水平,可以减小高血压脑病导致的脑损伤,又能够避免影响灌注加重病情。

【考点】高血压脑病的降压目标

18.【答案】E

【解析】此题主要考查短暂性脑缺血发作(TIA)定义。短暂性脑缺血发作是指伴有局灶症状的短暂的脑血液循环障碍,以反复发作的短暂性失语、瘫痪或感觉障碍为特点,症状和体征在 24h 内消失。

【考点】短暂性脑缺血发作的定义

19.【答案】A

【解析】此题主要考查短暂性脑缺血发作(TIA)病因。TIA 好发于 34~65 岁,65 岁以上占 25.3%,男性多于女性。发病突然,多在体位改变、活动过度、颈部突然转动或屈伸等情况下发病。发病无先兆,有一过性的神经系统定位体征。一般无意识障碍,历时 5~20min,可反复发作,但一般在 24h 内完全恢复,无后遗症。

【考点】短暂性脑缺血发作(TIA)的病因

20.【答案】D

【解析】此题主要考查短暂性脑缺血发作(TIA)发病机制。TIA 发病与动脉粥样硬化、心脏病、血流动力学改变及血液成分变化等多种病因相关,包括以下几个方面:①微栓子阻塞小动脉。常见于动脉粥样硬化和心脏病(如心房颤动),此时附在血管壁上的不稳定斑块脱落,形成栓子,阻塞小动脉,出现脑缺血症状;当栓子破碎或溶解时,血流恢复,症状消失。②血流突然减少(血流动力学改变)。常见于各种病因导致脑动脉严重狭窄或完全闭塞,此时局部脑组织的血供减少,当血压一过性降低时,脑供血不足,导致脑缺血症状,血压恢复,脑供血恢复正常。③血液成分改变。常见于某些血液系统疾病如真性红细胞增多症、血小板增多症、白血病、异常蛋白症和镰状细胞贫血等,这些疾病可导致血液成分改变,使血液呈高度易于凝结状态,从而引起 TIA。④其他因素,如脑组织的血管炎或小灶性出血、脑外盗血综合征导致血流减少等也可引起 TIA。

【考点】短暂性脑缺血发作(TIA)的发病机制

21.【答案】C

【解析】根据《中国缺血性卒中和短暂性脑缺血发作二级预防指南 2014》,近期发生 TIA 合并同侧预动脉颅外段中度狭窄(50%~69%)的患者,如果预计围术期病死率和卒中复发率<6%,推荐进行颈动脉内膜剥脱术(CEA)或颈动脉支架成形术(CAS)治疗。

【考点】短暂性脑缺血发作(TIA)的血管介入治疗

22.【答案】B

【解析】此题主要考查短暂性脑缺血发作(TIA)治疗进展。在 TIA 或小卒中后应用阿司匹林及氯吡格雷联合治疗在降低卒中复发风险方面优于阿司匹林单药治疗,且不增加严重出血风险。对非心源性栓塞性缺血性卒中或 TIA 患者,建议给予口服抗血小板药物而非抗凝药物预防卒中复发及其他心血管事件的发生。阿司匹林(50~300mg/d)或氯吡格雷(75mg)单药治疗均可作为首选抗血小板药物;阿司匹林单药抗血小板治疗的最佳剂量为 75~150mg/d。阿司匹林(25mg)+缓释型双嘧达莫(200mg)2 次/d 或西洛他唑(100mg)2 次,均可作为阿司匹林和氯吡格雷的替代治疗药物。抗血小板药应在患者危险因素、费用、耐受性和临床特性的基础上个体化选择。具有高卒中复发风险(ABCD2 评分≥4 分)的急性非心源性 TIA(根据 24h 时间定义)或轻型卒中(NIHSS 评分≤3 分)急性期患者(起病 24h 内),应尽早给予氯吡格雷联合阿司匹林治疗 21d(氯吡格雷首日负荷量 300mg),随后氯吡格雷单药治疗(75mg/d),总疗程为 90d。此后,氯吡格雷、阿司匹林均可作为二级预防一线用药。

【考点】短暂性脑缺血发作(TIA)的治疗进展

23.【答案】E

【解析】心源性栓塞性脑梗死常见病因:①心房颤动;②心肌梗死;③扩张型心肌病;④房间隔动脉瘤;⑤心脏瓣膜病;⑥系统性红斑狼疮;⑦先天性心脏病;⑧心脏黏液瘤;⑨心脏外科手术。

【考点】心源性栓塞性脑梗死的病因

A. 女性多于男性

B. 好发于 50~70 岁

C. 高血压是 TIA 发病危险因素

D. 动脉粥样硬化是 TIA 发病危险因素

E. 糖尿病是 TIA 发病危险因素

20. 下列与 TIA 发病机制**不相关**的是

    A. 心源性栓塞

    B. 动脉源性栓塞

    C. 颅内动脉炎

    D. 贫血

    E. 脑盗血综合征

21. 对 TIA 患者合并颅外段颈动脉狭窄的处理,正确的是

    A. 近期发生 TIA 合并同侧预动脉颅外段严重狭窄(60%~99%)的患者,如果预计围术期病死率和卒中复发率<6%,推荐行 CEA 或 CAS 治疗

    B. 近期发生 TIA 合并同侧预动脉颅外段中度狭窄(40%~59%)的患者,如果预计围术期病死率和卒中复发率<6%,推荐行 CEA 或 CAS 治疗

    C. 近期发生 TIA 合并同侧预动脉颅外段中度狭窄(50%~69%)的患者,如果预计围术期病死率和卒中复发率<6%,推荐行 CEA 或 CAS 治疗

    D. TIA 患者的颈动脉颅外段狭窄程度<60% 时,不推荐行 CEA 或 CAS 治疗

    E. 当 TIA 患者有行 CEA 或 CAS 的治疗指征时,如果无早期再通禁忌证,应在 4 周内进行手术

22. 关于非心源性栓塞 TIA 抗血小板治疗,正确的是

    A. 非心源性栓塞 TIA 患者,推荐常规长期应用阿司匹林联合氯吡格雷抗血小板治疗

    B. 阿司匹林(50~325mg/d)或氯吡格雷(75mg/d)单药治疗,均可首选作为抗血小板治疗药物

    C. 阿司匹林单药抗血小板治疗的最佳剂量为 100~150mg/d

    D. 发病在 24h 内、具有卒中高复发风险(ABCD2 评分≥4 分)的急性非心源性 TIA 患者,应尽早给予阿司匹林联合氯吡格雷治疗 14d

    E. 伴有主动脉弓粥样硬化斑块证据的 TIA 患者,推荐使用抗凝及他汀类药物治疗

23. 下列关于心源性栓塞性脑梗死病因的描述,**错误**的是

    A. 心房颤动

B. 扩张型心肌病

C. 房间隔动脉瘤

D. 心瓣膜病

E. 高血压

24. 对于脑梗死,最早能显示缺血病灶的检查是

A. CT

B. MRI

C. TCD

D. MRA

E. DSA

25. 原发性帕金森病的发病机制通常**不涉及**的是

A. 蛋白泛素化降解的异常

B. 细胞凋亡

C. 兴奋性氨基酸的毒性作用

D. 小胶质细胞的激活,免疫损伤

E. 局部脑组织缺血缺氧

26. 原发性帕金森病患者通常**不会**出现

A. 病理反射

B. 肢体肌张力呈铅管样增高

C. 行走时呈慌张步态

D. 面部表情呆板

E. 姿势反射消失

27. 脑梗死**不应**出现的临床表现是

A. 偏身感觉障碍

B. 偏瘫

C. 头痛和呕吐

D. 脑膜刺激征

E. 尿便失禁

28. 以下有关偏头痛防治的描述,最正确的是

A. 偏头痛患者必须使用预防性药物

B. 偏头痛发作时,必须使用特异性镇痛药

C. 偏头痛频繁发作时,必须关注生活方式和偏头痛触发因素

D. 偏头痛频繁发作时,必须频繁使用镇痛药,以免影响生活质量

E. 偏头痛患者应严格避免所有理论上可能的诱发食物

24.【答案】B

【解析】不同检测手段在脑梗死诊断中作用不同。脑梗死的头颅 CT 扫描的主要表现为:①病灶的低密度,是脑梗死重要的特征性表现,此征象可能系脑组织缺血性水肿所致。②局部脑组织肿胀,表现为脑沟消失,脑池、脑室受压变形,中线结构向对侧移位,即头颅 CT 扫描显示有占位效应。此征象可在发病后 4~6h 观察到。③致密动脉影,多见于大脑中动脉。发生机制是由于血栓或栓子较对侧或周围脑组织密度高而衬托出来。部分患者在缺血 24h 内可出现。头颅 MRI 检查:能较早期发现脑梗死,特别是脑干和小脑的病灶。DSA、MRA、经颅多普勒超声检查:此 3 项检查的主要目的是寻找脑血管病方面的病因。不显示缺血灶。

【考点】脑梗死的诊断

25.【答案】E

【解析】此题主要考查帕金森病的发病机制。发病机制十分复杂,可能与下列因素有关:年龄老化、环境因素、遗传因素、氧化应激和自由基生成、线粒体功能缺陷、兴奋性毒性作用、钙的细胞毒作用、免疫学异常、细胞凋亡、病理改变、神经生化改变。

【考点】帕金森病的发病机制

26.【答案】A

【解析】此题主要考查帕金森病的诊断要点。静止性震颤:多由一侧上肢远端开始,渐扩展到同侧下肢及对侧肢体,下颌、口唇、舌及头部常最后受累。典型表现为搓丸样动作,静止时出现,精神紧张时加重,随意动作时减轻,睡眠时消失。肌强直:指锥体外系病变引起的肌张力升高,呈齿轮样或铅管样强直。运动迟缓:表现随意动作减少,包括始动困难和运动迟缓。最初表现为精细活动困难如扣纽扣、系鞋带等,以及行走时上肢摆动减少。由于面肌活动减少可出现瞬目减少、面具脸。姿势步态异常:指患者站立和行走时不能维持身体平衡或在突然发生姿势改变时不能作出反应,呈慌张步态。在病程的不同阶段还可出现自主神经症状、认知、情感和行为症状、睡眠障碍、体重减轻等。

【考点】帕金森病的诊断要点

27.【答案】D

【解析】此题主要考查心源性栓塞性脑梗死的临床表现。常见的症状有:①主观症状。头痛、头昏、头晕、眩晕、恶心、呕吐、运动性和/或感觉性失语甚至昏迷。②脑神经症状。双眼向病灶侧凝视、中枢性面瘫及舌瘫、假性延髓性麻痹,如饮水呛咳及吞咽困难。③躯体症状。肢体偏瘫或轻度偏瘫、偏身感觉减退、步态不稳、肢体无力、尿便失禁等。其他症状,还可发生严重脑水肿,颅内压增高,甚至脑疝和昏迷,少见痫性发作;椎-基底动脉系统栓塞常发生昏迷,个别病例局灶性体征稳定或一度好转后又出现加重提示梗死再发或继发出血等。

【考点】心源性栓塞性脑梗死的临床表现

28.【答案】C

【解析】偏头痛的防治原则包括:帮助患者确立科学的正确的防治观念和目标;保持健康的生活方式;寻找并避免各种偏头痛的诱因;充分利用非药物干预手段,如按摩、理疗、生物反馈治疗、认知行为治疗和针灸等;药物治疗包括急性发作期治疗和预防性治疗。

【考点】偏头痛治疗原则

29.【答案】A
【解析】偏头痛发病的因素包括遗传因素、内分泌和代谢因素、其他因素(食物诱发、天气变化、睡眠障碍、紧张、焦虑、饥饿、疲劳等)。
【考点】偏头痛的病因

30.【答案】E
【解析】常用的偏头痛预防性用药种类有:抗惊厥药、抗抑郁药、选择性5-羟色胺及去甲肾上腺素再摄取抑制药、钙通道阻滞剂、β受体阻滞剂。
【考点】偏头痛的治疗方法

1.【答案】B
【解析】全面发作指痫样发作从开始即同时涉及两侧大脑半球,常以意识障碍为首发症状,往往没有从脑局部起始的任何临床症状或脑电图表现。本例患者首发症状为意识不清,脑电图是双侧同步的棘慢波暴发,考虑为全面性发作。而其发作类型无强直阵挛、无张力消失,临床表现及脑电图均符合失神发作表现。
【考点】癫痫综合征的发作类型

2.【答案】A
【解析】癫痫持续状态的常见原因为不适当停用抗癫痫药、急性脑病、卒中、脑炎、脑外伤及药物中毒等。本例患者既往癫痫控制好,此次无发热、无卒中高危因素,故考虑不适当停药为主要常见原因。
【考点】癫痫持续状态的主要原因

3.【答案】D
【解析】蛛网膜下腔出血主要症状为突发剧烈头痛。动脉瘤为常见原因,故部分患者有动眼神经受累及表现,脑膜刺激是常见体征。
【考点】蛛网膜下腔出血临床表现

4.【答案】E
【解析】头颅CT可迅速准确地显示大多数脑出血的部位、出血量、占位效应、是否破入脑室、蛛网膜下腔及周围组织受损情况,是疑似卒中患者首选的检查方法。
【考点】出血性疾病辅助检查

29. 以下偏头痛的常见诱因,**不包括**
A. 高血压　　　　　　B. 天气变化
C. 睡眠障碍　　　　　D. 紧张、焦虑
E. 饥饿、疲劳

30. 偏头痛患者预防性用药**不包括**
A. 抗惊厥药
B. 选择性5-羟色胺及去甲肾上腺素再摄取抑制药
C. 钙通道阻滞剂
D. β受体阻滞剂
E. 麦角碱类药

【A2 型题】

1. 患者,女,6岁。近2个月来间发突然意识不清,发呆,两目瞪视,停止手中活动、表情呆滞、呼之不应,数秒钟后立即清醒,但对发作无记忆,每天发作几十次。查体未发现异常。头颅磁共振检查未见异常,脑电图深呼吸后出现双侧对称同步的阵发性高波幅(3Hz)棘慢波暴发。该患者的发作类型是
A. 复杂部分性发作　　　B. 失神发作
C. 假性发作　　　　　　D. 强直阵挛发作
E. 失张力发作

2. 患者,女,16岁。3年来反复出现发作性四肢抽搐,每次持续4~5min,伴意识丧失,口吐白沫,尿便失禁。神经系统查体未见明显异常。脑电图示双侧大脑半球棘慢波,考虑癫痫发作,予治疗后无发作。近3d来每5~30min抽搐1次,两次发作之间意识欠清。导致患者出现目前状况的最可能原因是
A. 不适当停用抗癫痫药　　B. 怀孕
C. 感染发热　　　　　　　D. 酗酒影响抗癫痫药吸收
E. 过度疲劳后心情不愉快

3. 患者,女,30岁。1h前劳动中突感剧烈头痛、呕吐,伴一过性意识不清,醒后颈枕部疼痛。查体:右侧眼睑下垂、瞳孔大,颈项强直,克尼格征(+)。该患者最可能的诊断是
A. 脑出血合并脑疝　　　B. 脑干出血
C. 小脑出血　　　　　　D. 蛛网膜下腔出血
E. 急性脑膜炎

4. 患者,男,50岁。突发头痛、呕吐2h。查体:脑膜刺激征(-),右侧偏身感觉障碍。既往有高血压病史10年,未规律服药。该患者首选检查是
A. 头颅MRI　　　　　　B. 脑电图

C. 经颅多普勒超声　　　　　D. 腰椎穿刺

E. 头颅 CT

5. 患者,女,56 岁。1h 前与人发生口角后突发左侧上下肢力弱伴左侧半身麻木。无言语障碍,无头晕、头痛,无恶心、呕吐,无吞咽困难、饮水呛咳。既往有高血压病史 4 年,平时血压最高 180/100mmHg。此患者行头颅 CT 检查,正确的描述是

A. 病后即示高密度病灶

B. 病后 24~48h 示高密度病灶

C. 病后即示低密度病灶

D. 病后 24~48h 示低密度病灶

E. 病后 2~3 周示高密度病灶

5.【答案】A

【解析】患者表现提示脑出血。头颅 CT 检查可迅速准确地显示大多数脑出血的部位、出血量、占位效应、是否破入脑室、蛛网膜下腔及周围组织受损情况,是疑似卒中患者首选的检查方法。

【考点】脑出血的相关辅助检查。

6. 蛛网膜下腔出血患者病情稳定 1 周后,神志由嗜睡到昏睡,出现左侧偏瘫和偏身感觉障碍。复查头颅 MRI 无明显脑室扩大,脑脊液检查无新鲜红细胞。最可能的原因是

A. 蛛网膜下腔出血再发　　　B. 脑动脉瘤破裂

C. 脑积水　　　　　　　　　D. 脑血管痉挛

E. 脑内继发感染

6.【答案】D

【解析】蛛网膜下腔出血发病 3~7d 进入血管痉挛高峰期,严重时出现脑梗死,表现为偏瘫。该患者考虑出现了严重的血管痉挛。为预防血管痉挛,降低致残致死率,建议蛛网膜下腔出血急性期予钙通道阻滞剂预防脑血管痉挛。

【考点】蛛网膜下腔出血的并发症

7. 患者,男,70 岁。2h 前突发头晕、恶心、呕吐。既往无高血压、糖尿病等病史。查体:血压 130/70mmHg,左鼻唇沟稍浅,左半身痛觉减退,左侧病理征阳性。无肢体偏瘫,脑膜刺激征阴性。头颅 CT 示右侧顶叶高密度灶。本例患者最可能的病因是

A. 颅内动脉瘤　　　　　　　B. 脑血管畸形

C. 脑血管淀粉样变性　　　　D. 血液系统疾病

E. 脑肿瘤出血

7.【答案】C

【解析】脑出血的最常见病因为高血压,但对无高血压的脑叶出血患者而言,最常见的病因为脑血管淀粉样变性。

【考点】老年患者脑叶出血的常见病因

8. 患者,女,65 岁。前突发右侧肢体偏瘫 2d,伴言语障碍、恶心、呕吐。既往有高血压病史,最高血压 170/100mmHg。查体:血压 180/70mmHg,右侧鼻唇沟稍浅,右半身痛觉减退,右侧肢体肌力 2 级,右侧病理征阳性。2d 前头颅 CT 示左侧基底核高密度灶。病情逐渐进展,3h 前出现呼之不应,左侧瞳孔散大,右侧肢体全瘫。该患者最可能的情况是

A. 合并颅内动脉瘤　　　　　B. 合并肺部感染

C. 脑疝　　　　　　　　　　D. 合并脑血管痉挛

E. 出现高渗性昏迷

8.【答案】C

【解析】脑出血导致病情恶化的最常见原因为血肿扩大。本例患者出现左侧瞳孔散大,提示动眼神经受累,右侧肢体瘫痪加重提示左侧锥体束区域病灶增大,纵向及横向体征结合考虑中脑受累,考虑颞叶钩回疝可能性大。脑疝是脑出血致死性的并发症,诊疗过程中一定要注意监测,一旦出现脑疝必须紧急救治,必要时外科手术干预。

【考点】脑出血的并发症

9. 患者,男,65 岁。半小时前在情绪激动时突然发生眩晕、走路不稳,伴恶心、呕吐 1 次,无复视及肢体力弱。测血压为 180/120mmHg,检查发现水平眼球震颤、左侧指鼻、跟膝胫试

9.【答案】D

【解析】小脑病变主要症状为眩晕、恶心、呕吐、后枕部疼痛。主要体征:同侧肢体为肌张力降低及共济失调。本例患者既往有高血压病史,此次发病为活动中起病,有情绪激动的诱因,出血性疾病可能性大。

【考点】小脑出血临床表现

10.【答案】C

【解析】高血压脑病指血压短期内显著增高至 180/120mmHg 以上,且伴有靶器官(脑)损害的临床表现,如头痛、抽搐、恶心呕吐等颅内压增高的表现。头颅 CT 可见脑组织结构饱满,脑沟变浅或消失,病变部位以颞枕部为主。

【考点】高血压脑病的临床表现及诊断

11.【答案】D

【解析】患者左侧中枢性面舌瘫,考虑病变累及右侧皮质脑干束;左侧偏盲,考虑病变累及右侧视辐射;左侧肢体偏瘫,考虑病变累及右侧皮质脊髓束。三者集中点考虑病灶累及右侧内囊区域。

【考点】脑血管病定位诊断

12.【答案】B

【解析】肌力分级:完全不能运动为 0 级肌力;可见肌肉收缩,未产生动作为 1 级肌力;平移为 2 级肌力;抬离床面为 3 级肌力;能抬起不能对抗阻力为 4 级肌力;正常为 5 级肌力。

【考点】神经系统查体

13.【答案】D

【解析】头晕是常见主诉,非特异性头晕往往不伴有神经系统定位体征;小脑病变往往存在共济失调及肌张力降低;半规管病变往往伴有耳鸣、听力下降、耳闷等,伴发恶心、呕吐、出汗等自主神经症状明显;脑干病变往往伴有复视、瘫痪、病理征阳性、构音障碍等体征;内侧颞叶病变较少有瘫痪、不伴有构音障碍。

【考点】头晕的鉴别诊断及诊疗思路。

14.【答案】A

【解析】此题主要考查短暂性脑缺血发作(TIA)临床表现。颈内动脉系统 TIA:最常见的症状是黑矇或失明,对侧偏瘫及感觉障碍(眼动脉交叉瘫);同侧 Horner 征,对侧偏瘫(Horner 征交叉瘫);对侧同向性偏盲(大脑中-后动脉皮质支分水岭区缺血颞-枕交界区受累所致);优势半球受累可出现失语。椎-基底动脉系统 TIA:最常见的症状是眩晕、恶心和呕吐,大多不伴有耳鸣,为脑干前庭系统缺血的表现。少数伴有耳鸣,是内听动脉缺血的症状。脑干网状结构缺血可引起跌倒发作,表现为突然出现双下肢无力而倒地,但随即自行站起,整个过程中意识清楚。脑干和小脑缺血也可引起下肢症状累及(包括复视、交叉性感觉障碍(延髓背外侧综合征、Wallenberg 综合征)、眼震、交叉性瘫痪、吞咽困难和构音障碍、共济失调及平衡障碍、意识障碍。大脑后动脉缺血致枕叶视皮质受累可出现一侧或两侧视力障碍或视野缺损。

【考点】短暂性脑缺血发作(TIA)的临床表现

验欠准稳。既往有高血压病史,平时未服用降压药物。本例患者定性诊断考虑为

A. 小脑梗死　　　B. 基底核出血　　　C. 脑栓塞

D. 小脑出血　　　E. 脑室出血

10. 患者,女,65 岁。6h 前突发头痛,伴肢体抽搐 1 次,有视物模糊、恶心、呕吐,2h 前出现睡眠增多。查体:血压 220/120mmHg,四肢肌力正常,病理征阴性。急查头颅 CT 未见出血,可见双侧颞枕叶脑沟变浅。该患者可能的诊断是

A. 脑出血　　　　　　　B. 脑栓塞

C. 高血压脑病　　　　　D. 蛛网膜下腔出血

E. 脑膜炎

11. 患者,男,58 岁。4h 前起床后突发言语不清、左肢无力。既往有高血压、糖尿病 6 年,无心房颤动及冠心病病史。检查发现血压为 150/100mmHg,眼球各向活动好,左侧中枢性面舌瘫,左侧肢体偏瘫肌力 2 级,左侧偏身感觉障碍,左侧偏盲。本病最可能的定位诊断是

A. 左侧额顶叶深部白质区

B. 右侧额顶叶深部白质区

C. 左侧内囊

D. 右侧内囊

E. 脑干

12. 患者,男,40 岁。头颅 MRI 示右侧内囊区小片,现在处于疾病的恢复期,上肢屈肌和下肢伸肌张力均增高,左侧肢体能抬离床面,但不能抵抗阻力,左侧病理征阳性。此患者左侧肌力分级为

A. 1 级　　　　B. 2 级　　　　C. 3 级

D. 4 级　　　　E. 5 级

13. 患者,男,56 岁。4d 前头晕、视物模糊,2d 前加重至言语不清。既往有高血压病史 10 年,未规律服药。吸烟 15 年,每日 20~30 支;不饮酒。查体:血压 160/90mmHg,神志清晰,听理解好,言语不流利,眼球各方向运动不受限,视物成双。额纹及鼻唇沟双侧对称,伸舌左偏,左上肢肌力 5⁻级,肌张力稍增高,指鼻试验稳准,左侧巴宾斯基征阳性。其定位诊断考虑为

A. 非特异性头晕　　B. 小脑　　　C. 半规管

D. 脑干　　　　　　E. 内侧颞叶

14. 患者,女,55 岁。糖尿病病史 5 年,血糖控制不理想。晨起时突感左眼视物模糊,右侧肢体活动不灵,睡前症状消失。神

经科诊断考虑为

A. 颈内动脉系统 TIA

B. 脑梗死

C. 椎基底动脉系统 TIA

D. Weber 综合征

E. Fovile 综合征(脑桥内侧综合征)

15. 患者,女,60 岁。突然出现不能说话,右上下肢麻木、无力,约 10min 后恢复,反复发作,发作后进行神经系统检查未见异常。以下对该患者的治疗**错误**的是

A. 病因治疗

B. 抗血小板治疗

C. 个体化治疗

D. 手术和介入治疗

E. 抗凝作为常规治疗

16. 患者,男,54 岁。晨起出现右侧偏瘫、言语不清,持续 20min。神经系统检查无阳性体征,头颅 CT 检查正常。诊断考虑为

A. 脑出血

B. 蛛网膜下腔出血

C. 癫痫发作

D. 脑梗死

E. 短暂性脑缺血发作

17. 患者突发性失语,持续 15min 恢复正常,间隔 2h 再次发作,形式一样。无意识障碍,无肢体抽搐,以往无类似发作,除了出现下列哪种情况之外,均应当及时转诊

A. 眩晕伴呕吐

B. 意识障碍或抽搐

C. 全面认知障碍,比如记忆力下降或丧失

D. 血压 160/100mmHg

E. 突然进行性加重

18. 患者,男,53 岁。因"反复发展新言语不清、右侧肢体无力 1h"就诊。患者于 1h 前突发失语、右侧肢体无力,持续 10min 左右恢复正常,间隔半小时再次发作,症状同前,无头痛、呕吐,无意识障碍,无肢体抽搐,无上消化道出血及水杨酸药物过敏史,近 1 年内有 3 次左眼一过性视物不清发作。对该患者进行抗血小板治疗,正确的是

A. 急性期后阿司匹林的预防剂量为 150~200mg/d

B. 发病在 24h 内(NIHSS 评分≤5),应尽早给予阿司匹林联合氯吡格雷治疗 21d

15.【答案】E

【解析】此题主要考查短暂性脑缺血发作(TIA)治疗原则。主要包括病因治疗及发作期的药物治疗,其中发作期的药物治疗包括:①脑血管扩张剂,如低分子右旋糖酐等;②抗血小板聚集剂:肠溶阿司匹林等;③抗凝治疗:用于 TIA 发作频繁、程度严重者,注意适应证,常用药物如肝素、低分子量肝素和双香豆素;④钙通道阻滞剂:尼莫地平或盐酸氟桂利嗪胶囊;⑤中药治疗:活血化瘀、通经活络;⑥血管介入治疗:扩张病变血管,达到防止 TIA 发作的目的;⑦手术治疗:颈动脉斑块狭窄在 70%~90% 者可考虑颈动脉内膜切除术等。

【考点】短暂性脑缺血发作(TIA)的治疗原则

16.【答案】E

【解析】此题主要考查短暂性脑缺血发作(TIA)诊断与鉴别诊断。诊断标准:①短暂的、可逆的、局部的脑血液循环障碍,可反复发作,少者 1~2 次,多至数十次,多与动脉粥样硬化有关,也可以是脑梗死的前驱症状;②表现为颈内动脉系统和/或椎基底动脉系统的症状和体征;③每次发作持续时间通常在数分钟至 1h 左右,症状和体征应在 24h 以内完全消失。

【考点】短暂性脑缺血发作(TIA)的诊断与鉴别诊断

17.【答案】D

【解析】根据《脑血管病分级诊疗服务技术方案》,上转至二级及以上医院的标准:(1)社区初诊或在社区管理的脑血管病患者,突发以下可疑脑血管病急性症状,应当及时转诊:①一侧肢体无力或麻木,可伴有或不伴有面部麻木;②一侧面部麻木或口角歪斜;③说话不清或理解语言困难;④双眼向一侧凝视、一侧或双眼视力模糊或丧失;⑤眩晕伴呕吐;⑥既往少见的严重头痛、呕吐;⑦意识障碍或抽搐;⑧全面认知障碍,比如记忆力下降或丧失;⑨其他突然加重的情况。(2)社区管理的脑血管病患者,出现以下情况之一,应当转诊至上级医疗机构进一步治疗:①出现新的严重临床疾病或原有疾病加重;②患者服用相关二级预防药物后仍出现血压、血糖、血脂等危险因素且难以控制,临床处理有困难;③患者服用相关二级预防药物后出现不能解释或难以处理的不良反应。(3)脑血管病患者如有以下情况之一,可以转诊:①有中医药治疗需求,基层医疗卫生机构不能提供者;②经中医药治疗 24h 后症状、体征未改善或症状加重者。

【考点】短暂性脑缺血发作(TIA)的转诊指征

18.【答案】C

【解析】此题主要考查短暂性脑缺血发作(TIA)治疗进展。对非心源性栓塞性缺血性卒中或 TIA 患者,建议给予口服抗血小板药物而非抗凝血药物预防卒中复发及其他心血管事件的发生。阿司匹林(50~325mg/d)或氯吡格雷(75mg)单药治疗均可作为首选抗血小板药物;阿司匹林单药抗血小板治疗的最佳剂量为 75~150mg/d。阿司匹林(25mg)+缓释型双嘧达莫(200mg)2 次/d 或西洛他唑(100mg)2 次/d,均可作为阿司匹林和氯吡格雷的替代治疗药物。抗血小板药应在患者危险因素、费用、耐受性和其他临床特性的基础上个体化选择。具有高卒中复发风险(ABCD2 评分≥4 分)的急性非心源性 TIA(根据 24h 时间定义)或轻型卒中(NIHSS 评分≤3 分)急性期患者(起病 24h 内),应尽早给予氯吡格雷联合阿司匹林治疗 21d(氯吡格雷首日负荷剂量 300mg),随后氯吡格雷单药治疗(75mg/d),总疗程为 90d。此后,氯吡格雷、阿司匹林均可作为二级预防一线用药。

【考点】短暂性脑缺血发作(TIA)的治疗进展

C. 氯吡格雷首日负荷量为 300mg

D. 首日之后用氯吡格雷单药治疗(75mg/d),总疗程为 60d

E. 氯吡格雷、阿司匹林不可作为长期二级预防一线用药

19.【答案】E

【解析】盐酸苯海索(安坦)是精神科的常用药物之一,主要用于解除抗精神病药物所致的锥体外系症状(震颤、静坐不能、肌张力增高等)。苯海索的长期联合使用宜慎重,因其可能会产生一些不良后果,如增加迟发性运动障碍(TD)发生率,影响抗精神病药物血药浓度及导致患者的心理依赖性等。

【考点】帕金森病的药物治疗

20.【答案】D

【解析】此题主要考查心源性栓塞性脑梗死的诊断。脑梗死的头颅 CT 扫描的主要表现为:①病灶的低密度,是脑梗死重要的特征性表现,此征象可能系脑组织缺血性水肿所致。②局部脑组织肿胀,表现为脑沟消失,脑池、脑室受压变形,中线结构向对侧移位,即头颅 CT 扫描显示有占位效应,此征象可在发病后 4~6h 观察到。③致密动脉征,为主要脑动脉密度增高影,常见于大脑中动脉。发生机制是由于血栓或栓子较对侧或周围脑组织密度高而衬托出来。部分患者在缺血 24h 内可出现。头颅 MRI 能较早期发现脑梗死,特别是脑干和小脑的病灶。T_1 和 T_2 弛豫时间延长,加权图像上 T_1 在病灶区呈低信号,T_2 呈高信号,头颅 MRI 检查能发现较小的梗死病灶,头颅 MRI 弥散成像能反映新的梗死病变。DSA、MRA、经颅多普勒超声 3 项检查的主要目的是寻找脑血管病的血管方面的病因。经颅多普勒超声检查价格便宜、方便,能够早发现较大的血管(如大脑前动脉、大脑中动脉、大脑后动脉及基底动脉等)的异常。脑 MRA 检查简单、方便,可以排除较大动脉的血管病变,帮助了解血管闭塞的部位及程度。DSA 能够发现较小的血管病变,并且可以及时应用介入治疗。超声心动图检查、心电图检查主要用于评估是否心源性因素导致症状。

【考点】心源性栓塞性脑梗死的诊断

21.【答案】E

【解析】此题主要考查心源性栓塞性脑梗死临床表现。常见的症状有:①主观症状——头痛、头昏、头晕、眩晕、恶心、呕吐、运动性和/或感觉性失语甚至昏迷;②脑神经症状——双眼向病灶侧凝视、中枢性面瘫及舌瘫、假性延髓性麻痹,如饮水呛咳和吞咽困难;③躯体症状——肢体偏瘫或轻度偏瘫、偏身感觉减退、步态不稳、肢体无力、尿便失禁等。其他症状,还可发生严重脑水肿,颅内压增高,甚至脑疝和昏迷,少见痫性发作;椎 - 基底动脉系统栓塞常发生昏迷,个别病例因灶性体征稳定或一度好转后又出现加重提示梗死再发或继发出血等。

【考点】心源性栓塞性脑梗死的临床表现

19. 患者,男,78 岁。诊断为原发性帕金森病,长期口服普拉克索、美多芭、司来吉兰、恩他卡朋、辅酶 Q10 控制症状。2 周前患者因震颤明显,加用苯海索控制震颤。3d 前,患者突然出现尿液潴留,视物模糊。神经科查体:面具脸,双瞳孔直径 4mm,对光反射迟钝。颈部及四肢肌张力增高,双手可见静止性震颤,双侧病理征(-),耻骨上叩诊浊音。医生考虑患者的症状系某一抗帕金森病药物的不良反应,下列叙述正确的是

A. 美多芭引起的拟胆碱能不良反应,应当逐步停用美多芭

B. 苯海索引起的拟胆碱能不良反应,应当逐步停用苯海索

C. 恩他卡朋引起的抗胆碱能不良反应,应当逐步停用恩他卡朋

D. 美多芭引起的抗胆碱能不良反应,应当立即停用美多芭

E. 苯海索引起的抗胆碱能不良反应,应当停用苯海索

20. 患者,女,37 岁。因"发作性意识丧失 1 次,口齿不清 3d"入院。患者 4d 前在爬山时无明显诱因突然晕倒伴意识丧失,持续数分钟,同伴诉患者当时双眼紧闭、面色苍白,无抽搐和尿便失禁,清醒后无明显不适。次日患者在休息时,突然感到口齿不清,伴右侧肢体乏力,持物及行走稍不稳,无头晕及视物旋转,无饮水呛咳及吞咽困难,无黑矇及意识丧失。患者目前症状无明显缓解,需要做的急诊检查不包括

A. 头颅 CT

B. 头颅 MRI

C. 超声心动图

D. 冠状动脉造影

E. 心电图

21. 患者,女,58 岁。冠心病史 10 年。劳动时突然意识丧失,约 10min 后清醒,发现右侧肢体不能活动。查体:血压正常,心律不齐。混合性失语,右侧肢体肌力 0 级,右侧病理征阳性。诊断考虑为

A. 腔隙性脑梗死

B. TIA

C. 脑出血

D. 癫痫发作

E. 心源性栓塞性脑梗死

22. 患者,女,35 岁。洗衣服时突发右侧肢体活动不灵。查体:神清,失语,二尖瓣区可闻及双期杂音,心律不齐,右侧上肢肌力 2 级,右下肢肌力 3 级,右侧偏身痛觉减退。作为首次接诊的全科医生,现场处理措施**错误**的是
   A. 心脏监护
   B. 大量静脉输液
   C. 必要时吸氧
   D. 评估有无低血糖
   E. 尽快送至附近具备溶栓条件的医院

23. 患者,男,58 岁。2d 前在劳动时突然出现说不出话及右侧肢体无力,约 10min 后恢复正常,在送往医院的途中又类似发作 2 次。病史:高血压病史 5 年,心房颤动病史 2 年。查体:血压 150/95mmHg,神经系统检查正常。下列最合适的防治措施是
   A. 控制血压　　　　　B. 扩容
   C. 脱水　　　　　　　D. 抗凝治疗
   E. 改善微循环

24. 患者,女,45 岁。2h 前打扫卫生时突然右侧上肢无力,不能持物,急诊入院。既往心房颤动病史 5 年。查体:血压 127/87mmHg,神清语利,听诊心律不齐,心音强弱不等,右侧肢体肌力 2 级,右侧偏身感觉减退,右侧巴宾斯基征阳性。头颅 CT 未见明显异常。关于该患者的诊断流程,**错误**的是
   A. 是否为卒中? 排除非血管性疾病
   B. 是否为缺血性卒中? 进行头颅 CT/MRI 检查排除出血性卒中
   C. 卒中严重程度? 根据神经功能缺损量表评估
   D. 排除溶栓禁忌证
   E. 病因分型? 参考 TOAST 标准,结合病史、实验室、脑病变和血管病变等影像检查资料确定病因

25. 患者,女,18 岁。近期学习压力大,紧张焦虑,下午出现左侧颞部搏动性头痛,伴恶心、呕吐畏光,上楼时会加重头痛,持续 6h 后入睡,次日晨起时症状消失。近 1 年来有过多次类似症状发生。最可能的诊断是
   A. 无先兆偏头痛
   B. 有先兆偏头痛
   C. 紧张性头痛
   D. 丛集性头痛
   E. 动脉瘤破裂

22.【答案】B
【解析】此题主要考查心源性栓塞性脑梗死院前急诊处理。患者心律不齐,二尖瓣区杂音,考虑为风湿性心脏病、心房颤动。大量输液不仅没有适应证,还可能导致心力衰竭加重。因此 B 是错误的。
【考点】心源性栓塞性脑梗死的院前急诊处理

23.【答案】D
【解析】此题主要考查心源性栓塞性脑梗死治疗。治疗方针:尽早改善脑缺血区的血液循环、促进神经功能恢复。对症治疗:急性期应尽量卧床休息,加强皮肤、口腔、呼吸道及尿便的护理,注意水电解质的平衡,如起病 48~72h 后仍不能自行进食者,应给予鼻饲流质饮食以保障营养供应。药物治疗:①溶栓治疗可采用链激酶、尿激酶。抗凝血药可使用肝素、双香豆素,用以防止血栓扩延和新的血栓发生。②脑水肿的治疗:常用药物有甘露醇、10% 甘油、利尿性脱水剂等,降低颅内压和眼压,消除脑水肿,增加脑血容量和脑耗氧量,改善脑代谢。预后情况:脑血栓形成是脑梗死最常见的类型,有高发病率、高死亡率、高复发率、高致残率等"四高"特点,患者轻则偏瘫,重则失去生命。需终生服药预防复发。
【考点】心源性栓塞性脑梗死的治疗

24.【答案】D
【解析】根据《中国急性缺血性卒中诊治指南 2014》,急性缺血性卒中诊断流程应包括如下 5 个步骤:第一步,是否为卒中? 排除非血管性疾病。第二步,是否为缺血性卒中? 进行头颅 CT/MRI 检查排除出血性卒中。第三步,卒中严重程度? 根据神经功能缺损量表评估。第四步,能否进行溶栓治疗? 核对适应证和禁忌证。第五步,病因分型? 参考 TOAST 标准,结合病史、实验室、脑病变和血管病变等影像检查资料确定病因。
【考点】心源性栓塞性脑梗死的诊断流程

25.【答案】A
【解析】偏头痛是临床上常见的头痛类型之一。以反复发作性的头痛为特点,发作间歇期正常。根据头痛发作前有无先兆症状,可将偏头痛主要分为有先兆偏头痛(典型偏头痛)和无先兆偏头痛(普通型偏头痛或单纯性偏头痛)两种。另外尚有一类临床较少见的特殊类型偏头痛,又称"复杂型偏头痛",是指具有神经功能缺失体征的偏头痛。
【考点】偏头痛的临床表现

26.【答案】B
　　【解析】偏头痛的治疗药物包括麦角碱类药物、曲普坦类药物(舒马普坦)、阿片类药物(可待因)、抗精神病药物(氯丙嗪)等。
　　【考点】偏头痛的治疗方法

27.【答案】B
　　【考点】偏头痛临床表现

28.【答案】A
　　【解析】治疗帕金森病的药物包括复方左旋多巴制剂、多巴胺受体激动剂、单胺氧化酶抑制剂、抗胆碱能制剂和金刚烷胺等。普拉克索的适应证为治疗特发性帕金森病的体征和症状,单独(无左旋多巴)或与左旋多巴联用。例如,在疾病后期左旋多巴的疗效逐渐减弱或者出现变化和波动时(剂末现象或"开关"波动),需要应用本品。
　　【考点】帕金森病的治疗措施

29.【答案】E
　　【解析】帕金森病的诊断标准,一旦患者被明确诊断存在帕金森综合征表现,可按照以下标准进行临床诊断。临床确诊的帕金森病,需要具备:①不存在绝对排除标准;②至少存在2条支持标准;③没有警示征象。临床很可能的帕金森病,需要具备:①不符合绝对排除标准;②如果出现警示征象则需要通过支持标准来抵消:如果出现1条警示征象,必须需要至少1条支持标准抵消;如果出现2条警示征象,必须需要至少2条支持标准抵消;如果出现2条以上警示征象,则诊断不能成立。
　　【考点】帕金森病的诊断要点

1.【答案】B
　　【解析】如果出现一侧肢体的痉挛样动作,定位考虑位于对侧皮质的运动区。本例患者左手及左前臂抽搐,逐渐累及左上肢,病变累及对侧运动区即右侧中央前回。
　　【考点】部分性癫痫发作癫痫灶的定位诊断

26. 患者,女,35岁。反复左侧头痛13年多为搏动性头痛,常伴恶心、呕吐、畏光,活动后加重,休息后缓解。近2个月来,发作逐渐频繁,每个月约有20d头痛发作,影响日常工作和生活。为缓解头痛,应首选
　　A. 布洛芬　　　　　B. 舒马普坦　　　　C. 丙戊酸
　　D. 普萘洛尔　　　　E. 阿咪替林

27. 患者,女,21岁。双眼左侧视野见暗点、闪光,思睡,持续15min后,出现右侧额颞部搏动性疼痛,伴恶心、呕吐、畏光、面色苍白、出汗,持续7h,休息入睡后缓解,次日晨起后症状消失。最可能的诊断是
　　A. 无先兆偏头痛　　　　　B. 有先兆偏头痛
　　C. 脑干先兆偏头痛　　　　D. 丛集性头痛
　　E. 紧张性头痛

28. 患者,女,63岁。5年前出现右手颤动,近2年动作迟缓变少,小步走路且不稳。查体:血压130/90mmHg,心肺检查未见异常。面具脸,慌张步态,步态不稳,右手静止性震颤,右侧肢体肌张力呈齿轮样增高。头颅MRI未显示异常,实验室检查未见异常。该患者首选的治疗药物是
　　A. 普拉克索　　　　B. 恩他卡朋　　　　C. 地西泮
　　D. 氟哌啶醇　　　　E. 多巴胺

29. 患者,男,68岁。双手抖动伴动作缓慢7年。查体:慌张步态,记忆力减退不明显,拇指与示指呈搓丸样静止性震颤,双上肢肌张力呈铅管样肌强直,手指扣纽扣、系鞋带等困难,书写时字越写越小,双侧病理症(−)。患者对左旋多巴治疗效果良好。近两年,患者家属述其夜眠欠佳,时常在夜间出现大喊大叫、手舞足蹈的现象。该患者的诊断最有可能的是
　　A. 继发性帕金森综合征　　　B. 皮质基底核变性
　　C. 进行性核上性麻痹　　　　D. 血管性帕金森病
　　E. 原发性帕金森病

【A3/A4型题】

(1~3题共用题干)
患者,男,13岁。半年前车祸,脑挫伤并行血肿清除术。术后生活基本自理。近1周发生左手和左前臂抽搐,最后扩大到整个左上肢抽搐1min。连续发作3次后,左上肢肌力2级,1d后肢体肌力和体征完全恢复正常。

1. 本病最可能的定位诊断中病损在
　　A. 左侧中央前回　　　　　B. 右侧中央前回

C. 左侧中央后回　　　　D. 右侧中央后回

E. 右侧内囊

2. 本例癫痫发作的类型是
   A. 儿童良性中央—颞部棘波癫痫
   B. 儿童良性枕区放电癫痫
   C. 阵挛性发作
   D. 部分运动性发作
   E. 复杂部分性发作

3. 该患者合适的治疗是
   A. 卡马西平　　　　B. 乙琥胺
   C. 促肾上腺皮质激素　　D. 氯硝西泮
   E. 快速静脉注射地西泮

(4~6题共用题干)

患者,女,34岁。2h前与人谈笑时突感剧烈爆裂样头痛伴恶心呕吐。查体:血压160/90mmHg,体温37.2℃,神志清,右眼球外展位,内收及上下视困难。右瞳孔扩大,光反射消失。眼底检查见玻璃体膜下片状出血,颈项强直,克尼格征阳性。余神经系统检查无异常。

4. 该患者最可能的诊断是
   A. 蛛网膜下腔出血　　B. 脑出血
   C. 偏头痛　　　　D. 脑栓塞
   E. 高血压脑病

5. 该患者受累的脑神经是
   A. 视神经　　　　B. 动眼神经
   C. 展神经　　　　D. 滑车神经
   E. 三叉神经眼支

6. 为明确病因,最必要的检查是
   A. 头颅CT　　　　B. 经颅多普勒超声
   C. 脑血管造影　　　D. 头颅MRI
   E. 脑脊液化验

(7~9题共用题干)

患者,男,65岁。2d前晨起出现左侧肢体麻木,症状无进展。无头晕、头痛,无肢体力弱,无恶心、呕吐。测血压为160/100mmHg,既往有高血压病史7年,未规律服药。查体发现左侧面部、左侧半身痛温觉及关节位置觉减退。四肢肌力5级,肌张力正常,病理征阴性,共济正常,脑膜刺激征阴性。

2.【答案】D
【解析】本例患者发作过程中无意识丧失,发作局限于一个肢体,属于部分性发作,因发作仅表现为肢体运动症状,无感觉症状(如痛温觉异常、眩晕、嗅觉异常)、无心悸、烦渴、多尿等自主神经症状、无记忆障碍、言语障碍等精神症状发作,故属于部分运动性发作。
【考点】癫痫综合征的发作类型

3.【答案】A
【解析】本例患者诊断为部分运动性发作,对部分性发作治疗有效的药物为卡马西平、奥卡西平、拉莫三嗪、托吡酯等。乙琥胺用于失神发作、促肾上腺皮质激素可用于婴儿痉挛症的治疗,氯硝西泮常用于肌阵挛发作的治疗。
【考点】癫痫综合征的治疗

4.【答案】A
【解析】蛛网膜下腔出血主要症状为突发剧烈头痛。动脉瘤为常见原因,故部分患者有动眼神经受累表现,脑膜刺激征及玻璃体下出血是常见体征。
【考点】蛛网膜下腔出血的临床表现

5.【答案】B
【解析】动眼神经支配眼球内收、上视、下视及瞳孔括约肌。动眼神经压迫性病变导致患者出现完全性动眼神经麻痹,本例患者考虑蛛网膜下腔出血,出现动眼神经麻痹,往往提示后交通动脉有动脉瘤。
【考点】神经系统定位诊断

6.【答案】C
【解析】蛛网膜下腔出血常见的病因为动脉瘤,动脉瘤检查的金标准为脑血管造影。脑血管造影既可以检查是否存在动脉瘤及动脉瘤的部位,也可以同时进行血管内治疗。
【考点】动脉瘤检查的金标准

7.【答案】D

【解析】本例患者安静状态下起病，症状相对轻微，主要表现为感觉障碍，既往有高血压病史，考虑诊断为腔隙性脑梗死可能。症状无进展，动脉粥样硬化性血栓形成可能性不大。安静状态下起病，无心脏病病史，不符合脑栓塞；症状持续2d无缓解，不支持TIA；无头痛、恶心、呕吐，不符合脑出血临床表现，可以行头颅CT检查鉴别出血性与缺血性卒中。

【考点】腔隙性脑梗死的临床表现及诊断

8.【答案】D

【解析】腔隙性脑梗死不适用于非血管源性小病灶，也不适用于血管源性大动脉主干病变引起的深部梗死，是脑内大动脉穿支的原发性小动脉病导致的深部梗死。

【考点】腔隙性脑梗死的发病机制

9.【答案】B

【解析】腔隙性脑梗死临床表现轻微，本例患者以感觉症状为主，应属于纯感觉性卒中。

【考点】腔隙性脑梗死的临床表现

10.【答案】B

【解析】患者老年男性，安静状态起病，起病数小时内病情逐渐进展，且发病时血压正常，有高血压、糖尿病、吸烟等病史，故定性诊断考虑大动脉硬化性脑梗死可能性大。安静状态下起病，无头痛、恶心、呕吐、脑膜刺激征阴性，故出血性疾病可能性不大。瘫痪及失语较重，病情持续进展，腔隙性脑梗死可能性不大。无心房颤动病史，发病时心率正常，无心率失常，且安静状态下起病，故脑栓塞可能性不大。

【考点】脑血栓形成的临床表现及诊断

11.【答案】A

【解析】患者结合病史、体征及头颅CT检查，考虑定性为脑梗死、大动脉粥样硬化性。对于缺血性卒中，时间就是大脑，对患者的处理，应在急诊就诊的1h内完成急诊评估，并对适合溶栓的患者进行静脉溶栓治疗。抗血小板聚集及他汀类药物治疗为二级预防治疗，可于溶栓24h后启动。抗凝治疗不作为脑梗死急性期的常规治疗。

【考点】脑梗死超早期治疗

7. 此患者考虑诊断为
   A. 动脉粥样硬化性脑血栓形成
   B. 脑栓塞
   C. TIA
   D. 腔隙性脑梗死
   E. 脑出血

8. 头颅CT未见出血，可见右侧丘脑区域低密度灶，直径约1cm，其可能的发病机制是
   A. 微出血
   B. 动脉-动脉栓塞
   C. 心源性栓塞
   D. 脑内动脉穿支病变
   E. 颅内大动脉粥样硬化

9. 该患者临床表现属于哪种临床综合征
   A. 纯运动性卒中
   B. 纯感觉性卒中
   C. 感觉运动性卒中
   D. 共济失调性轻偏瘫
   E. 构音障碍-手笨拙综合征

（10~12题共用题干）

患者，男，70岁。2h前午睡半小时后出现右侧上下肢力弱，言语不清，尚可行走，右手可抬高至头顶，言语稍欠清，但可简单交流。病情逐渐进展，1h前力弱至不能行走，右上肢不能抬举，且听不懂家人说话。既往：高血压病史15年，近5年规律服用降压药，血压控制140~150/70~90mmHg；糖尿病病史10年，未规律治疗；吸烟50年，每日10~15支，少量饮酒。查体：血压130/80mmHg，心率齐，心音有力无杂音。完全性失语、右上下肢肌力2级，肌张力低，腱反射活跃，右侧巴宾斯基征阳性。脑膜刺激征阴性。

10. 该患者可能的诊断是
    A. 脑出血
    B. 脑梗死，大动脉粥样硬化性
    C. 腔隙性脑梗死
    D. 蛛网膜下腔出血
    E. 脑栓塞

11. 头颅CT未见出血，急诊血常规、肝肾功能、血糖、凝血功能正常，下一步的治疗选择是
    A. 评估阿替普酶治疗的入选标准及排除标准，若符合入选标准，无排除标准，获得患者家人知情同意后可行阿替普酶静脉溶栓治疗
    B. 立即开始阿司匹林抗血小板聚集治疗及他汀类药物调脂稳定斑块治疗
    C. 立即开始氯吡格雷抗血小板聚集治疗及他汀类药物调脂稳定斑块治疗

D. 立即开始阿司匹林联合氯吡格雷抗血小板聚集治疗及他汀类药物调脂稳定斑块治疗

E. 立即低分子量肝素抗凝治疗

12. 经治疗后患者病情稳定,动脉粥样硬化性脑梗死二级预防的主要内容**不包括**

A. 坚持阿司匹林或氯吡格雷抗血小板治疗

B. 他汀类药物强化调脂治疗

C. 控制血压 140/90mmHg 以下

D. 戒烟限酒,生活方式改变

E. 康复治疗

(13~15 题共用题干)

患者,女,54 岁。发作性言语不清,右侧肢体活动不灵 2d,每次发作持续时间 5~10min,症状可完全缓解。查体:血压正常,神清,不完全运动性失语,右侧鼻唇沟变浅,右上、下肢肌力 3 级,肌张力减低,腱反射减弱,右侧巴宾斯基征阳性。

13. 如果上述症状持续 1h 恢复正常,应诊断为

A. 癫痫发作　　B. 蛛网膜下腔出血

C. 短暂性脑缺血发作　　D. 脑梗死

E. 脑栓塞

14. 如果住院后 36h 症状、体征仍不缓解,应诊断为

A. 脑栓塞　　B. 出血性脑梗死

C. 脑血管畸形　　D. 脑梗死

E. 脑出血

15. 如为脑血管病,最有可能损害的血管是

A. 大脑后动脉　　B. 大脑前动脉

C. 大脑中动脉　　D. 椎动脉

E. 基底动脉

(16~19 题共用题干)

患者,男,62 岁。因"做家务时突感右侧肢体麻木、无力,手不能持物"急诊入院。查体:血压正常,心律绝对不齐,神清,不完全运动性失语,右侧鼻唇沟变浅,右侧肢体偏瘫。

16. 诊断可能为

A. 脑出血　　B. 短暂性脑缺血发作

C. 脑梗死　　D. 心源性栓塞性脑梗死

E. 蛛网膜下腔出血

12.【答案】E
【解析】缺血性卒中二级预防主要是 ASA(阿司匹林 + 他汀 + 降压)治疗及戒烟限酒等。而康复治疗为三级预防。
【考点】缺血性卒中二级预防

13.【答案】C
【解析】此题主要考查短暂性脑缺血发作的临床特点,发作性言语不清,肢体活动不利,每次发作持续时间不长,症状可完全缓解,为典型的短暂性脑缺血发作病例。
【考点】短暂性脑缺血发作的临床表现

14.【答案】D
【解析】此题主要考查短暂性脑缺血发作与脑梗死的区别。短暂性脑缺血发作的诊断标准:①短暂的、可逆的、局部的脑血液循环障碍,可反复发作,少者 1~2 次,多至数十次,多与动脉粥样硬化有关,也可以是脑梗死的前驱症状;②表现为颈内动脉系统和/或椎基底动脉系统的症状和体征;③每次发作持续时间通常在数分钟至 1h 左右,症状和体征应在 24h 以内完全消失;④磁共振检查颅内无新发病灶。脑梗死为不可逆的局部脑血液循环障碍,症状持续 24h 以上,磁共振可以发现颅内新发病灶,有条件的医院,尽可能采用磁共振 DWI 检查,以区分脑梗死和短暂性脑缺血发作。脑出血一般无短暂性脑缺血发作的前驱症状,伴头痛、恶心、呕吐,与本病例不符。脑栓塞一般有心房颤动等病史,起病急,症状迅速达峰,之后逐渐恢复,与本例不符。出血性脑梗死是急性脑梗死的一部分,多与溶栓、血管性治疗、抗凝血药脑栓塞有关。脑血管畸形主要表现可为头痛、脑出血、癫痫等症状,较少以短暂性脑缺血为前期症状。
【考点】短暂性脑缺血发作的诊断与鉴别诊断

15.【答案】C
【解析】此题主要考查脑梗死后主要动脉闭塞的临床特点。大脑中动脉闭塞综合征最为常见。余损害血管可能导致颈内动脉闭塞综合征、大脑前动脉闭塞综合征、大脑后动脉闭塞综合征、椎基底动脉闭塞综合征。
【考点】脑梗死后主要动脉闭塞的临床特点

16.【答案】D
【解析】此题主要考查心源性栓塞性脑梗死诊断。①脑出血:多在活动时或情绪激动时发病,多数有高血压病史而且血压波动较大,起病急,头痛、呕吐,意识障碍较多见,头颅 CT 扫描可见高密度出血灶。②脑肿瘤:缓慢进展型脑梗死,注意与脑肿瘤鉴别,原发脑肿瘤发病缓慢,脑转移肿瘤发病有时与急性脑血管病相似,应及时做头颅 CT 扫描,如果脑肿瘤与脑梗死不能鉴别,最好做头颅 MRI 检查,以明确诊断。
【考点】心源性栓塞性脑梗死的诊断

17.【答案】A

　　【解析】此题主要考查心源性栓塞性脑梗死临床表现。具体内容见前文【A2 型题】22 题解析。

　　【考点】心源性栓塞性脑梗死的临床表现

18.【答案】C

　　【解析】此题主要考查心源性栓塞性脑梗死治疗原则。具体见前文【A2 型题】24 题。

　　【考点】心源性栓塞性脑梗死的治疗原则

19.【答案】B

　　【解析】此题主要考查心源性栓塞性脑梗死康复治疗原则。脑梗死患者发病后即应开始康复干预,发病后早期有效的康复治疗能够减轻患者功能残疾,加速恢复进程。此时干预重点包括康复护理、意识水平及吞咽功能的管理、病床上良肢位摆放、体位转换、保持关节活动度和躯体被动活动等。早期康复干预是指当临床症状稳定后 24~72h,可以给予部分离床康复干预,并鼓励患者逐渐增加康复治疗的主动性。极早期康复干预是指卒中 24h 内给予的部分离床康复干预。

　　【考点】心源性栓塞性脑梗死的康复治疗原则

20.【答案】A

　　【解析】帕金森病可以出现锥体外系病变的表现,主要有不为人意志控制的不自主运动和肌张力改变,情绪激动,紧张时加重,安静时减轻,睡眠时消失等症状。

　　【考点】帕金森病的诊断要点

21.【答案】A

　　【解析】帕金森病的病因主要是中脑多巴胺神经元进行性变性。

　　【考点】帕金森病的病因

17. 最支持诊断的体征是

A. 心律绝对不齐　　　　　　B. 右侧鼻唇沟变浅

C. 眼底动脉硬化　　　　　　D. 运动性失语

E. 脑膜刺激征阳性

18. 此患者的治疗原则为

A. 改善循环、减轻脑水肿和预防脑疝

B. 预防脑栓塞再发

C. 改善循环、减轻脑水肿和治疗原发病

D. 溶栓治疗

E. 防治并发症

19. 此患者的康复治疗措施,**错误**的是

A. 应尽早介入康复治疗

B. 在发病 24h 内可以进行床边康复、早期离床期的康复训练

C. 训练强度要考虑到患者的体力、耐力和心肺功能情况

D. 每天接受至少 45min 的相关康复训练

E. 在患者能耐受的情况下,开展每天 3h、每周 5d 的康复训练

（20~23 题共用题干）

患者,女,50 岁。因"右上肢不自主抖动 3 年"就诊。患者 2003 年出现右手写字时抖动,静止时也出现;第二年患者右手抖动逐渐加重,并感右上肢有僵硬感。近 1 年内患者家属述患者容易向前跌倒,同时发现患者步态也有异常,步距偏小,行走时身体前冲,转身较为困难;语调变低。神经系统专科检查:简易精神状态检查量表评分 28 分。脑神经检查正常。颈肌张力略高,面具脸。运动系统:四肢肌力 5 级,双上肢肌张力增高呈齿轮样,右侧显著,可见 4~6Hz 搓丸样静止性震颤,四肢动作缓慢。反射:四肢腱反射减弱(++),双侧病理征(–)。感觉、共济运动:正常。步态:步距小,步态前冲。患者头颅 MRI:未见异常;脑电图未见异常;血常规、血铜蓝蛋白、血电解质、肝肾功能均正常。

20. 根据患者的临床表现及神经科查体,考虑的定位诊断是

A. 单纯锥体外系受累　　　　B. 锥体外系 + 锥体系受累

C. 大脑皮质受累　　　　　　D. 小脑受累

E. 周围神经受累

21. 根据患者的临床表现,考虑病因是

A. 中脑多巴胺神经元进行性变性

B. 大脑胆碱能神经元变性

C. 脑干 5- 羟色胺神经元变性

D. 神经肌肉接头针对乙酰胆碱受体的抗体产生

E. 大脑半球淀粉样斑块沉积

22. 该患者疾病诊断的主要依据是

　　A. 脑活检

　　B. 临床表现＋神经系统专科检查

　　C. 头颅影像学

　　D. 脑电图

　　E. 血液生化

23. 该患者可以选择的治疗药物是

　　A. 氟哌啶醇　　　　B. 丙戊酸　　　　C. 司来吉兰

　　D. 头孢西丁　　　　E. 卡马西平

【案例分析题】

案例一：患者，男，13岁。晨起出现呼之不应，头眼转向左侧，双眼向左侧凝视，左侧上下肢伸直，然后出现左侧肢体发作性抽搐，逐渐扩展到对侧，变为全身抽搐，同时伴有口吐白沫，持续1~2min后抽搐逐渐停止，随后意识恢复清醒。既往：有类似发作1次。

提问1：对患者的重点询问应包括

　　A. 发作史　　　　　　B. 出生史

　　C. 预防接种史　　　　D. 生长发育史

　　E. 热性惊厥史　　　　F. 家族史

　　G. 颅脑外伤史　　　　H. 其他既往病史

提问2：若确诊为癫痫，该年龄段癫痫发作的常见原因是

　　A. 特发性（与遗传因素有关）

　　B. 先天性及围产期因素（缺氧、窒息、头颅外伤）

　　C. 中枢神经系统感染

　　D. 脑肿瘤

　　E. 脑血管意外

　　F. 神经系统变性病

　　G. 代谢性疾病

　　H. 脑发育异常

提问3：经抗癫痫经治疗后病情稳定，药物的减停原则是

　　A. 在药物治疗情况下，1~2年以上完全无发作，可以考虑停药

　　B. 在药物治疗情况下，2~5年以上完全无发作，可以考虑停药

　　C. 患者较长时间无发作，仍面临停药后再次发作的风险，在决定是否停药之前应评估再次发作的可能性，如脑电图始终异常，存在许多发作类型，有明显的神

22.【答案】B

　　【解析】帕金森病可以进行血常规、CT/MRI、脑电图、PET等检查，帕金森病的诊断主要依据患者的临床表现和神经系统专科检查。

　　【考点】帕金森病的诊断要点

23.【答案】C

　　【解析】此题主要考查帕金森病药物治疗。司来吉兰是一种选择性单胺氧化酶-B抑制剂，抑制多巴胺的再摄取及突触前受体。这些作用促进脑内多巴胺的功能。在早期帕金森病治疗中，双盲临床验证显示，单用本药不加左旋多巴患者，比安慰剂组患者显著维持较长时间，而且单用组患者能维持高水平的工作能力。当加入左旋多巴后，本药能增加及延长左旋多巴的效果，所以可减少左旋多巴的剂量。与左旋多巴并用时，本药特别能减少帕金森病的波动。与传统的非选择性单胺氧化酶抑制剂不同，本品不会增加酪胺类物质的高血压（芝士效应）反应。

　　【考点】帕金森病的药物治疗

提问1：【答案】ABDEFGH

　　【解析】对于发作性疾病，患者就诊时往往没有阳性体征，详细的病史询问尤为重要。本例患者为青少年，发作史的询问对诊断癫痫综合征有重要价值。出生史、生长发育史、热性惊厥史、颅脑外伤史、既往史及家族史有助于查找病因。

　　【考点】癫痫患者病史采集

提问2：【答案】ABCH

　　【解析】不同年龄阶段癫痫的病因不同。本例患者为青少年起病，主要病因为特发性、先天及围产期因素、中枢神经系统感染、脑发育异常等。

　　【考点】癫痫综合征的病因

提问3：【答案】BCDFH

　　【解析】抗癫痫药物的减药、停药是临床医生需要掌握的问题。在开始减药后的2年之内，约30%的患者可能再次发作。故患者在药物治疗的情况下，2~5年以上完全无临床发作，可以考虑逐渐停药。且为降低停药后再次发作的风险，在决定停药前应评估再次发作的可能性，如脑电图持续异常、存在多种发作风险、有明显神经影像学异常及神经功能缺损的患者，复发率较高，故应延长服药时间。停药过程根据不同癫痫综合征而有所不同。停药过程应缓慢进行，可持续数月至1年以上。

　　【考点】癫痫综合征的停药原则

经影像学异常及神经系统功能缺损的患者,复发率明显升高,应延长服药时间

D. 不同综合征预后不同,直接影响停药后的长期缓解率

E. 停药过程可以 1~3 个月完成

F. 多药联合治疗的患者,每次只能逐渐减停一种药,并且完全停用一种药以后,至少间隔 1 个月,如仍无发作,再逐渐减停第二种药

G. 如果撤药过程中出现发作,则应停止撤药,维持当前剂量观察病情变化

H. 苯二氮䓬类药物在撤药过程中易出现戒断反应,所以撤药过程应更加缓慢

I. 苯巴比妥不易出现戒断反应,可以按常规撤药

案例二:患者,男,70 岁。因"头晕、恶心、呕吐 3h,伴左侧肢体力弱、轻微头痛及心悸、出冷汗"就诊。无视物旋转,无复视,无肢体麻木,无恶心呕吐,无耳鸣、耳闷、无听力下降,体位变化后症状无改变。自测血压 175/85mmHg,自服硝苯地平 10mg 后症状无改善。且出现精神萎靡。既往有高血压、高脂血症、短暂性脑缺血发作史,近 6 个月服用氯吡格雷 75mg,1 次 /d 治疗。

提问 1:患者的重点查体应包括

A. 生命体征   B. 瞳孔

C. 心脏查体   D. 肢体肌力

E. 脑膜刺激征   F. 病理征

G. 下肢水肿   H. 颈动脉听诊

I. 意识状态

提问 2:为明确评估病情,即刻安排的急诊检查包括

A. 血常规

B. 尿常规

C. 血糖、肝肾功能、电解质

D. 凝血功能

E. 头颅 CT

F. 心电图

G. 心肌梗死三项及心肌酶谱

H. 胸部 X 线片

I. 超声心动图

提问 3:头颅 CT 提示脑出血,急性期治疗方案包括

A. 卧床休息 2~4 周

B. 防治并发症

C. 预防使用抗癫痫药

D. 小脑血肿直径≥3cm,症状持续恶化,或有脑干受压或脑积水者可考虑手术治疗

E. 中到大量脑叶出血,症状持续恶化者可考虑外科手术治疗

提问 1:【答案】ABCDEFHI

【解析】急性脑血管病患者查体要点:①生命体征、瞳孔及意识状态,这几项主要评估有无威胁生命安全的重要体征;②肌力、病理征及脑膜刺激征主要为疾病定位诊断提供证据;③心脏查体及颈动脉听诊主要为寻找病因提供证据。

【考点】脑血管病患者的查体要点

提问 2:【答案】ACDEFG

【解析】考虑卒中患者,为保证患者能够在溶栓时间窗内进行适当治疗,在未确定是出血性或缺血性疾病之前需按溶栓治疗行相关检查。包括血常规、血生化、凝血功能、头颅 CT、心电图、心肌梗死三项及心肌酶谱等。

【考点】脑血管病急诊辅助检查

提问 3:【答案】ABDEFH

【解析】脑出血治疗主要为对症支持治疗、脱水降颅内压治疗,一般不预防使用抗癫痫治疗,在有脑疝风险时需行开颅血肿清除术。但症状较轻病情稳定、小量脑出血或症状重、昏迷程度重的患者不适合外科手术治疗。

【考点】脑出血的治疗

F. 原发性脑室出血可考虑脑室引流

G. 症状中,格拉斯哥昏迷评分低于 4 分者考虑手术治疗

H. 早期在病情允许的情况下可考虑康复治疗

案例三:患者,女,36 岁。情感淡漠 10 个月,发作性意识模糊 3 个月。家人发现近 3 个月来患者反复出现夜间突然发呆,坐起,呼之不应,同时伴随右上肢摸索床沿的动作,每次持续 1~2min 后缓解,恢复后对发作无记忆。发作频率逐渐增加,最初的 2 个月为每月出现 1 次,近 1 个月增加至每周发作 3~4 次。脑电图发现双侧尖波、尖慢波,右侧颞部明显。

提问 1:最可能的诊断为

A. 单纯部分性发作　　　B. 复杂部分性发作

C. 失张力发作　　　　　D. 失神发作

E. 精神运动性发作　　　F. 全面性发作

提问 2:明确诊断癫痫及其发作类型后,本例患者下一步诊疗方案合理的是

A. 根据发作类型选择抗癫痫药物

B. 药物治疗达到稳态后,可通过检测血药浓度的办法,指导个体化药物治疗,避免或减少药物的毒副反应

C. 药物控制癫痫发作即可,无须行病因学检查

D. 强调单药治疗的原则,单一药物已达最大耐受剂量仍不能控制发作,可加用另一种一线或二线药物

E. 若需联合用药,则应避免同一作用机制、相同不良反应的抗癫痫药物联合使用

F. 对难治性癫痫,可以考虑手术治疗

案例四:患者,男,54 岁。1 周前晨起时突然感到右侧下肢无力、不能行走,约 10min 后恢复正常,上述症状反复出现 4 次,每次持续 5~20min 不等。查体:血压 140/85mmHg,神经系统无阳体征。

提问 1:作为全科医生对该患者进行病史采集,应包括的内容

A. 症状出现的时间

B. 神经症状发生及进展特征

C. 高血压、糖尿病、高脂血症等病史

D. 吸烟及嗜酒等生活习惯

E. 用药史

F. 职业和家庭收入

G. 偏头痛、痫性发作、感染、创伤病史

H. 妊娠史

提问 2:该患者需要进行鉴别的疾病包括

A. 梅尼埃病　　　　　B. 癫痫发作

C. 低血糖　　　　　　D. 良性发作性位置性眩晕

E. 慢性硬膜下血肿　　F. 脑转移瘤

提问 1:【答案】B

【解析】结合病史及脑电图结果,考虑患者为癫痫发作。该患者症状描述中出现突发呆滞、坐起、眼神发愣、呼之不应,同时伴随右手摸索床沿的动作,考虑为自动症表现,符合复杂部分性发作的临床特征。

【考点】癫痫综合征的分类

提问 2:【答案】ABDEF

【解析】癫痫病因可分为特发性、症状性和隐源性。各种原因造成的中枢神经系统病变或异常均可导致癫痫综合征。本例患者为成年期癫痫综合征,癫痫综合征出现前伴有情感淡漠,继发症状性癫痫可能性大,需要积极查找病因,寻找导致癫痫综合征及疾病,进行病因治疗。因此 C 是错误的。

【考点】癫痫治疗及病因查找

提问 1:【答案】ABCDEG

【解析】此题需了解短暂性脑缺血发作的病史询问要点。详细地询问病史是 TIA 诊断的主要依据。40 岁以上患者突然出现脑局灶症状,在 24h 内完全恢复正常,且有反复发作同样症状者可诊断。

【考点】短暂性脑缺血发作的临床表现

提问 2:【答案】ABCDEFGHI

【解析】此题需了解短暂性脑缺血发作的诊断与鉴别诊断。鉴别诊断:①癫痫的部分发作 Todd 麻痹一般表现为局部肢体抽动多起自一侧口角,然后扩展至面部或一侧肢体或表现为肢体麻木感、针刺感等,持续时间更短,脑电图可有异常,CT、MRI 可见脑局灶性病变;②梅尼埃病多见于中青年女性,反复发作性眩晕伴恶心、呕吐,每次持续数小时,一侧耳鸣,逐步听力减退,自发性眼震;③偏头痛起病多在青年或成人早期,多有家族史,常有视觉先兆,麦角胺制剂镇痛有效;④其他,如多发性硬化、占位病变、低血糖、低血压、慢性硬膜下血肿、小灶脑出血等。

【考点】短暂性脑缺血发作的诊断与鉴别诊断

提问3:【答案】ABEFGHI

【解析】此题需了解短暂性脑缺血发作的辅助检查要求。①血液流变学检查:主要表现为全血黏度、血浆黏度、血细胞比容、纤维蛋白原及血小板聚集率等指标均增高。②脑血管检查:如经颅多普勒检查、颈动脉超声检查、数字减影血管造影检查、MRA检查等。③颈椎检查:可选用颈椎X线、颈椎CT扫描或颈椎MRI检查等。④头颅CT或MRI检查:观察颅内缺血情况,除外出血性疾病。⑤心电图:主要是排除诊断。患者是否有心房颤动、频发期前收缩、陈旧性心肌梗死、左心室肥厚等。超声心动图检查是否存在心脏瓣膜病变,如风湿性瓣膜病、老年性瓣膜病。

【考点】短暂性脑缺血发作的诊断与鉴别诊断

提问1:【答案】ABCDEFGH

【解析】此题主要考查心源性栓塞性脑梗死病史特征及重点查体的掌握。脑栓塞多见于有高血压、心房颤动的老年患者,急性起病,迅速达峰,有神经系统定位体征,伴有房颤和/或高血压的体征,无脑膜刺激征,发病24h后头颅CT可见低密度灶。

【考点】心源性栓塞性脑梗死的诊断

提问2:【答案】ABCEFGH

【解析】此题需了解心源性栓塞性脑梗死的诊断与鉴别诊断。①脑出血,发病更急,数分钟或数小时内出现神经系统局灶定位症状和体征,常有头痛、呕吐等颅内压增高症状及不同程度的意识障碍,血压增高明显。但大面积脑梗死和脑出血,轻型脑出血与一般脑血栓形成症状相似。可行头颅CT以鉴别。②脑栓塞,起病急骤,数秒钟或数分钟内症状达到高峰,常有心脏病史,特别是心房颤动、细菌性心内膜炎、心肌梗死,或其他栓子来源时应考虑脑栓塞。③颅内占位,某些硬膜下血肿、颅内肿瘤、脑脓肿等发病也较快,出现偏瘫等症状及体征,需与本病鉴别。可行头颅CT或MRI鉴别。

【考点】心源性栓塞性脑梗死的诊断与鉴别诊断

提问3:【答案】ABCDGHI

【解析】此题主要考查心源性栓塞性脑梗死康复治疗措施。运动和感觉功能障碍的治疗包括:①良肢位摆放;②体位转换训练;③平衡能力训练;④躯干控制能力训练;⑤保持关节活动度治疗;⑥感觉功能训练;⑦其他治疗。

【考点】心源性栓塞性脑梗死的康复治疗措施

G. 多发性硬化　　　　H. 小灶性脑出血

I. 低血压

提问3:该患者还应进行的辅助检查包括

A. 常规化验:如血常规、凝血功能

B. 头部CT和MRI

C. 脑电图检查

D. 腰椎穿刺复查脑脊液常规、生化、病原学检查

E. 血糖和血脂检测

F. 血管造影:MRA和CTA、DSA

G. 经颅多普勒超声

H. 颈动脉超声

I. 心电图及超声心动图

案例五:患者,女,68岁。因"突发右侧肢体无力6h"入院,患者入院前6h吃早餐时突然出现右侧肢体无力,右上肢不能活动,右下肢体力行走,伴眩晕,呕吐胃内容物1次,家人立即给其服安宫牛黄丸,病情无好转。病后精神差,向左视物成双影,左眼睑难闭紧,口角流涎,无构音障碍、吞咽困难、抽搐、尿便失禁等。发现"高血压"20年,发现"心房颤动"病史2年。查体:脉搏90次/min,呼吸20次/min,血压160/90mmHg,双肺未闻啰音,心界向左下扩大,心率102次/min,心律绝对不齐,强度不一,心前区可闻3~4级收缩期杂音,腹部检查未见明显异常。右侧肢体肌力2级,右侧巴宾斯基征阳性,脑膜刺激征阴性。头颅CT未见异常。

提问1:该患者的诊断依据包括是

A. 突然起病,病情在发病当时即达高峰

B. 神经症状发生及进展特征

C. 有高血压、心房颤动病史

D. 老年女性

E. 听诊发现心率快,心音强弱不一,节律不齐,脉搏短绌,提示栓子可能来源于心脏

F. 神志清,有局灶性神经功能缺失的症状和体征

G. 脑膜刺激征阴性

H. 头颅CT未见异常

提问2:该患者需要进行鉴别的疾病包括

A. 蛛网膜下腔出血　　B. 腔隙性脑梗死

C. 低血糖　　　　　　D. 重症肌无力

E. 高血压脑出血　　　F. 脑肿瘤并卒中

G. 硬膜下血肿　　　　H. 动脉血栓性脑梗死

提问3:该患者的康复训练措施包括

A. 早期良肢位摆放、体位转移和关节活动度训练

B. 早期站立、步行康复训练

C. 肌力训练和康复

D. 肢体痉挛的处理

E. 肩痛、肩关节半脱位和肩手综合征的康复

F. 认知障碍的康复

G. 吞咽障碍的康复和营养管理

H. 心脏功能和呼吸功能康复

I. 深静脉血栓和肺栓塞的预防

提问4:对该患者的二级预防措施包括

A. 降压治疗

B. 建议有吸烟史的患者戒烟

C. 抗血小板聚集药物治疗

D. 血糖管理

E. 推荐使用适当剂量的华法林口服抗凝治疗,以预防再发的血栓栓塞事件。华法林的目标剂量是维持INR在2.0~3.0

F. 血脂管理

G. 对于原因不明的患者,建议延长心电监测时间,以确定有无抗凝治疗指征

H. 建议出现神经功能症状14d内给予抗凝治疗预防卒中复发,对于出血风险高的患者,应适当延长抗凝时机

I. 新型口服抗凝血药可作为华法林的替代药物,新型口服抗凝血药包括达比加群、利伐沙班、阿哌沙班以及依度沙班(Ⅰ级推荐,A级证据),选择何种药物应考虑个体化因素

提问4:【答案】ABDEFGHI

【解析】此题主要考查心源性栓塞性脑梗死二级预防措施。脑梗死二级预防有两个"ABCDE",缺一不可。第一个"ABCDE":A.阿司匹林(aspirine);B.血压血脂(blood pressure, blood lipid control);C.中药防治(Chinese medicine);D.控制糖尿病(diabetes control);E.康复教育(education)。第二个"ABCDE":A.积极运动(accumulates exercise);B.控制体重(BMI control);C.戒烟限酒(cigarettequitting and limitalcohol intake);D.合理饮食(diet);E.情绪稳定(emotion)。

【考点】心源性栓塞性脑梗死的二级预防措施

案例六:患者,男,76岁。因"右手不自主抖动伴动作缓慢2年"收入院。患者于2004年初出现右手不自主抖动,静止时明显,持物、活动时减轻,情绪激动或紧张时加重,入睡后消失。自2004年秋季起自觉右上肢无力,有紧缩感,伴动作减慢,同时发觉字写得弯弯曲曲,越写越小;系鞋带、纽衣扣等精细动作完成困难。2005年初,右下肢也出现抖动。家属发现其面无笑容,言语减少,声音变轻。2005年夏天起从沙发起立时发生困难,同时常出现开步困难,行走时步伐变小,一旦开步则越走越快,不能立即止步。神经系统查体:神清,双瞳孔等大3.5mm,光反应存在,眼球活动好,无眼震,鼻唇沟对称,伸舌居中。表情呆板,眉心征(+)。颈项及四肢肌张力轻度增高,右侧为甚,右上肢呈齿轮样强直,静止时见右侧上下肢震颤,动作时不明显。右手快复轮替动作笨拙。四肢腱反射对称(++),肌力5级。行走时身体轻度前倾前屈,步距小,右上肢协同摆动动作消失,右下肢稍有拖曳,转身动作减慢。共济运动正常,病理征(−),浅、深感觉正常。卧立位血压无改变。头颅MRI未见明显异常。

提问1：【答案】ABCDEFGH

　　【考点】帕金森病的诊断要点

提问1：该患者的诊断依据包括是

A. 起病缓慢，发展进行性加重的锥体外系症状和体征，如表情呆板，眉心征(+)，静止性震颤，动作缓慢，"小字征"，起步慢，步距小，慌张步态，肌张力增高

B. 无其他神经系统受累病征

C. 静止性震颤、运动迟缓、动作减少、齿轮样肌强直和姿势步态异常，无其他神经系统阳性体征，单纯锥体外系受累

D. 老年男性

E. 病变仅累及锥体外系，隐匿起病，缓慢进展，无诱发因素，符合神经变性疾病特点

F. 神志清，无局灶性神经功能缺失的症状和体征

G. 脑膜刺激征阴性

H. 头颅 MRI 未见明显异常

提问2：【答案】ABCDEFGH

　　【解析】帕金森病需要鉴别的疾病有：老年性震颤、腔隙性脑梗死、特发性震颤、继发性帕金森综合征、进行性核上性麻痹、肝豆状核变性、多系统萎缩、皮质基底核变性。

　　【考点】帕金森病的诊断与鉴别诊断

提问2：该患者需要进行鉴别的疾病包括

A. 老年性震颤

B. 腔隙性脑梗死

C. 特发性震颤

D. 继发性帕金森综合征

E. 进行性核上性麻痹

F. 肝豆状核变性

G. 多系统萎缩

H. 皮质基底核变性

提问3：【答案】ABCDEFG

　　【解析】帕金森病的治疗原则：①综合治疗，应该对帕金森病的运动症状和非运动症状采取全面综合的治疗。治疗方法和手段包括药物治疗、手术治疗、运动疗法、心理疏导及照料护理等。药物治疗为首选，且是整个治疗过程中的主要治疗手段，手术治疗则是药物治疗的一种有效补充。目前应用的治疗手段，无论是药物或手术治疗，只能改善患者的症状，并不能阻止病情的发展，更无法治愈。因此，治疗不仅要立足当前，并且需要长期管理，以达到长期获益。②用药原则。用药原则应该以达到有效改善症状、提高工作能力和生活质量为目标。提倡早期诊断、早期治疗，不仅可以更好地改善症状，而且可能会达到延缓疾病进展的效果。

　　【考点】帕金森病的治疗措施

提问3：该患者的治疗包括

A. 对帕金森病的运动症状和非运动症状采取综合治疗

B. 药物治疗作为首选

C. 手术

D. 运动康复

E. 心理疏导

F. 照料护理

G. 以达到有效改善症状，提高生活质量为目标

第九章 精神科疾病

【A1 型题】

1. 关于精神症状的共同特点,正确的是
   - A. 多数能被主观意识控制
   - B. 一般不造成社会功能损害
   - C. 一般与客观环境不相称
   - D. 多数症状可独立出现
   - E. 多数精神症状具有特异性

2. 患者凭空听见一个陌生的声音把他头脑中的想法大声读了出来,此症状为
   - A. 评论性幻听
   - B. 反射性幻觉
   - C. 功能性幻觉
   - D. 思维鸣响
   - E. 思维被洞悉感

3. 一患者殴打母亲,问其原因,答:"母亲的眼睛变得细长,发出绿光,脸也变成了绿色,很是可怕"。该患者可能的症状是
   - A. 幻觉
   - B. 错觉
   - C. 感觉过敏
   - D. 感知综合障碍
   - E. 感觉倒错

4. 随境转移常见于
   - A. 躁狂症
   - B. 精神分裂症
   - C. 神经症
   - D. 抑郁症
   - E. 精神发育迟滞

1.【答案】C
【解析】精神症状的共同特点:症状不受意识控制;与客观环境不相称;影响社会功能;多数伴有痛苦体验。
【考点】精神症状的共同特点

2.【答案】D
【解析】思维化声,又称"思维鸣响"。患者体验到自己的思想被重复或在头脑里回响,即思想变成了清晰可辨的言语声。重复出来的思想,虽然内容与原来的一样,但患者却可以清楚地感觉到两者在性质上的不同。
【考点】知觉障碍——思维鸣响

3.【答案】D
【解析】感知综合障碍是另一类感知觉障碍,患者在感知某一现实事物时,作为一个客观存在的整体来说是正确的,但是对这一事物(包括患者其他本身)的某些个别属性,例如形象、大小、颜色、位置、距离等,却产生与该事物的实际情况不相符的感知。幻觉是一种虚幻的知觉,是在客观现实中并不存在某种事物的情况下,患者却感知它的存在。错觉是歪曲的知觉,也就是把实际存在的事物歪曲地感知为与实际完全不相符的事物。感觉过敏是对外界一般强度的刺激,如声光的刺激及躯体上的某些轻微不适感的感受性增高。感觉倒错是对外界刺激可产生与正常人相反的异常感觉。
【考点】知觉障碍——感知综合障碍

4.【答案】A
【解析】思维迫促或思维奔逸:话多,注意力易转移,头脑中不停地出现大量的念头,因此主观上有不得不说的体验。除了讲话速度快、滔滔不绝之外,言语联想增快,并因谐音、谐意而转换话题(音联义联),或者因周围环境的改变而改变言谈内容(随境转移)。多见于躁狂状态。
【考点】思维进程障碍——思维奔逸

5. 【答案】C
【解析】病理性象征性思维:为概念的转换,以具体事物来代替某一抽象概念,这一转换是患者所独有的,不经本人解释,旁人无法理解。
【考点】思维逻辑障碍——病理性象征性思维

6. 【答案】E
【解析】思维被洞悉感:这是一种原发的病态体验,患者并不是根据别人的言行神色,也不是基于幻听或自身的恐惧心情,而是"本能地"感到自己内心的想法,既不通过语言,也不是通过文字,就为周围人所洞悉。该症状对诊断精神分裂症有重要意义。
【考点】思维内容障碍——思维被洞悉感

7. 【答案】A
【考点】心理治疗的基本常识

8. 【答案】D
【解析】精神障碍是一个临床诊断概念。是一类具有诊断意义的精神方面的问题,症状须达到一定的严重程度和持续时间,伴有痛苦体验和/或功能损害;表现为认知、情绪、行为方面的改变。精神疾病即精神障碍。精神病是一类严重的精神障碍。无论属于何种精神障碍分类,只要出现持续的幻觉、妄想、严重精神运动兴奋或抑制表现者均为精神病。比如,脑和/或躯体疾病所致的谵妄状态,酒、药所致的幻觉、妄想状态,精神分裂症、其他妄想性障碍,严重情感障碍。
【考点】与精神障碍分类有关的重要概念——精神障碍和精神病的定义

9. 【答案】D
【解析】阳性与阴性症状量表(PANSS)是为评定不同类型精神分裂症状的严重程度而设计和标准化的评定量表,由简明精神病量表和精神病理评定量表合并改编而成。
【考点】精神科常用量表

10. 【答案】C
【解析】智力低下分为4级:轻度50~69,中度35~49,重度20~34,极重度20以下。
【考点】精神科常用量表的使用

1. 【答案】A
【解析】有客观刺激作用于感官,却被错误地感知。
【考点】知觉障碍——错觉

5. 以下属于病理性象征性思维的是
A. 听到有人说"烤乳猪",认为是在骂自己是"笨蛋"
B. 看见红旗,想到"红旗是革命者的鲜血染成的"
C. 将红毛线绑在了暖气片上,诉"这是工农团结一家亲"
D. 看见电视里出现了毛主席,认为这是中央在暗示自己是一个伟人
E. 用篮子去捞水中月亮,表示"竹篮打水一场空"

6. 患者无论想什么,都体验到周围所有人都莫名其妙地明确知道自己的想法,此现象属于
A. 假性幻听　　　　B. 评论性幻听
C. 命令性幻听　　　D. 思维鸣响
E. 思维被洞悉感

7. 精神分析疗法的创始人是
A. 弗洛伊德　　　　B. 森田正马
C. 罗杰斯　　　　　D. 马斯洛
E. 贝克

8. 以下**不属于**狭义精神病范畴的是
A. 谵妄状态
B. 幻觉状态
C. 妄想状态
D. 强迫状态
E. 严重的精神运动性兴奋或抑制

9. 用于评定精神分裂症症状存在与否及其严重程度的量表是
A. SCL-90　　　　　B. MMPI
C. EPQ　　　　　　D. PANSS
E. WAIS

10. 中度智力低下的 IQ 为
A. 35~55　　　　　　B. 20~34
C. 35~49　　　　　　D. 20~35
E. 20 以下

【A2 型题】

1. 患者,男,21 岁。入院后将墙上的污迹看成一只张牙舞爪的老虎,此现象属于
A. 错觉　　　　　　B. 幻觉
C. 虚构　　　　　　D. 错构
E. 感知综合障碍

2. 患者,女,18 岁。患者高烧时凭空看到毒蛇猛兽似乎要向她扑来,此症状是
   A. 幻觉　　　　　　B. 错觉　　　　　C. 感知综合障碍
   D. 被害妄想　　　　E. 虚构

3. 患者,女,22 岁。在听到钟表"滴答、滴答"声的同时,能凭空听到另一个声音有节奏地骂她"笨蛋、笨蛋"。她离开钟表后,就听不到骂声了。此现象为
   A. 错听　　　　　　B. 感觉过敏　　　C. 假性幻听
   D. 功能性幻听　　　E. 反射性幻听

4. 患者,女,20 岁。入院后常在窗前侧耳倾听,说室外有人在骂她,并称公安人员要来逮她,为此非常气愤,并向窗外大喊:"我要和你们进行辩论,不要诬陷好人……"。该患者最有可能存在的症状是
   A. 关系妄想　　　　B. 被害妄想　　　C. 假性幻听
   D. 言语性幻听　　　E. 命令性幻听

5. 患者,女,35 岁。入院后凭空听到两个声音相互争吵、争论不休,各说各的理,此现象为
   A. 争论性幻听　　　B. 评论性幻听　　C. 命令性幻听
   D. 思维鸣响　　　　E. 思维化声

6. 患者,男,21 岁。问其将来有何计划,答道:"计划多了,脑子里有很多很多想法,都是非常伟大的,任何一个实现都能给全世界带来巨大的改变……",难以打断其谈话。该症状属于
   A. 病理性赘述　　　B. 思维破裂　　　C. 思维松弛
   D. 思维奔逸　　　　E. 思维插入

7. 患者,女,31 岁。以"情绪差 3 个月"就诊。回答医生问题时声音低,思考很久才给出答案,问其原因,表示"变笨了,脑子好像生锈了"。患者的症状是
   A. 思维贫乏　　　　B. 思维迟缓　　　C. 思维松弛
   D. 思维中断　　　　E. 思维插入

8. 患者,男,58 岁。癫痫伴精神障碍患者,问其为何跛行时,答:"说来话长,我家住在山区,交通十分不便……(大谈交通不便的由来,难以打断),我到这里来看病要先走很远的山路,再坐船到宜昌……(手舞足蹈谈宜昌的风土人情),再到武汉……(大谈对武汉的印象),后来照了片子,医生说是以前骨头断过,我对他说是 20 多岁时摔断了腿,以后就成这样了。"此表现最可能是

2.【答案】A
【解析】幻觉:在没有相应的客观刺激作用于感官时出现的知觉体验。
【考点】知觉障碍——幻觉

3.【答案】D
【解析】功能性幻觉是一种伴随现实刺激而出现的幻觉,即当某种感觉器官处于功能活动状态同时出现涉及该器官的幻觉。
【考点】知觉障碍——功能性幻觉

4.【答案】D
【解析】言语性幻听:幻听的性质多种多样,更多见的还是言语声。言语性幻听可以直接与患者对话,也可以是在与第三人讲话时以"他"或"她"提及患者(第三人称幻听)。幻听的内容有评论性的,更为特殊的是"时事评论性幻听",即对患者的言行随时随地发表议论,像球赛的现场评论一样;也可以是争论性的,两个甚至多个人的声音对患者的人品、能力、表现发表各不相同的看法;也可以是命令性的,以权威的口气命令患者做这做那,不服从便威胁恐吓。
【考点】知觉障碍——言语性幻听

5.【答案】A
【解析】参考前文【A2 型题】第 4 题解析。
【考点】知觉障碍——争论性幻听

6.【答案】D
【解析】思维迫促或思维奔逸的概念见【A1 型题】第 4 题。
【考点】思维进程障碍——思维奔逸

7.【答案】B
【解析】思维迟缓:联想受抑制,联想速度缓慢,患者表现为言语缓慢,语量减少,语调低沉,反应迟钝。常见于抑郁症。
【考点】思维进程障碍——思维迟缓

8.【答案】C
【解析】病理性赘述:患者讲话啰唆,抓不住重点,不必要的细节和无关的分支太多,以致掩盖了主要的内容。赘述的出现表明患者的智能有一定的障碍,多见于痴呆、癫痫和其他脑器质性精神障碍。
【考点】思维形式障碍——病理性赘述

9.【答案】A

【解析】思维松弛:患者的思维活动丧失了正常的结构,言谈内容含糊不清,句子与句子之间缺乏可理解的联系。对问话的回答既不切题,也不清晰,而且问话者越是努力想澄清问题,越是感到患者的回答令人费解,以致造成交谈困难。

【考点】思维形式障碍——思维松弛

10.【答案】C

【解析】妄想:一种错误的、歪曲的信念或判断,既没有事实根据,也与个体所处的背景和文化中公认的信念不一致。用事实、说理都无法纠正。妄想总是自我为中心的,即妄想的内容对患者本人至关重要。妄想内容受个人经历和时代背景的影响。患者的妄想内容带有浓厚的文化背景和时代色彩。

【考点】思维内容障碍——妄想

11.【答案】A

【解析】疑病妄想:患者毫无根据地认为自己患了某种严重躯体疾病、不治之症。通过一系列详细的检查和多次反复的医学检查,都不能纠正患者的这种病态观念。

【考点】思维内容障碍——疑病妄想

12.【答案】C

【解析】特殊意义妄想:可在关系妄想的基础上产生,患者认为周围人的言行、平凡的举动,不仅与自己有关,且赋予特殊的意义。

【考点】思维内容障碍——特殊意义妄想

13.【答案】E

【解析】抑郁发作主要症状有心境低落、兴趣和愉快感丧失、精力不济或疲劳感增加,其他症状有集中注意和注意能力降低、自我评价降低、自罪观念和无价值感、认为前途暗淡悲观、有自伤或自杀的观念或行为、睡眠障碍、食欲下降。

【考点】抑郁状态的识别

14.【答案】C

【解析】抑郁障碍主要症状有心境低落、兴趣和愉快感丧失、精力不济或疲劳感增加,其他症状有集中注意和注意能力降低、自我评价降低、自罪观念和无价值感、认为前途暗淡悲观、有自伤或自杀的观念或行为、睡眠障碍、食欲下降。病程至少持续2周。

【考点】抑郁障碍的识别

A. 思维奔逸　　B. 思维松弛　　C. 病理性赘述
D. 持续言语　　E. 记忆障碍

9. 患者,男,22岁。神志清楚,医生问他:"你来这里干什么?"他答:"我来这里没法说,生活困难,现在就代表一句话,院长就这样,所以我来这里了。"该患者的症状是
A. 思维松弛　　　　B. 思维破裂
C. 病理性象征性思维　D. 思维不连贯
E. 思维奔逸

10. 患者,男,20岁。偶然间在报纸上看到有关食物中毒事件的报道,立即坚信地认为书写报道的记者是想谋害自己。此患者的症状是
A. 错构　　B. 虚构　　C. 妄想
D. 远事遗忘　　E. 近事遗忘

11. 患者,女,36岁。3年来认为自己患了绝症,反复到各大医院看专家门诊并进行各项检查,各种检查结果均无异常。但患者仍坚持认为自己有病没有被查出来,认为医生是误诊,坚信自己只能活1年,情绪低落,多次宣称要跳楼。该患者的症状最可能是
A. 疑病妄想　　B. 强迫观念　　C. 夸大妄想
D. 被害妄想　　E. 影响妄想

12. 患者,女,48岁。坚信周围人的言行都是针对她的,别人唱《红梅赞》,她认为是用死亡威胁她;有人唱《在一个美丽的地方》,她认为是引诱她放弃斗争;其他患者给她一本《恐怖谷》的书,她认为是暗示她将遭受惨杀。此症状是
A. 关系妄想　　B. 被害妄想　　C. 特殊意义妄想
D. 超价观念　　E. 影响妄想

13. 患者,男,22岁。复习考研,渐出现脑力迟钝、头痛、注意力不集中。近1个月上述症状加重,并有疲乏无力、不想活动,对将来失去信心。很早醒来难以再入睡,心情烦躁不安,体重减轻。患者最可能的状态是
A. 谵妄状态　　B. 痴呆状态　　C. 人格解体
D. 妄想状态　　E. 抑郁状态

14. 患者,女,22岁,大学生。自诉近1个月来注意力不能集中,入睡困难,并经常在早晨3时多就醒来,醒后难以入睡。觉得同学经常在说话时暗暗地贬低她。交谈时低着头,语音低,流泪,后悔自己不该来读大学而浪费了父母的钱。家属反映

患者1个月来体重至少下降了4kg。此患者目前最可能的诊断是

A. 偏执型精神分裂症　　　B. 恶劣心境

C. 抑郁障碍　　　　　　　D. 神经衰弱

E. 单纯型精神分裂症

15. 患者,女,58岁。因"阵发性紧张、上腹部不适、失眠4个月"就诊,怀疑自己得了"重病"。患者丈夫半年前诊断为晚期肝癌。查体和各项辅助检查无异常。最可能的诊断是

A. 急性应激障碍　　　　　B. 惊恐障碍

C. 精神分裂症　　　　　　D. 心境障碍

E. 广泛性焦虑障碍

16. 患者,女,36岁。患情绪低落2年,伴有焦虑疑病障碍,未正规治疗,现来诊。最佳的治疗方案是

A. 抗焦虑药　　　　　　　B. 心理治疗＋抗抑郁药

C. 抗抑郁药　　　　　　　D. 心理治疗＋抗精神病药

E. 抗精神病药

17. 患者,女,32岁。近1年来回避去人多的地方,害怕与陌生人交往,担心别人议论,可一直坚持上班,与家人交流尚好。此患者最可能的诊断是

A. 社交恐惧症　　　　　　B. 强迫症

C. 广泛性焦虑障碍　　　　D. 惊恐障碍

E. 精神分裂症

【A3/A4型题】

(1~6题共用题干)

患者,男,26岁。近1个月来对周围的事物丧失兴趣,感觉力不从心,注意力不能集中,做事总会分心。入睡困难,睡眠浅,经常在早晨3点多就醒来,醒后难以入睡。觉得活在这个世界上是拖累家人,觉得未来生活一片渺茫,已经偷偷地买了农药并写好遗书,后被家人发现送至医院。否认既往出现情绪高涨的表现。

1. 该患者最可能的诊断是

A. 精神分裂症　　　　　　B. 重度抑郁发作

C. 中度抑郁发作　　　　　D. 广泛性焦虑障碍

E. 双相情感障碍

2. 该患者最需要以下哪个量表评估病情严重程度

A. PANSS　　　B. HAMD　　　C. BPRS

D. WAIS　　　　E. YMRS

15.【答案】E

【解析】持续广泛性焦虑障碍为主要临床相,表现符合下列两项:①经常或持续的无明确对象或无固定内容的恐惧,或提心吊胆、精神紧张;②伴自主神经自主或运动性不安;③排除甲状腺功能亢进、冠心病、高血压等其他疾病的继发性焦虑。

【考点】焦虑障碍的诊断

16.【答案】B

【解析】根据抑郁症防治指南,首选药物为选择性5-羟色胺再摄取抑制剂(SSRI)类抗抑郁药物治疗,同时予以心理治疗。

【考点】抑郁症的治疗

17.【答案】A

【解析】社交恐惧症符合神经症性障碍的共同特点,以恐惧为主,同时符合以下4点:①对某些客体或处境有强烈恐惧,恐惧的程度与实际危险不相称;②发作时有焦虑和自主神经紊乱;③有反复或持续的回避行为;④知道恐惧过分或不必要,但无法控制。

【考点】社交恐惧症的诊断

1.【答案】B

【解析】抑郁障碍主要症状有心境低落、兴趣和愉快感丧失,精力不济或疲劳感增加,其他症状有集中注意和注意能力降低,自我评价降低,自罪观念和无价值感,认为前途暗淡悲观,自伤或自杀的观念或行为,睡眠障碍,食欲下降。病程至少持续2周。轻度抑郁发作:主要症状两条以上,再加上其他症状两条以上,所有症状都不应达到重度。中度抑郁发作:主要症状中的两条,再加上至少三条(最好四条)其他症状。重度抑郁发作:三条主要症状都应存在,并加上至少其他四条其他症状,其中某些症状应达到严重的程度。

【考点】抑郁症的诊断

2.【答案】B

【解析】汉密尔顿抑郁评定量表(HAMD)为评估抑郁症患者病情严重程度的常用量表。

【考点】抑郁症量表的评估

3.【答案】D
【解析】根据中国抑郁症防治指南，首选SSRI类抗抑郁药物，常用包括氟西汀、帕罗西汀、舍曲林、西酞普兰等。
【考点】抑郁症的治疗

4.【答案】C
【解析】自杀风险的等级评估：①低风险。闪现的自杀观念，能够自我打消。②低-中风险。经常出现自杀观念但没有付诸行动的想法，或出现付诸行动的想法时能够很快地予以自我否定。③中度风险。不仅经常出现自杀观念而且有付诸行动的具体计划。④高度风险。有自杀的准备行动，如选择地点、购买药品、散发财产、安排后事等。⑤自杀未遂成为本次就诊的主诉。
【考点】抑郁症自杀风险评估

5.【答案】C
【解析】睡眠紊乱是抑郁状态最常伴随的症状之一，表现为早段失眠、中段失眠、末段失眠和睡眠感缺失等，其中以早段失眠最为多见，而以末段失眠（早醒）最具有特征性。
【考点】抑郁症睡眠特点

6.【答案】A
【解析】女性抑郁症发生率约为男性的2倍，多在妊娠期的前3个月或后3个月发生。症状较轻的患者给予健康教育即可，重度或有严重自杀倾向的患者可以考虑抗抑郁治疗，高自杀风险的患者可以选用改良电休克治疗。
【考点】女性抑郁症的治疗

7.【答案】D
【解析】符合神经症的共同特征。以惊恐发作症状为主要临床相，症状特点符合以下三项：①无明显原因突然发生的强烈惊恐，伴濒死感或失控感等痛苦体验；②发作时有严重的自主神经自主；③发作不可预测，发作时意识清晰，事后能回忆。1个月内至少发作3次，或首次发作后激发担心再发作的焦虑持续1个月。
【考点】惊恐障碍的识别

8.【答案】B
【解析】汉密尔顿焦虑量表（HAMA）是评估焦虑症患者严重程度的常用量表。
【考点】焦虑症量表的评估

9.【答案】A
【解析】苯二氮䓬是临床上广泛上使用的抗焦虑药物。
【考点】抗焦虑药物的使用

3. 该患者首选的药物治疗是
A. 氯氮平 B. 利培酮 C. 锂盐
D. 氟西汀 E. 阿米替林

4. 该患者需首要评估的风险是
A. 外逃 B. 冲动 C. 自杀
D. 摔倒 E. 拒食

5. 该患者出现的睡眠障碍，以下最具有特征性的是
A. 入睡困难 B. 易醒
C. 早醒 D. 睡眠维持困难
E. 睡眠感缺失

6. 若患者为孕期女性，下列特点**错误**的是
A. 发生率约为男性的1/2
B. 多在妊娠期的前3个月或后3个月发生
C. 症状较轻的患者给予健康教育即可
D. 重度或有严重自杀倾向的患者可以考虑抗抑郁治疗
E. 高自杀风险的患者可以选用改良电休克治疗

（7~9题共用题干）
患者，男，34岁。汉族，大学本科毕业，无业。患者20岁起无明显诱因出现胸闷、气短、窒息感，伴有极度紧张、恐惧。多次在当地呼吸科、胸外科、心血管科行多项检查，均未见明显异常。主要表现为唱歌、闻到香味、烟味、快走、上坡时均会发作，发作后不能活动，感紧张、手心出汗、嘴干，有濒死感，有时感脑子乱，心率达140次/min，15~30min后自行缓解。既往6岁患黄疸性肝炎，已愈。30岁行阑尾切除术。否认食物及药物过敏史。

7. 该患者最可能的诊断是
A. 躯体化障碍 B. 精神分裂症
C. 广泛性焦虑障碍 D. 惊恐障碍
E. 癔症

8. 该患者最需要以下哪个量表评估
A. MMPI B. HAMA C. HAMD
D. WAIS E. YMRS

9. 该患者首选哪种药物治疗
A. 地西泮 B. 碳酸锂 C. 利培酮
D. 丙戊酸钠片 E. 异丙嗪

（10~12题共用题干）

患者,女,62岁。大学本科,退休。半年来无明显原因,患者持续存在紧张、害怕、提心吊胆,放松不下来,同时伴有心悸、出汗、口干、便秘,经常在房间里踱步,自觉痛苦。既往无甲状腺功能亢进、冠心病、高血压等。病前性格:外向,爱说话,善于交际,朋友多,做事倾向完美。

10. 该患者最可能的诊断是

    A. 强迫症   B. 精神分裂症

    C. 广泛性焦虑障碍   D. 惊恐障碍

    E. 癔症

11. 该病的发病机制**不包括**

    A. 去甲肾上腺素的作用

    B. 5-羟色胺的作用

    C. γ-氨基丁酸的作用

    D. 乳酸盐的作用

    E. 多巴胺的作用

12. 以下哪种药物**不推荐**用于该患者

    A. 阿替洛尔   B. 碳酸锂

    C. 阿米替林   D. 丁螺环酮

    E. 帕罗西汀

【案例分析题】

案例一:患者,女,39岁。离异,银行职员。4年前,凭空听见很多人跟自己说话,有时这些人相互争论,一些人说自己好,一些人说自己坏,随时随地评价自己的所作所为,有时甚至命令自己去杀人。在某综合医院心理科就诊,诊断"焦虑状态",给予劳拉西泮片及氟哌噻吨美利曲辛片(黛力新)治疗,效果差,睡眠稍有改善。该患者病情逐渐加重,有时感觉自己的想法不说出来别人就都知道。

提问1:该患者存在的精神病性症状包括

    A. 评论性幻听   B. 功能性幻听

    C. 思维鸣响   D. 机械性幻听

    E. 争论性幻听   F. 反射性幻觉

    G. 命令性幻听

提问2:下列哪些药物对治疗幻听有效

    A. 奥氮平   B. 利培酮

    C. 米氮平   D. 西酞普兰

    E. 碳酸锂   F. 喹硫平

    G. 异丙嗪

10.【答案】C

【解析】持续广泛性焦虑障碍为主要临床相,表现符合下列两项:①经常或持续的无明确对象或无固定内容的恐惧,或提心吊胆,或精神紧张;②伴自主神经自主或运动性不安;③排除甲状腺功能亢进、冠心病、高血压等其他疾病的继发性焦虑。

【考点】广泛性焦虑障碍的诊断

11.【答案】E

【解析】焦虑症的发病机制虽不完全清楚,但有如下进展:①去甲肾上腺素的作用;②5-羟色胺的作用;③γ-氨基丁酸的作用;④乳酸盐的作用;⑤动物脑内发现苯二氮草受体。

【考点】焦虑症的发病机制

12.【答案】B

【解析】广泛性焦虑障碍常用药物包括苯二氮草类药,如地西泮;β受体阻滞剂,如阿替洛尔;非苯二氮草类药的抗焦虑药,如丁螺环酮;具有抗焦虑作用的抗抑郁药,如阿米替林、帕罗西汀。

【考点】广泛性焦虑障碍的治疗

提问1:【答案】AEG

【解析】幻听是最常见精神病性症状。包括机械性幻听和言语性幻听,其中言语性幻听多见。包括6种。评论性幻听:听到的声音在讨论和评论患者的缺点和问题等。功能性幻听:幻听和现实刺激同时出现,共同存在而又共同消失,但两者并不融合在一起。例如,患者听到外界某个真实存在的声音的同时,又出现与此无关的言语性幻听。思维鸣响:或思维化声、思维回响,当患者想到什么就听到说话声讲出他所想的内容,也就是说幻听的内容就是患者当时所想的内容。争论性幻听:两个以上的人的声音进行争论或议论,用第三人称评论患者。反射性幻觉:当某一感官受到现实刺激,产生某种感觉体验时,另一感官出现幻觉。命令性幻听:幻听命令患者做某事,如拒绝服药、进食、殴打别人,让他自杀或伤害自己身体某部分,这些命令往往无法违抗而必须遵照执行。

【考点】不同类型幻听的识别和鉴别

提问2:【答案】ABF

【解析】常用的抗精神病药物包括典型抗精神病药物和非典型抗精神病药物。典型抗精神病药物:氯丙嗪、奋乃静、氟哌啶醇、五氟利多、舒必利等。非典型抗精神病药物包括:氯氮平、利培酮、奥氮平、喹硫平、齐拉西酮、阿立哌唑等。

【考点】常用的抗精神病药物

提问3：【答案】ABDEFG

【解析】幻听是最常见的精神病性症状之一，许多精神疾病均可出现该症状，如痴呆、癫痫所致精神障碍、酒精戒断、精神分裂症、双相情感障碍、抑郁症、癔症等。

【考点】幻听的常见疾病

提问1：【答案】ACDEG

【解析】抑郁发作主要症状有心境低落、兴趣和愉快感丧失、精力不济或疲劳感增加，其他症状有集中注意和注意能力降低、自我评价降低、自罪观念和无价值感、认为前途暗淡悲观、自伤或自杀的观念或行为、睡眠障碍、食欲下降。同时可伴精神病性症状，如言语性幻听、妄想。妄想常见为自罪妄想，又称"罪恶妄想"，指患者毫无根据地坚信自己犯了严重错误、不可宽恕的罪恶，应受严厉的惩罚，认为自己罪大恶极而死有余辜，以致坐以待毙或拒食自杀。

【考点】抑郁症的常见症状

提问2：【答案】ABCD

【解析】双相抑郁患者首次抑郁发作年龄偏低（如<25岁）、抑郁发作速度快、次数多或频繁发作、伴有精神病性症状的概率高、伴非典型抑郁症状概率高、容易出现难治性抑郁、容易在抗抑郁药治疗中转相、自杀相对多见或严重、常共病焦虑障碍、常共病精神活性物质使用、双相障碍家族史阳性。

【考点】鉴别单相抑郁和双相抑郁

提问3：【答案】ADE

【解析】改良电休克适应证：①严重抑郁，有强烈自伤、自杀行为或明显自责自罪者；②极度兴奋躁动、冲动伤人者；③拒食、违拗和紧张木僵者；精神科药物治疗无效或对药物治疗不能耐受者。禁忌证：①大脑占位性病变及其他增加颅内压的病变；②最近的颅内出血；③心脏功能不稳定的心脏病；④出血或不稳定的动脉瘤畸形；⑤视网膜脱落；⑥嗜铬细胞瘤；⑦导致麻醉危险的疾病（严重呼吸系统与肝肾疾病）。

【考点】改良电休克的适应证与禁忌证

提问3：幻听可见于下列哪些疾病

A. 痴呆　　　　　　　B. 酒精戒断
C. 焦虑症　　　　　　D. 抑郁症
E. 双相情感障碍　　　F. 精神分裂症
G. 癔症

案例二：患者，女，17岁，学生。近1年大部分时间存在高兴不起来，有时候会莫名哭泣，不能专心工作，总会出现差错，记忆力不如从前，总是忘事。回家后感觉非常疲惫，不能做饭和做家务。以往的兴趣爱好觉得没有意思。睡眠比较差，经常夜里2点就醒，醒后难以入睡。有时候会借酒消愁。近1个月，感到单位同事可能在排挤自己，一个人在家里的时候能听见刚过世不久的父亲跟自己说话，感到父亲去世可能是自己的罪过。经常有自杀的想法，曾用小刀片划自己的手腕企图自杀。患者母亲诊断为抑郁症。后被家人发现异常，送至医院。

提问1：该患者都存在的症状包括

A. 言语性幻听　　　　B. 被害妄想
C. 兴趣减退　　　　　D. 精力体力下降
E. 早醒　　　　　　　F. 自罪妄想
G. 心境低落

提问2：该患者的哪些情况及症状需警惕双相情感障碍的可能

A. 年龄，17岁
B. 一个人在家里的时候能听见刚过世不久的父亲跟自己说话
C. 有时候会借酒消愁
D. 经常有自杀的想法，曾用小刀片划自己的手腕企图自杀
E. 患者母亲诊断为抑郁症
F. 兴趣下降
G. 精力下降

提问3：该患者出现以下哪些情况需考虑改良电休克治疗

A. 严重自杀倾向　　　B. 一种药物治疗无效
C. 抑郁加重　　　　　D. 冲动伤人
E. 拒食　　　　　　　F. 心血管疾病
G. 大脑占位性病变

第十章　皮肤科疾病

【A1 型题】

1. 关于急性湿疹,下列描述**错误**的是
   - A. 多形性皮疹
   - B. 有渗出倾向
   - C. 易反复发作
   - D. 瘙痒不明显
   - E. 易对称发生

2. 具有局限性、实质性的特点,且直径小于 1cm 的表浅隆起皮损是
   - A. 结节
   - B. 水疱
   - C. 丘疹
   - D. 斑疹
   - E. 斑丘疹

3. 下列**不属于**性传播疾病的是
   - A. 软下疳
   - B. 生殖性疱疹
   - C. 尖锐湿疣
   - D. 传染性软疣
   - E. 假性湿疣

4. 激活荨麻疹非变态反应途径的物质是
   - A. 病毒
   - B. 尘螨
   - C. 真菌
   - D. 蛇毒
   - E. 磺胺类

5. 局限性脓疱性银屑病皮损主要发生于
   - A. 躯干
   - B. 四肢
   - C. 掌跖
   - D. 头皮
   - E. 颜面

1. 【答案】D
   【解析】此题考查急性湿疹的临床特点。主要表现为多形性皮疹、皮疹分布对称、剧烈瘙痒、明显浆液性渗出,且反复发作。
   【考点】湿疹的临床表现

2. 【答案】C
   【解析】此题考查皮肤科常见症状丘疹的临床特点。丘疹为局限、充实、隆起的浅表损害,直径小于 1cm,其病变通常位于表皮或真皮浅层,一般由炎性渗出或增生所致。
   【考点】常见症状丘疹的鉴别诊断

3. 【答案】E
   【解析】此题考查目前性传播性疾病。假性湿疣主要发生在女性小阴唇内侧和阴道前庭,对称分布、白色或淡红色小丘疹,表面光滑,个别主微小息肉状,醋酸白试验阴性,不属于性传播疾病。
   【考点】常见性传播性疾病的概况

4. 【答案】D
   【解析】此题考查荨麻疹的病因及发病机制。某些动物类蛋白如蛇毒,可直接刺激肥大细胞释放组胺,导致荨麻疹,为非变态反应途径。
   【考点】荨麻疹的病因及发病机制

5. 【答案】C
   【解析】此题考查特殊类型的银屑病的临床表现。依据临床特点,银屑病通常分为寻常型、脓疱型、关节病型和红皮病型四种类型。脓疱型分为泛发型和局限型,其中局限性脓疱性银屑病主要发生于掌跖部,出现常反复发作的脓疱及脱屑。
   【考点】特殊类型的银屑病的临床表现

6.【答案】C

【解析】此题考查浅部真菌病常用的检查方法。真菌检查最简单且重要的诊断方法为直接涂片检查,主要用于明确真菌感染是否存在;培养检查可提高真菌的检出率,并能确定菌种。

【考点】浅部真菌病常用的检查方法

7.【答案】E

【解析】此题主要考查带状疱疹的临床特点。带状疱疹典型症状发生前常有前驱症状,如发热乏力、全身不适等,典型皮损表现为簇集而不融合的小水疱或丘疱疹,沿神经走行呈带状排列,一般不超过躯干中线;神经痛是本病的特征之一,可在皮疹前发生或伴随皮疹出现,部分患者在皮疹消退后,可持续数月或更久。

【考点】带状疱疹的鉴别诊断

8.【答案】D

【解析】此题考查寻常疣、扁平疣、传染性软疣的临床表现。寻常疣,俗称"瘊子",好发于手、足背和指/趾、头面颈部、上肢等处,黄豆或豌豆大小,表面角化粗糙呈乳头状,触之坚硬,数目不等,一般无自觉症状。扁平疣,青少年多见,好发于面部、手背及上肢,米粒大、绿豆大的扁平淡褐色丘疹,表面光滑,搔抓后有明显的同形反应,一般无自觉症状。传染性软疣好发于四肢、躯干,皮疹为粟粒至豆大的半球形丘疹,中央有凹陷,蜡样光泽是其特征性皮损。

【考点】寻常疣、扁平疣、传染性软疣的临床表现

1.【答案】B

【解析】慢性湿疹常由急性演变而来,表现为皮损暗红、浸润肥厚、色素增加,外周又有小丘疹、丘疱疹,多分布于面、手足、四肢、外阴部,病程长、反复发作及有渗出史。慢性单纯性苔藓初起瘙痒为主,后呈苔藓样变,皮损苔藓化,颜色正常,周围有正常肤色的扁平丘疹,多发于颈项、骶、尾、四肢伸侧,慢性病程经过,无渗出史。掌跖角化病是一组以掌跖部弥漫性或限局性角化过度为特征的遗传性皮肤病。

【考点】湿疹的鉴别诊断

2.【答案】C

【解析】患者有金属过敏史,颈部皮损发生与项链吊坠接触部位基本一致;人在夏季易出汗,皮肤与金属接触更密切,故多在夏季发病,故选择C。

【考点】接触性皮炎的鉴别诊断

6. 皮肤真菌检查最简单且重要的方法是
A. 涂片或组织切片染色
B. 墨汁涂片
C. 直接涂片
D. 培养检查
E. 生化检查

7. 下列常见症状为疼痛的皮肤疾病是
A. 湿疹
B. 荨麻疹
C. 药疹
D. 接触性皮炎
E. 带状疱疹

8. 传染性软疣的临床特点是
A. 扁平丘疹,搔痒后有同形反应
B. 豌豆大小,表面角化呈乳头状
C. 毛囊丘疹,中央有角栓
D. 半球形丘疹,中央有脐凹,蜡白色
E. 豌豆大小,角质增生性突起

【A2型题】

1. 患者,女,28岁。双手掌、示指反复皮疹5年伴瘙痒,每年春夏季好发。查体:双手掌局部皮肤暗红、丘疹、脱屑、肥厚、对称性角化、表面粗糙、边界不清,否认家族性及遗传性疾病史,真菌直接镜检阴性。患者最可能的诊断是
A. 接触性皮炎
B. 慢性湿疹
C. 慢性单纯性苔藓
D. 掌跖角化病
E. 角化过度型手癣

2. 患者,女,30岁。夏季,2周前颈部金属项链吊坠处出现红斑、丘疹、瘙痒。既往有戴金属手表过敏史。查体:颈前可见小片肥厚性淡红斑,表面有丘疹、丘疱疹、抓痕,边界较清。首先考虑的疾病是
A. 湿疹
B. 刺激性接触性皮炎
C. 变应性接触性皮炎
D. 系统性接触性皮炎
E. 神经性皮炎

3. 患者,男,23岁。以"口唇部红斑 1d 伴瘙痒"就诊。发病前 2d 因腹泻自行服用泻立停,幼年时有磺胺类药物过敏史。口周皮肤黏膜交界处可见水肿性红斑,边界清楚。若患者不慎再次使用该药物,则出现过敏反应的时间为用药后

    A. 12h 内　　　　B. 24h 内　　　　C. 36h 内

    D. 48h 内　　　　E. 72h 内

4. 患者,女,22岁。面部反复红斑 3 年,病情加重 1 个月,伴低热。查体:体温 37.8 ℃,面部对称蝶形红斑。为明确诊断,下列**无意义**的检查是

    A. 血常规　　　　　　　　B. 尿常规

    C. 抗核抗体(ANA)　　　　D. 抗可提取核抗原抗体(ENA)

    E. 皮损处免疫病理检查

5. 患者,男,48岁。全身红斑、脱屑反复发作 10 余年,以中药煎服、外用药等治疗,皮损可减轻,每年有复发。否认家族性及遗传性疾病史,无药物过敏史和传染病史。查体:躯干、四肢散在分布大小不一红斑,上覆厚层鳞屑,皮损边界清楚,鳞屑易剥除,下方呈薄膜现象和点状出血,头皮皮损表面有厚积鳞屑,呈束状发。该病分型属于

    A. 寻常性银屑病　　　　　B. 脓疱性银屑病

    C. 关节病性银屑病　　　　D. 红皮病性银屑病

    E. 泛发性银屑病

6. 患者,男,36岁。左足趾间脱屑伴瘙痒 2 周。患者 2 周前开始足趾间发痒,以左足第 3~4 趾和第 4~5 趾间为主,局部可见皮肤浸渍发白,伴渗液、脱屑、奇痒。若该患者已明确诊断,选择治疗剂型时,下列最恰当的是

    A. 选择刺激性小的霜剂或水剂

    B. 首用湿敷,干燥后用霜剂、膏剂

    C. 可用剥脱性较强的膏剂

    D. 可选用封包疗法

    E. 可选用擦剂或油剂

7. 患者,男,38岁。因"左上眼睑疼痛 4d 伴局部皮损"就诊。查体:左上眼睑、左头皮见多处集簇性小水疱,皮损间皮肤正常,排列呈带状,不过中线。最有可能的诊断为

    A. 单纯疱疹　　　B. 带状疱疹　　　C. 脓疱疮

    D. 湿疹　　　　　E. 接触性皮炎

8. 患者,男,3岁。口周围脓疱 3d 伴瘙痒。患者 3d 前口鼻周围出现红色斑疹和丘疹,迅速转变成脓疱,周围有明显的红晕。

3.【答案】B

【解析】固定性药疹常由解热镇痛类、磺胺类、巴比妥类和四环素类等药物引起,皮损多见于口腔和生殖器皮肤——黏膜交界处好发。典型皮损为局限性圆形或类圆形边界清楚的水肿性暗紫红色斑疹,皮疹消退时间一般为 1~10d。再次用该药后,数分钟至 24h 内即可发生。

【考点】固定性药疹的临床表现

4.【答案】E

【考点】斑疹的鉴别诊断

5.【答案】A

【解析】此题主要考查寻常性银屑病的临床特征。寻常性银屑病的基本皮损为鳞屑性红斑、丘疹或斑块,上覆厚积性鳞屑,且有蜡滴现象、薄膜现象及点状出血等特征,故选 A。

【考点】寻常性银屑病的临床表现

6.【答案】B

【解析】此题主要考查手足癣的治疗原则。手足癣若无合并症,治疗上以外用药治疗为主,疗程一般需要 1~2 个月。继发感染者应先控制感染,有过敏者应先控制炎症反应,然后再用抗真菌治疗。对于浸渍糜烂型手足癣,可先给予硼酸溶液、醋酸铅溶液湿敷,随后外用咪康唑或联苯苄唑粉,皮损干燥后再外用霜剂。

【考点】手足癣的治疗原则

7.【答案】B

【解析】此题主要考查带状疱疹和单纯疱疹的鉴别诊断。带状疱疹的皮损一般沿外周神经呈带状分布,单纯疱疹发于皮肤黏膜交界处且较局限,一般不沿神经分布,常反复发作。

【考点】带状疱疹的鉴别诊断

8.【答案】A

【解析】此题主要考查脓疱疮的临床特点。脓疱疮好发于儿童,传染性强,夏秋季多见,面部、四肢等暴露部位易受累。根据典型皮损、发病季节、发病年龄、好发部位及细菌培养等不难诊断。

【考点】脓疱疮的临床表现

疱破后结黄色厚痂,波及耳郭处,伴瘙痒。幼儿园内接触过有类似皮疹患儿。无家族史及遗传病史,无药物过敏史。查体:体温36.5℃,下颌可及肿大淋巴结,口鼻周围浅表糜烂面,上覆盖黄色厚痂,周围散在红色小丘疹。血常规正常。该患者考虑

A. 寻常性脓疱疮　　　　B. 大疱性脓疱疮

C. 深脓疱疮　　　　　　D. 单纯疱疹

E. 毛囊炎

9.【答案】A

【解析】 非淋菌性尿道炎目前临床实验室诊断中只需要见到多形核白细胞并排除淋球菌感染,即可作出初步诊断,即在油镜下每视野观察到多形核白细胞至少5个才有诊断意义。

【考点】 非淋菌性尿道炎的临床表现、诊断

10.【答案】B

【解析】 此题主要考查日光性皮炎的鉴别诊断。日光性皮炎有强烈日光暴晒史,数小时后日晒部位出现境界清晰红斑、水肿、水疱等皮损,伴瘙痒、灼痛,严重者伴全身不适症状。多形性日光疹好发于中青年女性,春夏发病,秋冬缓解,反复发作,暴露部位发生多形性皮疹,与日晒有关,皮疹常以某一类型为主。

【考点】 日光性皮炎的鉴别诊断

11.【答案】E

【解析】 此题主要考查寻常性痤疮的诊断和治疗原则。根据临床表现,患者青年男性,以颜面粉刺、丘疹、脓疱、结节、囊肿为主要表现,皮损反复发作,慢性病程,首先考虑寻常性痤疮。治疗原则为恢复皮肤屏障功能、去脂、溶解角质、杀菌、消炎及调节激素水平。糖皮质激素仅用于严重的结节性、囊肿性及聚合性痤疮患者。

【考点】 寻常性痤疮的治疗原则

1.【答案】C

【解析】 斑贴试验是诊断接触性皮炎最简单可靠的方法,常用于接触性皮炎、职业性皮炎、手部湿疹、化妆品皮炎等的诊断。

【考点】 接触性皮炎的诊断依据

9. 患者,男,35岁。会阴钝痛2个月,尿痛1周。有冶游史。查体:尿道口轻度红肿,少量浆液性分泌物,前列腺轻度肿大。若需作出初步诊断,尿道分泌物涂片镜检,在油镜下每视野观察到多形核白细胞多少个才有诊断意义

A. ≥5　　　　　B. ≥10　　　　　C. ≥15

D. ≥20　　　　　E. ≥25

10. 患者,女,10岁。8月随父母至海滨沙滩游玩,户外活动当晚颜面、颈、手臂等暴露部位出现皮疹,伴瘙痒、灼痛。查体:上述部位可见红斑、丘疹、丘疱疹,边界清楚。皮疹最有可能的诊断为

A. 多形性日光疹　　　　B. 日光性皮炎

C. 接触性皮炎　　　　　D. 湿疹

E. 盘状红斑狼疮

11. 患者,男,18岁。面、颈、躯干粉刺、丘疹反复发作4年,加重1个月。近1个月来熬夜后上述皮损明显增多,于颜面部出现密集分布的粉刺、丘疹、结节、囊肿。既往体健,无家族性及遗传性疾病史,无药物过敏史及传染病史,无服用糖皮质激素等药物史。下列治疗方案,**不适用**的是

A. 加强日常护理　　　　B. 外用1%氯霉素酊

C. 口服米诺环素　　　　D. 口服异维A酸

E. 口服小剂量糖皮质激素

【A3/A4型题】

(1~2题共用题干)

患者,男,66岁。左腰部红斑、大疱2d。患者1周前因左腰痛自行局部贴敷活血镇痛膏,3d前局部出现红斑伴瘙痒,昨日起出现水疱。查体:左腰部见一长方形红斑、边界清楚,红斑上见一直径约2.5cm的水疱。

1. 为进一步明确病因,可采取的检查方法是

A. 疱液培养　　　　　　B. 变应原检查

    C. 斑贴试验　　　　　D. 真菌直接镜检

    E. 狼疮带试验

2. 该患者最可能的诊断是

    A. 疱疹样皮炎　　B. 接触性皮炎　　C. 带状疱疹

    D. 神经性皮炎　　E. 脓疱疮

(3~5 题共用题干)

患者,女,33 岁。全身多发风团 4d 伴瘙痒,患者 4d 前受凉后出现发热、咽痛;全身多处出现红色风团,散在分布,伴明显瘙痒,皮疹 24h 内消退,新风团此起彼伏;四肢关节轻度酸痛。查体:体温 38.5℃,咽部充血,扁桃体 I 度肿大。全身多发鲜红色风团,大小不等,圆形、椭圆形及不规则形,部分融合成片,水肿明显,呈橘皮样外观,皮疹消退处无色素沉着。既往无药物及食物过敏史。

3. 该患者最有可能的诊断是

    A. 急性荨麻疹　　　　　B. 荨麻疹型药疹

    C. 变应性血管炎　　　　D. 荨麻疹性血管炎

    E. 成人 Still 病

4. 该患者的下列治疗,**不适合**的是

    A. 抗过敏　　　　　　　B. 抗感染

    C. 免疫抑制剂　　　　　D. 维生素 C 及钙剂

    E. 止痒洗剂

5. 若患者伴发喉头水肿、呼吸困难或和过敏性休克,下列抢救措施**错误**的是

    A. 肾上腺素　　B. 糖皮质激素　　C. 迅速吸氧

    D. 快速补液　　E. 气管切开

(6~7 题共用题干)

患者,男,72 岁。反复全身瘙痒 6 个月余,以夜间为甚。既往体健,否认虫咬史,否认创伤史,否认药物过敏史及传染病史。查体:血压 120/70mmHg,心、肺、腹检查未及异常。颈软无抵抗,神经系统检查未见异常。全身皮肤干燥,未见红斑、丘疹、水疱等皮损,腰背部可见暗红色抓痕,部分抓痕可见色素沉着。

6. 该患者可能性最大的疾病是

    A. 疥疮　　　　　　　　B. 慢性湿疹

    C. 老年性瘙痒症　　　　D. 慢性单纯性苔藓

    E. 寻常性鱼鳞病

2.【答案】B

【解析】根据病史和皮损的特征,皮损局限于接触部位,有一定形态,边界清楚,有特殊接触史,最有可能的诊断是接触性皮炎。

【考点】接触性皮炎的诊断

3.【答案】A

【解析】根据病史、查体、急性起病及典型风团表现,首选考虑急性荨麻疹。荨麻疹性血管炎的皮损类似荨麻疹,但每批风团消退时间超过 24h,且消退后遗留色素沉着,可伴发热等全身症状。成人斯蒂尔病(Still 病)的皮损可为荨麻疹样,但病程慢性,且与长期不规则发热有关。荨麻疹型药疹有明确的用药史,潜伏期和典型的风团表现。

【考点】急性荨麻疹的诊断

4.【答案】C

【解析】此题主要考查急性荨麻疹的治疗原则。治疗包括去除病因、系统药物治疗、外用药物治疗。免疫抑制剂除外。

【考点】急性荨麻疹的治疗原则

5.【答案】E

【解析】重症荨麻疹伴发喉头水肿时,一般不主张气管切开,因其对肾上腺素反应甚快,且气管切开不能解决伴发的支气管痉挛。

【考点】重症荨麻疹的急救处理

6.【答案】C

【解析】本题考查瘙痒症的临床特征。老年性瘙痒症多因皮脂腺功能减退,造成皮肤干燥,易引起泛发性全身瘙痒。一般无原发性皮损出现,仅有瘙痒症状,情绪激动、温度变化、衣服摩擦等刺激可引起瘙痒发作或加重。搔抓可引起继发性皮损,日久可呈湿疹样变和苔藓样变。

【考点】瘙痒症的鉴别诊断

7.【答案】C

【解析】老年性瘙痒症的治疗原则：寻找原发病因进行相应治疗，是预防本病的关键。注意生活规律，避免外界各种刺激；全身治疗可用抗组胺药和镇静剂；局部治疗可用炉甘石洗剂、皮质激素软膏和霜剂等，也可用物理疗法和中药水煎熏洗等。

【考点】瘙痒症的治疗原则

提问1：【答案】AB

【解析】根据临床特点，足癣诊断不难作出。丹毒是由溶血性链球菌感染引起的皮肤或黏膜、皮下组织内淋巴管及其周围组织的急性炎症，是以红斑、水肿和疼痛为特征的皮肤感染性疾病。起病常有诱因，如足癣、鼻炎、口腔黏膜及齿龈感染病灶。根据患者的临床表现，且起病有明确诱因，即右足趾间皮肤抓破史，故首先考虑丹毒。特别注意有无诱因和促发因素，有利于彻底治疗本病。

【考点】足癣的临床表现、诊断与鉴别诊断；丹毒的诊断

提问2：【答案】AE

【解析】血常规是诊断丹毒的重要依据，表现为血白细胞计数和中性粒细胞数增高。足趾真菌镜检是诊断浅部真菌病的重要且简单的方法。

【考点】丹毒的诊断依据

提问1：【答案】ABCF

【解析】对于外生殖器溃疡的患者，采集病史时需要注意：①发病前有无不洁性接触史及其接触时间、次数；②发病前是否患其他疾病及系统用药史；③既往有无类似情况；④阴茎破溃前是否有水疱或丘疹等；⑤阴茎破溃是一直未愈还是反复出现；⑥发病前后有无适应外用药；⑦不洁性接触之后与其爱人有无性接触。

【考点】梅毒的诊断

提问2：【答案】ABDF

【解析】A、B、D、F 是确诊梅毒而设置的实验室检查，HSV 为诊断生殖器疱疹的依据。

【考点】梅毒的实验室检查

7. 该患者的治疗方案，最**不合适**的是

A. 选用炉甘石洗剂、皮质激素软膏和霜剂

B. 口服抗组胺药和镇静剂

C. 局部用药前先用热水肥皂清洁皮肤

D. 使用性激素可能有一定疗效

E. 局部瘙痒者可用皮质激素局部封闭

【案例分析题】

案例一：患者，男，62 岁。右足趾间水疱伴瘙痒 1 个月，曾自行外用酮康唑软膏，效果一般。5d 前因瘙痒不慎抓破足趾间皮肤，随即出现发热，体温在 38.5~39℃，当晚右小腿出现红肿、疼痛，皮疹增多，红斑范围扩大，肿胀加重，伴渗液。查体：体温 38.5℃，血压 120/70mmHg，心率 90 次 /min；急性面容，右小腿伸侧可见片状手掌大小水肿性红斑，边界清楚，表面紧张，皮温增高，触痛；右足趾间可见脱屑、丘疹、水疱、渗液、局部皮肤发白。

提问1：该患者初步诊断是

A. 足癣   B. 丹毒

C. 蜂窝织炎   D. 单纯疱疹

E. 湿疹   F. 接触性皮炎

提问2：为进一步明确诊断，首先考虑的检查是

A. 血常规

B. 尿常规

C. 红细胞沉降率

D. 抗链球菌溶血素"O"（ASO）

E. 足趾真菌镜检

F. 细菌培养

案例二：患者，男，27 岁，已婚。阴茎破溃伴疼痛 2 周，无不适主诉，自服抗生素 2 周，症状无好转。该患者发病 1 个月前有 1 次不洁性接触史。查体：阴茎包皮冠状沟可见 1.5cm×1.2cm 大小浅溃疡，表面湿润，有少许分泌物，无脓，余正常。

提问1：为进一步明确诊断，需补充的资料包括

A. 病史

B. 体格检查

C. 治疗经过

D. 尿常规

E. 肝肾功能

F. 性病实验室特殊检查

提问2：如需要给该患者做性病检查，以下需要做的检查是

A. 快速血浆反应素试验（RPR）

B. 梅毒螺旋体明胶颗粒凝集试验（TPPA）

C. 单纯疱疹病毒（HSV）

D. 人类免疫缺陷病毒(HIV)

E. 分泌物细菌培养

F. 分泌物暗视野显微镜检查

提问3:该患者检查结果支持梅毒的诊断,目前本病治疗上常用的药物**不包括**

A. 青霉素   B. 红霉素

C. 多西环素   D. 氧氟沙星

E. 米诺环素   F. 头孢曲松

提问3:【答案】DE

【解析】梅毒的治疗需根据临床型和分期以及有无合并症或并发症,采用相应的治疗方案。首选青霉素,若青霉素过敏,可选用红霉素或四环素或头孢类抗生素。

【考点】梅毒的治疗

第十一章　耳鼻喉科疾病

1.【答案】B
【解析】此题主要考查鼻外伤时鼻黏膜撕裂所致鼻出血的处理方法。鼻外伤时鼻黏膜撕裂所致鼻出血最适宜的方法是前鼻孔纱条填塞,如未能奏效可采用后鼻孔纱条填塞法。
【考点】鼻外伤的处理

2.【答案】D
【解析】此题主要考查喉异物临床表现。喉镜检查见喉部异物对于喉异物的诊断最具价值。
【考点】喉异物的临床表现

3.【答案】E
【解析】此题主要考查鼻出血病因。萎缩性鼻炎鼻黏膜萎缩变薄、干燥,毛细血管易破裂出血。
【考点】鼻出血的病因

4.【答案】D
【解析】此题主要考查鼻出血病因。外伤、炎症、鼻腔异物、肿瘤及鼻中隔偏曲等均是鼻出血的局部病因
【考点】鼻出血的病因

5.【答案】A
【解析】此题需了解儿童、青少年鼻出血的好发部位。鼻中隔前下部克氏静脉丛是儿童、青少年鼻出血好发部位。
【考点】鼻出血的好发部位

6.【答案】C
【解析】此题需了解老年人鼻出血的好发部位。鼻腔中后部为老年人鼻出血的好发部位。
【考点】鼻出血的好发部位

【A1 型题】

1. 鼻外伤时鼻黏膜撕裂所致鼻出血最适宜的治疗方法是
   A. 烧灼法　　　　　　　　B. 鼻孔纱条填塞
   C. 血管结扎法　　　　　　D. 血管栓塞法
   E. 输血治疗

2. 诊断喉异物最有价值的是
   A. 异物吸入史　　　　　　B. 剧烈咳嗽伴呼吸困难、发绀
   C. 喉部喘鸣音及声嘶　　　D. 喉镜检查
   E. 喉 X 线正侧位片

3. 下列最容易引起鼻出血的疾病是
   A. 慢性单纯性鼻炎　　　　B. 慢性肥厚性鼻炎
   C. 变应性鼻炎　　　　　　D. 血管运动性鼻炎
   E. 萎缩性鼻炎

4. 下列哪一项不是鼻出血的局部原因
   A. 外伤　　　　　B. 鼻腔异物　　　　　C. 肿瘤
   D. 过敏　　　　　E. 炎症

5. 儿童、青少年临床常见的鼻出血部位是
   A. 鼻中隔前下部　　　　　B. 鼻腔上部
   C. 下鼻甲后端　　　　　　D. 鼻腔中部
   E. 鼻腔黏膜弥漫性出血

6. 老年人鼻出血的好发部位是
   A. 鼻前庭　　　　　　　　B. 鼻腔前部
   C. 鼻腔中后部　　　　　　D. Little 动脉丛
   E. 鼻腔黏膜弥漫性出血

7. 鼻出血处理方法中**不妥**的是
   A. 在鼻腔置入浸以 0.1% 肾上腺素的棉片
   B. 头部放低
   C. 用冷水袋置于鼻根部和前额部
   D. 压迫鼻部软组织向中隔部止血
   E. 鼻腔填塞止血

8. 引起急性鼻炎最常见的病毒是
   A. 腺病毒　　　B. 流感病毒　　　C. 鼻病毒
   D. 柯萨奇病毒　　　E. 冠状病毒

9. 变应性鼻炎在发作期,鼻黏膜常表现为
   A. 下鼻甲呈桑葚状
   B. 肿胀明显,黏膜上覆伪膜
   C. 充血、水肿
   D. 苍白、水肿
   E. 干燥、无分泌物

10. 慢性单纯性鼻炎的主要症状
    A. 阵发性喷嚏　　　B. 双侧交替性或间歇性鼻塞
    C. 双侧持续性鼻塞　　　D. 多为清水样流涕
    E. 鼻塞伴经常性头痛

11. 下列哪一种药物**不适用**于变应性鼻炎的治疗
    A. 抗生素　　　B. 肥大细胞膜稳定剂
    C. 抗白三烯药　　　D. 糖皮质激素
    E. 抗组胺药

12. 急性鼻窦炎的致病原有
    A. 卡他球菌　　　B. 肺炎链球菌　　　C. 溶血性链球菌
    D. 葡萄球菌　　　E. 以上都是

13. 鼻窦炎发生的最重要机制是
    A. 局部免疫功能障碍
    B. 窦口及邻近鼻道的引流和通气障碍
    C. 细菌毒力强
    D. 抗炎治疗不及时、不彻底
    E. 鼻腔鼻窦发育异常

14. 鼻窦炎中发病率最高的是
    A. 上颌窦炎　　　B. 颌窦炎　　　C. 筛窦炎
    D. 蝶窦炎　　　E. 全组鼻窦炎

7.【答案】B
【解析】此题主要考查鼻出血处理治疗。在鼻腔置入浸以 0.1% 肾上腺素的棉片、用冷水袋置于鼻根部和前额部、压迫鼻部软组织向中隔部止血、鼻腔填塞止血均是鼻出血采用的局部处理方法,鼻出血时患者头部应保持正直位或稍前倾。
【考点】鼻出血的处理治疗

8.【答案】C
【解析】急性鼻炎最常见的致病原为鼻病毒。
【考点】急性鼻炎的致病原

9.【答案】D
【解析】此题主要考查变应性鼻炎特征性临床表现。变应性鼻炎在发作期,鼻黏膜常表现为黏膜苍白或呈浅蓝色,黏膜水肿。
【考点】变应性鼻炎的临床表现

10.【答案】B
【解析】此题主要考查慢性单纯性鼻炎特征性症状。双侧交替性或间歇性鼻塞为慢性单纯性鼻炎的特征性症状。
【考点】慢性单纯性鼻炎的临床表现

11.【答案】A
【解析】此题主要考查变应性鼻炎治疗。变应性鼻炎是发生在鼻黏膜的变态反应性疾病,抗生素对其无效。
【考点】变应性鼻炎的治疗

12.【答案】E
【解析】此题需了解急性鼻窦炎的致病原。卡他球菌、肺炎链球菌、溶血性链球菌、葡萄球菌等均是急性鼻窦炎常见的致病原。
【考点】急性鼻窦炎的致病原

13.【答案】B
【解析】此题需了解鼻窦炎发生机制。近年的观点认为,窦口及邻近鼻道的引流和通气障碍是鼻窦炎发生的最重要机制。
【考点】鼻窦炎发生机制

14.【答案】A
【解析】此题主要考查鼻窦炎发病特点。上颌窦因其窦口高、位置低的特点,为鼻窦炎中发病率最高的部位。
【考点】鼻窦炎的发病特点

15.【答案】C
　　【解析】此题主要考查鼻窦炎的急性期药物治疗。鼻窦炎的急性期应尽早采用足量抗生素治疗，及时控制感染，防止发生并发症或转为慢性。
　　【考点】鼻窦炎的治疗

16.【答案】C
　　【解析】此题需了解急性鼻窦炎并发时间规律性头痛的机制。各种鼻窦炎引起的时间规律性头痛特点各不相同，主要和各窦口不同位置与体位引流的关系有关。
　　【考点】急性鼻窦炎并发规律头痛的机制

17.【答案】D
　　【解析】此题需了解急性扁桃体炎的局部症状特点。急性扁桃体炎的局部症状主要以剧烈咽痛为主，常反射至耳部，伴有吞咽困难。
　　【考点】急性扁桃体炎的症状

18.【答案】C
　　【解析】此题需了解急性扁桃体炎的主要致病菌。乙型溶血性链球菌为急性扁桃体炎的主要致病菌。
　　【考点】急性扁桃体炎的主要致病菌

19.【答案】C
　　【解析】此题主要考查鼻窦炎的急性期药物治疗。抗生素应用为急性扁桃体炎主要治疗方法，青霉素为首选药物。
　　【考点】急性扁桃体炎的治疗

20.【答案】E
　　【解析】此题主要考查慢性扁桃体炎的主要诊断依据。慢性扁桃体炎多由急性扁桃体炎反复发作或扁桃体隐窝引流不畅，窝内细菌、病毒感染而演变为慢性炎症，患者有反复急性发作的病史，为该病的主要诊断依据。
　　【考点】慢性扁桃体炎的诊断

21.【答案】B
　　【解析】此题主要考查急性喉炎临床表现。急性喉炎的喉镜检查所见为喉黏膜不同程度充血。
　　【考点】急性喉炎的临床表现

22.【答案】B
　　【解析】此题主要考查小儿急性喉炎诊断依据。由于小儿急性喉炎起病急，诊断治疗不及时会危及患儿生命，因此在临床上遇到小儿有声嘶，"空空"样咳嗽，如再出现吸气性喉喘鸣和吸气性呼吸困难即可作出诊断。
　　【考点】小儿急性喉炎的诊断

15. 鼻窦炎的急性期应尽早采用下列哪种药物足量治疗
　　A. 解热镇痛药　　　　　　　B. 抗过敏药
　　C. 抗生素　　　　　　　　　D. 局部血管收缩剂
　　E. 抗炎药

16. 急性鼻窦炎引起头痛有一定时间规律性，原因是
　　A. 致病菌不同
　　B. 神经调节反射
　　C. 窦口位置与体位引流的关系
　　D. 精神因素
　　E. 疾病严重程度

17. 急性扁桃体炎局部症状的主要表现是
　　A. 咳嗽　　　　　　B. 吞咽困难　　　　　　C. 呼吸困难
　　D. 剧烈咽痛　　　　E. 放射性咽痛

18. 急性扁桃体炎的主要致病菌是
　　A. 金黄色葡萄球菌　　　　　B. 甲型溶血性链球菌
　　C. 乙型溶血性链球菌　　　　D. 革兰氏阴性杆菌
　　E. 厌氧菌

19. 治疗急性扁桃体炎的首选药物是
　　A. 喹诺酮类抗生素　　　　　B. 庆大霉素
　　C. 青霉素　　　　　　　　　D. 大环内酯类抗生素
　　E. 甲硝唑

20. 慢性扁桃体炎的主要诊断依据是
　　A. 咽部疼痛
　　B. 扁桃体肿大
　　C. 颌下淋巴结肿大
　　D. 扁桃体表面有脓液
　　E. 反复急性发作，平时多无明显自觉症状

21. 在急性喉炎的喉镜检查中所见的是
　　A. 声带表面息肉样变　　　　B. 喉黏膜充血
　　C. 声带固定　　　　　　　　D. 声带肥厚
　　E. 声带有结节状隆起

22. 小儿急性喉炎的诊断依据主要是
　　A. 主诉　　　　　　　　　　B. 临床表现
　　C. 喉镜检查结果　　　　　　D. 咽喉涂片
　　E. 喉部 X 线侧位片

23. 一般小儿急性喉炎好发于
    A. 新生儿   B. 1 岁以下儿童
    C. 6 个月 ~3 岁儿童   D. 3 岁 ~6 岁儿童
    E. 6 岁 ~12 岁儿童

24. 与成人喉炎相比,小儿急性喉炎最大的特点为
    A. 病情较成人轻   B. 容易发生喉梗阻
    C. 不易做喉镜检查   D. 容易引起全身衰竭
    E. 起病较急

25. 急性喉炎的主要症状是
    A. 咽痛   B. 喉痛   C. 咳嗽
    D. 声音嘶哑   E. 发热

26. 一旦确诊为小儿急性喉炎,应立即采取的治疗措施为
    A. 密切观察病情变化
    B. 使用抗生素和糖皮质激素
    C. 气管切开
    D. 补充液体、镇静、吸氧
    E. 吸氧、气管切开

27. 检查耳聋性质较为准确的方法为
    A. 语音检查法   B. 表试验
    C. 音叉试验   D. 前庭功能检查
    E. 域上功能测试

28. 慢性化脓性中耳炎的常见致病菌是
    A. 金黄色葡萄球菌   B. 肺炎双球菌
    C. 乙型溶血性链球菌   D. 革兰氏阴性菌
    E. 厌氧菌

29. 一般认为,急性化脓性中耳炎病程延续至多少周称为慢性化脓性中耳炎
    A. 2~3 周   B. 3~5 周   C. 5~6 周
    D. 6~8 周   E. 8 周以上

【A3/A4 型题】

(1~3 题共用题干)

患者,男,40 岁。因"咽痛、发热伴头痛 6d"就诊。自行口服抗生素治疗,现发热及头痛较发病时无明显减轻,咽痛加剧并伴有吞咽困难,言语含糊不清。查体:体温 37.9℃,脉搏 75 次 /min,血压 125/82mmHg,心肺未见明显异常,咽黏膜充血,右侧扁桃体充血

23.【答案】C
　　【考点】小儿急性喉炎的年龄特点

24.【答案】B
　　【解析】此题主要考查小儿急性喉炎临床特点。小儿喉黏膜下组织较疏松,炎症时容易发生肿胀,小儿喉腔和声门又较小,所以小儿急性喉炎容易发生喉梗阻,引起呼吸困难。
　　【考点】小儿急性喉炎临床表现

25.【答案】D
　　【考点】急性喉炎的临床表现

26.【答案】B
　　【解析】此题主要考查小儿急性喉炎治疗。一旦确诊为小儿急性喉炎,应立即采取有效措施解除患儿呼吸困难,及早使用足量抗生素控制感染,用糖皮质激素减轻和消除喉黏膜的肿胀。
　　【考点】急性喉炎的治疗

27.【答案】C
　　【解析】此题主要考查常用听功能检查方法。音叉试验是门诊最常用的基本主观听力检查法。用于初步判定耳聋,鉴别耳聋性质,验证电测听结果的正确性,但不能判断听力损失的程度。
　　【考点】常用听功能检查方法

28.【答案】D
　　【解析】慢性化脓性中耳炎的常见致病菌是革兰氏阴性菌。
　　【考点】慢性化脓性中耳炎的致病菌

29.【答案】D
　　【解析】此题主要考查慢性化脓性中耳炎临床特点。急性化脓性中耳炎病程超过 6~8 周,病变侵及中耳黏膜、骨膜或深达骨质,造成不可逆性损伤,常合并存在乳突炎,称为慢性化脓性中耳炎。
　　【考点】慢性化脓性中耳炎的特点

红肿,腭舌弓充血红肿,上方隆起明显并有触痛。间接喉镜检查会厌无明显异常。

1.【答案】C

【解析】此题主要考查扁桃体周脓肿的临床特点。急性扁桃体炎 3~4d 后发热持续,咽痛加剧并伴有吞咽困难,单侧扁桃体充血红肿,腭舌弓红肿,上方隆起明显,为典型的扁桃体周脓肿病例。

【考点】扁桃体周脓肿的临床特点

2.【答案】D

【解析】此题需在之前题目判定正确情况下,结合病例特点选择最具诊断价值的检查。结合此患者情况,诊断性穿刺抽出脓液即可明确诊断。

【考点】扁桃体周脓肿的诊断

3.【答案】C

【解析】此题需在之前题目判定正确情况下选择最重要治疗方法。该病在脓肿形成前,应按急性扁桃体炎处理,选用足量抗生素及适量的糖皮质激素控制炎症;在脓肿形成后,则应采用穿刺抽脓或切开排脓方式治疗。

【考点】扁桃体周脓肿的治疗

4.【答案】B

【解析】此题主要考查急性化脓性中耳炎的临床特点。左耳疼痛剧烈,向左侧头部放射,鼓膜弥漫性红肿、向外膨出,耳部触诊鼓窦区压痛明显,结合听力功能检查为传导性聋,考虑为急性化脓性中耳炎可能性大。

【考点】急性化脓性中耳炎临床特点

5.【答案】D

【解析】急性化脓性中耳炎较为常见的感染途径有咽鼓管途径、外耳道鼓膜途径、血行感染等,其中最常见的感染途径是咽鼓管途径,结合本病例患儿鼓膜未见穿孔,有下河游泳史,最大可能为细菌循着咽鼓管侵入中耳,引起感染。

【考点】急性化脓性中耳炎的病因

6.【答案】B

【解析】急性化脓性中耳炎治疗原则为控制感染,通畅引流,祛除病因。结合该患儿感染症状明显,鼓膜未见穿孔,应及早应用足量抗生素控制感染,同时局部应用 1% 酚甘油滴耳和含有激素的抗生素滴鼻液滴鼻,改善咽鼓管通畅度,减轻局部炎症治疗,务求彻底治愈。

【考点】急性化脓性中耳炎的治疗

1. 目前最可能的诊断是
   A. 急性扁桃体炎　　　　　B. 慢性扁桃体炎
   C. 扁桃体周脓肿　　　　　D. 咽后脓肿
   E. 咽旁脓肿

2. 为进一步明确诊断,最具诊断价值的检查是
   A. 颈部超声检查　　　　　B. 颈部 CT
   C. 颈侧 X 线片　　　　　D. 诊断性穿刺
   E. 鼻咽内镜检查

3. 目前最重要的治疗是
   A. 密切观察病情变化
   B. 使用足量抗生素和糖皮质激素
   C. 穿刺抽脓
   D. 补充液体、镇静、吸氧
   E. 抗生素应用为主,首选青霉素

(4~6 题共用题干)

患儿,7 岁,小学生。因"左耳疼痛 2d,伴发热、耳鸣、听力减退 1d"就诊。2d 前,患儿曾下河游泳,现左耳疼痛剧烈,向左侧头部放射。查体:体温 38.5℃,耳镜检查鼓膜弥漫性充血、肿胀、向外膨出,标志不清。耳部触诊乳突部轻微压痛,鼓窦区压痛明显。听力为传导性聋。

4. 该患儿最可能的诊断是
   A. 分泌性中耳炎　　　　　B. 急性化脓性中耳炎
   C. 急性乳突炎　　　　　　D. 急性鼓膜炎
   E. 外耳道炎

5. 该疾病最可能的感染途径是
   A. 血行感染　　　　　　　B. 淋巴道感染
   C. 外耳道鼓膜途径　　　　D. 咽鼓管途径
   E. 颅骨途径

6. 目前患儿最有效的治疗是
   A. 抗生素加激素全身应用　　B. 抗生素全身应用
   C. 抗生素溶液滴耳　　　　　D. 咽鼓管吹张
   E. 以上均不是

【案例分析题】

案例:患儿,男,4岁。因"咽痛,发热2d"就诊。自诉咽痛剧烈,伴有吞咽困难。查体:体温38.5℃,双侧扁桃体Ⅱ度肿大,表面弥漫性充血,下颌淋巴结肿大。既往无扁桃体炎症反复发作病史。

提问1:该患者感染的致病原可能是

  A. 金黄色葡萄球菌   B. 肺炎链球菌

  C. 流感杆菌   D. 非溶血性链球菌

  E. 乙型溶血性链球菌   F. 腺病毒

  G. 鼻病毒   H. 单纯性疱疹病毒

提问2:该患者有可能出现的局部并发症包括

  A. 扁桃体周脓肿   B. 急性中耳炎

  C. 急性鼻炎、鼻窦炎   D. 急性喉炎

  E. 急性肾炎   F. 急性风湿热

  G. 心肌炎   H. 急性淋巴结炎

提问3:以下有关该患者的处理中,正确的措施有

  A. 本病具有一定传染性,患者要适当隔离

  B. 咽痛明显时可口服解热镇痛药

  C. 抗生素全身应用,首选青霉素

  D. 抗生素和激素全身应用

  E. 局部穿刺抽脓

  F. 复方硼砂溶液漱口

  G. 有并发症者,在急性炎症消退后施行扁桃体切除术

提问1:【答案】ABCDEFGH

【解析】此题需了解急性扁桃体炎常见致病原。

【考点】急性扁桃体炎致病原

提问2:【答案】ABCDH

【解析】此题需首先判断该患者诊断急性扁桃体炎,并了解急性扁桃体炎的并发症。扁桃体周脓肿、急性中耳炎、急性鼻炎、鼻窦炎、急性喉炎、急性淋巴结炎均为急性扁桃体炎局部并发症,急性肾炎、急性风湿热、心肌炎为急性扁桃体炎全身并发症。

【考点】急性扁桃体炎并发症

提问3:【答案】ABCFG

【解析】此题需了解急性扁桃体炎的治疗方法。一般疗法中患者需适当隔离,卧床休息,进流食多饮水,咽痛明显时可口服解热镇痛药。抗生素全身应用为主要治疗方法,首选青霉素。局部治疗常用复方硼砂溶液、复方氯己定含漱液漱口。有并发症者,在急性炎症消退后施行扁桃体切除术等。

【考点】急性扁桃体炎的治疗

第十二章 眼科疾病

1. 【答案】C

【解析】此题考查睑腺炎的临床特征。睑腺炎是眼睑腺体受细菌感染引起的急性化脓性炎症，以葡萄球菌最为常见，主要表现为眼睑红肿伴痛性炎性结节，好发于儿童，容易复发，可能与儿童腺体分泌旺盛，缺乏良好的卫生习惯有关，部分患者有反复发作的病史。睑腺炎又称"麦粒肿"。睑板腺囊肿又称"霰粒肿"。

【考点】睑腺炎的临床表现

2. 【答案】A

【解析】此题考查睑腺炎的治疗方法。外睑腺炎脓肿形成切开排脓的切口一般在眼睑皮肤面，平行于睑缘，沿皮肤纹理的方向，尽可能的减少瘢痕形成。内睑腺炎切口一般在眼睑睑结膜面，垂直于睑缘，为防止损伤周边正常的睑板腺管。

【考点】睑腺炎的局部治疗方法

3. 【答案】E

【解析】此题考查睑板腺囊肿的基本概念以及鉴别诊断。睑板腺囊肿是发生于睑板腺的慢性非化脓性炎症，是由于睑板腺内的脂肪分泌物排出障碍，潴留后形成的慢性肉芽肿性炎症；睑腺炎是发生在睑板腺体和毛囊的急性化脓性炎症；睑缘炎为睑缘皮肤、睫毛毛囊及其腺体组织的亚急性或慢性炎症。

【考点】睑板腺囊肿的鉴别诊断

4. 【答案】B

【解析】此题考查睑板腺囊肿的临床表现。睑板腺囊肿多见于青年人和中年人，典型症状是眼睑单个或多发性眼睑无痛性结节，发展缓慢，可合并睑结膜面蘑菇样肉芽肿，亦可继发感染出现睑腺炎。

【考点】睑板腺囊肿的临床表现

5. 【答案】B

【解析】急性结膜炎主要通过"患眼—手(毛巾或水)—健眼"接触传播。

【考点】结膜炎的临床表现

【A1 型题】

1. 有关睑腺炎的临床特点，**错误**的是
   A. 眼睑腺体的急性化脓性炎症
   B. 最常见的致病菌为葡萄球菌
   C. 外睑腺炎又称"霰粒肿"
   D. 好发于儿童，容易复发
   E. 主要表现眼睑红肿痛性炎性结节

2. 外睑腺炎切开排脓时，手术切口应该位于
   A. 睑皮肤面，与睑缘平行
   B. 睑皮肤面，与睑缘垂直
   C. 睑结膜面，与睑缘平行
   D. 睑结膜面，与睑缘垂直
   E. 睑结膜面，与睑缘呈 45°角

3. 关于睑板腺囊肿的描述，最精确的是
   A. 慢性炎症   B. 过敏性炎症
   C. 化脓性炎症   D. 亚急性炎症
   E. 慢性肉芽肿性炎症

4. 睑板腺囊肿的临床特征**不包括**
   A. 起病缓慢
   B. 眼睑疼痛性结节
   C. 青年人和中年人多见
   D. 是一种肉芽肿性炎症
   E. 继发感染形成睑腺炎

5. 急性结膜炎的传播方式是
   A. 飞沫传播   B. 接触传播   C. 消化道传播
   D. 血液传播   E. 汗液传播

6. 关于年龄相关性白内障,描述正确的是
   A. 皮质性白内障根据其病程发展分为五期
   B. 初发期可诱发青光眼急性发作
   C. 成熟期可诱发葡萄膜炎
   D. 核性白内障发病年龄较晚,进展迅速
   E. 后囊下白内障早期可表现出明显的视力下降

7. 皮质性白内障过熟期的并发症**不包括**
   A. 过敏性葡萄膜炎　　　　B. 晶状体溶解性青光眼
   C. 晶状体脱位　　　　　　D. 前房变浅
   E. 晶状体核下沉

8. 原发性闭角型青光眼与原发性开角型青光眼的根本区别是
   A. 眼压升高的快慢
   B. 眼压升高的程度
   C. 眼压控制时房角是开放还是闭合
   D. 眼压升高时房角是开放还是闭合
   E. 视功能损伤的程度

9. 急性闭角型青光眼发作期表现**不包括**
   A. 眼压骤然升高　　　　　B. 突然发作的剧烈眼胀、眼痛
   C. 头痛、恶心、呕吐　　　D. 视力正常
   E. 眼压明显升高

【A2 型题】

1. 患者,女,18 岁。左眼异物感,流泪 1 个月余。左眼视力 0.8,左眼下睑可见部分睫毛向后生长摩擦角膜,角膜上皮脱落,余未见异常。本病最常见的原因为
   A. 睑腺炎　　　　　B. 睑烧伤　　　　　C. 沙眼
   D. 睑外伤　　　　　E. 内眦赘皮

2. 患者,男,8 岁。左眼睑红肿痛 2 周,起病初有硬结,挤压后伴少许黄脓液,既往有类似发作史。查体:体温 37℃,神清,耳前淋巴结未及肿大,左眼上下眼睑均见肿块,表面略充血,质地稍韧,轻压痛,无波动感。该儿童**不适合**的治疗为
   A. 局部热敷　　　　　　　B. 局部理疗
   C. 局部抗生素滴眼　　　　D. 全身应用抗生素
   E. 肿块不消退需手术切除

3. 患者,女,60 岁。睑板腺囊肿切除术后复发,首先应排除
   A. 内睑腺炎　　　　B. 继发感染　　　　C. 未切除干净
   D. 睑板腺癌　　　　E. 瘢痕组织增生

6.【答案】E
【解析】此题主要考查年龄相关性白内障分型、临床表现。皮质性白内障根据其病程发展分为四期,膨胀期可诱发青光眼急性发作,过熟期可诱发葡萄膜炎;核性白内障发病较早,一般 40 岁左右开始,进展缓慢;后囊下白内障早期可表现出明显的视力下降。
【考点】年龄相关性白内障的分型、分期

7.【答案】D
【考点】皮质性白内障的分型

8.【答案】D
【解析】此题考查青光眼的分型。原发性开角型青光眼是一种慢性进行性前部视神经病变,伴有典型的视杯凹陷、视野缺损,眼压值常高于正常,房角保持开放。原发性闭角型青光眼在高眼压状态下房角关闭,故选 D。
【考点】青光眼的分型

9.【答案】D
【解析】此题考查急性闭角型青光眼的临床表现。急性发作期典型临床表现包括剧烈头痛、眼痛,伴恶心、呕吐等症状,视力明显减退,角膜水肿,结膜充血,前房变浅、瞳孔散大,眼压明显升高。故本题选 D。
【考点】青光眼的临床表现

1.【答案】C
【解析】此题需了解睑腺炎的鉴别诊断沙眼。沙眼是沙眼衣原体引起的一种慢性传染性结膜角膜炎症,主要并发症有睑内翻、倒睫、角膜溃疡、睑球粘连、上睑下垂或眼干燥症等。
【考点】睑腺炎的鉴别诊断

2.【答案】D
【解析】此题考查睑腺炎的治疗原则。睑腺炎多由葡萄球菌引起,初期可冷敷,硬结未软化时可热敷或理疗;局部滴抗生素眼水或眼膏,症状较重者需全身应用抗生素;一旦形成脓肿则需手术切开排脓。
【考点】急性睑腺炎的治疗原则

3.【答案】D
【解析】此题考查睑板腺囊肿的鉴别诊断。睑板腺癌多见于 50 岁以上女性,初起与睑板腺囊肿相似,表现为反复发作的睑板腺囊肿,肿块渐增大,可突出于睑板或穿破皮肤,表面有溃破和出血。
【考点】睑板腺囊肿的鉴别诊断

4.【答案】B

【解析】此题考查睑板腺囊肿的诊断依据。睑板腺囊肿多见于青年人和中年人,典型症状为眼睑单个或多发性无痛性结节,发展缓慢,可逐渐增大。故选 B。

【考点】睑板腺囊肿的诊断与鉴别诊断

5.【答案】B

【解析】此题考查结膜炎临床表现。分泌物的特性是脓性分泌物,因此可以排除以水样分泌物为主的病毒性结膜炎、以黏丝状分泌物为特点的过敏性结膜炎。分泌物涂片见大量多形核白细胞提示为化脓性病变,符合细菌性感染的特点,故最可能的诊断是急性细菌性结膜炎。

【考点】急性细菌性结膜炎的诊断与鉴别诊断

6.【答案】A

【解析】此题考查结膜炎的致病菌。淋球菌性结膜炎临床主要表现为大量脓性分泌物,眼睑水肿,结膜充血,耳前淋巴结肿大有压痛,可伴泌尿系统症状。故本题选 A。

【考点】结膜炎的病因

7.【答案】A

【考点】白内障的诊断与鉴别诊断

8.【答案】C

【解析】先天性白内障的治疗以手术为主,其手术时机、术式选择对患儿视功能预后极为关键。故选 C。

【考点】白内障的治疗原则

9.【答案】C

【解析】此题考查青光眼的鉴别诊断。急性闭角型青光眼是房角突然关闭引起眼压急性升高的一类青光眼;慢性闭角型青光眼眼压升高为轻至中度,常在 40~50mmHg,房角狭窄,高眼压状态下房角关闭;先天性青光眼是胚胎期和发育期内眼球房角组织发育异常所引起的一类青光眼,房角结构异常致眼压异常升高,婴幼儿和青少年多见;新生血管性青光眼是继发于虹膜、房角及小梁表面新生血管形成和纤维血管膜增生的青光眼;原发性开角型青光眼是一种慢性进行性前部视神经病变,伴有典型的视杯凹陷、视野缺损,眼压值高于正常,房角保持开放。故选 C。

【考点】青光眼的鉴别诊断

4. 患者,女,48 岁。发现左上睑硬结 4 周,无红、肿、痛,无视力下降。眼科检查:左眼上睑内外侧各见一黄豆大小肿块样隆起,边界清,无压痛,与皮肤无粘连,对应的睑结膜面可见紫红色充血结节。最可能的诊断是

A. 睑腺炎　　　　　B. 睑板腺囊肿　　　　　C. 皮样囊肿

D. 皮肤粉瘤　　　　E. 睑缘炎

5. 患者,女,40 岁。双眼红伴分泌物增多 2d。查体:结膜充血,下方穹窿部见较多黏液脓性分泌物,分泌物涂片见大量多形核白细胞。最可能的诊断是

A. 急性病毒性结膜炎　　　　B. 急性细菌性结膜炎

C. 过敏性结膜炎　　　　　　D. 包涵体性结膜炎

E. 特应性结膜炎

6. 患者,男,30 岁。左眼红肿,分泌物增多 4d。查体:左眼睑红肿,结膜囊内大量黄白色分泌物,结膜充血、水肿,角膜透明,耳前侧淋巴结肿痛,伴有尿急、尿频、尿痛症状。最可能的诊断是

A. 淋球菌性结膜炎　　　　B. 慢性结膜炎

C. 沙眼　　　　　　　　　D. 病毒性结膜炎

E. 流行性角结膜炎

7. 患者,女,70 岁。双眼逐渐视力下降近 6 年,无明显眼红、痛等不适。眼部检查:左眼视力 0.3,矫正无提高,右眼视力 0.4,矫正无提高;双眼角膜透明,前房深,房水浑浊(+),虹膜震颤,晶状体核呈棕黄色沉于囊袋下方。最可能的诊断是

A. 年龄相关性白内障　　　B. 并发性白内障

C. 外伤性白内障　　　　　D. 代谢性白内障

E. 辐射性白内障

8. 患者,男,1 岁。双眼白瞳 1 年,伴斜视。眼科检查双眼晶状体全白浑浊,最恰当的治疗方法是

A. 保守治疗,门诊随访

B. 门诊随访,学龄期行手术

C. 完善检查,尽快手术治疗

D. 先行单侧眼白内障手术

E. 等患儿 3 岁后再行手术

9. 患者,男,45 岁。自觉偶尔眼胀、视疲劳 2 年。否认全身疾病史。眼部检查:双眼矫正视力 1.0;眼压:左眼 20mmHg,右眼 30mmHg;角膜清亮,前房中深,房角镜检查示宽房角。最可能的诊断是

A. 慢性闭角型青光眼　　B. 急性闭角型青光眼
C. 原发性开角型青光眼　D. 先天性青光眼
E. 新生血管性青光眼

10. 患者,女,58岁。着急后出现左眼胀痛伴头痛、恶心、呕吐,视物模糊3h。视力:右眼0.03,左眼0.8;眼压:右眼80mmHg,左眼20mmHg;右眼睫状充血,角膜雾状水肿浑浊;前房较浅,瞳孔中等散大,对光反射消失;虹膜水肿,晶状体轻度浑浊,眼底模糊。该患者首先的处理是
A. 药物控制高眼压　　B. 激光周边虹膜切开术
C. 小梁切除手术　　　D. 绝对卧床休息
E. 对侧眼预防性治疗

11. 患者,女,62岁。有糖尿病史8年,近来视远物模糊,视近尚清。最可能的诊断是
A. 单纯性近视　　B. 变性性近视　　C. 轴性近视
D. 弯曲性近视　　E. 指数性近视

12. 患者,男,5岁。3岁时家长发现其眼斜。眼科检查:双眼呈交替性内斜,角膜映光法检查内斜为25°,双眼视力均为0.8。检查时首先需考虑
A. 近视　　B. 远视　　C. 弱视
D. 散光　　E. 斜视

【A3/A4型题】

(1~2题共用题干)
患者,男,26岁。双眼红、异物感、刺痒、流泪2d。自述耳前区有硬结,按压疼痛,无外伤史。1周前其母患有"红眼病"。眼部检查:双眼视力1.0,双眼睑球结膜高度充血,睑结膜及穹窿结膜见大量滤泡增生,角膜透明,眼底正常。

1. 该患者最有可能的诊断是
A. 细菌性结膜炎　　B. 病毒性结膜炎
C. 急性开角型青光眼　D. 过敏性结膜炎
E. 支原体性结膜炎

2. 下列治疗措施中,该患者**不适合**的是
A. 局部滴用抗病毒滴眼液
B. 结膜囊涂抗生素眼药膏
C. 局部滴用人工泪液
D. 严重者局部使用激素类滴眼液
E. 包扎患眼,避免强光刺激

10.【答案】A
【解析】此题考查急性闭角型青光眼的治疗原则。急性闭角型青光眼的急性发作是眼科急症,必须在最短时间内控制高眼压,首先采取及时全面强效的局部或全身眼压药物治疗;待高眼压控制后,应采取激光或手术治疗阻止再次发作及时病程的进展;对侧眼也应该进行预防性治疗,防止急性发作的发生。
【考点】青光眼的治疗原则

11.【答案】E
【解析】此题主要考查屈光不正的分型。屈光不正包括近视、远视、散光、屈光参差;其中近视主要分为轴性近视、弯曲性近视、指数性近视三种。指数性近视是指晶状体曲折力增加导致的近视,主要见于糖尿病患者、老年性白内障早期;根据近视眼的进展程度和有无眼底病变,又分为单纯性近视和变性性近视。
【考点】屈光不正的分型

12.【答案】B
【解析】此题主要考查儿童屈光不正(远视)的诊断依据。儿童内斜视中常见由远视眼引起,一般为轻度远视,随着年龄增长,远视度数逐渐下降,故选B。
【考点】屈光不正远视的诊断

1.【答案】B
【解析】此题考查结膜炎的诊断与鉴别诊断。病毒性结膜炎最常表现为眼部异物感、刺痒、畏光、流泪等,体征有大量的结膜滤泡、少量水样或浆液性分泌物,常伴耳前淋巴结肿大。细菌性结膜炎常见中至大量的分泌物;过敏性结膜炎常表现为奇痒,少量黏液性分泌物。
【考点】结膜炎的诊断与鉴别诊断

2.【答案】E
【解析】包扎患眼,使分泌物排出不畅,不利于结膜囊的清洁。
【考点】结膜炎的治疗原则

（3~5 题共用题干）

患者,女,66 岁。左眼无痛性视力下降 5 年,左眼突然胀痛,伴头痛。视力:左眼指数 /30cm,右眼 0.5;左眼角膜雾状浑浊,前房浅,瞳孔圆形,直径 6mm,晶状体皮质浑浊明显,眼底看不清;右眼角膜透明,瞳孔圆形,直径 3mm,晶状体皮质轻度浑浊,眼底无明显异常。

3. 下列对诊断最有价值的检查是
   A. 检眼镜　　　　　B. 裂隙灯　　　　　C. 眼压
   D. 视功能　　　　　E. CT

3.【答案】C
【解析】此题主要考查老年性白内障肿胀期的并发症。根据眼角膜雾状浑浊,前房浅,瞳孔散大,晶状体皮质浑浊明显,考虑为继发性青光眼。所以最有价值的检查是眼压。
【考点】白内障分型

4. 该患者药物治疗后,左眼症状减轻,角膜透明,瞳孔圆形,直径 3mm×3mm。最可能的诊断是
   A. 急性闭角型青光眼　　　B. 原发性开角型青光眼
   C. 老年性白内障肿胀期　　D. 老年性白内障成熟期
   E. 老年性白内障过熟期

4.【答案】C
【解析】肿胀期的白内障可引起继发性青光眼,所以最可能的诊断是老年性白内障肿胀期。
【考点】白内障的诊断

5. 明确诊断后,该患者的最佳治疗方法是
   A. 迄今尚无有效的治疗药物
   B. 注意用眼卫生,定期随访检查
   C. 白内障摘除术
   D. 青光眼手术
   E. 白内障摘除术 + 青光眼手术

5.【答案】E
【解析】该患者是老年性白内障肿胀期引起的继发性青光眼,所以选择白内障摘除术 + 青光眼手术。
【考点】白内障的治疗原则

（6~7 题共用题干）

患者,女,4 岁。2 岁时发现内斜视。视力:右眼 0.3,左眼 0.1。眼位:左眼 +15°。眼球运动各方向均不受限,眼底未发现明显异常。同视机检查不配合。睫状肌麻痹下验光结果为中度远视。

6. 该儿童最可能的诊断是
   A. 远视　　　　　B. 近视　　　　　C. 弱视
   D. 内眦赘皮　　　E. 展神经麻痹

6.【答案】A
【考点】屈光不正(远视)的临床表现

7. 该患者矫正眼位的方法是
   A. 戴屈光矫正眼镜　　　B. 早期手术
   C. 门诊随访　　　　　　D. 单眼遮盖
   E. 成年后手术

7.【答案】A
【解析】此题考查屈光不正的治疗原则。患者内斜,且伴有远视性屈光不正,此内斜可能与远视有关,为调节性内斜,故应佩戴屈光矫正眼镜。
【考点】屈光不正的治疗原则

【案例分析题】

案例一:患者,女,36 岁。左上睑局部红肿痛 1 周,伴发热及左眼突出 2d。查体:体温 39℃,左眼视力 1.0,右眼视力 1.5;左上睑外侧见局部红肿及硬结,明显压痛,眼睑水肿,左眼球突出,球结膜

高度充血水肿,眼球各方向运动受限,余检查未见异常。

提问1:该患者最可能的诊断是

A. 外睑腺炎　　　　　　B. 睑板腺囊肿

C. 眼眶肿瘤　　　　　　D. 眼眶蜂窝织炎

E. 睑缘炎　　　　　　　F. 睑板腺癌

提问2:该患者目前的治疗方案包括

A. 尽早足量使用广谱抗菌药

B. 局部使用抗菌药滴眼液

C. 局部使用抗菌药眼膏

D. 适当使用糖皮质激素

E. 眶内脓肿需手术

F. 立即切开排脓

案例二:患者,男,70岁。双眼视力进行性下降5年,右眼胀痛2h。患者5年来出现双眼视力逐渐下降,右眼较明显,体检时发现白内障,未引起重视。2h前突发右眼胀痛,视力急剧下降,伴同侧头痛、恶心等不适。眼科检查:右眼视力0.01,右眼压50mmHg,右眼角膜弥漫雾状水肿,KP(+),Tyndall(+),下方前房少许积脓,中央前房深度4.5CT,周边前房深度2/3 CT,前房内有乳白色悬浮颗粒,晶状体完全浑浊,囊膜皱缩,表面见钙化点。左眼视力0.3,左眼压15mmHg,左眼角膜透明,中央前房深度3.5CT,周边前房深度1/2 CT,晶状体浑浊。

提问1:该患者右眼的诊断可能是

A. 原发性急性闭角型青光眼

B. 原发性开角型青光眼

C. 晶状体溶解性青光眼

D. 老年性白内障膨胀期

E. 老年性白内障成熟期

F. 老年性白内障过熟期

提问2:关于该期白内障的手术治疗,下面说法错误的是

A. 首先使用药物控制眼压

B. 如果药物控制眼压效果欠佳,可用激光虹膜周切术减轻瞳孔阻滞

C. 如果术前眼压控制不好,手术时要快速放出房水以降低眼压

D. 手术时缓慢放出房水以降低眼压

E. 撕囊时囊口尽量撕大

F. 撕囊时囊口不要撕得太大

提问1:【答案】AD

【解析】此题考查睑板腺囊肿和眼眶蜂窝织炎的临床表现。睑腺炎又称"麦粒肿",主要表现为眼睑红、肿伴痛性炎性结节;眼眶蜂窝织炎临床特点为眼眶疼痛,眼球突出,结膜充血水肿,视力下降,眼球运动疼痛或疼痛性眼肌麻痹。

【考点】睑板腺囊肿和眼眶蜂窝织炎的诊断

提问2:【答案】ABCDE

【解析】此题考查睑板腺囊肿和眼眶蜂窝织炎的治疗原则。眼眶蜂窝织炎治疗原则为早期治疗原发病灶。最主要的处理是尽早采用足量广谱抗生素,根据病情适当使用糖皮质激素治疗。眼局部同时使用抗感染滴眼液,涂眼膏保护暴露的角膜。如炎症已化脓局限,形成眶内脓肿,多位于骨膜下间隙和肌锥外间隙,可在波动最明显处切开引流,但忌过早手术。

【考点】睑板腺囊肿和眼眶蜂窝织炎的治疗原则

提问1:【答案】CF

【解析】此题考查白内障的诊断以及分型分期。

【考点】白内障的诊断

提问2:【答案】CE

【解析】此题主要考查白内障的治疗原则和治疗方法。对于选择手术的白内障患者,手术时应考虑的因素:生活质量、视力、对比敏感度和眩光。术前控制高眼压,减少手术并发症。

【考点】白内障的治疗原则

第十三章　康复科疾病

答案解析部分

1.【答案】C
　　【解析】卒中偏瘫患者下肢伸肌协同运动模式为髋关节伸展、内收、内旋，膝关节伸展，踝关节跖屈伴内翻，足趾屈曲。
　　【考点】神经系统常见病康复评定——卒中异常运动模式评定

2.【答案】B
　　【解析】脊髓损伤急性期进行康复治疗的主要目的是防止卧床并发症，恢复期可进行肌力耐力恢复及日常生活活动（ADL）训练。颈髓损伤四肢瘫患者易出现呼吸功能不全，需进行呼吸训练，行腹式呼吸、缩唇呼吸训练，加强咳嗽及排痰训练。
　　【考点】脊髓损伤急性期的康复治疗

3.【答案】B
　　【解析】紫外线照射与其他物理因子治疗相配合应用时，应注意安排先后顺序。如紫外线与超短波、红外线等能产生温热效应的治疗相配合时，一般应先行温热治疗，后照射紫外线。
　　【考点】临床紫外线治疗技术

4.【答案】D
　　【解析】心脏康复不仅可改善患者的活动能力及耐力，而且能延缓或逆转动脉粥样硬化进展，改善心肌缺血和心功能。
　　【考点】冠心病心脏康复

【A1 型题】

1. 卒中偏瘫患者下肢出现伸肌协同运动，**最不可能**出现的是
   A. 髋关节伸展
   B. 髋关节内收内旋
   C. 膝关节屈曲
   D. 踝关节跖屈
   E. 踝关节内翻

2. 关于脊髓损伤急性期的康复治疗，正确的是
   A. 康复治疗目的是早日恢复生活自理和步行功能
   B. 患者生命体征和病情平稳，脊柱稳定后即可开始康复训练
   C. 早期即可佩戴腰围开始坐起训练及穿衣训练
   D. 急性期采取床边训练和佩戴腰围的步行训练
   E. 颈髓损伤的四肢瘫患者训练胸式呼吸，预防呼吸道感染

3. 紫外线照射与红外线、超短波等治疗配伍应用时，适宜的先后顺序是
   A. 先照射紫外线，再做红外线、超短波
   B. 先做红外线、超短波，后照射紫外线
   C. 先后无关
   D. 延长其间隔时间
   E. 间隔时进行冷疗

4. 关于心脏康复，描述**错误**的是
   A. 冠心病心脏康复分为院内康复期、院外早期康复或门诊康复期、院外长期康复期
   B. 心脏康复常用的有氧运动方式有行走、慢跑、骑车、游泳以及在器械上完成的行走、踏车、划船等
   C. 心脏运动康复包括有氧运动、抗阻运动、柔韧性运动等
   D. 心脏康复可改善患者的活动能力，但不能延缓或逆转动脉粥样硬化进展，改善心肌缺血和心功能

E. 心脏康复常用的确定运动强度的方法有心率储备法、无氧阈法、目标心率法及自我感知劳累程度分级法

5. 关于进食时相应关节需要达到的活动范围,**错误**的是
   A. 肩关节屈曲 10°~40°,总活动度 30°
   B. 肩关节外展 5°~30°,总活动度 25°
   C. 肘关节屈曲 70°~130°,总活动度 60°
   D. 前臂旋前 40°,旋后 60°,总活动度 100°
   E. 腕关节屈曲 10°,伸展 20°,总活动度 30°

6. 脊髓损伤患者,在损伤平面以下存在运动功能,大部分肌肉肌力小于 3 级,ASIA 损伤分级为
   A. A 级　　　　　B. B 级　　　　　C. C 级
   D. D 级　　　　　E. E 级

7. 早期浸润期蜂窝织炎的物理治疗,描述**错误**的是
   A. 短波或超短波疗法,患部无热量或微热量
   B. 空气波压力循环治疗,促进静脉回流
   C. 直流电抗生素药物离子导入
   D. 紫外线疗法,中心重叠照射或局部照射
   E. 抬高患肢,踝泵运动以减轻肿胀

【A2 型题】

1. 患者,女,70 岁。脑出血后 3 个月,左侧偏瘫。既往高血压 10 年,糖尿病 2 年。目前自己能进食,独立完成穿衣及洗漱,洗澡需他人帮助,上厕所时需他人帮助脱穿裤子,可独立进行轮椅床的转移,可驱动轮椅;不能上下楼梯,偶尔尿便失禁。患者的巴塞尔(Barthel)指数评分为
   A. 55 分　　　　　B. 60 分　　　　　C. 65 分
   D. 70 分　　　　　E. 75 分

2. 患者,男,65 岁。右侧肢体活动无力 2 个月,诊断脑梗死。查体:神志清楚,左侧鼻唇沟浅。右上肢肌张力增高,右肘伸直的情况下,肩可前屈 90°、后伸 15°;肘屈 90°时,前臂可旋前、旋后,患者右上肢的 Brunnstrom 分期是
   A. Ⅱ期　　　　　B. Ⅲ期　　　　　C. Ⅳ期
   D. Ⅴ期　　　　　E. Ⅵ期

3. 患者,女,45 岁。外伤致胫骨平台骨折(Ⅱ型),手术切开复位内固定,石膏托外固定,目前为术后第 2 周。为防止股四头肌失用性萎缩,应选用的运动方法是
   A. 等速向心性运动　　　　　B. 等速离心性运动

5.【答案】A
【解析】此题主要考查人体主要功能活动时相应关节需达到活动范围。进食时肩关节屈曲 5°~45°,总活动度为 40°。A 选项错误,其余选项均正确。
【考点】关节活动度评定

6.【答案】C
【解析】此题主要考查脊髓损伤美国脊髓损伤协会(ASIA)分级评定标准。C 级为不完全性损伤,在损伤平面以下存在运动功能,大部分肌肉肌力小于 3 级。
【考点】脊髓损伤 ASIA 分级评定

7.【答案】B
【解析】早期浸润期蜂窝织炎症未控制,禁用空气波压力治疗,否则易导致炎症扩散,加重感染。
【考点】急性软组织炎症的物理因子康复治疗

1.【答案】B
【解析】此题主要考查日常生活活动能力 Barthel 指数评分。自己能进食,10 分;独立完成穿衣 10 分;完成洗漱,5 分;洗澡需他人帮助,0 分;上厕所时需他人帮助脱穿裤子,5 分;可独立进行轮椅床的转移,15 分;可驱动轮椅,5 分;不能上下楼梯,0 分;尿便偶尔失禁,共 10 分;总分 60 分。
【考点】日常生活活动能力评定

2.【答案】C
【解析】此题主要考查偏瘫运动功能评定 Brunnstrom 分期。患者偏瘫上肢肘伸展情况下,肩可前屈 90°、后伸 15°,肘屈 90°时,前臂可旋前旋后,提示已出现了能摆脱共同运动模式的分离运动,故考虑为 Brunnstrom 分期为Ⅳ期。
【考点】偏瘫运动功能评定

3.【答案】D
【解析】此题主要考查骨折后康复治疗。骨折后早期,主要在患者无痛情况下进行骨折邻近关节肌肉的等长收缩训练,原则上骨折部位上下关节暂不活动,因此该患者可行股四头肌的等长收缩训练,锻炼肌肉的收缩和舒张。
【考点】骨折后康复治疗

C. 等张运动　　　　　　　　D. 等长运动

E. 等动运动

4.【答案】B

【解析】患者左侧乳头水平以下痛温觉减退,定位于右侧脊髓丘脑束胸4水平及以上;右侧膝腱反射活跃,右巴宾斯基征(+),定位于右侧皮质脊髓束腰2~4水平及以上;右髂前上棘以下音叉振动觉减退,定位右侧后索胸12至腰1水平及以上;右足趾位置觉减退,定位右侧后索腰5水平及以上;该病变累及多个传导束,综合定位于右侧胸4水平半侧损害。

【考点】脊髓损伤平面定位评定

4. 患者,男,60岁。右下肢无力伴麻木2个月,诊断脊髓损伤。查体:神志清楚,左侧乳头水平以下痛温觉减退,右侧膝腱反射活跃,右侧巴宾斯基征(+),右髂前上棘以下音叉振动觉减退,右足趾位置觉减退。该患者病变位于

A. 胸4水平横贯损害

B. 右侧胸4水平半侧损害

C. 左侧胸4水平半侧损害

D. 右侧胸4水平后索损害

E. 左侧胸4水平后索损害

5.【答案】D

【解析】此题主要考查周围神经损伤康复训练。周围神经损伤早期治疗目的为消炎、消肿、镇痛、促进神经修复,早期运动治疗为关节正常活动范围内无痛主被动活动,防止肌肉挛缩变形,恢复期才给予抗阻肌力训练。

【考点】周围神经损伤康复训练原则

5. 患者,男,25岁。外伤后左手无力伴麻木3d。查体:左手伸腕肌肌力2级,指伸肌肌力2级,左手背桡侧半指痛觉减退。临床诊断:左侧桡神经损伤。关于其康复治疗,错误的是

A. 可给予短波或超短波消除局部炎症、水肿

B. 佩戴腕伸夹板限制腕下垂

C. 对左手功能进行评定,包括关节活动范围、运动功能、日常生活活动能力评定等

D. 给予抗阻肌力训练防止肌肉萎缩

E. 应用神经营养药物促进神经再生

6.【答案】C

【解析】此题主要考查意识障碍评定格拉斯哥(Glasgow)评分。呼唤可睁眼,3分;对疼痛刺激能发出声音,2分;对疼痛刺激肢体有躲避动作,4分。该患者Glasgow评分为9分。

【考点】意识障碍评定

6. 患者,女,40岁。外伤后意识障碍1个月,诊断颅脑损伤。入院后给予积极对症及康复治疗,目前呼唤可睁眼,对疼痛刺激能发出声音,给予疼痛刺激肢体有躲避动作。该患者Glasgow评分为

A. 7分　　　　　　B. 8分　　　　　　C. 9分

D. 10分　　　　　E. 11分

7.【答案】A

【解析】此题主要考查软组织损伤康复治疗。软组织损伤急性期,可给予超短波无热量或微热量治疗,以消炎消肿改善疼痛。急性期不宜采用温热疗法。

【考点】软组织损伤康复治疗

7. 患者,男,36岁。踢足球时扭伤左踝关节8h。查体:左踝关节轻度肿胀,局部压痛,踝关节活动受限。X线检查:左踝关节未见异常X线征。最好的物理治疗方法是

A. 超短波　　　　B. 调制中频电　　　C. 热敷

D. 红外线　　　　E. 冷疗

8.【答案】A

【解析】此题主要考查偏瘫患者运动功能康复训练。患者偏瘫侧肢体Brunnstrom分期为Ⅲ期,主要表现痉挛,以共同运动为主,尚未出现分离运动,因此目前运动康复训练重点是控制肌痉挛和异常运动模式,促进分离运动的出现。

【考点】卒中运动康复治疗

8. 患者,男,61岁。右侧肢体无力伴言语不利2个月。既往高血压及糖尿病病史。临床诊断脑梗死恢复期。查体:神志清楚,不全运动性失语,右侧肢体偏瘫,Brunnstrom分期Ⅲ期,右侧腱反射活跃,右侧巴宾斯基征(+)。关于目前康复治疗,正确的是

A. 控制肌痉挛和异常运动模式,促进分离运动的出现

B. 增强右侧肢体肌力、耐力训练

C. 增强右侧肢体平衡和协调性训练

D. 加强右侧肢体精细动作训练,提高 ADL

E. 提高右侧肢体肌张力,增强右侧肢体肌力训练

9. 患者,女,75 岁。脑梗死 3 个月至康复科就诊。医生拿 1 支钢笔问患者:"这是什么?"患者不认识,但用手触摸后知道是钢笔。让患者从钢笔、尺子及橡皮中指出钢笔,患者不能找出。让患者从 3 张命名卡片中为钢笔选一个名称,患者亦不能选出。该患者存在的问题是

A. 命名性失语　　　　　B. Wernick 失语

C. Broca 失语　　　　　D. 视觉失认

E. 精神症状

【A3/A4 型题】

(1~2 题共用题干)

患者,男,59 岁。左侧肢体无力 3 个月。临床诊断:脑梗死恢复期。查体:神志清楚,定位定向力及计算力正常。左侧肢体偏瘫,Brunnstrom 分期 Ⅱ 期,左侧上肢肌张力增加,被动活动时,在大部分关节活动范围内均有阻力,但仍可以活动,左侧巴宾斯基征(+)。

1. 该患者改良 Ashworth 量表评定肌张力应为

A. 1 级　　　　　B. 1$^+$ 级　　　　　C. 2 级

D. 3 级　　　　　E. 4 级

2. 关于该患者目前的康复治疗,正确的是

A. 主要是正确的抗痉挛体位摆放,预防并发症和继发性损害

B. 主要是控制下肢肌痉挛,早日恢复患者步行功能

C. 控制肌痉挛和异常运动模式,促进分离运动的出现

D. 床上被动运动维持和扩大关节活动度的训练为主

E. 提高左侧肢体肌张力,诱发主动运动

(3~4 题共用题干)

患者,女,63 岁。搬重物后出现腰痛伴左下肢疼痛 5d,咳嗽、喷嚏时加重,卧床休息有所缓解。查体:神志清楚,腰椎 4~5 棘突及左侧椎旁压痛,左侧直腿抬高 80° (+),加强试验(+),股神经牵拉试验(-),左大腿后侧、小腿外侧痛觉减退,双侧膝腱和跟腱反射正常对称。

3. 该患者最可能的诊断是

A. 急性腰扭伤　　　　　B. 腰肌筋膜炎

9.【答案】D

【解析】此题主要考查知觉障碍视觉失认评定。视觉失认症是指患者不再能够依靠视觉来辨识或辨识不清以前曾毫无困难就可以认出的事物,是脑损伤后认知障碍的一种表现,患者对呈现于视觉通路中的物体辨识障碍,但通过其他感觉通路可以辨识。

【考点】卒中知觉障碍评定

1.【答案】C

【解析】改良阿什沃思(Ashworth)量表评定:2 级为肌张力中度增加,被动活动患侧肢体在大部分关节活动范围内均有阻力,但仍可以活动。

【考点】改良 Ashworth 肌张力评定

2.【答案】C

【解析】此题主要考查中枢性瘫痪患者运动功能康复训练。该患者 Brunnstrom 分期 Ⅱ 期,尚未出现分离运动,目前肌张力高,因此目前主要治疗是控制肌痉挛和异常运动模式,促进分离运动的出现。

【考点】中枢性瘫痪患者运动功能康复治疗原则

3.【答案】C

【解析】患者有腰痛伴左下肢疼痛症状,查体腰椎 4~5 棘突及椎旁有压痛,直腿抬高及加强试验(+),左大腿后侧、小腿外侧感觉减退,考虑腰椎间盘突出压迫坐骨神经。

【考点】腰椎间盘突出症临床特点

C. 腰椎间盘突出症 　　 D. 腰肌劳损

E. 肥大性脊柱炎

4.【答案】D

【解析】患者腰痛伴左下肢疼痛5d,目前为腰椎间盘突出急性期,主要以休息、物理因子治疗,消炎、缓解疼痛、改善症状为主,暂不宜行腰背肌、腹肌等核心肌群抗阻力量训练。

【考点】腰椎间盘突出症康复治疗

4. 目前**不宜**选择的治疗是

A. 腰椎牵引 　　　　　 B. 超短波治疗

C. 直流电药物离子导入 　 D. 腰背肌抗阻肌力训练

E. 中频电疗

【案例分析题】

案例:患者,男,68岁。因"突发右侧肢体麻木无力伴言语不清1个月"入院。既往高血压病史10余年,左前壁心肌梗死、冠脉支架植入术后3个月。入院查体:神志清楚,言语含糊,自发语少。计算力、近期记忆力减退。右侧鼻唇沟浅,口角左偏。右肩关节活动受限、肩前区压痛。右侧肢体痛觉减退,腱反射活跃。右侧肢体肌张力偏高,右上肢近端肌力3级,远端1级,右下肢肌力3级,右侧病理征(+)。头颅MRI:左侧额顶叶脑梗死、双侧基底核腔隙性梗死。

提问1:该患者入院后应该进行的康复功能评定是

A. 运动功能评定 　　　 B. 感觉知觉功能评定

C. 认知功能评定 　　　 D. 言语功能评定

E. 心理功能评定 　　　 F. ADL能力评定

G. 吞咽功能评定 　　　 H. 心肺功能评定

提问1:【答案】ABCDEFGH

【解析】此题主要考查卒中功能障碍康复评定。卒中后应进行全面康复功能评定,包括运动功能、感觉功能、认知功能、言语功能评定以及心理评定、心肺功能评定等,根据功能障碍实施全面综合康复。

【考点】神经系统常见病康复评定

提问2:患者出现右侧肩关节疼痛、活动受限,目前适宜的治疗是

A. 正确的体位摆放,减少疼痛

B. 给予吊带制动,防止肩关节半脱位肩痛加重

C. 给予患肩局部热疗、超声治疗

D. 给予患肩功能性电刺激

E. 口服消炎镇痛及抗痉挛药物

F. 给予肩关节被动活动

G. 外科手术松解恢复肩部活动

H. 帮助患者双手交叉充分前伸双侧上肢

提问2:【答案】ACDEFH

【解析】此题主要考查卒中常见并发症(肩痛)的治疗。肩痛是卒中后常见并发症,可给予局部理疗、口服药物消炎镇痛,功能性电刺激加强肌肉功能,肩关节主被动活动牵伸肩关节,防止粘连。不宜给予吊带制动,易加重关节粘连。目前暂不宜给予外科手术松解等有创治疗。

【考点】神经系统常见病康复治疗

提问3:患者既往有心肌梗死、冠脉支架植入术病史。关于该患者的康复治疗,正确的是

A. 降低肌张力,诱发肢体主动运动

B. 抑制异常运动模式,促进分离运动

C. 加强平衡协调训练

D. 目前不宜做康复运动训练,尤其抗阻肌力训练

E. 应减少康复运动训练强度,防止心肌缺血

F. 制订合宜运动强度,给予心肺康复

G. 加强核心肌群控制训练

提问3:【答案】ABCFG

【解析】此题主要考查卒中康复治疗及心肺康复。患者目前患侧肢体肌张力高,康复训练重点为降低肌张力,抑制异常运动模式,促进分离运动;加强平衡协调及核心肌群控制训练,为恢复步行做准备。合并有冠心病的卒中,应掌握好适宜运动强度,在康复训练过程中同时给予心肺康复。

【考点】神经系统常见病康复治疗、心肺康复

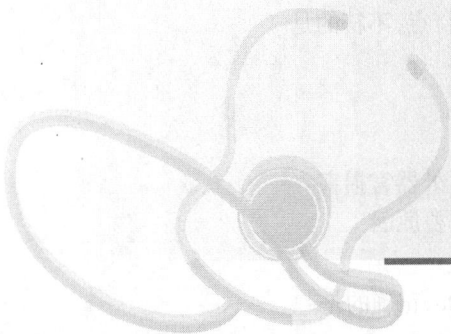

第十四章 传染科疾病

【A1 型题】

1. 对流脑、乙脑有重要鉴别诊断意义的临床表现是
   - A. 脑实质损害程度
   - B. 脑脊液
   - C. 皮肤瘀点、瘀斑
   - D. 发病季节
   - E. 颅内压增高程度

2. 肾综合征出血热刚进入低血压休克期的主要治疗措施为
   - A. 使用强心利尿药或激素
   - B. 使用血管活性药
   - C. 纠正 DIC
   - D. 纠正酸中毒
   - E. 补充血容量

3. 菌痢的病变部位主要位于
   - A. 乙状结肠与直肠
   - B. 空肠
   - C. 回盲部
   - D. 回肠
   - E. 结肠和空回肠

4. 霍乱的临床特征是
   - A. 先吐后泻,里急后重,腹肌痉挛,严重脱水
   - B. 先吐后泻,严重脱水,腹痛,腓肠肌疼痛
   - C. 先泻后吐,腹痛,米泔水样排泄物,严重脱水
   - D. 先泻后吐,米泔水样排泄物,脱水及腓肠肌痉挛
   - E. 先泻后吐,血水便,脱水,腓肠肌痉挛

5. 高危人群出现下列情况 2 项及以上者应考虑艾滋病的可能。下列描述**错误**的是
   - A. 体重下降 10% 以上
   - B. 间歇或持续发热 1 个月以上
   - C. 双侧腹股沟淋巴结肿大
   - D. 慢性咳嗽或腹泻 1 个月以上
   - E. 反复出现带状疱疹或慢性播散性单纯疱疹

1. 【答案】C
   【解析】此题主要考查流脑的诊断与鉴别诊断。流脑主要的临床表现是突发高热、剧烈头痛、频繁呕吐、皮肤黏膜瘀点和脑膜刺激征的化脓性脑膜炎,其特征性表现为皮肤瘀点、瘀斑,数量不等,分布不均,暴发型瘀点、瘀斑融合成片。乙脑起病急,表现为高热、脑实质损伤症状、头痛、呕吐、意识障碍、抽搐、病理反射、脑膜刺激征等,无皮肤瘀点、瘀斑。
   【考点】流脑的诊断与鉴别诊断

2. 【答案】E
   【解析】此题主要考查流行性出血热的治疗原则。流行性出血热的病程经过分 5 期:发热期、低血压休克期、少尿期、多尿期和恢复期。低血压休克期的主要治疗是补充血容量,其原则是早期、快速、适量补液。
   【考点】流行性出血热的处理原则

3. 【答案】A
   【解析】此题主要考查菌痢的发病机制。菌痢的肠道病变主要分布在结肠,以乙状结肠和直肠为主。严重者整个结肠和回肠下段均可累及。
   【考点】菌痢的发病机制

4. 【答案】D
   【解析】此题主要考查霍乱的临床表现。典型霍乱临床表现一般分为三期:泻吐期、脱水期和反应期。其临床特征:①无痛性剧烈腹泻,不伴里急后重,初为稀水便,很快成为米泔水样;②无恶心的喷射性呕吐;③迅速出现失水和周围循环衰竭;④伴有腓肠肌痛性痉挛或腹直肌痉挛;⑤一般无发热,儿童可有发热。
   【考点】霍乱的临床表现

5. 【答案】C
   【解析】此题主要考查艾滋病的临床特点。艾滋病的淋巴结肿大为原因不明的全身性淋巴结肿大,一般除出现在腹股沟以外,至少两个部位的淋巴结肿大,直径 >1cm,活动,无压痛,持续时间在 3 个月以上。
   【考点】艾滋病的临床特点

6.【答案】B

【解析】此题主要考查乙型肝炎的临床表现。乙型肝炎经血液、体液及母婴传播，无明显的季节性。由于母婴传播，乙型肝炎患者常有家庭聚集性。乙型肝炎病毒（HBV）与相应抗体形成循环免疫复合物，可沉着于各脏器的血管壁上，造成肾炎、结节性动脉炎等肝外表现。

【考点】乙型肝炎的临床特点

7.【答案】D

【解析】此题主要考查乙型肝炎血清标志物的临床意义。HBsAg是HBV感染的间接指标，抗-HBs为保护性抗体，是疾病恢复的标志。HBcAg属HBV核心组分，是HBV存在的最直接指标之一，但一般血中不易查到。抗-HBc为总抗体，若滴度高，提示病毒复制活跃，低滴度抗-HBc是既往感染的标志。抗-HBc IgM是现症感染的标志，具有确诊或排除的意义。

【考点】乙型肝炎实验室检查指标的临床意义

8.【答案】C

【解析】此题主要考查结核病的治疗方法。一线抗结核药物包括异烟肼、利福平、吡嗪酰胺、链霉素、乙胺丁醇和氨硫脲，其中氨硫脲不良反应多，目前已很少应用；二线抗结核药物包括卡那霉素、阿米卡星、卷曲霉素、对氨柳酸、乙硫异烟胺、丙硫异烟胺、环丝氨酸。

【考点】结核病的治疗方法

1.【答案】D

【解析】此题主要考查菌痢临床类型及临床特点。慢性菌痢病程超过2个月。急性发作型是指既往有慢性菌痢史，当机体抵抗力减弱时可引起急性发作，再出现腹痛、腹泻、脓血便，而发热等全身症状可不明显。

【考点】菌痢临床类型及临床特点

2.【答案】C

【解析】此题主要考查流行性出血热的临床表现。此病例为流行性出血热发热期临床表现，即发热及全身中毒症状、毛细血管受损表现、肾脏损害。

【考点】流行性出血热的临床表现

3.【答案】C

【解析】此题主要考查重症肝炎的诊断。重症肝炎时临床症状加重，黄疸迅速加深，可出现"酶胆分离"现象，伴明显的出血倾向和精神神经症状。凝血酶原活动度≤40%对诊断重症肝炎有重大意义。

【考点】重症肝炎的诊断

6. 有关乙型肝炎的临床特点，**不符**的是
A. 存在母婴传播
B. 冬春季为流行季节
C. 有家庭聚集现象
D. 中度慢性肝炎有肝外器官损害
E. 是原发性肝癌的主要原因

7. 关于抗-HBs与抗-HBc，正确的是
A. 两者均为自身抗体
B. 两者均为保护性抗体
C. 抗-HBs为自身抗体，抗-HBc为保护性抗体
D. 抗-HBs为保护性抗体，抗-HBc不是保护性抗体
E. 抗-HBs不是保护性抗体，抗-HBc为保护性抗体

8. 下列哪项**不是**一线抗结核药物
A. 异烟肼   B. 利福平   C. 卡那霉素
D. 吡嗪酰胺   E. 链霉素

【A2 型题】

1. 患者，女，30岁。农民。反复腹泻半年，3d前再次发作，大便为黄色稀便，带脓血，6~8次/d，伴左下腹隐痛。大便常规红细胞（+）/HP，白细胞计数（+++）/HP。最可能的诊断是
A. 急性菌痢   B. 阿米巴痢疾
C. 结肠癌   D. 慢性菌痢，急性发作型
E. 慢性菌痢，慢性迁延型

2. 患者，男，20岁。发热2d，最高体温40.5℃，伴头痛、肌肉痛、乏力，呕吐多次。查体：急性病容，神清，颈软，胸前、腋下可见条索状出血点，心肺正常，肝肋下1.5cm。血常规：血红蛋白180g/L，白细胞计数30.2×10⁹/L，中性粒细胞百分比80%，淋巴细胞百分比20%，血小板计数40×10⁹/L；尿蛋白（++++）。应考虑的疾病是
A. 急性肾小球肾炎   B. 伤寒
C. 流行性出血热   D. 钩端螺旋体病
E. 流脑

3. 患者，男，38岁。1周来发热、乏力、食欲缺乏、尿黄。近3d黄疸迅速加重，神志恍惚。下列各项化验检查对确诊重症肝炎最有价值的是
A. 谷丙转氨酶580IU/L   B. 总胆红素280μmol/L
C. 凝血酶原活动度36%   D. 脾大的程度
E. 肝大的程度

4. 患者,青年男性、农民。在饭店食海蟹并饮酒,次日清晨腹部不适,随之腹泻;初为黏液便,后为清水样大便,连续排便20余次,呕吐10余次,无明显腹痛及里急后重感。体温36℃,血压70/40mmHg,脉细弱,神志淡漠,眼窝凹陷,出气稍凉,全腹无压痛。为尽快确定诊断。应选择的检查是
   A. 大便常规检查　　　　　B. 呕吐物检查
   C. 血清凝集试验　　　　　D. 大便悬滴镜检
   E. 便培养

5. 艾滋病患者,干咳、发热3周,多种抗生素治疗无效,咳嗽加剧,并且出现发绀,双肺未闻及干湿啰音,胸部X线片提示间质性肺炎,病原应考虑
   A. 耐药金黄色葡萄球菌　　B. 肺结核
   C. 肺孢子菌肺炎　　　　　D. 铜绿假单胞菌性肺炎
   E. 支原体肺炎

6. 患者,男,32岁,农民。腹痛、腹泻半个月。大便4~8次/d,量多,有腥臭,暗红色,肉眼可见血液及黏液,无发热及右下腹痛。大便镜检:白细胞计数(+)/HP,红细胞(+++)/HP。最可能的诊断是
   A. 血吸虫病
   B. 菌痢
   C. 弯曲菌肠炎
   D. 阿米巴痢疾
   E. 慢性非特异性溃疡性结肠炎

7. 患儿,4岁。发热、头痛、嗜睡4d。血常规:白细胞计数15×10^9/L,中性粒细胞百分比85%,淋巴细胞百分比15%。脑脊液:细胞总数10×10^6/L,多核细胞百分比70%,蛋白质0.6g/L,糖3mmol/L,氯化物120mmol/L。最可能的诊断是
   A. 流脑　　　　　　　　　B. 化脓性脑膜炎
   C. 乙脑　　　　　　　　　D. 结核性脑膜炎
   E. 脑型疟疾

8. 患者,男,40岁,农民。持续发热、右下胸胀痛1个月。体温37~39℃,伴盗汗及消瘦;2d前突起咳嗽,每日吐咖啡色痰200ml。查体:体温38.5℃,脉搏90次/min,皮肤、巩膜无黄染,右下胸部隆起,局部有水肿,压痛明显,右下肺呼吸音减弱,可闻及湿啰音,肝脏肋下3cm,质地中等,有触痛,脾脏肋下未及。血常规:白细胞计数10×10^9/L,中性粒细胞百分比75%,淋巴细胞百分比25%,血红蛋白110g/L。X线检查:右膈肌升高,活动受限,右侧胸腔有积液。最可能的诊断是

4.【答案】D
【解析】此题主要考查霍乱的诊断。霍乱的细菌学检查首选大便直接镜检,大便悬滴镜检可见到运动力强、呈穿梭状快速运动的细菌,用暗视野观察可见弧菌呈流星样特征性运动。
【考点】霍乱的诊断

5.【答案】C
【解析】此题主要考查艾滋病的临床表现。艾滋病的机会性感染中肺孢子菌肺炎(PCP)最常见,临床表现为发热、干咳、呼吸困难及胸部紧闷感,影像学表现为间质性肺炎。
【考点】艾滋病的临床表现

6.【答案】D
【解析】此题主要考查菌痢的鉴别诊断。菌痢起病急,多有发热,毒血症状较重,腹痛,里急后重,大便量少,黏液脓血便,无臭,镜检可见大量脓细胞、红细胞。而阿米巴痢疾大多缓慢起病,发热不高,腹痛与里急后重较轻,大便量多,暗红色果酱样,有腐臭,镜检白细胞较少,红细胞成堆。
【考点】菌痢的鉴别诊断

7.【答案】C
【解析】此题主要考查流脑的鉴别诊断。流脑患者外周血白细胞计数(10~30)×10^9/L,中性粒细胞百分比80%以上;脑脊液外观浑浊,细胞数1 000×10^6/L以上,中性粒细胞为主,蛋白增加,糖与氯化物减少。乙脑多发生在7~9月,脑脊液清晰,细胞数多为(0.05~0.5)×10^9/L,早期以中性粒细胞稍高,后期以淋巴细胞为主,糖及氯化物正常。结核性脑膜炎起病缓慢,脑脊液外观清晰或毛玻璃样,细胞数一般在0.5×10^9/L以下,以淋巴细胞为主。
【考点】流脑的鉴别诊断

8.【答案】C
【解析】此题主要考查结核性胸膜炎的鉴别诊断。患者右膈肌抬高、活动受限、右侧胸腔有积液、可闻及湿啰音,血常规白细胞及中性粒细胞轻度升高,均提示阿米巴肝脓肿并向肺、胸腔穿破。
【考点】结核性胸膜炎的鉴别诊断

A. 肝癌伴肺部转移

B. 细菌性肝脓肿并向肺、胸腔穿破

C. 阿米巴肝脓肿并向肺、胸腔穿破

D. 阿米巴肺脓肿

E. 结核性胸膜炎

9.【答案】A

【解析】此题主要考查病毒性肝炎的诊断。病毒性肝炎的诊断包括临床诊断和病原学诊断。该病例 HBsAg（+），无症状、体征，肝功能正常，提示 HBsAg 携带者，后出现急性消化道症状、黄疸体征、肝功能异常、抗-HAV IgM（+），提示合并急性黄疸型甲型肝炎。

【考点】病毒性肝炎的诊断

9. 患者，女，18 岁。体检中发现 HBsAg（+），当时无自觉症状，无阳性体征，肝功能正常。1 年后，因"发热数日、无力、恶心、巩膜黄染"而住院，谷丙转氨酶 200IU/L，血清总胆红素 54.8μmol/L，抗-HAV IgM（+），抗-HBC（+）。下列诊断中可能性最大的是

A. HBsAg 携带者合并急性黄疸型甲型肝炎

B. 轻度慢性乙型肝炎

C. 中度慢性乙型肝炎

D. 乙型肝炎合并丙型肝炎

E. 急性黄疸型甲型肝炎

【A3/A4 型题】

（1~2 题共用题干）

患者，男，30 岁，公务员。突起畏寒、发热、剧烈腹泻、呕吐 12h。共腹泻 20 余次，黄色稀水样便，伴脐周阵发性绞痛。起病时在外出差，常在外用餐。查体：体温 39.5℃，脉搏 100 次/min，血压 84/66mmHg，急性痛苦面容，轻度失水貌，皮肤弹性稍差，脐周及左下腹轻压痛，肠鸣音亢进。血常规：白细胞计数 15×10^9/L，中性粒细胞百分比 80%，淋巴细胞百分比 20%，血红蛋白 140g/L。大便常规：白细胞计数 20~30/HP，红细胞计数 2~5/HP。

1.【答案】C

【解析】此题主要考查菌痢的诊断。有发热、脓血便的典型患者诊断不难，但非典型患者易误诊，应根据流行病学史、临床表现、大便检查等进行综合分析。确诊需细菌培养证实。

【考点】菌痢的诊断

1. 关于患者的诊断，正确的是

A. 可以确诊为菌痢

B. 可以排除菌痢

C. 最后确诊取决于大便细菌培养

D. 最后确诊取决于诊断性治疗的结果

E. 如免疫荧光染色阳性即可确诊

2.【答案】B

【解析】此题主要考查菌痢不同类型的诊断。该病例急性起病，有畏寒、发热、阵发性腹痛、腹泻 20 余次，治疗后病情迅速恢复，属于普通型菌痢。

【考点】菌痢的诊断分型

2. 确诊后经抗菌、输液治疗，患者血压迅速恢复正常，患者临床分型属于

A. 中毒性菌痢   B. 普遍型菌痢

C. 轻型菌痢   D. 慢性菌痢急性发作

E. 慢性迁延型菌痢

（3~4 题共用题干）

患者，男，40 岁，农民。发热、周身不适、肌肉痛 3d。查体：面色

苍白、冷汗、脉细弱而快,皮肤有少许出血点;体温 35.8℃,血压 60/40mmHg;尿蛋白(++);末梢血常规示白细胞计数 30×10^9/L,中性粒细胞百分比 80%,异型淋巴细胞百分比 10%,血小板计数 50×10^9/L。

3. 患者的诊断考虑为
   A. 流脑
   B. 败血症,感染性休克
   C. 流行性出血热
   D. 钩端螺旋体病
   E. 急性粒细胞白血病

4. 关于上述患者的处理,**不恰当**的是
   A. 快速静脉补液
   B. 立即输血
   C. 先给晶体液,后给胶体液
   D. 液体补充应适量
   E. 补液后可给强心剂

【案例分析题】

案例:患者,男,15 岁。寒战、高热、头痛、呕吐 6h。后出现精神萎靡,面色苍白,四肢末梢发冷,皮肤出现花纹,血压 45/30mmHg,心率 120 次/min。

提问 1:接诊时应注意的体格检查包括
   A. 生命体征
   B. 全身皮肤有无散在性瘀点、瘀斑
   C. 神经系统体征
   D. 腹部有无压痛及肌紧张、肿块
   E. 肺部有无提示炎症体征
   F. 体位有无角弓反张

提问 2:体检发现脑膜刺激征(−),锥体系体征(−),但皮肤出现散在瘀点及瘀斑,接诊时首先做的检查是
   A. 瘀点或瘀斑细菌革兰氏染色涂片
   B. 腰椎穿刺查脑脊液常规
   C. 头颅 CT
   D. 血常规及血小板计数
   E. 可疑病原免疫学检查
   F. 头颅磁共振

提问 3:针对上述患者的治疗,正确的是
   A. 抗菌治疗
   B. 扩充血容量及纠正酸中毒
   C. 血管活性药物
   D. 脱水剂
   E. 肾上腺皮质激素
   F. 对症支持治疗

3.【答案】C
   【解析】此题主要考查流行性出血热的诊断。流行性出血热常急骤起病,发热最为常见,热程短,多持续 3~7d 后自行消退。有明显的全身中毒症状("三痛")、毛细血管受损("三红")和肾脏受损的表现。随后进入低血压休克期、少尿期、多尿期和恢复期。血常规白细胞计数升高、中性粒细胞增加,重症出现类白血病反应。尿中多出现蛋白、血细胞及管型。本病临床表现复杂多样,在不同阶段需与流脑、败血症、钩端螺旋体病等进行鉴别。
   【考点】流行性出血热的诊断

4.【答案】B
   【解析】结合患者情况,目前处于低血压休克期,首先应予补充血容量。其原则是早期、快速、适量,液体应包括晶体液和胶体液。因休克时血液浓缩,不宜输全血。当血容量已基本补足而心率超过 100 次/min 时,可给毛花苷 C 等强心剂。
   【考点】流行性出血热的治疗

提问 1:【答案】ABCDEF
   【解析】此题考查流脑常见的临床表现及鉴别诊断。皮肤瘀点、瘀斑是流脑的特征性体征,其他体征用于鉴别流脑分型及与其他疾病的鉴别诊断。
   【考点】流脑的临床表现和鉴别诊断

提问 2:【答案】A
   【解析】流脑的细菌学检查方法:瘀点或瘀斑细菌革兰氏染色涂片。
   【考点】流脑的诊断

提问 3:【答案】ABCEF
   【解析】暴发败血症休克型流脑的治疗原则是积极控制感染及纠正休克。
   【考点】流脑的治疗

【A1 型题】

1. 滴虫性阴道炎的治疗首选
   A. 克霉唑
   B. 咪康唑
   C. 甲硝唑
   D. 头孢类药物
   E. 氟康唑

2. 诊断子宫内膜病变最可靠的方法是
   A. 超声检查
   B. 分段诊刮及病理检查
   C. 宫腔镜检查
   D. 宫颈刮片检查
   E. 盆腔检查

3. 功能性子宫出血患者的治疗中,**错误**的是
   A. 雌激素
   B. 孕激素
   C. 糖皮质激素
   D. 避孕药
   E. 止血药

4. 月经期的女性,要注意经期卫生,下列**错误**的是
   A. 保持外阴清洁
   B. 保持精神愉快
   C. 禁止游泳
   D. 合理营养,多吃水果蔬菜蛋白质
   E. 加强体育运动

5. 关于外阴阴道假丝酵母菌病,**错误**的是
   A. 大量稀薄泡沫样分泌物
   B. 多见于接受大剂量激素治疗者
   C. 多由白念珠菌感染所致
   D. 孕妇及糖尿病患者易患
   E. 长期应用抗生素者易患

6. 帕金森综合征必备的体征是
   A. 静止性震颤
   B. 运动迟缓
   C. 肌张力增高
   D. 姿势平衡障碍
   E. 嗅觉减退

7. 单纯部分发作和复杂部分发作癫痫的最重要区别是
   A. 是否出现意识障碍
   B. 神经元异常放电的起始部位不同
   C. 脑电图的特点不同
   D. 药物治疗的反应不同
   E. 发作前后者可有先兆,持续时间较长

8. 非心源性栓塞的缺血性卒中/短暂性脑缺血发作患者二级预防首选
   A. 华法林抗凝治疗
   B. 抗血小板聚集药物
   C. 活血化瘀中药
   D. 无特殊治疗
   E. 扩容治疗

9. 自发性蛛网膜下腔出血最常见的病因是
   A. 高血压
   B. 脑血管畸形
   C. 颅内动脉瘤
   D. 淀粉样脑血管病
   E. 颅内动脉夹层

10. 下列关于一氧化碳中毒的说法,**错误**的是
    A. 部分患者心电图可以出现 ST-T 变化
    B. 脱离一氧化碳接触一定时间后,碳氧血红蛋白测定可呈阴性
    C. 口唇呈樱桃红色可以明确诊断
    D. 患者由昏迷苏醒后可以出现感觉和运动障碍、痴呆、震颤等表现,称急性一氧化碳中毒迟发脑病
    E. 高压氧舱治疗有助于纠正组织缺氧

11. 苯二氮䓬类镇静催眠药**不包括**
    A. 地西泮
    B. 艾司唑仑
    C. 奥沙西泮
    D. 唑吡坦
    E. 三唑仑

12. 患者突发抽搐倒地,面色发绀,呼之不应,应当首先
    A. 将领带、皮带松开
    B. 用力将肢体压住控制抽搐
    C. 将纱布包绕的压舌板放于上下牙齿之间,防止舌咬伤
    D. 手指掐压人中穴及合谷穴
    E. 判断有无颈动脉搏动

13. 下列关于支气管哮喘的说法,**错误**的是
    A. 只在春季发作
    B. 常见症状是喘息、气促、胸闷、咳嗽等
    C. 多在夜间和凌晨发生
    D. 支气管哮喘是多种细胞及细胞组分参与的慢性气道炎症
    E. 常见变应原包括尘螨、谷物、大气污染、药物、剧烈运动等

14. 关于咯血与呕血的鉴别,以下说法**错误**的是
    A. 咯血一般是咳嗽后吐出,呕血多随呕吐出现
    B. 咯血常混有痰液,呕血多伴有食物残渣
    C. 呕血时呕吐物呈酸性
    D. 咯血不会伴有黑粪,呕血常伴有黑粪
    E. 从原发病角度,咯血患者可伴有心肺疾病,呕血患者可伴有消化道疾病

15. 关于丹毒的描述,**不正确**的是
    A. 由乙型溶血性链球菌引起
    B. 足癣可为诱发因素

C. 丹毒属于网状淋巴管炎   D. 丹毒蔓延快,常伴有组织坏死

E. 除下肢好发外,面部亦常见

16. 急性梗阻性化脓性胆管炎的治疗中,最关键的是

     A. 维持有效的循环血量,防治休克   B. 纠正代谢性酸中毒及电解质紊乱

     C. 尽快通畅胆汁引流,解除梗阻   D. 大量、广谱、联合应用抗生素

     E. 急诊行胆囊切除术治疗

17. 急性阑尾炎最典型的症状是

     A. 恶心、呕吐   B. 低热   C. 转移性右下腹痛

     D. 里急后重   E. 食欲减退

18. 最有助于明确糖尿病类型的检查是

     A. HbA1C   B. ICA 和 GADAb   C. 胰岛素释放试验

     D. 葡萄糖耐量试验   E. 血酮体成分测定

19. 原发性醛固酮增多症患者离子测定最可能的**异常**结果是

     A. 血钾↓,血钠正常或↑   B. 血钾↑,血钠正常或↓   C. 血钙↓,血磷↑

     D. 血钙↑,血磷↓   E. 血钙↓,血磷↓

20. 对麻疹的早期诊断最有价值的是

     A. 发热   B. 呼吸道卡他症状   C. 眼结膜炎症

     D. 皮肤红色斑丘疹   E. 口腔黏膜科氏斑

21. 以下关于全科医疗基本特征的描述,**不正确**的是

     A. 以人为中心的照顾   B. 以门急诊和病房为主体的服务

     C. 连续、可及、综合性的照顾   D. 以个体和群体相结合的照顾

     E. 提供"六位一体"的社区卫生服务

22. 社区诊断的方法**不包括**

     A. 找出影响社区居民健康的主要因素

     B. 人口统计方法

     C. 行为测量法

     D. 利用社区的疾病普查或对居民周期性的体检

     E. 环境卫生方法

23. 慢病筛查的原则**不包括**

     A. 拟筛检的疾病应是危害当地人群的重大公共卫生问题,即常见病、多发病或缺陷

     B. 拟采用的筛检方法和技术应简便、易行、价格低廉,具有较高的灵敏度、特异性,易为群众接受

     C. 有较高的筛检效益和临床使用价值

     D. 拟筛检出的疾病病史明确、具有较长的可识别的潜伏期

     E. 筛查计划尽可能包含所有社区人群

24. 关于妇女常见病筛查的建议,**不正确**的是
    A. 每 1~3 年进行 1 次妇女常见病筛查
    B. 20~34 岁的妇女,每年进行 1 次宫颈细胞学检查
    C. 35~64 岁的妇女,每年进行 1 次宫颈细胞学检查
    D. 40 岁以下应每 1~2 年进行 1 次乳腺超声检查
    E. 40 岁以上的妇女,应每 2 年进行 1 次乳腺 X 线检查

25. 关于急性卒中早期患侧卧位,**不正确**的姿势是
    A. 患肩前伸,避免受压和后缩　　　B. 患侧肘伸直
    C. 患侧前臂旋后　　　　　　　　　D. 患侧手指张开,掌面向上
    E. 患髋屈曲,膝轻度伸展

26. 癔症的特点**不包括**
    A. 部分或完全丧失记忆、身份意识、即刻感觉
    B. 失去对身体的运动控制
    C. 一般有性格基础
    D. 有明显的社会心理因素
    E. 常出现意识障碍

27. 阿尔茨海默病最常出现的早期临床表现为
    A. 记忆障碍　　　　　　B. 认知障碍　　　　　　C. 幻想或妄想
    D. 计算能力减退　　　　E. 视空间障碍

28. 急性肾小球肾炎的病理类型是
    A. 系膜增生性肾小球肾炎
    B. 毛细血管内增生性肾小球肾炎
    C. 系膜毛细血管性肾小球肾炎
    D. 新月体肾小球肾炎和坏死性肾小球肾炎
    E. 硬化性肾小球肾炎

29. 对肾动脉狭窄的诊断最有意义的是
    A. 肾动脉超声　　　　　　　　　　B. 肾动脉螺旋 CT 血管成像
    C. 肾动脉磁共振血管成像　　　　　D. 肾动脉血管造影
    E. 外周血浆肾素活性检查

30. 缺铁性贫血患者口服铁剂治疗的停药指征是
    A. 外周红细胞恢复正常　　　　　　B. 铁蛋白上升至正常
    C. 外周血增多,血红蛋白浓度上升至正常　　D. 血清铁浓度上升
    E. 外周网织红细胞增多

31. **不属于**急性白血病浸润征象的临床表现是
    A. 贫血　　　　　　　　B. 淋巴结和肝脾大　　　　C. 眼部绿色瘤

  D. 牙龈增生   E. 一侧睾丸无痛性肿大

32. 类风湿关节炎的临床特点的是
  A. 主要侵犯骶髂及脊柱关节
  B. 多见于男性
  C. 近端指间关节肿痛及晨僵
  D. 远端指间关节出现赫伯登(Heberden)结节和布夏尔(Bouchard)结节
  E. 常伴有面部蝶形红斑

33. 小儿哮喘长期控制的首选药物是
  A. 吸入性糖皮质激素   B. 白三烯受体拮抗剂   C. 缓释茶碱
  D. 长效 β_2 受体激动剂   E. 全身性糖皮质激素

34. 对于急性肠系膜淋巴结炎的描述,**不正确**的是
  A. 多见于 7 岁以下的小儿
  B. 属于病毒感染,好发于秋季
  C. 病变主要累及末端回肠一组淋巴结
  D. 腹痛可在任何部位,以右下腹常见
  E. 腹痛性质不固定,可表现为隐痛或痉挛样腹痛

35. 关于小儿腹泻症状识别,以下描述**不正确**的是
  A. 蛋花汤样便多见于轮状病毒性肠炎
  B. 水样便见于大肠埃希菌肠炎、金黄色葡萄球菌肠炎
  C. 腥臭脓血便见于侵袭性细菌肠炎
  D. 粪便酸臭见于白念珠菌肠炎
  E. 绿水样便可能由小儿肠毒性大肠埃希菌肠炎引起

36. 距离预产期 20d 出生,出生体重 2 445g,属于
  A. 早产儿,低体重儿   B. 早产儿,正常体重儿   C. 足月儿,低体重儿
  D. 足月儿,正常体重儿   E. 过期产儿

37. 关于早产儿外观特点的描述,**错误**的是
  A. 皮肤发亮、水肿,毳毛多   B. 耳周成形,直挺   C. 乳腺结节 <4mm
  D. 头发乱如绒线头   E. 指甲达到指尖

38. 11 月龄婴儿每日能量及水的需要量约是
  A. 360kJ/kg,100ml/kg   B. 380kJ/kg,110ml/kg   C. 400kJ/kg,110ml/kg
  D. 430kJ/kg,130ml/kg   E. 460kJ/kg,150ml/kg

39. 营养不良患儿皮下脂肪逐渐减少或消失,最先累及的部位是
  A. 面颊部   B. 胸部   C. 腹部   D. 臀部   E. 四肢

40. 有关乙型肝炎的描述,**错误**的是
    A. 存在母婴传播
    B. 冬春季为流行季节
    C. 有家庭聚集现象
    D. 中度慢性肝炎有肝外器官损害
    E. 是原发性肝癌的主要原因

41. 治疗急性咽炎,**不合理**的是
    A. 应用抗病毒药物
    B. 首选广谱抗生素治疗
    C. 复方硼砂溶液含漱
    D. 全身症状较重者予以支持疗法
    E. 适当休息,多饮水

42. 急性脓毒性咽炎感染的病原体是
    A. 柯萨奇病毒
    B. A 组乙型溶血性链球菌
    C. 肺炎双球菌
    D. 流行性感冒病毒
    E. 金黄色葡萄球菌

43. 老年人睑板腺囊肿术后复发,首先应考虑
    A. 局部血肿
    B. 瘢痕组织增生
    C. 继发细菌感染
    D. 睑板腺癌可能
    E. 手术未切除干净

44. 沙眼最常见的并发症是
    A. 角膜浑浊
    B. 睑球粘连
    C. 上睑下垂
    D. 内翻倒睫
    E. 角膜干燥

45. 左心衰竭体征**不包括**
    A. 夜间阵发性呼吸困难
    B. 咯血
    C. 劳力性呼吸困难
    D. 肝 - 颈静脉回流征阳性
    E. 心源性哮喘

【A2 型题】

46. 患者,女,53 岁。月经周期延长半年。近半年来患者月经周期为 30~60d,每次出血时间 7~14d 不等。此患者最可能的诊断是
    A. 排卵期出血
    B. 无排卵出血
    C. 宫颈癌
    D. 先兆流产
    E. 子宫肌瘤

47. 患者,女,40 岁。外阴瘙痒 1 周。患者 1 周前开始出现外阴瘙痒,伴阴道分泌物增多,查体:外阴充血、有抓痕,阴道充血,有大量乳酪样分泌物。宫颈及盆腔内诊未见异常。患者最可能的诊断是
    A. 滴虫性阴道炎
    B. 外阴阴道假丝酵母菌病
    C. 细菌性阴道病
    D. 外阴营养不良
    E. 老年性阴道炎

48. 患者,女,60 岁。绝经 6 年,阴道少量出血 1 个月。查体:外阴正常,阴道通畅,宫颈处可见糜烂面,有接触性出血。此患者最好的诊断方法是
    A. 诊断性刮宫
    B. 宫颈活检
    C. TCT 检查
    D. 超声检查
    E. CT 检查

49. 患者,女,32 岁。停经 60d,阴道出血伴下腹痛 1 周。此患者首先要做的检查是
    A. 超声检查　　　　　　　　B. 性激素水平测定　　　　　C. 磁共振检查
    D. 尿妊娠试验测定　　　　　E. 血常规检查

50. 患者,女,39 岁。既往风湿性心脏病 10 余年。活动中突发口角歪斜,口齿不清,左上肢无力 2d。无高血压病史。查体:左侧中枢性面舌瘫,左上、下肢肌力 3 级,左侧病理征阳性,脑膜刺激征阴性。最可能的诊断是
    A. 脑出血　　　　　　　　　B. 脑血栓形成　　　　　　　C. 蛛网膜下腔出血
    D. 脑栓塞　　　　　　　　　E. 短暂性脑缺血发作

51. 患者,女,23 岁。反复发作性头痛 3 年。每次发作前都有 2h 左右的烦躁、饥饿感,随之一晃出现异彩,持续约 30min,缓解后出现头痛,呈钻痛、搏动性,常伴恶心、呕吐,持续 4~5h 后进入睡眠可缓解。应诊断为
    A. 紧张性头痛　　　　　　　B. 丛集性头痛　　　　　　　C. 无先兆的偏头痛
    D. 特殊类型偏头痛　　　　　E. 有先兆的偏头痛

52. 患者,男,26 岁。突然出现抽搐,从一侧手指开始,向腕部、臂、肩部及半身扩展。最可能的诊断是
    A. 全面强直 - 阵挛发作　　　B. 精神运动性发作　　　　　C. 失神发作
    D. 杰克逊(Jackson)癫痫　　 E. 部分性感觉性癫痫

53. 患者,女,30 岁。烹饪时不慎开水烫伤手部和前臂,局部皮肤红肿明显,伴明显水疱,创面湿润发红,无脓性分泌物,感明显疼痛,有痛觉过敏,皮温升高。以下说法**错误**的是
    A. 初步诊断为深 Ⅱ 度烧伤
    B. 局部暂未合并感染
    C. 预计 2 周左右可愈合
    D. 多数情况下不留瘢痕,可能有色素沉着
    E. 皮肤功能保留

54. 患者,女,20 岁。突发意识丧失、心脏骤停,经心肺复苏后自主循环恢复,血压正常,对改善神经功能预后最有效的脑复苏主要措施是
    A. 安静休息　　　　　　　　B. 针灸治疗　　　　　　　　C. 营养脑细胞改善微循环
    D. 大声呼唤,声音刺激　　　 E. 目标温度管理

55. 小区内一建筑工地发生工人坠楼事件,现场查看伤员后,正确的处理原则是
    A. 出血伤员应当在转运途中再考虑止血
    B. 骨折伤员必须先固定后搬运
    C. 昏迷伤员应当将头后仰防止呕吐物吸入
    D. 使用止血带时间不宜超过 2h,每小时松带 1 次
    E. 心跳呼吸已停止的伤员不宜再进行复苏,增加骨折风险

56. 患者,男,70 岁。家属发现昏迷 2h 送至医院。家中发现降压药及安眠药空瓶。立即开始放置洗胃管进行电动洗胃机洗胃。以下说法**错误**的是

A. 洗胃时每次灌注量不宜过多,300~500ml 即应进行抽吸,避免胃内容物过多发生急性胃扩张、呕吐及误吸

B. 电动洗胃机有自动抽吸和灌洗功能,使用方便,医务人员开机设置后就可离开

C. 如突发呼吸心跳骤停,应当立即进行心肺复苏

D. 首次抽吸后应当留取标本送鉴定

E. 患者应当头偏向一侧

57. 患者,女,33 岁。右乳疼痛伴发热 3d,体温最高 38.6℃。自服头孢类抗生素,效果不佳。既往:体健,无过敏,顺产后 3 个月,母乳喂养。查体:体温 37.8℃,右乳外下象限皮肤红肿,可及 5cm×4cm 包块,有压痛,有波动感,双侧腋下淋巴结轻度肿大。血常规示:白细胞计数 13×10⁹/L,中性粒细胞百分比 84%。最重要的治疗手段是

A. 静脉应用抗生素   B. 乳腺热敷   C. 乳腺按摩、通乳

D. 脓肿引流   E. 暂停哺乳

58. 患者,男,28 岁。14h 前无明显诱因出现右下腹痛,持续性,逐渐加重,伴右腰部不适。2h 前出现发热,体温最高 38.2℃。既往体健,无类似发作病史。查体:血压 120/75mmHg,心率 106 次/min,体温 37.9℃,腹平坦,肠鸣音 1 次/min,腹软,右下腹压痛,无肌紧张,腰大肌试验阳性,双肾区无叩痛。血常规示:白细胞计数 16×10⁹/L,中性粒细胞百分比 90%。尿常规正常。初步诊断是

A. 消化道穿孔   B. 泌尿系结石   C. 尿路感染

D. 急性胃肠炎   E. 急性阑尾炎

59. 患者,男,45 岁。进食后突发上腹疼痛 2h,持续性,伴恶心,未呕吐。既往史:高血压,IgA 肾病,长期口服泼尼松。查体:体温 37.2℃,血压 145/85mmHg,心率 106 次/min,腹平坦,肠鸣音未及,全腹压痛,可疑肌紧张。血常规示:白细胞计数 16×10⁹/L,中性粒细胞百分比 88%,谷丙转氨酶 33IU/L,谷草转氨酶 32IU/L,总胆红素 16mmol/L,肌酐 88μmol/L,血淀粉酶 98IU/L。首先考虑的诊断是

A. 急性阑尾炎   B. 消化道穿孔   C. 急性胃肠炎

D. 急性胰腺炎   E. 急性胆管炎

60. 患者,女,64 岁。皮肤巩膜黄染 2 周,进行性加重,尿色深,大便颜色浅,无发热,无恶心、呕吐,无腹痛。既往体健。查体:体温 36.4℃,血压 130/80mmHg,心率 70 次/min,皮肤巩膜明显黄染,腹软、无压痛,Murphy 征阴性,肝区无叩痛。血常规示白细胞计数 7×10⁹/L,中性粒细胞百分比 69%,谷丙转氨酶 273IU/L,谷草转氨酶 168IU/L,总胆红素 196mmol/L,淀粉酶 90IU/L。超声:胆囊 9.3cm×3.6cm,胆囊壁毛糙,胆管扩张 1.6cm,胆管末端显示不清,腹腔无积液。MRCP:胆囊增大,胆管扩张 1.7cm,胆管末端呈“鼠尾状”狭窄。首先考虑的疾病是

A. 胆囊癌   B. 胃癌   C. 胰腺癌

D. 胆管结石   E. 肝门胆管癌

61. 患者,男,67 岁。2 型糖尿病 15 年,使用二甲双胍(0.5g,2 次/d)联合预混胰岛素 30R(早、晚餐前皮下注射)治疗。既往冠心病史 10 年,2 年前行 PTCA 治疗。近期患者经常在凌晨噩梦惊醒,多汗;监测血糖结果如下:睡前血糖 6.4mmol/L,凌晨 3 点血糖 3.6mmol/L,空腹血糖 9.8mmol/L。患者空腹血糖升高最可能的原因是

A. 胰岛素剂量不足   B. 二甲双胍未达足量

C. 清晨胰岛素拮抗激素分泌增多   D. 低血糖后反应性高血糖

E. 夜间可疑心绞痛发作后的应激现象

62. 患者,男,58 岁。体检发现血糖升高,口服葡萄糖耐量试验(OGTT)结果如下

指标	空腹	30min	1h	2h
血糖 /(mmol·L^{-1})	8.9	14.5	13.7	12.1
胰岛素 /(μIU·ml^{-1})	13.2	87.6	100.4	94.3

糖化血红蛋白 8.2%。查体:BMI 39kg/m^2,黑棘皮征(+)。腹部超声提示中到重度脂肪肝。患者首选的降糖药物是

A. 胰岛素   B. 二甲双胍   C. 阿卡波糖

D. 格列喹酮   E. 那格列奈

63. 患者,男,45 岁。患糖尿病 10 余年,尿蛋白阴性,近 1 个月感下腹胀,排尿不畅伴尿失禁。超声显示:膀胱扩大,尿潴留。其原因应考虑

A. 糖尿病自主神经病变   B. 糖尿病合并尿路感染

C. 糖尿病合并慢性前列腺炎   D. 糖尿病肾病

E. 糖尿病合并泌尿系结石

64. 患者,女,28 岁。近 1 个月无诱因出现多饮、多尿,体重下降 5kg。查体:体形中等。测空腹血糖 20mmol/L,餐后 2h 血糖 30mmol/L;尿常规:尿糖(++++),酮体阳性。此患者首选的降糖药物是

A. 磺脲类   B. 二甲双胍

C. 胰岛素   D. α- 葡萄糖苷酶抑制剂

E. 二肽基肽酶 -4(DPP-4)抑制剂

65. 患儿,男,7 岁。因"急性腹泻 2h"入院。2h 前开始急性腹泻,共十余次,先为黄色水样,随即转为米泔水样,无腹痛及里急后重。查体:血压 70/50mmHg,脉搏 120 次 /min。便常规:镜检(-),悬滴见有穿梭运动的弧菌,粪便直接涂片染色见鱼群状排列的细菌。其最可能的诊断是

A. 中毒性菌痢   B. 急性菌痢   C. 霍乱

D. 阿米巴肠病   E. 急性胃肠炎

66. 患者,男,55 岁。反复活动后胸闷、心前区疼痛半个月,每次持续 5~10min,休息或含服硝酸甘油可缓解。既往糖尿病史 2 年。作为接诊医师,使用 Murtagh 安全诊断策略进行接诊,以下步骤**不正确**的是

A. 第一步,列出最可能的诊断是什么:不稳定型心绞痛

B. 第二步,考虑哪些严重的疾病一定不能漏诊:心肌梗死、主动脉夹层、肺栓塞

C. 第三步,考虑哪些病因最容易被遗漏:胃食管反流、消化道溃疡等

D. 第四步,是否患有临床上症状多变的"伪装性疾病",如内分泌疾病、心理疾病等

E. 第五步,辩证思维给予治疗后,观察病情变化

67. 某社区实施一项高血压综合防治项目,在项目"执行 1 年后,项目地区 95% 的高血压患者学会自测血压",属于健康教育计划的

    A. 首要目标　　　　　　　B. 教育目标　　　　　　　C. 健康目标

    D. 过程目标　　　　　　　E. 行为目标

68. 女婴,生后 2d,新生儿听力初筛未通过,进行复测的时间是

    A. 出院前　　　　　　　　B. 42d 内　　　　　　　　C. 3 月龄时

    D. 6 月龄时　　　　　　　E. 1 岁时

69. 预防出生缺陷的二级预防措施包括

    A. 开展婚前医学检查　　　　　　　　B. 开展婚前保健和咨询指导

    C. 开展出生缺陷防治的健康教育　　　　D. 提高孕期出生缺陷发现率

    E. 孕前期补充叶酸

70. 患者,男,55 岁。1d 前在上楼时不慎扭伤腰部,有撕裂感,疼痛剧烈,经休息后腰痛稍有减轻,但出现右腿呈放射性疼痛。查体:右侧直腿抬高试验及加强试验阳性。此时合理的处理是

    A. 可佩戴腰围活动　　　　B. 经皮椎间盘手术　　　　C. 卧硬板床,床头牵引

    D. 进行腰背肌功能锻炼　　E. 腰椎活动度训练

71. 某社区计划做一项关于夫妻不和睦的男性公务员高血压患者发病率研究。假定夫妻不和睦的男公务员有较高的高血压发病率高,如用病例对照研究来检验此假设,合适的对照为

    A. 未患高血压的男公务员　　　　　　B. 非公务员男性

    C. 夫妻和睦的男公务员　　　　　　　D. 夫妻和睦的非公务员男性

    E. 未患高血压的男性公务员之妻

72. 为确定一种新发明的避孕药是否增加了子宫内膜癌的危险,进行一项队列研究。选取生育年龄的一个随机样本,发现 9 920 名妇女适于作为研究对象,其中 1 000 名定期使用该种避孕药,其他人不用。对全部样本人群随访 10 年,结果如下表。以下叙述正确的是

分类	子宫内膜癌病例 / 人	未患子宫内膜癌病例 / 人	合计 / 人
服用避孕药者	10	990	1 000
未服避孕药者	10	8 910	8 920
合计	20	9 900	9 920

    A. 使用该药确实增加了子宫内膜癌的危险,因为使用该药的人群中有 1% 发生了子宫内膜癌,而未使用该药的人群中只有 0.1% 发生了子宫内膜癌

    B. 使用该药并未增加子宫内膜癌危险,因为子宫内膜癌病例中有 50% 使用了该药,50% 未使用该药

    C. 使用该药并未增加子宫内膜癌危险,因为虽然使用该药的人中 1% 确实发生了子宫内膜癌,但尚有 99% 并未发生子宫内膜癌

    D. 使用该药确实增加了子宫内膜癌危险,下述事实表明了这种危险的程度:子宫内膜癌病例中有 50%(10/20)使用了该药,而未发生子宫内膜癌者中 10%(990/9 900)使用该药

    E. 以上选项都不对

73. 患者,女,23 岁。近 2d 出现颜面部水肿伴血尿,血压 152/98mmHg,尿蛋白(++),白细胞 5~10/HP,红细胞 30~40/HP,2 周前曾有上呼吸道感染病史。诊断最先考虑为
    A. 慢性肾小球肾炎　　　B. 急性肾小球肾炎　　　C. 急进性肾小球肾炎
    D. 慢性肾盂肾炎　　　E. 肾病综合征

74. 患者,男,18 岁。反复水肿半年,加重 3d。血压 162/100mmHg;查尿常规尿蛋白(+++),定量 4.5g/24h;血红蛋白 138g/L;血浆白蛋白 27g/L,血清胆固醇 8.67mmol/L。此患者诊断为
    A. 慢性肾小球肾炎　　　B. 慢性肾盂肾炎　　　C. 高血压肾损害
    D. 肾病综合征　　　E. 急性肾小球肾炎

75. 患者,男,45 岁。因"心悸、乏力 1 个月,加重 1 周"于心内科门诊就诊。无夜间阵发性呼吸困难。平素无烟酒嗜好。经常因为关节酸痛,间断口服镇痛药。1 周前因右足扭伤曾口服镇痛药 5d。查体:中度贫血貌,心肺未见异常,剑突下轻压痛。血常规:红细胞计数 3.00×10^{12}/L,血红蛋白 78g/L,平均红细胞体积 69fl,平均红细胞血红蛋白含量 24pg,平均红细胞血红蛋白浓度 250g/L。血清铁 7.0μmol/L。该病例提示诊断是
    A. 巨幼红细胞贫血　　　B. 缺铁性贫血　　　C. 再生障碍性贫血
    D. 铁粒幼细胞贫血　　　E. 溶血性贫血

76. 患者,男,23 岁。自幼经常于外伤后出现局部肿胀,但可自行消退。近年来,双膝关节肿痛。查体:一般情况可,肝脾及浅表淋巴结未见肿大。血常规:白细胞计数 4.65×10^9/L,中性粒细胞百分比 55.5%,血红蛋白 125g/L,血细胞比容 0.41,平均红细胞体积 98.5fl,血小板计数 195×10^9/L。出血时间 30s。为明确诊断应进行的检查是
    A. 血浆凝血酶原试验
    B. 类风湿因子
    C. 骨髓穿刺
    D. 激活的部分凝血活酶时间 + 部分凝血活酶时间纠正时间
    E. 血清凝血酶原时间

77. 患儿,女,12 岁。因受凉后发热、咳嗽,次日出现全身水肿、尿少,血压 134/90mmHg。血常规:血红蛋白 80g/L,白细胞计数 4×10^9/L,中性粒细胞百分比 70%,淋巴细胞百分比 30%。为明确诊断首先需要的检查是
    A. 尿常规　　　B. 血培养　　　C. 尿培养
    D. 肝功能　　　E. 肾功能

78. 患儿,男,5 岁。低热,干咳,皮肤结节性红斑,疱疹性结膜炎,多发性一过性关节炎及颈淋巴结肿大。常见的疾病是
    A. 风湿热　　　B. 传染性单核细胞增多症
    C. 类风湿关节炎　　　D. 原发性肺结核
    E. 川崎病

79. 新生儿出生体重 3.7kg,生后 3d 血清总胆红素 305μmol/L、间接胆红素 297μmol/L。在等待化验检查结果期间,首选的治疗方法是

A. 口服苯巴比妥　　　　　　B. 白蛋白输注　　　　　　C. 光照疗法

D. 交换输血　　　　　　　　E. 输血浆

80. 胎龄 39 周男婴,出生体重 2.98kg,生后 5d。4d 前出现黄疸,逐渐加重,1d 来嗜睡、拒奶。查体:反应差,重度黄染,心肺(−),肝肋下 3cm,肌张力低下。血红蛋白 102g/L,红细胞计数 3.9×10^{12}/L,网织红细胞 9%,胆红素 478.8μmol/L(28mg/dl),母血型 O 型,Rh(+)。该患儿最可能的诊断为

A. 新生儿肝炎　　　　　　　B. 先天性胆道闭锁　　　　C. 新生儿化脓性脑膜炎

D. 新生儿败血症　　　　　　E. 新生儿溶血症

81. 正常足月女婴,翻身灵活,刚刚能独坐,玩玩具有时能换手,不会爬。保健站通知按计划预防接种,最可能的疫苗是

A. 卡介苗　　　　　　　　　B. 乙型肝炎疫苗　　　　　C. 百白破三联疫苗

D. 麻疹疫苗　　　　　　　　E. 脊髓灰质炎疫苗

82. 1 月龄男婴,无明显诱因阵发性面色发绀 3 次,有时伴吸气性喘鸣,每次持续数 10s 至 1min,能自行缓解。近日夜间易惊。查体无异常。胎龄 34 周早产,冬季出生,母孕晚期有频繁小腿抽筋史,患儿系母乳喂养,未添加维生素 D 和钙剂。最可能的诊断是

A. 屏气发作　　　　　　　　B. 低血糖　　　　　　　　C. 先天性喉喘鸣

D. 喉痉挛　　　　　　　　　E. 癫痫

83. 患者,男,33 岁。腹泻 3d,黏液便,每天 10 余次,伴腹痛及里急后重感。查体:体温 38℃,血压 105/70mmHg。粪便常规:外观为黄色黏液便,红细胞计数 2~4/HP,白细胞计数 15~20/HP。其诊断是

A. 细菌性食物中毒　　　　　B. 菌痢　　　　　　　　　C. 霍乱

D. 伤寒　　　　　　　　　　E. 阿米巴痢疾

84. 患者,女,38 岁。上呼吸道感染后左耳剧痛伴听力下降,电测听示左耳轻度传导性耳聋。左耳鼓膜红肿,上有紫色血疱,外耳道皮肤充血。最可能的诊断是

A. 急性化脓性中耳炎　　　　B. 分泌性中耳炎　　　　　C. 大疱性鼓膜炎

D. 中耳癌　　　　　　　　　E. 颈静脉体瘤

85. 患者,女,18 岁。入院后将一盏灯看成是一个牛头,此症状为

A. 空间知觉障碍　　　　　　B. 错觉　　　　　　　　　C. 幻视

D. 妄想　　　　　　　　　　E. 非真实感

86. 患者,男,22 岁。复习考研,渐出现脑力迟钝、头痛、注意力不集中。近 1 个月上述症状加重,并有疲乏无力,不想活动,对将来失去信心;还有很早醒来难以再入睡,心情烦躁不安,体重减轻。他最可能的状态是

A. 谵妄状态　　　　　　　　B. 痴呆状态　　　　　　　C. 人格解体

D. 妄想状态　　　　　　　　E. 抑郁状态

87. 患者,男,23岁。右侧腹股沟淋巴结肿大压痛1周就诊,近期有冶游史。查体:阴茎包皮出现单个小丘疹、糜烂、溃疡,数日后自愈。关于该病的治疗,**不正确**的是
   A. 治疗期间禁止性生活　　　　　　B. 早期、足量、规则治疗
   C. 抗生素治疗完成后才可考虑手术　　D. 性伴侣需同时治疗
   E. 妊娠患者首选治疗药物为多西环素

88. 患者,女,66岁。双眼逐渐视力下降近7年,无明显眼红、痛等不适,既往无其他眼病史。查体:左眼视力0.3,矫正无提高,眼压18mmHg;右眼视力0.4,矫正无提高,眼压17mmHg。双眼角膜透明,前房深,房水清,双眼晶状体明显皮质性浑浊。最可能的诊断为
   A. 反射性白内障　　　　B. 并发性白内障　　　　C. 外伤性白内障
   D. 代谢性白内障　　　　E. 年龄相关性白内障

89. 老年患者,常于夜间发作气喘,伴频繁咳嗽,咳出泡沫痰,有时带血性,双肺底闻及湿啰音。最可能的诊断为
   A. 支气管哮喘　　　　　B. 喘息性支气管炎　　　C. 心源性哮喘
   D. 肺癌　　　　　　　　E. 过敏性肺炎

90. 患者,男,66岁。3年前患急性前壁心肌梗死,1年前诊断为慢性心力衰竭,左心室射血分数33%。患者平时无症状,应当长期服用的药物**不包括**
   A. 阿司匹林　　　　　　B. 钙通道阻滞剂　　　　C. β受体阻滞剂
   D. 螺内酯　　　　　　　E. 血管紧张素转换酶抑制剂

91. 患者,男,28岁。阵发性心悸3年,每次心悸突然发生,持续半小时至3h不等。本次发作时心律齐,200次/min;心电图QRS波形态正常。最可能的诊断为
   A. 心房颤动　　　　　　B. 窦性心动过速　　　　C. 心房扑动
   D. 阵发性心动过速　　　E. 阵发性室上性心动过速

92. 患者,男,65岁。头晕,夜尿增多,入院后非同日3次测量血压双上肢皆为155/90mmHg,父母均患高血压。按WHO标准最可能的诊断为
   A. 白大衣性高血压　　　B. 临界性高血压　　　　C. 原发性高血压
   D. 血压正常　　　　　　E. 继发性高血压

93. 患者,男,60岁。心前区痛1个月,多在夜间发作,与活动无关。每次发作15min,发作时心电图Ⅱ、Ⅲ、aVF导联ST段抬高。最可能的诊断为
   A. 稳定型心绞痛　　　　B. 恶化型心绞痛　　　　C. 急性心肌梗死
   D. 卧位型心绞痛　　　　E. 变异型心绞痛

94. 患者,女,45岁。反复上腹痛3年,再次发作5d。胃镜下见胃窦黏膜散在点片状红斑。诊断考虑为
   A. 急性糜烂出血性胃炎　B. 慢性非萎缩性胃炎　　C. 慢性萎缩性胃炎
   D. 消化性溃疡　　　　　E. 自身免疫性胃炎

95. 患者,男,38岁。半年来饥饿时出现上腹痛,进食后缓解,有时反酸。查体:剑突下偏右压痛。最可能的诊断是
    A. 胃溃疡
    B. 慢性胆囊炎
    C. 十二指肠溃疡
    D. 应激性溃疡
    E. 慢性浅表性胃炎

96. 患者,男,43岁。聚会饮酒后,突然出现剧烈上腹痛,伴大汗;腹部X线片疑似膈下游离气体。下列首选的检查是
    A. 急诊胃镜
    B. 消化道造影
    C. 腹部CT
    D. 腹腔镜开腹探查
    E. 呕吐物毒物检测

97. 患者,男,36岁。胃镜检查示胃黏膜有散在小片状充血呈红白相间的花斑状,部分胃黏膜呈红白相间,以白为主。病理:胃黏膜腺体显著减少,淋巴细胞增多。最可能的诊断是
    A. 急性胃炎
    B. 慢性浅表性胃炎
    C. 巨大肥厚性胃炎
    D. 慢性萎缩性胃炎
    E. 慢性非萎缩性胃炎

98. 患者,女,55岁。反复上腹痛10余年,腹胀4d。胃镜诊断为慢性萎缩性胃炎,活检提示轻-中度异性增生。应选择的治疗方案是
    A. 胃动力药
    B. 胃黏膜保护药
    C. 定期随访观察
    D. 内镜下黏膜切除术
    E. 中药

99. 患者,男,40岁。1h前突感上腹剧痛,伴恶心,无排便、排气,半小时后腹痛转移到右下腹,并向右肩部放射。查体:全腹压痛,有肌紧张和反跳痛,未触及包块。最可能的诊断是
    A. 急性阑尾炎
    B. 急性胰腺炎
    C. 胆囊炎穿孔
    D. 消化性溃疡穿孔
    E. 绞窄性肠梗阻

100. 患者,男,32岁,农民。腹痛、腹泻半个月。大便4~8次/d,量多,有腥臭,暗红色,肉眼可见血液及黏液,无发热及右下腹痛。大便镜检:高倍视野下白细胞(+)、红细胞(+++)。最可能的诊断是
    A. 血吸虫病
    B. 菌痢
    C. 弯曲菌肠炎
    D. 阿米巴痢疾
    E. 慢性非特异性溃疡性结肠炎

101. 患儿,4岁。发热、头痛、嗜睡4d,于7月22日就诊。血常规:白细胞计数15×10^9/L,中性粒细胞百分比85%,淋巴细胞百分比15%。脑脊液:细胞总数10×10^6/L,多核细胞占70%,蛋白质0.6g/L,糖3mmol/L,氯化物120mmol/L。最可能的诊断是
    A. 流行性脑脊髓膜炎
    B. 化脓性脑膜炎
    C. 流行性乙型脑炎
    D. 结核性脑膜炎
    E. 脑型疟疾

102. 婴儿3月龄,易惊,好哭,不发热,纯母乳喂养。查体:前囟平软,枕秃,颅骨有乒乓球感,眼神灵活,克尼格征及巴宾斯基征阳性。最可能的诊断是
    A. 化脓性脑膜炎
    B. 颅内出血
    C. 佝偻病
    D. 病毒性脑炎
    E. 败血症

103. 1 月龄左右婴儿,冬季出生,纯母乳喂养,体重增长满意,体检正常,应给予维生素 D 的预防量是

    A. 每天 400IU
    B. 每天 1 000IU
    C. 每天 1 500IU

    D. 每天 2 000IU
    E. 每天 3 000IU

104. 患者,男,23 岁。鼻塞、流涕、咽痛 1d,体温 38℃。自认为"一点小病无须治疗和休息"。首先应该对其做好

    A. 口腔护理
    B. 皮肤护理
    C. 饮食护理

    D. 心理护理
    E. 用药护理

105. 患者,男,40 岁。发热伴鼻塞 1d,未外出旅行。发热,伴鼻塞、清涕、打喷嚏、咳嗽、头痛、畏寒、肌肉酸痛。查体:体温 38.5℃,双侧扁桃体无肿大,双肺呼吸音清,未闻及干湿啰音。血常规:白细胞计数 8.6×10^9/L,淋巴细胞百分比 60%,其余正常。应选择的药物是

    A. 阿奇霉素
    B. 甲磺酸左氧氟沙星片
    C. 对乙酰氨基酚

    D. 头孢哌酮
    E. 阿莫西林

【A3/A4 题型】

(106~109 题共用题干)

患者,男,60 岁。高血压病史 20 年,目前血压为 180/105mmHg,心电图提示左心室肥厚,尿常规示蛋白尿(+),眼底检查示视网膜动脉交叉压迫。

106. 患者的高血压分级和危险性分层正确的是

    A. 3 级,很高危
    B. 2 级,高危
    C. 3 级,高危

    D. 2 级,很高危
    E. 3 级,中危

107. 首选的降压药为

    A. 利尿剂
    B. α 受体阻滞剂
    C. β 受体阻滞剂

    D. 钙通道阻滞剂
    E. 血管紧张素转换酶抑制剂

108. 应用降压药 2 周后,血压得到控制,但出现双侧踝部轻度水肿。可能是由于下列何种药物引起

    A. 利血平
    B. 卡托普利
    C. 美托洛尔

    D. 甲基多巴
    E. 氨氯地平

109. 近 2d 觉头晕、头胀,血压波动,伴左侧肢体肌力下降。首先需要进行的检查为

    A. 脑电图
    B. 脑血管造影
    C. 头颅 CT

    D. 血流动力学
    E. 动态心电图

(110~113 题共用题干)

患者,男,55 岁。2h 前上楼时突发胸骨后剧烈疼痛伴出汗,不能缓解,既往病史不详。

110. 如果确诊为急性心肌梗死,应尽早采用的最有价值的治疗是

    A. 吸氧
    B. 镇痛

C. 溶栓或急诊冠脉介入再灌注治疗   D. β受体阻滞剂

E. 卧床休息

111. 对诊断急性心肌梗死特异性最高的指标是

    A. CK-MB   B. LDH   C. MYO

    D. TNI   E. CK

112. 如果患者出现心脏骤停,最有可能的原因为

    A. 室上性心动过速   B. 窦性心动过速   C. 心房颤动

    D. 心房扑动   E. 室性心动过速或心室颤动

113. 来诊后首先需要做的辅助检查是

    A. 心脏核素扫描   B. 超声心动图   C. 动态心电图

    D. 心电图   E. 心电向量

(114~117 题共用题干)

患者,男,71 岁。劳力性心绞痛病史 3 年,近 2 周心绞痛次数增多,血压增高达 160/90mmHg,并伴有夜间阵发性呼吸困难,目前不能平卧。

114. 体检最可能的发现是

    A. 双肺闻及湿啰音   B. 心尖区有收缩期喷射喀刺音

    C. 巩膜黄染   D. 颈静脉怒张

    E. 下肢水肿

115. 目前需立即进行的辅助检查是

    A. 血清胆固醇测定   B. 心电图检查   C. 血脂测定

    D. 血清甲状腺素测定   E. 核素心肌显影

116. 最可能的诊断是

    A. 支气管哮喘   B. 肺炎   C. 左心衰竭

    D. 右心衰竭   E. 心肌梗死

117. 最适宜应用的药物是

    A. 奎尼丁   B. 胺碘酮

    C. 糖皮质激素 + 硝苯地平   D. 利尿剂 + 扩血管药物

    E. 抗生素 +β 受体阻滞剂

(118~121 题共用题干)

患者,男,27 岁。发热 7d,伴腹痛、腹泻,大便每日 10~20 次,水样便,有血及黏液。查体:体温 37.9℃,下腹压痛明显。血钾 2.3mmol/L,钠 130mmol/L;大便镜检:红细胞计数 20~30/HP,白细胞计数 3~5/HP;直肠镜检查:可见结肠烧瓶状溃疡,散在分布。

118. 治疗首选

    A. 口服补液盐   B. 静脉生理盐水滴注   C. 口服甲硝唑

    D. 静脉补钾   E. 静脉滴注抗生素

119. 为确诊,应进行的检查是

    A. 大便培养   B. 自身免疫性抗体   C. 结肠镜活检病理

    D. 大便毛蚴孵化   E. 镜检查找溶组织阿米巴原虫

120. 首先考虑的疾病是

    A. 菌痢   B. 阿米巴痢疾   C. 溃疡性结肠炎

    D. 血吸虫病   E. 结肠癌

121. 如确诊为首先考虑的疾病,应采用的治疗是

    A. 氨基水杨酸制剂   B. 手术切除   C. 喹诺酮类抗生素

    D. 甲硝唑   E. 吡喹酮

(122~123题共用题干)

患者,女,28岁。突发尿频、尿急、尿痛伴下腹部不适 1d。无发热,无肾区叩击痛。查尿常规:白细胞计数 10~15/HP,蛋白(−),红细胞 10~15/HP。

122. 诊断首先考虑为

    A. 急性盆腔炎   B. 急性膀胱炎   C. 急性肾盂肾炎

    D. 尿道综合征   E. 急性肾小球肾炎

123. 对于该患者的治疗,可采用单剂量及短程疗法的患者是

    A. 妊娠期妇女   B. 糖尿病患者   C. 中年男性

    D. 中年妇女   E. 老年患者

(124~126题共用题干)

患者,女,22岁。3周前曾有上呼吸道感染史,1d 前出现颜面部水肿,尿色红,每日排尿 3~5 次,血压 152/92mmHg,尿蛋白(++),尿红细胞 30~40/HP,血肌酐 122μmol/L,血浆白蛋白 33g/L。今晨出现尿量减少,复查肾功能提示:血肌酐 436.7μmol/L

124. 最可能的诊断是

    A. 急性肾小球肾炎   B. 急进性肾小球肾炎   C. 急性肾小管坏死

    D. 肾病综合征   E. 急性肾盂肾炎

125. 其病理类型为

    A. 局灶性肾小球肾炎   B. 膜性肾病

    C. 系膜增生性肾小球肾炎   D. 系膜毛细血管性肾小球肾炎

    E. 新月体肾小球肾炎

126. 下列关于急进性肾小球肾炎的分型,叙述正确的是
    A. 我国以Ⅲ型急进性肾小球肾炎常见
    B. Ⅰ型好发于中老年患者
    C. Ⅱ型及Ⅲ型好发于中青年患者
    D. Ⅰ型患者免疫学检查常有抗 GBM 抗体阳性
    E. Ⅱ型患者免疫学检查常有 ANCA 阳性

(127~130 题共用题干)

患者,女,73 岁。右侧肢体静止性抖动 5 年余。5 年前无明显诱因出现右侧手抖动,多见于安静状态下明显,持物时可减轻,睡眠时消失。此后症状缓慢进展,4 年前出现右下肢抖动,伴面部表情呆板。近一两年出现右膝关节僵硬,右侧肢体活动欠佳,行走时动作缓慢,书写困难,左手偶有安静状态下颤动,无起步、止步困难表现。入院查体:MMSE 20 分,神志清楚,言语流利,表情呆板,行走步距小伴随动作少。双手偶有静止性震颤,右侧稍明显,双手轮替动作稍差,四肢肌力正常,肌张力铅管样增高,双侧病理征阴性。

127. 患者定位诊断考虑
    A. 锥体外系、双侧受累,左侧为主　　　　B. 锥体外系,双侧受累,右侧为主
    C. 锥体系　　　　　　　　　　　　　　D. 前庭小脑系统
    E. 周围神经

128. 患者定性诊断考虑
    A. 脑梗死　　　　　　B. 帕金森病　　　　　　C. 多系统萎缩
    D. 进行性核上性麻痹　　E. 癫痫

129. 结合患者病例特点,考虑首选的药物治疗是
    A. 苯海索　　　　　　B. 金刚烷胺　　　　　　C. 恩他卡朋
    D. 普拉克索　　　　　E. 复方左旋多巴

130. 患者药物治疗后病情明显缓解,日常生活基本恢复正常水平。但 3 年后出现服药后药物维持时间缩短至 2~3h,该现象可能是
    A. 剂峰异动　　　　　　B. 双向异动　　　　　　C. "剂末"现象
    D. "出没"现象　　　　　E. "开关"现象

(131~134 题共用题干)

患者,女,64 岁。因"突发头痛,右侧肢体乏力 2h"就诊。2h 前生气后突发头痛,伴恶心、呕吐,右侧肢体乏力,言语表达及理解困难。查体:血压 180/90mmHg,神志清楚,混合性失语,右侧中枢性面舌瘫,右上、下肢肌力 2 级,肌张力稍低,病理征右侧阳性,脑膜刺激征阳性。既往有高血压病史 8 年,未规律服药。父母及哥哥均患高血压。

131. 确定诊断首选的检查是
    A. 脑电图　　　　　　B. 头颅磁共振　　　　　C. 脑磁图
    D. 经颅多普勒超声　　E. 头颅 CT

132. 该疾病最常见的病因是
    A. 高血压　　　　　　　　B. 淀粉样脑血管病　　　　　C. 动脉瘤
    D. 动静脉畸形　　　　　　E. 脑肿瘤

133. 患者发病 2d 后出现意识障碍。查体:左侧瞳孔散大,光反应消失;右侧瞳孔直径 3mm,光反应存在。最可能的原因是
    A. 合并肺部感染　　　　　B. 合并休克　　　　　　　　C. 合并肾功能不全
    D. 合并颞叶沟回疝　　　　E. 合并枕骨大孔疝

134. 患者出现意识障碍。查体发现左侧瞳孔散大,光反应消失后,以下最有效的治疗是
    A. 积极抗感染治疗　　　　B. 抗癫痫治疗　　　　　　　C. 微创手术治疗
    D. 脑室引流治疗　　　　　E. 积极降压治疗

(135~137 题共用题干)

患者,女,76 岁,右利手。2d 前晨起时突然感到右上下肢乏力,伴不能言语,约 3min 后恢复正常,上述症状反复出现 4 次,每次持续 3~20min。查体:血压 160/85mmHg,神经系统无阳性体征。既往有高血压、糖尿病、高脂血症病史 10 年,未规律诊治。

135. 该患者病变定位于
    A. 小脑　　　　　　　　　B. 左侧大脑半球　　　　　　C. 脑干
    D. 右侧枕叶　　　　　　　E. 右侧额叶

136. 本例患者最可能的诊断是
    A. 脑出血　　　　　　　　B. 硬膜下血肿　　　　　　　C. 脑栓塞
    D. 短暂性脑缺血发作　　　E. 脑肿瘤

137. 头颅 CT 未见高密度灶及占位病灶,动态心电图示心房颤动,超声心动图未见附壁血栓,若无禁忌,下一步的治疗最优选择是
    A. 阿司匹林抗血小板聚集治疗　　　　B. 氯吡格雷抗血小板聚集治疗
    C. 西洛他唑抗血小板聚集治疗　　　　D. 华法林抗凝治疗
    E. 扩容治疗

(138~139 题共用题干)

患者,女,18 岁。2 个月来出现心悸、多汗,食量较前增加,而体重下降 4kg。查体:甲状腺Ⅰ度肿大,心率 110 次 /min。化验检查:T_3、T_4 升高,TSH<0.01μIU/ml,TRAb(+)。平素喜食海鲜。

138. 患者最恰当的诊断是
    A. Graves 病
    B. 桥本甲状腺炎所致甲状腺功能亢进症
    C. 桥本甲状腺炎所致甲状腺毒症
    D. 结节性甲状腺肿伴甲状腺功能亢进症
    E. 碘甲状腺功能亢进症

139. 给予患者甲巯咪唑治疗 3 周,患者出现乏力、发热(体温 39℃)、心悸加重、咽痛、关节酸痛,服用非甾体抗炎药效果不佳。目前最重要的检查是
　　A. 血常规　　　　　　　　B. 心肌酶谱　　　　　　　　C. 甲状腺功能
　　D. 抗核抗体谱　　　　　　E. 抗中性粒细胞胞质抗体(ANCA)

(140~142 题共用题干)

患者,女,72 岁。今晨家属发现不能唤醒来急诊。2 型糖尿病病史 15 年,口服二甲双胍 0.5g、3 次 /d,格列美脲 2mg、1 次 /d 治疗;高血压病 10 年,服用硝苯地平缓释片 30mg,1 次 /d;3 年前发现颈动脉狭窄 75%,辛伐他汀 5mg、1 次 / 晚、阿司匹林 100mg、1 次 /d。入院查体:体温 36.2℃,脉搏 106 次 /min,呼吸 26 次 /min,血压 96/64mmHg,皮肤湿冷。

140. 患者首先应进行的检查
　　A. 快速血糖测定　　　　　B. 离子测定　　　　　　　　C. 心肌酶谱
　　D. 心电图　　　　　　　　E. 头颅 CT

141. 患者最可能需要调整的药物是
　　A. 二甲双胍　　　　　　　B. 格列美脲　　　　　　　　C. 硝苯地平缓释片
　　D. 阿司匹林　　　　　　　E. 辛伐他汀

142. 为了有效缓解患者症状,最有效的治疗是
　　A. 静脉滴注葡萄糖　　　　B. 口服葡萄糖　　　　　　　C. 静脉注射去甲肾上腺素
　　D. 静脉滴注艾司洛尔　　　E. 急诊介入治疗

(143~145 题共用题干)

患者,女,40 岁。近 1 年来阴道分泌物增多伴烧灼感发作 5~6 次,自行用药,具体不详。经常泡温泉。体格检查:外阴阴道充血,阴道内有稀薄泡沫样分泌物。

143. 此患者最可能的诊断是
　　A. 滴虫性阴道炎　　　　　B. 外阴阴道假丝酵母菌病　　C. 外阴营养不良
　　D. 细菌性阴道病　　　　　E. 老年性阴道炎

144. 此患者需要做的检查是
　　A. 细菌性阴道病检测　　　　　　　　B. 经阴道超声检查
　　C. 血糖　　　　　　　　　　　　　　D. 阴道分泌物生理盐水涂片检查
　　E. 血常规

145. 最适合此患者的治疗是
　　A. 甲硝唑阴道栓或甲硝唑片口服,夫妻双方同时治疗
　　B. 克霉唑阴道栓 + 口服氟康唑
　　C. 阴道冲洗
　　D. 口服降糖药
　　E. 光疗

（146~147 题共用题干）

胎龄 38 周婴儿，因胎盘早剥急诊剖宫产，出生时全身皮肤苍白，Apgar 评分为 0min 1 分，5min 5 分，10min 7 分。查体：昏迷，呼吸不规则，心率慢，肌张力低下，反射消失。

146. 诊断考虑为

  A. 新生儿低血糖   B. 新生儿低血钙   C. 新生儿窒息

  D. 新生儿败血症   E. 新生儿肺炎

147. 目前患儿情况可能导致的表现**不包括**

  A. 意识改变，惊厥   B. 肾脏损害   C. 溶血性贫血

  D. 坏死性小肠结肠炎   E. 持续胎儿循环

（148~150 题共用题干）

患者，男，34 岁。因"胸痛 1d"就诊，伴有头晕、头痛、背痛、腰痛及下肢麻木无力。既往高血压病史，未规律服药，未监测血压。查体：血压 230/110mmHg，心率 105 次/min，血氧饱和度 100%；神志清，痛苦面容，强迫体位；双肺呼吸音清，未闻及明显干湿啰音，心律齐，主动脉瓣听诊区可闻及舒张期杂音；腹软，无压痛，双下肢无水肿。

148. 此患者最可能的诊断是

  A. 急性心肌梗死   B. 心包积液   C. 气胸

  D. 肺栓塞   E. 主动脉夹层

149. 关于该患者的查体，最**不可能**出现的体征是

  A. 全身浅表淋巴结肿大   B. 双侧血压不对称   C. 腹部血管杂音

  D. 四肢末梢凉   E. 足背动脉搏动消失

150. 最可能快速直接明确诊断的检查为

  A. 胸部 X 线片   B. 血管超声   C. 心电图

  D. CTA   E. D-二聚体

【案例分析题】

案例一：患者，男，47 岁。因"发现血压升高 5 年，加重 10d"来社区就诊。患者 5 年前体检发现血压升高 150/100mmHg，当时其他检查未见明显异常，后低盐饮食，锻炼身体。后复查血压 140/90mmHg，未服药。10d 前工作时觉头晕，测血压 220/110mmHg，休息 10min 后复测，血压 200/105mmHg，脉搏 92 次/min。患者自发病以来饮食睡眠好，大小便正常，平时饮食清淡。既往糖尿病多年，未治疗。6 年前患胰腺炎，治疗后好转。不吸烟，偶饮少量啤酒。父亲患高血压。查体：体温 36℃，脉搏 80 次/min，呼吸 16 次/min，血压 170/90mmHg，体重指数 29.4kg/m²，双侧脉搏对称。双肺呼吸音清，未闻及干湿啰音。心尖抬举样搏动，心尖搏动点位于第 5 肋间左锁骨中线上，叩诊心界向左下扩大，心律齐，心尖可闻及 1 级收缩期杂音，余各瓣膜听诊区未及杂音。腹饱满，双下肢不肿。

提问 1：为进一步明确高血压诊断，还需要补充询问的病史内容是

  A. 5 年前检查的项目和结果   B. 10d 前血压升高的诱因

C. 近 10d 的血压水平　　　　　　　　D. 药物过敏史

E. 糖尿病的药物治疗　　　　　　　　F. 患者的饮食习惯

G. 患者的心理状态和工作压力　　　　H. 患者体重改变情况

I. 患者是否睡眠打鼾　　　　　　　　J. 患者的运动状况

提问 2:查体还需要关注的内容包括

A. 双上肢血压　　　　　　　　　　　B. 双下肢血压

C. 巩膜是黄染　　　　　　　　　　　D. 是否有满月脸

E. 口唇是否苍白　　　　　　　　　　F. 眼睑是否水肿

G. 颈动脉是否有杂音　　　　　　　　H. 肾动脉是否有杂音

I. 腹部是否存在移动性浊音　　　　　J. 肝脾是否肿大

提问 3:患者 10d 前电话咨询医生朋友后开始口服比索洛尔 5mg、1 次 /d,左旋氨氯地平 2.5mg、1 次 /d,休息,限盐。近 2d 来,血压 150~180/80~90mmHg,仍有轻微头胀。患者转诊到上级医院检查,除外继发性高血压,并调整了药物治疗。目前血压 150/90mmHg。作为全科医生应对该患者进行的管理是

A. 建议患者继续在专科医院治疗　　　B. 建立健康档案

C. 建立随访计划　　　　　　　　　　D. 监测血压

E. 监测血糖　　　　　　　　　　　　F. 血压和血糖控制评估

G. 心血管疾病风险评估　　　　　　　H. 调整药物治疗

I. 健康教育　　　　　　　　　　　　J. 积极处理高血压危象症

案例二:患者,男,54 岁。因"头晕伴视物模糊 3h,加重伴言语不清、视物成双、步态不稳 1h"急诊就诊。患者 3h 前自觉头晕,视物模糊,无视物旋转,无复视,无头痛、恶心、呕吐,未予重视。1h 前突发头晕加重,视物旋转,与体位及头位变化无关,头晕持续 1h 不缓解,且伴视物成双、言语不清、饮水呛咳、步态不稳。无耳鸣、耳聋,无心悸、出汗。患者有高血压、高脂血症多年,未予诊治。3 年前患"脑梗死",当时表现为头晕、行走不稳,治疗后遗留左上肢乏力,未规律服用二级预防药物。饮酒 30 年,每天约 250ml;吸烟 30 年,每天约 1 包。否认遗传病家族史。

提问 1:患者的重点查体应包括

A. 生命体征　　　　　　　　　　　　B. 瞳孔

C. 心脏查体　　　　　　　　　　　　D. 肢体肌力

E. 脑神经　　　　　　　　　　　　　F. 病理征

G. 下肢水肿　　　　　　　　　　　　H. 共济检查

I. 意识状态

提问 2:为明确评估病情,即刻安排的急诊检查应包括

A. 血常规　　　　　　　　　　　　　B. 尿常规

C. 血糖、肝肾功能、电解质　　　　　D. 凝血功能

E. 头颅 CT　　　　　　　　　　　　F. 心电图

G. 心肌梗死三项及心肌酶谱　　　　　H. 动态心电图

I. 超声心动图

提问 3:此患者病变定位于

A. 左侧小脑半球　　　　　　　　　　B. 右侧基底节区

C. 脑干　　　　　　　　　　　　　　D. 右侧额叶

E. 右侧小脑半球　　　　　　　　　　F. 枕叶

提问 4:头颅 CT 未见高密度病灶,患者最可能的诊断是
- A. 短暂性脑缺血发作
- B. 脑梗死
- C. 脑脓肿
- D. 脑转移瘤
- E. 脑干脑炎
- F. 静脉窦血栓形成

提问 5:本患者急性期的治疗包括
- A. 经溶栓适应证相关检查,若患者符合溶栓治疗的入选标准,无排除标准,可考虑溶栓治疗
- B. 若患者不适合溶栓治疗,口服阿司匹林,初始负荷剂量
- C. 卒中病房进行综合治疗
- D. 维持血容量
- E. 保护脑细胞
- F. 服用他汀类药物调脂,稳定斑块治疗
- G. 防治吸入性肺炎
- H. 防治下肢静脉血栓形成
- I. 为防治吸入性肺炎,可预防性使用抗生素

案例三:患者,男性,20 岁。因"高热、咳嗽伴呼吸困难 3d"就诊。患者 3d 前受凉后出现高热,体温 40℃,伴咳嗽、流涕、头痛、关节疼痛、乏力,无明显咳痰。未就诊,自服"感冒冲剂",无明显好转,后逐渐出现呼吸困难。既往体健。查体:脉搏 135 次/min,呼吸 30 次/min,血压 100/70mmHg,血氧饱和度 88%(未吸氧)。神志清,口唇略发绀,呼吸浅快。双肺呼吸音清,未闻及干湿啰音,心音有力,心律齐,未闻及杂音。腹软,双下肢无水肿。

提问 1:应当立刻进行的初步检查包括
- A. 血常规、肝肾功能、凝血检查
- B. 心电图
- C. 心肌酶
- D. 肺 CT
- E. 血气分析
- F. 流行性感冒筛查
- G. 血培养
- H. 超声心动图

提问 2:患者胸部 X 线片提示右肺大量斑片状渗出,初始治疗应当包括
- A. 抗生素
- B. 氧疗或辅助通气
- C. 补液治疗
- D. 营养支持
- E. 糖皮质激素
- F. 丙种球蛋白
- G. 利尿
- H. 体位引流及物理治疗

提问 3:患者住院期间呼吸困难进行性加重,已因严重呼吸衰竭行无创呼吸机辅助通气,呼吸机氧浓度 100%,呼气压 EPAP 12cmH$_2$O。复查血气分析:pH 7.35,PaCO$_2$ 45mmHg,PaO$_2$ 61mmHg,SaO$_2$ 91%。肺 CT 提示双肺弥漫渗出,超声心动图未见明显异常。关于此患者的说法正确的是
- A. 氧合指数 61mmHg
- B. 应诊断急性呼吸窘迫综合征
- C. 应诊断社区获得性肺炎
- D. 考虑无创通气失败,应进行气管插管
- E. 有创机械通气宜采用大潮气量
- F. 如果病情进一步恶化应当考虑体外膜氧合

案例四:患者,男,12 岁。因"发热、食欲减退、恶心 2 周,皮肤黄染 1 周"就诊。2 周前无明显诱因出现发热,体温达 38℃,无畏寒、寒战、咳嗽,伴全身乏力、食欲减退、恶心、右上腹部不适,偶尔呕吐,

以感冒和胃病治疗,无好转。1周前皮肤出现黄染,尿色较黄。既往无肝炎及胆石症病史。查体:体温 37.5℃,脉搏 80 次/min,呼吸 20 次/min,血压 120/70mmHg。神志清,皮肤及巩膜黄染,心肺(−)。腹软,肝肋下 2cm,质软,轻压痛和叩击痛,脾未触及,移动性浊音(−),双下肢不肿。实验室检查:白细胞计数 5.2×10^9/L,中性粒细胞百分比 65%,血红蛋白 126g/L,血小板计数 200×10^9/L,网织红细胞 1.0%。尿蛋白(−)、胆红素(+)、尿胆原(+),大便颜色加深,潜血(+)。

提问 1:此患者的诊断首先考虑

    A. 溶血性黄疸   B. 肝外阻塞性黄疸

    C. 急性黄疸性肝炎   D. 慢性活动性肝炎

    E. 淤血型肝炎   F. 重症肝炎

提问 2:儿童患者,该病最常见的病原为

    A. 甲型肝炎病毒   B. 乙型肝炎病毒

    C. 丙型肝炎病毒   D. 丁型肝炎病毒

    E. 戊型肝炎病毒   F. 巨细胞病毒

提问 3:关于该病的描述,正确的是

    A. 呈世界范围分布

    B. 发达国家发病率高

    C. 在高流行区,发病主要集中于低年龄人群

    D. 是一种自限性疾病

    E. 主要经粪-口途径传播

    F. 无慢性化倾向

案例五:患者,女,46 岁。因"乏力、腰痛、夜尿增多 1 年余"就诊。查体:体温 36.5℃,血压 152/88mmHg,颜面无水肿。腹平软,全腹无压痛、反跳痛,右侧肾区叩击痛(+),双下肢无水肿。尿常规:白细胞 5~10/HP,红细胞 3~5/HP,尿蛋白(+),尿素氮 7mmol/L。既往否认高血压、糖尿病病史,否认家族性遗传性疾病史。

提问 1:该患者的最佳诊断为

    A. 慢性膀胱炎   B. 尿道综合征

    C. 慢性肾小球肾炎   D. 慢性肾盂肾炎

    E. 慢性盆腔炎   F. 慢性盆腔炎

提问 2:提示慢性肾盂肾炎的静脉肾盂造影结果包括

    A. 肾脏轮廓不规则隆起,皮质萎缩,髓质收缩硬化

    B. 肾外形凹凸不平,呈不对称性萎缩

    C. 肾盂、肾盏变形,缩窄

    D. 肾盂、肾盏变形,增宽

    E. 肾脏水肿,增大,肾盂腔变浅

    F. 双肾对称性萎缩

提问 3:针对该患者情况,目前正确的治疗措施是

    A. 注意休息,多饮水,勤排尿

    B. 立即开始抗感染治疗

    C. 选用氨基糖苷类抗生素抗感染治疗

    D. 选用喹诺酮类或半合成青霉素类或头孢菌素抗感染治疗,必要时联合用药

    E. 治疗 72h 无好转,应按药敏试验结果更换抗生素

F. 为避免复发,长期服用抗生素

G. 定期复查尿常规进行疗效评定

提问4:针对该例患者,对其进行抗感染治疗后疗效评定,正确的有

A. 症状消失,尿菌阴性,疗程结束后2周复查尿菌仍阴性,疗效评定为治愈

B. 症状消失,尿菌阴性,疗程结束后2周、4周复查尿菌仍阴性,疗效评定为治愈

C. 症状消失,尿菌阴性,疗程结束后2周、6周复查尿菌仍阴性,疗效评定为治愈

D. 治疗后尿菌阴性,但2周或6周复查尿菌转为阳性,且为同一种菌株,疗效评定为治疗失败

E. 治疗后尿菌仍阳性,且为同一种菌株,疗效判定为治疗失败

答案

A1,A2,A3/A4 型题(150题,每题1分,共150分)

题号	1	2	3	4	5	6	7	8	9	10
0+	C	B	C	E	A	B	A	B	C	C
10+	D	E	A	D	D	C	C	B	A	E
20+	B	A	E	B	E	E	A	B	D	B
30+	A	C	A	B	D	C	B	E	C	B
40+	B	B	D	D	D	B	B	B	D	D
50+	E	D	A	E	B	B	D	E	B	C
60+	D	B	A	C	C	E	E	B	D	C
70+	A	A	B	D	B	D	A	E	C	E
80+	B	D	B	C	B	E	E	E	C	B
90+	E	C	E	B	C	C	D	B	D	D
100+	C	C	A	C	C	A	E	E	C	C
110+	D	E	D	A	B	C	D	D	E	B
120+	D	B	D	B	E	D	A	B	E	C
130+	E	A	D	C	B	D	D	A	A	A
140+	B	C	A	D	A	C	C	E	A	D

案例分析题(5大题,每题10分,共50分)

【案例一】

提问1:ABCFGHIJ

提问2:ABDFGH

提问3:BCDEFGHI

【案例二】
提问1：ABCDEFHI
提问2：ACDEFG
提问3：C
提问4：B
提问5：ABCDEFGH

【案例三】
提问1：ABCDEFGH
提问2：ABCDH
提问3：ABCDF

【案例四】
提问1：C
提问2：A
提问3：ACDEF

【案例五】
提问1：D
提问2：ABC
提问3：ADEG
提问4：CDE